中国社会科学院中国边疆史地研究中心　**厉声　主编**

当代中国边疆·民族地区典型百村调查：**广西卷（第一辑）**

分卷主编：**周建新　冯建勇**

上甲风光（2005年9月22日 周建新摄）

板价风光（2008年7月12日 刘萍摄）

身穿短衣壮传统装束的少女（2005年9月22日 周建新摄）

上甲民俗风情表演队彩棉演出服（彩棉坎肩）（2008年5月9日 周建新摄）

板价村民春节的民俗聚餐（2007年3月23日 肖可意摄）

短衣壮宗教民俗：管板神（壮族土地神）崇拜（2007年3月15日 肖可意摄）

丧礼上的狮子舞（2010年11月8日 刘萍摄）

田间生长的彩棉植株（2008年7月11日 刘萍摄）

纺线的短衣壮老阿婆（2007年11月24日 刘萍摄）

村民放牧的水牛（2008年5月10日 刘萍摄）

彩棉纺织技术的传承（2006年8月1日 肖可意摄）

上甲的干栏民居（2007年3月23日 肖可意摄）

板价妇女的传统竹帽（2006年8月9日 王柏中摄）

晾晒中的彩棉棉桃（2006年8月9日 王柏中摄）

彩棉纱锭（2007年11月21日 刘萍摄）

中外学者进行短衣壮民俗宗教调查（2006年12月 29日 王柏中摄）

中国社会科学院中国边疆史地研究中心　厉声　主编

当代中国边疆·民族地区典型百村调查：广西卷（第一辑）

短衣壮的家乡

——广西大新县宝圩乡板价村板价屯调查报告

王柏中　刘萍　肖可意◎著

SSAP
社会科学文献出版社
SOCIAL SCIENCES ACADEMIC PRESS (CHINA)

“当代中国边疆·民族地区典型百村调查”

总序

深入实际、开展国情调研，是中国社会科学院肩负的重要科研任务，也是中国社会科学院履行好党中央、国务院赋予的“思想库”、“智囊团”职能的重要方式。中国边疆省区占国土面积的60%以上，边疆区情及当地的民族社会调研（边疆调研）是中国国情调研的重要组成部分。正如一位边疆工作者所说：不了解少数民族，就不了解中华民族；不了解边疆，就不了解中国。1983年中国社会科学院中国边疆史地研究中心建立后，特别是1990年以来，一直将边疆调研作为学科研究的重点之一。

2004年，中国边疆史地研究中心承担国家哲学与社会科学基金特别项目“新疆历史与现状综合研究”（简称“新疆项目”）。2006年，中国边疆史地研究中心牵头，立项开展“当代中国边疆·民族地区典型百村调查”（简称“百村调查”），作为此特别项目的子课题。“百村调查”以新疆为重点，在全国新疆、西藏、内蒙古、宁夏、广西五个民族自治区和云南、吉林、黑龙江三省基层地区同时开展，共调查100个边疆基层村落。调查工作在“新疆项目”领导小组和专家委员会指导下，由“百村调

查”专家委员会暨编委会组织实施。在中国边疆史地研究中心主持拟定的调查大纲框架下，发挥每个省区的优势，体现各自的特色。

本项目的实施得到了边疆地区各级地方党政部门的支持。首先，调查工作注意与地方党政部门的相关工作衔接、听取意见，在实施调查之前，主动向各级党政部门汇报情况，听取指示和意见。其次，调查组主动让各级党政部门了解调研的全过程，在调研过程中出现问题时及时向相关党政部门请示。再次，调研阶段成果和最终成果的副本同时提供地方党政部门参考。

“百村调查”的调研主题是：改革开放30年来中国边疆基层村落的民族社会和经济发展的历史与现状。具体内容包括：乡村概况、基层组织、经济发展、社会生活、民族、宗教、文教卫生、民俗风情等。项目调研的时间是：2007～2008年（资料下限至2007年底或适当延长）。

“百村调查”的调研对象为：100个具有典型意义与特色的中国边疆基层村落。课题以基层乡、村两级为调查基点，大致每个省区选择2个地州，每个地州选择1～2个县，每个县选择2个乡，每个乡选择2个村。新疆共调查22个村，其他地区均为13个村（辽宁、吉林、黑龙江以东北边疆为单元，共调查13个村）。调查点的选择要求：

(1) 本地区社会稳定与经济发展中具有典型意义的基层乡和村。

(2) 存在边疆现实政治、社会或经济发展的热点、难点问题。

（3）与20世纪50年代全国边疆民族调查能有一定的衔接。

“百村调查”采取学术调查与现实政治相结合的方法，以社会人类学入村入户调研方法为主，同时关注现实政治、社会与经济发展中的热点、难点问题：一般共性调查与专题专访调查相结合，在一般综合性调查的基础上，选择好专访或专题调研的“切入点”——总结经验与完善不足相结合，在总结各项工作经验的同时，善于发现问题和提出解决问题的对策与建议。调研注重入户访谈和小范围座谈的专访调查。在一般性问卷和统计资料收集的基础上，注重对基层干部、群众典型、教师、宗教人士等特定人员的专题访谈，倾听和收集他们对基层社会稳定与经济发展的看法、意见和建议，形成能说明问题的专访或专题调研报告。

“百村调查”的成果形式分为调查综合报告与专题报告两大类。

（1）调查综合报告：依据大纲规定，撰写有关乡村经济社会等发展状况的综合报告，课题结项后分期公开出版。专题报告及调查资料可以公开发表的，在篇幅允许的情况下，作为附录附在综合报告末尾。

（2）专题报告：内容较敏感、不适宜公开出版的专题报告，集成《专题报告集》，内部刊印。

“百村调查”主编　厉声　谨识

2009年8月25日

目 录
CONTENTS

图目录
FIGURE CONTENTS

表目录
TABLE CONTENTS

序　言
FOREWORD

中国社会科学院中国边疆史地研究中心“当代中国边疆·民族地区基层社会与经济发展典型调研”项目，是一项涉及广西、云南、西藏、新疆、内蒙古、宁夏、吉林7省区、100个村寨的大型调研项目。广西壮族自治区作为中国西南边疆少数民族聚居省区，此次调查共选点13个，主要集中在广西沿中越边界一线的各民族边疆村寨，个别分布在非边境县市境内。

在中国近现代发展史上，对于边疆地区的关注，主要出现在19世纪末20世纪初。当时的中国边疆地区，在英、法、俄等帝国主义势力蚕食鲸吞下，出现了普遍的危机。边疆危机唤起了中国民众尤其是知识阶层对边疆的关注。20世纪30年代，以“边政”概念为核心，以“边疆民族”为主要研究对象，一批学者对中国边疆尤其是西南边疆地区进行了调查研究，形成了一批成果。但关于中国边疆地区大规模的社会与经济发展调查项目，过去还未见诸报端。如果仅仅从大规模的社会调查活动考虑，新中国建立后的国内各民族社会历史调查活动，与边疆研究关系密切。

20世纪50年代，根据党中央和国务院的部署，国家有关部门在全国范围内进行了大规模的少数民族社会历史调查，其中也对广西各民族社会历史发展情况进行了全面的

调查。当时的调查关注的主要是少数民族社会历史发展状况，之后形成了《广西壮族社会历史调查》（7册）、《广西瑶族社会历史调查》（9册）以及苗族、京族、侗族、仫佬族各1册，仫佬族、毛南族合1册，彝族、仡佬族、水族合1册等系列调查成果，并于1954年由广西省民族事务委员会编印。那次调查为广西少数民族地区的社会、经济、文化发展起到了重要的推动作用，也为后来的学术研究积累了大量的历史学、民族学、人类学、社会学资料。

与少数民族社会历史调查不同的是，此次由中国社会科学院中国边疆史地研究中心推动的“当代中国边疆·民族地区典型百村调查”项目，主要是从边疆学的角度出发，突出了边疆、村落和现实发展状况三个要点，期望通过深入的田野调查，面向中国边疆农村地区，真实反映现实的中国边疆村寨客观发展状况，为国家宏观把握边疆发展现状，构建和谐、安全、富裕边疆提供参考资料。此次调查虽然并未把少数民族因素作为关键的内容考虑，但由于中国历史上形成的边疆社会人口结构，决定了调查的内容必定要涉及大量的少数民族村寨。因此，广西的调查和全国其他边疆地区的情况一样，包含了大量的少数民族村寨。

进入21世纪后，中国西南边疆社会稳定、经济发展、人民安居乐业，广西与全国各边疆省区一样，在社会、经济、文化等方面都发生了巨大的变化，尤其是经济社会发展进入了迅速成长阶段。在现代化、全球化迅猛发展的今天，地处祖国南疆最前沿的广西，有着沿边、沿海、面向东南亚的地缘优势，在中国边疆地区具有重要的不可替代的独特战略地位，是巩固边疆、发展经济的前沿，也是面向东盟、走向世界的前沿。面对现代化进程中的广西边疆地区发生的巨大变迁，此次进行的边疆现状调查非常必要，且意义重大而深远，既可以为推进广西各民族的社会进步、经济发展、文化传承提供参考依据，又可以为后人积累宝贵的阶段性历史资料，为国家和地方政府部门提供决策参考。这不仅仅是一项科研工程，也是一项德政工程和国防工程。

2007 年，自从接受了此项课题后，我们感到任务光荣、责任重大。作为广西高校的科研人员，承担这项国家社科基金特别项目我们责无旁贷。为了很好地完成这次任务，真正开展一次边疆地区集体调研活动，在项目开展之初，我们曾多次组织相关人员进行专门讨论研究，制订了详细的工作方案，组织了精干的队伍，保证了项目的顺利实施。

广西调查项目课题组成员主要由广西民族大学教师组成。项目主持人：周建新教授；成员：王柏中教授、郑一省教授、甘品元副教授、吕俊彪副教授、覃美娟馆员、郝国强讲师、罗柳宁助理研究员。另外，由周建新、王柏中、郑一省、甘品元、吕俊彪等牵头组成 5 个调查小组，组织研究生参与调查工作，并分头组织实施。参与调查的研究生有严月华、农青智、寇三军、蒋婉、张小娟、肖可意、刘萍、马菁、唐若茹、钟柳群、黄欢、陈云云、胡宝华、雷韵、黄超、谭孟玲、周春菊、黄静、蒙秋月、杨静、罗家珩、于玉慧等。

中国社会科学院中国边疆史地研究中心分派翟国强和冯建勇两位同志担任广西调查项目协调人，他们为项目的启动、实施和结题工作发挥了积极作用。广西调查项目整个调查工作的开展，大致可以分为三个阶段：第一次田野调查时间为 2007 年 7 ~ 9 月；第二次调查时间为 2008 年 1 ~ 2 月；

补充调查时间各小组自由安排，大致时间为 2008 年 7 月至 2009 年 10 月。

为了彰显本次典型调查写作的特色，根据中国社会科学院中国边疆史地研究中心的要求，我们非常重视调查视角与写作主线。要求调查一定要有边疆学的视角，要以典型村寨为单位进行调研，对于人口较多、地域较大的村寨采取以村委会所在地为主要调查点，通过具体点的调研反映出整体面的特征；务必着重描写边疆村寨的政治、社会、经济和文化现实内容；写作重点要特别关注改革开放以来广西边疆村寨发展的变化；在完成调查报告的基础上，要同时完成一定数量的研究报告，要有一定的理论分析和科学研究。在调查报告的写作方法上，我们不仅要求有现实地方志的描述，有数字统计和图表展示，也要有民族学人类学田野个案的访谈，同时兼顾纵向历史的阶段性特征，使调查报告不仅具有一般资料集和地方志的性质，又通过研究报告形式，将边疆地区现实存在的突出问题反映出来，以引起国家和地方政府部门的重视。

在调查选点方面，我们从全局考虑，以点带面，遴选有特色、典型性的村寨，尽可能凸显边疆区位、地方文化和发展水平等特征。经过多次讨论，我们确定了以下调查点：广西东兴市京族万尾村，广西宁明县明江镇洞廊村，广西凭祥市友谊镇礼茶村，广西龙州县金龙镇横罗村，广西防城港市企沙镇华侨渔业新村，广西大新县宝圩乡板价村、下雷镇新丰村，广西那坡县城厢镇达腊村，广西靖西县龙邦镇其龙村，广西环江县下南乡玉环村，广西金秀县长垌乡长垌村，广西百色市右江区龙川镇六能村，广西南宁市江西镇杨美村 13 个调查点。确定以上调查点的根据主

要有以下几点：

（1）边境沿线村寨。广西有8个边境县（市、区），我们特意在每个边境县市境内选择了1～2个调查点，如大新县下雷镇新丰村距离边界线仅数百米，沿边公路从村落中间穿过。

（2）民族村寨。广西有12个世居民族，我们选择了若干民族特色鲜明的边疆村寨，既突出了边疆特点，也表现了民族特色，如那坡县城厢镇达腊彝族村寨，那里的白彝文化特色鲜明，受到政府和学术界的广泛关注；我们也选取了个别非边境地区民族村寨，如环江县下南乡玉环毛南族村寨。

（3）经济发展特色村寨。广西各民族村寨经济发展模式不同，发展阶段不同，如以边贸为主发展起来的东兴市京族万尾村，总体发展水平较高，而以农业和旅游业为主的大新县宝圩乡板价村发展水平一般。

（4）华侨移民村落。20世纪70年代，广西境内接受了大批归国侨民，建立了一些华侨农场，他们对边疆地区的稳定具有特殊影响，因此，我们特意选择了防城港市企沙镇华侨渔业新村作为典型个案。

经过全体成员两年多的共同努力，本项目在要求的时间内顺利完成。整个项目的完成，在锻炼队伍、培养新人、积累成果等方面取得了一定的成绩。笔者虽然是广西项目负责人，但在整个项目的完成过程中，笔者主要从事指导工作，绝大多数写作任务都是由各调查点主持人组织完成的。在课题调研过程中，笔者曾多次带领课题组老师和研究生前往田野点调查，进行工作布置和安排。在调研过程中课题组老师和研究生不畏艰难困苦，深入边境一线，走

访干部群众，细致调查研究，求真务实，收集了大量的一手材料，保证了本课题的顺利完成。在此，谨向课题组全体成员表达我个人的敬意和衷心的感谢！

广西调查项目的顺利完成，也凝聚着中国社会科学院中国边疆史地研究中心全体同仁的心血。中国社会科学院中国边疆史地研究中心厉声主任、李国强副主任非常关心项目的进展情况，曾于2007年、2008年两次组织人员来广西检查、指导工作。研究中心的于逢春、李方两位研究员，也给予了大力支持。广西项目协调人冯建勇同志，对广西卷的所有书稿进行了认真审阅，并提出修改意见等。在此，谨代表课题组全体成员表示衷心的感谢！

本套丛书广西卷的13个村落材料，由于进行田野调查的时间不完全统一，因此各分册中使用的年度统计截至数据也不完全统一，有截至2007年、2008年的，也有截至2009年上半年的。调查报告中出现的某些访谈，依照学术惯例，我们隐去了访谈者的姓名，但对于一般内容和访谈，都遵循了客观真实记录和描述的原则。对于调查报告中使用的照片，凡涉及个人肖像权的，均征得了个人的同意。由于调查时间的限制以及撰稿人学术背景差异等原因，丛书中难免存在一些不足，望读者批评指正。

周建新

2009年8月11日于南宁

第一章　板价屯概况

第一节　县、镇情况

板价屯地处祖国南疆边陲，是广西壮族自治区大新县宝圩乡板价行政村所在地。

一　大新县

大新县地处桂西南边陲，与越南毗连，国境线长40多公里，县城所在地距广西首府南宁143公里，全县总面积2755平方公里，耕地总面积为49.1万亩。全县现辖5个镇、11个乡、145个村民委员会、2034个自然屯，县境内聚居着壮、瑶、苗、水等少数民族。截至2007年末，全县总人口362232人，壮族占98%。蔗糖、水果、矿产、旅游是大新县的四大支柱产业。

大新县属桂西南岩溶山区，地势北高南略低，地形以岩溶石山为主，山岭连绵，石山耸立，主要山脉有西大明山古雾岭、四城岭等。矿产资源极为丰富，储藏有锰、铅锌、铀、磷、大理石、铜、铁、金、锑、白钨、重晶石、铝土、煤、钾、水晶、钛土、独居石等50多种矿产。尤以锰矿储量最多，总储量达1.35亿吨，藏量大、品位高，居全国首位，全国特大型沉积氧化锰矿床主要分布于大新县境内的下雷镇和土湖乡。

大新县处于南亚热带季风气候区，气候温暖，湿润多雨，年均降雨量在1000毫米以上，年平均气温21.3℃，年均日照时数为1579小时，无霜期341天，是南亚热带动植物的天然乐园。野生动物中列入国家保护和地方名优的有全白叶猴、果子狸、穿山甲、水鱼、蛤蚧等；植物资源有桂圆、苦丁茶、八角、玉桂、木棉花、木薯、杉、松、金钱草、金银花等。大新县素有“龙眼之乡”美称，是全国六大龙眼生产基地之一，也是苦丁茶的原产地，是苦丁茶之乡。黑水河县境内长45.4公里，径流量2.37亿立方米，为境内最长河流。全县水资源量为21.38亿立方米，可开发利用的达16.86亿立方米，已建有水电站9个，总装机容量288万千瓦，年发电量6550万千瓦时。

大新旅游景点众多，山水可与桂林相媲美，有“小桂林”之称，境内共有42个景点。主要自然景观有：德天瀑布、明仕田园风光、龙宫仙境、黑水河风光、沙屯多级瀑布、乔苗平湖和恩城山水。国家特级景点、世界第二跨国大瀑布——德天瀑布位于硕龙镇归春河上游，在中越边境交界处，与越南板约瀑布连为一体，宽120米，高50米，纵深60米，气势磅礴，雄伟壮观。人文景观有养利古城、银盘山古炮台、古代崖洞葬、龙门石刻。民族风情有上甲短衣壮①。

二 宝圩乡

宝圩乡位于大新西南部，属大新县边境乡镇之一。县

① 广西县域经济网，http://www.gxcounty.com/lsh/hy/38915.html。

内与雷平镇、堪圩乡、硕龙镇接壤，县外与龙州县的金龙镇、逐卜乡毗邻。乡政府所驻的宝圩街，是较完善的政治、经济、文化区域中心集镇。宝圩乡距县城51公里，533县道贯穿全境，交通便利。该乡行政区域面积112平方公里，林地面积20025亩，耕地面积32409亩，其中水田17951亩，旱地14458亩。全乡下辖宝圩、宝西、板价、板六、尚艺、景阳6个行政村（社区），共有75个自然屯、88个村民小组、4337户、17821人，其中农业人口17206人。人口自然增长率为1.91%。全乡有59个党支部，党员518名，其中农村党（总）支部6个，农村党员386名。2007年全乡财政收入完成80.02万元，农民人均纯收入2985元。

境内水资源丰富，有全县著名的跃进渠道和壮志河盘绕境内，长达12公里，是全县较大的水稻生产区和甘蔗生产区之一。2007年，全乡粮食作物播种面积2.8万亩，粮食总产量7403吨，甘蔗种植面积2.1万亩，2007~2008年入厂原料蔗10万吨，土特产如酸菜、云片糕、龙眼、山黄皮、凉薯等在区内外享有盛誉。境内山清水秀，自然景观优美，民风淳朴。被称为"植物界大熊猫"的珍稀植物——金花茶就生长在板六村美屯、陇汤的深山老林中。古朴的"短衣壮"生活在板价村板价屯。板价屯民俗风情浓郁，语言、服饰、饮食、习俗等方面仍保留着壮族古部落的明显特征，是桂西南区域传统民族文化形态保存得较完整的。近年来，来自日本、中国香港及澳门、台湾地区和北京、广东的新闻工作者、民俗专家学者、游客，纷纷前来观光和调研。宝圩乡是革命老区，宝圩街、碧云洞、板价屯等都留有邓小平同志和红八军战士的足迹[①]。

第二节 板价村基本村情与历史沿革

一 基本村情

板价村距乡政府所在地宝圩街5公里，全村共有802户、3729人。耕地总面积4956亩，其中水田面积3720亩，旱地面积1236亩，农业生产以水稻种植为主。全村未解决温饱的贫困户有339户、1282人，初步解决温饱的低收入贫困户有226户、904人。板价村设党总支部1个，下辖7个农村支部，有党员65名。其中，高中文化程度的党员11名，初中文化程度的党员21名，35岁以下的党员10名。

板价屯是板价村所在地，北邻逐锦屯，南邻宝西村，东面隔山临板价河与板探屯相接，西南邻板统屯，西北与下封屯相望，东北邻那盖屯，是上甲距宝圩街最近的一个屯。上甲土语"价"指树木枝杈，"板"指村屯，故名板价。板价屯的由来，是由于板价河流经屯中间，房屋排列于沿河两岸，形似树木分叉，故得名。全屯共有101户、496人，其中有非农业人口23人。

板价屯南临陇因山，北面是一片开阔地。每天村民在板价河边乘凉、洗衣，河边还有两口泉水，泉水终年不断，现在人们用自来水管把泉水直接引到家中，用水比以前方便多了。板价河边有一座面积为52平方米的戏台，建于

---

① 大新县政府网，http：//www. daxin. gov. cn/xiangzhen/info. asp？kid = 11&lid = 1&id = 1。

2005 年，由民族局投资修建；当时还沿河修了两条长约 700 米的大理石铺面水泥路，两者共投资 15 万元。在戏台前挨着板价河的是篮球场，是板价屯人于 1992 年自筹 2500 元所建的，面积有 510 平方米。这座戏台及篮球场是供屯内村民娱乐、聚会和为客人表演节目的地方，是全屯的社交活动中心。戏台的右手边是板价屯的活动室。该活动室是 2002 年由村民自筹 8000 余元所建，占地面积为 80 平方米。该活动室内挂有各种牌匾及奖状，在活动室内有一间图书室，有藏书 3000 余册，主要由 2005 年县图书馆与文物馆所赠。

2002 年，板价屯荣获县级“文明村”荣誉称号；2005 年 3 月，获得由中共大新县委员会及大新县人民政府联合授予的“2004 年度社会治安综合治理模范屯”的荣誉称号。2005 年 6 月，崇左市民委、大新县民族局因“兴边富民行动”在板价屯口立“板价屯”石碑，该石碑现已成为板价屯的重要标志之一。

二　历史沿革

板价屯所在的大新县，上古属骆越地，秦属象郡，汉属郁林郡临尘县地，东晋、宋、齐、梁、陈属晋兴郡，隋属郁林郡，唐属邕管，始建五个羁縻州（西原、波州、万承、养利、思城），宋以后增设太平、全茗、茗盈三州，全县定型为八个土州。清末改土归流结束后，于民国元年（1912 年）改养利土州为养利县，改思城土州为崇善县思城分县，民国七年（1918 年）思城分县并入养利县，民国十七年（1928 年）下雷、安平、太平合并置雷平县，民国十八年（1929 年）置万承县，属龙州专区。1949 年 12 月养利、万承、雷平陆续解放。1951 年 3 月三县合并为大新县，属龙州专区，1952年属邕宁专区，1956年属桂西壮族自治州，1958年曾与天等县合并为新英县，次年恢复两县原制，属南宁专区，1970年改属南宁地区，直至今日。

板价屯传统上属于“上甲”社区。所谓“上甲”，即今之宝圩乡板禄（即板六）、板价两村的31屯之地（见图1-1）。其中，板禄村辖那排、陇汤、陇合、陇曲、岜灵、那院、那达、百必、美屯、板禄、板难、桥玩、板认、板甫、三良、陇那16屯；板价村辖板价、下封、那盖、江洞、逐钦、下思、上思、陇大、念休、楞印、那弄、板统、板赦、板探、板考15屯（见图1-2）。总面积41平方公里，折合为6.15万亩，其中耕地11813亩，占总面积的19.21%；石山、河溪、道路、建筑等共计49687亩，占80.79%。上甲地区属于壮族聚居区，总人口6988人，98%为壮族。上甲人自称“布侬”或“布上甲”，20世纪80年

图1-1　上甲板价、板六两村位置（2009年3月10日　刘萍摄）

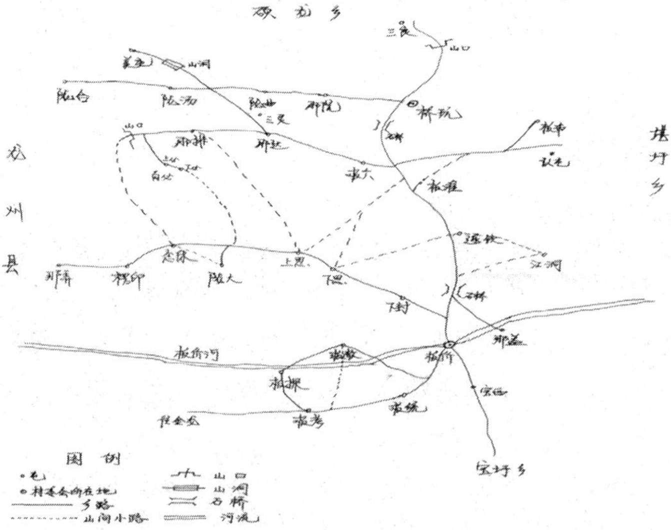

图 1－2　上甲村屯分布示意（2009 年 3 月 10 日　肖可意草绘）

代后，被外界称为“短衣壮”。姓氏主要以农姓为主，其他有黄、陈、覃、林、王等姓。

上甲东靠堪圩乡的明仕村和民智村，南邻宝圩乡宝西村，西连龙州县金龙乡霜蒙村和武连村，北与硕龙镇的念典村和堪圩乡的谨汤村接壤。从东端的板难屯至西端的那弄屯，相距 7 公里；从南端的板统屯到北端的三良屯，相距 9 公里。地貌特征是大小山丛相隔，形成一小块一小块的山间平地。板价村、板统村地势略低，延伸平展，地面溪水多；上思村、那排村、板禄村地势略高，地面凹凸不平，地下水丰富，泉眼较多。整个上甲地形向东南倾斜，呈梯形状，似一只蹲着的青蛙。板价村、板统村为头部，那排村、板禄村似尾部，但尾宽头稍尖，不大相称。上甲两村有 31 个自然屯，除美屯、三良、楞印、那弄为山丛环抱外，其余均隔山相依或依山旁居，远眺似相隔，近看又相通。

“上甲”的相关历史，在北宋以前都无法具体考究。宋皇祐五年（1053 年）设置太平土州，元末分为太平州和安平州，安平土司把自己管辖的地方划为“九化”。“化”，状语为乞丐。九化，即东、西、南、北、上、中、归、食、我处，把九化连起来就是各地奴隶到我处乞食。“化者则如太平之团也，不用团而用化者，以民众犹叫化也”[①]，故当时各乡被命名为“化”。现今上甲区域内的那排（那排、陇汤、陇合、陇曲、岜灵、那院、那达、百必上、百必下）、板禄（板禄、板难、桥玩）、板价（板价、下封、那盖、江洞、逐钦）、上思（下思、上思、陇隆、念休上、念休下、楞项、楞印、那弄）和板统（板统、板赦、板探、板考）等地，属于宝圩乡子化，别称上化，习惯上称上化五村。那时的美屯、三良两屯属堪圩乡子化，别称归化。民国建立后，上化五村归属宝圩乡，板甫、板认两个屯划归板禄村[②]。民国二十二年（1933 年）废土州“化”制，改为“村甲”制，村以下称屯、甲，十户为甲。其中那排村 13 甲，板禄村 12 甲，上思村 11 甲，板价村 10 甲，板统村 12 甲。“甲”是旧时户口编制单位，我们认为这可能根据“村甲”制的设置，将上化改为上甲，此为上甲五村的由来。中华人民共和国成立以后，上甲地区的行政区划变动频繁，直到 1962 年，上甲地区被划分为板价（上思村、板价村、板统村）、板禄（那派村、板禄村、美屯、陇那）两个大队，属宝圩公社管辖。1984 年，宝圩公社改为乡，板价、板禄大队改为板价、板禄两村，10 户以下的如陇那屯称村民小组。这种行政区划一直延续至今（见表 1－1）。

---

① 萧德浩、黄铮：《中越边界历史资料选编》（上），社会科学文献出版社，1993，第 87 页。

② 参见覃菁《上甲史俗》，延边大学出版社，1999，第 8～11 页。

表 1-1　上甲两村民国时期村名与目前村名对照

现村名	民国时村名	现包括屯	现村民委员会
板价村	板价村	板价屯	板价屯
		下封屯	
		那盖屯	
		江洞屯	
		逐钦屯	
	上思村	下思屯	
		上思屯	
		陇大屯	
		念休屯	
		楞印屯	
		那弄屯	
	板统村	板统屯	
		板考屯	
		板探屯	
		板敖屯	
板六村	那排村	那排屯	桥玩屯
		陇汤屯	
		陇合屯	
		三灵屯	
		那院屯	
		那达屯	
		百必屯	
		美　屯	
		陇曲屯	
	板六村	板六屯	
		桥玩屯	
		认　屯	
		板布屯	
		板难屯	
		三良屯	
		陇那屯	

第三节　道路交通

板价屯位于从宝圩乡进入上甲主公路旁，距宝圩乡 8 公里。中华人民共和国成立前后，从宝圩到上甲都是乡村小道，来往基本靠步行，运输靠肩挑。1973 年，宝圩至板六的公路修通，全长 11 公里，四级路，可通行大卡车。1977 年，从板价屯到板统屯的屯级公路修通，全长 2 公里，可通行手扶拖拉机。1977 年，还修通了从板价屯到楞印屯的屯级公路，全长 5 公里，可通行手扶拖拉机。2003 年后，由于宝圩至板六这条路修建的时间太长，又没有及时修整，而上甲地区的一些村屯通过此路向外运送甘蔗，致使路面遭到严重破坏，到处坑坑洼洼，在下雨天更加难行，所以去往上甲的车辆极少，交通不便。由于交通的不畅通，在一定程度上妨碍了板价、板禄两村的经济发展。鉴于此，2008 年大新县交通局决定出资修建宝圩到板价屯公路，力求改善这里的交通面貌。

板价屯内有桥梁三座：（1）板价一桥，在板价屯中间的板价河上，始建于光绪七年（1881 年），桥墩用料石砌成，桥面石板，宽 1 米、长 8 米。（2）板价二桥，在板价屯东头，1929 年（民国十八年）全屯每户集资 3000 枚铜钱，请有名石匠建成，为石桥墩和石板桥面；1973 年修建乡村公路，因板价二桥桥面狭小、石板薄，不能通车，而被改建成钢筋水泥结构，现桥面宽 6 米、长 10 米，可通汽车；2008 年 4～5 月，大新交通局投资 12 万元改建板价二桥，并将其命名为“板价桥”（见图 1－3）。（3）板价三桥（见图 1－4），2005 年大新县民族局为了发展当地旅游业投

图 1－3　板价桥（2009 年 3 月 10 日　刘萍摄）

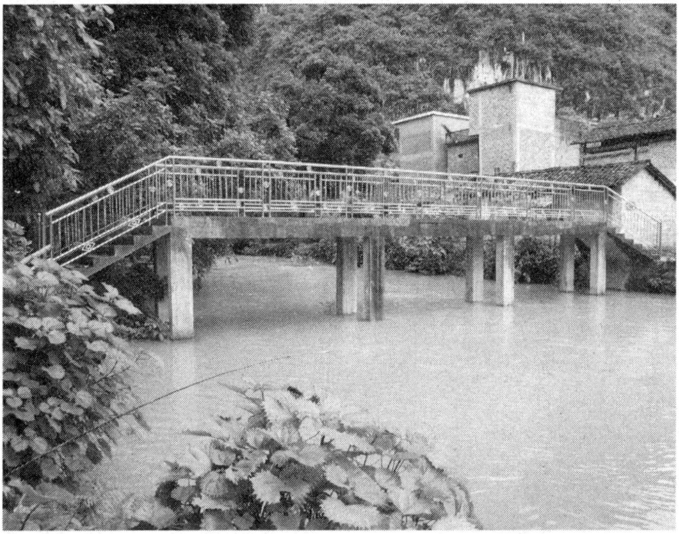

图 1－4　板价三桥（2009 年 7 月 1 日　刘萍摄）

资5万元建成，钢筋水泥结构，长10米、宽2米，有不锈钢扶手，造型新颖别致，是屯内的景点之一。

板价屯村民出行，平时主要靠三轮摩托车、两轮摩托车或自行车等。目前，板价屯有25户拥有自己的摩托车，两户拥有自己的微型汽车。一般只有街日时，来往于板价和宝圩的车辆稍多，平日出门车辆较少。

第二章　社会组织与村民自治

第一节　社会组织

一　村民委员会

板价村的村级行政机构在中华人民共和国成立初期称为村公所，1956 年称高级社，1958 年称人民公社，1964 年改称生产大队，1981 年改称村民委员会，1987 年称村公所，1993 年再称村委会至今。板价村的村民委员会（见图 2－1）是板价村民享有自我管理、自我教育与自我服务权益的基层群众性自治组织。办公地点位于板价屯南，是板价村各屯往来的必经之地，交通便利，方便村民委员会人员及各屯村民来此办事。2002 年，板价屯

图 2－1　板价村民委员会
（2007 年 11 月 23 日　刘萍摄）

荣获县级“文明村”称号，2007年3月，被宝圩边防派出所评为“创建爱民固边模范村”。

板价村民委员会，有村委会主任1人，副主任2人，妇女主任1人，治保主任1人（见表2-1）。村民委员会下辖15个屯，每屯为1个小组，各设屯长1名。

表2-1　板价村民委员会成员基本情况

姓名	性别	民族	学历	政治面貌	出生日期	职　务	职　责
农卫新	男	壮族	高中	中共党员	1964年11月	现为板价村村委会主任	主持村委全面工作
农小能	男	壮族	高中	中共党员	1957年8月	现为板价村村委会副主任	主持村委统计工作
李荣明	男	壮族	高中	中共党员	1962年10月	现为板价村村委会副主任	主持村委民兵、计生、治安等工作
农小金	女	壮族	初中	中共党员	1976年8月	现为板价村村委妇女主任	主持村委妇代会及协助计生等工作
农绍吉	男	壮族	小学	中共党员	1942年10月	现为板价村村委会委员	—

板价村民委员会的职能是处理本村各项事务和协助宝圩乡政府开展各项工作，例如向村民宣传各种法规及国家政策；管理本村集体财产，发展生产，带动、帮扶村民走上致富道路（见表2-2），协调各项工作；举办社会福利事业、整顿村容等公益事业及公共事物，兴办和管理本村的教育、文化、卫生、科技、体育等，修建和管理本村的水利工程、道路和桥梁建设；依法调解村民间各种纠纷；协助维护治安；向政

府反映村民的要求，并提出意见；监督执行村规民约等。这些足见村民委员会管理涉及村民生活的方方面面。

表 2－2　村干部帮扶联系情况一览

姓　名	联系户
农卫新	黄建英（那盖屯）
农小能	农永勇（楞印屯）
李荣明	农继业（板统村）
农民军	农小敏（下封屯）
农卫新	农忠勋（楞印屯）
农小金	浓梅青（板价屯）
农绍吉	农红军（板统村）

为了完善村委会的工作职能，2003 年，广西壮族自治区党委提出了村级组织建设的“五村、两规范”要求。

“五村、两规范”建设要求

（1）科技兴村：坚持实际、实用、实效的原则，大力加强对农村党员和干部的技术培训，提高农村党员干部带头致富和带领群众致富的本领。建立党员科技中心户、党员科技示范岗等并发挥其示范作用，引导和带动农民依靠科技致富，有劳动能力的党员要掌握 1～2 门科技致富技术，并发挥示范带头作用。

（2）经济强村：因地制宜，选准一条适合本村经济发展的好路子，充分发挥本地资源优势，瞄准市场，引进新技术，推广新品种，发展特色产业，壮大支柱产业，带动千家万户增收致富。

（3）文明建村：坚持用社会主义先进文化占领农村文

化阵地，引导农民在遵守基本行为准则的基础上，追求更高的思想道德目标。积极开展改水、改厕、改厨、改路等基础设施建设。保护生态环境，发展生态农业。广泛开展群众性文体活动，倡导文明，崇尚科学，形成文明健康的生活习惯。抓好计划生育，改善村级办公条件。

（4）民主理村：建立健全各项管理制度，确保村级各项工作正常运转。建立健全民主决策制度，实行民主管理。制定和执行科学合理的村规民约。实行村务公开，坚持村务整改公示承诺制度，自觉接受群众监督，做到干部“清白”，群众明白。

（5）依法治村：加强法律宣传教育，增强农民群众的法制观念，提高其依法行使权利、履行义务的自觉性。依法、依约调解各种纠纷，及时化解民间矛盾。加强农村社会治安综合治理工作，维护农村稳定。开展创建“无赌博、无犯罪、无吸毒、无械斗”活动，促进农村文明建设。

（6）村级工作规范化管理：明确村党（总）支部和村委会的作用、职责和任务，坚持实行村“两委”联席会议和村民代表会议制度，认真落实村规民约，强化集体资产管理、财务管理和印章管理，保障本村各项工作正常运行。

（7）村级干部规范化管理：明确村干职数和职责，按照干部“四化”方针和德才兼备的原则，推行党（总）支部“公推直选”和村民委员会“直选”的做法，把德才兼备、实绩突出、群众公认的优秀人才选拔到村“两委”领导岗位上来。加强村干后备干部队伍建设，做好计划，重点培养，备用结合。

板价村民委员会参照要求，积极改进自身工作。

二 村民小组

板价屯为板价村的15个自然屯之一，为一个村民小组。板价屯设组长一名、副组长两名以及其他成员三名。现任组长农建先、副组长农英明和农建材，成员有农洪华、农建红和农斯梅。村民小组的主要责任是带领村民走上致富的道路，发展屯中的经济；整顿屯容，加强屯中的各项公共建设；向村民宣传国家的各项法规和政策；维持屯的治安及村民的各项利益等；协助村民委员会做好各项工作。2005年开展干部帮扶工作，由先富带领后富，共同前进（见表2－3）。

表2－3 板价屯干部帮扶联系情况一览

姓　名	帮扶联系户
农建先	农建胜
农忠文	农兴真
农英明	农英群

板价屯村民团结，实行屯干部负责制。屯中有事，皆采取民主议事的方法。一般开会、民主议事时主要通过屯中的广播通知。开会地点一般设在板价屯的舞台上。议事时，每户出一个代表，共同商量对策，如2008年上半年种植玉米、引水工程的修建，7月初的屯干部选举，下半年种植何种作物等，皆召集村民一起讨论。村民共同议事的方法，不仅保护了板价屯的每个居民的利益，而且也增强了村民之间的信任，促进了干部群众彼此之间的团结。

三 村党总支部

农村党的基层组织是指乡镇党委、村党（总）支部（含村级党委）、屯级党支部等党的基层组织。党小组是党支部的一个组成部分，但不是党的一级组织。农村党的基层组织是党在农村的组织基础，是党联系农村人民群众的桥梁和纽带，是农村基层组织中的战斗堡垒，是团结带领群众完成农村各项任务的可靠保证，是实现党的领导的必要环节。

板价村党组织的成立历史可追溯到1949年2月，当时中国共产党上甲武工队党支部成立，最初只有党员3名。随着革命的发展，又有12名群众加入中国共产党。1958～1965年，板价村有党员46人。“文化大革命”时期，党建工作陷于停滞，板价村没有发展党员。十一届三中全会以后，板价村的党员已达55人，其中女党员5人。板价村现设有党总支部（见表2－4）1个，下设7个党支部（见图2－2）。截至2008年6月，板价村共有党员65名，其中男党员59名，女党员6名，具有高中文化水平的有11名，初中文化水平的有21名，35岁以下的年轻党员有10名。板价屯属板价村党总支部板价党支部，共有党员16名，占板价村党员总人数的24.6%。

表2－4　板价村党总支成员基本情况

姓名	性别	民族	学历	政治面貌	出生日期	职　务
农卫新	男	壮族	高中	中共党员	1964年11月	现为板价村党总支书记、纪委委员
农小能	男	壮族	高中	中共党员	1957年8月	现为板价村党总支部副书记
农民军	男	壮族	高中	中共党员	1968年10月	现为板价村党总支部委员、组织委员、团支部书记
农小金	女	壮族	初中	中共党员	1976年8月	现为板价村党总支部委员、宣传委员

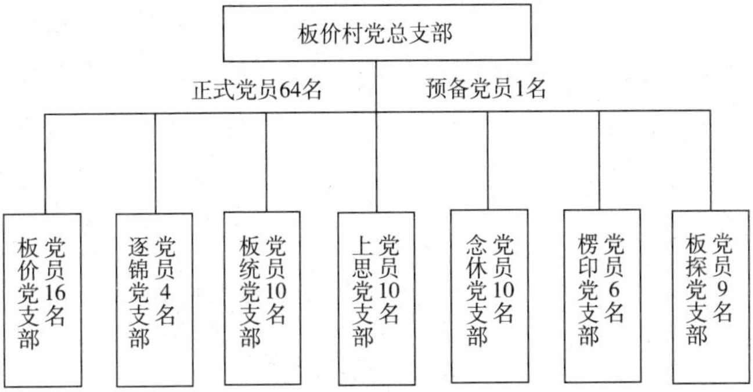

图 2－2　板价村党组织机构示意

板价村党总支部制定了自己的工作职责，同时作为各屯党支部的工作职责规范，要求各党支部按照规定严格执行，其主要内容如下：

板价村党总支部的工作职责

（1）贯彻执行党的路线、方针、政策和上级党组织的决策、决议，以及本村党员大会通过的决议。

（2）领导村民委员会、村集体经济组织和共青团、妇代会、民兵营等其他村级组织，支持和保证这些组织依照国家法律法规及各自的章程充分行使职权。

（3）加强对经济工作的领导，坚持以经济建设为中心，深化农村改革，发展农村经济，增加农民收入，减轻农民负担，提高农民生活水平。

（4）讨论决定本村经济发展和社会发展中的重要问题，领导制定本村经济发展规划，组织、动员各方面力量保证规划实施。需由村民委员会、村民会议或集体经济组织决定的事情，由村民委员会、村民会议或集体经济组织依照法律和有关规定作出决定。

（5）领导和推进民主选举、民主决策、民主管理和民主监督，支持和保障村民依法开展自治活动。

（6）搞好村党（总）支部委员会的自身建设，对党员进行教育、管理和监督。负责对要求入党的积极分子进行教育和培养，做好发展党员工作。

（7）负责村、组干部和村办企业管理人员的培养、教育和监督。

（8）领导和组织本村社会主义精神文明建设、民主法制建设，培养有理想、有道德、有文化、有纪律的新型农民，搞好社会治安和计划生育工作，维护社会稳定。

板价村党总支部注意党员联系群众，主张先富的带动后富的，并根据要求制定了党员联系群众制度，其主要内容如下：

党员联系群众制度

（1）党员根据实际情况，本着自愿、就近、方便的原则，选择一户或几户群众（职工）作为联系对象，保持经常的密切联系。

（2）党员经常向联系户宣传党的路线、方针、政策，做好思想政治工作。

（3）教育联系户坚持四项基本原则，遵纪守法，正确处理国家、集体、个人三者关系。

（4）帮助联系户提供信息和技术，发展生产，解决一些生活中的困难。

（5）帮助联系户创建文明家庭。

同时，板价村党总支部为了能够很好地贯彻和执行党发展党员的要求，制定了板价村党支部发展党员制度。

板价村党总支部发展党员的要求

(1) 发展党员以“坚持标准，保证质量，改善结构，慎重发展”为方针，坚持个别吸收原则，成熟一个，发展一个。

(2) 每个党员至少联系培养一名入党积极分子作为重点选拔对象，并积极开展教育活动，引导、促进选拔对象增强对党的认识，自觉向党组织靠拢。

(3) 重点选拔对象申请入党后，党支部通过召开支委会或党员大会讨论同意，可确定入党积极分子，并报村党总支部备案。

(4) 对没有联系人的入党积极分子，党组织要确定一至两名正式党员作其联系人，党支部至少每半年要对要求入党的积极分子进行一次考查，并将考查载入考查表。

(5) 要求入党的积极分子经过一年以上的培养教育后，经支委会或支部大会讨论同意可列为发展对象。

(6) 对发展对象，要进行政治工作审查和公示，审查合格、公示过关后方可提交支部大会讨论其入党问题。

(7) 发展对象经支部党员大会讨论通过，并报乡党委审批（有党总支部管辖的，先报党总支审批）后可成为中共预备党员。

(8) 发展对象需经为期5~7天或不少于40个小时的短期集中培训，因客观原因不能进行集中培训的，应安排他们学习制定的文件，并搞好辅导；未经培训的，不能发展入党。

(9) 发展28周岁以下的青年入党，一般应从团员中发展，发展团员入党，一般应经团组织推荐。

（10）发展新党员以妇女和35岁以下青年为重点，文化程度一般在初中文化以上，文盲一般不发展。

（11）预备党员必须面对党旗进行宣誓。由党支部组织宣誓仪式的必须请上级党组织派人参加。

（12）党支部每季度听取一次预备党员的工作思想汇报，并举行讲座和反馈。预备党员预备期满，本人提出书面申请后，及时讨论其转正问题，不得拖延。

板价村党总支部选举党员时，按照党的要求采取公正、公平、公开的原则，严格挑选党外积极分子。现以2007年6月板价村党总支部选举党员情况为例。以下为板价村村民入党记录：

本支部于2007年6月6日召开全体党员大会讨论×××同志的入党问题，与会同志认为×××同志，于2006年向党支部提出入党申请后，努力以实际行动争取早日成为一名共产党员，其认真学习，对党的认识明确，入党动机端正，有为共产主义奋斗的决心。存在的不足是：有时看问题不够全面，方法少，今后注意克服。

经到会的全体党员充分讨论，认为×××同志已经具备共产党员的条件，同意吸收其为预备党员。

表决结果：本支部共有党员8名，外出务工1名，实到会7人，经举手表决，一致通过吸收×××同志为中共预备党员。

板价村党总支部根据每年的具体情况相应的制定发展党员规划表，以这种方式确定党员的发展人数，有利于党组织的发展和壮大（见图2-3、表2-5）。

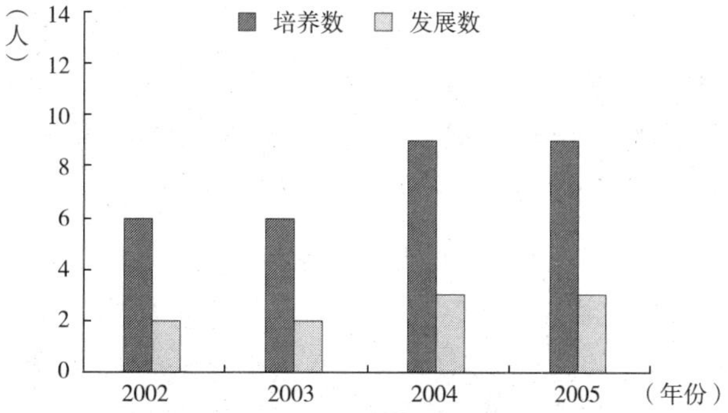

图 2－3　2002～2005 年板价村发展党员规划

注：培养与发展基数比为 3∶1。

表 2－5　共青团大新县板价村板价屯党支部“推优育苗”对象基本情况

年份	姓名	性别	学历	入团时间	负责育苗党员姓名	接受党课教育情况记录	申请入党年月日	确定为入党积极分子年月日	备注
2003	农洪华	男	初中	1994.5	农建红	3 课	—	—	—
	农花梅	女	中专	1994.5	农斯梅	3 课	—	—	—
2004	农洪华	男	初中	1994.5	农建红	4 课	—	—	—
	农花梅	女	中专	1994.5	农斯梅	43 课	—	—	—
2005	农志平	男	初中	2000.11	农斯梅	1 次	—	—	—
2006	农振才	男	初中	2000.5	农建红	1 次	—	—	—
2007	农振才	男	初中	2000.5	农建红	1 次	—	—	—
2008	农振才	男	初中	2000.5	农建红	1 次	—	—	—

板价村党总支部为积极响应上级号召和带动群众奔小康，制定了“五个好”目标，内容如下：

村级党（总）支部建设“五个好”目标

（1）领导班子好。领导班子自觉学习和实践“三个代表”重要思想，坚决贯彻执行党的基本路线和各项方针政策，遵纪守法，廉洁勤政，奋发有为。村党总支书记具有带头致富和带领农民群众共同致富的能力。

（2）党员干部队伍好。共产党员能够发挥先锋模范作用，村组干部能够发挥骨干作用，有学习、劳动能力的党员90%以上掌握1～2门致富技术，50%以上的村干部达到农民技术员、农民技师水平，党员积极参与“党群致富联合体”、“党员设岗定责”、党员联系户和扶贫帮困等先进性主题活动。

（3）工作机制好。各项制度完善，落实有力，管理措施到位，党（总）支部和村委会关系协调，工作运行规范，服务优质高效。

（4）小康建设业绩好。按照全面建设农村小康社会目标的要求，理清发展思路，制订发展规划，落实具体措施，调整经济结构，推动农业产业化经营，农村经济持续发展，农民收入稳定增加，集体经济实力不断增强，村容村貌明显改善，各项社会事业协调发展，精神文明建设和民族法制建设成效显著。

（5）农民群众反映好。村组干部尊重农民，爱护农民，诚心诚意为农民群众办实事；工作措施符合群众意愿，工作作风和工作实绩得到群众满意，党群干群关系融洽，党员威信高，党组织得到群众拥护。

四　党支部

板价屯与下封屯、那盖屯是一个党支部。板价党支部由支部书记、组织委员、纪律委员、宣传委员共四人组成。截止到2008年6月，板价屯党支部共有党员18名，其中板价屯有党员14名，女党员2名。党支部的主要职责是在各种活动中组织、发动群众，如2007年广西电视台在板价屯拍摄“新米节”，党支部成员组织群众积极配合拍摄；2008

年农历正月民族局投资8万元修建板价屯的引水工程，在党支部的带领下，村民又自筹1万元投入到该引水工程建设中。同时，党支部还担负着推广优良品种、搞好环境、提倡党员遵纪守法等宣传工作。

板价屯还制定了支部委员民主生活会制度，并悬挂于板价屯的活动室内。支部委员民主生活会制度的制定，不但能够很好地发挥支部委员的作用，同时也使支部委员的工作能够有序地进行。

板价屯支部委员民主生活会制度

（1）支部委员民主生活会，每年召开一次，年底召开，由书记主持。

（2）每次民主生活会，要根据上级党委的有关文件精神要求和委员思想、工作等方面的情况，进行检查总结，开展批评与自我批评，统一认识，解决矛盾。

（3）民主生活会的日期和议题，要通知委员做好准备。同时，要采取多种形式，广泛听取党内外的意见。

（4）民主生活会要充分发扬民主，畅所欲言，充分体现党内生活的思想性、原则性。

（5）因故缺席的委员可以提交书面发言，会议的情况和批评意见在会后由支部主要负责人转告缺席人员。

（6）召开民主生活会前，要报请镇党委派人参加，以便了解情况，进行指导。会后，要向镇党委写出书面报告。

（7）民主生活会上检查和反映出的问题，要认真加以解决。

（8）各委员平时要经常相互开展谈心活动，交流思想，相互谅解与支持，努力维护班子的团结和统一。

“三会一课”

（1）党员大会：每季度召开一次，党（总）支部全体党员参加，由党（总）支部书记主持。内容一般有：传达、学习党的路线、方针、政策和上级党组织的指示、决议，制定贯彻落实的计划、措施；审议党（总）支部工作报告；讨论接受新党员和预备党员转正（总支部党员大会一般没有这项内容）；讨论决定对党员的表彰和处分；选举（总）支部委员会和出席上级党的代表大会的代表；讨论决定其他应由（总）支部党员大会讨论的重要问题。

（2）党（总）支部委员会（简称支委会）：每月召开一次，党（总）支部委员会成员参加，党（总）支部书记主持。内容一般有：研究抓好党（总）支部的思想建设、组织建设、作风建设和制度建设，对组织生活提出要求；讨论（审核）吸收新党员及预备党员转正：讨论确定后备干部名单、入党积极分子名单、党员发展对象名单等。

（3）党小组会：每月一次，党小组全体党员参加，党小组长主持，内容一般有：时事政策学习；布置有关工作；党员汇报思想、工作、学习情况，开展批评与自我批评。

（4）党课：每季度安排一次，党（总）支部全体党员参加。根据内容和需要，可吸收入党积极分子参加。内容一般有：进行马列主义、毛泽东思想、邓小平理论、“三个代表”重要思想教育；进行党的路线、方针、政策教育；进行党基本知识和党内有关法规教育；进行党的优良传统和优良作风教育等。

民主评议党员

每年对党员进行一次民主评议，以支部为单位进行。

基本方法是：学习教育，自我总结、评价，民主评议，组织考察，表彰处理。对民主评议出来的表现好的党员，由党组织通过口头或书面形式进行表扬，对评议揭露的违法违纪问题，要认真查清，严肃处理。

党员设岗定责

党（总）支部因需、因事、因人合理设置岗位及岗位职责，并根据党员自愿申报、民主推荐和党员特长安排党员上岗，要求上岗党员认真履行岗位职责，用自己的实际行动发挥党员先锋模范作用。每年结合民主评议党员活动对上岗党员进行考评，表扬先进，批评落后，并根据党员履职情况适当调整岗位，力求做到党员=群众满意。

板价屯党支部在支部各委员的努力下于2006年7月荣获了“2006年度基层党组织先进单位”称号，中共宝圩乡委员会颁发了奖状。板价党支部将其悬挂于板价屯活动室内（见图2-4）。

图2-4　板价屯活动室（2008年6月29日　刘萍摄）

五　团总支部

板价村设有1个团总支部，有团总支部书记1名。板价村团总支部下辖7个团支部，每个团支部各设团支部书记1名。其团支部的职能是：加强对团员、青年的思想政治工作；动员和组织共青团员在建设现代农村中发挥先锋和突击作用，做好村党支部的助手；密切联系青年群众，维护青年的正当权益；教育和管理本村团员，健全团的组织生活，做好发展团员工作，及时向村党支部推荐优秀团员作为党的发展对象。板价村团总支部制定了团支部的主要工作制度，要求团支部书记起到模范带头作用。

团支部工作制度

（1）认真组织青年团员学习马克思列宁主义、毛泽东思想、邓小平理论和“三个代表”重要思想，学习党在农村的各项方针、路线和政策以及团的业务知识，引导他们逐步树立共产主义世界观、人生观、价值观，培养高尚的道德情操，树立良好的社会风尚，带动青年团员在实践中逐步成为“四优”新人。

（2）坚持“三会一课”制度，即一年1次团员大会，半年1次团小组会，一月1次团支委会，一年1次民主评议团员制度、年度团注册制度，一月1次团课。

（3）每月向村党（总）支部汇报工作1次。

六　团支部

板价屯团支部成立于1990年7月。团支部由团支部书记、组织委员、宣传委员三人组成。截至2008年6月，有团员20名，其中男14名，女6名。按照团支部工作制度，团支部书记应该组织、领导所属的团员学习及参加相应的活动，但由于近几年来板价屯出现了外出打工的热潮，年轻男女多数外出打工，板价屯因此出现了无人参加组织的团支部活动的现象。板价屯虽有板价团支部，却没有起到应有的作用。

七　妇女代表大会

板价村设有妇女主任1名，主管板价各村屯的妇女工作，并在各屯设有1名主管妇女工作的干事，以配合妇女主任工作。现板价村妇女主任是板价屯党员农斯梅。农斯梅于2005年上任至今，是板价村第四届妇女主任。

板价村妇女代表大会的主要职责是配合乡妇联搞好各村屯妇女工作，如关爱儿童妇女，组织妇女身体健康检查，预防艾滋病和组织妇女做好避孕措施，发动和组织全村妇女参与农村改革和发展经济，引导全村妇女提高素质，促进妇女人才的成长，代表妇女参与本村民主管理和民主监督，保障妇女权益法规的落实，保障妇女儿童权益不受侵犯，等等，并组织妇女参加各种活动，丰富妇女的业余生活，如在每年的春节和妇女节时都会组织村中妇女集会，一般是做游戏、唱山歌等活动，并设有小礼品。乡妇联每年不定期到村里慰问，县、乡计生办每年下乡为该村屯妇女进行免费身体检查1～2次。2008年，大新县妇联在板价屯的活动室挂上了“妇女儿童活动之家”的牌子。

为了更好地组织、关爱妇女，板价村妇女代表大会根据上级的指示制定了妇女代表大会工作制度。

板价村妇女代表大会工作制度

(1) 根据我乡的实际情况，组织妇女参加党的路线、方针和政策的学习，组织妇女参加“双文明”建设和“双学双比”活动。

(2) 妇女工作要做到有计划，定期检查评比。

(3) 抓好妇女的来访工作，处理好保护妇女、儿童合法权益活动中出现的重大问题。

(4) 发挥妇女在科技兴农中的示范作用，总结经验，评比先进，及时报告乡妇联并进行表彰推广。

由于板价村下辖的屯较多，相隔较远，道路难走，加上大山阻隔，通信困难，导致有些信息不能及时传达，这是现在妇女工作中所面临的最大困难。

板价村对于妇女代表大会的选举，制定了妇女代表大会选举办法，如板价村第一次妇女代表大会的选举办法具体内容如下：

板价村第一次妇女代表大会选举办法

一　根据《中华全国妇女联合会章程》和有关规定，制定本办法。

二　经中共宝圩乡党委、妇联批准，宝圩乡板价村第一届妇代会委员由5人组成。大会实行差额选举，妇代会委员候选人数比应选名额多1名，为6名，差额1名。候选人必须是正式代表。

三　宝圩乡板价村第一届妇代会委员候选人建议名单，由村党总支部提出，放到各村民小组征得大多数妇女选民的同意，最后由村党总支部根据多数妇女选民的意见，确定正式候选人名单，并报乡党委和妇联审批，然后提交大会选举。

四　大会选举采用无记名投票方式。选举时，必须有2/3以上的正式代表出席才能进行。选票上候选人名单按姓氏笔画为序。代表对选票上的候选人可以投赞成票，可以投反对票，可以选其他本次代表大会的正式代表，也可以弃权。候选人必须获得应到代表过半数的赞成票始得当选。获得过半数赞成票的候选人多于应选名额时，以得票多的当选。

五　画写选票时，应用钢笔或圆珠笔。对选票上的候选人，如同意，在其姓名上方的方格内画一个“○”；如不同意，画一个“×”；弃权的不画符号。如要另选他人，应在候选人名单后面的空格内写上自己要选人的姓名，并在其姓名上面的方格内画一个“○”。只写姓名，不画“○”的无效。

画写选票符号要准确，字迹要清楚。每张选票所选的人数，等于或少于应选人数有效，多于应选人数无效。

六　大会选举时，设总监票人、总计票人各1名，监票、计票人各1名，在选举委员会领导下负责具体选举事务。总监票人、总计票人，由选举委员会提名，经全体代表讨论后，提交大会举手表决通过。总监票人、总计票人、监票人、计票人必须是非本届妇代会委员候选人的正式代表。

七　会场设投票箱一只，投票时，由总监票人、总计票人当众开箱检查、加封；投票时，先由总监票人、总计票人、监票人、计票人投票，然后由全体代表按规定程序投票。投票完毕，由监票人当场开启票箱，清点票数。收回的选票等于或少于发出的选票，选举有效；多于发出选票，选举无效，应重新进行选举。

八 计票工作在总监票人、监票人监督下进行。计票完毕，由总监票人向大会报告计票结果。

九 选举时，如遇本办法以外的特殊情况，由选举委员会研究决定。

十 本选举办法经板价村第一次妇女代表大会通过后生效。

按选举结果，以公告的形式张贴在板价各村屯的公布栏上。2008 年 1 月板价村第一届妇女代表大会选举结果如下：

公 告

经妇女代表大会投票选举，下列同志当选为板价村第一届妇代会主任、副主任和委员：

主 任：农斯梅

副主任：黄美花

委 员：农花梅 农金华 农爱方

板价村选举委员会

2008 年 8 月 1 日

八 兄弟会

在中华人民共和国成立之前，板价屯曾有过“兄弟会”或“互救会”性质的社会团体。

加入该会的都是 20 ~ 50 岁的男子，加入该会不用缴纳入会费或其他物品，但必须集体喝血酒，起誓遵守该会的章程，这种章程就是大家都以兄弟相称，在生产、生活等方面有困难要互相帮助。比如生产时，某人没有农具或耕牛、种子等，会员有义务集体出资帮助其解决困难，或者是哪位会员有富余的物资匀给有困难的会员使用。会员早死而父母健在的，其他会员有义务帮助其赡养父母。这种互助性质的社会团体在中华人民共和国成立后便消失了。

九 农田管理组织

板价屯人提倡集体的力量，在共同的利益面前多采取集体合作的方式，如板价屯的农田管理组织。在 1990 年末，屯中将田地分为四块，此后年年在屯中选出四人各看管一块田地，主要是看管水田的放水情况，并负责各户田地的放水工作。每年每户按人头计算，每人要上缴 11 斤谷子给看田人，如一户五人皆有田地，其家将要给看田人稻谷 55 斤。2008 年之前，看田人的产生方式主要是靠村民的推举。从 2008 年开始板价屯采取各户轮流看守的方式，主要采用抓阄的方式将各户村民按序号排列起来，每四人一年，从 2008 年排起，一直排到 2020 年。

十 民俗风情表演队

2003 年，板价屯农民农廷兴为适应旅游业的发展、向外界推广上甲民俗风情，成立了广西大新县上甲短衣壮民俗风情表演队。该队有队员 20 人，主要表演节目有唱山歌、跳民族舞等（见图 2－5）。表演队实行“引进来”与“走出去”相结合的方针，每年吸引大批游客来到板价屯欣赏独具特色的上甲民族风情，同时也常常应邀外出参加各种社会活动，这不仅让传统的民族文化得以传承，让外界了解板价屯的民族风情，同时也有助于改善板价屯的生活环境，增加村民的经济收入。

图 2-5　上甲短衣壮民俗风情表演队获奖证书
（2008 年 7 月 5 日　刘萍摄）

第二节　村民自治

一　村民委员会选举

1984 年，宝圩公社改为宝圩乡，板价大队改为板价村民委员会。1984～1993 年板价村公所成员基本上是由上级指定或任命的。后来按《中华人民共和国村民委员会组织法（试行）》规定，村民委员会成员必须由村民民主选举产生，截至 2008 年 7 月，板价村已经产生四届村民委员会班子。民主选举的形式主要是先召开村民代表大会，并在会议上通过推选和选举办法产生候选人。现以板价村 2008 年 6～7 月份的村委会换届选举情况为例。

板价村的村委会换届选举的一些相关事宜一般是以告示的形式在各屯的信息栏处张贴出来。2008 年板价村村委会换届选举首先以告示的形式向村民发布了《板价村村民选举委员会公告》第一号通知，并先后根据需要张贴出《板价村村民选举委员会公告》第二号通知和《板价村村民选举委员会公告》第三号通知。其部分内容如下：

板价村村民选举委员会公告（第一号）

按照县委、县人民政府统一部署，经村民选举委员会研究决定，本村第五届村民委员会选举工作定于2008年6月8日开始，选举日为2008年7月18日，具有选民资格的本村村民应积极参加投票选举，希望广大村民互相转告。

板价村村民选举委员会

2008年6月25日

板价村村民选举委员会公告（第三号）

现将经过登记确认的本村选民名单公告如下，如有错漏，请于2008年7月11日前向村民选举委员会提出。

板价村村民选举委员会

2008年6月26日

板价村于2008年6月24日第四届村民代表会议上通过《板价村村民代表推举办法》和《板价村村民代表选举办法》，其内容如下：

板价村村民代表推举办法

第一条　根据《中华人民共和国村民委员会组织法》和《广西壮族自治区实施（中华人民共和国村民委员会组织法）办法》，结合本村实际，制定本办法。

第二条　本村村民代表×名。

第三条　村民代表应具备以下基本条件：

（一）本村选民；

（二）遵纪守法，办事公道，作风正派；

（三）有一定参政、议政能力；

（四）联系群众，关心集体，在群众中有较高威信。

有以下情形之一的本村村民不宜推选为村民代表：

（1）违反计划生育政策未经处理、处理未完结或处理完结未满七年的；

（2）被处以管制以上刑罚，解除劳动教养或刑满释放不满三年的；

（3）受撤销党内职务、留党察看、开除党籍处分不满三年或正被纪检、司法机关立案侦查的；

（4）外出务工 60% 时间不能回村工作的；

（5）拖欠集体资金、侵占集体土地的。

村民代表的资格由村民选举委员会负责审查。

第四条　村民代表由村民委员会召集村民小组会议投票推选产生。村民代表的推选按照直接、差额和无记名投票的方式进行。全组选民过半数参选有效，获得参加推选过半数赞成票，始得当选为村民代表。村民代表应具有代表性，妇女和共青团员应有适当的名额。

第五条　村民代表产生后，由村民选举委员会负责公告。

第六条　未尽事宜，由村民代表会议讨论决定。

板价村村民代表选举办法

第一条　根据《中华人民共和国村民委员会组织法》和《广西壮族自制区实施〈中华人民共和国村民委员会组织法〉办法》，结合板价村实际制定选举办法。

第二条　本届村民委员会的选举工作由村民选举委员会主持，接受上级村民委员会选举工作指导委员会的指导。在村民委员会换届选举工作中，村党（总）支部委员会充分发挥领导核心作用。

第三条　第五届村民委员会由主任1名、副主任2名、委员1名组成。村民委员会主任、副主任和委员由本村选民直接投票选举产生，妇女和共青团员应占一定名额。

村民委员会的换届选举日为2008年7月18日。

第四条　经本村村民选举委员会登记确认的选民均可参加村民委员会的选举。

第五条　村民委员会成员候选人的资格条件及产生办法。

（一）村民委员会候选人必须符合以下资格条件：

(1) 拥护中国共产党的领导、严格执行党在农村的各项方针政策；

(2) 政治上靠得住、发展上有本事、群众中有威信、带头致富和带领群众共同富裕、能力强的；

(3) 遵纪守法，廉洁奉公，作风民主，办事公道，密切联系群众，善于做群众工作，热心为村民服务；

(4) 身体健康，文化水平比较高。

有以下情况之一的人员不宜推选为候选人：

(1) 违反计划生育政策未经处理、处理未完结或处理完结未满七年的；

(2) 被处以管制以上刑罚，解除劳动教养或刑满释放不满三年的；

(3) 受撤销党内职务、留党察看、开除党籍处分不满三年或正被纪检、司法机关立案侦查的；

(4) 外出务工60%时间不能回村工作的；

(5) 拖欠集体资金、侵占集体土地的。

(二) 村民委员会成员初步候选人由选民直接提名产生。

即选民根据本法第五条第(一)款候选人资格条件有关规定和本办法第三条规定的职数,分别等额提名主任、副主任和委员的候选人,即主任候选人提名为1名,副主任候选人提名为2名,委员候选人提名为1名。选民提名村民委员会成员初步候选人应向村民选举委员会领取提名表,以书面形式提名,口头提名无效。每张提名表上提名人数等于或小于应选职数的有效,多于应选职数的无效(提名时间从2008年6月25日至2008年7月9日12时)。每一选民不得提名同一人为两项以上职务的候选人。同时要在规定的时间内将提名表交到村民选举委员会,逾期无效。初步候选人名单,由村民选举委员会汇总后,按姓氏笔画为序,在选举日前7日向村民公布。

村民选举委员会要根据本办法第五条第(一)款有关规定,对初步候选人进行资格审查。审查结果报乡村民委员会选举工作指导委员会备案。

(三) 正式候选人的产生。

村民委员会主任、副主任和委员候选人应当分别比应选名额多1人。选民直接提名的村民委员会成员初步候选人名单公布以后,如果初步候选人人数超过规定的差额数时,由村民代表会议采取无记名投票方式进行预选,按照得票多少确定正式候选人名单,并当场公布。预选采用三次投票办法,即先预选村民委员会主任正式候选人,后预选副主任正式候选人,最后预选委员正式候选人。初步候选人如不愿意参加竞选,要以书面形式向村民选举委员会声明不参加竞选,并视为弃权,不能确定为正式候选人。确定为正式候选人名单在选举日前3日，以得票多少为序向村民公布。村民委员会成员正式候选人中，妇女和共青团员应占一定名额。

（四）正式候选人名单公布后，由村民选举委员会按照公开、公平、公正的原则向村民介绍正式候选人的情况，组织候选人发表治村演说并回答村民的询问。

第六条　正式选举。

（一）正式候选人及其配偶和直接亲属不得担任发票、登记、监票、唱票或者计票等工作。

（二）选举实行直接、差额和无记名投票方式，投票选举一次性完成，即主任、副主任、委员在同一张选票中，分别计票。

选举时，选民可以投赞成票，可以投反对票，可以另选其他选民，也可以弃权。投赞成票的在候选人姓名上方符号栏内画“○”，投反对票的在候选人姓名上方符号栏内画“×”，弃权的不画任何符号，如不同意选票上的候选人可以在候选人姓名空栏内另选其他选民，并在其姓名上方符号栏内画“○”。

（三）选举时，全体选民的过半数参加投票，选举有效。所收回的选票数多于发出选票数，选举无效；等于或者少于发出的选票数的，选举有效。选票上所选的每项职务人数多于应选人数的无效，等于或者少于应选人数的有效。选票上书写模糊无法辨认的部分无效，可以辨认的部分有效。

（四）候选人获得参加投票的选民的过半数选票，始得当选。获得半数以上选票候选人人数多于应选名额时，以得票多的当选；如果票数相同，不能确定当选人时，应当就票数相同的候选人再次投票，以得票多者当选。

（五）获得过半数选票的候选人人数少于应选名额时，不足的名额应当在没有当选的候选人中另行选举。另行选举时，根据第一次选举得票多少的顺序，按照本办法规定的差额数，确定候选人名单。

（六）村民选举委员会在选举中心会场设立秘密写票处和代写处。代写人员由选举工作人员担任，代写人不能违背选民的意愿。每一位选民接受其他选民的委托投票不得超过3人，并应出示委托人的选民证及委托书才能委托投票。同时设立2个投票站和2只流动票箱，每个投票站或者流动票箱必须有监票员2名、发票员1名和登记员1名共4名以上选举工作人员。

（七）选举设总监票员1名，检票员2名，唱票员2名，总计票员1名，计票员2名，发票员2名，登记员2名。总监票员、监票员、总计票员、计票员、发票员、登记员、唱票员由村民代表会议在选民中推选产生。

（八）投票结束后，所有投票箱应当加封并于当日集中到中心会场，当众开箱，由监票员、计票员公开核对、计算票数，作出记录，并由监票员签字。

第七条　经过三次投票选举，当选人仍不足应选名额，而当选人已达3人以上的，不足的名额可以暂缺，但应当在90日内再行补选。

当选人数不足3人，不能组成新一届村民委员会的，应当在10日之内召开村民会议就不足的名额另行选举。

第八条　村民选举委员会确定选举有效后，当场公布选举结果，并于选举后3日内报乡村民委员会选举工作指导委员会备案。

第九条　以威胁、贿赂、伪造选票等不正当手段，妨害选民行使选举权和被选举权，村民有权举报，有关机关应当负责调查并依法处理。以维系、贿赂、伪造选票等不正当手段当选的，其当选无效。

第十条　本办法自村民代表会议讨论通过之日起实行。未尽事宜，由村民选举委员会讨论决定。

按照上述规定和要求，我们首先统计了各村屯的换届选民情况，在此基础上产生了板价村第五届村民委员会村民代表，基本情况如表2－6和表2－7所示。

表2－6　2008年7月板价村“两委”班子换届选举选民情况

单位：人

项目／村民小组	总人数	男	女
板　价	414	200	214
那　弄	108	55	53
念　休	121	63	58
楞　印	154	75	79
上　思	175	91	84
板　敖	269	140	129
下　思	207	92	115
江　洞	100	48	52
陇　大	193	92	101
那　盖	164	80	84
逐　锦	194	87	107
板　考	194	87	107
下　封	103	51	52
板　价	414	200	214
板　统	496	264	232
板　探	192	92	100
合　计	3498	1717	1781

注：年龄要求为1990年7月18日以前出生的。

表 2-7　2008 年 7 月板价村第五届村民代表人数统计

单位：人

项目 村民小组	总人数	男	女	党员代表数
板　价	8	6	2	5
板　统	10	8	2	1
那　弄	2	1	1	—
楞　印	3	3	0	1
念　休	3	3	0	2
陇　大	4	4	0	3
上　思	4	4	0	1
下　思	4	3	1	1
板　考	3	3	0	1
板　探	4	4	0	2
板　赦	5	5	0	3
逐　锦	3	3	0	1
江　洞	2	2	0	—
下　封	2	2	0	—
那　盖	3	2	1	2
合　计	60	53	7	23

2008 年 7 月的选举中，经过板价村选民的直接提名和村民选举委员会审查，初步产生村民委员会主任候选人 6 人，副主任候选人 9 人，委员候选人 6 人（见表 2-8）。板价村在村委会的换届选举中达到了公正、公开、民主、透明的要求。候选人名单公布后在板价村的各村屯张贴告示，如有疑问，则于 2008 年 7 月 11 日前提出。

表 2-8　板价村村委会换届选举初步候选人名单

候选人分类	姓　名
主任初步候选人	农卫新、农建民（自荐）、农祥华、农小能、农民军、李荣明
副主任初步候选人	农小能、农民军、农民录、农有连、农建先、农建学、农祥华、李荣明、赵建清
委员初步候选人	农小能、农元忠、农民军、农民录、李荣明、李建清

注：该名单 2008 年 7 月 9 日公布。

二　议事与决议

一般发生涉及全村利益或一些难以解决的重要事情，村委会干部会采取召集开会的方式讨论如何解决（见图 2-6）。开会地点一般设在村委会，除非有特殊情况才会召集大家在某一干部家中开会。因村委会干部分别居住在不同的屯中，事务繁忙，所以在召开会议之前要互相商量确定合适时间开会。村委会的决议以多数人的意见为准，由主任最

图 2-6　板价屯村民议事（2008 年 7 月 6 日　刘萍摄）

终决定。如遇到涉及全体村民利益的大事，则召开村民大会讨论决定。村民大会则要在村委会的会议室召开，同样要采取协商的方式确定开会时间，仍以多数人的意见为准，最终由村主任决定和宣布。此外，还制定有碰头会议、办公会议、“两委”联席会议等形式。

（1）碰头会议：村委会每月召开一次碰头会议，由村委主任主持，全体村委成员参加。内容主要是汇报成员之间互相沟通的情况，研究、协调、解决工作中遇到的问题。

（2）办公会议：村委会每月召开一次由全体成员参加的办公会议，必要时扩大到下属委员会负责人、村民小组长和其他有关人员。内容主要是布置、汇报、检查、研究有关村委工作。

（3）“两委”联席会议：每月召开一次，由村党（总）支部委员会成员、村委会成员参加，人数须超过各成员的半数，由党（总）支部书记主持。内容主要有：根据上级工作要求和部署，研究制定本村的贯彻落实意见；研究安排本村重要工作、重大活动；研究确定提交村民会议或村民代表会议讨论决定的事项等。

（4）村民代表会议：每季度召开一次，由村民委员会召集，村民代表、村民委员会成员参加，到会代表达2/3以上始得开会。会议内容一般为：讨论决定村民会议授权的事项；审议村委会工作报告；民主评议村委会干部；审议村务公开内容；审批3000元以上的集体资金开支。

三　村务管理

板价村村民委员会分工明确有序，村民委员会成员按照规定各司其职。为了更好地管理村民各项事务，为村民谋福利，板价村村民委员会还制定了工作制度和村级财务管理制度，其主要内容如下：

板价村村民委员会工作制度

（1）集体领导、分工负责制度。需由村委会集体研究解决的问题，须有主任、副主任和2/3以上委员参加，经应到会成员半数以上通过，方能作出决定；属于个人分管的工作，要切记负起责任。

（2）碰头会议制度。村委会每月召开碰头会，村委会成员沟通情况，协调工作。

（3）办公会议制度。村委会每月召开一次由全体成员参加的办公会议，必要时扩大到居民组长和其他有关人员。汇报、检查、研究有关工作。

（4）向村党总支部汇报工作制度。村委会一般每月要向村党总支部汇报一次工作，日常工作中的大事、要事，要及时主动地向村党总支部汇报。

（5）向村民会议或村民代表会议报告工作制度。村委会每年至少向村民会议或村民代表会议报告一次工作，并接受与会人员的质询，对有关问题给出解释。报告要形成书面材料，并归档备查，乡党委、乡人民政府派人参加会议。

村级财务管理

村级应配备会计员、出纳员。会计、出纳由村委会提名，经村“两委”讨论确定，村“两委”主要领导不能兼任会计、出纳，会计管账不管钱，出纳管钱不管账，非出纳人员一律不得管理现金。财务开支1000元以内经村党（总）支部书记审核同意后，由村委主任签批；1000～3000

元，由村“两委”研究决定，村委会主任签批；3000元以上，由村民代表会议通过，村委主任签批。

平常各干部根据自己的职责各自处理分内之事，村民在有需要时会找相关的村干部。板价村的15个自然屯分布比较分散，因此，当村委会遇到须向村民传达的事务时，一般是通过张贴告示的方式传达和通知各小组组长，各小组组长再通过广播通知该屯的村民。

除村委会的干部各司其职外，板价村委会还组织村民制定了村规民约以加强管理，如板价村在20世纪90年代初制定了板价村的村规民约，要求各村屯严格执行。

板价村村规民约

（1）坚持党的四项基本原则，拥护党的路线、方针、政策，遵守国家的法律、法规；

（2）发展生产，勤劳致富，支持集体经济建设，积极完成党和国家规定的各项上缴任务和本村规定的上缴任务；

（3）学习科学文化知识，实行科学种田；

（4）加强土地管理，不私自出租、出卖和挖废抛荒土地，不违章占地建房；

（5）实行计划生育，提倡晚婚晚育，坚决杜绝无计划生育和非婚生育；

（6）遵守社会公德，尊老爱幼，赡养老人，邻里团结，家庭和睦；

（7）维护社会治安，不打架斗殴，不辱骂、诽谤他人，不扰乱社会秩序；

（8）开创文明新风，严禁赌博，反对迷信，打击偷盗和流氓犯罪活动；

(9) 爱护集体财产，爱护公共设施；

(10) 搞好庭前屋后绿化，美化环境，讲究卫生。

以上村规民约由村民委员会督促实施，模范执行以上规定的村民，将区别不同情况，给予表扬或奖励；对违反村规民约的，或教育制止，或取消村级福利待遇，或按有关法律、法规处理，情节严重的将送司法部门处理。

2008年4月，村委会决定在原来村规民约的基础上重新制定新的村规民约。村委会在制定之前在各自然屯通过张贴告示的形式教育村民“什么是村规民约、其特点是什么、制定和实行村规民约应注意哪些问题”等等问题，希望村民能够集思广益，共同努力，拟定出新的村规民约。

板价村民委员会积极配合派出所维护当地村屯民众的治安（见图2-7）。板价村各村屯的村民团结，少有发生打

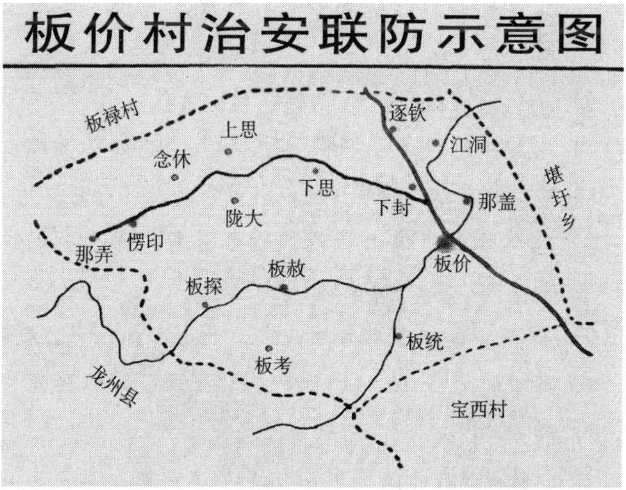

图2-7　板价村治安联防示意（2009年3月10日　刘萍摄）

架斗殴的现象。板价村村委会在2002年2月与大新县公安局宝圩边防派出所签订《宝圩乡板价村社会治安责任书》，承诺搞好板价各村屯的治安工作，其内容如下：

宝圩乡板价村社会治安责任书

（1）村民自觉遵守村里的文明公约，不做违反公约的事。

（2）遵纪守法，不偷盗，诈骗，不贩毒，不赌博，不打架斗殴，不私藏枪支、爆炸物品、管制刀具，不窝藏赃物和销赃，不做包庇犯罪人员等违法的事。

（3）管理教育好村民，积极完成九年义务教育，对违法行为，一经发现，应及时做好教育、挽救工作，使其改邪归正。

（4）搞好治安防范工作，保持防火、防抢、防骗的高度警惕性，对突然发生的事件要挺身而出、见义勇为，与违法犯罪人员作斗争。

（5）开展有益身心健康的文娱活动，不准在家中观看黄色淫秽音像书刊，不准搞对青少年健康成长和学习有损的棋牌活动。

（6）不搞封建迷信，不参加邪教活动。

（7）自觉维护村里的公共利益和公共秩序，讲究整洁卫生，经常保持房屋内外的清洁，搞好户前屋后的绿化美化。

（8）搞好家庭、邻里团结，夫妻恩爱，尊老爱幼，和睦相处，互相关心，互相帮助。

（9）积极参加村里组织的文娱、体育、治安巡逻等活动，树立对村的责任感，做好人力财力的支持，共同将板价村建设好。

（10）不准擅自非法搭建各种违章建筑物，以免影响道路畅通、安全。

(11) 有外来暂住人口要按规定向村委会、派出所报告，办理好暂住手续。

(12) 村里全体住户人员要服从村委会的领导和管理，共同遵守《板价村文明公约》，凡违反公约者，视情节轻重，处10~20元违约金。

村委会为了加强各村屯的治安管理，防止意外事件发生，在签订《宝圩乡板价村社会治安责任书》的基础上，为建设“平安板价”，建立了屯干部、村干部、乡各单位三点一线的负责制度（见表2-9）。这在一定程度上加强了板价村的各方面管理，使其管理制度更加健全。

表2-9　板价村建设“平安板价”联系干部一览

单位：户，人

屯别	户数	总人口	乡联系干部	村联系干部	乡联系单位	备注
板价	101	479	农迪生	李荣明	乡司法所	
板统	132	615	张海萍	农小能	乡卫生院	
板赦	76	354	陈德快	农小能	乡水保站	
上思	52	242	卢海燕	农卫新	乡妇联	
下思	56	261	段友华	农卫新	乡派出所	
楞印	39	181	罗衡君	农卫新	乡派出所	
陇大	50	233	周杰	农卫新	乡计生办	
下封	28	130	凌德强	李荣明	乡计生办	
板考	47	219	黄建光	农小能	农业服务中心	
逐锦	42	195	赵东华	李荣明	农业服务中心	
念休	32	150	周诚	农卫新	乡财政所	
板探	49	228	赵哲东	农小能	乡财政所	
江洞	28	130	农琴产	李荣明	乡国土所	
那弄	28	127	覃振伟	农卫新	乡国土所	
那盖	43	200	黄立祥	李荣明	向文广站	
合计	803	3744	—	—	—	

“远离毒品”是近几年不变的主题，板价村村委会为维护村民的利益，加强防毒、禁毒的宣传工作，主要是采取发宣传单和张贴标语的形式深化村民防毒、禁毒的意识。板价村的防毒、禁毒宣传标语主要内容如下：

板价村防毒、禁毒宣传标语

（1）手拉手远离毒品，心连心造福社会。
（2）毒品猛如虎，生命贵如金。
（3）万众一心，禁绝毒品。
（4）一次吸毒终生悔，莫拿生命赌明天！
（5）远离白色粉末，拥抱七彩生活。
（6）禁毒靠大家，利民利国家。
（7）警民同心，共战毒品。
（8）大力创建无毒社区，创一方净土，保一方平安。
（9）接近毒品就是走向死亡。
（10）普及禁毒常识，提高禁毒意识。
（11）吸毒是当今人类社会的公害。
（12）行动起来，参与禁毒人民战争。
（13）珍爱生命，拒绝毒品。
（14）莫沾毒品，莫交毒友。
（15）防毒反毒，人人有责。
（16）扫除毒害，利国利民。
（17）吸毒是犯罪的祸根。
（18）毒品一日不绝，禁毒一刻不止。
（19）毒必肃，贩毒必惩，种毒必究，吸毒必戒。
（20）四禁并举，预防为本，严格执法，综合治理。

四　村务公开

板价村委会采取村务公开制度。村委会成立村务公开小组，设组长、副组长各一名，组员四名，主要由村委会干部担任。村务公开的方式是将各项事务做好记录，并以告示的形式公开，一般张贴在村委会的公布栏和各屯的固定公布栏处（见图2－8）。村委会还将各项具体事务按年份、季度记录留存，并由村务公开小组人员签字，并制定了村务公开制度。

图2－8　板价村务公开栏（2008年6月26日　刘萍摄）

村务公开：每季度公开一次，重要事项随时公开。主要公开内容：村委会任期目标、年度工作计划、财务收支、计划生育、宅基地报批及使用、优抚和救灾救济款物发放、电费收缴、集体资产管理和经营、村干工资补贴、涉及全体村民利益大事等情况。公开的内容须经村务公开监督小组审查、村民代表会议审议同意后公开。

村务公开是村民参政议政的前提，是实行村民自治的核心内容之一。在调查期间，我们对板价村的村务公开有直观的印象，如2006年板价村村务公开第一季度上墙内容，有以下记录：

一　村党支部、支委成员分工情况

农卫新：村党总支书记，全面主持全村工作。

农小能：村党总支副书记。

李荣明：村党总支委、组委。

农斯梅：村党总支委、宣委。

农民军：村党总支委、纪委。

二　村委班子成员分工情况

农卫新：村委主任，主持全面工作（包上思六屯工作）。

农小能：村委副主任，分管民兵、治安、统计、文书、农、林、水等（包板统片四屯工作）。

李荣明：村委副主任，分管计生、民政、扶贫（包板价片五屯日常工作）。

农建光：村委委员，负责全村共青团工作，协助主任农卫新管好上思片工作。

农斯梅：村委委员，负责全村妇女工作，协助副主任李荣明管好板价片五屯工作。

农民军：委员，协助农小能副主任工作。

三　板价社会经济发展规划及任务目标

2006年我村的经济发展任务是：

（1）农业总产值470万元，年增长5%以上。

（2）粮食总产量稳定在1250万公斤以上。

（3）村级集体收入年纯收入增10%以上。

（4）农民人均纯收入增8%以上。

四　兴办公益事业情况（见表2－10）

表2－10　兴办公益事业情况

单位：人，万元

项目名称	受益人口	投入资金	上级扶持资金
板敖路	1200	9	6
上思路	3500	31	20

五　村干部工资标准及公开开支情况

村委主任每月160元。

副主任每月150元。

村团支书、妇女主任每月75元。

六　优抚和救灾救济款、物资发放情况

板统屯：农振成，粮食15公斤，救济款50元。

板统屯：黄忠妻，粮食15公斤，救济款50元。

下思屯：农绍美，粮食15公斤，救济款50元。

下思屯：农杰产，粮食15公斤，救济款50元。

念休屯：农加胜，粮食15公斤，救济款50元。

陇大屯：农建新，粮食15公斤，救济款50元。

楞印屯：农吉产，粮食15公斤，救济款50元。

板敖屯：农作应，粮食15公斤，救济款30元。

七　宅基地申报审批使用情况（见表2－11）

表2－11　宅基地申报审批使用情况

单位：人，平方米

屯　别	农户姓名	家庭人口	申请面积	申请日期	审批面积	审批日期
楞印屯	农吉丰	5	95	2006年1月6日	95	2006年2月19日

八 计生节育落实情况（见表2－12）

表2－12 计生节育落实情况

单位：岁，孩次

女方姓名	年龄	计划内或外	性别	出生日期	孩次	节育
农爱英	28	内	男	2006年1月26日	1	放环
农金红	31	内	女	2006年2月7日	2	扎
农美群	29	内	男	2006年2月10日	1	放环
农秀芳	25	内	男	2006年2月17日	1	放环
农少红	22	内	女	2006年3月3日	1	放环
农金英	32	内	女	2006年3月28日	2	
农美兰	35	内	男	2006年4月30日	2	

九 村务公开领导小组

组长：农卫新。

副组长：农小能。

组员：李荣明、农民军、农建光、农斯梅。

由以上内容可见，村务公开的内容涉及组织情况、干部工资、物资发放、宅基地和计划生育等诸多方面内容，可以说村务管理和关系村民利益的事情都列入了公开的范畴，村级民主管理还是落到了实处。

第三章　以种植业为支柱的传统经济

第一节　经济变迁过程

土司时期，包括板价在内的上甲五村在安平土司的统治下，不论山水田地，全归土司所有。当地人是土司的农奴或家奴，土司掌有“生杀予夺”的权力。农民只有耕地的使用权，没有所有权。收获的谷物，除缴纳皇粮外，又缴纳给土司、团甲、知峒、郎首等各级统治者。官府所占的“粮卯”多者“官六民四”，少者“官四民六”，一般都为各半。另外，每年还要向土司供奉棉花、芝麻、黄豆、蓝靛、辣椒、鸡、鸭等。除以上所缴的农产品外，每年还要为土司提供劳役，主要是供土司及其家庭生活所需的杂役，还有搬运砖瓦、挑盐运草、修庙、修街、修路等徭役。当地人受尽压迫和剥削，直至 1928 年并州为县，土司强加在农民头上的各种额外杂役赋税才被彻底废除。

国民党统治时期，当地人两极分化日益严重，富者越富，贫者越贫，社会财富基本集中在少数人手上。打工、借高利贷、吃、嫖、赌导致很多人妻离子散。如板价人农登仕、农成品皆因赌博卖掉田地而倾家荡产。出卖、典当土地者，都是生活贫困的人，受天灾人祸影响最大的多为农民，买土地者多是富裕户。

1950 年，大新县部分地区进行清匪反霸运动，板价屯所在的上甲地区是老游击地区，没有进行清匪反霸运动。1951 年初，大新县全县开展减租退押运动，因当时政府考虑到上甲地区特殊情况，决定不开展此项运动，只作一般宣传，因此，板价屯没有经历过清匪反霸运动和减租退押运动。土地改革运动结束后，大新县党委和政府继续派工作队到村屯指导工作，同土地改革运动一样，工作队与群众实行“三同”，采取“以点带面、点面结合、典型示范”的工作方法，坚持群众自愿互利原则，引导农民走互助合作道路。自此，当地人走上了互助合作的道路。

1953 年下半年，工作队在各村屯引导农民参加临时互助组，1954 年 3 ~4 月，临时互助组转为季节互助组，其帮工换工形式与临时互助组相同，但规模扩大了。1953 年底，板价村有 37 组、314 户参加了季节互助组，占全村农户的 81%。1955 年初，季节性互助组转为常年互助组，仍坚持季节互助组的做法，但规模更大了，一个小屯为一组，大屯分两三组。当年，板价村共有 21 组、345 户参加了常年互助组，占总农户的 88.9%。

1956 年 7 ~8 月份，板价、上思、板统为三个合作社，共 19 队、378 户，占农户的 97.4%。1956 年底，板价村一律将初级社转入高级农业生产合作社，取消土地分红，土地所有权归集体所有，实行按劳分配。板价屯农民 100% 入社。由于对农业进行全面的社会主义改造，把生产资料私有制改为集体所有制，消灭了剥削制度，板价村基本实现了多劳多得的分配制度，解放了生产力，调动了农民生产积极性，促进了生产发展。1956 年，农业获得大丰收，板价、板统、上思三个高级社，粮食总产量 511331 公斤，比 1953 年增长 33.5%；农业总产值 191630 元，比 1953 年增长 18.9%。

1958 年下半年，大新全县先以乡为单位成立人民公社，后把几个公社并为“政社合一、工农兵学商五位一体”的大社，进一步扩大经营规模。宝圩、堪圩、岩应并为“光辉人民公社”，板价村、板禄村为下属的两个生产大队。当时人民公社在板价成立了民兵连，凡有大的建设工程，如大办钢铁、兴修水利等，命令到达，民兵立即带上行李出发，一切采取军事化行动，真正做到令行即止，随叫随到。当时，板价、板禄两村共有 2100 多个劳动力，调去炼铁、搞水利的就有 1300 多人，占总劳动力的近 62%，剩下“大办农业”的 38%，都是一些体弱的妇女、老人和少年儿童。抢收抢种大忙季节，因缺乏劳力，应收不收，应种不种，农业造成很大损失。为了适应大兵团作战的方式，生产队大办食堂，这期间出现了“一平二调三收款”的“共产风”。由于“共产风”刮起，挫伤了社员的生产劳动积极性，不少生产队出现耕牛、农具无人管，田地丢荒无人问，农作物成熟不及时收的现象。在“三面红旗”的思想指导下，出现了工作上的“五风”（共产风、浮夸风、命令风、瞎指挥风、特殊化风）和生产建设上的急躁冒进。例如推广新品种或新技术，采取一律化的大面积推广，致使农业生产关系与生产力相脱节，经济上受到不同程度的破坏。

党的十一届三中全会后，中央决定在农村进行经济体制改革。1981 年，板价村开始实行包产到组、超产奖励、联产计酬、生产队统一分配的办法。1982 年，分地到户，实行家庭联产承包责任制，即除上缴国家公购粮外，其余归承包者。这次改革充分体现了多劳多得的分配原则，极大地调动了农民生产的积极性[1]。

第二节 板价屯的农业产业结构

板价屯是一个以传统农业为支柱产业的自然屯，农民的收入主要来源于种植业，主要经济作物是水稻和玉米。板价屯是一个典型的“九分石头一分地”的山区屯，人均耕地少，因此生产的粮食多为自给。虽一直就存在林业和牧业等，但没有形成规模，尚未发展起来。其他的副业如商业、建筑业等2000年以后才出现，但从事的农民也只是一两户而已。

一 农业生产

（一）耕地面积

板价屯2003年以前的耕地总面积为689亩，其中水田523亩，旱地166亩。2003年，为响应上级号召，土地退耕还林250亩，土地被国家基建占地9.92亩。截至2008年，板价屯耕地总面积为509亩，不分水田、旱田，一般上半年种植玉米，下半年种植水稻。板价屯人均拥有土地约0.93亩，但由于从1982年实行分地到户的政策，屯中实行“生不补，死不退”的土地政策，此后新生儿和嫁入的人皆没有土地，土地分布不均衡。

由于板价屯的土地少，又是望天田，没有任何水利工

① 参考覃菁《上甲史俗》，延边大学出版社，1999，第59~76页。

程，所以，为了兼顾各户的利益，板价屯从过去至今一直采用的是集体同时播种、收割的习惯，并且同时种植同一物种。

（二）作物种植

1978年以前，板价屯的粮食作物品种主要是稻谷、玉米、三角麦、小麦、芋头、红薯、毛薯、大豆、黑豆和饭豆。其中稻谷有冷禾，三月黏谷，大、小糯，白壳黏谷、斑谷、黄壳谷；玉米有红、黄、白三个本地种，其中分高、矮、黏、糯等品种。现板价屯主要粮食作物是水稻、大糯、玉米等，已经淘汰了传统的粮食品种，皆采用现代新型的杂交品种。种植的水稻一般自用，很少到市场上交易。玉米和玉米秆主要用来喂猪、喂鸡、喂鸭等，玉米的多少决定了当地人养猪、鸡、鸭数量的多少。有的农户玉米不够，也用大米喂养鸡、鸭。

在2003年以前，种植农作物分为两季，主要有早稻、晚稻（见表3－1）、春玉米、秋玉米等，2003年以后板价屯土地减少，因此主要以春玉米和晚稻为主，上半年种植玉米，下半年种植水稻。水稻的品种主要为博优、黄占等，并种植少量糯稻，为一年一熟。糯稻主要是用来做糯米饭、糍粑等。水稻种植主要用猪牛粪或绿肥作基肥，后施以化肥，同时也用除草剂等除草，用农药驱虫。玉米的品种主要有正大619、正大818、迪卡007、美玉102等。1975年以前，玉米肥料主要以猪牛粪为主，1975年开始使用化肥，后培土时普遍用尿素作追肥，1977年使用钾肥、尿素、磷肥等混合肥。现以磷肥、氮肥、钾肥和复合肥为主要肥料（见表3－2）。

表 3－1　晚造水稻主要品种一览

单位：天

品种	博优1293	博优3550	博优998	博优423	博优141	博优1102	黄占	六优1025	优优998	T98 优207	中优781
天数	120	120	120	118	120	120	118	110	108	105	110

表 3－2　2000～2007 年板价屯主要能源和物资消耗情况

年份	农用化肥施用量（吨）					农业塑料薄膜使用量		农药使用量（实物量）（公斤）	农用柴油（公斤）
	合计	氮肥	磷肥	钾肥	复合肥	地膜使用量（公斤）	地膜覆盖面积（亩）		
2000	75	34	31	5	5	60	2352	868	2352
2001	108	35	35	21	17	60	—	878	2402
2002	112	44	31	23	16	60	—	—	—
2003	—	31	26	18	—	103	—	858	2800
2004	—	18	50	15	—	93	—	2880	808
2005	—	28	55	18	15	95	—	2880	908
2006	133	36	60	20	17	96	54	987	934
2007	198	42	110	26	20	96	96	987	934

在种植玉米和水稻的同时，板价屯人间或种植大豆和红薯等，红薯主要分为春红薯、夏红薯和秋红薯，因板价屯人均耕地面积少，因此种植不多。

经济作物主要以木薯、棉花和花生为主，因种植都不多，少有拿到市场上交易的，一般以自用为主。

板价屯的棉花，分为白棉、彩棉两种。白棉主要用来裁制日用服装等。中华人民共和国成立以前，因当地人的衣服都用自己种植的棉花纺织成布后裁剪制成，因此当地人大量种植白棉。中华人民共和国成立以后，当地人很少穿自己制作的服装，其服装等用品大多到宝圩圩场上购得，因此目前白棉的种植很少，每年每家种 3～5 分地的白棉，主要用于日常生活，不再主要用于裁制衣服。彩棉是板价屯及整个上甲地区特有的地方棉花品种。在上甲地区，凡举办丧事时，死者同族的亲属，即三代之内的亲属都要穿本屯自种的这种彩色棉花制成的土黄色丧服参加葬礼。据当地村民讲，当地的彩棉种植由来已久，但由于无文献资料记载，故无从考察和推断当地彩棉的种植历史。1989 年后，市场经济的迅速发展冲击着当地的棉花种植与纺织，但由于当地丧事习俗戴孝者一定要穿本地彩棉织造的丧服这种地方文化特征的需要，彩棉的种植得以延续至今。目前为满足丧事及其他需要，少数人种植白棉和彩棉，一般种植面积为 2 ~4 分地。棉花种植主要在每年春天的 3 ~4 月份，每株约结 20 个棉桃。但也因长时期的“近亲交配”和管理不善，伤害了棉花个体的活力和繁殖能力，致使其产量不高。收成好时，1 分地可获 7 ~8 斤子棉，收成不好时只能收获 3 ~4 斤子棉。

大新糖厂建立后，板价村于 1985 年种植 48 亩甘蔗，后来逐步扩大种植面积。板价屯有一户农户于 2003 年第一次种植甘蔗 6 亩。2007 年有一户承包 100 亩土地种植甘蔗，主要送到大新糖厂。2008 年因没有较好的甘蔗苗，板价屯没有农户种植甘蔗。

除此之外，板价屯还少量种植蓝靛、黄姜、蓝红草等作物。蓝靛，主要作为颜料，当地人过去穿的蓝色衣服皆由蓝靛染成。现在当地老人还有用蓝靛染布裁制衣服穿的。黄姜，用来作为颜料，如做黄色糯米饭，将白布染成黄布等。蓝红草，用来作为颜料，其枝叶主要用来做红色糯米饭和蓝色糯米饭。

板价屯的蔬菜品种主要有白菜、芥蓝、玻璃菜、盖菜、萝卜、黄豆、豆角、辣椒、南瓜、冬瓜、蒜、葱、木瓜、竹笋、龙须果等。还有一种特产野菜名为一枝红，一般在房前屋后种植，也有的在开荒地少量种植（见表3－3、表3－4）。

表3－3　当前农事历

一月	二月	三月	四月	五月	六月	七月	八月	九月	十月	十一月	十二月
整地	整地	种植玉米等	培土种植棉花	管理	收割玉米	整地插秧	种植豆类	收割水稻、黄豆等	种植白菜、青菜等蔬菜	整地	整地

表3－4　2007年板价屯部分蔬菜种植面积统计

单位：亩，吨

大白菜		菜心菜		萝卜		胡萝卜		其他蔬菜	
面积	产量	面积	产量	面积	产量	面积	产量	面积	产量
8	4	5	3	30	14	30	15	10	5

（三）生产工具

（1）收割工具：板价屯人传统的农具主要有木犁、木耙、锄、锹、铲、镰刀等。1970年以前，板价屯人耕地主要以牛耕为主，1970年以后，部分农户购买机动农具。1985年后，部分农户用手扶拖拉机（现板价人称其为小金牛）耕耘。据统计，1991年板价屯有手扶拖拉机2台，木犁93架，木耙9架，铁耙84架。截至2007年10月，板价屯有92台手扶拖拉机。当地还有一些其他收割和管理的小农具，如竹箩筐、扁担等。

（2）脱粒机：在过去，稻谷脱粒是拿一把稻谷打在一个架子上脱粒。20 世纪 60 年代，板价屯人开始用自制的铁木打谷机脱粒。20 世纪 80～90 年代打谷的方式与 20 世纪 60 年代一样，不同的是打谷机由原来的木制改成了铁制。2000 年至今板价屯主要用大型稻谷脱粒机。过去玉米脱粒时主要是玉米晒干后用手搓或用打谷架打，是用木条做成四方形架子，三面用竹帘或竹篾围好，把谷耙打在木架上脱粒。也有人踩脱粒、牛踩脱粒、石碾脱粒的。20 世纪 70 年代的集体化时期，有了大型玉米脱粒机，20 世纪 80 年代后开始出现小型电动脱粒机。现板价屯 60% 的农户有中型或小型脱粒机，皆是从宝圩乡或大新县购得。因家家户户种植玉米，脱粒机的进入使农户节省了力气，提高了农户的工作效率，一般一个小时能够打玉米 400 斤左右。

（3）起重机：随着板价屯生活水平的提高，101 户中有 97 户盖上了水泥楼房，有的楼房甚至高达三层。为了方便在顶楼晾晒玉米、水稻或提重物到顶楼，少部分农户在顶楼的房顶上安置了电动起重机，以方便运输。一台起重机的花费在 600～1000 元间，在宝圩乡即可购买到。

（4）碾米机：板价屯 50% 的农户家里有碾米机，主要为稻谷脱皮，同时也可以将玉米秆、木薯秆碾碎喂猪。

（5）粉碎机：板价屯 60% 的农户有粉碎机，主要用来粉碎玉米秆和木薯秆，过去一般是人工粉碎这些植物秆，费时费力。买一台粉碎机需要 200 元左右，在宝圩即可买到。

（四）粮食收割、运输及晾晒方式

板价屯的收割方法依然古老，水稻是从稻秧的中间收割，底下的部分经过犁地后深陷泥中沤烂作为肥料。玉米的主要收割方式是在田地里将玉米从立着的玉米秆上剥下来后，装入袋子中。过去是用扁担将玉米挑回家或用牛来驮，现在只需要将玉米挑到地头后再用手扶拖拉机拉回家，也有农户的田地在山中的平地上，道路难走，因此一般用人力挑。

水稻在田里收割完，直接放在田中晾晒，过两三天后，就在地头用脱粒机脱粒，用手扶拖拉机拉回家即可。而大糯种植较少，一般是运回家后，悬挂于房中晾晒。玉米主要的晾晒方法是将玉米运回家后，将坏掉的玉米捡出，其余的铺于地上或高高地挂在房中晾晒（见图 3－1）。板价屯人每家房子的厅堂都很宽敞，并在厅堂一角上部用木头搭起来，用来晾晒玉米。玉米叶子留在田地中作为肥料，玉米秆运回家喂猪。

图 3－1　室内晾晒玉米（2008 年 7 月 12 日　刘萍摄）

（五）农田水利

板价屯的田地属于望天田，在灌溉方面主要依靠水坝。水坝分为季节性和常年性两种。做法：在河流狭窄处，把石头堆砌，用禾秆或杂草塞石缝，再用黄泥浆糊于上面，便成水坝。这种水坝季节性蓄水，洪水一来，容易冲塌，用时砌起，不用推倒。常年性水坝要在10~20米宽的河床处用碎石或片石和泥浆筑坝。中华人民共和国成立后，对已崩塌或渗漏的旧坝进行维修加固，提高了灌溉效益。据统计，1991年引水灌溉面积达434亩，2003年引水灌溉面积达512亩。因为2003年板价屯人开始改为上半年种植玉米，下半年种植水稻，因此在下半年准备种植水稻犁田时，每户出一人统一将通水的水渠的草除掉，方便引水灌溉。

2008年以前，板价屯水田没有其他引水工程，灌溉田地时或靠修水坝从上流截水或从板价河引水。板价屯部分农民自己打水井，部分农户吃水较困难，经向上级申请，2008年农历正月民族局投资8万元修建板价屯引水工程，村民又自筹1万元投入到该引水工程建设中，但后因工程质量问题，村民与修建工程队陷入僵局，在2008年4月工程被迫停工。

（六）自然灾害及灾情预报

农业生产对自然条件有着难以摆脱的依赖，天气和气候的异常变化，往往会引起各种灾害。2007年冬季，中国南方遭受雪灾，广西受到波及，遭遇霜冻。这种情况下，板价屯在2008年春季种下的玉米种子多数没有发芽，村民只能重新播种，损失达1.2万元。2008年6~7月，中国南方普遍降大雨、暴雨，板价屯一大半的玉米秆被风刮倒，虫害严重，板价屯人被迫提前收割，致使玉米歉收。

为了减灾防灾，在每年病虫害频繁发生时期，村委会及其屯小组都会对虫害进行预防宣传工作。如2008年农历四月初七的虫害预告，其内容如下：

各位农友：

目前田间芽期很重要，今年禾苗长势相当喜人，注意病虫害影响。卷叶虫、钻心虫、飞虱等，望农民朋友在本月农历初八至初十统一喷杀预防为止，农药参考历来所用的药剂，可以利用为好，望互相通知。

二零零八年四月初七日贴

通过宣传，村民防灾活动有了指导和帮助，有效地减少了灾害的发生。尽管如此，灾害还是难以避免的。2008年度，板价屯村民依然有受灾的民户部分村民受灾情况还是比较严重的，如表3-5所示。

表3-5 2008年度板价屯村民受灾情况

单位：亩

农户姓名	农建民	农永生	农旭春	农卫宽	农向群	农文彪
受灾面积	6.2	5.8	5.6	6.0	5.2	5.8

二 林业生产

板价屯自古就种植竹子，一般每户皆有2~3丛，主要用来编织鸡笼、鱼笼、凉席等。2003年，板价屯为响应政府退耕还林的号召，259.92亩的田地退耕还林，政府按一亩地300斤稻谷折合人民币210元的标准补助给涉及退耕还林的农户，并在210元的基础上再补助农户20元，共补助230元，共补助8年。退耕还林的土地主要种植鸡皮果和苦丁茶，但由于没有人重视，产量不高。

板价屯水果主要有龙眼、黄皮、鸡皮、枇杷、柚子、桃、李果等。上述水果一般主要栽于自家的房前屋后，不用来交易，只留自用。2007 年板价屯共产水果 47 吨。

三　牧业生产

板价屯畜牧业过去以饲养牛为主。牛主要分为黄牛和水牛，过去主要用来从事农事劳役，但由于现在板价屯人开始普遍使用手扶拖拉机，养牛户逐渐减少。到 2007 年，养牛户不足 5 户，且养牛主要为了到市场上出售挣钱（见表 3－6）。

表 3－6　2000～2007 年板价屯畜牧业生产情况

单位：头

年份	黄牛						水牛					
	年末存栏头数	其中					年末存栏头数	其中				
		能繁殖的母牛	当年生的牛仔	1至2岁的牛仔	2至3岁的牛仔	从事农事劳役的		能繁殖的母牛	当年生的牛仔	1至2岁的牛仔	2至3岁的牛仔	从事农事劳役的
2000	20	9	103	4	5	18	103	50	29	15	20	97
2001	64	29	108	17	15	56	108	47	29	29	22	82
2002	34	29	103	17	15	56	103	57	29	20	20	97
2003	64	29	103	17	10	56	103	57	29	20	20	97
2005	59	24	8	—	—	36	54	54	5	—	—	51
2006	24	10	1	—	—	—	113	34	4	—	—	—
2007	39	10	1	—	—	—	113	30	3	—	—	—

养猪是板价人现在的主要经济来源，几乎家家养猪，养猪的多少主要根据田地的多少，地多、粮食多则多养。一般每户养猪 2～15 头不等（见表 3－7）。养殖户多将成猪运到市场上交易，也有板价以外的人来此地收购的。在过去，因

为没有冰箱，要把猪肉做成腊肉；现在，随着经济的发展、收入的提高，以及冰箱的逐渐普及，吃猪肉只需到本屯卖猪肉处购买即可。

表 3－7　2000～2008 年板价屯猪养殖情况

单位：头

年份	年末存栏总数	其中能繁殖的母猪	当年生得猪仔	当年出栏肉猪数
2000	257	41	656	271
2001	251	44	—	247
2002	247	39	624	313
2003	100	6	94	380
2004	267	43	688	380
2005	259	—	—	416
2006	215	7	—	360
2007	220	65	—	363
2008	108	83	—	—

公　示

各能繁母猪养猪户：

根据上级相关文件的规定，2008 年度能繁母猪补贴条件为：经产能繁母猪才能获得补贴。补贴金额为每头能繁母猪 100 元；后备母猪不得补贴。公示期为 7 天，公示期间内如有异议，可以向乡党政办举报。举报电话：0771－3750169。现将本屯的能繁母猪养殖户名单公示如下：

附：屯符合条件的能繁母猪养殖户名单。

宝圩乡人民政府

2009 年 2 月 5 日

养鸡、养鸭是板价屯人的又一主要养殖业。一般每户皆养鸡、鸭，各为10～20只，多余的皆拿到市场上卖，但大多数自己留用（见表3-8）。

表3-8　2000～2007年板价屯鸡、鸭出栏数

单位：万只

年份	鸡出栏数	鸭出栏数
2000	1581	1488
2001	1302	1396
2002	1526	1436
2003	0.036	0.0446
2005	—	0.3
2006	0.4	0.2
2007	0.3	0.3

四　副业生产

（一）纺染

过去板价屯群众的衣服、丧服、被褥、蚊帐等，都是用自种的棉花进行纺织、染色、裁剪、缝纫的。板价人的纺织工艺主要由轧棉、弹棉、卷筳、纺纱、绕线圈、络纱、牵纱和纺织等环节组成。

（1）轧棉：把棉花收回晒干，去棉子。子棉晾晒后，须将子棉中的粒核和棉纤维进行分离，从而获取皮棉，此过程即为轧棉。上甲族群的轧棉机结构简单，为手摇式铁木轧棉机，上甲人称其为碾子机。轧棉机下边有丁字形木座，底座的木板宽皆7厘米，一木板长90厘米，轧棉时轧棉者将坐的凳子置于此，另一木板长36厘米，上平行竖立两立柱，高皆为35厘米。在两立柱中间距离底座16厘米处夹一木板，宽8厘米，其上为两圆木相合，形成两根辗轴，两根辗轴直径各为2厘米、长32厘米，嵌于两立柱上。面向轧棉者的右手边的立柱之外的两根辗轴各刻有齿槽，呈螺旋线状，下面的辗轴安有曲柄。工作时，为增加摩擦力，在两辗轴间夹一毛巾或一类似于毛巾状的布，左手将棉花喂入两轴间的空隙碾轧，右手摇曲柄使上下轴转动，借齿沟使两轴反向回转挤压棉花，使棉子分离出来，子落于内，棉絮飘于车前。如果棉花晾晒得好，一个钟头约轧棉1斤。

（2）弹棉：经轧棉后，皮棉须经过弹棉过程以使纤维松散。在过去，上甲人用自制的弹棉机手工弹棉。弹棉机比较简单，其样式与今天弹棉机相似，即一个木槌、一个约为2米长的弹棉弓。弹棉时，弹棉者坐于特制的木椅上，在椅背上拴一竹条，该竹条高2米，呈弧状，其顶部系一绳子，绳子底端系有弹弓，将弹弓置于被弹的棉花上，弹棉的人用木槌频频击弦，使棉花成为松软的棉絮。上甲人现少有人自己弹棉，多送至宝圩街的专门弹棉花处弹棉花。

（3）卷筵：卷筵是上甲人在纺纱前必经的一道手续，弹好的棉花蓬松细软，不便纺纱，必须先搓成均匀的棉条才能纺纱，上甲人称其工序为卷花。首先准备一小圆木棒，约有30厘米长，直径约为5毫米，再将弹过的松软棉花薄薄地铺于方桌或木凳上，木棒从一侧卷起并来回滚动，使棉卷于棒上成为条状，后抽出小木棒，棉花则成为筒状的棉条，长20厘米左右。如此反复，此为卷筵过程。搓好的棉条放于竹篮中，以便于下一步纺纱使用。

（4）纺纱：卷筵之后为纺纱过程，用纺车将弹制好的棉花纺成纱，上甲人的纺车为人工手摇式纺车，皆由枧木制成。这种纺车的绳轮位于纺者的右手方向，两面皆由四片竹片相交形成圆状，并平行并立，状似车轮，之间的宽度为20厘米，直径为47厘米，各竹片的顶端皆由绳子连接起来，两顶端之间形成V字形，绳轮中间的轴架于纺架右端的两根立柱之上，向着纺者一端的立柱之外连着绳轮的轴安有手摇曲柄。纺车的左端有一锭盘，上甲人称其为"马头"。锭盘下端是高15厘米、直径为11厘米的圆木，上端位于纺车的外侧为一薄片弧形，一插入一段竹管的17厘米长的圆木棒直立于锭盘之上，上端与锭盘的上端相交成三角形。锭子被固定在锭盘上端的弧度之上，向着纺者的这端突出在立柱外，呈向下倾斜状，锭子中间套上竹管。一绳线绕于绳轮和锭子的竹管之上，将绳轮与锭子牵连起来。纺者纺纱时，坐在凳子上，准备一小段线，将其一端缠于纺纱车上的线轴上，另一端放于棉条的一端，并将这一端轻压于左手拇指和食指、中指间，其余棉条略松执于手中，在右手摇防车的摇柄时，带动锭子转动，执棉条的左手轻轻前后上下拉动加捻，线丝在之前的细线的牵引下逐渐从棉条中缓缓抽出，并缠绕于锭子之上。纺者纺纱时，两手的力度、速度相配合，力气大或小都易断线。现上甲地区的老人皆会此种纺纱工艺，年轻人大多出外打工，少有会此工艺的（见图3－2）。

（5）卷铤：将棉花纺成纱后，须将纱绕成纱线圈，以便浆纱。绕纱线圈的工具上甲人称为"nai"，由三根木棒制成，一根长约51厘米的木棒为主，上下两端各置一长约26厘米的小木棒，这两木棒的距离约为32厘米，三根木棒互相垂直（原理上是三根木棒互相垂直，但由于该工具皆是上甲人自制的，在制作时由于角度掌握不好，该工具有的

图 3－2　纺纱（2009 年 3 月 10 日　刘萍摄）

三根木棒也没有互相垂直，并不影响将纱线绕成纱线圈）。将线绕于两小木棒的四端，之后取出即成纱线圈。

（6）浆纱：浆纱是上甲人纺织工序中不可或缺的工序，浆纱的目的是使纱线具有可织性，即加强纱线在纺织工序中经反复摩擦、拉伸、弯曲时不致大量起毛甚至断裂的性能。上甲人在浆纱时采取最为古老的传统浆纱方法，即玉米磨碎后用水煮沸，成为糊状，再将纱线圈放于玉米水中以文火浸煮，煮至 2～3 小时，将纱线圈拿出放至太阳下晾晒。

（7）络纱：络纱即为将过浆后的纱线重新卷绕成线轴或纱锭的工艺过程。上甲人称其络纱机为“嘎额”（上甲语，音译），结构与纺车的绳轮相似，但其绳轮要比纺车的绳轮大，其直径约为 48 厘米，绳轮两片之间的距离约为 34 厘米，架于两边的立柱之间，绳轮与立柱共高 54 厘米。络纱时，纺者将纱线圈绕于络纱机的绳轮上，手执连杆手柄摇动，带动转轮运转，就可以完成络纱这一环节。

（8）牵纱：牵纱是上甲人纺织工艺中重要的一环，上甲人称其“绕经纬”（见图3-3）。一般主要在房舍内既有的几根柱子如房中的中柱与门柱或房舍内的其他有一定距离的几根柱子上进行，根据需要线纱的多少围绕柱子往返牵绕。上甲人将牵纱的工具称为“架罗”，此架罗由三根约50寸长的棒平行组成，彼此间距约为13寸，两端皆由两根木棍连起，各木棒上有10个孔眼，根据需要经线的多少将相应的线轴逐个插于架罗的两根相平行的孔眼处，再围绕柱子往返牵绕。之后为上甲人所说的穿“蓬”（壮语，音译）过程，这就是我们常说的打纬筘，其作用是使经线布置均匀，同时又能准确地控制织品的幅度。打纬筘是长方形木框，长43厘米，宽7厘米，内装筘丝，上甲人称筘丝为“排筘”，一般有180根筘丝，固定在两根木条当中，将牵过的经线依次穿入筘丝之间，两筘丝间的经线数相同。筘的密度一般为180×2，如两筘丝间穿入一根经线，该筘最多会有360条经线穿入。

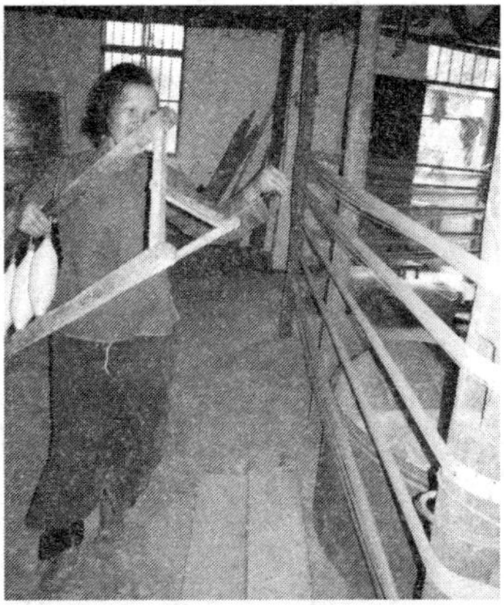

图3-3　牵纱

（2008年5月10日　刘萍摄）

（9）纺织：纱线上机后，即可纺织成布，此为纺织工艺中最重要的一环。上甲人的纺织机主要为斜织机，由铁木制成。织机高97厘米、宽68厘米、长98厘米（宽、长主要是织机的底部长度），主要由机架、坐板、卷布轴、梭子、筘、综、分经棍、踏板、卷经轴组成。织机上的一端有一块坐板，织者坐在上面，可以看清经面上的毛病，及时解决。卷纱轴长约70厘米，位于织者的前面，其两端各插一木板，用绳子相互连接，当织者纺织时套于织者的后腰，将织的布拉紧，织者左右手交替投纬，即将装有纬线的梭子从织口穿过，在左手投纬后，右手握住筘的木框拉向织者，且脚踏踏板，使纬线紧密，如此反复，即为纺织。其中梭子长43厘米，为两头尖形，中间较宽的部位有一长16厘米、宽3.5厘米的凹槽，凹槽的背部有一孔眼，纬线轴插入凹槽，并将纬线的一端穿过孔眼，方便投纬、打纬工作。筘（筘的规格牵纱手握工序中已有介绍，不再赘述）安装到织架上，其两端的框上各缚有两根长约10厘米的木板，顶端各系有绳子，并在空中相交。在织架的底部各绑有一根竹竿，呈弧形在空中相交绑紧，下悬一绳与筘上端的绳子相连。综，长方形，长45厘米、宽7厘米。各综丝是7厘米长的线圈，用线将各线圈上下相连后，线圈的上下端放一木棍，长70厘米、直径4厘米，下端放一细竹棍，长60厘米，两根棍的两端用绳子连在织机之上。综起到分经和提拉变综的作用。分经棍，长70厘米，直径4厘米，把经纱按奇、偶数分隔成上下层，并形成自然的织口，梭子从中间穿过，完成引纬织作。织机的踏板用绳子与综框及形似马头的提综杆相连接，以脚提沉控制综片开口，便于投纬、打纬工作。卷经轴，长68厘米，两端各有一个十字架，即轴牙，架于织机上。经纱均匀地绕在轴上，每绕一层，垫一层长55厘米的竹片，防止经纱紊乱。

斜织机采用物理学上的杠杆原理，用脚踏板来控制综片的升降，使经纱分成上下两层，形成一个三角形开口，以织造平纹织物。一切准备就绪，织者坐于织机前，用梭子引纬，靠腰脊来控制经纱张力，织下一梭时，提起综杆，下层经纱被提起，如此反复即可。

由此种织机纺织的布的尺度宽 40 厘米，长度没有特殊规定。上甲女人织完布在剪布时，其夫必须避开，否则将视为不吉利。

制作一套成年人衣服或一匹布需要的工日：脱子、弹成絮、搓成面卷共 1 个工日（每个工日以 10 个小时计，下同）。纺纱需 4 个工日。装机需 2 个工日。织布需 2 个工日。染布需 18 个工日。裁缝需用手工针缝，男装要 4 个工日，女装要 6 个工日。

（10）染色：染布之前还要制作枧水，是将草木灰装进竹筐中压成凹形，再将清水倒入灰筐，滤出之液为枧水。之后将约 10 公斤清水与 200 克蓝靛、150 克灰水、150 克米酒混合搅匀，密盖缸口沤 3～4 天后揭盖搅动，水呈猪肝色，即可染布。一般白布需浸染三次才成。第一次将布放入缸内浸 3 天，取出拧水晒干；第二次再染时，先溶 100 克蓝靛、750 克米醋、50 克米酒，搅匀后浸入布匹，浸 3 天取出拧水晒干；第三次浸染和第二次方法一样。经三次浸染，染成紫红色，此时把新鲜鸡血藤切成薄片放入水中煮沸成红色，将布浸透，待浆水凉后，拧布晒干，如此连续三次变成蓝黑色（见图 3－4）。若染黑色，再用枞树皮熬水，浸染三次便成（方法同上）。

缝制一套成年人衣服，需要宽 30 厘米、长 8 米的土布，量体裁衣，用缝纫机或手工缝制。现在板价人在日常生活中很少穿传统服装，只有老人还穿。在节日或有客人到来时也穿。但土布在办丧事时则是必不可少的，丧服皆由土

图 3-4　染色后的土布（2009 年 3 月 10 日　刘萍摄）

布裁制。上甲地区还有保存完美的壮族织布，以及质地淳朴、花纹图案精美的织锦。

在过去，上甲妇女除白天参加田间劳作外，纺纱织布是她们主要的工作，几乎家家有 2~4 台织机。纺织技艺主要是母传女、姐教妹、邻里相授、村邻相习的传承方式。这种家传身教、耳濡目染的方式使上甲人的传统纺织工艺世代传袭下来。有的姑娘从八九岁时便跟从长辈学习纺织技巧，出嫁前，分担家里其他女性纺纱织布的工作，出嫁后，成为婆家纺纱织布工作的主力。女子纺织技艺的高超与否是过去上甲男子择偶的一个重要标准。目前，上甲妇女虽保有这种传统的纺织工艺，但仅限于 60 岁以上的老年妇女。一般 60 岁以上的老年妇女的家庭里还保有 1~2 台织布机。中青年妇女由于受到经济发展的冲击较早，一般多是外出打工，没有时间也没有意愿学习传统的纺织技术，几乎不会这种纺织工艺了。没有老人的家庭或不与老人同住的家庭里，几乎看不到纺织机。正因为如此，60 岁以上的老人除了纺织棉布留为己用外，还承担了为其儿子、孙子等亲属家庭纺纱织布的任务。

上甲人保留的传统纺织工艺，是富有特色的社区文化，是上甲人在长期的生活过程中集体智慧的结晶。但近代经济的发展、现代学校的教育，造就了一批又一批具有新文化价值和新审美意识的上甲青年，他们对本族群的文化传统不再如他们祖辈那么热爱和固守。特别是随着近几十年来市场经济的发展，大量美观、现代的服饰深受他们的喜爱，虽上甲社区人人皆有传统服饰，但他们只有在节日或庆典等特殊仪式上偶尔穿穿。传统服饰那种为生活所依赖的格局已被打破，伴随着这种在日常生活中价值的跌落，传统的纺织技艺走向衰落也就不可避免了。

（二）编织

中华人民共和国成立以前，几乎家家户户都编织，主要自用，种类有：谷囤、谷围、箩筐、渔笼、猪鸡鸭笼、提篮、雨帽、竹土磨、竹簟、雨蓑、粪筐、竹椅、摇篮、草鞋等。这些都只是自用，不卖。目前，虽然板价屯人与外界联系紧密，现代用具方便便宜，集体或个人日用的竹器都到市场购买，但板价屯的中、老年男子大多数人依然保有编织工艺，主要编织篱笆、箩筐、渔笼、猪鸡鸭笼、提篮、竹席等（见图3－5）。材料主要是附近的竹子，在编织自用的同时，部分村民还会在宝圩的圩日将编织的鸡笼等物在圩场上交易，作为经济来源之一。也有外面的人到屯内收购这种编织的笼子。一个小鸡笼在市场上的交易价格一般为0.7元左右，而一个鱼笼则需要10～15元。

图3-5 编织（2008年6月28日 刘萍摄）

（三）酿酒

过去，板价屯人几乎家家户户都会用糯米酿酒，被称为“土茅台”。在重要节日或亲朋好友相聚时自酿的糯米酒则是必备之品。目前板价屯只有一户以卖酒作为经济来源之一。为了将酿酒后的酒糟喂猪，这家养了12头猪，因此多出来的酒拿到龙州市场或上甲内部各村屯卖，价格是23度的酒为1元/斤。一般2~3天酿一次酒，每次酿酒用米150斤左右，一个月约酿酒3000斤，需用2000斤大米，大米约折合人民币2800元。酿酒的工艺主要是：将米蒸好后把米摊开散热，达到30度左右即可，把从市场上买的酒饼拌入米中，比例为100斤米需要3~4个酒饼。装缸发酵，一天之后放水，进行隔氧，夏天5天即可，冬天需要7~10天。隔氧后放入锅内蒸即可。酒精度数主要是10度和23度。

（四）采矿

当地建房所用的石头大多是在附近开采的，价格便宜，但必须得到政府的许可才可开采。如大新县人民政府对采矿作如下规定：

> 未取得采矿许可证，擅自开采矿产资源的，由地质矿产主管部门责令停止开采、赔偿损失，没收采出的矿产品和违法所得，可以并处2000元以上、10万元以下的罚款；拒不停止开采，造成矿产资源严重破坏的（即价值30万元以上），处以三年至七年有期徒刑，并处罚金。

2009年6月宝圩乡安全生产委员会为防止非法开采而发布有赏公告，鼓励村民检举非法开采行为。其公告内容如下：

有赏公告

在市场经济影响和个人利益的驱使下，近期我乡管辖区内非法采石行为日益严重，极大影响了广大人民群众的生命安全。根据《中华人民共和国安全生产法》第63条的相关规定，乡安委会已经建立安全生产举报制度，主要是对非法采石行为、非法爆破作业等违法违规行为进行举报，请广大村民和知情者提供线索，对举报者实行严格保护，并对举报有功者给予奖励。乡安委会将给予200元奖励。

举报电话：0771－3750169

宝圩乡安全生产委员会

2009年6月9日

对于非法采石的矿主，则下发停止采石的执法通知，制止其违法行为。

责令停止开采石场违法行为通知书

______________________：

你个人行为在__________开采的小石场违反了《中华人民共和国安全生产法》的规定，责令立即停止非法开采行为，本月即日拆除、撤离采石设备和工具，逾期不拆除或继续开采所发生的安全事故造成的一切后果，由你个人承担全部责任。

特此通知

宝圩乡人民政府

年　月　日

当地开采后的石头，一般是开采者自己加工成碎石，再混合水泥制成有孔的石砖即可（见图 3－6）。也有的农户盖房子时自己不开矿采石，而从附近村屯专门加工石砖处购买。2008 年，一块石砖的市场价格是 1.2 元钱，2008 年以前的市场价格是 0.6 元/块～0.8 元/块。

（五）商业

截至 2008 年底，板价屯只有一户经商，即该屯的屯长家，所从事的是百货和农资的销售。销售方式一般是到附近各村屯卖种子、农药、饲料等。经营的饲料主要是正大饲料，同时兼顾其他品牌。经营方式主要是以宝圩代理商处赊销。该销售点位于板价屯的板价桥旁，方便了上甲各村屯村民购买。该户月收入为 7000～8000 元。

图 3－6　制砖（2009 年 3 月 10 日　刘萍摄）

宝圩等地锔盆的手工艺者常到板价屯修理锅碗瓢盆。他在其摩托车上放上本地音乐，进屯后，人们听见音乐声就将坏损的锅等东西拿出来请他修理。一般修理一个锅底需要 12 元左右。

（六）建筑业、交通业

2008 年，板价屯有 3 个建筑队，每队有 6～8 人，常年在附近村屯做工，仅有 1 户从事运输业。

（七）渔业

板价屯有河多水，过去，板价屯人有自己养鱼的习惯，大多数村民在自家附近的空地上挖一个小池子，将鱼苗放入，等要吃鱼时再打捞出来。随着经济的发展，板价人大多到市场买鱼，养鱼池也逐渐减少，2007 年板价屯只有一户有自家的养鱼池，主要是供自家吃，间或卖给同村人。

第三节　板价屯的经济收入与支出

一　收入

板价屯四周为山，耕地面积少，随着改革开放的发展，特别是20世纪90年代末以来，当地人与外界的接触不断增多，部分人在务农的基础上开始从事其他行业，如建筑业、零售业、运输业、外出打工等，村民收入渠道增加，收入也逐渐增多。

外出务工人员主要分为两类：一类是农闲时节在周边的县城或边贸市场打零工，每天收入40～60元，或者在甘蔗收割的时节去帮别人收割甘蔗。另一类主要是青年，他们主要前往广州、福建等地做长工，一年之中很少回家。与打零工的人群相比，他们收入相对比较稳定，一对夫妻每月收入最少为1200～1500元，收入最高者则达到7000～8000元。

表3－9、表3－10反映了2002～2005年板价屯的经济发展规划以及村民收入的具体情况，可以看出，村民收入逐年都有增加。

表3－9　板价屯2002～2005年经济收入情况

单位：元

年　份	农民总人均收入	种植业人均收入	养殖业人均收入	劳务输出人均收入
2002	1327	753	306	268
2003	1425	698	389	338
2004	1538	717	413	408
2005	1592	692	329	566

表 3－10　板价屯 2002～2005 年党员人均收入情况

单位：元

年　份	2002	2003	2004	2005
人均收入	1327	1425	1537	1648

二　支出

板价屯村民的家庭支出，主要有生产性支出和消费性支出。随着社会进步和村民富裕程度的提高，支出的范畴、种类和规模都有较大改变，这同时也极大地促进了村民生活质量的提高和改善。

中华人民共和国成立前，当地人备受歧视，很少与外界来往，生活条件差，大多数物品皆自给自足。中华人民共和国成立以后，板价人与外界接触增多，出去打工、做生意的人逐渐增多，人们生活慢慢好转。1990 年以前，板价屯人皆住杆栏房子，房子下面作为储藏室，或养猪、牛、家禽，或放置其他物品，上面住人。1995 年 6 月，板价屯建起了第一座水泥楼房，当时花费约 10 万元。到 2007 年为止，板价屯有 97 户皆修建了水泥房子，只有 4 家为杆栏房。有的住房还进行了现代化装修，家电设备齐全。

现在饭桌上的肉类食品已成平常的菜肴。一般 4～5 口人的家庭，月花费最少在 300 元左右，如家庭中有上学的小孩，其花费则为 400～500 元，中档家庭月花费则更多。逢年过节，各家都要买各种食品等招待客人、亲戚，多者达 2000～3000 元，少的也近千余元。结婚、丧事等也是一笔不小的消费。年轻人还偶尔到县里歌厅唱歌消费。

板价屯 1974 年就已经开始通电，此后用电正常，少有断电的现象。据统计，2008 年 4 月用电情况是：农业用电

2894.04度，农民生活用电338.45度，其他用电为4.5度，电费共计3237元。

20世纪90年代，板价屯少数人为联系方便购置了手机。进入21世纪以来，大多数农户皆有手机，有的一户就有三四部手机。手机的月最低消费为13元，全部消费为20元左右。2004年开始，电信局在板价屯安装固定电话，最初安装电话费用为350元，现板价屯有固定电话29部。截至2008年，板价屯有100台彩色电视机，只有一户用的是黑白电视机。2006年，全屯除20户没有安装卫星接收器外，其余81户皆装有卫星接收器。2007年，家家户户皆安装了卫星接收器，方便村民了解外面世界。冰箱、洗衣机、消毒柜也逐渐进入板价。

虽然交通比以往有所进步，但由于板价屯远离宝圩乡，通往宝圩乡的路面又不平整，村民去往宝圩的交通很不方便，因此村民有钱后首要的事情就是买交通工具，多为买摩托车，一般不办理执照，2008年全屯25辆摩托车中只有3~4户的摩托车有驾驶执照。大多村民皆乘坐三轮摩托车到宝圩，每人每趟车费为3元。这种车在圩日较多，平日则很难打车来往于两地。2007年，板价屯人家电及交通工具购置情况如表3-11所示。

表3-11 2007年板价屯家电及交通工具的购置情况

彩电（台）	冰箱（台）	洗衣机（台）	消毒柜（台）	固定电话（部）	摩托车（辆）	小型农用拖拉机（辆）	微型小轿车（辆）
100	15	4	35	29	25	92	2

在厨房用具方面，板价屯人以前用土沙锅。20世纪90年代，部分农户已经使用上了电饭锅、高压锅、电磁炉。

在能源方面，板价屯人主要用电、沼气、煤气和柴火。照明和炊事用电在当地已经非常普遍。1998 年，随着新农村建设的脚步，当地人开始建造沼气池作为生活燃料，既快捷又方便干净。由于家家户户都有家庭养殖的习惯，因此沼气原料资源充足。也有的村民使用罐装煤气。另外，当地用木材炊饮或冬天取暖的现象依然非常常见，新能源并没有完全替代柴火。

三　低保与信贷

2008 年，板价村低保户共有 62 户、170 人，其中板价屯有 7 户，共计 15 人。2007 年 1～12 月份，县民政局补助每人 17 元，并统一汇入户主的账户中，其中 7～8 月份每人的补助是 15 元。低保补助的发放，需由困难家庭向县民政部门申请低保补助，根据核查，情况属实，县民政局才能发放低保生活补助。

此外，为了发展生产，解决资金不足的问题，村民可根据自家收入情况，填写申请书并请村委会出具证明，证明的格式如下：

家庭、耕地及收入状况证明书

中国农业银行大新县支行：

__________（身份证件号码________________）系我村__________屯居民，现年____岁，家庭人口____人，该户现拥有耕地面积______亩，其中种植有甘蔗______亩。2008 年（2007～2008 年）产量______吨，销售收入______万元，加上外出务工收入______万元，养殖收入______万元，家庭年总收入______万元，扣除生产投入______万元、生活等支出______万元后，家庭年纯收入______万元。

本村委保证上述证明真实、有效。

大新县宝圩板价村民委员会（公章）

年　月　日

村委联系人：（签字）

地址：大新县宝圩乡板价村委

固定电话：××××××××××××

之后，该村民便可凭此，依照规程向中国农业银行大新县支行申请一定数额的贷款。

第四章　婚姻、家庭与人口

第一节　婚姻

一　婚制

中华人民共和国成立以前，由于上甲地区比较闭塞，备受上甲地区周围其他族群的歧视，因此，上甲地区多为地域婚，板价人大多在上甲地区内部与各屯男女互为婚姻，少数人娶或嫁到上甲以外的村落。中华人民共和国成立后，人民群众的政治、经济、文化等各方面的地位都提高了，人们参与社会活动频繁，见多识广，长期被禁锢在“围城”内生活的板价人也开阔了眼界，更新观念，婚姻生活也有很大变化。男女青年不但能在上甲地区自由恋爱、互通婚姻，还同上甲以外各地男女青年通信往来，谈情说爱，有的甚至到更远的地方结成夫妻，冲破了“女不向外界（上甲境外）嫁，男不向外界婚”的小天地，逐步走向现代化，地域婚被打破①。现板价屯的大部分年轻人外出打工，女孩一般在外地工作时结交外地男友，男孩则较少交外地女友，板价屯年轻男

① 参考覃菁著《上甲史俗》，延边大学出版社，1999，第39~40页。

女找外地对象的比例为1∶3。

中华人民共和国成立以前，婚姻形式主要是以父母包办婚姻为主，男女自主婚姻的较少，20世纪30年代，板价屯有两对情侣因父母反对而一起殉情，三人为农姓（两女一男），一人为黄姓。当时早婚现象，以及同姓、同族、表兄妹相婚的现象较多。婚姻流行不落夫家的习俗，男女双方结婚后，女方依然住于娘家，在农忙时节，女方要到男方家帮工，晚上同样要回娘家居住。结婚年龄一般在15～16岁，此时结婚的男女双方不可以同房，当女方到男方家帮工时，离娘家近的要回娘家，离娘家远的，住在男方家要与同性同住，直到双方达到18岁才可以同房。在男女双方结婚后，女方住娘家，男方会不断上门迎接妻子到自己家里住。如果女方愿意，会在男方迎接时到男方家住几天。也有婚礼后，女方不满意男方，在男方屡次迎接后依然不愿意到男方家居住的，这时婚姻关系也逐渐结束。女方生头胎时必须在夫家生，之后才会长居夫家。这种婚姻没有法律保障，离婚率高。中华人民共和国成立后，父母包办婚姻逐渐减少，青年男女恋爱比较自由。这种不落夫家的婚姻习俗逐渐消失淡化。现在，只保有不落夫家的形式，并且婚姻受到法律的保护，女方在婚礼后，回家居住一天左右，男方再去迎接回来，其后就长期居住在一起。

从古至今，板价屯还流行入赘婚。大多是女方人家没有兄弟，男方兄弟众多，因此女方招郎入赘以养家。男方嫁入女方家后，在女方家起到儿子的作用，开始当家做主，担负起养家的重任，侍奉女方家的老人。在过去，入赘婚生的孩子大多随母姓，现已不像过去那样严格，部分孩子随父姓。入赘婚不受人耻笑，这充分体现出该地区男女平等的思想。

板价屯现主要姓氏为农姓，占全屯姓氏的80%，皆为原来居民。其余姓氏为吕、林、黄、龙、覃、赵、蓝、韦等姓，其中吕、林、黄、龙、覃、赵等姓氏是来此地上门的，蓝、韦两姓氏为女子嫁入带来的姓氏（见表4－1）。

表4－1　板价屯赘婿姓氏及相关情况

姓氏	户数（户）	原籍	入赘时间	迁移代数（代）	子女姓氏
吕姓	1	板赦	20世纪50~60年代	4	随母亲农姓
林姓	1	钦州	20世纪80年代末	2	随母亲农姓
黄姓	1	那盖	20世纪50~60年代	4	随母亲农姓
龙姓	1	钦州	20世纪80年代	2	随母亲农姓
覃姓	1	板六	20世纪80年代	2	随母亲农姓
赵姓	1	宝圩	20世纪90年代	2	随父亲赵姓

二　择偶

在过去，板价屯的主要择偶方式为媒聘、依歌择偶和走访结交。媒聘主要就是经过媒人的介绍，青年男女双方得以相识，互有好感则彼此交往。依歌择偶主要就是在歌圩时，青年男女常常以对歌的形式结识。走访结交与依歌择偶是紧密相连的。现在，人们思想开放了，择偶方式有所变化，择偶范围也不再局限于上甲地区。男女双方结识的方式主要以相亲和自由恋爱为主，依歌择偶的方式已经不存在了。择偶条件无论是过去还是现在，皆以家庭条件、人品、能力、相貌为主。

三　婚仪

（一）订婚

无论是过去还是现在，板价地区皆流行问婚的习惯。

过去，板价屯年轻男女订婚，皆由父母包办，不用媒人。先由男方父母中的一个去征求女方父母的意见，同意就取女方的八字，选好后就可以办订婚仪式。现代男女青年婚姻，大部分都由子女自由做主。问婚时男方买猪肉6斤、酒2斤，到女方家作试探性的问婚，征求女方父母意见，如果女方父母同意，男方父母及亲属共4人，带上2只肉鸡、2斤猪肉、4斤排骨、40~50斤白酒、4斤南粉、20斤白米、4瓶香槟酒、10斤青菜、4斤油豆腐和2条香烟等物品，到女方家同女方亲族一起吃喝，争取女方家族同意。如女方同意即可请道公合八字，选定订婚日期。

板价地区的男女订婚、结婚自古就有合命的习俗，也就是合八字。一般少的取3~5个八字，多的取7~8个八字。把这些八字交给道公，道公相命后说哪个八字好，就把哪个留下，其余退还。选好八字，就择吉日办订婚手续[①]。

过去男女双方选好八字后，就择吉日办订婚手续。手续很简单，贫穷的人家，要购买沙糕10封送到女方家，说："我们两家孩子的八字合了，从此，结为亲家。"女方家把订婚的沙糕分给最亲的亲族，每户1~2封，并口头转达："对方某某来提亲，我们已同意结为亲家。"这就算办完订婚手续。富裕的人家，要买沙糕30~40封或鸡、鸭1~2只送去。女方家杀鸡、鸭，炒黄豆，请几个最亲的人一起饮酒。一面饮酒，一面商定婚事，饮完酒，订婚的事也就商量妥当了。现在在订婚之日，男方需筹100~200斤猪肉、100斤白酒、120斤大米、100斤青菜、2担糯米饭（约有180斤）、10斤南粉、10斤油豆腐、一担水豆腐（60~70

① 参考覃菁著《上甲史俗》，延边大学出版社，1999，第37页。

斤）、8～10只肉鸡、4斤酱油、4斤食盐、2包（每包25克）味精、4条烟、24瓶酒、240～250封沙糕、4斤糖粒，分装8担，派人送给女方。女方家宴请亲戚，作为正式订婚仪式。

（二）结婚

过去，订婚后有严格的要求，首先要备婚。订婚后，双方很讲究信义，中途不能随便改变，有特殊原因要改变的只是极少数。订婚后，要连续三年送礼。每年农历七月十四和八月十五，要送小礼品，春节要送大礼。头年多送，以后逐年减少。第一年春节，送粽粑2担、共220只，每只用2两糯米做。双层糍粑两袋，每袋用4斤糯米做（意为双方结合后，要互相恩爱团结得像糍粑一样粘连）；猪肉10斤，肉鸡4只，酒20斤。第二年春节送粽粑120只，猪肉4斤，肉鸡2只，酒2斤，小糍粑200带，粽粑大小与第一年一样。第三年春节，送猪肉1斤，肉鸡1只，白酒1斤，粽粑50只，糍粑200带，大小与往年同。这是穷人的送礼数额，富裕人家可增至一倍。每年送礼多少，完全由男方按自己能力来定，女方不会讨价还价。男方每年春节备好礼物，派人送到女方家中，女方接到礼物后请较亲近的亲友饮酒，并把粽粑、糍粑分给亲朋。亲朋饮酒，空手来，不带礼品或封包。

三年送礼便算是婚成，届时请道公择吉日迎接新娘或新郎入屋。入屋之日，就是结婚之日。结婚仪式十分简单。这一天会需要糯米饭3～5斤，熟猪肉2斤，熟肉鸡1只，装在篮子里，然后由男方的母亲或较亲近的女人把篮子送到女方家（若男方来上门的，则由女方父亲或较亲近的男人，把篮子送到男方家），顺便叫新娘或新郎穿上新衣服跟着。不管新娘还是新郎，都没有陪伴者，双方亲家也不设宴请酒。接亲的家门口，烧着火把或火堆，新娘或新郎的双脚跨过火把或火堆，踏入门槛，算是成为主婚方的家人，这叫过门，也就完成了结婚仪式。女方当天过门，当天回娘家。直至生头胎孩子后，才可定居夫家。娘家一般在女方到夫家定居后，才把嫁妆如床架、新棉被、蚊帐、木箱等送来。如已生小孩，则把襁褓、摇篮一起送来。男方到女方家上门（入赘）的，一切都按女孩出嫁的样子办理。但上门者一定改用女方的姓氏，如同女方家的亲生男子一样，可承祖接宗，继承女方家的一切[①]。

现在，男女青年订婚不久，择吉日即可结婚，也不需要备婚。婚礼比较讲排场。在婚礼的头一天，男方送女方家2头活猪，猪肉、猪脚、排骨共20斤，鸡2只，酒30斤，香烟2条。成婚当天，男方请一位结了婚的、人丁兴旺之家的女子去迎亲，在迎亲时，带上6个、8个或12个人送东西到女方家。在早上迎亲时，要带去礼品，迎亲的女子要身挑两篮糯米饭，篮子上放熟鸡2只，留着供奉女方的祖先。此外还带去有线鸡12、16或18只，鸭18只，糯米饭2担，共约有350斤；2斤猪肉，分两条挂于熟鸡的脖子上，也是为供奉女方祖先之用的；沙糕800封（包），南粉16斤或18斤，油豆腐18斤，酒12瓶，白酒100斤，香烟6条，五颜六色的糖果6斤，炒好的瓜子6斤，青菜1担，味精1大包，火柴2大包，酱油6瓶，鞭炮2～3串。现在主要用手扶拖拉机运送这些礼品。在新娘家吃过饭后陪同新娘与其伴娘2人或4人回到男方家。进门时间在早晨的六七点。进门之前新娘要跨火盆或火把，同时，跨过门口酒

---

① 参考覃菁著《上甲史俗》，延边大学出版社，1999，第38～39页。

的鸡血。此地人结婚皆无拜堂、入洞房一说，也没有向人敬酒的习俗。进门后，开始吃饭。饭后，婆家送半只熟鸡和20元钱给新娘，另外送每个伴娘糯米饭1包（5斤左右）、1块熟鸡、10元钱，并将新娘送于半路，新娘拿这些东西回娘家。中午，新娘亲友到新娘娘家吃饭喝酒，新郎与其朋友3～4人到新娘家向来客敬酒。一般宴席需要30桌左右。晚上，新郎的同族7～8个能喝酒的人到新娘家吃饭喝酒，并带上礼品，主要有烧酒20斤、线鸡2只、香烟1条。这些人在席上不能随意离席，直到放鞭炮后才可以离席。第二天晚上，新娘的同族7～8人到新郎家吃饭，礼品依然是烧酒20斤、线鸡2只、香烟1条。吃饭到半夜，酒席散了，离家远的到各户去住，离家近的回家。新娘留下，但不与新郎同房，天亮后方回娘家。过去双方男女还要对山歌，现在少有人会唱山歌，此种活动已经没有了。翌日，新郎接新娘回家住上两天后，新娘再回到娘家，过几日，新郎再将新娘接回家，此后，新娘一般就长住于夫家。

过去，娘家给新娘的陪嫁物品一般在新娘生过孩子后将陪嫁品送于新郎家。这主要是因为过去不落夫家的婚俗使婚姻很不稳定，因此直到女方生孩子，婚姻稳定了才将嫁妆送去。现在一般在成婚当天，新娘就将嫁妆带至夫家。以前的陪嫁品很少，现在陪嫁品主要有家用电器、交通工具等，价值1万～2万元不等。娘家人在送嫁妆之前，要包2～3包的糯米饭，里面放上钱，再将糯米饭包好放入新娘的嫁妆中，送到婆家后，婆家人的亲朋好友开始打开嫁妆寻找糯米饭包，谁找到谁的运气和财气就好，糯米饭及其中的钱也就归找到者所有。现在新娘结婚尚未流行穿婚纱，一般穿比较漂亮的新衣服即可。

举行婚礼前，男女双方按法律规定，到县医院或乡卫生院进行婚前体检，再到县民政局或乡人民政府进行结婚登记。个别在婚礼前来不及登记的，举行婚礼后补办手续。由于自由恋爱结婚，改变了旧社会不落夫家的习俗，夫妻感情稳固，又有法律保障，生活美满幸福，闹离婚的现象较少。

（三）成婚禁忌

新娘在出嫁途中遇河不过桥，要趟水过河，如水深或新娘不愿趟水过河，则由男方接亲之人事先将毛巾放于桥面上，新娘脚踏毛巾过桥。此为白头偕老之意。

在新娘跨火盆时，新郎及其家人必须避开，不得见新娘，意为男方向女方交权。新娘进门后，新郎再从后门进来，招待客人吃饭，意即向女方交权。

（四）初婚年龄

过去，因怕自己找不到好的对象或找不到对象，大部分人在年龄很小时就定亲，有的六七岁就已订婚，最迟不超过 12 岁，因此比较流行早婚，一般初婚年龄在十五六岁。现在，大多数青年都外出打工，因此结婚年龄较晚，初婚年龄在 23 岁以后，没有早婚的现象。

四　离婚与再婚

（一）离婚

中华人民共和国成立以前，男女青年结婚时，由于年纪轻不懂事，一切由父母包办，待到长大懂事了，一旦发现对方有弱点，性格或感情不和，就闹离婚。这种事情代代都有，离婚率达 30% ~40% 。离婚也简单，夫妻闹矛盾要离婚，经双方家长或亲族教育调解无效的，便办理离婚手续。手续是：男娶女的，由女方提出离婚的，男方索赔彩礼，由男方提出的，男方可以不赔；男方上门的，男方提出离婚，女方索赔彩礼，由女方提出的，则不赔。孩子抚养、产权等问题，经过双方协商解决，请文人写契约，双方盖章，各执一份为凭，以后男婚女嫁互不干涉。

中华人民共和国成立后，当地的婚姻比较稳定，离婚现象较少。离婚大多依照法律程序办理。

（二）再婚

配偶过世或离异再婚者，无论女方到男方家或男方到女方家，皆不受歧视。但 50 ~60 岁老人再娶再嫁，则要受人讥笑。做后父母的，易受抚养的子女谩骂虐待，所以一般不再娶再嫁。30 ~40 岁的鳏公、寡妇，可再娶再嫁。这种情况得到社会的同情、亲族同意，也比较自由。结为夫妻后，对产权的继承、子女的抚养、子女如何养老等问题，双方协商同意后请文人写下契约，各执一份。结婚仪式也简单，送对方糯米饭 1 篮、熟猪肉 2 斤，派亲属一人迎接过门即成①。

第二节　家庭

一　家庭结构

核心家庭，又称自然家庭、基本家庭，由一对配偶及

① 参考覃菁著《上甲史俗》，延边大学出版社，1999，第 39 页。

未婚子女组成，俗称小家庭。扩大家庭则指的是由血缘关系联系起来的在核心家庭扩大的基础上形成的家庭。扩大家庭是通过不同形式的核心家庭改建而成的，所以扩大家庭往往又被称为扩大的核心家庭。板价屯的家庭结构一般以扩大家庭为主，有结婚的儿子或女儿与老人居住的，也有兄弟或姐妹皆成家后同住的，也有两夫妻单独居住的。板价屯的长寿老人比较多，年纪最大的 94 岁，平均死亡年龄在 80 岁左右，因此大多属于结婚的儿子或女儿与老人居住的扩大家庭，最多的为三世同堂，少数为四世同堂。据统计，截至 2008 年 7 月，板价屯有 7 户为四世同堂，56 户为三世同堂，3 户为孤寡老人，1 户为孤儿。

兄弟们一般在结婚后就要分家，少数兄弟结婚后还会住在一起。分家时，老人也要分开赡养，由一个儿子或女儿赡养两个老人的现象比较少见。因此，三世同堂和四世同堂的成员并不是一定要住在一起，成为一个家庭的成员。据统计，截至 2008 年 7 月，板价屯与父母同居的有 36 户，与母亲居住的有 9 户，与父亲居住的有 9 户，兄弟同居的有 9 户。其余的为夫妻单独居住。

二　家庭关系

无论是何种扩大家庭，还是夫妻单独居住核心家庭，家庭大多和睦，家庭成员之间相亲相爱。多数家庭愿意赡养老人，因为在分家时不但能多分到土地，而且老人是有力的生活帮手，如果年轻的夫妻到外打工，老人还可以在家照顾孩子和做农活。分家后的兄弟虽然不住在一起，但很多时候一起做工，如种植、收割等，在大小节日里一起过节，甚至在吃饭时彼此间互换菜色。成家但没有分家兄弟或姐妹同住时，也是彼此看成一家，财产不分彼此，共同挣钱养家，将抚养兄弟或姐妹的孩子作为自己的责任。

三 承嗣与分家

（一）承嗣

过去，夫妻没有生育，多半领养男孩以延续香火，或从自己兄弟的儿子中挑选，或从堂兄弟的儿子中挑选，也有的从亲友的儿子中寻找。有的虽无儿子但有女儿，则招收赘婿继承。过继的儿子，必须改从养父的姓氏；过去上门女婿，多半必须改从妻姓，生的小孩要随妻姓，目前，对此已经没有严格要求。1980 年以后，由于国家实行计划生育，生孩子受到限制，因此没有小孩的人家多半从孤儿院或外地收养小孩。但无论是从孤儿院还是从外地收养的小孩，在办理户口时较麻烦，因此没有孩子的人也不愿意收养小孩了，板价屯现在只有一户人家是从外地收养小孩的。

（二）分家

一般兄弟或姐妹多的人家，在他们都结婚后就要分家，分家一般是按家产多少平均分配。老人多是分开赡养，一般由大儿子赡养老人中的一个，另一老人到其他儿子家生活，少数会由大儿子赡养两个老人。没有养老人的儿子一般家产分的要少一些。当然，这种分家的方法只是一种习惯，并不是严格定制，可以根据自己的具体情况彼此互相协商。

四 家庭职能

过去，家庭的劳动分工主要还是男主外、女主内，女人在家起到主要作用，是主要的劳动力，如种田、打柴、养猪、纺织、织布、做家务、赡养老人和教育下一代等。男人主要的工作是种田、做生意、出外打工等。现在，虽然依然以男主外、女主内的劳动分工形式为主，但很多妇女也走出了板价，到外地打工。现板价屯出外打工的妇女人数要多余男子，其比例为3∶2。

第三节　人口

一　人口概览

板价屯男女比例基本正常，但是由于近几年女青年外出打工的较多，这些女青年大多集中在18~28岁年龄段，她们外出后基本上都在外地找到了男朋友，导致屯内留守的一些男青年出现找不到对象的现象，这就变相地造成男女比例的不协调。另外，一些年轻夫妇在农闲时也会到外地打工，小孩和老人留守在家的现象比较严重。

板价屯人口全部为壮族，没有其他民族人口成分。人口平均寿命在80岁左右。目前寿命最高的为94岁。60岁以上老人占总人口数的8%。老人一般跟子女住在一起，没有老人遭遗弃或子女不赡养老人的现象发生。

二　计划生育

中华人民共和国成立以前，由于医疗卫生条件差，死亡率高，板价屯人口发展缓慢。中华人民共和国成立以后，随着生产、生活水平的提高和医疗卫生条件的改善，人们健康水平不断提高，死亡率下降，平均寿命增长，人口发展较快（见表4－2、表4－3）。由于人口增长较快，人均占地面积则越来越少，附近山石地多，无法大面积地开荒扩大，为此，在上级党委、政府的领导下，板价村开始狠抓计划生育。板价的育龄妇女普遍采取结扎、带环等措施，有效地控制了人口的增长（见表4－4）。1977年，板价屯所在的整个板价村进入全县计划生育的先进行列，受到县人民政府的表彰。

表4－2　20世纪板价屯部分年份户数、人口统计

单位：户，人

年份	1949	1953	1960	1970	1980	1990	1993	1996
户数	51	57	70	79	84	92	92	96
人口	229	281	364	364	438	484	481	461

表4－3　2000～2007年板价屯户数、人口统计

单位：户，人

年份	2000	2001	2002	2003	2004	2005	2006	2007
户数	93	93	93	93	93	93	101	101
人口	449	449	447	449	467	469	463	473

表4－4　2007年板价屯不同年龄段人口情况

单位：人

年龄 年份	1～10岁	11～20岁	21～30岁	31～40岁	41～50岁	51～60岁	61～70岁	70岁以上	男女比例
2007	36	108	62	43	49	122	28	48	1.2∶1

按照国家计划生育政策，该屯妇女第一胎为男孩则不可再生育，第一胎为女孩则可以生育第二胎。目前，板价屯为县里的计划生育模范屯，屯里没有超生现象。现板价屯有7户家庭只有1个孩子，大部分家庭有2个孩子，占总户数的90%以上。板价屯居民的生育观念比较开通，很多人表示生男生女都一样，甚至有的家庭生育一个女孩后便

不想再要第二个孩子了，这主要是因为当地传统文化中没有重男轻女观念，生男生女都一样对待，因此从未发生弃婴现象。国家实行计划生育后，也少有人超生。

（一）计划生育的制度与规定

计划生育的主要教育手段是说服教育、发放宣传册以及张贴标语等。板价村为做好计划生育工作，制定了《妇检制度》、《药具发放制度》、《节（绝）育手术随访制度》和《计划生育村民自治村规民约》。

妇检制度

（1）抓好超孕和计划外怀孕补救措施的落实，确保年度人口控制计划的完成。

（2）健全已婚育龄妇女档案，随时掌握已婚育龄妇女生育情况，做到底子清、情况明。

（3）加强孕前管理，坚持每年度对已婚育龄妇女进行一次全面性的妇检、环检、孕检，因人制宜地落实以“一孩放怀，二孩结扎”为主的综合性节育措施。

（4）凡受检妇女，把检查结果填写到《服务手册》，以备查验，对无故不接受检查的对象，给予教育后不按时检查的，除按合同违约处理外，计生工作队（组）要及时登门追检，做好“查遗补漏”工作。

（5）规定已婚育龄妇女每月“见面日”，并对已婚育龄妇女经期情况进行造册登记，抓住重点及疑点，做到有的放矢。

药具发放制度

（1）基层药具发放管理必须坚持专人管理，计划发放，保证供应，方便群众，减少浪费，精心指导，提高避孕和经济效益方针。

（2）建立健全基础发放服务网络，村级应配有专（兼）职发放员。

（3）实行计划免费发放供应。

（4）根据药具需求计划，自上而下逐级发放，乡（镇）向村每月发放一次，药具发放点每月定时定量发放到使用者。

（5）定期进行随访调查，村级应建立服用查访登记卡，每月随访一次，并做好记录。

（6）定期组织宣传培训，乡级对村级药具发放管理员培训每年至少一次，药具发放管理员对药具服用对象每年应培训一到两次，积极宣传使用药具科学知识，不断提高药具发放管理人员的服务水平和服用对象服用药具的自觉性。

节（绝）育手术随访制度

（1）使用药具对象每月随访一次。

（2）环扎对象术后第一个月、第三个月、半年、一年逐个随访一次，并将随访结果如实填到《服务手册》。

（3）随访方式有上门服务、对象来诊，随访中发现有异常情况的应及时处理。

计划生育村民自治村规民约

为使我村的计划生育工作实现村民的自我约束、自我教育，根据《中华人民共和国村民委员会组织法》，结合我村实际情况，本村村民代表大会决定，特制定村计划生育村民自治村规民约：

（1）本村村民必须遵守国家法律法规，自觉实行计划生育，做到少生、优生、不违反计划生育政策法规，违者，必须接受政府和村委会按国家计划生育政策规定和村规民约有关的规定来处理。

（2）已婚育龄夫妻要与乡人民政府签订计划生育合同，按广西《计生条例》规定落实生育和避孕节育措施及按时参加一年四次的妇检，不得无故不落实节育措施及不参加检查。

（3）按时参加乡村召开的计划生育工作各种会议和人口学校的培训，掌握一种以上避孕方法和一项以上农业培养科学技术。

（4）不支持、包庇、藏匿违反计划生育规定的对象，发现有违反计划生育政策的人和事，及时向村委或计划生育部门报告。

（5）外出务工的育龄人员，必须领取《流动人口婚育证明》。

（6）实行计划生育村务公开，民主监督，按规定公开计划生育法律法规及本村制定的制度，公开村生育指标和生育情况，公开计划生育财务收支及政策奖惩兑现情况等。

（7）村委会和村计划生育干部要定期向村民代表会议报告本村计划生育工作，接受监督，听取意见。

（8）凡违反本村规民约的，由计划生育村民代表大会处理，对违者按有关政策规定报乡以上人民政府做出处罚以外，另外还给予为集体作义务工三天以上、十五天以下的处罚。

这些制度规定使计划生育工作的开展有了具体规范，便于村民了解和遵守，同时也使这一工作在村民中获得理解和配合，在一定程度上促进了计划生育工作的开展（见表4－5～表4－8、图4－1～图4－5）。

表 4-5　2004～2007 年板价屯出生人口及死亡状况

单位：人，%

项目				2004	2005	2006	2007
总人口	年初			480	495	497	495
	年末			495	497	495	495
	年平均			487	496	496	495
	出生合计			8	9	2	6
	出生率			11.09	9.70	6.49	17.65
出生情况	一孩	人数	男	5	1	2	2
			女	2	3	—	3
			比例	80.49	65.56	—	76.47
			小计	7	4	2	5
		其中：计划内人数	男	5	1	2	2
			女	2	3	—	2
			比例	96.97	95	88.24	96.15
			小计	7	4	2	4
	二孩	人数	男	1	3	—	—
			女	—	2	—	1
			比例	19.51	44.44	—	23.13
			小计	1	5	—	1
		其中：计划内人数	男	1	3	—	—
			女	—	2	—	1
			比例	100	93.75	—	100
			小计	1	5	—	1
死亡	人数			1	2	5	0
	死亡率			3.24	6.20	—	—

表 4－6　2004～2007 年板价屯女性初婚、四术指标对比

项目＼年份			2004	2005	2006	2007
有一个子女夫妇人数（人）			33	35	34	38
女性初婚情况	人数（人）		7	2	2	2
	其中 19 岁以下人数（人）		—	—	—	—
	其中 23 岁以上人数（人）		7	1	2	1
	晚婚率（%）		48.00	64.29	62.50	43.48
	比去年同期增减（%）		－6.17	16.29	－1.79	－19.02
四术完成情况	节育手术例数（例）		—	6	3	4
	比去年同期增减（%）		—	－4	11	13
	其中	放环（例）	—	4	1	3
		比去年同期增减（%）	—	－7	－8	＋1
		结扎（例）	—	2	2	1
		比去年同期增减（%）	—	＋3	－1	—
		人流引产（例）	—	—	—	2
		比去年同期增减（%）	—	—	—	＋2

表 4-7　2004~2007 年板价屯节育各种手术例数情况

项目＼年份			2004	2005	2006	2007
育龄妇女人数（人）			145	146	147	153
已婚育龄妇女人数（人）			101	103	100	101
节育率（%）			86.39	88.54	88.64	88.35
本期采取各种手术例数	结扎情况	男扎（例）	—	—	—	—
		女扎（例）	1	2	2	1
		其中二胎结扎例（例）	—	1	1	1
		其中纯女户结扎例（例）	—	1	1	—
		小　计	1	2	2	1
	放环（例）		6	4	1	3
	其中一孩放环（例）		6	4	1	3
	取环（例）		1	0	4	0
	人流（例）		0	0	0	0
	中引（例）		0	0	0	0
	晚引（例）		0	0	0	0
	皮埋（例）		0	0	0	0
	合　计		8	6	4	4

表 4－8　截至 2007 年底板价屯历年采取各种节育措施人数

单位：人

项目	总人数	男扎	女扎	放环	口服剂注射避孕药	避孕套	外用药	皮埋	其他	人数
84	33	30	36	1	0	0	0	0	—	—

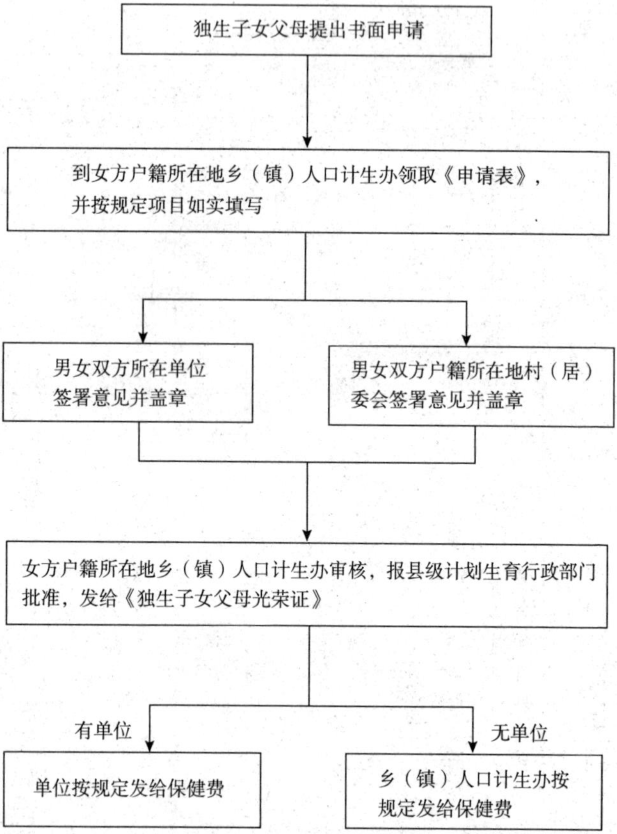

图 4－1　办理《独生子女父母光荣证》程序

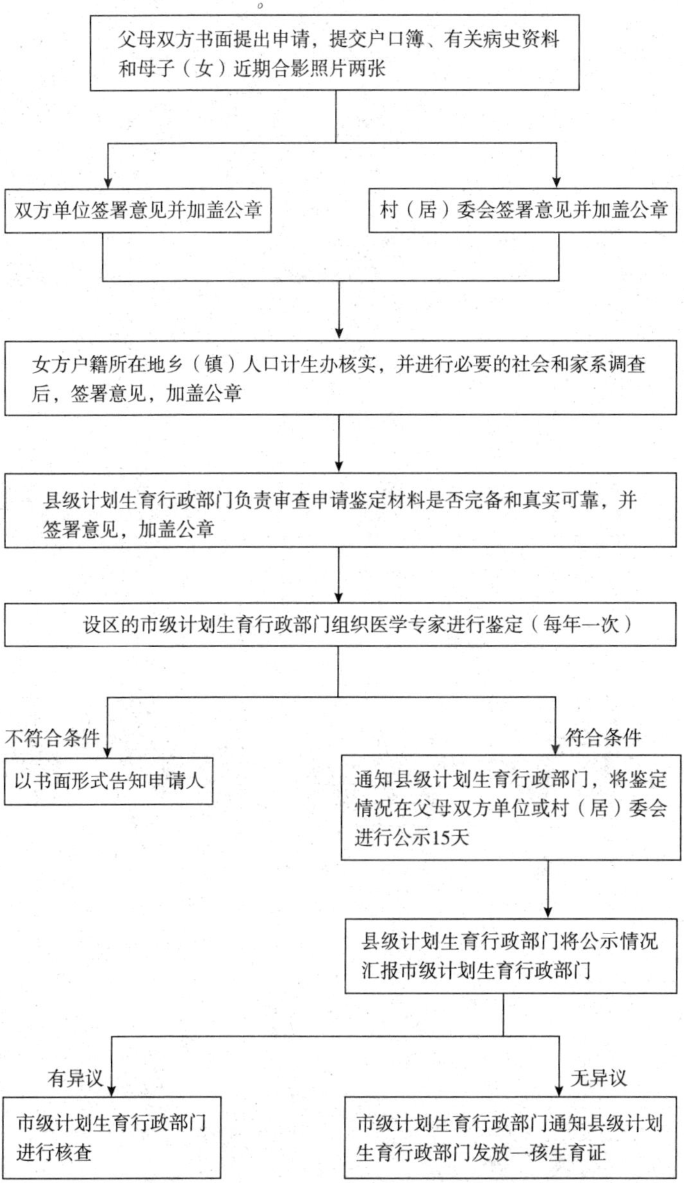

父母双方书面提出申请，提交户口簿、有关病史资料和母子（女）近期合影照片两张
双方单位签署意见并加盖公章
村（居）委会签署意见并加盖公章
女方户籍所在地乡（镇）人口计生办核实，并进行必要的社会和家系调查后，签署意见，加盖公章
县级计划生育行政部门负责审查申请鉴定材料是否完备和真实可靠，并签署意见，加盖公章
设区的市级计划生育行政部门组织医学专家进行鉴定（每年一次）
不符合条件
以书面形式告知申请人
符合条件
通知县级计划生育行政部门，将鉴定情况在父母双方单位或村（居）委会进行公示15天
县级计划生育行政部门将公示情况汇报市级计划生育行政部门
有异议
市级计划生育行政部门进行核查
无异议
市级计划生育行政部门通知县级计划生育行政部门发放一孩生育证

图 4－2　办理独生子女病残儿童医学鉴定申请程序

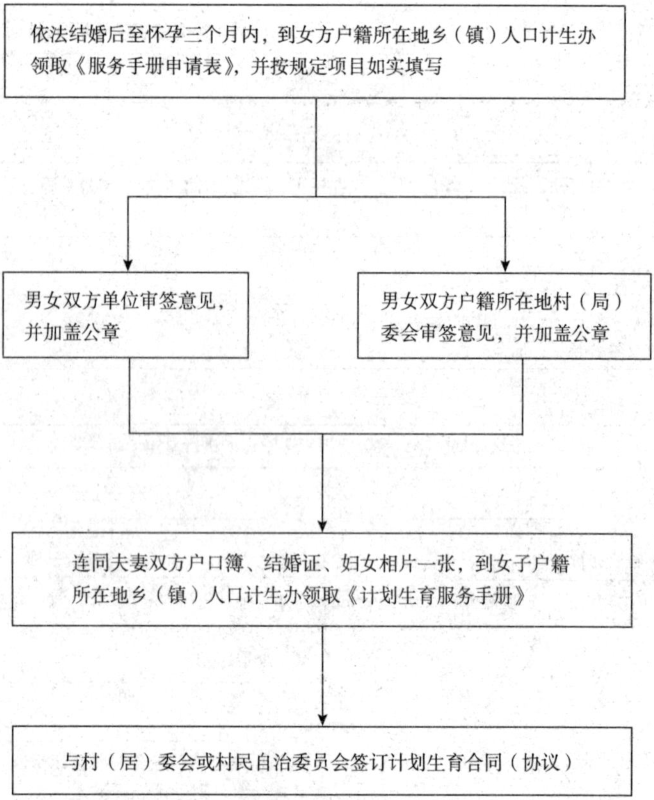

依法结婚后至怀孕三个月内，到女方户籍所在地乡（镇）人口计生办领取《服务手册申请表》，并按规定项目如实填写
男女双方单位审签意见，并加盖公章
男女双方户籍所在地村（局）委会审签意见，并加盖公章
连同夫妻双方户口簿、结婚证、妇女相片一张，到女子户籍所在地乡（镇）人口计生办领取《计划生育服务手册》
与村（居）委会或村民自治委员会签订计划生育合同（协议）

图4－3　要求生育第一个孩子办证程序

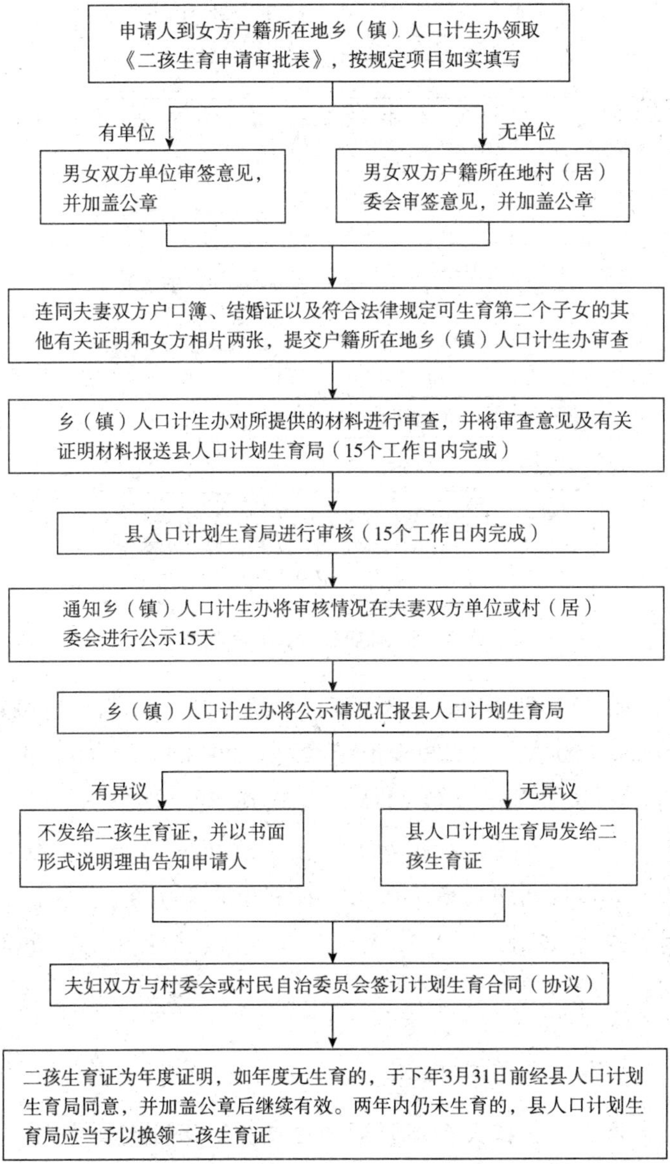

申请人到女方户籍所在地乡（镇）人口计生办领取《二孩生育申请审批表》，按规定项目如实填写
有单位
无单位
男女双方单位审签意见，并加盖公章
男女双方户籍所在地村（居）委会审签意见，并加盖公章
连同夫妻双方户口簿、结婚证以及符合法律规定可生育第二个子女的其他有关证明和女方相片两张，提交户籍所在地乡（镇）人口计生办审查
乡（镇）人口计生办对所提供的材料进行审查，并将审查意见及有关证明材料报送县人口计划生育局（15个工作日内完成）
县人口计划生育局进行审核（15个工作日内完成）
通知乡（镇）人口计生办将审核情况在夫妻双方单位或村（居）委会进行公示15天
乡（镇）人口计生办将公示情况汇报县人口计划生育局
有异议
无异议
不发给二孩生育证，并以书面形式说明理由告知申请人
县人口计划生育局发给二孩生育证
夫妇双方与村委会或村民自治委员会签订计划生育合同（协议）
二孩生育证为年度证明，如年度无生育的，于下年3月31日前经县人口计划生育局同意，并加盖公章后继续有效。两年内仍未生育的，县人口计划生育局应当予以换领二孩生育证

图4－4　要求生育第二个子女的申请审批程序

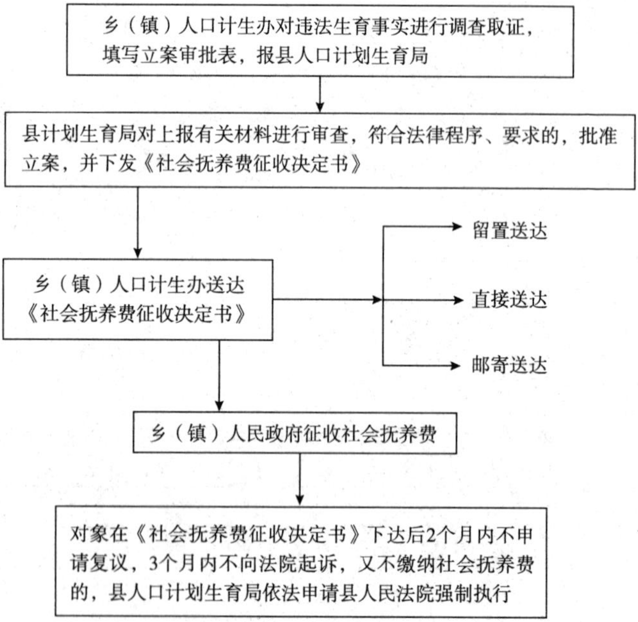

乡（镇）人口计生办对违法生育事实进行调查取证，填写立案审批表，报县人口计划生育局
县计划生育局对上报有关材料进行审查，符合法律程序、要求的，批准立案，并下发《社会抚养费征收决定书》
乡（镇）人口计生办送达《社会抚养费征收决定书》
留置送达
直接送达
邮寄送达
乡（镇）人民政府征收社会抚养费
对象在《社会抚养费征收决定书》下达后2个月内不申请复议，3个月内不向法院起诉，又不缴纳社会抚养费的，县人口计划生育局依法申请县人民法院强制执行

图 4－5　征收社会抚养费程序

截至 2008 年 11 月份，板价村总人口 3731 人，已婚育龄妇女 730 人，人口出生指标 42 人，2008 年 1～11 月出生的有 36 人，其中二孩 20 人，一孩 16 人，男 15 人，女 21 人，一孩男 6 人，一孩女 10 人，二孩男 9 人，二孩女 11 人，人口自然增长率 4.02‰，计划生育率 100%，新婚 23 对，晚婚 14 对，死亡 21 人，应环 10 人，应扎 19 人，已扎 10 人。

（二）生育措施

过去生小孩大多请附近产婆接生，医疗卫生条件差，婴儿死亡率高。现在，随着医疗科学技术的发展，为安全产下婴儿，大多数妇女都到县医院或宝圩乡医疗站生产，花费在1000～2000元之间。

宝圩乡医疗站为保证孕妇及新生婴儿的安全，采取了一系列措施（见图4－6～图4－9），有效地保证了妇女的生育安全。

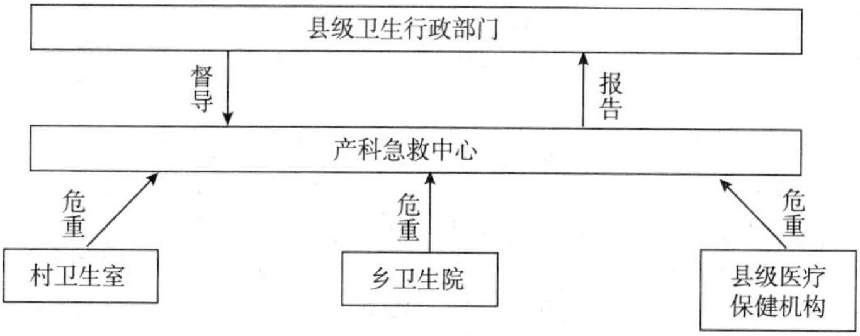

图4－6　危重孕产妇三级转诊示意

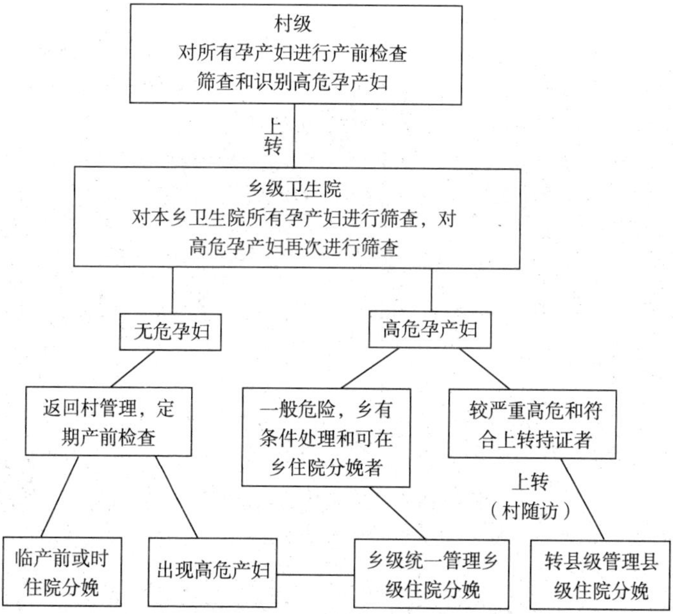

图4－7　孕产妇危险管理流程

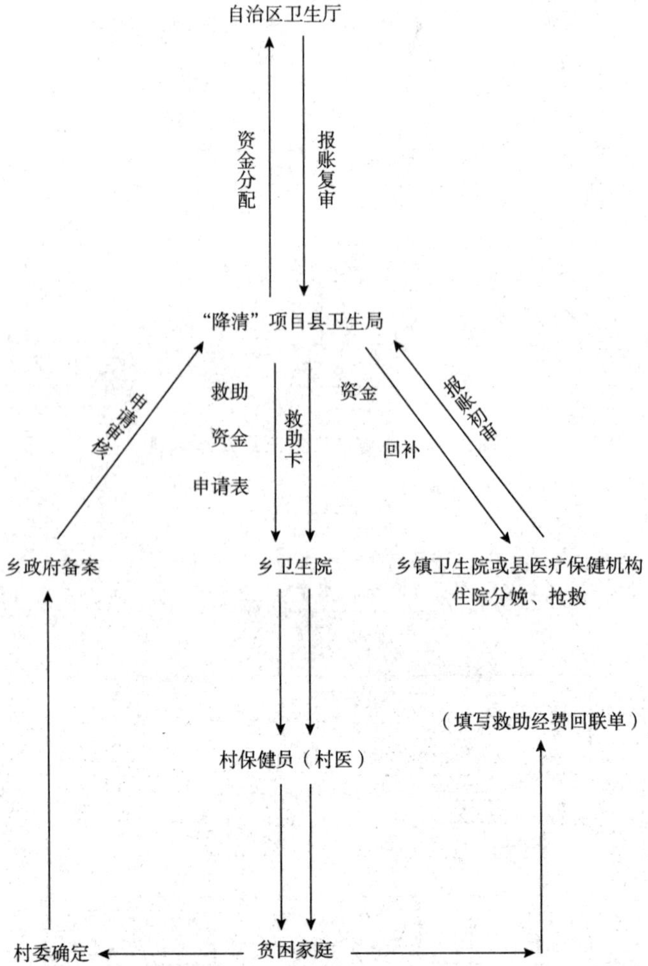

图 4－8　孕产妇贫困救助示意

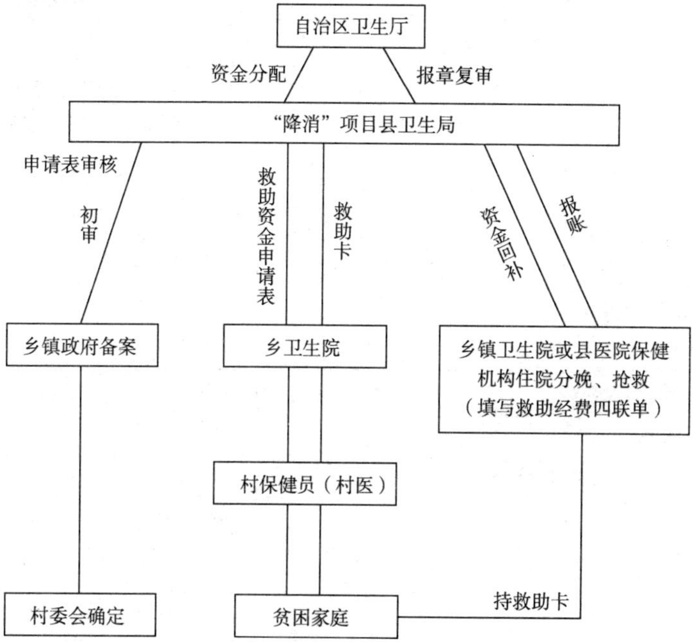

图4-9 孕产妇贫困救助资金运转方案示意

为确保婴儿的健康发展，宝圩乡卫生院实行了一系列措施，如表4-9所示。

表4-9 婴儿免疫程序

单位：次

疫 苗	接种对象月(年)龄	接种剂次	间隔时间
乙肝疫苗	0、1、6、	3	出生后24小时内接种第1剂次，第1、2剂次间隔大于或等于28天
卡 介 苗	出生时	1	
脊灰疫苗	2、3、4月龄，4周岁	4	第1、2剂次，第2、3剂次间隔均大于或等于28天

续表

疫　苗	接种对象月(年)龄	接种剂次	间隔时间
百白破疫苗	3、4、5月龄，18～24月龄	4	第1、2剂次，第2、3剂次间隔均大于或等于28天
白破疫苗	6周岁	1	
麻风疫苗（麻疹疫苗）	8月龄	1	
麻腮风疫苗（麻腮疫苗、麻疹疫苗）	18～24月龄	1	
乙脑减毒舌疫苗	8月龄，2周岁	2	
A群流脑疫苗	6～18月龄	2	第1、2剂次间隔3个月
A+C群流脑疫苗	3周岁，6周岁	2	2剂次间隔大于或等于3年；第1剂次与A群流脑疫苗，第2剂次间隔大于或等于12个月
甲肝减毒舌疫苗	18月龄	1	
乙脑灭活疫苗	8月龄（2剂次），2周岁，6周岁	4	第1、2剂次间隔7～10天
甲肝灭活疫苗	18月龄，24～30月龄	2	2剂次间隔大于或等于6个月

三　文化结构

板价屯人口文盲率较低，70岁以上的老人大多是文盲，青年基本接受了九年义务教育。板价屯目前在校读书的共17人，其中在读大学生2人（均在百色学院），中专、技校生2人，高中生2人，初中生6人，小学生5人；已毕业大学生2人（广西大学和一所军校），已毕业高中生12人；

已毕业初中生占青年人数的近65%。

语言上，当地人以说本地语言（上甲语）为主。其中50岁以上的老人大多不会说汉语，中年人会说汉语，但由于汉语不是他们的主要交流语言，因此，说起来不是很流畅，表述也不是很准确。

四　职业结构

板价屯人的职业结构属于传统农业社会以农为本的结构模式。截止到2007年，板价屯共有101户、496人，其中农业人口473人，非农人口23人。20世纪90年代后期，有少量劳动力从事建筑业、批发零售业和餐饮业。2000年，有8人从事建筑业，3人从事批发零售业。2001年有3人开始从事交通运输业，2002年有13人外出打工。2008年，屯内已开1家商店，主要经营一些日常用品和生产、生活资料，如烟酒糖茶、农机、饲料等；1户卖烧酒，1户卖猪肉；还有一部分屯民购买了三轮摩托车，用于客运，主要在圩日往返屯内和宝圩街市。还有两户拥有微型汽车，主要用于货运。而外出打工的人数逐年增加，2007年有87人外出打工（见表4－10）。

表4－10　2007年板价屯村民从业情况统计

序　号	行　　业	从业人数或户数
1	种植业	70人
2	牧　　业	—
3	建筑业	20人（分为三个队）
4	零售业	1户
5	运输业	1户
6	外出务工	87人

第五章　风俗习惯

第一节　生活习俗

一　居住习俗

板价屯依山傍水，板价河水从屯中间缓缓流过，将板价屯分为两部分，养活了两岸的历代板价屯人。板价屯的传统住房是干栏房，现在住房主要是砖瓦结构的楼房。

（一）房屋样式及格局

板价屯过去居住的是“干栏”房子，这种房子一般有三间，每间宽7~9尺，进深4~6间，深度3丈6尺，高1丈4尺至2丈4尺，全木或砖木穿斗结构，悬山屋顶，斜率在0.42~0.44之间。干栏房里，内隔2~3层，下层养牲口，堆放杂物。中间住人，梯子从正面上或从下层左（右）开间走廊上，中层的中间正面为大门。进入大门，前两开间是厅堂，堂后中柱建筑墙壁，壁前设祖宗台位，台前两边设有凳、椅数座，为全家供祖和接客的公共场所。厅堂右厢房一般为家长住房或客房。左间为老人或家长的“夫人”或未成年子女卧室。从古至今，居住皆以方便为主，老人的居室要最靠近卫生间。厅堂背后几间及右开间倒数第一、二间，一般做餐厅、火灶、火塘之用，餐厅左开间厢房和其他开间厢房为已婚子女的房间。在厢房的上面，用木板或横条隔成第三层，此层主要放置一些需要干燥的如谷子、玉米、芋头、蒜头等物品。中层地板，若是富裕又讲究卫生的人家均用木板拼紧钉实，以防下层污味上升，没有钱买木板的人家，只好铺上竹片和小木条，不让人和东西掉到下层。最下层一般用来养牛、马、猪和家禽等（见图 5－1）。

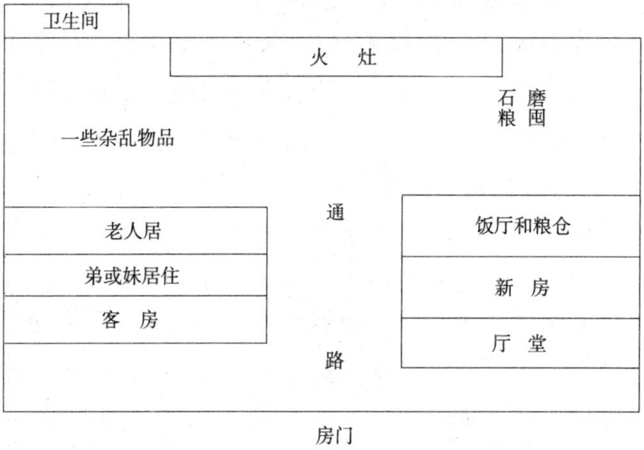

图 5－1　板价屯房屋传统格局

干栏房子的用料是随社会发展和主人的经济情况而定的，不同的年代，选择的材料稍有不同。20 世纪 50 年代以前的干栏房子，均用木料做屋架和楼板，两侧和后面用竹木或小木条编成篱笆，糊泥为墙，上覆茅草或瓦片。20 世纪 70 年代的干栏，均以砖木为主，即用砖作柱，用木作横条、穿板、楼板，两侧及后面砖柱之间用竹木或小木条编篱笆，糊泥为墙，上覆瓦片。近年来的干栏，多以砖木结构为主，用砖作柱和墙，用木作横条及楼板，在屋顶上盖瓦片。

干栏房大多横向连成排，或由前而后，或由后而前，形成辐射式群落布局。这是家庭增丁分家立户或者同屯群众建房子为了节约田地、保护树林等而自然形成的局面。

据群众讲，“这种房子在不同的地形上建筑，能防暑防猛兽防蛇虫，能节约土地，人居上，牲居下，方便照料”。但这种房子也有不好的地方，如果中层地板不密封，牲口粪便污味从板缝升到中层，臭味难闻，很不卫生；另外，火灶设在屋内，火烟迷漫，污染蚊帐、衣服，给人带来不少麻烦。20 世纪 80 ~ 90 年代农民逐渐有钱了，建筑干栏房子用砖和水泥代替木料，不卫生的现象得到改善[①]。

目前板价屯有五间干栏房，其中有两家已经建有楼房，把干栏房作为仓库，其余各户都已经住上了楼房。楼房的砖石主要采自附近的山上，这需要先到派出所申请炸药，到山上炸石头，再用碎石机将石头碎开后，与水泥相和，做成带有小孔的方砖。板价附近有专门的碎石及制造方砖的小工厂。楼房宽敞明亮，干净卫生。楼房的出现意味着板价人生活又上了一个新台阶，但楼房内的布局与以前干栏房的布局类似，内部不喜欢用砖将空间隔开，而是用布幔将空间隔开，如遇到重大事件需要宴请时，这样比较方便。板价屯人的楼房一般都很宽敞，空间很大，主要是他们喜欢将所有的杂物都放入屋中，有的农户甚至在屋中隔出空间养猪、鸡、鸭等。

---

① 参考覃菁著《上甲史俗》，延边大学出版社，1999，第 34 ~ 55 页。

（二）建房习俗

板价屯人很重视建新房，建房时或请建筑队或请有经验的邻居、朋友帮忙（见图5－2）。

在房子最后封顶时，几乎全屯的成年男女都会来帮忙。新房建成，被认为是大吉大利的事情。搬迁之日，主人家的头件大事就是庄重地把祖宗牌位以及香炉等迁进新居的中堂台位之上。在迁祖宗时，要在香炉内的底部放上钱，一般是硬币，这样代表着祖宗有钱，保佑其家以后财源兴旺等。然后杀猪宰鸡进行祭祖活动，巫公背诵经文，亲友欢集，大举庆贺。整个活动庄重而热烈，村民们对未来生活充满信心和希望。建房过程中有个重要的过程就是上梁仪式，也有的人家将上梁仪式与以后的宴请庆祝放在一起。过去，干栏房中厅堂上的横木由房子主人的亲家准备，现在几乎家家是楼房，则不需要了。

图5－2　盖房场景（2008年5月11日　刘萍摄）

上梁时往梁上挂的布，是由主人家的亲家准备的。一般是一块或两块红布，也有的是大小相同的红布、黄布各一块。一般在其中红布两旁竖写“麒麟在此，百无禁忌”，中间竖写“上梁大吉紫薇拱照，贵人扶持禄马到堂”，读的顺序是从右到左（见图 5－3）。

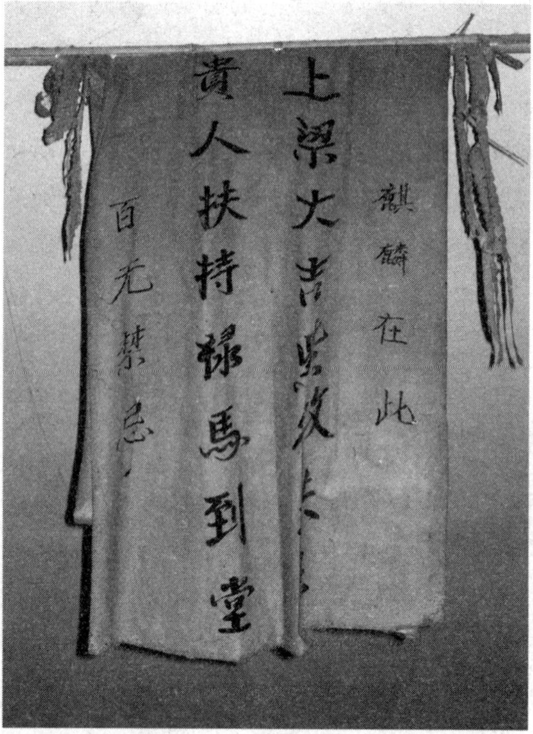

图 5－3　上梁布（2007 年 11 月 22 日　刘萍摄）

在另一块布上的中间是巫公画的符，并写上“煞鬼”、“斩煞”等字，用以避邪（见图 5－4）。有的在右面竖写“灵符镇宅千年旺”，左面竖写“吉星临宫万岁昌”，并在其上缀上所有面值的钱，一般是 8.88 元、18.88 元，也有的

图 5－4　上梁布（道公符）（2007 年 11 月 22 日　刘萍摄）

有钱人家是 188.88 元。这块布主要用来镇宅。有的也会在墙上贴“姜太公在此”的纸，右边竖写“麒麟在位”，左边写“邪鬼消散”，以示吉利，保佑宅地平安。

同时，亲家还要准备一担五色糯米饭和一担五色糍粑。巫公定好时辰，由亲家人将布挂于梁上，众人将钱、糍粑、玉米、谷物等抛到梁上，此为上梁。

拆除旧房子时，对着该房子的人家为防止鬼怪等不好的东西进入自己的房屋中，会在门前屋后放一草人，起到威吓鬼怪的作用（见图 5－5）。这种草人制作比较简陋，一般给一长形笼子穿上一件旧衣，头上戴上一顶草帽即可，也

图 5－5　草人（2008 年 5 月 11 日　刘萍摄）

有的是用稻草制作身子，底下插上两根木棍做腿，再穿上裤子即可，直至拆迁房屋之家盖好房子才可将此草人撤除。

盖房子期间也存在禁忌。主人家不可以从家中拿东西送给别人，如在此期间将自家的东西送给别人，则意味着破财。如遇到亲戚朋友的丧事或婚日等必须要送礼的日子，则向其他亲朋要一些东西送给要送礼的人家，等新房建成后把祖先请进屋后再将借的东西还给被借者。

二　饮食习俗

（一）主食

在过去的日常生活中，板价屯人因为生活艰苦，粮食不够吃，因此一般以玉米粉煮成糊粥为主食。现在主要以大米干饭或稀饭为主食，在重大节日或重要客人来访时，一般用米质软、黏性好的糯米饭来做主食。一般日食三餐，分为早、中、晚，全家围桌同吃，但小辈或年轻媳妇，必须坐在饭锅近处，为长辈和全家盛饭、添饭。这是古代传下来的敬老抚幼的优良传统。农忙时劳动强度大，多数吃干饭，有日食三餐的习惯，也有日食四餐的习惯。

（二）副食

蔬菜主要有白菜、萝卜、苦瓜、芸豆、韭菜、冬瓜、老鼠瓜、南瓜、瓜苗等。板价屯人均土地少，少数农户在自己房前屋后空地上种植一些日常蔬菜，大多数农户要到宝圩街赶街时买够几天吃的蔬菜。除了一般蔬菜之外，还有一些当地人喜欢的特有植物，如一枝红、葮蒌等。蔬菜以炒吃为主，几乎不生吃。板价人喜欢用猪油炒菜，也有的用植物油与猪油炒菜。

肉类主要有鸡、鸭、鱼肉，这也是饭桌上常见的菜色。当地人一般遇到红白喜事或请仙等事情时皆喜欢送对方鸡、鸭，而过节、聚餐或请客时，鸡、鸭则必不可少，因此几乎家家户户养殖鸡、鸭，一般不到市场上买。过去家家户户养几头猪，以备过节或红白喜事之用，现在大多数农户养猪主要是为了卖钱，成为其经济收入的主要来源，而日常吃的猪肉通常都到宝圩街上买或到板价桥的桥头两户卖猪肉的摊位上买。过去，当地人喜欢自己养鱼，自给自足，现在多是在市场上买，以罗非鱼居多，做法主要是放上调料后蒸食。

红白喜事的饮食，一般以大米干饭或稀饭为主食，菜则多是由猪肉做成的，一般是一碗猪头肉、一碗排骨、一碗瘦肉、一碗扣肉等，以蒸食为主。素菜主要是白菜、冬瓜汤、粉条等，多是煮食。有时主人要在饭桌上放一小碟酱油，以备客人根据自己的口味自行调配。

男子喜欢喝酒，过去几乎家家会酿酒，自酿酒称为“土茅台”。现在多是买白酒和啤酒，少有人自酿。在与客人饮酒时，在一酒碗中放数个小勺子，当敬酒时就用勺子舀碗中的酒送至客人的唇旁，客人起身相迎，喝下勺子中的酒。客人可以相同的方式回敬主人，用此种方式互相敬酒以示亲密，也是表示客人的尊贵。

中华人民共和国成立以前，当地部分妇女有嚼槟榔的习惯。嚼前，先将果子配以蒌叶、蚬粉、桂花等药物和香料，用蒌叶裹好再咀嚼。她们说，嚼槟榔能消积、杀虫、滤水、消肿、防止瘴疠和牙病等。如今这种习惯已经没有了。

当地人忌吃牛肉，认为牛是他们耕作的帮手，不忍食之。

（三）风味小吃

板价屯有很多特色小吃，制作方法也很独特。

（1）糍粑：这是在一些重要节日和重要日子里必不可少的食品。做法主要是：将糯米浸泡、蒸熟后，立即倒入木槽或石臼中捣蓉，再用手捏成碗口大小的扁平圆块即成，有时还在糍粑内装些红糖、芝麻、花生等作料。趁热吃之，香味迷人，软韧可口。

（2）粽粑：有猪仔粽、长筒粽、羊角粽、驼背粽等。制作方法：将糯米浸泡一晚，用粽叶包成所需的形状煮熟即成。粽粑是春节、五月初五、七月十四和歌圩等必不可少的食品，也是亲戚之间互相赠送的礼品。

（3）糍带：有甜糍带和肉糍带两种。甜糍带的制作方法：将糯米磨成粉或泡水后磨成浆过滤稍干，加上红糖和成粉团，切成二指宽、长约五寸的长条，包上芭蕉叶蒸熟即成。肉糍带的制作方法：将糯米粉和成粉团后，切成二指宽、长约三寸的长条，把其压扁包上炒熟的碎肉，再包上芭蕉叶蒸熟即成。甜糍带香甜可口，肉糍带味香质软，是正月和十月初二等节日的食品。

（4）五色糯米饭：主要由红色、蓝色、黄色、绿色、白色的糯米饭组成。红色糯米饭的做法：用当地产的蓝红草叶子煮水，水变成红色，之后将糯米放入水中浸泡一晚后放到锅里蒸即可。蓝色糯米饭的做法：先将糯谷秆或者柚子皮用火烧成炭状，再与蓝红草的叶子与水相和，用手揉搓，水变成了蓝色，过滤后将糯米放入水中浸泡一晚后再蒸即可。黄色糯米饭的做法：将黄姜捣碎后放入水中，水变成黄色，将糯米放入水中浸泡一晚后再蒸即可。绿色糯米饭的做法：将韭菜（板价人称之为扁菜）切成小段，在锅中炒后，放入油，再和入糯米饭中，糯米饭成为绿色。白色糯米饭就是什么都不放，只将糯米放入水中浸泡一晚再蒸即可。板价家家户户会做五色糯米饭，主要用来招待亲朋好友，表示对其尊重、礼遇。在一些重要的节日、日子如婚庆、丧葬等时必须有五色糯米饭。吃糯米饭时板价人习惯用手抓食。

（5）生血菜：杀猪时将从刀口喷出的热血装入有盐的盘中，用筷子不停地搅动，不让其凝结，待烧熟了的肉下水凉后，和着凉水，倒入盘中拌匀使血凝结即成。生血菜，清凉香甜，是杀猪时必做的菜肴。

（6）鱼生：选 2～3 斤的鲜肥鲤鱼或草鱼为料，去鳞去骨，掏净内脏，将肉切成薄片放在碟中，把 5 斤木瓜切成丝，放在大碗里用酸醋浸泡，配入盐、葱、柠檬叶、姜丝和香菜等作料。食时夹鱼片浸入带香料的酸木瓜中待鱼片发白后一同夹着香料便吃。这种方法制作的鱼生，味道脆鲜，滑润爽口，是逢年过节和接待宾客的佳肴。

（7）白斩鸡：鸡是两广人节庆宴席必不可少的一道菜，所谓“无鸡不成宴”。在岭南地区，鸡最主要的做法是用作白斩鸡，也叫白切鸡。白斩鸡皮色淡黄，肉质白嫩，骨带血丝。板价当地的制作方法是：把鸡宰杀后，里外加工洗净，煮七八成熟，横切成两指多宽的长条肉块。上桌后，将肉块蘸入葱、香菜、盐、酱油调成的作料便吃。白斩鸡肉，鲜美脆嫩，香甜可口，是逢年过节和招待客人的菜肴。

（8）烤整猪：把 50～60 斤肥嫩的猪宰杀洗净，破肚将内脏全部取出，装入鸡皮果或黄皮果把猪肚缝好，用一根长棍从肛门穿入直通嘴巴，把猪横架在火炭上慢慢转动烘烤。烘到一定程度，在猪皮上涂上一些花生油和作料。直烤到表皮金黄，里边熟透，香气四溢为止。烤整猪肉，皮色金黄，肉质脆嫩，香气扑鼻，是重大节日诸菜之王。

（9）葭蒌蒸肉：葭蒌是当地特产的一种香料植物，主要食其叶，其叶子带有淡淡的清香。葭蒌蒸肉的做法是：把生的猪肉剁碎包入葭蒌叶中，翻入油锅煎，熟后可食，肉中融入葭蒌的香味，奇香无比①。

（10）一枝红：当地山上特产的一种野菜，主要食其茎，其茎有红色和绿色，略酸。一般直接用盐拌食即可，也可略微放点糖用来炒肉，味道鲜美，也可将其截成段，放入密封的罐子中，放上水后腌制，过两天后食用即可，味道更酸，这种腌制过的一般能存放三个月左右。

（11）山皮果：当地人一般在自己的房前屋后种植，山

---

① 参考覃菁著《上甲史俗》，延边大学出版社，1999，第 32～34 页。

皮果俗称“鸡皮果”，因果实成熟时似鸡皮而得名，属芸香科植物，是一种野生的常绿水乔木或大灌木。其果实圆形，指头般大，内有子。幼果青绿色，成熟时果色橙黄透亮，味香，甘甜带酸。其可以当水果吃，也可将其腌制后作为做菜的调料，食后醇香长久。

（四）饮食器具

板价屯的饮食器具自 20 世纪 80 年代末开始逐渐现代化，但还保留着部分传统的饮食器具，也有一些较现代的带有地方特色的器具。现将具有当地特色的并与饮食相关的器具介绍如下：

（1）提水用具：中华人民共和国成立前后，板价屯人主要用竹筒提水，即两节较粗大竹筒，上端开一个斜口，保留底节，凿通中间的竹节，节外留 10 厘米长的枝丫。1960 年以后，铁桶、锑桶、塑料桶逐渐代替了竹筒提水。2000 年后，部分农户用手摇泵抽水井或几户用一个水井，用电动抽水机将水储在储水缸中，置于房顶，用时如自来水一样的方便、快捷。

（2）磨米、舂米用具：过去板价屯人主要是自己磨米、舂米，磨米工具主要是石磨、土磨和木磨。舂米的工具分为木臼和石臼。

①石磨：用来将各种谷物磨碎的用具，它是由石头打制成的，由两块直径约为 34 厘米的石头相叠，高共 22 厘米。现在少有农户用这种石磨，村民主要用现代式的电磨加工稻谷等，方便快捷。

②土磨：土磨易坏，其结构主要是用竹篾编成外壳，中间装满泥巴，分上下两部分，用竹片作磨牙。现在少有

农户用这种土磨，已经有了现代式的电磨加工稻谷等。

③木磨：木磨的形状与土磨相似，只是外部用铁木制成。

④木臼：用来做糍粑、糍带时，将煮熟后的糯米饭放入其中捣碎的用具。其长约58厘米，口宽35厘米，深度是15厘米，由铁木制成。舂米的木棍长约150厘米，直径4厘米左右（见图5-6）。

图5-6 木臼和木磨（2008年7月2日 刘萍摄）

⑤石臼：舂米之用，将谷物脱皮。高60余厘米，上部直径70余厘米，上部大，下部窄，上部中间有一圆洞，深约7厘米，直径为8厘米。

（3）厨房用具：过去的厨房比较简陋，一般是土制的灶台，台上放上沙锅等。现在的厨房已经开始走上现代化，燃料主要以煤气、沼气为主，以树枝、植物秆为辅。煮饭、烧菜的用具主要以电饭锅、高压锅、炒勺为主。

①灶台：过去，灶台一般是用砖或泥巴砌成半圆形，高约25厘米，将铁锅架于其上。柴火都是从山中拾的树枝。现在几乎家家户户都有煤气，其中85户有沼气。板价屯背靠山，燃料资源非常丰富，所以在用现代厨房用具时，同时也用传统的用具煮饭、烧水等。

②陶缸：板价屯家家都有大小不同的陶缸，其形状为：中间部位很大，口稍微向内收，略小于中间部位，缸上大多配有盖子。陶缸主要用来装米、水或其他粮食、液体等。

③粮囤：主要是现代用来放粮食之用，如脱粒的稻谷和玉米等。铁制，由一圈一圈的铁圈垒成，高矮可以自行控制。家家皆有，最少2个，多的达10多个。

④土陶蒸笼：用来蒸糯米饭之用，陶制，分为大小两种，身高21～29厘米，笼口直径27～33厘米，深度15～20厘米。腰部略细，内部中间的隔层有7个直径为2厘米的小孔，在蒸糯米时，用丝瓜的瓤摊平铺到隔层上，将小孔堵住，这样既能防止米掉下去，同时又透气，加快米被蒸熟的速度（见图5－7）。

图5－7　土陶蒸笼（2008年7月2日　刘萍摄）

三　服饰习俗

板价屯大多数人日常穿戴的服饰与现在汉族人已相差无几，多是买来的成品，年轻人衣服样式新颖、时尚，只有老年妇女才穿传统的民族服装，其常见的也主要是传统上衣和头帕，下身为便装裤子，裙子只有在特殊场合才穿。在丧事中，死者必须穿戴全套的传统服饰才可入殓，丧服也是传统服装式样。现虽少有人穿传统服装，但几乎每人都有一套传统服装。传统服装皆由本地土布裁制，其样式与上甲以外地区的壮族服装有很大的差别，是板价屯人和整个上甲人区别于他人的标志之一（见图5－8）。

图5－8　上甲男女传统服装（2008年5月9日　刘萍摄）

男子的传统服饰分为头巾、上衣、裤子和鞋。实际上，男子的传统服饰中保持得最为古老、传统的穿戴方式是头巾和绑腿，而上衣和裤子则是在民国时期形成的，被称为“唐装”。过去，头巾是将长约 2 米的黑布缠于头上，大大的犹如一个斗笠，布的两端分别留在两耳处，向上翘起，犹如两角。现在为了节省布，缩短了头巾的长度。上衣为无领琵琶对襟黑上衣，用同色布结纽扣。裤子是黑色长裤，下扎长黑色绑腿。扎黑绑腿是上甲人自古就有的传统。据当地村民说，当地男子在清朝时期主要穿清朝时期的服装，内穿黑色长裤，也扎黑绑腿。清朝之前穿何种服装因无文字记载则无从得之。脚穿黑布鞋。

女子的传统服饰分为头饰、上衣、裙子和鞋。据当地人说，上甲女子的传统服饰没有经过任何变化，从过去流传至今。头饰，是把头发束起来扎在头顶上，插上用银或铜制作的发簪、发夹，再戴上花锦头帕。花锦头帕是一条蓝、白相间或绣有红、黄、白、黑等色的壮锦。服装的显著特色是短衣长裙，上衣全长 1 尺左右，圆形领口，底襟到腰间与裙头相接，袖长约 6 寸。上衣分为右衽服和胸衽服。右衽服，纽路从颈口往下右经腋下直到下襟边，下摆左右两侧开衩，一般以黑色、蓝色和白色为主，后两种颜色的衣服一般在天气暖和的时候穿；胸衽服，纽路从胸前直下到下襟边，以黑色和蓝色为主，一般是在天气寒冷的时候穿。劳作时，为防止肩部磨损，一般在肩部披上与肩同宽的蓝色披肩。裙子为过膝的黑色百褶裙，展开如扇形。两边裙头各有一长带，将裙子系于腰间，裙两边在后腰处相叠，一裙角搭于另一侧腰间，形成美丽的弧度。在裙子前面的外部穿一条中间有垭口的围裙。腿上扎黑绑腿，不穿裤子。鞋为翘头船形绣花鞋，鞋面绣有各色花卉和各种纹饰，尖头无扣。

人们过去有赤脚的习惯，主要是由于经济条件所限，一般少穿鞋，只有在走亲戚或参加一些重要的事情时才穿鞋，但多是在去的路上手里拿着鞋，直到要到目的地时才将鞋穿上。现经济条件好了，这种打赤脚的习惯已经没有了。

过去，女子喜欢戴各种饰品，但男子则不加任何装饰。有钱的人家双耳戴上大圈的金耳环或银耳环，颈部挂上数个银项圈，手腕戴着几对银质或玉质的手镯，手指还带一只或数只的金银戒指；没有钱的人家装饰品多数是铜质或其他不生锈的金属。节日或逢喜时妇女的穿戴是头上绾髻，在髻的周围绕上几圈银链，插上五六根大圆头银簪，以绾住发髻和银链。姑娘留有撇向两边的髻。再在其上戴上蓝、白相间或绣有红、黄、白、黑等色的花锦头帕，有的还会戴一顶凸宝塔式、中间凹陷、向上翘边的遮阳帽，帽下面的空心处，安有一小面正方形的镜子。对正两耳的上方，挂彩带点缀。两耳挂银耳环，颈部挂一两只大小不同的银颈环或银项链。现在，年轻人的着装穿戴已经与汉人一样，身上没有那么多装饰，只是随个人喜好而戴项链和耳环，只有 70 岁以上的老人还保留着戴大圈耳环的习惯。

四　音乐舞蹈

（一）音乐[①]

过去，上甲人人会唱山歌，对山歌是当地人的娱乐活动之一，也是男女青年相互结识的途径。以前上甲每年都有歌

① 山歌歌词皆由板价屯农廷兴先生提供。

圩日，唱山歌、对山歌是重要节目。但现除了板价屯风情表演队的队员外，只有60岁以上的老人会唱，年轻人大多已经不会唱了。山歌分为夜山歌和日山歌。夜山歌以叙事为主，一般二三十句为完整的一首，主要表达人们对美好爱情的憧憬以及恋爱时的喜悦心情。日山歌以比喻为主，比较形象贴切，一般三句为一首，内容主要是歌颂爱情。夜山歌、日山歌的内容也包括迎宾歌、敬酒歌、送宾歌、爱情山歌、送嫁歌、迎嫁歌等，也有部分歌颂上甲风光、歌唱新社会的山歌。

（1）迎宾歌：迎接客人或有客人来时唱的歌，表达主人的热情好客以及客人来时主人的欢喜心情。

迎宾日出歌（上甲土语）

产业要改变结构，想欧生活好同丘，开发西部办旅游。

边关旅游德天开，岩同麦针甲条美，中恩心咯苟了齐。

边关美景有大把，山好河好同图画，风情最好是上甲。

上甲风情看没怨，同底其邻论只死，皁看色转呀介麦。

上甲头马话诗渗，担诗出麻每句弯，麦想行民怕都难。

姆莹论诗心麦痴，单老客麦翁母尼，麦敏双留太背时。

上甲妇女爱弄惯，帕来衣短身也坚，而见俏民心都饭。

西部开发大开放，上甲旅游天地广，盼许办贫好天堂。

迎宾日出歌（汉语）

产业要改变结构，要想（生活）跟人一样好，开发西部办旅游。

边关旅游（节）德天开，就像针线合得来，中我心意乐开怀。

边关美景有大把，山美水美同图画，风景最好是上甲。

上甲风情看不怨，就如老虎戏，（请）去看一转你再回。

上甲青年唱山歌很出名，唱出山歌句句甜，你想胜他怕都难。

妇女唱歌让你痴，怕你老婆丢了你，那样我们太背时。

上甲妇女爱穿裙，花巾短衣身苗条，一见她们心都跳。

西部开发大开放，上甲旅游天地广，盼望办成美天堂。

（2）爱情山歌：多为男女双方见面钟情后所唱的歌，主要以双方一问一答的形式。

情歌对唱（汉语）

男：哪路阿妹在这里？是来近处或远去？阿哥见你心就迷。

女：山中龙凤死口干，不知泉水在哪方，没有熟人我太难。

男：龙凤泉水在近处，走去不到半朝路，阿妹不懂哥带去。

女：阿哥好心一片白，人如潭边红花开，吞口唾沫妹想摘。

男：阿哥家贫人品坏，交得阿妹美又乖，乞丐跌倒捡得财。

女：交得阿哥有何忧？就像花子去乞讨，不能发财有饭饱。

男：交得阿妹哥有福，蛇胆进口不知苦，稻谷连穗吞下肚。

女：结交夫妻永不变，哥是大树妹躲荫，离去两天心常恋。

男：山中孔雀成双对，哥妹牵手把家还。

女：阿哥耕田妹织布，妹去插秧哥放牛。

合：耕田种地齐上路，一个跌倒一个扶。

（3）送客歌：客人即将走时，表达离别之情所唱的歌。

送客歌（上甲土语）

客麦甲卑苟心肯，百留也干肚业生，麦黑有水吃色文？

额卑额倒岩见那，就连托甲的咯山，过风过荒乃了嘎。

施内甲斤仍靠近，甲卑路长没得见，苟想内麦十几文。

得笑得讲苟层默，施内倒麻跌后帕，心耿岩同甲卡默。

腊月乌燕汤地后，开春论麻执皇旧，比那苟仍等客麦。

比那猴年人更精，客许再麻看大新，旅游发展更恶名。

《送客歌》（汉语）

客人离去我心寒，肚子辣来口也干，盼有水喝待哪天？

盼来盼去刚见面，就连分手山脚边，化云化雾不见线。

现在分别还靠近，离去路长难想见，叫我想你十几天。

有说有笑我没怨，现在丢我在一边，心痛如同刀割（手）指。

腊月燕子找暖和（地方），开春又来住旧窝，（我）盼客明年再来过。

明年猴年人更精，客人再来看大新，旅游发展更出名。

（4）送嫁歌：姑娘出嫁时，在前往新郎家的路上，伴娘以及众多姐妹唱歌欢送新娘。歌曲内容一般都是表达姐妹之间难舍难分的友情以及祝福新娘婚后幸福美满。在以前也有哭嫁，只是歌曲的曲调比较悲伤。

迎新娘山歌（上甲土语）

三年麦贯留玉端，文内文好哈文干，腰得姆绿麻扣屋。
绿新扣屋心欢喜，夜睡不深而话诗，翁黑欢同勾内尼。
日内欢喜淋多呀，腰得姆绿相手卡，留的噜列生漆嘎。
儿绿当家人老底，出垌连由到民卑，留那旭屋多工火。

歌词大意是：今天是好日子，新娘进家门。迎新娘个个心欢喜。新娘来当家，减轻老人的劳作负担。户外农活媳妇做，老人在家生火做饭。

（5）催眠曲：古时候就流传下来，哄小孩入睡时唱，相当于现在的摇篮曲。

上甲催眠曲（上甲土语）

暖暖暖暖觉列暖尼，暖觉列暖尼。

布碑垌层麻，爸卑那田曾倒，得都览口百红，得都虫口百金啰。

布碑垌托加，爸卑畲捉样，得都钢尾红，得都飞尾短啰。

布碑垌层麻，爸卑那田层倒，得卡果奶牛，得棵果汤锑啰。

布碑垌层麻，爸卑那田层倒，得穷仕花来，得夸来答丁啰。

欧麻诱六婴的暖。

（6）其他山歌歌词列举如下：

请到我们上甲来[1]（汉语）

上甲的高山青又青，上甲的河水明如镜。上甲小伙真英俊呀，上甲姑娘美出名呀。

上甲的人民勤劳聪明，修建的道路宽又平。建起高楼一座座呀，小康路上鼓干劲呀。

上甲的风俗真奇妙，山顶坡下情歌飘。酒歌唱得游人醉呀，赛歌还把三姐倒呀。

五色的糯米彩色好，舂出的糍粑白如皎。纺纱织布忙不停呀，家家户户乐逍遥呀。

上甲的殡葬更奇妙，亲人披麻又戴孝。头巾衣裙一片白呀，舞狮敲锣好热闹呀。

古代的建筑还保留，木柱栏杆三层楼，三月扫墓赛歌节呀，人群来往像水流呀。

上甲的风情唱不尽，野味小吃说不完，游客只要去看一看呀，只怕你忘了把家还呀。

赞美农村新景象（上甲土语）

上台论诗欧当贫，心勾晚甜底虫糖了呀。
改革开放二十年，群众内屋路路有哪。
也安电话也电视，汽车摩托去滴滴呀。
没劳肚饿没劳冷，仍起嗯楼层添屋那。
路投路广阜没蒙，眼瞎没有劳跌农呀。
莫怀都仍得退休，犁畲耙那用金牛了呀。
农民没有特担农妈，手拖摩托走当卡了呀。

---

① 2003 年 9 月 8 日定稿，农廷兴词。

五保户有钱也有扣，安度晚年住高楼。
“三个代表”指路灯，党的哈文久不农呀。
贫内留的忧生紧，欢喜欢荣过初人那。

赞美农村新景象（汉语）

上台唱歌要上档次，我心甜得像蜜糖。
改革开放二十年，群众家里样样有。
又安电话又安电视，汽车摩托跑嘀嘀。
不怕饥饿不怕冷，建起高楼层加层。
大路宽广各处通，眼瞎不怕摔跤痛。
牛马都得到退休，犁地耙天用金牛。
农民不用肩挑担，手拖摩托当手脚。
五保户有粮又有钱，住进高楼度晚年。
“三个代表”是指路灯，党像太阳永不落。
我们还有什么担忧？欢欢喜喜过一世人。

（二）舞蹈

过去在节日、农忙等的时候，为调节生活，人们创造了一些舞蹈，这些传统舞蹈各具特色。作为传统舞蹈，目前大多数人已经不会跳了，只有屯里的民俗表演队的成员会跳。现存的当地民族舞蹈主要有以下几种：

（1）采茶舞：在春节时登门演出，也有在村中固定场所演出的，人数至少四男四女，男的敲锣打鼓，女的摇扇子。歌曲内容都是即兴而编，即兴而唱，表达人们的欢乐之情以及对他人的祝福。如到外屯演出时，还会穿插一些小品、笑话。

（2）铜钱舞：人们在生产劳动过程中表达心中的喜悦，以及对劳动的热爱，即兴跳的一种舞。这种舞蹈只要一男一女，成对就行，不限人数。原先的道具是一根木棍，后改用竹子，在竹子中间夹铜钱，顾名思义叫铜钱舞，从古至今一直流传下来。劳动闲暇时在田边、山坡上都可以跳。

此外，以前还有“登荡”舞。在上甲话里，“登”就是撞击的意思；“荡”就是竹筒的意思。相传，古时候每逢过年过节，一些乞丐就会用竹棍敲打竹筒，边唱边跳，到每家每户讨饭吃，富有喜剧色彩。

五　竞技游艺

在过去，板价地区的竞技游艺活动有很多，如射鸡、斗鸡、斗画眉等，还有一些棋类游戏。现在又增加了打篮球、摩托比赛等比赛项目。

（一）射鸡

射鸡是板价屯人射击活动之一种，用鸡作靶子，以绳捆鸡脚，绑在 60 米外的山脚下。射击者抽签按顺序射鸡，谁射到鸡，谁就是胜者，被射的鸡归他。现在，由于禁枪，所以不再举行这种活动了。

（二）斗鸡

斗鸡是板价屯人喜爱的娱乐活动之一。参赛的公鸡经过挑选和培养，参赛前半个月加上抱养，使之与人接触，以养成在大庭广众下不怯场的习性。斗鸡多采用抽签轮赛淘汰方式，全胜者为头奖获得者。

（三）斗画眉

参与者多是抽签排次序，斗时两笼相靠，笼门相对，启开笼门让两鸟相斗。哪只鸟竖起颈毛或叫着逃跑就算失败，接着换另一鸟笼来与胜者相斗。最后以香数或勺数多少决定名次。

（四）摩托车慢速赛

在场地上，哪个参赛者骑的摩托车速度最慢，谁就是胜利者。

（五）爬杆比赛

在场地上立起几根粗竹竿，并固定住，参赛者谁爬得最快最高，谁就是胜利者。

（六）抢花炮

一共两队，每队为10人，在裁判放过炮后，大家开始抢“花炮”，所谓的花炮实际上是直径为7～8厘米的线圈。在比赛中两组互相抢夺“花炮”，彼此推阻，哪个组抢到花炮并将之交给裁判，哪组就是胜利者。现在很少举行该活动，主要是因为在抢花炮的活动中，两组队员互相争夺推阻，很容易引起双方的争执，甚至会将比赛变成斗殴打群架，为防止此种情况出现，目前很少举办这种活动。

（七）木板鞋

木板鞋是广西少数民族常见的民族体育项目，参与人员分为几个队，每队的队员相等即可。每组队员共同踩在两个木板上，木板上有几个套子，可以将脚插入，一声令下，踩在木板上的各组人员一起向目标前进。哪组先到目的地，哪组就是胜者。这种游戏讲究的主要是组员的合作协调能力。如果队员步伐不协调一致，大家就会跌倒在一起。板价屯的大人很少玩这种游戏，主要是孩童玩。

（八）狮子登台

它是一种当地的娱乐运动。过去上甲地区几乎每个屯都有一个专门表演队，主要是在新年时到各村屯中表演挣钱。在过去，每到一个屯表演时，村民会请其中的一个人到家中吃饭，表演完后，由村民自己集资给钱。表演的主要方式是：由一人头戴佛面具，手持树枝引逗两个狮子跟随，旁边两个戴着猴子面具的人在中间捣乱，如此舞动一会儿后，戴佛面具的人登台，并逗引狮子登台（见图5－9、图5－10）。

图5－9　佛面具
（2009年3月10日　刘萍摄）

图5－10　猴面具
（2009年3月10日　刘萍摄）

“台”一般由六个木桌交叠而成，如图5－1所示。

为了确保安全，每个桌腿都有一人牢牢地扶着。当狮子随着戴佛面具的人登台时，狮子主要以翻跟头的形式登台，头朝下、腿向上翻上去，当腿翻上去时，相近扶桌腿的人压

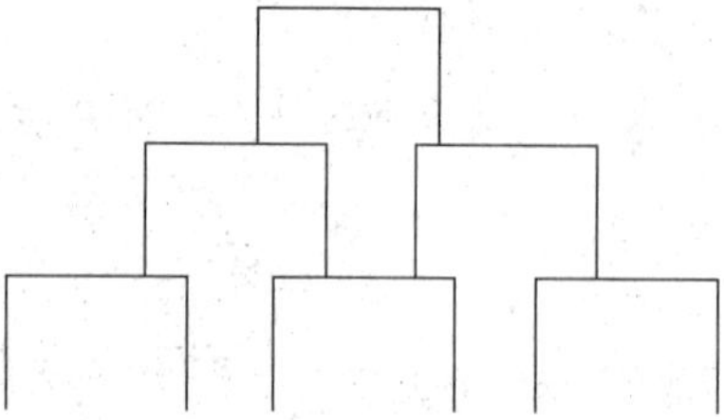

图 5－11　舞狮台结构示意

其腿使狮子能够安全地翻到桌子上，在最高的桌子上，是由戴佛面具的人扶其腿使狮子登上最高的台的。在登台期间，出于安全的考虑，地上的猴子不可捣乱，直至狮子从台上下来才可。狮子下来后，戴佛面具之人逗引它一会儿后，作将狮子杀死的动作，意为杀死狮子给猴子看，不让它再捣乱。

狮子登台之后，队中的其他人开始表演翻桌子，主要就是一张或几张桌子，表演者以各种方式翻过，也有的在桌子上倒立等。之后是武艺方面的表演，如要双棍、单棍、双刀、单剑、徒手拳等。一场表演需要约 3 个小时，难度大，动作危险，因此现在很少有人表演，年轻人也很少会表演，一般都是在重要活动中才有的活动。

（九）打毽子

打毽子主要是小孩玩的游戏。毽子是以铜钱为托，在铜钱的孔中插上 1 厘米左右的竹节，再将鸡毛插入塞紧即可，类似现在市场上卖的鸡毛毽子，只是做工略粗，不精致而已。在游戏中，一般以竹篾做成拍子，一对一地单打。

六　生活禁忌

作为具有多神崇拜的一个民族群体，上甲人在日常生活当中，形成了诸多方面的行为禁忌。

在迎娶新娘途中，新娘遇河不过桥，要趟水过河；如果水深或新娘不愿趟水过河，则由男方接亲之人事先将毛巾放于桥面上，新娘脚踏毛巾过桥。在新娘入门跨火盆时，新郎及其家人必须避开，不得见新娘。

妻子怀孕，丈夫不可钉钉子，特别是退钉子，也不能打牛栏。怀孕女人不可跨马绳，如跨马绳有可能导致孕妇难产。在牵纱时，怀孕的妇女不可以靠近纱线，更不可以碰触纱线，如果触犯这个禁忌，该女人将生白发小孩。女人坐月子时，不可向外喊人，如向外喊人意味着将晦气送给人家。

有人发生意外事故受伤，在养病期间不可以与同族之外的人说话，直至痊愈为止。否则视为不吉利，伤病不好。

老人逝世，儿女不能站于门槛之上或靠于门框上。

上甲绝户无后的人去世，其棺材不可放于凳子上，要放置于地面上。人死后三天就下葬，不看黄历不择吉，灵柩出门时只能走侧门或后门，送葬也不舞狮子，死后要另葬坟地。上甲土语称之为“貌俏”，意为青年墓地。此墓无人管理，且不祭祀。

第二节　节日习俗

一　祝祭节日

板价地区一年到头有许多节日。这些节日有大小之分，也有简单和隆重之分。大的节日是必须要过的，且消费较多，也比较隆重，而小的节日很多时候只是一个简单的仪式。

（一）春节

为了春节期间生活舒服愉快，在春节前，家家户户忙着春节准备工作，筹足正月油盐柴米及春节必须吃用的东西。传说，腊月二十四（外地腊月二十三）送灶爷上天，所有大小鬼都到阴间扬州赶圩，此时人们不怕鬼神责怪，可不择吉日大兴土木，修炉灶打扫清洁。腊月二十九或三十，家家户户便忙着杀猪。家里富裕的杀一头猪，全部留下来自用，一时吃不完，撒上盐巴挂起做腊肉。家里贫困的，也4~5户共杀一头猪。除了杀猪外，妇女们还忙着包粽粑，做沙糕、米花、杀鸡等。除夕，各户在灶爷神位、厅堂祖宗神位等神台摆满粽粑、熟猪肉、菜肴，在香炉前一把接一把地上香，燃蜡烛，焚纸钱，在门口烧起一堆火。火堆上放着嫩竹条，竹节中的气体受热迅速膨胀而噼噼啪啪地爆炸，这便是“爆竹声中一岁除”。另外，各户在牛栏前摆台，供粽粑、熟鸡、菜肴，烧香、焚纸钱祭祀牛神，唤牛魂，意味着牛为主人犁耙耕耘辛苦一年，主人过年了，也让牛过个好年，表示主人对牛的爱护。初一上午放牛时，主人在牛角上贴红蓝糯米饭团，把牛轭放在牛脖上，以求来年耕牛肥壮，不跌山，不溺水。

除夕，全家人不论外出远近，都赶回来吃团圆饭。人们睡前把“扣劣”、“下荣”等放进火灶埋上火灰，希望来年虱子和蚊虫自然灭绝。当地的土话“扣劣”，为鸡血藤；“下荣”，为大仲金茅，“荣”与上甲话的“蚊虫”同音。“扣劣”、“下荣”放入火灶用火灰埋起来，就等于把家中所有的虱子和蚊虫都全部扔进火灶焚烧。

大年初一，是新年的第一天。人们听到第一声鸡啼，立即放爆竹，并迅速到河边或井边取新年水。在新年水里加入柑果或鸡皮果叶，并烧开，作初一早上洗脸水，以示一年新生活的开始。谁行动最快谁就在一年开头多吉利（即开门红）。点香由家中大男儿主管，从除夕起负责。从灶爷神位到厅堂主神位，所有香炉都要上香，而且做到第一把香将燃完就要上第二把。这样，夜以继日接连不断，直到初二晚上六点钟送完祖先以后，才可以不再上香。人们认为这样做才对祖宗忠孝虔诚，才能求得祖宗来年保佑全家。从初一到初三，家家户户每天要杀鸡宰鸭祭祖宗，进餐前也必须燃放爆竹。初一全家人一般在自家守岁。送祖先的过程是：准备两套传统衣服，男女各一套（这两套衣服家家都会准备，只为此时用，不用来穿，如此年年反复地使用），布匹、糯米饭、糍粑、瓶酒、糖果、银饰等，共一担。将担子挑至厨房供奉灶王爷处，先送灶王爷。向灶王爷说明担子里有什么东西，再在灶门前烧纸钱，担子从火苗上转三圈后，向灶王爷许愿，如保佑家里平安等。之后到牛栏前，送牛神，要多加一条牛绳，将供品摆放一桌，燃三根香，斟酒，之后与送灶神的仪式同。送花婆、祖宗、门外神灵的仪式与送灶神的仪式相同。板价人认为人死后有12个灵魂，有一个灵魂经常在家里，农历初二晚上送的祖宗神是其他11个灵魂。在春节期间，同祖的亲戚来拜年时，首先要将拿来的东西供奉给祖宗。这一天，当地民众有四忌一斋：忌到别人家去玩，以免给人家新年带来不吉利；忌到菜田摘菜，不煮青菜，以免今后田园杂草乱生，难以铲除；忌午睡，以免田基崩塌；忌露天晒衣服，以免老鹰乱抓小鸡；过去一年，有白事的人家，要吃斋一天，太阳落山才戒斋。

初二，人们自由出门，开展各种各样的活动。一是各家带上粽粑、熟鸡、年糕等，到外家亲戚拜年，外家则把送来的粽粑、熟鸡留下部分，再把自家的粽粑赠与客人。双方互赠小孩红包。有婚姻关系的人家，男方要向女方家送年礼，女方家要设宴请酒。二是玩耍，青少年男女到村头村尾广场或集会的地方打陀螺、打鸡毛毽、打尺、玩钱坑等。中年人则三五成群结集一起饮酒聊天唱歌取乐，或组织舞狮上台耍功夫，或请人唱小调，演采茶戏。以上各种玩耍，搞得很热闹，使人心情欢畅愉快。这种玩耍的日子有时延长至初五六。舞狮、采茶、小调可以走村屯表演，一直持续到月末[①]。

（二）元宵节

正月十五，杀鸡上香祭祖，将除夕开始在厅堂主神位摆放的粽粑、糖果等取下，名曰收台，表明过年基本结束。

（三）清明节

对于清明节，板价人不像上甲地区以外的壮族那样重视。板价人将“清明”理解为聪明之意。因此在清明节时，有孩子的人家要用葱花来拌糯米饭给孩子吃，意味着孩子以后聪明。

（四）扫墓节

板价屯的扫墓节是三月十三。传说，上甲五村从三月初一到月末，各户可以自己择定日期进行扫墓。后来上甲

① 参考覃菁著《上甲史俗》，延边大学出版社，1999，第41～42页。

五个知峒（相当村长）认为，要统一“扫墓日”，大家同心协力，才能使群众遵守规矩，祖宗保佑。荷包蛋是团圆的象征，最能展示大家同心同德的决心。所以他们开会研究时，炒一个荷包蛋，要一壶酒，一面饮酒，一面洒酒祭祀，共同商定扫墓日。商谈几句喝一杯，台边也洒一点酒，筷子点点蛋汁，舌头舔舔。各扫墓日定夺完毕，酒也喝完了，但蛋没有完。这意为留下鸡蛋给后代，让后代代代丰衣足食，幸福团圆。通过这次开会讨论，他们决定以村为单位统一扫墓日，每村一天。这样，方便群众互相往来探亲访友，密切情感，加强团结。具体为：板价村：三月十三；板统村：三月十四；上思村：三月十七；板禄村：三月二十五；那排村：三月二十六[①]。

（五）端午节

五月初五包粽粑。这天，上午各户吃素不吃荤，晚上杀鸭但不供祖，只用蒙秆、粽粑上台祭祖。据说，为了悼念爱国诗人屈原，人和鬼都要吃素。

五月初五是训练牛耕田的好日子。凡有牛犊准备服役的户，都把牛拉到田里学拉犁耙。经过此日，牛更勤耕[②]。

（六）鬼节

七月十四是鬼节，即“中元节”。在广西壮族人心目中，这是一年中与春节同等重要的大节日，一般在外地工作的人，都要回家扫墓，与亲人团聚。不过在板价等上甲

① 参考覃菁著《上甲史俗》，延边大学出版社，1999，第43页。
② 参考覃菁著《上甲史俗》，延边大学出版社，1999，第44页。

地区，主要过三月份的扫墓节，鬼节则是一般地过，各户只包粽粑杀鸡，亲朋没有来往。晚上，各户到牛栏祭祀牛魂。

（七）系耐节

七月二十二是系耐节，相传这天是牛郎织女会面的日子。这一天喜鹊都去为双方的相见搭桥，在七月二十五牛郎织女则分离。这天各户用芋头和糯米一起蒸熟舂成糍粑以祝贺他们一年一度的相会，宰鸭祭拜，并将带有刺的灌木枝扔于房檐避邪。

（八）中秋节

八月十五是中秋。这天各户做糍粑或糯米饭，杀鸭，吃月饼赏月。

（九）重阳节

九月初九是重阳节。这天各户杀鸭做糯米饭，没有什么仪式活动。

（十）巫公节

十一月初六为巫公节。巫公从初五早上开始，就不能进餐，要到下午六点钟才能进食。初六早上杀两只鸡祭祖师。这样，祖师今后才保佑，做巫才显灵，否则挨祖师责怪，对全家不利。一般还要做甜酒。其他户也做糯米饭、杀鸭，陪巫公过节。有小孩的人家这一天可以请巫公为孩子做法事祈福。

（十一）灶王爷日

腊月二十四是灶王爷的日子，一般各家各户在这一天修灶台，没有其他的庆祝活动。

二　农事节日

（一）祭“关峒”

祭“关峒”，进行“笔灭”活动。这项活动也没有统一固定的日子，主要通过看秧苗是否可以插秧来决定；若条件具备，就请道公择定日子，一般在夏至前后进行。此日叫“做辛”。各户杀鸭做糯米饭，拿到田峒“那娘”拜祭“关峒”。各户还集资买猪、鸡、香、纸钱等，请道公进行“笔灭”。做法是：一人拉一条狗在前，道公身穿道服、手抓铜铃在后，一边走一边摇铃念咒。众人先在屯内走一圈，后到屯外绕田峒走一圈。一路上，凡是路口，用荆棘围好，撒上谷壳。过最后的路口时人们要把一只鸡交给道公。道公念咒用刀砍掉鸡头，把鸡抛到界外。意把散藏在田峒间的一切冤鬼，统统赶出界外；如果胆敢再进入界内，则如鸡一样被砍头。“笔灭”第二天实行禁峒，即禁止屯内所有孕妇到田峒活动。如有违禁者，作为损害全屯利益行为论罪，必受重罚。只有这样，才能保证田峒作物不受病害虫危害，实现增产丰收。中华人民共和国成立后，随着农业科学的发展，这个做法已经逐步减少。

（二）“耘田”节

“耘田”节也叫“魂田”节，日期是每年的七月初六。

节日这天，各户做糯米饭杀鸭，拿到自己田地里祭“田魂”，还在每块田头插上纸钱和香椿枝叶，祈求地力提高，病虫自灭，以使田间作物生长良好，秋天丰收。祭祀后村民回家，亲朋欢饮，热闹非凡。

（三）“徐贾”节

“徐贾”为上甲话，其意为：播种工作辛苦，休息一日，顺便做做糍粑，祝愿秧苗生长茁壮，秋天丰收。该节主要在农历四月，节日具体日期不定，一般在中晚稻播种后进行。这一天家家户户杀鸡宰鸭，做糍粑煮糯米饭。

（四）新米节

十月初二，秋收来到，新谷登场，大庆丰收。家家户户用 20 ~ 30 斤新糯米做糍粑，杀 2 ~ 3 只鸭，还要给外家送礼探亲。新订婚的，还要做 200 ~ 300 个糍粑，熟鸭 4 ~ 6 只，给对方送去。

三　歌圩

上甲规模较大而隆重的歌圩，是龙香歌圩，在每年农历四月初一、初七、初九、十七、二十一、二十七举行。地点在桥玩东面独山下龙香。

过去龙香歌圩热闹非凡，其主要活动范围和内容有堪圩、宝圩、金龙等地行商，圩上有糖果和日用品；有斗鸡、斗画眉鸟活动；上甲的男女老少都来赶圩，最热闹时多达两三千人，少则上千人。青年男女成群结队，对唱山歌，在玉米地里谈情说爱。老年探亲访友买日用品；少年儿童吃糖果，看斗鸡、斗画眉。娱乐之余，到亲戚朋友家饮酒。

圩散村民各自回家，没有玩过夜的。现在，每年农历四月十七、二十一、二十七龙香歌圩还十分盛行。在歌圩之前，由歌圩筹备小组即板禄村桥玩屯村民领导小组在该村村民中进行集资，主要采取自愿、公开的原则，并将捐款者的名单以光荣榜的形式张贴出来。2008 年龙香歌圩有 5 人自愿捐款，共捐 220 元。同时，以张贴告示的形式，到各个村屯进行宣传。比赛项目有篮球、拔河、斗鸡、潜水闭气、慢速摩托、爬杆等，为方便管理，每项活动专设负责人，参赛队、参赛人员与负责人联系报名。2008 年的龙香歌圩因“5·12”汶川地震，响应国务院号召将原定于农历四月二十一的歌圩活动取消，比赛活动从农历四月二十一延续进行（见表 5－1）。

表 5－1　龙香歌圩比赛项目及奖励措施

单位：元

<table>
<tr><th>日　期</th><th>活动项目</th><th colspan="5">各项目设奖情况</th></tr>
<tr><td rowspan="3">农历四月十七</td><td>1. 篮球比赛</td><td colspan="2">名次
项目</td><td>1</td><td>2</td><td>3</td></tr>
<tr><td>2. 拔河比赛</td><td colspan="2">篮　球</td><td>627</td><td>427</td><td>327</td></tr>
<tr><td>3. 闭气潜水赛</td><td rowspan="2">拔河</td><td>男子</td><td>150</td><td>100</td><td>50</td></tr>
<tr><td rowspan="4">农历四月二十一</td><td>1. 篮球比赛</td><td>女子</td><td>100</td><td>60</td><td>40</td></tr>
<tr><td>2. 斗鸡比赛</td><td colspan="2" rowspan="2">闭气潜水</td><td rowspan="2">100</td><td rowspan="2">60</td><td rowspan="2">40</td></tr>
<tr><td>3. 山歌演唱</td></tr>
<tr><td>4. 舞龙表演</td><td colspan="2" rowspan="2">斗　鸡</td><td rowspan="2">100</td><td rowspan="2">60</td><td rowspan="2">40</td></tr>
<tr><td rowspan="4">农历四月二十七</td><td>1. 篮球决赛</td></tr>
<tr><td>2. 摩托车慢速赛</td><td colspan="2" rowspan="2">摩托车慢速赛</td><td rowspan="2">100</td><td rowspan="2">60</td><td rowspan="2">40</td></tr>
<tr><td>3. 爬杆比赛</td></tr>
<tr><td>4. 晚会</td><td colspan="2">爬杆比赛</td><td>100</td><td>60</td><td>40</td></tr>
</table>

阜价（价圩），于民国初建圩场。圩址没在江洞屯东南面坟地边，圩亭是简易的木瓦结构。每年腊月二十一、二十四和二十七开歌圩。圩场有櫶木柱头、穿方、横条、铲柄、櫶木春棍、砧板等产品，也有猪肉、油、盐、糖果、杂货摊、青菜等。除上甲群众外，金龙、宝圩、堪圩等地群众也来赶歌圩做买卖。后来该屯黄龙女儿嫁给上金县（今龙州县）牌宗乡暖赛村一青年，由于离婚纠纷，黄龙夫妇被杀，其他几户因为惧怕而全部搬迁，有的迁到宝圩街，有的迁入附近屯。1936 年 4 月 25 日，歌圩停止。1938 年，在板价村长农成田和各屯甲长的支持下，经宝圩乡长农健批准，板价村重新恢复歌圩，并把圩址迁到现在板价完小所在地——农仕。1947 年，因游击战争激烈，歌圩又停止活动。1950 年歌圩再次恢复，土改运动时再次停止，至今没有恢复。除以上两个歌圩外，还有如下歌圩：农历三月十七上思村那费歌圩；农历三月二十五板禄村那典歌圩；农历三月二十六那排村那耀歌圩；农历四月十六板统村弄平歌圩。以上四个歌圩的活动方式和龙香歌圩基本一样，但各圩日期均为一天，规模比龙香歌圩小，中华人民共和国成立后皆自然消失。

在歌圩日，板价屯的村民纷纷前往参加歌圩。参加歌圩实际上也是一次走亲访友的好时机，丰富了村民的娱乐生活①。

第三节　丧葬习俗

丧礼是人死后其亲属及生前友好哀悼、纪念死者的礼

① 参考覃菁著《上甲史俗》，延边大学出版社，1999，第 47 ~ 48 页。

节和处理死者殓葬祭奠的礼仪。板价屯人崇尚祖先崇拜，认为人死后灵魂不灭，12 个灵魂中，其中一个灵魂长期居住在家，其他灵魂在丧礼中升天。板价屯人遵行儒家倡导的孝道思想，又多崇拜各种自然神，因此板价屯的丧葬仪式尤其隆重，并极富有地区特色。

一 丧葬种类

当地人将死去的人分为三类，分别择地埋葬。第一类是老人，死后叫“批杰”，即“老鬼”。这类是指结了婚的，即使年纪只有十五六岁，也算是老鬼。按传统的规矩，这类鬼应举行隆重奠祭，并送到祖宗坟地埋葬。第二类是男女青年死了，叫“批卯肖”，即“男女年轻鬼”。这类是 30 岁以下未结过婚的，死后需按规矩请道公做道场，进行两三天简单的吊祭，送阴屋，不送铭旌、祭塔等，并送到全屯集中一处的“卯肖坟地”埋葬，过后一概不管。第三类是十一二岁以下的少年儿童，叫“批寨”，即“小鬼”。这类没有棺材，不进行吊祭，用席子或竹篾卷好尸体，送到村头或村尾适当的地方埋葬①。

上甲地区周围其他壮族族群的葬式为二次葬，又称拾骨葬，而板价屯的葬式为一次葬的土葬。据板价屯的农廷兴老师介绍，板价屯过去也是实行二次葬，人死一年后，将其腐烂的骨骼拣出放入瓦罐中再次下葬。

二 丧礼过程

丧葬仪式主要分为临终、买仙水、入殓、奠祭、出殡

① 参考覃菁著《上甲史俗》，延边大学出版社，1999，第 51 页。

等重要环节。在丧礼期间，如遇其他重要事情如过年或没有钱出殡等，需要停丧。在办丧事期间，帮忙的人员皆为死者亲家，如无亲家则由族人来做。

（一）临终

在病人弥留之际，在家的亲人须守护在病榻前，为其送终，并请人为其做棺材及寿衣等。人断气后，在屋顶揭开 1～2 片瓦以通天堂，用 4～5 米长的白布从揭开的瓦口挂下，直到死者脚底。然后，请道公念经招魂，引渡亡灵沿着白布即“天桥”攀登，飘然升腾，奔往天堂极乐世界。此为塔桥升天。

入殓前，将死者手脚绑上，以防尸体有变，并将其手放于胸前，手掌中放三根鸡毛，喻为鸡毛信，以作阴间临时“通行证”，使生者与死者能够通过鸡毛信相互联系。将饭放于死者口中，即死者要含饭。取 1 米多长的白布剪成口、眼、耳、鼻的孔形，盖在死者脸上。新开的眼、鼻等是为死者辞阳归阴用的，从此死者与活人不同，另走阴道。

（二）买仙水

死者在入殓前，其孝子拿一长剑穿过竹筒藤耳，扛于肩上（扛竹筒者就是死者的财产继承人），然后道公穿上法衣，敲锣打鼓，带领其亲属至水边买仙水，至水旁道公口中诵经，内容为《收殓清水书》。孝子向水中扔硬币以示向河神买水。亲人用仙水泡柚叶为死者沐浴净身，后穿上寿衣入殓。死者的寿衣必须是当地传统的民族服装。沐浴净身后将用过的面巾和水倒于房上瓦楞上，水顺屋檐流下，流的时间越长其孝子越被认为孝敬父母，当地广为流传的关于是否孝敬父母的一句话为：“不信请看屋檐水，点点滴滴不分离。”

（三）入殓

在入殓前用爆谷花垫棺底，厚度 4～5 厘米。做法：死者女儿把铁镬放在火灶上，把火灰放入镬中，用柴刀代替镬铲炒。炒好后再炒两斤左右谷子，即爆谷花。然后在棺底垫上一层火灰，一层爆米花，填一层火灰，再铺一层吸水的厚纸。垫灰和厚纸，主要为防止防腐液渗流棺外。最后再铺上一层白布，这样便完成入殓前的准备工作。炒灰的镬头和柴刀归炒灰者。在一切准备就绪后，由同族抬尸体入棺。此时，死者的家人和亲属避于屋外，不可以看尸体入棺，以防生魂被死者拉住一起入棺，带来短命的命运。最后设一灵堂在棺柩的一头。

板价屯现代楼房的厅堂很宽敞，遇到丧事时将灵堂设于屋内的厅堂里，把布匹、棉被、蚊帐、毡、衣物等挂满棺椁两旁，也有的把单车、电视机、录音机等家电摆满棺椁的前后左右。灵前、灵后皆摆上供桌，上放祭品。祭品很丰富，主要有鸡蛋、水果、9 个或 10 个碗中放猪身的不同部位（夫妻其中一个先去世，要放 9 个碗；夫妻俩都去世了，则放 10 个碗）和鸡、鸭、鱼等。有的人家会在祭品中间放一盘子，内放铺开的百元人民币，也有的在盘子里放手机、手表等，以示死者到阴间后，也能够享受这些丰富的物质。两边各放一支或两支蜡烛，为长明灯。两边还要分别放童男、童女。道公在灵柩前摆上死者的灵位（见图 5－12），在灵位前摆放事先准备好的纸糊的祠龛，内放香炉，以便装香上供。

图 5－12　灵位（2007 年 11 月 28 日　刘萍摄）

（四）祭奠

丧葬中的祭奠仪式，包括燃灯、总燃灯和露天总祭奠。燃灯是每个祭奠的晚上在灵堂内举行的祭奠仪式（见图 5－13），祭奠多少天就有多少个燃灯，露天总祭奠则是出殡前的白天在户外举行的祭奠仪式。其他停丧的白天，除了死者的亲人为死者守丧之外，没有其他任何仪式。

图 5－13　室内祭奠仪式（2007 年 11 月 28 日　刘萍摄）

燃灯是当地丧葬中祭奠的重要环节，请道公择吉日出来，才能决定祭奠多少天，一般祭奠5～7天，也有8～9天的，如没有合适的日子，祭奠的时间还会延长，直至有吉日为止。关于夏日停丧尸体腐烂的问题，在调查过程中，当地人皆说如有人去世，时间一般是在十月之后至次年三月之前。其间天气凉爽，易存放尸体，其他时间则很少有人去世，当地人都认为这是一种怪现象。

在死者去世当天晚上就要举行燃灯仪式。第一天的燃灯仪式由家人举行，从第二天开始由女婿、亲戚朋友等轮流举行，总燃灯之日由死者的家人、所有的亲朋好友一起做燃灯。举行燃灯仪式的与祭者皆为男性。燃灯仪式开始前，在灵台前摆上熟猪头、熟鸡、蛋、鱼、豆腐、糖果、纸币等祭品。道公们把这晚主要祭者的名单及祭品一一报知亡灵。现以第二场燃灯仪式为例，来加以说明。该仪式主要以女婿或其他亲友为主祭，约晚上7时开始，主祭者拿一盏灯笼，名为走马灯，灯内有一竹圈，竹圈上有由竹子制成的小人与马，竹圈可自行转动。灯笼内放一支点燃的蜡烛，意为死者引路。道公口诵《开弄科》经文，宣布燃灯仪式开始。

在燃灯仪式中道公主要诵《燃灯科》经文。主祭者手捧香炉，率众亲属在灵前九叩九拜，道公口念证明。证明是一张写有死者姓名、性别、生辰年月日的纸，落款为主祭者及其亲友的名字，这实际上是死者去往阴间的证明。道公念完证明，将其折叠放至主祭者手捧的香炉中，主祭者将香炉放于原位，即灵前的供桌上。由主祭者率领众男性亲友向灵柩敬酒，两人一组，皆手捧酒碗，面对灵柩三叩拜。之后，由死者女儿或其他至亲女性率其余女性亲朋在棺后向灵柩敬酒。同样以两人为一组，手捧酒碗，面对灵柩三叩拜。叩拜完毕，帮忙人员在灵前地上放置五根蜡烛，由主祭者与另一男性亲属跪于蜡烛前，共点三次。留一根蜡烛放至灵前供桌上，将其余四根蜡烛分别放到灵台后棺材的四角处。当道公率主祭者及其他亲朋绕棺走三圈时，众人到灵前、灵后皆向棺材鞠躬。架棺材的凳子左后一侧，放有内置若干纸人、其间夹有数张一角、两角人民币的纸盒，当绕棺者走到此处时，就拿出一纸人放到旁边蜡烛上点燃，当有拿到钱者，此喻该人以后好运，死者对其最好。烧纸人形式犹如过去的人殉，即活人送死者众多仆役供其使唤。

绕棺过程中，众人皆穿全套丧服，手执竹竿，低头缓慢行走，神情悲切严肃。绕棺三圈后，道公诵《捡花经》，从一月念至十二月，后捡起放至灵前摇钱树上的钱。主祭者向棺三叩拜，并敬酒。道公念《上路科经》，指示主祭者在灵前鞠躬，烧证明书给死者。外放三炮，狮子进门，此为狮子送丧，乃上甲族群丧葬中一大特色。舞狮者同绕棺三圈，当舞至道公前、灵前、灵后就三跪拜，死者儿媳、女儿等在其左臂上绑一孝带，死者的弟弟或儿子向其敬酒。当狮子退出灵堂、跪于门口时，待客舞开始，即有死者至亲之人双手托竹竿，小跑绕棺三圈，跑至道公、灵柩前后、客人所站之处皆要三鞠躬，为谢客舞。帮忙人员收起灵柩前后客人送的祭品，同时女眷扶棺哭丧，道公吹唢呐，点燃灯仪式宣告结束。

总燃灯为丧葬中最为热闹的一环，死者亲友到齐，供品最为丰富，也更讲究。仪式在前一燃灯的基础上增加了一些小环节。下面笔者将对不同于燃灯之处进行分析，其余不再累述。总燃灯这天的晚饭，除道公之外，其余人皆要斋戒。当狮子为死者送丧时，死者男性至亲（弟弟或儿子等人）将点燃的蜡烛分别放于门外的阴屋中、铭旌下、吊桥布下。吊桥布也称渡桥布，上甲话叫“棒派”。吊桥布由黄姜染成的布做成，是用5米长的竹竿撑起的黄色布。布的上端画“升天符”，中间写：“南无西方极乐世界阿弥陀佛”；下边左写：“超荐亡伏惟故×县×乡×村××正魂，原命于×年×月×日×时东升，享年×岁，不幸于×年×月×日时西坠……今凭法事沙门起登仙界”。立布时，道公领吊祭者到露天祭场举行竖“布”仪式，口诵《起扬幡》、《招灵魂科书》、《天桥科书》等经文，进行招魂，引渡亡灵沿着此布即“天桥”攀登，飘然升腾，奔往天堂极乐世界。

总燃灯的第二天为露天总祭奠（见图5－14），上甲话叫“文漏”。露天总祭奠分为准备工作、杀羊仪式、送祭、答祭、祭奠阴屋、焚化吊桥布等。准备工作多是在白天，道公和工作人员给阴屋、铭旌、祭塔、阴马、衣服和家具等写上名字，还要写契约、执照、亡灵通行证，并盖上

图5－14　露天总祭奠（2007年11月29日　刘萍摄）

“阴间公章”。亲戚朋友带上大米、白酒、封包等来吊丧。丧事家早上会杀一头猪，将猪头、猪尾割下，猪嘴叼着猪尾面向灵位供在灵前，此为有头有尾之意。剩余的做菜肴。道公准备工作完成后，仪式开始。杀羊仪式由道公领队到铭旌处举行，把一只山羊绑在铭旌跟前，点燃鞭炮放在羊身上，在羊惊跳时，众孝者用杖把羊打死。此喻为死者寻找替罪羊。这种做法现已很少。送祭一般由死者亲族举行。丧事家把祭品放在灵台上，道公披上法衣，敲锣打鼓，吹唢呐。死者两男性至亲躬身抬一小轿，轿内放有供在灵前的香炉，即是灵堂。在道公的率领下，众孝者走到“吊桥布”灵台前，众孝者皆手持竹竿，低头，一路哭于吊桥布处。道公一路诵《上祭科书》，在吊桥布前把主祭者名单和祭品一一点报，准备“运送”上天。众孝者在吊桥布的灵台前，轮流斟酒叩拜，然后回家把棺柩灵台上祭品收下。

答祭是死者女儿进行的祭奠。为了答谢女儿送铭旌的情义，要进行答祭仪式，即在铭旌前放一长凳，摆上鸡蛋10个、土布1匹、大米10斤。道公举行答祭仪式，主丧者与女婿相对跪拜，并把凳子上的礼品送给女婿，女婿将礼品直走拿回家，不可回头。祭奠阴屋，壮话叫“买居”。特别之处为在阴屋里放熟饭，在阴屋二层塔楼斜面上放一簸箕大米。在买居之前，众孝者以两人为一组面向阴屋敬酒，道公念经。后道公一面念经，一面领孝者绕阴屋，每人抓起一把大米，向阴屋乱撒，使阴屋上下左右四周都撒满大米，意为阴屋里里外外到处装满谷米，死者不愁食用。撒米后，孝者抢放于阴屋前的肉，抢到肉者回家给小辈煮吃，意味着以后少有病痛。

最后是焚化吊桥布，上甲话叫“棒派”。道公穿法衣领队，两个人扛灵堂，后有一人拿着装有一鸡一鸭的笼子跟着，孝子双手捧着香炉，一人抓住孝子的孝衣，连着5米长的引灵白布。白布两边由众孝者扶着。他们抬着亡灵引到桥度布前，把白布铺垫在地上，白布一端和桥度布相连，白布上每隔10厘米放置几张纸钱；道公手拿指挥旗，从白布另一端走向桥度布，每走一步，念几句经，并用小旗杆把布面上的纸钱挑出，司仪者在旁边焚烧纸钱。道公到桥度布跟前，便两脚叉开做出拳状，闭嘴屏气，右手拿起火把，向天画符，把火点燃吊桥布。这便搭通天桥，死者灵魂通过此桥超度升天。至此，露天总祭奠全部完成。

露天总祭奠的当天晚上，道公还要做两件工作：(1) 死者如果是男的要念二十四孝，如果是女的则要唱十月怀胎歌。(2) 念经送魂，上甲话叫“么宋”。首先把所有送丧的物品一一点报亡灵；其次，将5根蜡烛点燃，逐一从灵台放至门外，使其引导亡灵经过互相交叉的99道弯、99个隘口、关卡和闸门，到达天堂极乐世界。后在灵台前放一桌子，死者女儿围桌而坐，道公拿一长剑诵经，死者女儿按道公所诵经书内容相应将粽叶包的过路饭打开，供死者路上享用，直至道公诵经完毕。

（五）出殡

早上七点卯时出殡，出殡前戴孝之人不能吃饭喝水，直至下葬后回到丧事家解斋后才可吃饭。

出殡前要举行道公的赶鬼出屋仪式，即道公右手拿长剑做砍状，大声吆喝，大步顿足作驱赶状，左右撒玉米或豆粒，在屋内追赶一遍，鸣放三声爆竹，工作人员立即抬棺椁出屋。全屯各户听到炮声，用火灰圈自屋一周。在道公驱鬼期间，其他人则准备出殡事宜，如准备随葬品，并开始拆除灵堂等。

在抬棺椁之前要举行亲人与死者的别离仪式，儿女或最亲的孝者，在灵柩前双膝下跪，背向灵柩，双手向后伸出并捧住酒碗，司酒者每斟一次酒叩一次头，叩三次放碗。死者的儿子还要在送葬的半路举行第二次别离仪式，即敬却别酒，同样是两手背于后，司酒者将酒倒入碗中，三敬三拜后，将碗扔于地上。这个过程动作很快，敬完酒后敬酒人要马上小跑跟上送葬的队伍。在即将抬起棺椁时，死者的弟弟、儿子及侄子等人要匍匐在地，让抬棺者跨过身上，一路垫到抬驾前，有个别的一直垫到坟地。此为垫丧，其意为背父亲或母亲最后一程，以示对死者忠孝（见图 5－15）。

图 5－15　出殡（2007 年 11 月 30 日　刘萍摄）

墓地是道公在前一天根据风水，用罗盘选定好的。一般墓地在山脚下，多数要穿过田地才能到达，因此，要在出殡的前一天将即将路过的庄稼砍倒，方便第二日的送葬，事后丧事家要进行赔偿。出殡时，一人手举白色祭塔在前领路。一女儿拿火把引路紧紧跟随，并一面走一面焚烧纸钱。从屋里直到坟地，中途还不能把火把放下，也不能熄灭，等棺柩下坑埋后还要用火把烧阴屋、铭旌等。两个女孝者挑木箱和衣物。这些担子中途不能放下，一直挑到焚烧阴屋、铭旌时，担子过火才能放下。棺柩放到抬架上，阴屋盖在棺柩上，用两匹白布把阴屋和棺柩绑定在抬架上。孝者扛铭旌、祭塔、阴马等，一起送到坟地。出殡的队伍行动很快，送葬之人急急行走。

在出殡的过程中有狮子送葬的习俗，即死者是 60 岁以上老人的话，狮队要舞狮并送到坟地。狮子送葬是板价乃至整个上甲地区独特的丧葬习俗。舞狮原本是一种喜庆活动。人们在节日或喜庆的时候才舞狮子。丧事是一件悲哀的事，一般忌用舞狮。但在上甲则不然，六七十岁以上的老人逝世，虽是一件悲痛的事情，但人们却认为，家里能有一个活到六七十岁的长寿者，是很难得的，是全家的光荣和幸福，值得庆贺。所以长寿老人死后，也用兽中之王狮子来为死者祭奠，即为悲中有喜、不幸中有庆之意。丧事中的燃灯、露天总祭奠及出殡事一般都有狮子送葬一项。在燃灯和露天总祭奠的各场祭奠仪式中，谁为主祭者，谁就请狮子送葬。在出殡时所有请的狮子在后跟随。

到墓地后，先温坑，即在坟坑四壁插香火，在坑口盖上席子使土坑暖和。之后清坑，也就是揭开席子，道公拿一只鸡砍断头抛进坑中以示清坑，并看鸡头的方向，如面对该村庄则认为对全村人不吉利，此为鸡卜。之后，儿女举行第三次别离仪式，鸣炮三声，抬棺下坑，并将死者生前的被褥衣物等铺到棺上，死者儿子背对墓穴蹲下，用手扒土到墓中，之后众人开始填土埋葬，再用火把阴屋、铭旌、祭塔、阴马、纸钱等焚烧掉（见图5－16）。此时，挑来的木箱、衣物、家具等都要过火（在火前摇一摇，这样，阳间送的东西才能成为阴间的东西，死者也才能得到）。另外，众孝者脱下孝服巾过火招回自己生魂。

图5－16　下葬（2007年11月30日　刘萍摄）

下葬完毕，众孝者返回时，不能直接回家，要直奔丧事家。丧事家中放一个箩筐，里面装半筐旧棉胎或旧衣服做坐垫，每人都在筐中蹲一下。这样，一切随身之冤鬼就被留在筐内，不能跟随人了，生者以后也少灾病。上甲话叫“邓能”。道公在台上置放一碗“佛水”，每人用手指沾水向头顶弹洒，以作消灾，即一切缠身的病魔立刻消除。之后大家脱开孝服，吃开斋饭，各自回家。丧葬仪式完毕①。

① 参考覃菁著《上甲史俗》，延边大学出版社，1999，第58页。

三 丧礼中的其他事宜

板价屯的丧葬非常讲究，其仪式不但特别，丧服、祭品、报丧等皆有特殊的规定。

（一）丧服

板价屯的丧服与上甲地区其他村屯的丧服一样，是上甲地区的一大特色，主要是丧服的原料和样式与众不同。其丧服主要由孝巾、孝衣、孝裤组成；女子丧服分为孝巾（上甲人称其为头帕）、孝衣、白裙。其中男子的孝裤和女子的孝裙皆由纯白棉布制作，而男女的孝巾、孝衣材料则分为三种情况：一是纯彩棉制作，近亲死亡皆穿纯彩棉裁制的丧服，上甲人皆有此种丧服；二是半彩棉半白棉布制作，一般是以白棉或经蟠桃汁染成黄褐色的彩棉为经，白棉为纬，目的是节省彩棉；三是白棉染成黄褐色的棉布制作，此种情况与前一种情况比较常见，一般缺少彩棉或白棉比较多的农户常采用此种方法制作丧服，用来参加不是至亲之人的丧事。彩棉布色泽均匀，手感舒适，染色的白棉布虽颜色呈褐色，但色泽不均匀、不自然，手感略硬。

男女丧服式样不同。男式丧服主要由孝巾、孝衣、孝裤组成。孝巾为长约 216 厘米、宽约 38 厘米的长带，系于头上，在脑后打结，孝巾两端下垂至小腿。男子孝巾外要附一块方布（白棉布），再戴上灰帽。所谓灰帽即是由干枯的呈黄褐色的芭蕉茎拧成条状再围成圆，一段芭蕉茎做成的绳子以拱形缚于这个圆上，形成帽子状戴于头上，再用一小块布包上草木灰缚于这个帽子上，将之垂于额前，即为灰帽。戴此灰帽的人是死者的至亲男性，如弟弟、儿子、女婿等。传说古时候，几个人一起为国远征，途中不幸有人打仗阵亡，因远离家乡，交通不便，便焚尸取灰，用皮革包好，一路跋涉送还家乡。家乡亲人为了悼念他，在头上戴顶孝帽，前额挂两只装有死者骨灰的小白纸袋，以示亲生骨肉不离。根据这一故事，后人凡遇丧事，便照此为之。男子孝衣主要是量体裁衣，达至臀部。孝衣分为两种式样：一种是普通衣服式样，圆领，对襟，用四五个带子结节，不用纽扣，下摆左右开衩，两片前襟各缝有一口袋，衣内的领口、袖子及下摆开衩处皆用4厘米宽的白布滚边，在丧事中死者的男性亲属皆穿此种孝衣；另一种孝衣名为“燕尾服”，前后襟样式犹如燕尾，达至臀下，两腋下为镂空，由四五根带子维系，无衣领、袖子，对襟，也是用四五个带子维系，以代替纽扣，穿于前一孝衣外面。穿此孝衣的男子为死者的至亲小辈。男子的孝裤样式与现代裤子无异。裁做一套男式丧服一般需要两个工作日。

女式丧服由孝帕（上甲人称其为头帕）、丧服上衣、丧裙组成。孝帕分为两种：一种是当地女子的传统头帕样式，即平顶式，死者的远亲女子戴此种丧帕；另一种是尖顶式，只有至亲小辈的女子才戴此种孝帕。在尖顶式的孝帕上缠有约2米长的白棉布带，在祭奠仪式中垂于脑后，无祭奠仪式时，缠绕在孝帕上。丧服上衣和丧裙的式样具有当地女子传统服装的特色，即短衣长裙，上衣短紧，下裙宽长。丧服上衣为右衽服，镶有花边，前襟、后背中间皆有线骨。不论男式的还是女式的丧服上衣，线骨皆外露，有别于常服。丧裙为百褶裙。鞋为日常用鞋。在丧事中，所有参加丧事的女子皆要戴孝巾，穿孝衣，白裙在无仪式时可不穿，但在仪式中必须将其穿上，否则视为对死者的不敬。裁做一套女式丧服一般需要两个工作日。

在过去，当地人在其亲属去世时，不但要穿丧服，且鞋上要缝一块彩棉布或白棉布，彩棉布要好于白棉布，但目前此习俗已经没有了。现在在丧事中，孝者脚穿日常用鞋，没有特殊规定。

过去上甲妇女孝服多达10套，少则5~6套，男的只有1~2套。现在女人的丧服套数逐渐减少，一般有3~5套。

丧服是丧葬礼仪中的重要内容，在整个丧葬仪式中，悼念者皆要依据与死者的远近关系穿不同样式的丧服。从死者去世开始，亲友就要身穿丧服，直至丧礼结束，甚至死者至亲在为其守完丧之后才能除服。上甲人在奔丧、丧礼、殡葬和守丧时，按照与死者关系亲疏远近的不同，对丧服的穿戴也有不同的要求。同时，在穿戴丧服方面也存在着一些禁忌。

第一，奔丧时对丧服的穿戴要求。根据吊唁者居住地和他们与死者的亲疏远近关系，奔丧时，在穿戴丧服方面有如下要求：（1）居住在上甲社区的死者的远亲或朋友的丧服穿戴要求。他们在前往丧家吊唁前，要在家里穿好丧服。女子一般是头戴孝帕，身穿丧服上衣即可，丧裙可以不穿。由于上甲人到丧家奔丧时，一般要肩挑一些米、糍粑等食物送与丧家，为了方便，奔丧的女子皆不事先穿丧裙，而是将丧裙带到丧家，在重要的祭奠仪式中才将丧裙穿上。男子一般只穿普通的丧服上衣即可，待到丧家后再系上孝巾，丧裤可以不穿。（2）居住在上甲社区的死者的近亲的丧服穿戴要求。他们在前往丧家吊唁前，也须在家里穿好丧服。女子同样要头戴孝帕，身穿丧服上衣，丧裙可以不穿。男子除了头戴孝巾、身穿普通丧服上衣外，一般也会穿上丧裤，到丧家后才穿“燕尾服”。(3) 居住在上甲社区以外的人的丧服穿戴要求。无论亲疏，前来吊唁的人一般到丧家后才穿上自带的丧服。死者的朋友前来奔丧，一般到丧家后，丧家会送一条长约 50 厘米、宽约 10 厘米的白棉布，系于右胳膊处即可。可见，上甲人出于方便的考虑，不要求前来吊唁的人穿全身丧服。除了居住在上甲社区以外的前来吊唁的人可以不穿丧服外，其他人也会出于某种原因，在前往丧家吊唁时不穿丧服，到丧家后再穿上。

第二，在停棺祭奠时对丧服穿戴的要求。在上甲社区，在人去世后，家人要请道公择下葬吉日，根据距下葬时间的长短决定停棺祭奠的天数。一般奠祭 5 ~ 7 天，最多 8 ~ 9 天，之后才可以下葬。丧礼仪式主要分为买仙水、入殓、燃灯、总燃灯和露天总祭奠等环节。死者去世的当天要举行买仙水和入殓仪式，当天晚上和下葬前的每个晚上都要举行燃灯仪式，在出殡前一天的白天，在户外举行露天总祭奠。在这些祭奠仪式外的其他时间，无论白天还是晚上，死者亲友或坐或睡在棺旁，为死者守灵。在丧礼中，上甲人根据守灵和祭奠，对服丧者的丧服穿戴有不同的要求。守灵时，死者亲友在灵前或左右的地上铺上席子，或坐或睡在那里，时刻守护遗体。守灵目的，一是最后陪同死者，以尽最后孝心；二是确保长明灯永不熄灭；三是接待亲朋前来悼念。在此期间，守灵者可以根据自己与死者的亲疏远近关系穿全套丧服，也可以根据自身条件而不穿全套丧服。无论守灵者为男性还是女性，一定要头戴孝巾或孝帕，身穿丧服上衣。一般情况下，守灵的女子为了方便坐、卧和干活等，多选择不穿丧裙。但在点燃长明灯或上香时，一定要穿上丧裙，以示对死者的尊重。对守灵的男子是否穿丧裤不作要求。死者的至亲男性亲属也可以不戴灰帽和不穿“燕尾服”。在祭奠中对服丧者丧服穿戴有要求。在丧礼中的买仙水、入殓、燃灯、总燃灯和露天总祭奠这些仪式中，死者的亲友根据自己与死者的亲疏远近关系穿上相应的全套丧服。女子孝帕上的长布条放下，垂于脑后至膝下，否则视为对死者的不敬。死者的男性至亲小辈除头戴孝巾外，还要戴上灰帽，胸前贴有道公画有符号的黄纸。同时，死者的男女亲朋必须腰扎芭蕉茎做成的绳子，手持孝杖。由于买仙水和入殓这两个仪式是在死者去世的当天举行的，灰帽、芭蕉茎做的绳子和孝杖还没来得及赶制出来，所以，在这两个仪式中对死者至亲是否戴灰帽等不作严格要求。

第三，在出殡安葬时对丧服的穿戴要求。出殡及下葬时，除了因送葬者要手拿祭品不需要持杆外，送葬者丧服穿戴方式与停棺祭奠仪式中的丧服穿戴方式一样。但实际上，有的人出于某种原因，并不严格遵照这种规定，如送葬的过程中要穿过田地，而且送葬的队伍行动迅速，女子身穿丧裙则不利于行走，因此，部分女子选择不穿丧裙，但一般情况下，死者的至亲女性亲属还是要穿丧裙的。殡葬后送丧者不可直接回家或去别人家，先回到死者家里除服，以免将一些鬼神带走。而死者至亲则要为其守丧，直至丧期满才可除服。

第四，在守丧时对丧服的穿戴要求。一般自己及配偶的父母亲、自己及配偶的兄弟姐妹及兄弟姐妹的配偶去世后，要为其守丧。过去守丧时间为三年，期满才可除服。现在，由于越来越多的上甲人要外出打工，为了方便外出，缩短了守丧的时间。男子一般 10 天左右即可除服，女子如为兄弟姐妹守丧，3～5个月可除服，为双方父母守丧，一年即可除服。守丧期间，女子几乎天天穿丧服上衣，头戴孝帕。女子守丧时戴的孝帕式样为平顶式。因孝帕戴在头上不利于散热，所以有的女子将一条彩棉布系于头上，以此代替孝帕。下身可不穿丧裙，多是穿日常裤子。男子外出做工频繁，守丧时间短，对丧服穿戴的要求并不严格。一般情况下，男子在守丧期间，穿丧服上衣即可。无论守丧时间长短，守丧者都要参加或让家人代替参加两个解斋日，参加两个解斋日后才表示可以彻底除服。所谓的解斋，就是在每年的正月初一和七月十四这两天，守丧者从当天的凌晨开始至中午12点都不可进食，称戒斋。12点后方可进食，为谁守丧就要到谁家去吃解斋饭。在去之前，守丧者一般要带上一个粽子和一条猪肉，如果是为父母亲守丧，带去的东西则更加丰盛。

第五，除服后丧服的处理情况。除服后的丧服可留到下次丧事再用。因过去生活困苦，上甲人常将老旧的丧服染成黑色做日常服装，如果太过陈旧，不适合染色改做日常服装，则一般选择烧掉。现在生活水平提高了，老旧或弃之不要的丧服一般都直接烧掉，少有染成黑色做日常服装的。

第六，穿丧服存在的禁忌。在家中或其亲属家中无丧事的情况下，不允许在家中裁制丧服，更不允许试穿丧服。如果一定要在无丧事的情况下制作丧服，要求在屋外制作。据当地人讲，过去是要到田地里制作丧服的。只有在家中或其亲属的家中将要有丧事或丧事正在进行时，才可以在家中裁制丧服和身穿丧服。无论何时，身穿丧服的人皆可以任意去上甲社区的任何人家里，也可以乘坐上甲人的汽车。但上甲社区以外的人们多忌讳别人身穿丧服到自己家里或乘坐自己的汽车，所以，上甲人为了方便，在出上甲社区时一般换上日常的服装，回家后再换上丧服。据上甲人农廷兴讲："有一次我们上甲人阿兰的父母双亡，我带她到县里申请贫困补助。到宝圩坐公共汽车时，我将阿兰的情况和司机讲了，司机很同情她，决定不收我们的车费钱，但是有一个条件就是要求阿兰上车时不能穿丧服。当时她正处于守丧期间，身上穿着丧服呢，所以没有办法就换了一身平日穿的衣服。我们现在守丧的时间短了，主要原因是我们常常要去外地打工，穿丧服不方便。"所以，人们常能在宝圩市场上看见身穿彩棉丧服的上甲妇女。

（二）祭品

在丧事中，祭品丰富，丧事家不但准备了鸡鸭鱼肉等，附近村屯的人们到丧事家奔丧一般皆不空手，或送几斤米，或送两小篮糍粑或是糯米饭、糯米团，或送鸡、鸭等，也有的为了方便，在市场上买箱装的成条的圆形饼干来代替糍粑。远来奔丧的人一般是送钱，多少不等。在丧事中还有一些特殊的祭品，如阴屋、铭旌、祭塔和阴马等。

丧事家要准备"阴屋"。阴屋又称鬼屋，当地人称为"漂亮的房子"，是一座宽 1.2 米、长 2 米、高 3 米的竹子建的四层楼房。其佛名叫"红车"，上甲话叫"限批"。阴屋底层是平房，其四面有走廊、栏杆，里面房门、窗口齐全。上三层是塔式楼，前后两面贴有葫芦形的彩纸，楼顶伸出一条木杆，杆顶安一只凤凰或一三角小旗子。整个阴屋用五颜六色的纸搭配糊成，这些色彩起着互相点缀、互相衬托的作用，显得美丽堂皇。从表面上看，这比阳间的住房还要高级。因此，老人死后，不得此屋，死不瞑目。

此屋由10个劳动力、用两天时间才能做成。阴屋前还要造一颗幡钱树。“幡钱树”即取之不尽、用之不完、一摇就落下钱的“摇钱树”。

铭旌是标示死者姓名的旗幡。按照古代丧礼的要求，生前无论贵贱，死后皆有铭旌。板价屯依然沿用这一习俗。铭旌由出嫁女儿送，上甲话称铭旌为“名丁”。当地的铭旌类似一座高高的塔。底座四角，分别系有四条白黑两色布，作为拉绳牵住整个塔身使之直立不倒。在底座之上略靠下的位置处贴有红绿彩纸，上写死者的姓名等。塔上端连着两层塔顶，犹如葫芦状。塔顶第一层用黄色纸糊，第二层用绿色纸，两层的前后面都各画眼、眉、口、鼻，横眉立目。每层的下端安着两根向上弯的旗杆，犹如向上高举的手，且各挂长方形的彩条旗。顶层之上插有两根旗杆，各挂两面较大的三角红、绿纸旗。塔高5米，由10个劳动力、用一天时间才能做成。

祭塔安插在铭旌的一侧，是外甥送的一种小宝塔，上甲话叫“际好”。一根长4米的竹竿做主轴，轴杆下端安正方长筒形的底塔节。在底塔的上方，相隔一定高度，分别安五层“两头尖、中间四角凸出”的塔节。主轴顶端安塔帽。全塔用红、蓝、白、黄等纸糊成。此外，还要准备一个都是用白纸糊成的祭塔，出殡时，在前领路的人高举此种祭塔。在丧事中，祭塔越多越好，表示人丁兴旺等。

阴马是用纸糊成的马。如果死者生前做过道公或巫公的，其徒弟则每人送一匹红纸马，家人则送白纸马。红的放在阴屋旁边，白的放在棺材旁边。非道公或巫公的不送纸马①。

① 参考覃菁著《上甲史俗》，延边大学出版社，1999，第55~56页。

（三）报丧

鸣三炮，以示向全屯人们报丧，亡灵向阎罗王报到。此时，全家和吊丧的亲人，披麻戴孝，穿白祭服，大声恸哭。向外屯、外村的人报丧时，到家门前将其事告诉主人后，主人将草木灰撒于门前，以防不好的东西进入门内，之后穿丧服奔丧。向较远的亲戚报丧，一般是打电话。过去也有以向亲友发讣告的形式通知的，但现在很少以这种方式报丧。讣告的内容如下：

讣 告

生母（生父）于×年×月×日×时降生，不幸于×年×月×日×时在家寿终正寝，享年×岁。

现含殓地定于×月×日上午×时将灵柩扶梓归山安葬。

哀子：××× 泣血稽首

×年×月×日

（四）奔丧

得到丧事的消息后，一般人在奔丧时要在家里穿好丧服，做好糍粑、糯米团、五色糯米等，用扁担挑着送到丧事者家。有的人为了方便，会直接拿糯米或从市场上买的圆饼干来奔丧。当天晚上，丧事家各种仪式完毕后，将奔丧的人拿来的物品留下2/3，剩下1/3由奔丧者拿回家。

（五）守灵

丧葬中有死者亲人要为其守灵的习俗（见图5－17）。守灵即死者入殓后，死者至亲日夜守护在棺材旁，每隔

图 5-17 守灵（2009 年 3 月 10 日 刘萍摄）

4～5小时都要自觉地哭诉一次，哭时，吹唢呐者吹起唢呐配合，等于奏哀乐。哭诉的内容各有不同，有的哭诉失去死者给自己或家中带来不幸的遭遇和苦难，有的哭诉死者生平事迹或病中亲人照顾不周，等等。哭诉有条有理，充满着感情。旁人听了不但激动流泪，而且还会受到教育。灵旁燃灯，昼夜不息。守灵者在灵前或左右的地上皆铺上席子，或坐或睡在那里，时刻守护遗体。此外，死者的儿子要老老实实地坐于灵柩前，不能洗脸、手脚，不能刷牙，不能自己倒水喝（可由他人倒水来喝），目的是为防止死者尸体腐烂，腐水流出。

（六）斋戒

丧葬礼仪中死者至亲皆要斋戒，主要为食斋。在知道其至亲去世后，即开始斋戒，只吃素不吃荤，一直到埋葬后方能开斋。

吃斋时，因旧筷、搪瓷碗沾上肉类油腻不能使用，只能用香竹或其他竹木修成的新筷子，用芭蕉叶或较大的树叶如九层皮叶，拿在手中当碗用。饭煮熟也是用簸箕垫上芭蕉叶或较大树叶盛装着。酒用竹筒装。吃斋时，男子在灵前，不可背对灵柩吃饭，而是偏坐于两侧，前放一簸箕，将食物放于其中，守孝人围坐吃饭，否则视为对死者的不敬。女子在棺侧吃斋，但为死者送终的儿媳必须在灵柩后吃斋。在斋戒的同时，不可以洗脸、洗手、洗脚，不可自己舀水等。

（七）停丧

如果遇到天灾人祸或青黄不接，家庭经济拮据，生活困窘，没有能力依时吊祭送葬的，入殓后，就把棺柩停在家中几个月或半年，等到新粮登场，生活好转，才祭奠送葬，这叫停丧。

（八）帮忙人员

丧事中的帮忙人员由死者的亲家人来充当，如没有亲家才会用同族的人来充当，主要负责煮饭、招待来客等后勤事宜。

第四节　生育习俗

一　出生

上甲传说过去有不落夫家的婚姻习俗，所以妇女结婚后要住在娘家，怀孕依然要住在娘家，直至在临产时才被接到夫家，等待分娩。娘家不允许女儿在家中生小孩，否则，婆家会认为该小孩不是本家的后代。婴儿出生后，要用柚叶和一些中药煮水为婴儿沐浴，意味着健康长寿。小孩生下，父母立即通知外婆家。外婆便送鸡来，并亲自帮女儿洗脏衣服和外甥的尿布。

二　三朝

在小孩出生的第三天，外婆在这一天要做糯米饭，并杀鸡、杀鸭请女婿的同族人吃饭，这叫做三朝酒。吃完三朝酒后其他人开始送礼，礼物不等，有送米和钱的，也有送鸡、鸭的，这些都是为产妇坐月子做准备的。

三　坐月子

产妇在产后一个月内，静养房中，扎头巾，不赤脚，不碰冷水，少外出。人们重视产妇的营养，一般有甜酒鸡蛋汤、猪脚汤等。坐月子期间，外婆每隔三五天来看望一次，家距离远的也要来看两三次，主要是看小外孙是否平安，帮忙洗尿布。外家亲戚也分别来看望，有的把煮好的鸡汤和红糯米饭一起送来。鸡汤是用黄姜煮的，可以暖身。有的送活鸡和糯米饭以示关怀。这段时间，少则可收到30~40只鸡，多的达60~70只。坐月子期间，产妇可天天吃鸡补身。

四　满月

板价民众也和周边壮族一样，崇拜送子神花王圣母，当地俗称“花皇”。小孩满月这一天，为了小孩能长大成人，要奉安“花皇”神位，以保平安（见图5-18）。

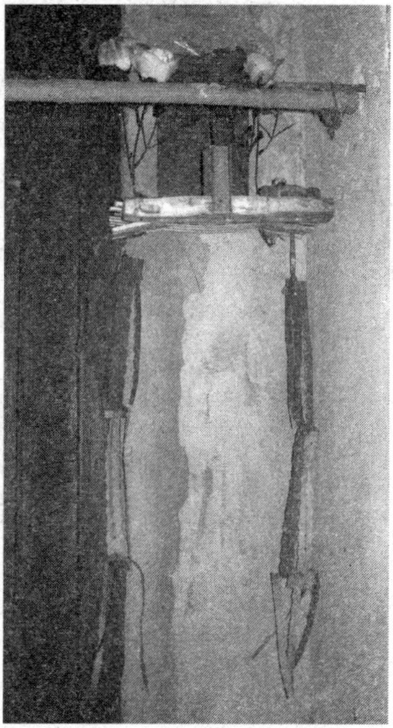

图 5-18　供奉“花皇”神
（2008 年 7 月 10 日　刘萍摄）

当地习俗是，在早上天将亮时，就要请道公来家里做道场，安“花皇”。道公做道场时，要给花坛画上“辟邪符”，在花坛两旁写上“平安无恙，长生保命”的对联，主人在“花皇”前上香，道公口念保佑小孩日夜平安健康无恙、不哭不闹、达到长生保命目的的经文。“花皇”牌位一般用金纸或其他颜色的亮纸做成。安“花皇”所需要的东西由外婆家送来，如花坛上挂着用彩纸剪叠的花朵和红布做的彩带。外婆还要送糯米饭 1 担，约 70～80 斤，白酒 50～70 斤，1 只鸡、1 只鸭，猪肉 3～4 斤。过去，在满月这一天外婆要送摇篮，现在送童车。如果生二胎，第一个摇篮或童车没有坏，外婆可以不再送；如用坏了还要再送。同时，外婆还要送襁褓。在过去，女人过门时，娘家没有送嫁妆的，这一天也要将嫁妆送来。第一个小孩安“花皇”，以后每一个小孩都要这样办。

为了以示庆祝，道公做完道场后，开始摆宴席邀请亲朋来吃酒，亲朋来吃酒时要拿上礼品，附近村屯的亲朋送鸡蛋、米、鸡等，多少不等，远来的亲朋多是送钱，数额不限，有几十的，也有几百的（见图 5-19）。

图 5 - 19　满月酒场面（2008 年 7 月 10 日　刘萍摄）

第五节　故事与传说

一　披麻戴孝的来历

远古，在人们发明纺织布之前，人生下来，割断脐带，要用麻条、芭蕉葛之类绑住。长大后，身上披一些麻条、芭蕉葛条，或用麻条编织成块，披挂在身上，以遮羞御寒，赖以生存。在这样的条件下，古人要繁殖后代，养育儿女，则难上加难。因此，老人死后，做儿女或晚辈的，都要披麻戴孝，腰扎芭蕉葛带，以示不忘父母祖辈对自己的养育之恩。从此，上甲人都以麻条悼念父母或前辈，这种习俗一直流传至今[①]。

① 参考覃菁著《上甲史俗》，延边大学出版社，1999，第 188 页。

二　人死撒火灰

传说，古时候，狐狸变美女，蛇精变美男儿，死鬼变人。它们同人一样，赶歌圩，唱山歌，谈情说爱。有一次歌圩，天气晴朗，人山人海，熙熙攘攘，热闹非常。一个男青年碰上一个美丽的姑娘，一见钟情，便一直尾随着她，形影不离。姑娘见男青年五官端正，相貌堂堂，朴素诚实，也生爱慕之心，两人整天相互窥看。男青年用山歌引路，姑娘也情歌相对，你来我往，有问有答，越唱越亲密，终于结为夫妻。

婚后，夫妻过着甜蜜的幸福生活。后来，丈夫发现，妻子睡觉前身体温暖，睡后全身冰冷，他觉得奇怪，决心弄个明白。一晚，深更半夜，妻子睡着了。青年擦一根火柴，发现睡在自己身旁的不是人，而是一个苍白的鬼怪，青年随即吓晕，不省人事。这个鬼怪也惊醒起来，变成美女，她扶起丈夫，喂水爱抚，直至天亮。青年迷糊苏醒，妻子微笑地说："我知道昨晚你做了一个噩梦。"青年听完她的话，见她微笑的美容，便对昨晚所见的情景究竟是真是梦也模糊不清了，当然也不敢把所见对妻子说，怕伤妻子的心。第二晚入睡时，青年想起昨晚的情景，总睡不着觉。不久，妻子睡着了，全身冰冷，冷气直冲到青年身上。青年再擦亮火柴来看，见她全身苍白，的确不是人。青年手指一触，鬼怪惊醒，立即变人，全身温暖。真相大白后，青年暗下决心要赶走妻子，但一时也想不出什么好办法。一天，妻子外出，他在门口打扫清洁，将杂草和树叶堆在一起烧火，火灰铺满门口。妻子外出归来，看见门口变成一条大河，波涛翻滚，无法入屋，她越看越害怕，便逃之夭夭。事后，青年把这件事向村人讲了，人们便知道，鬼是怕火灰的。后来，凡是屯里有人去世，各家各户都用火灰撒在房屋周围，以防鬼怪入屋作怪。从此时代相传，直至今天[①]。

三 杀羊仪式的由来

传说古代有个人叫黄思山，父母早亡，祖母把他养育，两人相依为命。长大后因外寇入侵，思山出征。不久，祖母年老病倒，病情日趋严重。黄思山闻讯而归，回到家门，见瘦弱的祖母执杖倚门，垂泪呻吟，思念着他。他悲痛万分，便询问祖母病情，祖母上气不接下气，艰难地一一告知。黄思山知道祖母的病情是血淤气滞两亏，便想起古老名医之言："羊日吃百草，积有良丹，能祛淤散结。"他心中顿时明朗，决定取羊胆散结，医治祖母疾患。但是，久病垂危的祖母，本应归阴，不过为了再见孙子一面，便顽强地挣扎下来。如今，见到了孙子的祖母也就心满意足地倒地辞世。这样，黄思山更加悲痛难过。为了表达他对祖母的孝敬之情，在祭奠祖母之日，他把羊置于铭旌之下，用孝杖打死，不用利刀宰割。用棍打死的羊能保持羊胆纯正，药效高。而用刀杀死的羊，其羊胆一接触铁器会起变化，降低药效。羊死后，放在地上一阵子才刮毛取出下水，目的使胆慢慢溶散在羊肉里，再用羊肉祭奠祖母。这样做是让祖母在天之灵，能够吃上羊肉，病得到医治，并祈望祖母能病除还阳[②]。

---

① 参考覃菁著《上甲史俗》，延边大学出版社，1999，第196~197页。
② 参考覃菁著《上甲史俗》，延边大学出版社，1999，第189页。

四　垫丧的由来

据说过去，有个人名叫阿杂，他见到人们分吃死去的人的肉，心里很不舒畅。一天，他到郊外牧牛，见到母牛正在生小牛。母牛时站时伏，最后卧地不起，呼吸急促，在地上滚动，四脚用力伸张，很长时间才把小牛生下来。阿杂感到母牛生仔很辛苦，非常感动。晚上回家，他对母亲讲母牛生小牛的辛苦过程。母亲听后说："母牛生小牛辛苦，比不上我生你时的辛苦。我怀你十个月，临生时坐卧不得，肚痛得周身冒汗，用尽全身所有的气力催生也生不下来。越屏气力，身则越痛，痛得昏迷过去不省人事，挣扎了大半天才生下你。"儿子听后，十分感动，他牢牢记住母亲的恩情。后来，母亲丧失了劳动力，他日夜操劳侍奉，细心照料，让母亲生活得尽量舒服愉快，以报答母亲生育之恩。母亲死后，他日夜戴孝守灵。人们按照惯例要分吃母亲的肉，他为了让母亲肉体免受宰割之痛苦，把大猪杀掉，以猪肉代替人肉分给大家，使母亲躯体能够完好地保留下来。出丧时，他匍匐在地，让抬起的棺材跨过身上，从灵柩前起，一直垫丧到坟地，表示他对母亲的忠心孝敬之情。以后人们每逢父母去世，也学习他不再割父母躯肉的做法，杀猪祭祀，守灵垫丧。这就是丧礼中垫丧的由来①。

五　仙女凳的传说

仙女凳位于板价屯后山之上，为后山的突出平台，犹

---

① 参考覃菁著《上甲史俗》，延边大学出版社，1999，第 188～189 页。

如人坐的凳子，因此被称为仙女凳。传说过去曾有一位仙女途经于此，看此地风景秀丽，很是喜爱，于是便降落在此山上休息。她走后，休息之地便奇迹般地变为一个平台，犹如凳子，于是此处被称为仙女凳。

六　板价屯历史传说

相传在600年前，也就是明朝的时候，板价人的祖先从西北方向过来打猎，投射标枪时，枪上卷住了一条蛇，于是认为此地是吉祥之地，所以就把家迁来这里，安家落户。

七　鳄鱼的传说

板价人认为鳄鱼为美人鱼。相传古代，在板价河里有美人鱼居住。它们也喜唱山歌，因此时常到岸上来，想与当地的年轻人对山歌。为了避免暴露自己的身份，美人鱼在上岸后要找一处有坑洞的地方，将尾部藏起来，以免被人类认出来。

第六章　民族与宗教

第一节　民族

包括板价屯在内的上甲31屯，这里原住村民的民族成分在20世纪80年代前后是不一样的。1983年之前，他们是苗族；1983年，通过民族识别，他们被定为壮族。在《广西壮族自治区民族事务委员会关于大新县宝圩等三个公社群众族别问题的通知》（桂族函字［1981］12号文件）中具体解释了上甲人为壮族而不是苗族的原因，他们的主要依据是，通过民族调查发现，本地所谓的“苗族”与其他苗族的文化特征不相同，反而更接近于壮族[①]。宋蜀华、满都尔图在《中国民族学五十年》中也曾经讲道：“大新县‘苗族’讲的是与左江一带壮语相同的语言。自称‘布侬’，‘布陇’，‘布曼’，‘布央’，‘布傀’，‘布上甲’等。‘布’是壮语‘人’的意思，这是壮族支系自称所共有的标志。生活习俗与壮族大致相同，据此，认定大新‘苗族’为壮族的一个支系。”[②]

---

① 参见《广西壮族自治区民族事务委员会关于大新县宝圩等三个公社群众族别问题的通知》及其附件《大新县“苗族”识别调查报告》，载《民族识别文件汇编》，广西民族出版社，1990，第388页。

② 宋蜀华、满都尔图：《中国民族学五十年》，人民出版社，2004，第83页。

民族成分的变更，没有获得当地民众的充分理解。迄今为止，上甲人仍不认同自身为壮族，坚持自己是苗族。例如，在升学、就业或出门办事时，在公开场合填写书面资料或表格时，板价屯人填写自己的民族成分为壮族；但在内部或口头上向别人介绍自己时，仍称自己为苗族。

不过，随着当地经济发展和政府的宣传教育，这种情况已经有所改变。鉴于上甲人的服饰特点，在进行民俗风情保护和相关旅游开发方面的宣传时，他们常被称为“短衣壮”。板价屯的民俗风情表演队在国内外已小有名气，其招牌就是“短衣壮”风情，板价屯因此也被称为“短衣壮”风情村。

一　民族渊源

关于上甲人的历史渊源，当地人有从云贵、越南或山东白马迁移至此，以及农智高后代等诸多说法。

从云贵迁来一说，是源于当地的一个传说。这个传说是，大约600年前，也就是明朝的时候，板价人的祖先从西北方向过来打猎，投射标枪时，枪上卷住了一条蛇，于是就认为板价这里是吉祥之地，把家迁来这里，安家落户。另外，在上甲地区有很多年轻人到云南或贵州打工，这些年轻人路过当地一些村屯休息的时候，发现那里的人说话、穿着与他们很像。例如，上甲人男女服饰以青黑色为主，女装上衣短小，右衽，袖口宽大；下身穿裙，裙有百褶，裙子后面里有一宽大的后摆，平时放下，劳动时卷起塞入腰间；头戴白色头帕，戴银项圈及大银耳环，穿船形鞋，打绑腿。男子穿青黑色对襟上衣，长裤，打绑腿；头上裹青黑色头巾，而且要在头巾顶部留两个类似于牛角的凸起。

上甲人的这种服饰，历经百年，没有任何变化，至今他们仍穿着这样的衣服。上甲人服饰中的船形鞋、绑腿、男子的头巾和女子的裙子都是有别于周边壮族服饰特色的，因为当地壮族一般不打绑腿，女人也不穿百褶裙。据学者研究，贵州黎平县尚重、六合、大稼、平寨，锦屏县固本及剑河县南加等乡镇的部分村寨，在苗族服饰分类中被划分为清水江六合式①。而清水江六合式苗族服饰中的女子服装，跟上甲人的服饰非常相似。这种相似是偶然还是必然，以目前的材料还无法得出确切的结论。我们知道，贵州布依族与壮族同源，云南与广西交界的壮族属于壮族的布侬支系，因此，此处所提到的与板价人语言相通的人，应该属于贵州的布依族和云南的布侬壮族。梁钊韬先生说："同样是讲壮话的人，住在贵州称为布依族，住在云南的称为傣族，住在广西称为壮族，为什么把他们分成三个不同的民族？"② 由此可见，这一说法并不是毫无根据的。

从越南迁来一说，也是依据当地居民的口传。据上甲板价屯农廷兴老师说，他们的祖宗是从越南迁来的，他们的祖宗兄弟有好几个，来到此处后便分散开来，各自找条件好的地方生活。他们的祖宗曾经把越南妇女拐骗（或抢）到此处贩卖，有时卖不掉便关在附近的山洞里，因此饿死了不少人。所以，他们以前的穷苦生活是他们祖先贩卖人口的报应。另外，住在桥玩屯的农培勤老人的叔叔一家现在还在越南，每到春节他们还要回到上甲祭祖团聚。

实际上，越南的侬族和岱族与中国的壮族同属壮侗语

① 杨正文：《苗族服饰文化》，贵州民族出版社，1998，第55页。

② 郑超雄、覃芳：《壮族历史文化的考古学研究》，民族出版社，2006，第123页。

族，三个民族族源相同。而且越南的岱族特别是越南的侬族，基本上都是从中国迁徙过去的，岱族与侬族的主要区别是“侬是客户，土（岱）是居人”①。据史籍记载，每遇天灾人祸，中越两国边民便向对方国家迁徙，但主要是中国边民流向越南。特别是清末和抗日战争期间，侬人为了逃避天灾人祸和进行开荒，继续移居越南②。越南侬族有很多支系，有“侬”、“崇”、“江”、“侬安”、“防城”、“侬昭”、“侬雷”、“归仁”、“肩莱”等，这些称谓是按他们在中国的故乡名而命名的，其中有一支叫做“雷侬”，还有一支叫做“万承侬”，他们分别从今广西大新县上甲邻近的下雷乡和龙门乡迁入越南。据此，再加上当地有关从越南迁入上甲的传说，不难推断，上甲人很可能跟这两部分在越南的侬人有一定的关系，或许上甲人就是这两部分侬人迁入越南后又返迁回来的侬人后裔。

迁于山东白马一说，在当地也流传很广。据说当年北宋大将狄青奉命平定农智高叛乱。他率兵来广西之前，在山东召集了很多兵士，尤其以白马街的兵士为多，所以平农智高之后，留在广西或云南的很多士兵都说自己来自山东白马街。这种北宋兵丁落籍当地的说法，广西过去土司辖地并不鲜见。如民国《雷平县志·人口》云：“宋皇祐间，狄武南征，分封土牧，留其部属屯戍其地，始有中原民族之足迹。由是逐时繁衍，人口渐多。”③

---

① 张登桂等：《大南实录·正编第二纪》，东京：庆应义塾大学言语文化研究所，1975，第3737页。

② 周建新：《中越中老跨国民族及其族群关系研究》，民族出版社，2002，第82页。

③ 邓赞枢修，梁明伦纂《雷平县志》，广西博物馆据民国三十五年（1946年）油印本油印，1957。

还有一种就是上甲为当地土著的说法，民国《雷平县志》讲："本县（大新）种族……土著民族为宋代以前土人之后裔，多居于村陇，尤以上房乡各村及宝圩乡上甲五村为最。其风俗、语言、衣食、居处，仍守其遗制。生活简单，据苦耐劳，是其特性。迩者风化所及，今亦改良，与中原民族渐归同化矣。""土著民族以农、黄、赵、凌之姓为著，占全县人口百分之三十。"[①] 大新学者侬兵先生认为上甲人为古"侬峒部族后裔"。他说："原安平土州上化地方，即今大新县宝圩板禄板价两村，是古侬峒地。相传侬峒与黄峒首领有隙，发生争斗，结下冤仇，积怨甚久。农智高反宋失败后，黄峒部族乘机报复，劫掠侬峒。这时候，有一支侬族部众逃到深山老林避难。他们栖洞穴，吃野果，与世隔绝，隐藏下来。后来他们从事农耕，重建家园，成为偏居一隅的土民。他们一直保持古老的风俗习惯，穿短衣长裙，挽髻跣足，生吃兽血。时过境迁，不改其俗。他们与越南下琅县接壤，居民多农姓，还有覃、闭、梁等姓氏，自称苗族，今改壮族。"[②]

除了山东白马说当是上甲人受过去上层土司"冒籍"行为影响，为摆脱受歧视的地位而附会的身份传说外，其余几种说法多少都有些合理的成分在内，并不完全是虚构的。其中土著说相对而言更有依据。如民国《雷平县志·地理》又载："宋皇祐间，苗酋农智高僭号南方时，发难于边地之广源州，开府于邕州永宁郡。待其败日，仍窜过本

① 邓赞枢修，梁明伦纂《雷平县志》，广西博物馆据民国三十五年（1946年）油印本油印，1957。

② 侬兵：《农智高遗址实录》，见范宏贵《农智高研究资料集》，广西民族出版社，2005，第210页。

县。是则本县非其老家，而必为其广源州之隣封，本县之治地，前同为苗治而无疑。”① 现在在上甲地区还保留有一些古城堡，这些古城堡是为抵御外敌入侵而建造的，至今许多地段还保留着古城垒的石墙、栅门等遗址。在上思屯对面的高山上还有一个山洞，洞口还有石墙遗迹，一根长约百米的竹梯搭在洞口，只是大部分已经腐朽，现在已不能使用。据老人们说，这个洞就是他们老祖宗为了躲避战乱和兵祸而用来藏身的，已有数百年的历史，中华人民共和国成立后就再也没人进去过。

关于上甲人自称苗族的问题，众所周知，中国古代王朝，特别是明清两代，常常把西南边疆少数民族统称为“苗”，对各族系作具体叙述时也习惯上在族名后面缀以苗字，如仲家苗、侬家苗等。在这种情况下，苗只是作为非华夏族类的标签，而并不是具体民族的族称标签。旧社会对于大新的各少数民族，官方文献和各种方志记述，都好在其名称上加“苗”字。如再以前引民国《雷平县志·地理》为例：“唐前沿革大都苗人治理，固无遗册。而中国史来，亦无所寻其事迹。”“宋皇祐间，苗酋农智高僭号南方时，发难于边地之广源州，开府于邕州永宁郡……本县之治地，前同为苗治而无疑。”② 由此我们认为，由于上层统治者长时间以“苗”称呼少数民族，造成少数民族民众自己也将“苗”这一他称视为自称。上甲人说自己是“苗族”，是用了“苗”的泛称而已。

① 邓赞枢修，梁明伦纂《雷平县志》，广西博物馆据民国三十五年（1946年）油印本油印，1957。

② 邓赞枢修，梁明伦纂《雷平县志》，广西博物馆据民国三十五年（1946年）油印本油印，1957。

二　民族关系

在旧社会的汉族上层的统治者看来，广西的各个少数民族文化落后，形迹野蛮。所以，在民国时期，广西政府颁布了一系列的法规来限制和改造少数民族的风俗和文化，上甲人当然也不例外。新桂系政府1931年颁布《广西各县市取缔婚丧生寿及陋俗规则》，1936年又颁布《广西省改良风俗规则》，对广西各民族的风俗以行政命令给出改良规定。这两个规则的主要内容如下：

> 婚姻方面，规定男子未满十七岁、女子未满十五岁不得订婚，男子未满十八岁、女子未满十六岁不得结婚。婚嫁要求务从俭省，并规定订婚礼物、结婚财礼、款待酒席、来宾贺礼的最高限额，嫁妆要以国货为主。禁止男女对歌、不落夫家、逃婚、闹房、以婢女陪嫁、堕胎溺女等风俗。
>
> 丧葬方面，要求入殓物品、祭品尽量从俭，提倡速葬，反对长时间停柩在堂，不准雇佣僧尼道巫做法事，反对设宴款待吊客。
>
> 生寿方面，规定生育子女，外家、亲友送礼最高限额，不准分送红蛋，不准设宴请客；年满六十，方得开筵庆寿，且应从俭。
>
> 反对迷信，不得迎神建醮、奉祀淫祠、送鬼还愿、操巫觋地师等。
>
> 服饰方面，男女留发不得过额，女子留发过颈者，须结成束，男女服装须购国货，不准奇装异服。
>
> 对于违反规定者，视情节分别给予罚款、拘留，

凡公务人员违反，除免职外，并照规定加以重罚[①]。

民国《雷平县志·风俗》中也提到了大新本地的“迷信”问题：“迷信之风，因传于远古，但改良风俗实与政府有关。自政府严行取缔以来，城市已不多见。而村陇之间……惟一祈天作福，讬庇于神鬼……大碍进化之机。世之贤达，当有以挽此颓风，以免流毒于下层社会者也。”[②]

从以上条例可以看出，当时的广西政府对广西的少数民族在风俗和文化上做了很多的限制。据上甲当地的老人说，那个时候他们不敢上街，即使上街也要换上汉族的服装，如果穿了自己民族的服装，被警察看见就要“强行改装”，即妇女的服装用剪刀剪，男人的服装就要没收。很多妇女耳环也不敢戴，戴上就要被警察借“整风易俗”的借口抢去。

由于服饰、语言等文化标志相对独特，加之所处之地封闭、经济落后，上甲人在中华人民共和国成立前饱受周围其他族群的歧视，至今上甲人自身不认同壮族的身份，很大的一个原因就是过去壮族土司时期上甲人遭受的歧视使其产生了族群隔阂。中华人民共和国成立前，上甲人经常因为用水灌溉及放牧打柴等问题与周围的村落发生纠纷，因此，在通往上甲的各隘口处上甲人都修建了石墙，使上甲与世隔绝。

中华人民共和国成立后，提倡的各民族一律平等的民族政策深入人心，彻底消除了他们之间的民族歧视和族群隔阂，上甲人与周围村落的壮族关系得到了极大的改善，

---

① 转引自黄成授《广西民族关系的历史与现状》，民族出版社，2002，第183页。

② 邓赞枢修，梁明伦纂《雷平县志》，广西博物馆据民国三十五年（1946）油印本油印，1957。

在工作、婚姻、教育、生活等方面都相处融洽。

三　民族事务管理

板价屯是大新县民族局重点建设的“民族工作示范村”。近几年，县民族局相继投入资金改善屯内的道路，修整板价河，并且为屯内修建了舞台、篮球场和桥梁等基础设施，使村容村貌得到了明显改善。

在县民族局的帮助与支持下，板价屯注重民族文化的保护，并将民族文化的保护与民族风情旅游项目结合起来。在退休教师农廷兴的组织下，屯内近几年组建了“民族风情表演队”，表演上甲的山歌、舞蹈等，还为外来游客做一些上甲特有的美味菜肴。大新县民族局近几年也不断加大对板价屯的资金投入，全力将板价屯打造成为大新县旅游的又一个热点。

第二节　宗教

一　宗教信仰的历史与现状

上甲社区是典型的多神信仰社区，源于万物有灵的神灵观念在当地深入人心，不管是祖先神灵，还是自然物，都是上甲人崇拜的对象，正如刘锡蕃所言：“蛮人迷信最深，凡天然可惊可怖之物，无不信以为神，竞相膜拜。即平常如桥梁、道路、大树、河流、石头种种，亦时见香烟缭绕，相率跪祷。以故神祇之多，几无名目可数……”[①] 作为上甲

① 刘锡蕃：《岭表纪蛮》，商务印书馆，1934，第87页。

31屯中的一屯，板价屯也是一个多神信仰的社区。道教、佛教在板价屯的信仰基础较广，基督教目前为止还没有人信仰。道教、佛教在板价屯的传播过程中发生了变异，它们与当地的民间信仰文化相结合，与人们的生活紧密地联系起来，人们从出生到死亡都要与道教或佛教发生关系，这种关系主要靠宗教职业者即道公或巫公来联系。从某种程度上来说，板价屯的民间信仰文化丰富多彩，但是这些民间信仰文化还都带有一些原始性，还没有发展成为像三大宗教那样的系统宗教，所以，这里我们只把它们称为民间信仰文化或民间神灵崇拜现象。

板价屯的民间宗教文化主要包括祖先崇拜、自然崇拜和社神崇拜，具体来说主要有以下几种：

（一）祖先崇拜

板价人具有很强的祖先崇拜观念，家家户户都设有祖先神位（见图6-1）。一般情况下，将神位置于房屋中的宽敞明亮处，在一张红纸或红布正中竖写“某某氏一门先祖之神位”，然后在字的左边写上“左昭”，右边写上“右穆”。

每逢农历的初一和十五，人们都要在祖先神位前烧香，而到了重大节日如春节、祭管板、三月三、“耘田”节、中秋等，除了烧香之外，还要上贡，这样，祖先就能常年保佑人们平安，不惹灾祸；而且祖先也能和后人一起过节，一起欢乐。在祖先神位前，有的摆三个香炉，有的摆一个香炉，其依据是祖坟的多少，有的人家祖坟在三个地方，那么在祖先神位前就摆三个香炉，在祖先神位前摆一个香炉，就代表只有一个祖坟。在祭拜时，每个香炉里都要插香。

图 6－1　祖宗牌位（2008 年 6 月 26 日　刘萍摄）

每年的除夕之夜，每家每户要在门前生一堆火，这样，祖先回家来过节的时候就可以先在门前烤火取暖，然后进屋，以免把冷气带进屋内；若家中有亲人死在外面，则要在门前摆上供品，供其享用，以免找不到家。同时，这一天还要供奉花皇、灶王爷、牛栏等。

祭祀管板后，每家所带的贡品除留给管板一部分外，还要带回家里供于祖先神位前，使其一起分享节日的欢乐。巫公祭管板念完经后，要把得到的贡品拿回家，向祖先报告，然后才能自己吃，否则就要招惹灾祸。

（二）自然神崇拜

（1）山神崇拜：上甲地区地形复杂，以山地居多，世代生活于此的上甲人因此形成强烈的山神崇拜观念。上甲的31个村屯，每个屯子都有自己的山神，神圣不可侵犯，板价屯也不例外。山神一般情况下居住于屯子不远处的山上，这样的山大多山形雄伟，林木甚多，山腰有洞穴。每到祭祀山神的时候人们都要来山洞烧香、祭拜。山神所居之处周围的树木不可砍伐，山神洞前的平地不可耕种。若上山砍柴或采摘野果、狩猎等，都必须事先祭拜山神，否则会引起山神发怒，降临灾祸。事后也要祭拜山神，并对山神的保佑表示感谢，否则也会有灾难降临。

（2）石头崇拜：上甲多山，自然也多石。此地石头崇拜往往与管板神崇拜联系起来，因为绝大部分的管板都以石为形。根据考察，我们有理由认为管板神崇拜是社神信仰的衍化，从这点上来说，以石作为管板的形象也就不足为奇，因为以石头作为社神的形象在古代是常有的事。《淮南子·齐俗训》云："殷人之礼其社用石。"郑玄注《周礼·春官·小宗伯》说，社主"盖以石为之"。《宋史·礼记》云："社稷不室而坛，当受霜露风雨，以达天地之气，故用石主，取其坚久。"此外，在陇合屯，有一个大大的"泰山石敢当"位于屯口，防范妖魔鬼怪进入屯内，祸害人畜。在板价屯，屯口刻有"民族工作示范村——板价屯"的一块大石，后来也成为部分村民的祭拜对象。

（3）树崇拜：上甲人对树也非常崇敬，尤其是大榕树，根深叶茂，颇受人们青睐。上甲31个村屯几乎每个屯子都有一两棵神树，每到节日、婚丧嫁娶、生育、求子或者哪一家的人有了病，都要去祭拜，以求保佑。上甲人有种果树的，每到春节时都要在每棵果树上缠上红纸，在果园祭拜树神，以保佑果实丰收，树木繁茂。管板的上面和周围一般也都有树木覆盖，为管板遮风挡雨。在板价屯，他们的管板就是两棵大榕树。

（4）牛崇拜：上甲人和其他部分壮族地区一样，对牛也十分崇拜。上甲人对牛十分爱护，每年的六月初七过耘田节的时候都要对牛精心照顾一天，以表示对牛辛勤劳作的肯定和嘉奖。上甲人过去不吃牛肉，牛死了都要祭拜一番然后抬出去埋葬。每到春节等重大节日时，牛也要像人一样过节，主人会在牛栏外设置贡品，祭拜牛神，保佑牛不要生病，身强体壮，来年好出力耕田，获得丰收。在那院等屯子，每到祭祀管板时，都要在管板周围的树上挂上类似于牛嘴套的竹笼，内装鸡腿骨和粽粑一块，保佑牛不生病，庄稼丰收。

（5）蛙崇拜：蛙是广西大部分壮族崇拜的对象之一，在上甲地区也不例外。上甲人过去不准伤害青蛙，如果有人伤害了青蛙，就会受到雷神的惩罚，遭到雷击，因为人们认为青蛙是雷神派到人间掌管下雨的动物，伤害了它，不光会不下雨，庄稼旱死，还会受到雷神进一步的惩罚。每到春天，人们还会到田间祭拜青蛙，以祈求它保佑今年风调雨顺，庄稼丰收。

（6）水神崇拜：关于水神崇拜，在有人掉入河中被救上来后，其父母就会将煮熟的1～2个鸡蛋扔于河中，呼唤其子回来，往河里扔鸡蛋实际上有与河神进行交易的意思。同样的意思在丧葬的买仙水中也体现得明显，在买仙水时孝者要往河里扔钱之后才能舀水。

（7）生育神——花皇：如前所述，花王圣母即花皇，是壮族民众崇奉的生育神和儿童保护神。她掌管着人们的生育情况，比如孕妇能否顺利生育，新婚妇女能否顺利地怀孕，怀孕后是生男还是生女等等。上甲地区的人们家家都有花皇的神位，一般花皇神位要放在家中显眼的地方，神位前要有贡品和香炉，每当这一家有新生儿快要降生时，都要祭拜花皇；孩子生下来之后，也要祭拜几次。这个新生儿不管是男孩还是女孩，都要祭拜，否则孩子在成长过程中就要经受挫折，孩子的健康也没有保证。一般情况下，新生儿的爷爷奶奶、姥姥姥爷都要在家祭拜花皇，而且在孩子的成长过程中，也要时常祈求花皇保佑孩子健康成长，不要生病；如果孩子有了疾病，那么就要给花皇重新上贡，经常上香，乞求花皇保佑孩子早点好起来。

（三）社神崇拜

（1）土地神：上甲31屯都有自己的土地神，不过因为个别村屯相邻，而且各屯之间的田地交错在一起，所以存在几个屯子共用一个土地神的情况。土地神在上甲颇受优待，每个土地神都有自己的栖身之所，而且土地庙都建在村里耕地的中央，视野开阔，风水颇好。每年祭管板的时候，人们也要祭拜土地，祈求它保佑村里风调雨顺，五谷丰登。而且在一些村屯，祭管板是在土地庙前进行的；还有的村屯有固定的时间祭祀土地神，比如正月初十或正月十五。板价屯的土地神位于村子的东面，紧临板价河，旁边就是村民的田地，每到春节或有什么重大节日，都会有人到这里烧香、还愿，求保平安。

（2）管板崇拜：板价屯的管板位于屯中的篮球场旁，

紧挨着新建的舞台。板价屯的管板是两棵榕树，树前有两个香炉。平时有很多人前来祭拜，祈求家里平安。人们相信管板是他们平安健康、万事顺利的根源，倘若有人对管板不敬或者应该祭拜的时候没有去祭拜，管板就会生气，就会有灾祸降临。板价人在每年正月的最后一天祭祀管板，祭祀管板之后，还要全屯聚餐。在餐桌上，还会商量一些村里的事情，比如何时开始农耕，水田的水如何管理，去年村里有什么不好的事情发生，该如何解决等等，商量这些事的一般都是村里的干部和德高望重的老人。

管板往往位于村子的中央地带——一般情况下，管板都是以石头的形象出现（板价屯的管板是两棵榕树）——周围有一片空地，管板上面有大树遮挡，而且管板周围的东西包括树木、石头、土壤等都不许乱动，乱动会有灾祸发生[①]。现在由于生活条件好了，人们也开始给管板盖房子了。管板的“房子”一般由水泥板砌成，上面封盖，前面开口，这样就方便人们来祭拜。在有的村屯，人们甚至在管板的前面空地上用水泥砌成几个石桌，这样，在祭祀完管板人们聚餐时，就不用再从家里往这里抬餐桌了。

管板的选址往往很重要，上甲地区各个村屯的管板都选在了村里风水最好的地方，这样管板才会舒舒服服地保佑屯子的平安。也有的村屯把管板放在了屯口或者屯子里人们经常走动的大路边，这样可以震慑鬼怪，使它们不能进入屯子里祸害人畜。管板的选址规则是“青龙压白虎”。

---

① 上甲地区绝大部分管板都处于这样的环境，但是也有个别村屯管板周围的环境比较“凄惨”，比如，垃圾就堆放在管板的周围，没有树木为管板遮风挡雨，没有祭台，贡品胡乱扔在管板的身上，甚至有牲畜在管板的周围撒尿，但这属于个别现象。

所谓“青龙”就是黑色的石山，“白虎”就是白色的石山。“青龙压白虎”就是要选择面对青山的地方放置管板，绝不能让管板面对白山。正如当地人所说，“青龙压白虎，代代出文武；白虎压青龙，代代都很穷”。

之所以说管板是上甲人信仰文化的核心，是因为管板在上甲人的心里格外重要，人们的婚丧嫁娶、红白喜事都要向管板报告，祈求管板保佑事情顺利地进行；倘若人生了病就更要祭拜管板了，特别是那些久病不愈的人，人们会认为你的病总也不好是因为冲撞了管板的缘故，所以你必须要祭拜管板了；村里如果有人家动土盖房，也要向管板汇报，以保证工程的顺利进行；如果有人要出远门，也要向管板汇报，以求管板保佑自己在外面平安归来。总之，管板渗透进了上甲人生活的方方面面，人们的一言一行都在管板的注视下进行，所以人们必须尊敬管板，同时也要行善弃恶，否则会受到管板的惩罚。

现在由于各个屯子里青年人越来越多，读书人也越来越多，所以年轻人对管板的态度不像老年人那样虔诚，但是他们也知道管板在村里的地位很重要，所以他们往往对管板有一种“敬而远之”的心理。当然，或许他们内心并不相信管板会有这么大的能力，但是他们从小就听说了那么多因为不敬管板而受到惩罚的故事，所以他们对管板还是心存顾忌。

以上是板价屯中人们的主要崇拜对象，除此之外，还有一些其他的崇拜和禁忌等，比如一些山上的水潭、水潭中的鱼、稻田里的蛇等等。不过，跟上甲人生活关系最密切的是管板神，它在上甲人的心目中地位比较重要，是当地民间信仰文化的核心。

二　宗教执业人员

（一）巫公

板价人信奉巫公。巫公是沟通鬼神的神职人员。巫公的职责主要是为人们祈福，达到驱灾辟邪、平安顺畅的目的。在需要巫公为其祈福时，可以邀请巫公到家里来，也可以到巫公家里去。去巫公家要带上一碗白米，拿三炷香。巫公在做法事时，首先手持三炷香面向神龛念经请神，后到其做法事的桌子前将祈福者带来的白米倒入碗中并将香插入碗中，祈福者将20~30元不等的钱插入碗中的白米中，巫公盘腿坐于桌后开始念经，一边念经一边将三块印章放于米碗上。其中一块印章长16厘米、宽4厘米、厚2厘米，这块印章上刻有玉皇像，下写玉皇大帝。另两块印章大小相同，长10厘米、厚1.5厘米、宽4厘米，一块上面刻玉皇三宝印；另一块一面刻有一人牵马，意思为牵马去请神仙；另一面刻有骑马的人，意思为神仙骑马来到。经书的主要内容就是告知各路神灵祈福者的姓名等一些基本情况、要求等，乞求各路神灵赐福或保佑祈福者。在邀请各路神灵的过程中，巫公将一块红布做成帽子状，红布戴于头上并长长垂于面前，将脸盖住（见图6-2）。这块红布，上甲语称“么布”，汉语为遮羞布，共由三层布组成，最里层是黄色，中间是白色，外面为红色。“么布”戴于头上位于脸上的位置有三条绣有凤的横杠，被称为“三宝”。“么布”两旁，位于两耳处各有一个吊坠，都挂有铃铛、挂牌，挂牌的一面为马、一面为龙，意为车水马龙。巫公在做法事时还要不断地挥动摇铃和摇链，意思是驾马请神。摇链由

图 6-2　巫公（2008 年 6 月 28 日　刘萍摄）

72 个小环相互套起来，取七十二变之意。将神灵请来后要将两块 8 厘米长的半圆的木块相合扔于地上，如果两半圆的剖面皆向上则表示祈福者平安、去了灾，如剖面没有同时朝上，则要不断地扔，直到剖面向上为止。在法事最后，要再向神灵报告一下祈福者的一些基本情况及请求，再一次扔两个半圆木块恭送神灵，法事结束。

巫公的传承方式主要是祖传，也有的是师从于别人，按照巫公的经书学习的。

（二）仙婆

板价人也信奉仙婆。仙婆也是沟通鬼神的神职人员。仙婆主要职责不但是通过占卜为人们祈福，达到驱灾辟邪、平安顺畅的目的，同时还有一定的医术，如刮痧等。板价屯屯内无仙婆，当需要仙婆时，会到其他村屯请来做仙，也有很多人请上甲地区以外的仙婆来做仙，如龙州等地。他们大多是将仙婆请到家中，少数在仙婆家做仙。

仙婆做仙时要向祖宗等上香，请仙的人家要在供桌上摆上鸡鸭鱼肉、糯米饭、糍粑等，并在香碗中插上钱，法事后这些东西皆归仙婆所有。仙婆身穿红色法衣，头戴三个角的法帽，盘腿坐于地，口中念念有词，法事开始。在这过程中仙婆手摇摇铃和摇链，意为骑马请神，口中所念之经主要是请各路神仙下凡的经文（见图6－3）。念经完毕，仙婆开始根据请仙者的个人情况掐指占卜等，也有的为保宅第平安要在房门内等处贴福。请仙的最后一个程序是为请仙者净宅，即驱除其家鬼怪以达到平安的目的。净宅方法是先用小树枝沾水，点向房屋四周，在门口放两个碗，里面注满水，将一根筷子搭于两碗上，意为桥梁，再将五根筷子直立于一碗中，仙婆口念经文，拿一把刀将筷

图6－3　仙婆（2008年7月8日　刘萍摄）

子砍断，意为封门，鬼怪被驱逐出门，再也难进房中，法事完毕。仙婆的传承方式是祖传和师从他人，有自己的经书。

（三）道公

中国一些少数民族在民间信仰中都有道公一职。道公是人们受道教思想的影响，杂糅了佛教、道教及其他一些封建迷信等思想，衍生出来的能够沟通人与鬼神、超度亡魂，以符咒驱鬼除邪的地方“神职”人员（见图 6－4）。板价人去世后，死者亲人邀请四位道公，道公是板价丧葬

图 6－4　道公（2007 年 11 月 28 日　刘萍摄）

礼仪的核心人物，贯穿丧礼的始终，不但主持丧礼中的买仙水、入殓、燃灯、总燃灯、祭奠、露天总祭奠、出殡等仪式，还肩负为死者灵魂“开路”择坟地、超度、下葬等事情。板价地区的道公传承形式为师徒传承，有其自己的经书，其内容含有道教、佛教的思想，多用上甲语写成，并世代相传。在丧礼中举行仪式时要设道场，即在棺旁的空地上放两张桌子，每桌皆放一碗米，内插钱与三根香，五杯酒与五双筷子相交叉放至香炉前，旁边放一芭蕉叶，上有糍粑与糯米饭。这两个桌子一为佛公桌，另一为道公桌，在各仪式中皆以一道公为主，或吹唢呐或敲木鱼，其余道公为辅，或打鼓或敲锣，四道公口中皆诵经，贯穿仪式前后。

在孩童出生当年的正月初一，家人要为其准备一件黄色的衣服，并请道公在衣服的后背画上福字，在衣服的两个前襟上分别写上“长生保命，八卦护身”等字样，为其祈福，要连做三年。

道公的传承方式也是祖传和师从他人，也有自己的经书。

道公为人相命的办法，是根据木、火、土、金、水五行相命。属性不同，两种元素相遇时，产生不同的关系。如果能顺而为茂，是为相生，逆而为削，是为相克。木生火、火生土、土生金、金生水、水生木。钻木取火、木火相生，炼土成金、土金相生，水以浮木、水木相生。反之，水以灭火、水火相克，火以熔金、火金相克。道公就根据这个千古不变的公式套上。所谓合八字，就是把订婚双方的生辰八字套入阴阳五行中，再看他们在五行的关系中到底相生还是相克，如果相生，则八字相合；如果相克，则不合。比如，一个金命，一个木命，金克木，就不合；一个金命，一个水命，金水相生，就被认为相合。这是一种比较简单的方法。还有一种较复杂的方法，就是根据六甲五行来合八字。六甲口诀如下：

甲子乙丑海中金，丙寅丁卯炉中烧，
戊辰己巳大林木，庚午辛未路旁土，
壬申癸酉剑锋金，甲戌己亥山头火，
丙子丁丑涧下水，戊寅己卯城头土，
庚辰辛巳白蜡金，壬午葵未杨柳木，
甲申乙酉泉中水，丙戌丁亥层上土，
戊子己丑霹雳火，庚寅辛卯松柏木，
壬辰癸巳长流水，甲午乙未沙中金，
丙申丁酉山下火，戊戌己亥平地木，
庚子辛丑壁上土，壬寅癸卯金箔金，
甲辰乙巳复灯火，丙午丁未天河水，
戊申巳酉大驿土，庚戌辛亥大溪水，
庚申辛酉石榴木，壬戌癸亥大海水。

人们凡喜、丧、庆、典事都要择吉日，道公是根据黄道上六大星辰的运行来确定的。这六大星辰是：青龙、明堂、金匮、天德、玉堂、司命。青龙是诸神之中最尊贵的，为吉祥的象征；明堂，是要害部门，犹如现在的总统府，是旧时人们想象天子施政天下的地方；金匮，以金为匮，自然珍贵无比；天德，有天之礼德所在，得之当然无不吉；玉堂，为宫殿所在，神仙之寝居；司命，文昌司命，典制百兴。从星辰名称和它们的司职来看，都十分吉利。因此，古人认为，凡是这六大星辰之中一颗出现之日，都是吉日，也就是说，凡逢这六大星辰值日的日子，就叫黄道吉日。此六大星辰，若得之为吉，不得之为次，反之为凶。凶神值日，凡事不取，凡逢大耗之日，则为大凶[①]。

三　宗教对基层政治与社会的影响

板价屯民间的信仰文化对社区具有很重要的意义，主要有心理慰藉、道德教化、娱乐和文化传承、社区整合等社会功能。

第一，就心理慰藉来看。任何宗教或者民间信仰都对信徒具有慰藉作用，正如马克思所说，“宗教是人民的鸦片”。这句话正是对宗教的心理慰藉和调适功能的概括。在生活中，人们往往会遇到这样或那样的困难，比如贫困、疾病等，虽然通过个人努力或者治疗措施等可以解决，但是限于条件，并不是每个人都会顺利解决的，板价人也不例外。当板价人遇到生活困难或者疾病时，他们首先想到的是去祭拜各种神灵，以保佑自己顺利地渡过难关。这种看似简单甚至“迷信”的行为，对当事人却是个不小的心理安慰。正如我们平时也会这样说：“求神实际上是求自己”，通过求神，可以减轻当事人的心理压力，有助于他的情绪稳定。

板价人对祖先或者管板神的祭祀活动是每年都要举行的，这一传统从他们定居在上甲地区时就已经开始了。这种集体性的仪式活动在板价人看来是必须的，如果不这样做，他们就会很不安，会感到整个一年都会不顺。正如法国早期人类学家范·盖内普所说，许多宗教仪式的目的在

---

① 参考覃菁著《上甲史俗》，延边大学出版社，1999，第217~219页。

于帮助人们在一生中比较容易地通过一些关口，即生、老、病、死这些过程。举行宗教仪式，就是让我们能够在心理上有准备，或者有缓冲时间能够渡过困难时期，仪式的重要功能就是使人类能够在心理上、在生命过程中比较容易过去[①]。当然这样并不是说板价人遇到困难就只会找祖先、管板或其他神灵“诉苦”并寻求帮助，实际上在现实生活中，他们祭拜完这些神灵之后，还会通过自己的努力来解决问题，比如他们生病时并不因为有了神灵的“保护”就不吃药。

第二，道德教化。祭拜神灵的仪式活动，往往具有道德教化的意义。比如在祭祀管板的仪式活动中，有一个重要的内容就是要由村里德高望重的老人来宣布村规民约以及通过村规民约制定的奖惩措施。除此之外，老人还会进行传统的道德伦理教育，比如尊老爱幼、夫妻和睦等，还会把一些因违反伦理道德而遭到报应的人的行为编成故事讲给大家听（实际上主要是讲给年轻人特别是孩子们听的，中年人对这些故事早已熟悉）。这些内容无疑对人具有教化的作用，更重要的是，对孝道的宣传，无疑可以强化年轻人敬老、养老的社会意识，对老年人养老问题的解决具有一定的帮助。

在道德教化中强化的无疑是儒家的传统道德，但是起直接威慑作用的是“因果报应”，即“恶有恶报，善有善报”。对板价人而言，尤其是对很多神灵感觉麻木的年轻人来说，这一点还是有一定作用的。对年轻人来说，敬神总是没有害处的，“宁可信其有，不可信其无”的观念和某某

① 李亦园：《人类的视野》，上海文艺出版社，1996，第308页。

因为不敬神灵而受到惩罚或受到人们的孤立，生活变得越来越不好的故事等，使他们对神灵有一种畏惧感，从这方面来说，信仰文化对人们的行为无疑具有一种潜在的约束力。

第三，娱乐的功能。传统的农村地区缺少公共娱乐，很多农村地区甚至根本就没有社区娱乐。板价人的管板祭祀活动中，除了必要的宗教仪式化的程序外，还有很多娱乐节目，况且就祭祀仪式本身而言，也具有某些娱乐功能。比如，在板价屯，祭祀完管板，大家聚餐结束之后，要举行每年一度的卡拉 OK 大赛，不光本屯的人可以参加，外屯的也可以参加，参加比赛也没有条件限制，男女老少都可以，所以，每年的卡拉 OK 大赛实际上就成了人们放松发泄的好地方，很多“五音不全”的人也一样在台上纵情歌唱，听众也一样有滋有味地听着，只是有一些年轻人会在下面起哄而已，但绝不会有人因为你唱得不好而赶你下台。不过这样唱的还是少数，在笔者所参加的卡拉 OK 大赛中，笔者所听到的都是专业级的壮族民歌，而且除了独唱外，还有合唱，可以说内容非常丰富，演唱水平很高。除了唱歌外，还有篮球比赛、舞狮等很多体育娱乐活动。

从这点上可以发现，板价人的管板祭祀活动还是每年社区的娱乐大会，说是狂欢节也不过分。通过这种祭祀活动，村民们既对管板神表达了敬意，又释放了紧张心理，获得了解脱。所以说，管板神崇拜成为板价人社区文化活动的重要载体，管板庆典仪式成为人们重要的文化娱乐活动，并丰富了村民的日常生活。

第四，文化传承的功能。信仰文化也为板价人的传统民间艺术提供了生存空间。板价人具有代表性的传统民间艺术主要有舞狮、壮拳、织染和民歌等，而每年一度的管板祭祀活动为这些民间艺术提供了展现的舞台，许多年轻人因此而喜欢上了这些艺术，纷纷要求学习，这使得一度濒危的民间艺术在这几年获得了抢救。当然，近几年上甲地区的旅游开发也为这些民间艺术的传承起到了推动作用。

第五，社区整合功能。宗教社会学理论认为，宗教具有整合功能，能使社会的不同个人、群体或各种社会势力、集团凝聚成为一个统一的整体，并能促进其内部团结。板价人的管板神崇拜为社区成员提供了一种精神文化的纽带，使板价人紧密地团结在一起。

中国传统的社区主要是以亲属关系为主体的家族社区，人们通过血缘、亲属关系维持着自己活动的一个空间。中华人民共和国成立以后，随着历次的运动，以血缘为纽带的社会关系被逐渐打破，地缘关系逐渐成为联系人们关系的纽带。但是改革开放以后，随着家庭联产承包制的推行，人们又开始了过去一家一户的生产方式，人们的关系开始疏远。而板价人通过管板神崇拜这一特殊形式，弥补了社区交往纽带的空缺，人们通过祭祀管板每年都走到一起，共同聚餐，共同娱乐，共同回忆自己的传统，这无疑促进了人们之间的交往，整合了社区，为每个社区成员找到了一种认同感和归属感。

在社日聚餐是中国传统社会的一种风俗，通过聚餐，大家都坐在一起，一起聆听老人的道德教育，一起感受大家聚在一起的喜气。聚餐是通过集资的方式开展的，但是这种钱每个村民都愿意花，板价人同样如此，而且聚餐是祭祀管板活动中一项重要的内容。传统的农村社会，由于生活水平低，聚餐往往还是改善伙食的重要机会。现在生活水平已经有了很大的提高，板价人却还对聚餐非常热衷，很重要的原因就是，通过聚餐大家可以有交流的机会，也可以趁此机会对本村的公共事务发表意见，大家一起探讨。同时，如果大家平时有一些矛盾，此时也好趁公开聚会的机会来解决，因此，聚餐也是板价人加强联系与沟通、整合社区的重要手段，但是这种手段是以管板神崇拜为载体的。在中国很多的农村地区都有这样的聚餐风俗，而且聚餐的意义也大同小异，比如毛泽东在《寻乌调查》中就记载了20世纪30年代赣南的农村祭社聚餐风俗。

“社”是与“神坛”有别的一种“社坛”，每个村子有一个，即使该村只有三家人，也有个社坛。为什么要社坛？社坛可以保佑禾苗没有虫子食，牛猪六畜不至于遭瘟，保佑人们得到康健。每个社都有会，二月起，十月止，每个月都开会，会期普遍是初二，有些地方是十六。开会那天，同社的人每家来一个，不分贫富，一概有份，杀猪买酒，大吃一顿。吃过之后，开堂议事，作陂开圳呀，禁六畜伤害禾苗呀，禁胡砍乱伐山林竹木呀，条规不一，议论纷纷，也没有什么主席，也不要什么记录。虽然乱讲一顿，却有一种自然的秩序。就是当那所谓“老前辈”或所谓“更懂事的”讲得更公道时，大家都说“讲得好”，于是就形成了决议。这种社是群众的，虽然也信神，却与地主富农的神坛完全两样。这种社的会议是农民做主，不是豪绅做主，也不完全是富农做主，是大家一切来商量，而“更公道”的人的话为大家所信仰，这个人就做了无形的主席。社坛有公堂的最少，大多数是每月初二开会（要敬神）时候大家斗钱，每人每次两毛、三毛至四毛，不来吃的不出[①]。

四　宗教事务管理

板价屯的宗教事务管理主要由村委会负责。如果因为宗教信仰问题而出现重大的民间冲突事件，村委会要迅速向乡里报告，乡里要迅速向县里报告，最后由民族局或人大宗教事务委员会来解决。

在板价屯，因为人们大多信奉的是民间信仰文化，所以目前还没有出现类似基督教、伊斯兰教和佛教等的制度性宗教组织。即使每年重大的祭祀管板神仪式也是各村村民自发组成的临时性组织负责祭祀的组织和管理，所以平时也没有人来负责宗教场所的管理。

---

① 《寻乌调查》，《毛泽东文集》（第一卷），人民出版社，1993，第179页。

第七章　教育、科技和医疗卫生

第一节　教育

一个人的成长过程，通常是从家庭经过学校而走向社会，其间要受到家庭、学校和社会的教育。板价屯村民在成长的过程中也与这三类教育不可分割地融合在一起。板价屯在先民的发展时期，始终伴随着以维持人类的生存和发展为目的，尚属自然形态的教育活动。这些教育活动虽然在教育方式和方法上与其他地区的教育活动有共同的特点，但是，在教育的内容上有着地方特色。

一　家庭教育

家庭教育是家庭日常生活中进行的一种教育活动。它是板价屯村民受教育的一部分，也是学校教育的前奏和补充。板价屯村民的家庭教育主要包括以下几个方面：

（一）生产和劳动技能的培养

板价屯处于喀斯特地貌地带，素有“九分石头一分田”之说，生存环境十分恶劣。中华人民共和国成立前，村民生活异常艰苦，小孩很早就会帮父母做一些力所能及的事情，同时社区把“能否为家庭做一些力所能及的事情和料理自己的事情”作为衡量一个人的标准，因此，家庭非常重视小孩子的家庭教育。当孩子小的时候，大人就要求他们帮助大人烧火煮饭、扫地、洗碗等；稍大一些的孩子会跟大人一起外出劳动，如放牛、种甘蔗、种水稻、收稻谷等；成人后，便跟着大人一起栽秧、犁田等。

（二）伦理道德教育

伦理道德教育是板价屯家庭教育中最重要的一环，其内容涉及生活的许多方面。

1. 勤劳教育

板价屯由于地理环境的限制，生活中没有投机取巧的成分，因此，在村民的观念中，勤劳是最重要的美德。家长教育小孩子要学会做人，首先要勤劳。只有辛勤劳动，生活才有保障，家庭才会和睦。因此，板价屯村民基本上都是早出晚归，通过辛勤的劳作走上富裕之路。

2. 诚实教育

板价屯村民异常的淳朴，这与他们从小在家中所受到的正直诚实的教诲是分不开的。近几年来，屯中没有一件刑事案件发生，村民下田劳动时家里都是不用锁门的，夜不闭户更是村民生活的常态。在他们的观念中，骗、抢、偷、赌都是不道德的，是背离诚实正直美德的行为，凡有上述行为的人不但不得安生，而且会败家，甚至下一代还会遭受报应。

3. 孝道教育

板价屯历史上一直停留在自给自足的小农经济模式中。村民抚育子女、敬养老人的任务都必须由自己承担。父母教育子女要记住母亲十月怀胎、忍饥抚育的辛酸和父亲四处奔波劳碌的辛苦，要求子女长大要孝顺父母。父母去世后，子女要戒斋，为父母守孝，出殡时子女最后一次尽孝心要举行垫背仪式，道公要反复吟唱《十月怀胎》经文，让孩子不要忘记父母的养育之恩。板价屯还经常组织村民为五保户义务劳动，打扫卫生、挑水砍柴等，这无形之中给孩子们进行了尊敬老人的教育。

4. 互助教育

板价屯村民还教育孩子邻里之间要团结互助，并且以身作则。板价屯村民在农忙时互相帮工，春耕时，有小金牛的人家帮助没有小金牛的人家犁地，户与户轮流帮着插秧；秋收时，砍甘蔗、挖木薯一般也是几户人家一起协作劳动，互相帮忙。建筑房屋时，村民也会尽自己所能去帮助邻里。比如，板价屯在板价风情村道路建设中需要移走两座沼气池，板价屯村民共150人在党员干部的号召下，义务为农建英、农建成两家建成沼气池。

（三）礼仪教育

板价屯家庭非常重视孩子的礼仪教育。例如，吃饭时要请老人坐上座，给老人盛饭、夹菜。客人来时，要给客人让座、沏茶，安排食宿。用餐时，妇女、小孩一般不与客人同桌，将好菜让给客人。在路上遇到熟人时，要主动打招呼，注意行礼。

板价屯在丧葬方面有非常复杂的礼仪，家长在这方面也要对子女进行严格的教育。

（四）基本科学文化知识的教育

1. 语言文字

板价屯村民平时主要说壮语，但是自从上一辈基本上实现了“普九”教育以来，多数家长除了说壮话外，也会说普通话。小孩子出生后，家长除了教他们说壮话外，还教他们说普通话，这给小孩子今后接受学校教育打下了一定的基础。

2. 数学

板价屯村民在小孩子出生后，视年龄的大小，教小孩子数数以及一定的运算法则。

二　社会教育

社会教育不是家庭教育的简单重复，而是对家庭教育的进一步扩大和加深，它涵盖生活的方方面面。

（一）生产知识的传授

1. 农业生产知识

板价屯以农业生产为主。在他们那里，农事安排是否恰当将影响一年的收成，板价屯人将一年四季的农事安排以歌舞的形式传唱出来。如《铜钱舞》，其歌唱的大致内容如下：

过门（嗨嗨哟哟嗨嗨哟哟，嗨嗨哟哟，嗨嗨哟哟，嗨哟嗨哟嗨嗨哟，嗨嗨哟嗨嗨哟）

阳春三月哎红荷花开咧，哥妹春耕忙农活，（过门）岭顶坡下人吆喝啰，大地同唱春耕歌啰，乐呀乐呀乐大地呀，依个开依个开一。（过门）

夏天骄阳哎红似火咧，哥妹耘田忙除草地，（过门）绿波丛中人流汗啰，燕子头上送秋波啰，乐呀乐呀乐大地呀，依个开依个开一。（过门）

秋天田垌哎黄一色咧，哥妹挥镰忙收割地，（过门）黄金稻谷堆满仓啰，丰收换来满寨歌啰，乐呀乐呀乐大地呀，依个开依个开一。（过门）

冬天农活哎不算多咧，姐妹喜忙针线活吔，（过门）剪裁衣裳绣荷包啰，比谁出嫁嫁妆多啰，乐呀乐呀乐大地呀，依个开依个开一。（过门）

农业生产过程的翻土、平整土地、选种、育种，以及秧苗的护理、施肥、杀虫、灌溉、收割等除了家族传授外，板价屯每年还组织人接受专门的培训，如龙眼种植技术、甘蔗种植技术、鸡皮果种植技术、水稻生产技术等培训。

2. 畜牧业养殖方法的传授

板价屯以农业生产为主，以畜牧业（主要是养猪）为辅。由屯长提倡，一年喂养两季或者三季生猪，同时还组织村民学习科学喂养的方法。

3. 手工业工匠的教育

板价屯流传到现在的手工艺如篾工、酿酒、织布、制靛染布、绣衣服、织锦、舂糍粑、做五色糯米饭等，这些手工艺都有一定的技术含量，除了父母的言传身教外，有很多还需要专门拜师学艺。篾工、酿酒都属于男性操作的工艺。篾工现在在板价屯成为老人自食其力的主要手段，制作精美的篾制器具到市场上出售；酿酒在板价屯很盛行，基本上每个成年男子都会。女性掌握的工艺有织布、制靛染布、绣衣服、织锦、舂糍粑、做五色糯米饭。现板价屯几乎每家都仍然有织布机，制靛染布主要用于孝服的制作。经过父母的言传身教和社会的逐步传承，板价屯的许多传统工艺得以流传至今。

（二）生活知识的传授与普及

1. 住宅选址

板价屯的村民大都傍水而居，周围有平坦的土地。这种住处选址的原则，是长期积累出来的一种生活经验，它在形成和运用的过程中传给了后代。尽管随着经济的发展，板价屯原始的干栏建筑只剩下五栋，但是新型的钢筋水泥建筑依然围绕在河的两边。

2. 农田保护教育

板价屯村民通过村民管理机构进行保护耕地的教育，教育方法主要有召开村民大会进行口头宣传，张贴告示，印刷标语，将基本农田保护区规定写于牌上，要求村民共同遵守。板价屯的基本农田保护区规定包括以下五点：

> 第一，禁止任何单位和个人在基本农田保护区内建房、建砖瓦窑、建坟、取土、挖沙、采石、采矿、预置水泥构件和堆放其他废弃固体物体。
>
> 第二，任何单位和个人不得闲置、荒芜保护区内耕地，不得占用基本农田植树造林、发展林果业和挖塘养鱼。
>
> 第三，严禁破坏基本农田保护区内的水利、道路设施。
>
> 第四，任何单位和个人确需使用基本农田保护区内的土地进行非农业建设，必须按规定逐级报自治区级以上人民政府批准。
>
> 第五，违反上述规定，责令违反者限期治理，并按照有关法律予以处罚，符合追究法律责任的，要追究法律责任。

（三）爱党、爱国的教育

在板价屯的社会教育中，爱党、爱国主义教育占有很大的比重。村民们主要通过自创民歌，以传唱的方式歌唱党的政策和农村发生的巨大变化来教育后代。以退休教师农廷兴为首，他们自编自导了许多山歌来歌颂改革开放以来板价屯发生的巨大变化。其内容涉及改革开放以来党的方针政策及效果，如党的“保持党员先进性”教育、建设社会主义新农村、反腐倡廉以及在党的领导下村屯发生的巨大变化，如随着人们生活水平的提高，电视电话得以普及，小洋楼修建起来，沼气池建造起来等。目前已经整理出来的曲目有《赞美农村新景象》、《改革农村变化多》、《公婆也要唱山歌》、《反腐倡廉要发扬》、《清正廉洁是好法宝》、《“保先”迎来新变化》、《邮政服务三农小曲》、《纪委扶贫面貌新》、《十条规定好法宝》、《民主选举就是好》等。

（四）民间文化艺术人才的培养和训练

板价屯流传有大量内容丰富多彩的民歌，内容从风俗、婚恋到伦理道德以及生产时令等，过去这些民族文化得以传承和发展，主要是依靠一批又一批具有民歌创作特长才能的歌手，而这些人是通过每年的歌圩培养出来并且代代相传的。随着经济发展，传统文化受到冲击，很多中青年都不会唱山歌了。为了挽救民族文化，宣传自己的民族特色，20 世纪 90 年代末，板价屯退休教师农廷兴组织村民成立了“短衣壮民俗风情表演队”。表演队共有 35 人，其中有 8 个小孩子。表演队根据板价村独有的民间歌舞，共创作了20多个富有民族风情、乡土气息浓郁的节目。

三 学校教育

（一）历史沿革[①]

1. 土司时期

从陇汤、桥玩、三良的清康熙、雍正、嘉庆时期的墓碑考察，墓碑上所刻的名字都是乳名。清光绪前，上甲五村没有人入学读书，即使知峒也不是读书人，他们的名字也是乳名或正名。板探屯的农掌、农金、农敬、农才、农亲、农升、农行、覃敏、覃严、覃年、农班、农朝、李英、覃玉、覃利等，都没有读过书，没有学名，这些名都是正名。妇女就更不用说了，由于经济条件不允许以及受封建制度的压迫，不能入学读书，只有姓而无名，如需列册加入土地庙的，往往把妇女列在其父亲、丈夫或儿子的名下，如李英的老伴姓覃，便在李英名下写李英妻或覃氏。

清光绪时，上甲有少数人认得一些汉文，懂得写上甲五村、屯、人名。这就是所谓“道公”文化人，他们做道场时，要按经书照本宣科，阳间转阴间的文据手续也需照抄照念。一个汉字不懂的人，是难以成为道公的。因此，凡要做道公的，一般都要先跟道公师傅做徒弟，通过多次实践掌握道公的基础知识后，再请道公师傅正式传授七天七夜甚至半个月，才能出师。板探屯覃世兰，从祖父、父亲到他三代都是道公，他为了把祖传的道公业务搞得更好，便到堪圩乡弄斗屯请梁国保到他家传道。梁以授道知识为

① 参考覃菁著《上甲史俗》，延边大学出版社，1999，第175~186页。

主兼教私塾课程。从此，覃世兰是上甲五村第一个以汉字书名的读书人。以后他到板赦屯把道公知识传授给吕敏。这是上甲五村建立私塾、学堂之前出现的教育现象。

光绪三十年（1904 年），安平土州建立义学一所，专供官族和有功名者的子弟读书。光绪三十三年（1907 年），修饰庐山岩庙，改为学堂。上甲五村由于受封建制度压迫，受地理环境、风土民情、经济条件等制约，教育发展缓慢落后。清末民初，有个别村屯才开始独户或几户合办私塾，到外地聘请老师，这种办学方式，延续到民国中期。板考屯农福为使儿子农汉兴读书，于民国十二年（1923 年）请教师到自家开设私塾，吸收本屯和近邻的板探屯子弟共五位学童就读。老师生活安排：每天 1 筒（1 市斤）米、3 个鸡鸭蛋，由学童家长轮流供养；教师劳动报酬：一年 1 石谷（6 筒为 1 朴，10 朴为 1 斗，10 斗为 1 石，即 600 市斤）。农汉兴先在自家读，后到板价私塾。当时老师只教学生认字，要学生死背，不讲解字义。板价屯村民农正春，能把《三字经》、《千字文》、《幼学琼林》从头背到尾，但他家要购买土地，他却不懂写契约，还要另请外地人帮写，被人讥笑，后来放弃读书。由于读死书，无大用处，白花钱财，进入私塾的人很少，据统计，读过私塾的，不超过 100 人。

2. 民国时期

由于长期没有文化，上甲人民受尽了苦头。比如本地区发生的重大事件，无法记录；家庭日常生产、生活、红白事、债务等，也无法记账。有些人记账，用竹筒装黄豆、玉米的办法。但是，时间长了，竹筒里的黄玉米粒给老鼠吃了或虫蛀了。或者有时玉米、黄豆代表多少数量也忘记了，如果双方债务有纠纷的就更无依据解决。男女青年爱唱山歌，一旦听到别人唱得好的山歌，只能用脑记，如记不得也就算了；如果外面好友送一两本山歌抄本，自己也不会看。外出远离家乡和被逼征兵的人更苦，写封信给家人也要请人帮忙，和情人写信更难，想逃亡回家也困难，路上不懂看地图、方向、路标，语言不通，无法问路。所以，上甲历代出征的人，能逃回家的人很少，死后也下落不明。

民国时期，村董改称村长，按规定，要具有初小文化程度以上、能看懂上级政府公文的人，才能当村长，不然就派具备条件的外村人充当。当时上甲五村除板价村前后七任村长是本村人外，从上思村第三任、板统村第五任、板禄村第五任、那排村第七任起，才是本村人当村长。为了要解除上甲人民这种无文化之苦，民国十年（1921 年）后，村董和父老乡亲便下决心废私塾办民国基础学校。各村到外地聘请贤师，传授新文化即易懂的白话文。

各村聘请的老师是：（1）那排村董梁贵盛于民国二十一年（1932 年）聘请宝圩街黄鼎孚到那排创立民国基础学校。黄为教员，文化程度是简易师范。（2）板价村董农正昌到上金县（今龙州县）逐卜乡板额屯，请农宝延做教员，农宝延学历是师范。（3）上思村董农将聘请黄殿省为教员，黄的学历是初中。（4）板统村在民国十六年（1927 年）建立学校，由板考屯农生品（奶名农应）到太平街聘请刘际隆为教员，刘的学历是南武师范。农生品不是村董，由于他小妹嫁到太平街，因而熟识刘，他是受全村委托去请刘的。（5）板禄村覃光玉、农贵荣也请师办学，学校正名国民学校。

当时的办学方法，一是发动全村各户捐款献木献瓦，在全村中心地点建校舍。个别村统筹有困难的，则先搭草房。二是老师的日常用品和工资，由学生分摊统筹解决，即谁读书，谁出米出钱。由于教师是群众请来的，群众对待老师的态度真诚、热情、尊敬。在这种情况下，老师感到温暖而光荣，教学比较认真负责，学生也比较勤奋。经过几年教育，培养了一批对上甲有用的文化骨干。这个时期，考入师范的有 4 人，升入上金县建人学社（相当于初中的）的有 6 人，升入县立国中的有 11 人，升入国民干校的有 1 人，升入军校的有 1 人。这些人学成回村，有的当了村长，有的当了小学教师。其中大多数都为上甲人民做了许多有益的事。农启荣龙州师范毕业，当上板统村村长之后，热心办教育事业，他发动全村集资到板禄村买回一间木屋，拆运回板统，把茅草屋变成木瓦结构的校舍，扩大了学生入学规模。民国三十一年（1942 年），他亲自到太平街请刘际隆（刘第二次到板统村任教）、卢儒先、梁遒荣等老师到板统村办高小补习班。这个补习班的学生后来考上雷平初中的有 3 人，到龙州元春中学就读的有 7 人。民国三十五年（1946 年），他在板统村创办了五宪中学，学生 50 多人。这些学生，大多数后来参加了革命。中华人民共和国成立后，有些当了国家干部、人民教师。农启荣在国民党政府宝圩乡乡长赵德新的指使下，做了一些对上甲人民有害的坏事，但从他对上甲人民的贡献来看，还是功大于过。民国时期，上甲有那排、板禄、上思、板价、板统、美屯、三良、陇合、板探共 9 个教学点（其中板价村的教学点于中华人民共和国成立时停办）。上甲籍教师有 17 人，在校学生共 314 人，能读到高小毕业的，占入学儿童的

10% ~20%，读到初中的共 81 人（包括私立崇德、五宪中学的学生）。

中华人民共和国成立后，在中国共产党的领导下，上甲经济逐步发展，人民生活水平提高，教育也不断地得到发展。除了原有的几个教学点外，新增设的有那弄、下思、板赦、板统 4 个教学点。从村小升完小的，有板价、板禄两点。到 1996 年，教师共有 49 人，其中小教高级职称者 6 人，一级职称者 26 人，二级职称者 10 人，三级职称者 5 人，没有职称者 2 人。在校学生 696 人，占适龄儿童的 96%，入学率达 98.4%。

（二）教育现状

目前板价屯共 496 人，没有文盲。该屯有大学毕业生 2 人，其中一人就读于广西大学化学系，毕业后去广东打工，另一位在某军校学雷达，目前就业意向不明；在校大学生共 2 人，均就读于百色学院；中专生 2 人；高中毕业生共 13 人，在校生 2 人；初中青年毕业生占全屯的 60% ~70%；只完成小学毕业的基本上是女性，且多为 30 ~40 岁；小学生目前在校的共 21 人。

板价完小（见图 7 -1）位于板价屯的西北部，主要招收板价屯、江洞屯、那盖屯、板统屯、板赦屯、下思屯、那弄、宝西的学生。该校创办于 1942 年，原为私塾，中华人民共和国成立后，改成公办全日制小学。

自建校以来，在全村广大人民群众和各级党委政府的关心和领导下，板价完小不断壮大。学校占地面积为 5320 平方米，建筑面积 612 平方米，其中砖混结构的教学楼 412 平方米，砖木结构 200 平方米。新教学楼在 1999 年开始发

图 7－1　板价完小（2007 年 11 月 23 日　刘萍摄）

动，2000 年开始建造，2001 年竣工。新建教学楼教室 6 间，办公室 2 间，总共耗资 20 万元。旧楼为砖木结构的房屋，现在主要是作为仪器室、图书室、体育器材室、少先队科技活动室。学校的活动场所主要是学校前面的大操场，其中篮球架两个、乒乓球桌两个，均是民政局捐赠的。现在学校有教室 6 间，办公室 2 间，休息室 1 间，仪器室、图书室、体育器材室、少先队科技活动室各 1 间，男女厕所各 1 间，没有老师宿舍楼、学生宿舍楼和食堂。

学校办公设备主要有计算机 1 台、打印机 1 台（2005 年配置）、文件柜 1 个、电视柜 1 个、办公桌 6 张、饮水机 1 台。学校教学仪器主要有：电视机 1 台、VCD 播放器 2 台、电子琴 1 台、风琴 1 个、实验桌 6 张、收录机 1 台、天平 1 台、投影仪 2 部、教学碟片以及一些自然课教学器材、体育器材（主要是呼啦圈和跳绳）等。教学碟片有小学主要课程如语文、数学、品德与生活等的示范教学录像以及一些教师计算机培训碟片、新课程教学方法的碟片等。教师订阅的报刊有《广西日报》、《右江日报》和《当代广西》，学生没有订阅任何报纸杂志。图书室目前有图书800多本。

师资基本情况：板价完小教职工11人（因病长假的3人），均为公办教师；大专学历4人，中师或高中学历7人。职称情况为：小教高级9人，一级1人（见图7-2）。高级教师每个月工资1420元，一级教师1100多元，没有其他补贴，每月工资准时发到教师工资卡中。学校坚持“先培训、后上岗，不培训、不上岗”的原则。校长也已经取得校长岗位培训合格证书。

图7-2　办公中的板价完小教师（2007年11月23日　刘萍摄）

由于没有教师休息室和食堂，所有老师中午和晚上都必须回家吃饭、休息，这给老师教学、生活带来诸多不便。老师基本上一个人负责一个班，教学任务相对繁重。

学生基本情况：现在在校生总数113人（含学前班），教学班级6个（含学前班），从2007年9月开始不设五年级，五年级到宝圩中心小学就读。适龄儿童入学率100%，在校生巩固率100%（见表7－1）。现板价屯共有17人在板价完小就读。

表7－1　2006～2007学年板价完小的板价屯学生统计

单位：人

年　级	一年级		二年级		三年级		四年级		六年级	
性　别	男	女	男	女	男	女	男	女	男	女
人　数	1	8	3	1	1	0	3	0	2	1
总人数	9		4		1		3		3	

2006～2007学年，板价完小共毕业20人，其中板价屯2人，他们都以优异的成绩顺利进入宝圩中学就读。

板价村历来重视教育，每年开学前，村委会配合学校的老师张贴宣传标语，深入村屯家访，并给适龄儿童父母发送家庭报告书，加强学校和家长的联系，使学校和家庭连为一体，并大力动员适龄儿童入学。

家庭报告书的格式及内容如下：

家庭报告书

家长：

本学期定于7月16日放暑假，下学期于9月1～2日开学注册，9月3日正式上课。假期共47天。在假期期间，各位家长必须督促贵子女温习功课，加强安全教育，确保贵子女度过一个愉快、充满活力的假期。现将贵子女在校各方面简表如下，望各位家长协力配合，扬长避短，为下学期奠定良好的开端，同时也希望各位家长给学校提出宝贵的建议，以便优化校园管理，努力提高教学质量。

年级学生　　同学：

语文	数学	品德	社会	自然	美术	音乐	体育	劳动	操行
班主任	班主任签名： 2007 年 7 月 15 日 板价村完小								

在学校日常管理工作方面，板价完小除了制定教学常规管理制度、学年度工作计划、班级管理职责外，还针对具体情况制定了每一年度的语文教研工作计划、数学教研工作计划、德育工作计划、少先队工作计划、体育卫生工作计划、勤工俭学工作计划等，并在学年末对各项工作计划进行总结。

为进一步提高全体教师的思想道德素质，增强教师的法制观念，根据学校“五五普法”规划要求，板价完小认真组织全体教师学习《教育法》、《义务教育法》、《教师职业道德规范》等，强化教师运用执法手段，保障素质教育的实施，严格履行保护学生身心健康发展的法律职责，坚决制止侵犯学生合法权益的行为，让依法执教真正落到实处。

为了从根本上杜绝侵犯学生受教育权的行为，加强法制宣传教育，并且让教师带头学习教育法规，树立应有的法律意识，自觉纠正不法行为，对学生的受教育权和自己的义务有充分的认识，保证学生接受教育的合法权益，板价完小所有老师都必须参加普法考试。

2007 年 11 月的考试通知如下：

通　知

板价村完小：

据上级通知，定于11月25日（即本周星期日），上午9时至11时在中心校进行普法考试，要求各位参考对象不得迟到、不得缺考、不得代考。缺考者、考试不及格者，过后将到县补考，据说这次成绩可能与半月奖金挂钩。望各位教师届时准时到场赴考。

特此通知

板价村完小

2007年11月22日

同时，为了贯彻全国治理教育乱收费的工作会议精神，深入治理不规范收费行为，巩固教育作风建设成果，防止教育乱收费现象发生，根据县教育局《关于做好教育收费自查工作的通知》精神，板价村小学对收费工作进行了认真、全面的检查（见表7－2）。

表7－2　2007年秋板价村小学课本、教参、练习册、作业等各项费用（2007年4月12日）

单位：元

年级＼各屯	板价	板探	上思	小计
一年级教材	679.90	366.10	235.35	1281.35
二年级教材	380.10	—	108.60	488.70
三年级教材	428.40	249.90	—	678.3
四年级教材	501.60	376.20	334.40	1212.20
五年级教材	740.80	—	463.00	1203.80

续表

各屯 年级	板价	板探	上思	小计
自然图册（三、四、五年级）	207.00	75.00	96.00	378.00
写字	310.40	112	124.80	547.20
教案、教参、生字卡片	16本共 373.50	9本共 206.20	14本共 354.00	933.70
作业（5.00）、安全协议书（2.50）	690.00	240.00	262.50	1192.50
新视窗（8.60）、大显身手（6.60）	1474.40	532.00	592.80	2599.20
学前班课本	686.40	405.60		1092.00
安全教育读本	443.35	161.25	180.25	784.85
总　计	6915.85	2724.25	2751.70	12391.80

附注：请各校认真核对，及时将现金交到农卫新老师，以便上缴中心校。若有疑问之处，可向教导处询问。多谢合作！

板价完小的学校领导深入贯彻《基础教育改革指导纲要》及新课程标准，在板价完小学生德、智、体、美、健发展的总体目标下，踏踏实实做了很多工作，大胆探索适合本地区环境的学生成长之路。学校以德育工作和教学工作为重点，积极开展体育、卫生工作。在德育方面，学校以开展爱国教育为核心，重视规范学生的日常行为习惯，对学生加强诚心教育和心理健康教育，积极开展“一对一”帮贫扶贫活动。重视发展学生素质，教师力图从日常教学工作和自身发展需要出发，紧密联系新课程教学，全面贯彻党的教育方针，积极开展教育教学改革，充分发挥教师的积极性，探讨与新课程实施相适应的教学管理制度，新课改在这样一个边远的山村得到了切实的贯彻落实。

板价完小除学前班外，目前有 5 个教学班，没有五年级学生。因为学生人数逐渐减少，从 2007 年开始，停止五、六年级的办学（但是，这一届五年级学生还是在板价完小完成小学阶段教育的）。基本上每位老师负责一个年级，既是年级组长，又是班主任兼任课教师。条件虽然艰苦，但是老师们依然取得优异成绩：2004 年在小学毕业生文化素质检测综合评估中，荣获村完小三等奖；2006 年在小学毕业文化素质检测中校级双科均分达标，获三等奖。

在课程设置上，板价完小遵从新课程标准，各年级的课程安排均遵照国家的要求设置。以语文、数学为主，同时开设音乐、体育、美术、自然、思想品德、安全教育、实探、常识以及社会课程（见表 7－3），注重学生德、智、体、美、劳等综合素质的全面发展。从周一到周五，每天第六节课分别开展班会、文体活动、少先队活动、趣味活动、科技活动，注重开发学生潜能，培养学生的探索能力和对社会的认知能力。板价村小学 2007 年秋季学期作息时间如表 7－4 所示。

每学期两次考试，分为段考和期末考。段考在本校进行，各年度由本校老师交叉监考；期末考试，所有考生到板六完小参加统一考试，板价完小的老师分别到板六完小和那排小学监考，试卷统一送往宝圩中心校统一评改。

表 7－3　板价村小学 2007 年秋期课程表（2007 年 9 月 1 日）

板价村小学二〇〇七年秋期课程表　2007.09.01

星期		一						二						三						四						五					
班级		学前	一	二	三	四	六	学前	一	二	三	四	六	学前	一	二	三	四	六	学前	一	二	三	四	六	学前	一	二	三	四	六
上午	早读	语文						数学						语文						数学						语文					
上午	1	数学	数学	语文	语文	语文	数学	拼音	语文	数学	数学	数学	语文	拼音	数学	数学	语文	语文	数学	拼音	语文	数学	数学	数学	语文	拼音	词语	数学	作文	作文	数学
上午	2	常识	语文	语文	语文	语文	语文	数学	语文	语文	数学	数学	数学	数学	语文	语文	语文	语文	语文	数学	语文	语文	语文	语文	语文	数学	积累	说话	作文	作文	作文
上午	3		语文	数学	数学	数学	语文		数学	语文	语文	语文	数学		语文	语文	数学	数学	语文		数学	语文	语文	语文	数学		数学	说话	数学	数学	作文
中午		午休																													
下午	4	音乐	数学	数学	数学	数学	社会	拼音	品德	数学	实探	安全教育	自然	美术	数学	美术	实探	数学	数学	语言	音乐	数学	安全教育	数学	数学	语言	语文	数学	数学	社会	音乐
下午	5	美术	体育	音乐	音乐	品德	实探	常识	写字	自然	美术	自然	安全教育	体育	语习	安全教育	数学	品德	体育	美术	写字	体育	数习	音乐	品德	体育	安全教育	品德	品德	体育	美术
下午	6	班会						文体活动						少先队活动						趣味活动						科技活动					

备注：

农民新：一年级语文、美术、品德、写字、体育
赵礼忠：二年级语文、美术、品德、写字、体育
农志武：一、二年级数学
黄　勇：三年级语文、品德、实探、音乐、体育
农绍忠：三年级自然、美术、数学
农卫新：四年级语文、品德、实探、音乐、体育
农绍德：四年级数学、自然、社会、美术
农飞红；五年级语文、品德、实探、音乐、体育
农利宽：五年级数学、自然、社会、美术
农民武：学前班科学、纸工
农文展：故事、彩装
农继和：大搜索、百宝箱

表 7-4　板价村小学 2007 年秋期作息时间表（2007 年 9 月 1 日）

活　动	时　间
起　床	6：30
早　读	7：50~8：10
第一节	8：40~9：20
第二节	9：30~10：10
第三节	10：20~11：05
放早学	11：05
午　休	12：00~14：30
第四节	15：00~15：40
第五节	15：50~16：30
第六节	16：40~17：00（课外活动）
放晚学	17：00

（三）发展中的制约因素

（1）学校设施配备方面。办公室与仪器室合为一室，图书室、体育室均与教师休息室合二为一，校园基础建设较差，还没有“五室”及学生宿舍楼、食堂等。体育设施及器材较少，没有硬化的体育场地，对师生活动有一定的约束力。

（2）学校的发展前景。从 2007 年开始，由于生源不足，已经停办五、六年级。从人口结构上看，板价屯中老年人偏多，随着计划生育政策的贯彻落实，生源越来越少，学校最终何去何从目前还不明朗。

（3）人们的思想认识。从接受采访的对象来看，被访者普遍对教育重视程度不够，他们表示小孩的教育主要是依靠老师，家长基本上不操心。同时如果孩子不想念书，也就任其退学，或选择打工或做其他，家长不会花钱让孩子去念他们认为念不成的书。

（4）孩子本身成长的环境。年轻父母基本上生完孩子就出去打工，孩子由老人帮助抚养，由于老人本身文化程度有限，学前教育基本上是一个盲点。

第二节　科技

一　先进技术及设备

板价屯是板价村比较富有的屯之一，全屯自筹资金2.8万元，安装了卫星电视接收器（见图7－3），并开通了移动电话、固定电话，电话普及率达93%。共有85户建有沼气池，入户率达85%，其中有2户建有2个沼气池，农户基本上不用上山打柴就可以解决燃火做饭问题。86.5%的农民拥有了拖拉机、摩托车，部分农户已有私家车、计算机、空调等家庭用品，家庭户年收入平均达1.5万元以上。

1998年，由宝圩乡政府组织村干部学习建沼气池，建第一个沼气池时，上级还派技术人员下村指导。后村干部还到其他村屯观看学习，回来指导村民修建。当时政府每户扶助水泥10包，塑料管、灶具1套。到2002年，扶助每户水泥20包，2006年扶助每户水泥30包，其余不变。

申请书

贫困办负责同志：

为了解决能燃问题，方便日常工作，我户打算建沼气池，希有关部门给予原材料供给为盼。

特此申请！

申请人：宝圩乡板价村板价屯

农华

2008 年 10 月 4 日

同时，宝圩乡政府无偿提供一台模型机器给技术员农英华。当地沼气既可用于照明，也可作为燃料，据村支书说，一般家里有 3～4 口人，养 2 头猪都可以完全用沼气对付，不需烧柴。修建一座沼气池需要花费 1000 余元，大多是请工帮忙，一天约付 30 元劳务费。2008 年，宝圩乡按照中央新增沼气池建设有关文件要求，继续开展沼气建设和补贴工作，以下即为相关工作的公示内容：

公　示

按照中央新增沼气池建设有关文件要求，以及自治区、市、县、乡相关工作规定，现将我乡 2009 年新增沼气池建设计划任务及时间要求、建设条件、建设内容、补助标准及资金来源、补助物资、自愿建设农户名单等进行公示，接受群众监督。

一　计划任务及时间要求

板价村 13 座，2009 年 3 月底完成施工建池。

二　建设条件

建沼气池除具有一定的场地外，还要发酵原料，才能保证沼气池正常发酵使用。一般5~6口人的家庭，养3~4头猪或1头牛，配套厕所，基本满足一个8立方米沼气池日常发酵所需原料。

三　建设内容

以“一池一改”为基本单元，即户用沼气池建设与改圈、改厕、改厨同步设计、同步施工。具体内容为：一是规划设计。目前我乡以建池容量8立方米水压式沼气池为主。二是改圈。圈舍与沼气池相连，实现自动进料，水泥地面，混凝土预制板圈顶。三是改厕。厕所与圈舍一体建设，与沼气池相连，厕所内安装蹲便器。四是改厨。厨房内的灶具、沼气调控净化器等安装要符合相关技术标准和规范，管线布置合理，安装牢固，距离短，拐弯少。厨房炉灶橱柜、水池等布局要合理，室内灶台砖砌，台面贴瓷砖，地面要硬化。五是安全使用常识宣传。建池用户厨房内贴有沼气安全使用挂图，发放安全使用手册。

四　补助标准及资金来源

新建一座沼气池可获得水泥、灶具及配件、沼气池技术施工费，以及宣传资料、瓷砖、瓷盆等相应物资补助（折合人民币1950元），其中中央补助1500元，地方补助450元。

五　自愿建设农户名单

宝圩乡人民政府

2009年6月23日

由此可见，相关工作的内容是十分具体和公开的，工作布置也是到位的。

在生产方面，虽然板价屯处于“九分石头一分田”的、较为恶劣的喀斯特地貌地带，土地相对贫瘠，但是从21世纪开始，很多家庭都改变了20世纪的牛耕技术，86.5%的农民拥有了拖拉机，并用之耕地、收割。在稻田的插秧和育种方面，家家户户也都普及了抛秧技术。20世纪90年代板价屯村民开始种植粮食新品种，在耕种中施肥喷药，收成大幅度提高。

二　通信信息

板价位于广西西南部，大小山丛相隔。在交通通信条件欠佳的年代，村民基本上靠步行到另外村寨传话，山高路险造成板价与外村的联系困难、信息闭塞。1980年后，随着信息技术在当地的发展，电视、电话相继在屯里普及，为村民及时了解外界情况提供了极大便利，同时也为村民之间及村民与外界之间通话创造了良好的条件。板价屯家家户户都安装了固定电话。绝大多数年轻人都拥有手机，这一部分人群主要是外出务工人员，属于屯里的流动人口。

板价屯每户都安装了卫星电视接收器，人们在闲时就收看电视了解外界。当然，对于网络，人们还是很陌生的。

图7-3　卫星电视接收器（2008年7月1日　刘萍摄）

第三节　医疗卫生

一　医疗服务

板价村共有医疗点3个，分别位于陇大屯、板价屯、村公所即板价卫生所。医生共4名，他们都接受过学校的正规培训。所有医疗点都属于非营利性机构。平时村民一般得小病、常见病，都会在医疗点医生的指导下用药，或到县里抓药；若得的是大病急病，则必须到县城医院就诊，单凭村里的医疗条件是不可能进行诊治的。

新型农村合作医疗（简称新农合）是指由政府组织引导、出资，农民自愿参加、合资，以报销部分住院医疗费为主，切实解决农民群众因患重大疾病而出现致贫返贫现象，同时发扬中华传统美德“互助共济”的医疗保障制度（见表7－5、图7－4）。

表7－5　宝圩乡2008年新型农村合作医疗任务分配

单位；户，人

村　别	户　数	农业人口数	完成任务考核指标值
			完成82%
宝圩社区	560	2153	1766
宝 西 村	542	2379	1951
板 价 村	769	3696	3031
板 六 村	636	3054	2504
尚 艺 村	486	2172	1781
景 阳 村	890	4008	3287
合　计	3883	17462	14320

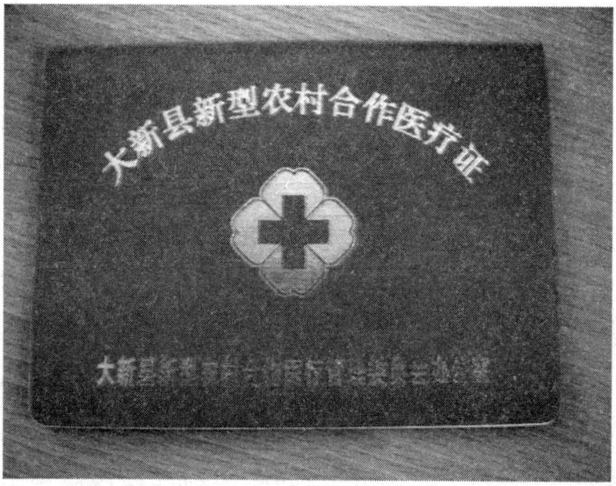

图 7－4　大新县新型农村合作医疗证（2008 年 6 月 26 日　刘萍摄）

参加新型农村合作医疗须知

一　以户为单位参加新型农村合作医疗，凭医疗证享受新型农村合作医疗待遇。每人每年按要求缴纳合作医疗经费。

二　持医疗证在定点医疗机构就诊，门诊、住院、大病费用的补偿及报销办法由县新型农村合作医疗管理委员会制定并实施。

三　不予补偿范围

（一）报销手续不全者；

（二）参与卖淫、嫖娼活动而染上性病、梅毒、艾滋病等传染病者；

（三）酗酒、打架、斗殴、吸毒、服毒、自杀、自伤、自残；

（四）因不接受预防接种所致疾病的医疗服务费用；

（五）违法被拘留期间、判刑者；

（六）未经批准挂名住院（不包括不在医院住院的）；

（七）医生认为可出院，而本人拒绝出院的。

四　本证不得转借他人使用，否则，该医疗证作废，并追究当事人的责任。

五　本证不得擅自涂改，否则该医疗证作废。

六　本证如有遗失，须经村委会出具证明到镇合官办挂失并申请补发。

本证由县新型农村合作医疗管理委员会办公室核发，盖章后生效。

2006 年 4 月，板价屯开始实施新型农村合作医疗，每人每年 10 元，一旦得病，最高补偿额可达 3 万元。到 2007 年为止，已经有 85% 的村民参加了新农合。新农合按照一定的比例报销，其中，在乡卫生院住院按 70% 报销，在县级医疗机构住院按 40% 报销，在县级以上医疗机构住院按 30% 报销（见图 7 - 5）。新农合报销时要扣除一定的起付钱，乡卫生院住院扣除 30 元，在县级医疗机构住院扣 100 元，在县级以上医疗机构住院扣 200 元。2006 年，板价屯共有 20 名村民实现了新型农村合作医疗门诊报销，共计 2403. 8 元。2007 年，板价屯新农合报销实例：农建业，男，50 岁，宝圩乡板价村板价屯人，因患结石病到广西医科大学第一附属医院就诊住院治疗，医疗总费用 12506. 6 元。之后他到宝圩乡新农合办办理报销，获得 3576. 1 元补偿款。

二　环境与卫生

板价屯人民由于生活条件有了极大的改善，生活卫生条件也有了极大的提高。

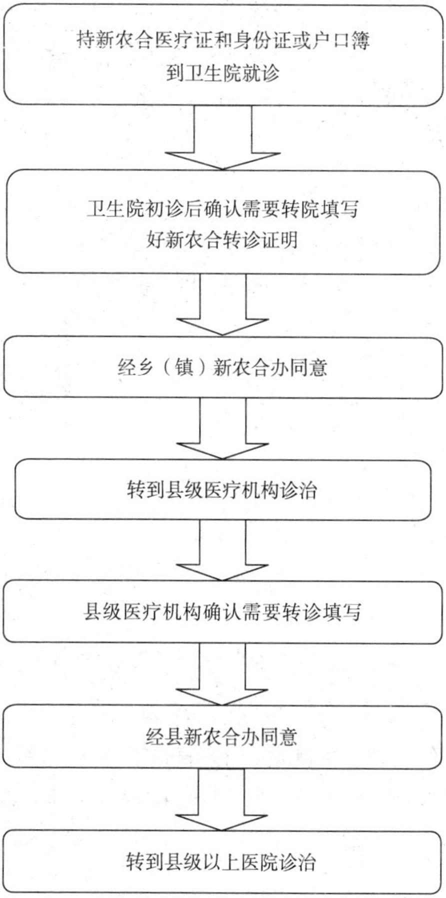
持新农合医疗证和身份证或户口簿
到卫生院就诊
卫生院初诊后确认需要转院填写
好新农合转诊证明
经乡（镇）新农合办同意
转到县级医疗机构诊治
县级医疗机构确认需要转诊填写
经县新农合办同意
转到县级以上医院诊治

图 7－5　大新县新型农村合作医疗转诊程序

（一）生活环境

在居住环境上，由原来的干栏式建筑发展到钢筋水泥建筑，全屯 101 户，住干栏式建筑的只剩下 4 户。干栏房屋，人畜同居。上面住人，下面喂养牲畜，一年四季臭气熏天。同时，蚊子、苍蝇与人整天生活在一起，人很容易传染上疾病。现在，多数人都住上平房，实行人畜分居，厕所另建，祛除了室内的臭气，也减少蚊虫传染疾病。

在日常生活上，板价屯沼池的普及为保护环境卫生发挥了巨大的作用。从1998年板价屯建起第一个沼气池到现在，板价屯已经有85%的村民修建了沼气池，沼气既解决照明问题，又解决能源问题，既促进环境卫生，又能避免砍伐山林，保持了山林中的绿化。板价屯人多数都安装了自来水，水源远离居室、厕所，无污染。由于饮用水方便，村民经常洗涤床褥、蚊帐，从而保持了居室内的清洁卫生。另外，村民还养成了每天冲凉的好习惯。

（二）疾病

中华人民共和国成立前，由于卫生条件差，卫生知识浅薄，平时没有养成很好的卫生习惯，疾病瘟疫时常发生。中华人民共和国成立后，随着人们卫生知识的加强以及防御措施的及时实施，流行性疾病没有在当地发生过。

2003年，板价屯在上级领导的指导下，积极开展抗击“非典”的工作。对外地返乡人员施行逐村、逐户、逐人排查摸底，不遗余力地调动全员抗击“非典”的积极性，采取果断措施，为战胜“非典”全力以赴。

2007年2月10日，在村委会办公室专门召开总支委会议，会议传达了有关防治禽流感会议的精神，其主要内容如下：第一，当前是禽流感流行季节，应向群众宣传，断绝与外界的禽类交易。第二，做好联防，户与户做好监督，杜绝外界禽类流入本地区。第三，做好安全生产、治安工作，安全过好春节。板价屯积极开展禽流感防治工作，为了预防禽流感疾病在板价屯发生，板价屯村民小组积极响应上级政府的号召，结合具体情况，采取果断措施，对全屯的鸡、鸭、鹅打预防针，预防率达98%以上，全屯没有发生一例禽流感疫情。人民群众过着健康安稳的生活。

2008年夏，板价屯在上级领导的指导下，又积极开展预防“猪流感”（甲型HINI流感）的工作。

后　记

本书是广西民族大学民族学与社会学学院院长周建新教授主持的"当代中国边疆·民族地区典型百村调查"广西项目的子课题之一。

板价屯具有风情浓郁的短衣壮民俗和秀美自然的山乡风貌，是大新县的民族工作示范村。这里也是广西民族大学民族学研究非常关注的一个田野点，周建新教授也结合项目研究多次带队到这里调查，我和我的学生肖可意、刘萍也在这一地区进行学术研究。总之，该课题组在该村的调查具有比较扎实的基础。

接受任务后，2007 年底，我带领肖可意、刘萍和周春菊三个民族史专业的硕士研究生下点进行为期一周的专题调研，后来刘萍同学又多次补充调查。本书立项后的田野调查工作全部是由我的学生们进行的。本书初稿的撰写分工如下：肖可意：第一章，第二章第一节、第二节，第六章；刘萍：第二章第三节、第四节，第三章，第四章，第五章；周春菊：第七章。

其中，刘萍同学出力最多，马菁同学也把自己在该村调查所得贡献给本书，我负责总体规划和最后的审校补充工作。

后　记

本书能够完成，是和周建新教授的具体领导和悉心关怀分不开的，广西民族大学的甘品元副教授、吕俊彪副院长和雷韵同学也都给予了具体的帮助和指导；在调查过程中得到了大新县民族局、宝圩乡政府等各级部门领导和同志们的热情帮助，板价屯农廷兴老师、《上甲史俗》作者覃菁先生以及板价屯的乡亲们更是给予了诸多关照；社会科学文献出版社的编辑同志也为此书的出版付出了很多。

在本书出版之际，谨在此真诚地表达我们由衷的谢意！

王柏中

2009 年 7 月 4 日

图书在版编目(CIP)数据

短衣壮的家乡：广西大新县宝圩乡板价村板价屯调查报告／王柏中等著．—北京：社会科学文献出版社，2011.11

（当代中国边疆·民族地区典型百村调查／厉声主编．广西卷．第1辑）

ISBN 978-7-5097-1274-0

Ⅰ.①短… Ⅱ.①王… Ⅲ.①乡村—社会调查—调查报告—大新县 Ⅳ.①D668

中国版本图书馆CIP数据核字（2010）第036452号

当代中国边疆·民族地区典型百村调查：广西卷（第一辑）

短衣壮的家乡

——广西大新县宝圩乡板价村板价屯调查报告

著　　者／王柏中　刘　萍　肖可意

出 版 人／谢寿光
出 版 者／社会科学文献出版社
地　　址／北京市西城区北三环中路甲29号院3号楼华龙大厦
邮政编码／100029

责任部门／编译中心（010）59367004　责任编辑／王玉敏　陶盈竹　张文静
电子信箱／bianyibu@ssap.cn　责任校对／邓雪梅
项目统筹／祝得彬　责任印制／岳　阳
总 经 销／社会科学文献出版社发行部（010）59367081　59367089
读者服务／读者服务中心（010）59367028

印　　装／北京季蜂印刷有限公司
开　　本／889mm×1194mm　1/32　印　　张／8.25
版　　次／2011年11月第1版　插图印张／0.25
印　　次／2011年11月第1次印刷　字　　数／186千字
书　　号／ISBN 978-7-5097-1274-0
定　　价／168.00元（共4册）

主　编　厉　声

副主编　李　方（常务）　李国强

编委会成员（按姓氏笔画排列）

于　永　于逢春　马品彦　方　铁　王利文　厉　声　冯建勇
毕奥男　许建英　孙宏年　孙振玉　李　方　李国强　张永攀
周建新　孟　楠　段光达　倪邦贵　高　月　崔振东　翟国强

中国社会科学院中国边疆史地研究中心　**厉声　主编**

当代中国边疆·民族地区典型百村调查：**广西卷（第一辑）**

分卷主编：**周建新　冯建勇**

企沙镇渔港里停泊的船舶（2007年8月3日 郑一省摄）

摆渡的小船（2008年10月5日 郑一省摄）

企沙镇港湾停泊的灯光船（2009年11月3日 郑一省摄）

企沙镇的海滨养殖场（2009年11月3日 郑一省摄）

赛龙舟场景（2004年6月20日 郑一省摄）

停靠在岸边的龙舟（2004年6月20日 郑一省摄）

华侨渔业新村渔民住的老屋（2008年1月8日 郑一省摄）

企沙镇渔民的新楼房（2009年11月2日 郑一省摄）

企沙镇华侨渔业新村村民婚礼仪式（2007年3月29日 郑一省摄）

企沙镇华侨渔业新村村民婚礼现场（2007年3月29日 郑一省摄）

华侨渔业新村的渔民将渔货搬到岸上（2004年10月11日 郑一省摄）

丰收的喜悦（2008年9月5日 郑一省摄）

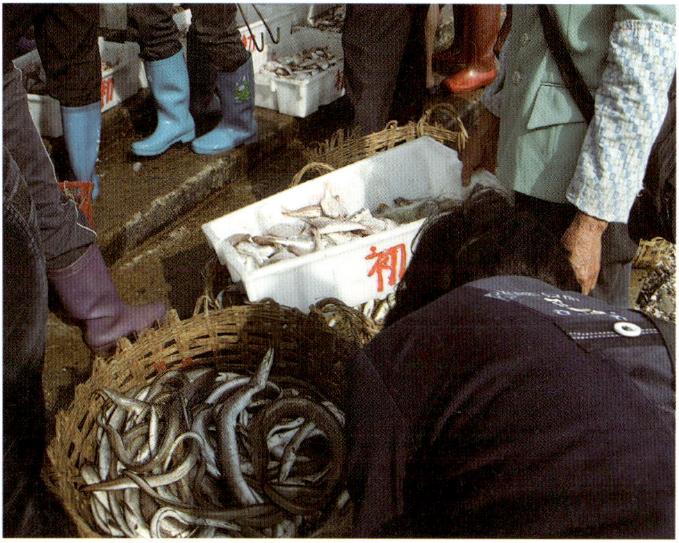

企沙镇渔货市场（2004年10月11日 郑一省摄）

华侨渔业新村渔民在洗鱼篓（2008年1月3日 郑一省摄）

渔民们在读报（2008年1月7日 郑一省摄）

华侨渔业新村小学的老师正在备课（2008年1月8日 郑一省摄）

中国社会科学院中国边疆史地研究中心 厉声 主编
当代中国边疆·民族地区典型百村调查·广西卷（第一辑）

一个移植在海滨的村庄

——广西防城港市企沙镇华侨渔业新村调查报告

郑一省 蒋婉◎著

SSAP
社会科学文献出版社
SOCIAL SCIENCES ACADEMIC PRESS (CHINA)

“当代中国边疆·民族地区典型百村调查”

总　序

深入实际、开展国情调研，是中国社会科学院肩负的重要科研任务，也是中国社会科学院履行好党中央、国务院赋予的“思想库”、“智囊团”职能的重要方式。中国边疆省区占国土面积的60%以上，边疆区情及当地的民族社会调研（边疆调研）是中国国情调研的重要组成部分。正如一位边疆工作者所说：不了解少数民族，就不了解中华民族；不了解边疆，就不了解中国。1983年中国社会科学院中国边疆史地研究中心建立后，特别是1990年以来，一直将边疆调研作为学科研究的重点之一。

2004年，中国边疆史地研究中心承担国家哲学与社会科学基金特别项目“新疆历史与现状综合研究”（简称“新疆项目”）。2006年，中国边疆史地研究中心牵头，立项开展“当代中国边疆·民族地区典型百村调查”（简称“百村调查”），作为此特别项目的子课题。“百村调查”以新疆为重点，在全国新疆、西藏、内蒙古、宁夏、广西五个民族自治区和云南、吉林、黑龙江三省基层地区同时开展，共调查100个边疆基层村落。调查工作在“新疆项目”领导小组和专家委员会指导下，由“百村调

查”专家委员会暨编委会组织实施。在中国边疆史地研究中心主持拟定的调查大纲框架下，发挥每个省区的优势，体现各自的特色。

本项目的实施得到了边疆地区各级地方党政部门的支持。首先，调查工作注意与地方党政部门的相关工作衔接、听取意见，在实施调查之前，主动向各级党政部门汇报情况，听取指示和意见。其次，调查组主动让各级党政部门了解调研的全过程，在调研过程中出现问题时及时向相关党政部门请示。再次，调研阶段成果和最终成果的副本同时提供地方党政部门参考。

“百村调查”的调研主题是：改革开放30年来中国边疆基层村落的民族社会和经济发展的历史与现状。具体内容包括：乡村概况、基层组织、经济发展、社会生活、民族、宗教、文教卫生、民俗风情等。项目调研的时间是：2007～2008年（资料下限至2007年底或适当延长）。

“百村调查”的调研对象为：100个具有典型意义与特色的中国边疆基层村落。课题以基层乡、村两级为调查基点，大致每个省区选择2个地州，每个地州选择1～2个县，每个县选择2个乡，每个乡选择2个村。新疆共调查22个村，其他地区均为13个村（辽宁、吉林、黑龙江以东北边疆为单元，共调查13个村）。调查点的选择要求：

(1) 本地区社会稳定与经济发展中具有典型意义的基层乡和村。

(2) 存在边疆现实政治、社会或经济发展的热点、难点问题。

(3) 与20世纪50年代全国边疆民族调查能有一定的衔接。

“百村调查”采取学术调查与现实政治相结合的方法，以社会人类学入村入户调研方法为主，同时关注现实政治、社会与经济发展中的热点、难点问题：一般共性调查与专题专访调查相结合，在一般综合性调查的基础上，选择好专访或专题调研的“切入点”——总结经验与完善不足相结合，在总结各项工作经验的同时，善于发现问题和提出解决问题的对策与建议。调研注重入户访谈和小范围座谈的专访调查。在一般性问卷和统计资料收集的基础上，注重对基层干部、群众典型、教师、宗教人士等特定人员的专题访谈，倾听和收集他们对基层社会稳定与经济发展的看法、意见和建议，形成能说明问题的专访或专题调研报告。

“百村调查”的成果形式分为调查综合报告与专题报告两大类。

(1) 调查综合报告：依据大纲规定，撰写有关乡村经济社会等发展状况的综合报告，课题结项后分期公开出版。专题报告及调查资料可以公开发表的，在篇幅允许的情况下，作为附录附在综合报告末尾。

(2) 专题报告：内容较敏感、不适宜公开出版的专题报告，集成《专题报告集》，内部刊印。

“百村调查”主编 厉声 谨识

2009年8月25日

目 录
CONTENTS

图目录
FIGURE CONTENTS

表目录
TABLE CONTENTS

序言
FOREWORD

中国社会科学院中国边疆史地研究中心“当代中国边疆·民族地区基层社会与经济发展典型调研”项目，是一项涉及广西、云南、西藏、新疆、内蒙古、宁夏、吉林7省区、100个村寨的大型调研项目。广西壮族自治区作为中国西南边疆少数民族聚居省区，此次调查共选点13个，主要集中在广西沿中越边界一线的各民族边疆村寨，个别分布在非边境县市境内。

在中国近现代发展史上，对于边疆地区的关注，主要出现在19世纪末20世纪初。当时的中国边疆地区，在英、法、俄等帝国主义势力蚕食鲸吞下，出现了普遍的危机。边疆危机唤起了中国民众尤其是知识阶层对边疆的关注。20世纪30年代，以“边政”概念为核心，以“边疆民族”为主要研究对象，一批学者对中国边疆尤其是西南边疆地区进行了调查研究，形成了一批成果。但关于中国边疆地区大规模的社会与经济发展调查项目，过去还未见诸报端。如果仅仅从大规模的社会调查活动考虑，新中国建立后的国内各民族社会历史调查活动，与边疆研究关系密切。

20世纪50年代，根据党中央和国务院的部署，国家有关部门在全国范围内进行了大规模的少数民族社会历史调查，其中也对广西各民族社会历史发展情况进行了全面的

调查。当时的调查关注的主要是少数民族社会历史发展状况，之后形成了《广西壮族社会历史调查》（7册）、《广西瑶族社会历史调查》（9册）以及苗族、京族、侗族、仫佬族各1册，仫佬族、毛南族合1册，彝族、仡佬族、水族合1册等系列调查成果，并于1954年由广西省民族事务委员会编印。那次调查为广西少数民族地区的社会、经济、文化发展起到了重要的推动作用，也为后来的学术研究积累了大量的历史学、民族学、人类学、社会学资料。

与少数民族社会历史调查不同的是，此次由中国社会科学院中国边疆史地研究中心推动的“当代中国边疆·民族地区典型百村调查”项目，主要是从边疆学的角度出发，突出了边疆、村落和现实发展状况三个要点，期望通过深入的田野调查，面向中国边疆农村地区，真实反映现实的中国边疆村寨客观发展状况，为国家宏观把握边疆发展现状，构建和谐、安全、富裕边疆提供参考资料。此次调查虽然并未把少数民族因素作为关键的内容考虑，但由于中国历史上形成的边疆社会人口结构，决定了调查的内容必定要涉及大量的少数民族村寨。因此，广西的调查和全国其他边疆地区的情况一样，包含了大量的少数民族村寨。

进入21世纪后，中国西南边疆社会稳定、经济发展、人民安居乐业，广西与全国各边疆省区一样，在社会、经济、文化等方面都发生了巨大的变化，尤其是经济社会发展进入了迅速成长阶段。在现代化、全球化迅猛发展的今天，地处祖国南疆最前沿的广西，有着沿边、沿海、面向东南亚的地缘优势，在中国边疆地区具有重要的不可替代的独特战略地位，是巩固边疆、发展经济的前沿，也是面向东盟、走向世界的前沿。面对现代化进程中的广西边疆地区发生的巨大变迁，此次进行的边疆现状调查非常必要，且意义重大而深远，既可以为推进广西各民族的社会进步、经济发展、文化传承提供参考依据，又可以为后人积累宝贵的阶段性历史资料，为国家和地方政府部门提供决策参考。这不仅仅是一项科研工程，也是一项德政工程和国防工程。

2007 年，自从接受了此项课题后，我们感到任务光荣、责任重大。作为广西高校的科研人员，承担这项国家社科基金特别项目我们责无旁贷。为了很好地完成这次任务，真正开展一次边疆地区集体调研活动，在项目开展之初，我们曾多次组织相关人员进行专门讨论研究，制订了详细的工作方案，组织了精干的队伍，保证了项目的顺利实施。

广西调查项目课题组成员主要由广西民族大学教师组成。项目主持人：周建新教授；成员：王柏中教授、郑一省教授、甘品元副教授、吕俊彪副教授、覃美娟馆员、郝国强讲师、罗柳宁助理研究员。另外，由周建新、王柏中、郑一省、甘品元、吕俊彪等牵头组成 5 个调查小组，组织研究生参与调查工作，并分头组织实施。参与调查的研究生有严月华、农青智、寇三军、蒋婉、张小娟、肖可意、刘萍、马菁、唐若茹、钟柳群、黄欢、陈云云、胡宝华、雷韵、黄超、谭孟玲、周春菊、黄静、蒙秋月、杨静、罗家珩、于玉慧等。

中国社会科学院中国边疆史地研究中心分派翟国强和冯建勇两位同志担任广西调查项目协调人，他们为项目的启动、实施和结题工作发挥了积极作用。广西调查项目整个调查工作的开展，大致可以分为三个阶段：第一次田野调查时间为 2007 年 7 ~ 9 月；第二次调查时间为 2008 年 1 ~ 2 月；

补充调查时间各小组自由安排，大致时间为 2008 年 7 月至 2009 年 10 月。

为了彰显本次典型调查写作的特色，根据中国社会科学院中国边疆史地研究中心的要求，我们非常重视调查视角与写作主线。要求调查一定要有边疆学的视角，要以典型村寨为单位进行调研，对于人口较多、地域较大的村寨采取以村委会所在地为主要调查点，通过具体点的调研反映出整体面的特征；务必着重描写边疆村寨的政治、社会、经济和文化现实内容；写作重点要特别关注改革开放以来广西边疆村寨发展的变化；在完成调查报告的基础上，要同时完成一定数量的研究报告，要有一定的理论分析和科学研究。在调查报告的写作方法上，我们不仅要求有现实地方志的描述，有数字统计和图表展示，也要有民族学人类学田野个案的访谈，同时兼顾纵向历史的阶段性特征，使调查报告不仅具有一般资料集和地方志的性质，又通过研究报告形式，将边疆地区现实存在的突出问题反映出来，以引起国家和地方政府部门的重视。

在调查选点方面，我们从全局考虑，以点带面，遴选有特色、典型性的村寨，尽可能凸显边疆区位、地方文化和发展水平等特征。经过多次讨论，我们确定了以下调查点：广西东兴市京族万尾村，广西宁明县明江镇洞廊村，广西凭祥市友谊镇礼茶村，广西龙州县金龙镇横罗村，广西防城港市企沙镇华侨渔业新村，广西大新县宝圩乡板价村、下雷镇新丰村，广西那坡县城厢镇达腊村，广西靖西县龙邦镇其龙村，广西环江县下南乡玉环村，广西金秀县长垌乡长垌村，广西百色市右江区龙川镇六能村，广西南宁市江西镇杨美村 13 个调查点。确定以上调查点的根据主

要有以下几点：

（1）边境沿线村寨。广西有8个边境县（市、区），我们特意在每个边境县市境内选择了1~2个调查点，如大新县下雷镇新丰村距离边界线仅数百米，沿边公路从村落中间穿过。

（2）民族村寨。广西有12个世居民族，我们选择了若干民族特色鲜明的边疆村寨，既突出了边疆特点，也表现了民族特色，如那坡县城厢镇达腊彝族村寨，那里的白彝文化特色鲜明，受到政府和学术界的广泛关注；我们也选取了个别非边境地区民族村寨，如环江县下南乡玉环毛南族村寨。

（3）经济发展特色村寨。广西各民族村寨经济发展模式不同，发展阶段不同，如以边贸为主发展起来的东兴市京族万尾村，总体发展水平较高，而以农业和旅游业为主的大新县宝圩乡板价村发展水平一般。

（4）华侨移民村落。20世纪70年代，广西境内接受了大批归国侨民，建立了一些华侨农场，他们对边疆地区的稳定具有特殊影响，因此，我们特意选择了防城港市企沙镇华侨渔业新村作为典型个案。

经过全体成员两年多的共同努力，本项目在要求的时间内顺利完成。整个项目的完成，在锻炼队伍、培养新人、积累成果等方面取得了一定的成绩。笔者虽然是广西项目负责人，但在整个项目的完成过程中，笔者主要从事指导工作，绝大多数写作任务都是由各调查点主持人组织完成的。在课题调研过程中，笔者曾多次带领课题组老师和研究生前往田野点调查，进行工作布置和安排。在调研过程中课题组老师和研究生不畏艰难困苦，深入边境一线，走

访干部群众，细致调查研究，求真务实，收集了大量的一手材料，保证了本课题的顺利完成。在此，谨向课题组全体成员表达我个人的敬意和衷心的感谢！

广西调查项目的顺利完成，也凝聚着中国社会科学院中国边疆史地研究中心全体同仁的心血。中国社会科学院中国边疆史地研究中心厉声主任、李国强副主任非常关心项目的进展情况，曾于 2007 年、2008 年两次组织人员来广西检查、指导工作。研究中心的于逢春、李方两位研究员，也给予了大力支持。广西项目协调人冯建勇同志，对广西卷的所有书稿进行了认真审阅，并提出修改意见等。在此，谨代表课题组全体成员表示衷心的感谢！

本套丛书广西卷的 13 个村落材料，由于进行田野调查的时间不完全统一，因此各分册中使用的年度统计截至数据也不完全统一，有截至 2007 年、2008 年的，也有截至 2009 年上半年的。调查报告中出现的某些访谈，依照学术惯例，我们隐去了访谈者的姓名，但对于一般内容和访谈，都遵循了客观真实记录和描述的原则。对于调查报告中使用的照片，凡涉及个人肖像权的，均征得了个人的同意。由于调查时间的限制以及撰稿人学术背景差异等原因，丛书中难免存在一些不足，望读者批评指正。

周建新

2009 年 8 月 11 日于南宁

第一章　基本情况

第一节　自然概况

一　防城港市概况

（一）地理位置

防城港市地处中国大陆海岸线的西南端，位于广西南部，北连省会南宁，南临北部湾，东接钦州市，西与越南交界（见图 1－1）。防城港市地属中低山及丘陵区，坡度平缓，陆地面积 6181 平方公里，海域 4 万平方公里。全市海岸线 584 公里，陆地边境线 230 多公里。全市土地面积折合市亩为 931 万亩，其中耕地 67.88 万亩，占 7.3%；山地、丘陵为 728 万亩，占 78.2%；水域面积 74 万亩，占 7.9%；其他为 61.12 万亩，占 6.6%。

（二）物产资源

防城港市依山临海，有着十分优越的发展林业及其他经济作物、水产养殖等产业的条件。全市境内山地、台地、丘陵交错。北部及南部主要以低山丘陵为主；中部为山地；

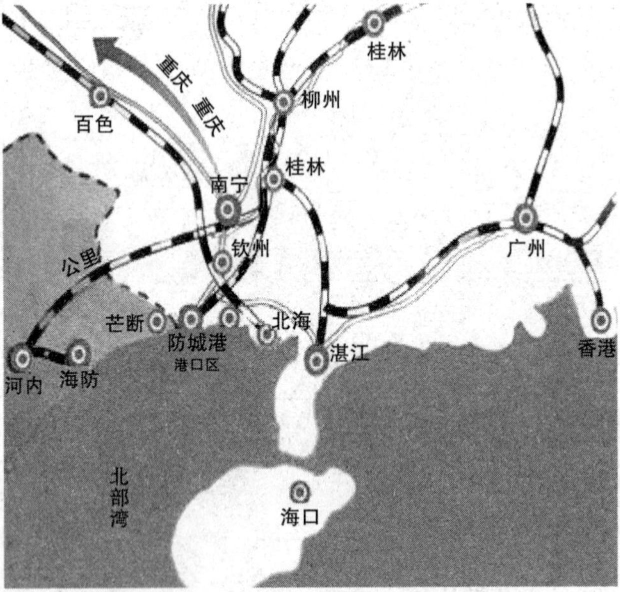

图 1－1 防城港地理位置（2007 年 8 月 3 日 郑一省摄）

东南为沿海丘陵和海湾滩涂。近年来，在资源调查的基础上，当地人不同程度地对其进行了开发。一是开发山地及丘陵资源，封山育林，大力营造林木，不断改善生态环境，同时合理利用资源，种甘蔗，种果树；二是开发利用中、低产农田，改良土壤，培肥地力，提高土地的利用率；三是开发沿海滩涂及淡水水面资源，发展水产养殖业，包括珍珠、鱼、虾、蟹及贝类的养殖。沉睡的土地资源得到进一步的利用。

十万大山是防城港市的重要山脉，其自东向西横亘防城港市腹部，山地广阔，土层深厚，自然肥力较高，气候湿润，林业资源十分丰富。它拥有林业用地 750 多亩，占总面积的 70% 以上，其中有林面积 446 万亩，尚有宜林山地 300 多万亩。40 多年来，防城港市建立了 8 个国有林场和一大批乡村集体林场，并发动群众植树造林，绿化荒山，营造沿海防护林，人工造林面积达到 150 万亩；还建立了“十万大山水源林自然保护区”，改善了生态环境。在有林地面积中，按用途分：用材林 284 万亩，经济林 90 万亩，防护林 64 万亩，红树林 6.5 万亩。活立木蓄积量 630 万立方米，平均每年立木生长量 39 万立方米，森林覆盖率 40% 以上。

防城港境内林种资源品种繁多，共有 1500 多种，林副产品 300 多种。最著名的是松、杉等用材林和经济价值较高的玉桂、八角以及国家一级保护树种——金花茶。其次是国家二级重点保护树种紫荆木、万年木、野荔枝、广柏等，以及国家三级重点保护树种竹叶楠、土沉香、香花木，还有野人参、木耳、香菇、砂仁、灵芝、巴戟、枳实、茯苓、杜仲、七叶一枝花、蜂蜜等名贵药材和土特产。生活在防城港境内的动物有哺乳动物、鸟纲动物、两栖动物、爬行动物等 28 目，计 80 科、269 种。其中，列为国家一级和二级保护的哺乳类动物有蜂猴、黑叶猴、小水獭、金猫、云豹、獐、穿山甲、苏门羚等 21 种；列为二级保护的鸟类有鹇、原鸡、绿嘴地鹃、大山雀等 8 种；列为二级保护的两栖类爬行动物有虎纹蛙、地龟、巨蜥、蟒蛇等 6 种。在林业资源中，经济林的潜力很大，近年来得到显著的发展，其中玉桂、八角等发展最快，共有经济林 90 万亩。玉桂年产量达到 4 万担，八角年产量达到 2.5 万担，它们成了山区经济收入的主要来源。

防城港市现有国家级自然保护区 3 个，陆地自然保护区面积占陆地总面积的 12.85%。城市绿化覆盖面积 723 公顷，公共绿地面积达 118 公顷。全市拥有 1414.5 多公顷红树林，是全国最大、最典型的海湾红树林和最大的城市红树林，素有“红树林的城市”之称。2004年3月，防城港市被联合国环境规划署批准列入全球三大GEF红树林国际示范区。

除此之外，防城港市的矿藏品种异常丰富，品位高，矿点遍布全境，主要有锰、钛、锡、铝、锌、磷、云母、水晶、萤石、辉锑、辰砂、软玉、石英砂、金红石、独居石、花岗岩、煤、石油等30多种，具有较高的工业价值。目前尚有20个矿种未开发利用，已相继开发的主要有：

（1）锰矿。分布在防城区滩营乡，开采量26万吨，占储量的30%。

（2）钛矿。主产于防城区附城、江山沿海地区及各江河流域，开采量4.2万吨，占储量的3.6%。

（3）萤石。主产于防城区大录四方岭，开采量2.8万吨，占储量的7%。

（4）褐煤。分布于上思县的昌墩、七门、在妙一带，煤层厚度在0.6~4.04米之间，发热量大于3500大卡，储量8300万吨。

（5）石灰石。分布于上思县一带，碳酸钙含量达97%，储量1亿吨以上。

（6）石英砂。分布于企沙、江山、江平等沿海海岸地带，蕴藏量1亿吨以上，质量较优，含二氧化硅97.2%~99.3%。在石英砂中伴生着钛矿、锆英、独居石和钪。

（7）花岗岩。分布于防城区那梭、大录、平旺、那良、扶隆、那勤等乡镇，面积800平方公里，花岗岩颜色各异，质量优，蕴藏量在1000亿立方米以上。

防城港市南面的北部湾是中国著名的渔场之一，也是防城港市海洋捕捞作业的主要渔区。这里海产资源富足，计有海洋鱼类500多种，虾类200多种，头足类近50种，蟹类20多种，还有种类众多的贝类和其他海产动物、藻类等。最主要的海洋鱼类有鲨鱼、赤鱼、鱿鱼、墨鱼、石斑鱼、马母鱼、鳍鱼、黄鱼等。介贝类有大鲎、青蟹、对虾、龙虾、海蜇、大蚝、海蛇、海马、泥猪等。

防城港市的海岸线蜿蜒曲折，总长584公里，海湾滩涂众多，浅海滩涂面积52万亩。其中，潮间带滩涂33万亩，5米等深线以内的浅海19万亩。港湾和浅海水域水质好，自然饵料充足，是各种海洋生物养殖的理想场所。广阔的水面和丰富的鱼类等海洋资源，为发展渔业提供了良好的条件。防城港市主要沿海渔区有江平、江山、企沙、附城、光坡、东兴、茅岭7个乡镇，有企沙港、防城港港、珍珠港、江平港等主要渔港，年捕捞量3.1万吨。

防城港市水资源丰富，电力充足，交通便捷，建设大型临海临港工业的条件无与伦比。特别是企沙半岛三面环海，腹地广阔。据专家论证，适合布局建设大进大出的石油化工、钢铁、电力、机械和修造船只等重大工业项目。

（三）气候环境

防城港市地处北回归线以南，东经108°13′～108°21′，北纬21°31′～21°38′，属南亚热带湿热季风气候区，日照充足，年均光照1500小时，雨量充沛，平均降雨量为2822.9毫米，年平均气温22°C左右，气候宜人。由于地处低纬度，吹夏季汛风的时间长，受海洋湿热气流影响大，雨季较长，雨量充沛，水资源丰富。由于十万大山的地形作用，北面的上思县雨量相对较少（年均雨量1300毫米），南面的防城港市则雨量较多，是广西乃至全国雨量最多的地区和暴雨中心之一。防城港市年均降雨量2823毫米，年均降雨天数为 176 天。加上十万大山植被优良，山林所涵养的水分，在境内汇成 10 多条主要河流。河流全长 400 多公里，年经总水量 80 亿立方米以上。河流上游落差大，水势急，水量大，不仅有利于发电，还有利于灌溉等。河流中下游一般比较平坦、开阔，可用于航运。据测算，其水能蕴藏量达 45 万千瓦，可开发水电装机容量达 15 万千瓦以上。现已开发水电装机容量 3.1 万千瓦，只占 20%。水能开发的潜力还很大。

二　企沙镇概况

企沙镇位于防城港市东南面，三面环海，距离市区 32 公里。全镇地处滨海丘陵区，总面积 88.7 平方公里，年平均气温 23℃，全年无霜，降雨量 2200 毫米左右。该镇下辖 12 个行政村和 2 个社区（东港社区、南港社区），总人口 2.96 万人，以汉族为主。企沙镇是中国重点乡镇之一和广西小康示范镇。

企沙港是一个有着 200 年历史的渔港，且有着长达 51 公里的海岸线，港内有大小渔船 2000 多艘，年海洋捕捞总量达到 10 多万吨，是防城港市最重要的渔业生产基地（见图 1-2）。该港渔业资源丰富，年总产量居全市第一位。盛产鱿鱼、墨鱼、红鱼、石斑鱼、鲨鱼、沙虫、海蜇、泥丁、沙剑鱼等。水产养殖有对虾、青蟹、文蛤、珍珠等。此外，企沙港是北部湾著名的渔货集散地，也是广西第二大渔港。企沙海域水深风缓，是建设大型深水码头的理想港湾，现有 300~500 吨级泊位 17 个，最大靠泊能力达 1000 吨（可同时停泊千艘机排、渔船），水上运输近可至东兴、防城、北海、钦州，远可达海南、广东、福建、香港等地以及东南亚各国，可以为重大工业企业项目发展提供海上运输保障。

图 1－2　企沙镇渔港里停泊的船舶（2007 年 8 月 3 日　郑一省摄）

在目前的规划当中，企沙半岛西侧将建设 26 个以上 1 万 ~20 万吨级泊位的临海工业区业主码头，而在南面的蝴蝶岭外海处，将建设 3 ~5 个 10 万 ~30 万吨级的深水专业化码头。

同时，企沙镇还是自治区规划中的临海工业区，注重发展与港口服务相关的工业企业，现有船舶修造、制盐、五金修理、水产品加工、纺织、建筑、运输及海产品加工等多种产业。企沙镇是广西重要的海产品集散地，产品远销国内及东南亚各国，贸易兴旺，市场繁荣，拥有各类交易场地 2 万多平方米。镇内有天然浴场天堂滩、闻名遐迩的玉石滩和沙耙墩，其中，玉石滩属海洋性季风气候，年太阳辐射为 96.8 千卡/平方厘米，光照时数为 1549.3 小时/年。年平均气温 21.8℃ ~22℃，适宜旅游和休闲度假。清康熙年间所建的石龟头海防炮台及中国华南第二大航海灯塔，也是观光与休闲的好去处。

三　华侨渔业新村概况

企沙镇华侨渔业新村属于企沙镇12个行政村之一，其位于镇区南面，是1979年中越关系恶化的时候由中国政府与联合国难民署共同安置侨民而建立起来的村庄。全村占地面积150亩，现有1979年建的难民安置房33栋、246套，共计约1.5万平方米，另有一间小学，占地5亩，以及卫生医疗合作站1个。全村辖27个生产小组，共905户，计4057人，其中劳动力3000人左右。侨民经济收入以海洋捕捞为主，全村共有大小渔船420艘（其中120马力以上的260艘），2005年总产值1.1亿元（2005年人均纯收入2350元），2006年总产值1.3亿元，2007年则为1.58亿元。全村有70%的村民以船为家，岸上无其他居所或产业，全村人均住房面积仅为4平方米。

华侨渔业新村濒临北部湾，有着十分丰富的海洋渔业资源和盐业资源，全村从事渔业生产的渔民约占90%，渔业年产量占企沙港渔业年产量的80%以上，是企沙港渔业的主要组成部分。华侨渔业新村的渔民依据拥有的渔船大小，从事深海和浅海捕鱼。

华侨渔业新村的渔产品主要有鱼类、蟹类等。据统计，其附近海域有青鳞、赤鱼等浅水上中层鱼类和墨鱼、石斑、季母、鲨鱼、鲈鱼等中下层鱼类700多种，其中经济价值较高的有200多种。此外，还有沙虫、螃蟹、贝类等多种海产品。

（一）鱼类

华侨渔业新村附近海域的鱼类主要有鱿鱼、带鱼、红鱼、青鳞鱼、赤鱼、鲨鱼、马鲛、黄泽鱼、骨鱼、墨鱼、鲫鱼、石斑、季母、鲈鱼、条鱼、水鱼、少阳鱼、苍鱼、芒鱼、浪随鱼、石岩鱼、马母鱼、齐鱼、兰刀鱼、鲨鱼、沙针鱼、银鱼、木马鱼、滚子、风黎、硬尾、硬头角、金草、龟鱼、龙利、花碟、海鳝、门鳝等。其中渔民以捕捞鱿鱼、带鱼、大头鱼（当地人的称呼）和红鱼为主。

（二）蟹类

华侨渔业新村附近海域的介类海产品主要有青蟹、花蟹、扁蟹、石蟹、狮子蟹、拜天蟹、海虾、玳瑁等，其中又以花蟹、青蟹和海虾为多。

（三）螺类

华侨渔业新村附近海域也出产螺类，主要有鹦鹉螺、车螺（文蛤）、白螺、红螺、连螺、含珠螺等。

随着经济的发展和渔业捕捞技术不断改进，华侨渔业新村的渔船大都改换成强马力的大船，渔民一般从事远洋深海捕捞，以捕捞鱼类为主。部分小成本的渔船则从事浅海、近海捕捞作业，主要捕捞虾、螺、贝类等海产品。

第二节　历史沿革与人口概况

一　防城港市

（一）历史概述

防城港地区历史悠久。防城旧址在其附近城乡水营村公所的城头村，圩市在江边沙埠村，防城故称闲寨。先秦时期，这里属百越之地；秦为象郡辖地，汉为合浦郡辖地，南朝时为黄州辖地；宋太祖开宝五年（970 年），把闲寨改为防城，并沿用至今；光绪十三年（1887 年），划钦州西部设防城县，属广东省。中华人民共和国成立前后防城属广东辖地；1951 年划给广西管辖，1955 年划归广东管辖；1965 年又划为广西管辖，属钦州地区。1984 年国务院批准防城港与北海市一起列为全国 14 个沿海开放城市之一。1985 年 3 月，中共广西区委、区人民政府决定设立地级编制的防城港区，直接由自治区领导；1993 年 5 月，撤销防城港区，设立防城港市（地级），辖港口区、防城区（原防城县，含东兴经济开发区，1996 年，东兴经济开发区改设为县级东兴市）、上思县和东兴市。

（二）人口概况

防城港全市总人口 82.21 万人。其中港口区 11.29 万人，防城区 37.84 万人，上思县 21.50 万人，东兴市 11.85 万人。全市旅居海外华侨华人（包括港澳台胞）33.6 万人。聚居着汉、壮、瑶、京等 21 个民族，少数民族人口占 48%，其中东兴市江平镇京族三岛是中国唯一的京族聚居地。

（三）行政区划

防城港市现辖两区一县一市，分别是港口区、防城区、上思县和东兴市。有 24 个乡镇、2 个街道办事处、284 个村委会和 14 个居委会。

（四）交通物流

防城港市位于西南经济圈、华南经济圈与东盟经济圈的接合部，是中国唯一与东盟各国陆海相连的城市，也是中国内陆进入东南半岛东盟国家最便捷的海陆门户。

防城港市内交通便捷，铁路和高速公路均直达港口。从防城港出发，沿高速公路北上南宁与全国公路并网，可以直达广西各地和云、贵、川、渝主要地区和城市。东北经钦防（钦州—防城港）高速公路与桂海（桂林—北海）高速公路连接，并进入广东路网。西进则经防城港市东兴口岸与越南公路连接，进而连通泛亚公路网，是中国进入印支半岛一条便捷的陆路通道。

防城港市共有 5 个国家级口岸，其中一类口岸有防城港、东兴、企沙、江山，二类口岸有峒中。东兴口岸是中国出入境第三大陆路口岸，2006 年经东兴口岸出入境人员为 302.6 万人次，出入境货物 16.31 万吨，货值达 2.38 亿美元。防城港市现有防城港、企沙港、京岛港、竹山港等大小商港、渔港 20 多个。其中防城港以水深、避风、不淤积、航道短、可用岸线长而知名。2006 年 8 月 16 日，国务院常务会议通过的《全国沿海港口布局规划》，明确防城港为全国沿海 24 个主要港口之一、13 个接卸进口铁矿石港口之一和 19 个集装箱支线港之一。此外，全市岸线资源丰富，企沙海域具备建设 10 万 ~ 30 万吨级泊位的天然条件。其中，防城港码头可建设万吨级以上泊位 115 个，已建成最大靠泊吨位为 20 万吨级。现有泊位 36 个，万吨级以上泊位 22 个，码头库场面积达 300 万平方米，年实际通过能力超过 3000 万吨，集装箱通过能力 25 万吨，具备件杂货、散货、集装箱、石油化工产品诸货种装卸能力及仓储中转联运等功能，是中国重要的铁矿石、煤炭、水泥、粮食储运中转的物流基地。防城港20万吨级矿石码头两边均能靠船，是国内唯一的前沿吃水最深、既可卸船又可装船的20万吨级码头。2006年该码头创下接卸载重达19.5万吨超大型船舶的新纪录。防城港硫磷专用码头是全国目前唯一一个现代化硫磷专用泊位，2006年硫黄接卸量居全国港口首位。2006年，防城港市港口货物吞吐量完成3382万吨，增长42.3%，占广西沿海港口吞吐量的70%以上。其中防城港吞吐量2506万吨，增长24.9%。

二　企沙镇

（一）历史概述

企沙镇故称吴冲港、沙岗，1933年以后改名为企沙。它于清朝中期成圩，自光绪十四年（1888年）防城县设立以来一直属县管辖，中华人民共和国成立前属企沙区，称企沙镇。1950年属东区、一区管辖，1951年属企沙区。1957年成立企沙人民公社（含光坡乡，1959年7月与光坡分开）。1961年6月，设立企沙区，辖企沙、北港、栏冲、光坡四个公社。1963年1月，企沙、北港两个公社合并为企沙人民公社。1984年企沙人民公社改称企沙镇至今。1993年6月该镇划入防城港市港口区。

（二）人口概况

据第五次人口普查数据显示，企沙镇总人口为26991人，散居着汉、壮、京等几个民族，但以汉族居住人口为主。

（三）行政区划

企沙镇下辖12个行政村和2个社区居民委员会，总人口2.96万人，以汉族为主。

1949年5月1日，企沙与其他五个乡镇共同属防城县东区辖。

1952～1956年的行政区划中，企沙镇属于防城第二区（包含光坡、企沙、北港等12个乡镇。）

1955年8月，防城县第一届人民代表大会通过“关于县各区原按次数的称谓，贯（冠）以地名的称谓”，其中将二区改成“企沙区”。

1958年5月1日，十万大山僮族瑶族自治县更名为东兴各族自治县。1961年企沙区（包括企沙、光坡、北港、栏冲）属东兴县管辖。

1987年1月，企沙乡改名为企沙镇，11月，全县村公所建立。至此，企沙镇所辖村公所为北港、坳顶、板辽、炮台、赤沙、虾罗、牛路、山新、华侨新村、大船、向阳、企英等，一共135个自然村。

（四）交通物流

企沙镇位于防城港市东南面，三面环海，距离市区32公里，从防城港到企沙镇有两条公路：一条是二级公路，另一条是高速公路，从南宁直接到企沙港的铁路正在修建。此外，企沙海域具备建设10万～30万吨级泊位的天然条件，如今企沙镇渔船与越南渔船穿梭于企沙港内，海陆条件十分便捷。

三　华侨渔业新村

（一）历史概述

华侨渔业新村是1979年在中越关系恶化的背景下，由中国政府和联合国难民署共同合作在企沙镇镇区南面为安置越南归难侨而建的村庄，也是由这些越南归难侨民在海滨建立起的小渔村。

从已有的资料和调查情况来看，企沙华侨渔村的归难侨在回国之前，世代居住在越南的婆迈、贡门、康海、鸿基和姑苏等地，最早的有五代之久，最晚的也有两代。他们主要来自中国的北海、钦州和防城等地。有许多归难侨几代都生活在越南，在他们的记忆中，越南是他们成长的地方。一位归难侨这样说道：

> 我祖父的爷爷从防城迁到越南，到目前已是第六代。我父亲曾是越南广宁姑苏群岛青伦山某村的副村长，妻子的父亲为村长。我们在当地读的是华侨学校，由于我们居住的地方华人较多，所以讲当地的白话。不过，我们的生活已经是当地化了。

在这些归难侨中，他们的祖先或者是他们自己，出国的原因是多种多样的，主要有以下几个方面的原因：

第一，改善生活。由于北海、钦州、防城的海域与越南姑苏、鸿基等海域毗邻，同在北部湾，且越南康海、姑苏、鸿基等地附近的海面渔产丰富，捕捞容易，不少中国渔民为了改善生活，纷纷迁往越南海域定居。

第二，躲避战乱。在近代中国，战争频繁，自从鸦片战争以后，辛亥革命、第一次国内革命战争、抗日战争、第二次国内革命战争，在近百年的时间内，战争接连不断，一些渔民为了躲避战乱，寻求一个安定的环境，或是为了躲避反动派的杀戮，而迁居异域。

第三，逃避壮丁和灾荒。逃避壮丁和灾荒也是北海、防城、钦州等地百姓迁到越南的一个重要原因。据记载，从 1938 年到 1939 年，合浦、钦州为逃避征兵出国的有三四万人，北海也有 400 多人因逃壮丁而迁居越南[①]。

第四，流亡越南。在抗日战争时期，北海、钦州、防城等地的一些知识界人士或百姓，不甘心当亡国奴，大批流向越南。

除上述原因外，梦想去国外发财，或者亲帮邻带等关系也是渔民定居越南的因素之一。

对于企沙镇华侨渔村归难侨民而言，被迫回国的历史较其移民历史更为清晰。它发生于 20 世纪 70 ~ 80 年代，企沙镇华侨渔村的归难侨民无一例外都是本次事件的亲历者。因此，他们对于被迫回国的情形都记忆犹新。

据调查，早先移民越南的华侨渔民，多临海而居，终日打鱼为生，生活虽平淡却也安逸，他们早已把越南作为其第二故乡。然而 1978 年，越南当局掀起了反华浪潮，越南当局违背胡志明主席的遗训，违反越南人民的意志，他们派出公安人员四处迫害难民。从造谣、中伤发展到不准出海捕鱼、封艇、封舱，他们甚至派便衣趴在难民的屋顶上，偷听渔民们的谈话，制造驱赶的借口。后来他们撕下了一切伪装的假面具，赤膊上阵驱赶。公安、派出所、部

① 封保华：《北海难民述略》，《东南亚纵横》1986 年第 3 期。

队派人公开开枪打死难民的牛、鸡、鸭、狗等家畜，完全停止了对难民的粮食供应，甚至连难民在高价黑市买的粮食也予以没收。在越南军官的棍棒和刺刀下，难民们忍痛离开世代居住的地方。难民临走时，一样东西也不让带走。100多万越南难民被驱赶离开他们世代居住的地方。回到中国的20万难民，分别被安置到广西、广东、云南、福建等地[①]。由于企沙镇华侨渔村归难侨的祖籍地多在广西防城港和钦州一带，他们被迫回国时，首先想到的便是回到自己的祖籍故乡。他们或乘船或步行分别从海上或陆路回到中越边境。

一位归难侨这样描述他们的回国之路：

> 我们生活在越南的珍珠岛，这个岛属于姑苏群岛。在那个地方大都是华人，有4000多人。他们已经在那里生活了许多代，像我们家已是第五代了。我的父亲在当地是位能人，在当时的渔业合作社中担任主任，我们一直是那里的主人。可是，到了1979年4月我们却被莫名其妙地驱赶回来。全家挤在一条船上，冒着大雨，当时又遇上了大风，船都要翻了，要不是我父亲他们有熟练的技术，早都喂鱼去了。我们一船的七个家人，真是经历九死一生。我也不明白为何要我们回到中国，我们的家应该是珍珠岛。

据华侨渔村归难侨民回忆，由于他们回国的方式不一样，进入中国境内的关口不同，这进而造成他们安置初期不同的命运选择。举例来说，同样在越南是华侨渔民，由

① 封保华：《北海难民述略》，《东南亚纵横》1986年第3期。

于一部分人是从凭祥友谊关进入，一部分人是从防城港、钦州或者北海的海上回国，而不同的进入点，成为归难侨安置的一个划分标准。如果归难侨民自愿选择继续从事渔业生产，那么则根据他们从防城港和钦州海上回来的情况，把他们基本上安置在企沙镇华侨渔村（见图1－3），而那些从北海和凭祥友谊关回国的归难侨民则多被安置在北海侨港镇。

图1－3　企沙镇华侨渔业新村的渔民们（2007年7月13日　蒋婉摄）

（二）人口概况

1980年华侨渔业新村建立之初共有2000人，全部是从越南归来的难侨，平均每户有5～6口人，其中最多的家庭有12～14口人。到2008年，平均每个家庭仅有2～3个孩子。

从1980年到2006年12月，全村共出生1285人，死亡

410 人。其中：1989 年，一户村民的渔船出海不幸与过往渔船相撞后沉没，这次事故共死亡 6 人；1990 年，一位产妇在私人诊所生产，不幸死亡。据说，1990 年以前归难侨民产妇在海上生产，即产妇在出海的过程中自己在船上生产，全村因此而死亡的婴儿占出生婴儿总数的 60%。也有大约 12 名 3～5 岁的小孩，因为在船上玩耍，不慎掉入海中死亡。全村人口平均寿命 65～70 岁。

到 2008 年，华侨渔业新村人口从 1980 年的全村总人口 3650 人、806 户，增加至 4057 人、905 户。其中全村约 70% 的村民居住在海上，岸上无居所，完全以从事海上捕捞作为唯一生活来源。有 20% 左右的村民居住在村里的安置房内，每户基本依靠家中的男性劳动力从事海上捕捞来赚钱维持一家的生计。另有 10% 左右的村民移居镇上，他们可以说是村里较为富裕的代表，一般都有自己投资的渔船或者是已经开办了自己的公司或者企业（如渔业加工厂、造船厂、柴油销售点等）。

1978 年华侨渔业新村归侨 95% 以上属文盲，归侨第二代村民约 70% 是文盲，第三代则约 50% 是文盲，1980～2008 年，全村共有本科毕业生 4 人，均于 2006 年分别毕业于中南政法大学和广西民族大学等。专科学历 6 人（2 男 4 女），中专学历约 25 人。现今全村仅有约 30 人在防城港市外就业。

第二章　政权建设

第一节　基层组织建设

一　村民委员会

华侨渔业新村村民委员会组建于1987年。现今村民委员会办公地点设在企沙镇街上，面积约50平方米，交通便利，方便村民委员会人员办公及村民来访等（见图2－1）。现任村民委员会成员共有7人，其中，村支书杨冰，主管全面工作；村主任宋小强，分管宣传、调解、计生等工作；村副主任张桂枝，分管生产、治保、民兵等工作。

其他4位委员分工如下：梁海金分管组织、财务等工作；吴寿春分管纪检、企业等工作；李远珍分管财务、民政福利等工作；闭正娇分管共青团、计生、妇联等工作。

为了进一步加强工作，村委会制定了《村委会工作制度》和《村委会工作职责》等。现摘录如下：

村委会工作制度

1. 集体领导、分工负责制度。要由村委会集体研究决

图 2－1　企沙镇华侨渔业新村村委会地址
（2007 年 8 月 10 日　郑一省摄）

定的问题，须有主任、副主任和2/3 以上委员参加，经应到会成员半数以上通过，方能作出决定；属于个人分管的工作，要切实负起责任。

2. 碰头会议制度。村委会每月召开一次碰头会议，村委会成员沟通情况，协调工作。

3. 办公会议制度。村委会每月召开一次由全体成员参加的办公会议，必要时扩大到下属委员会负责人、村民小组长和其他有关人员。办公会汇报、检查、研究有关工作。

4. 向村党支部汇报工作制度。村委会一般每月要向村党支部汇报一次工作，日常工作中的大事、要事，要及时主动地向村党支部汇报。

5. 向村民会议或者村民代表会议报告工作制度。村委会每年至少要向村民会议或者村民代表会议报告一次工作，并接受与会人员的质询，对有关问题作出解释。报告要形成书面材料，并归档备查。镇党委、人民政府派人参加会议。

6. 民主评议村干部制度。建立村“两委”班子成员工作实绩卡，记录村干部在履行岗位职责和发挥“双带”作用方面的工作实绩，同时由村党支部每月向镇党委汇报一次，每半年向群众公布一次。年终召开全体党员和村民代表会议，根据跟踪记载的实绩和个人述职情况进行民主评议，评议结果与报酬直接挂钩，并作为年终综合考核的重要依据。

7. 村民代表会议制度。村民代表会议每年至少召开2次，必须有2/3以上的村民代表参加，村民代表形成的决议应获得到会人员的半数同意才能通过。

8. 村务公开制度。村务公开主要是财务公开、土地征用、宅基地使用、计划生育、集体财产的租赁等10个方面的内容。村务公开一般按季度、半年和年终等时间段进行公开。

9. 村干部勤政廉政制度。村干部积极开拓进取，带头遵纪守法，全心全意为广大村民服务，不以权谋私，不优亲厚友，不侵吞集体财产。

10. 民主理财制度。村建立由3～5名村民代表组成的民主理财小组，监督村委会的财务收支情况，并按月或季度审核财务账目，村里的一切开支须经村理财小组审核，并签字盖章后才能报销入账。

11. 村干部年度及离任审计制度。审计由镇经营站实施，村民理财小组配合进行。村干部年度审计主要有完成年度经济指标、集体资产管理、村财务年度收支等情况，离任审计主要有任期内完成经济指标、财务收支、集体资产管理等内容。

村委会工作职责

1. 组织村民学习、贯彻宪法、法律、法规和政策。

2. 召集和主持村民会议、村民代表会议，保障村民自治章程和村规民约的实施。

3. 依法管理村集体财产，支持和组织村民发展经济，并做好各项服务工作。

4. 搞好本村的公共事务和公益事业。

5. 调解民间纠纷，协调做好社会治安综合治理工作。

6. 开展农村精神文明建设活动，破除封建迷信和宗族观念。

7. 教育村民加强民族团结，互相帮助，互相尊重。

8. 向镇级人民政府反映村民的意见、要求和建议。

9. 法律、法规和上级政府规定的其他职责。

村委会主任的职责

1. 主持召开村民委员会会议，负责安排全村的重大经济、社会活动。

2. 贯彻民主集中制原则，抓好村民委员会的自身建设。

3. 负责拟定村民委员会工作意见，草拟本届全村经济和社会发展规划。

4. 代表村民委员会出席各种会议和对外交往，处理公共事务和外来纠纷等事项。

5. 主持《村民自治章程》的制定和修改工作，负责组织实施。

6. 负责做好村民委员会的换届选举工作。

村委会副主任和委员职责

1. 协助主任做好本村的经济、社会、文化、卫生、计生等方面工作和村内的各项管理工作。

2. 认真抓好村规民约和各项制度的落实。

3. 协调各方面关系，深入群众，摸清情况，为村委会决策提供依据。

二　党团组织

（一）华侨渔业新村党支部

华侨渔业新村共有党员15名，现任党支部书记是杨冰。华侨渔业新村党总支部在企沙镇党委的领导下，认真按照创建“五个好”村党支部要求，认真贯彻执行十七大精神和党在农村的各项路线、方针和政策，积极组织党员学习邓小平理论和“三个代表”重要思想，不断加强党支部班子建设，增强党组织的战斗力和凝聚力，充分发挥共产党员先锋模范作用。

华侨渔业新村党支部认真扎实工作，分别制定了《党支部书记的主要职责》、《党支部组织委员的主要职责》、《党支部宣传委员的主要职责》、《党支部群众委员的主要职责》和《党支部纪律检查委员的主要职责》等。现摘录如下：

党支部书记的主要职责

党支部书记在党支部委员会的集体领导下，按照支部党员大会、支部委员会的决议，负责主持党支部的日常工作。其主要职责是：

一、负责召集支部委员和支部党员大会；结合本单位的具体情况，认真贯彻执行党的路线、方针、政策和上级的决议、批示；研究安排支部工作，将支部工作中的重大问题，及时提交支部委员会和支部党员大会讨论决定。

二、了解掌握党员的思想、工作和学习情况，发现问题及时解决，做好经常性的思想政治工作。

三、检查支部的工作计划、决议的执行情况，按时向支部委员会、支部党员大会和上级党组织报告工作。

四、经常与支部委员会和行政负责人保持密切联系，交流情况，支持他们的工作，协调单位内部党、政、工的关系，充分调动各方面的积极性。

五、抓好支部委员的学习，召开支委民主生活会，认真开展批评与自我批评。加强团结，抓好一班人的自身建设，充分发挥支部委员会的集体领导作用。

党支部组织委员的主要职责

党支部组织委员在支部委员会的集体领导下，负责支部的组织工作。其主要职责是：

一、了解和掌握支部的组织状况，根据需要提出党小组划分和调整意见，检查和督促党小组过好组织生活。

二、了解和掌握党员的思想状况，协助宣传委员、纪律检查委员对党员进行思想教育和纪律教育；收集和整理党员的模范事迹材料，向支部委员会提出表扬和鼓励的建议。

三、做好发展党员工作，了解入党积极分子情况。负责对入党积极分子进行培养、教育和考查，提出发展党员的意见、具体（输送）接收新党员的手续；做好对预备党员的教育、考查，具体办理预备党员转正手续。

四、做好党员管理工作，根据本支部实际情况，做好民主评议党员工作；认真搞好评选先进党小组和优秀党员活动，接转组织关系；收缴党费，定期向党员发布党费收缴情况；做好党员和党组织的统计工作。

党支部宣传委员的主要职责

党支部宣传委员在支部委员会集体领导下，负责党支部宣传工作。其主要职责是：

一、根据每个时期党的工作任务，宣传党的路线、方针、政策。

二、了解和掌握党内外思想情况，根据中央和上级党委的指示，结合本单位的思想实际，提出宣传教育工作意见。

三、组织党员学习马克思列宁主义、毛泽东思想的基本理论，党在社会主义初级阶段的基本路线和党的基本知识以及文化业务知识；按时组织好党课。

四、指导和推动有关部门和群众组织开展科学、技术、文化知识的学习和文化体育活动。

五、充分利用广播、电视、黑板报等宣传工具，开展宣传鼓动工作。

党支部纪律检查委员的主要职责

党支部纪律检查委员在支部委员的集体领导下，负责支部的纪律检查工作。其主要职责是：

一、经常了解并向支部和上级纪委反映本单位党员执行纪律情况。

二、受理群众对党员的检举、控告；检查、处理党员违犯党纪的案件，同各种违犯和败坏党风的行为作斗争。

三、协同组织委员、宣传委员向党员进行党性、党风、党纪教育；对受党纪处分的党员进行考查教育；教育党员和非党群众保守党和国家的机密，提高革命警惕。

四、及时了解本单位人员的思想变化，分析研究发生泄密事故的规律性，做好防范工作；协助行政部门严格执行有关保密的各项规章制度，堵塞漏洞，保证安全。

党支部群众委员的主要职责

支部群众委员在支部委员会的集体领导下，负责联系职工群众工作。主要职责有：

一、围绕党的中心工作，关心、指导群众组织开展工作，帮助他们建立健全各项规章制度。

二、指导干部职工、群众努力学习党的基本知识，学习业务知识，提高理论水平和业务能力。

三、加强与职工群众的沟通和交流，经常了解群众工作的情况，发现问题积极帮助解决。

四、做好职工群众的思想政治工作，加强对职工群众的教育和管理。

2004年6月，华侨渔业新村党支部被中共防城港市港口区委员会评为“先进基层党组织”。此外，在华侨渔业新村副主任张桂枝的家中，我们看到门口挂有“港口区企沙镇农村党员教育培训——农家见习点”的牌匾。接着张副主任很高兴地谈起了这块牌匾的来历，说道：

这个大概是2006年下半年正式挂牌的。这是港口区正在实施农村党员教育培训“1211”工程时建立的。所谓“农村党员教育培训‘1211’工程”，是指在每个镇建立一个农村党员教育培训基地，在每个镇建立两个实验场，在每个村建立一个党员教育培训站，村里整合一批具有一技之长的农家作为见习点，形成“区、镇、村、农家”多层次、全方位的农村党员教育培训模式，突出抓好教育培训手段、科技信息推广、实用技术培训、培训成果转化和基地运作模式五项重点工作，全面提高党员素质和逐步改善生活水平。建立农村党员教育培训基地，是为了进一步提高农村党员致富技能，构建和完善以提高农村党员致富技能为核心的农村党员教育培训基地。我家只是这个农家见习点之一。我们村的华侨小学也在港口区的指导下，灵活运用现有资源构建了多层次的农村党员教育培训网络，配备了多媒体投影机、远程教学网站等现代化的教学设备，以“一镇一特色”的模式，还在我们企沙镇建成了以海洋捕捞业、对虾养殖场为基地的实验场。港口区还特意从南宁请来广西大学、广西民族大学、广西农科所等区内院校和科研所的专家，来到我们村给我们这些农村党员上课、科学充电。区里上一个项目，党员学一门技术，带一批群众，这样才能富一方经济啊。

（二）华侨渔业新村团组织

与其他地方一样，华侨渔业新村也设了一个团支部，目前，华侨渔业新村团支部设团总支部书记 1 名、委员 2 名。现任团支书为黄红芬，委员是冼就有和吴伶君。

为完善团组织的制度，加强管理，使团支书带领全村团员配合党支部组织的工作，华侨渔业新村团组织特制定了《团支书职责》，现摘录如下：

团支书职责

1. 负责召集支部团员大会和支委会，研究安排团支部的工作。

2. 及时、准确地向党和政府反映青年的意见和要求，代表和维护青年的利益。

3. 了解并掌握团员的思想、工作和学习情况，搞好经常性的思想工作。

4. 检查支部的工作计划、决议的执行情况和行政问题，按时向支部委员会、团员大会和上级团组织报告工作。

5. 抓好支委会的自身建设，加强集体领导，充分发挥每个委员的作用。

华侨渔业新村为了加强村里各部门之间的联系，相互配合和更好地完成上级的各项任务，以及更有效地处理突发事件，村委会和村支部共同制订了《村“两委”联席会议制度》。现摘录如下：

村“两委”联席会议制度

1. 联席会议由村党支部成员、村委会成员参加，人数须超过各成员的半数，由党支部书记主持。联席会议一般每月召开一次，也可以根据需要随时召开。

2. 联席会议的主要任务是：根据上级和镇党委、政府的有关要求和工作部署研究制定本村的贯彻落实意见；研究安排本村重要工作、重大活动；研究确定提交村民会议或者村民代表会议讨论决定的事项；研究讨论由村党支部任命、管理的村管干部建议名单。

3. 联席会议坚持民主集中制原则，联席会议形成的决定，村党支部成员、村委会成员要各自分工认真执行。

4. 凡村事务需决策的问题，都由“两委”联席会议集体讨论，提交村民会议或者村民代表会议讨论决定。

（三）华侨渔业新村的民兵组织

华侨渔业新村也建立了民兵组织。按照国防法规定：“民兵在军事机关的指挥下，担负战备勤务、防卫作战任务，协助维护社会秩序。”华侨渔业新村的民兵组织的成员是一些不脱离生产的村民，主要是居住在岸上的村民，一般为30～50人，其实行班、排、连、营的设置。目前营长为梁海金。

华侨渔业新村的民兵干部每年集中训练时间为30天，民兵训练时间为15天。通过训练，干部具备相应的军事技能和组织指挥能力，并提高开展本职工作的能力；民兵学会使用手中武器装备，掌握基本军事技能。华侨渔业新村民兵的具体职责主要是夜间巡逻，平时担负着维持村里安全的任务。

根据上级民兵组织的要求和规定，华侨渔业新村民兵组织特制定了《民兵营长职责》，现摘录如下：

民兵营长职责

1、主持全村民兵预备役工作。

2、负责村级民兵整顿、兵役登记、战争潜力调查工作。

3、负责召集全村民兵履行民兵职责，执行民兵任务，应付突发事件。

4、负责协助区、镇搞好征兵工作、军事训练工作、宣传教育工作和战争动员工作。

第二节　村民自治与法制建设

在中国，“村民自治”的含义包含四个方面：民主选举，即直选；民主决策，即通过村民会议决定重大的事项，通过村民代表会议研究日常工作；民主管理，即通过制定村民自治章程或村规民约，建章立制，实现规范化管理；民主监督，即实行村务、财务公开，民主评议干部，建立重大事项汇报制度。

一　民主选举

选举权和被选举权是每个公民依法享有的基本权利之一。2009 年 4 月 20 日，华侨渔业新村进行了新一届村委班子换届选举。在这次选举开始之前，华侨渔业新村有关人员做了大量的前期准备工作，核对有权参与选举和被选举人员的名单，且在各个村小组张榜公布已核对名单。按照以往的办法，选举可采取流动票箱和现场投票两种形式。投票均采用不记名方式进行，最后选出以宋小强为首的新任村委会成员。

二　民主决策

1985年恰逢农村家庭联产承包责任制的春风吹到企沙这个海边的小渔村。在召开全体村民大会后，在国家相关的法律和法规指导下，村委会共同商议决定制定了《企沙华侨新村生产责任制收益分配和各项规章制度条约》。现摘录如下：

企沙华侨新村生产责任制收益分配和各项规章制度条约

为进一步落实中央1981年一号文件精神，完善生产责任制，加强经营管理制度，调动社员积极因素，发展渔业生产，增加收入，为四化建设作出贡献，特订如下条约，共同遵守执行。

渔船承包性质：渔船承包后，经营渔业生产，一切盈亏属一对船船员集体共同所有；

盈余的分配原则，应先扣除当年生产成本，当年应扣缴渔船折价款、贷款利息、公益金、管理费，扣除当年中小维修费及提留的大修理折旧资金后，做船员分配金额。在纯分配中提5%~6%作为承包人员（4名）报酬，其余作为全对船船员工分分配。工分标准按1984年9~16分计，由船员评定。经营生产亏本的，当年亏多少，一律按船员工分底分负担；

渔船承包期满或中途处理卖船所得剩余残款除上缴30%给甲方外，余下的部分提15%~20%给承包者（4人）作报酬，30%~85%作为一对船船员工分底分分配；

渔船生产指挥，成本维修，上缴分配一切支出，由承包者合理决定，其他社员不得无理干涉，以免影响生产；

其他社员有事必须向承包者请假，批准后才可离船，否则作私自离船处理；

社员因工伤，药费由船主支付，1~3个月内工资照发，3个月以上至1年的，每月付给20元生活费（指受伤尚未好，不能参加船上工作的，经承包者认定）。因工死亡的，由船方负责埋葬费400元及一次性给家属抚恤金600元；

因自然生病的药费自己解决，船方不负责。但因出海生产自然得病者在船上死亡的，船方负责埋葬费400元；

社员因中途确有特别情况不能继续做船的，必须向承包者提出申请，经承包者同意，并计清当年盈亏数目，分担清楚，方可离船；

社员因工作不负责任或违反本船规章制度的，经承包者多次教育仍不改的，承包者有权将情况上报村委会，经村委批准后，承包者有权辞退社员，但要计清账目，属有盈余的，应合理付给被辞退人员；

对个别社员没有正确理由，又不经承包人员同意，便自动离开渔船的，当年或历年亏本，本人应负担债务；但有盈余部分的，船方不给支付；

每对船每年应上缴给村委会鱿鱼12市斤、墨鱼15市斤、中杂400市斤（鱿鱼按每市斤4.00元、墨鱼2.00元、中杂鱼0.25元计）。

以上规章制度，共同遵守，任何一方都不得违反。

监证机关：企沙华侨新村村委会

一九八五年四月十七日

全体村民共同推举村民代表，在召开村民代表大会后决定，华侨渔业新村渔民每一部渔船向村委会缴纳一定的船只管理费用，如表 2－1 所示。

表 2－1　华侨渔业新村渔民缴纳船只管理费情况

单位：元/艘

时　间	大船（灯光船）	小船（含木排）
2005 年以前	300	150
2008 年	400	150
2009 年	500	200

村委会从 2009 年开始，每年会向渔民征收一定的渔船管理费，灯光船是 500 元/艘，小艇是 200 元/艘，木排以及其他一些小木船每年也要缴一定的管理费。据悉，这些管理费是维持村委会日常运作的主要经费来源。

从村委会，我们也了解到政府有关部门发放给渔民的柴油补助情况（见图 2－2），补贴是按渔船的作业类型每年

图 2－2　村委会在发放渔民柴油补贴（2007 年 8 月 10 日　郑一省摄）

一次性发放的，现在由于物价上涨等原因，一年发放两次，拖网渔船补助标准是201.44元/千瓦，围网或者围网、刺网兼有的渔船补助标准是143.89元/千瓦，刺网、刺钓渔船补助标准是130.8元/千瓦。

每年给渔民发放柴油补助时，村委会都会对《防城港市XX年渔业作业用油补贴经费登记发放表（港口区XX－XX号船）》进行公示，表上注有渔船序列号、船名号、船主姓名、作业类型、主机功率、补助标准（元/千瓦）、补助金额、身份证号码、船主签领，签领日期等内容，表的左上角还盖有防城港市港口区渔牧兽医局的公章。表的最下方有单位负责人、审核人、会计、出纳、制表、经手人、页码等内容。

三　民主管理

民主管理，是指通过制定村民自治章程或村规民约，建章立制实现规范化管理。华侨渔业新村的民主管理，主要体现在1995年和2000年两次制定的村规民约中。现摘录如下：

华侨渔业新村村规民约（1995年）

我村于1995年1月10日召开各个生产组组长及部分群众会议，共同制定村规民约如下：

不准聚众赌博、打架斗殴；

晚上十一点三十分后，不准高声喧哗、猜拳及放高音音响；

不准乱砍滥伐本村防风林及在本村范围内挖地取沙；

不准违章建房及乱摆乱搭摊棚；

本村现有房屋不得擅自拆除；

不准乱倒乱堆放垃圾及杂物；

严禁吸食和贩卖毒品；

严禁播放黄色、反动、下流淫秽的音像和传阅黄色书刊。

本规约自 1995 年 2 月 1 日起生效，希共同遵守。

华侨渔业新村村规民约（2000 年）

为了维护企沙镇华侨渔业新村村委会辖区范围内的社会治安，使全村村民安居乐业，依法治村，加强综合治理，促进两个文明建设，结合我村实际情况，制定如下村规民约：

宣传普法教育，做到学法、知法和守法，自觉参加法律知识的普及教育活动；

企沙华侨管辖范围，由全村村民（含外来户）自觉遵守计生法规，违者报计生主管部门依法处理；

企沙华侨渔业新村管辖范围，集体和个人拆建和扩建房屋，需申报规划所及政府部门批准，领取完备手续，方可动工建设。建筑材料按城监指定地点堆放。不准阻碍街道交通，拆除废料自行运走，不得妨碍市容卫生整洁；

在华侨渔业新村范围内，街道两旁、公共场所按城监指定地点摆摊设点，不准乱摆摊棚、设关买卖和其他障碍物，村民群众不准在街道堆放杂物，不得乱扔死动物和污秽物品出街道及水沟，不准将建筑杂物倒入港池；

不准在本村范围内滥伐防风林，乱挖地取沙；

在本村范围内，凡因聚众闹事、打架斗殴、酗酒伤人、损坏他人财物、扰乱社会治安的，根据情节轻重进行处理，如触及刑事，报请公安机关惩处；

在本村管辖范围内，严禁聚众赌博、卖淫嫖娼、拐卖妇女儿童、吸毒等违法行为；

在本村管辖范围内，禁止搞封建迷信活动及“法轮功”等一切邪教组织活动，禁止采用问仙、卜卦、算命、看风水等进行造谣和诈骗群众财物；

严禁播放黄色、反动、下流、淫秽的音像，出租黄色书刊、唱片、录像、VCD等；

加强户口管理，在本村管辖范围内凡有外来人寄宿都要申报户口，外来人暂住要到派出所办理暂住证；

为了使我村工作得以正常运转，扩大再生产及办好公益事业，按规定上缴管理费。灯光船每年上缴300元，小船150元（含木排），船厂地费每艘200元，小船150元；

本村渔船按渔监部门划分的停泊区停泊，不得阻塞航道，不得在港池水内高速行驶；

在本辖区内，开设饭店、旅社、小炒店、桌球摊，经营时间不得超过午夜，12点后继续经营的小炒、冷饮等摊点一律不准划拳和放音响影响他人休息。

以上规定望全体村民（含外来人口）自觉遵守。如有违反者，视情节轻重报请有关主管部门依法处罚。

以上规约从2000年1月1日实施生效。

企沙镇华侨渔业新村村委会

二〇〇〇年

四　民主监督

民主监督，即实行村务、财务公开，民主评议干部，建立重大事项汇报制度。自华侨渔业新村建立后，村委会便陆续制定了财务管理与值班制度，并实行财务公开。

财务管理制度

对本村房屋及场地的出租，对村民临时困难补助、渔船及各船厂管理费的定额，由集体讨论决定；

严格财务管理制度，压缩村接待费用开支，如有特殊情况须接待的，一般控制在300元之内，并由村支书签字方可开支。对村各种费用的收缴由值班干部和会计制票，统一由吴如珍和闭正娇负责收钱；

村的收支要增加透明度，月清季度结，对本村的收支季末一律要公布上墙，并做好资金平衡表报村支书、主任各一份；

村干部的办公室费用：村支书、主任每年100元，其余干部（含计生专干）70元。

值班制度

村干部每星期的工作日不少于两天，除正常值班以外如遇村的水电费、屋租、船厂管理费收缴，本村的卫生工作以及党委的中心工作（如计生服务月、抢险救灾、冬修水利等）一律要参加；对村的突击工作，无理缺席的，扣除其两个星期的工资；对镇党委的中心工作无理不参加的，则扣除一个月的工资。

年终村干部的工资，按工分值来计算，即每人的工分底分乘以出勤日得出每人的工分值。

企沙镇华侨渔业新村坚持财务公开制度，2007年1～6月收支情况如表2－2所示。

表 2-2 华侨渔业新村 2007 年上半年收支情况

单位：元

收入项目		支出项目		
项　目	金额	项　目	金额	结余
收上交管理费	10450	事业费支出	107527	
上拨来事业费	83000	生活补助	16959	
其他收入	42000	其他支出	6662	
库存现金	60057	应付款	60000	
		库存现金	3859	60000
合　计	195007	合　计	195007	

五　法制建设

华侨渔业新村是靠近北部湾建立起来的一个小渔村，20 世纪 70 年代末 80 年代初期，受到越南排华事件的影响，大批越南华侨华人被迫回到中国，安家落户在企沙港的附近。随着中国改革开放以及中越关系的逐渐友好、中越边贸的开放，中越边民互动频繁，普法和依法治理农村工作更成为必要。

1995 年以来，华侨渔业新村村委会为了建设好本村，为村民提供一个良好的生活环境，不断加强普法、依法治理工作，如“平安村”建设、“安全社区”建设、“无毒社区”建设和“文明村”建设等。

华侨渔业新村为做好普法、依法治理工作，2006 年设置多名法制宣传员，成立专门的工作小组，针对各项易发不良事件积极开展帮教活动。其主要工作目标是：通过深化法制宣传教育，努力使广大人民群众学法、知法、守法、用法的自觉性进一步增强，法制观念和法律素质普遍提高，为该村创造一个良好的社会环境。村委会主要以“五五”普法为主线，以各种活动形式为载体开展普法宣传活动，如大力向村民宣传《民法》、《刑法》、《婚姻登记条例》、《计划生育法》、《妇女儿童权益保护法》、《选举法》、《村民自治法》等法律法规。同时，村委会组织村民积极观看普法宣传电影和法制宣传晚会。

为了加强法制建设和村民的安全工作，华侨渔业新村村委会特成立了社区安全保卫小组、安全社区帮教小组等。

（1）社区安全保卫小组。其成员分布如下：

组长为杨冰，男，村支书；

副组长为宋小强，男，村主任；

5位成员分别为：张桂枝，男，村副主任；吴寿春，男，村文书；梁海金，男，村干部；黄成就，男，村组长；黄振珠，男，村组长。

（2）安全社区领导小组。其成员分布如下：

组长为杨冰，男，村支书；

副组长为宋小强，男，村主任；李强，男，企沙边防派出所第一警区警长；

3位成员分别为：张桂枝，男，村副主任；吴寿春，男，村文书；梁海金，男，村干部；

下设办公室，办公室主任为吴寿春。

（3）安全社区帮教小组。其成员分布如下：

组长为杨冰，男，村支书；

副组长为宋小强，男，村主任；

3位成员分别为：张桂枝，男，村副主任；吴寿春，男，村文书；梁海金，男，村干部。

（4）安全社区调解小组。其成员分布如下：

组长为杨冰，男，村支书；

副组长为宋小强，男，村主任；

5位成员分别为：张桂枝，男，村副主任；吴寿春，男，村文书；梁海金，男，村干部；李远珍，女，村干部；闭正娇，女，村计生专干、妇女主任。

（5）治保会。其成员分布如下：

主任为张桂枝；

成员为刘威、黄成造、黄振珠。

（6）调解会。其成员分布如下：

主任为杨冰；

成员为宋小坚、吴如珍、伍婆带。

（7）社区卫生文体小组。其成员分布如下：

组长为杨冰，男，村支书；

副组长为宋小强，男，村主任；

3位成员分别为：张桂枝，男，村副主任；吴寿春，男，村文书；梁海金，男，村干部。

（8）妇联会。其成员分布如下：

主任为闭正娇；

成员为吴如珍、李远英。

（9）社区普法小组。其成员分布如下：

组长为杨冰，男，村支书；

副组长为宋小强，男，村主任；

3位成员分别为：张桂枝，男，村副主任；吴寿春，男，村文书；梁海金，男，村干部。

第三章　经济发展

第一节　概况与资源

一　概况

20 世纪 90 年代，随着中越关系的正常化发展以及国内市场经济体制的建立和完善，整个防城经济也随之有了一个新的发展机会。同时，由于国家加强对北部湾海域的建设，企沙港这个广西第二大港口的经济地位也日趋凸显。华侨渔业新村作为企沙港渔业发展的重要组成部分，渔民的命运也随之悄然发生改变。部分渔民开始放弃世代生活在海上的生活方式，上岸开始了新的生活。他们移居岸上，与当地的居民密切互动，并寻求新的经济生活方式，从单纯地依靠海上捕捞转变成以投资海上捕捞为主，海产品加工、旅游餐饮、边境贸易等为辅的生计方式。这部分村民多元化的生计方式在悄然改变着整个华侨渔业新村的生活理念。

据统计，2005 年华侨渔业新村全村生产总值为 1.1 亿元；2006 年为 1.3 亿元；2007 年全年生产总值为 1.58 亿元，人均收入上万元。

除了居住在船上的村民外，华侨渔业新村岸上的居民家庭电视普及率100%，广电网络覆盖整个村庄。有线电视入户率达90%以上。由于比邻企沙镇，华侨渔业新村的交通极为便利，在镇上可以直接搭乘私人的小三轮车去往该村。岸上的一些村民拥有自行车、摩托车等交通工具。华侨渔业新村通信也较为发达，全村岸上居民每家每户基本拥有程控电话或者是移动电话，部分家庭已经拥有电脑。整个岸上村民家家户户实现通电，通自来水。就华侨渔业新村海上居民而言，其渔船设备基本实现了现代化装备，如雷达、探鱼器、对讲机、无线电话、GPS卫星导航系统，可实现自动化掌舵，机械化取网等功能。

虽然华侨渔业新村距离企沙镇不到10分钟的乘车距离，但是到2008年1月，全村仍有8个代销点不同程度地经营着日常生活用品。1985年全村曾挖掘7~8口井，主要用于解决村民的生活用水问题。由于华侨渔业新村靠近海边，受盐碱地的影响，村里面的水井不能作为饮用水。村民的饮用水主要依靠村里面铺设的自来水管道供应。全村共有3个公厕，村落整洁，卫生良好。

二　经济环境与资源

与中国其他自然村屯或者是临海的渔村相比，企沙华侨渔业新村有着完全不一样的历史背景。可以毫不夸张地说，华侨渔业新村几乎是在一夜之间建立起来的小渔村。它是在20世纪中后期东南亚地区掀起大规模排华浪潮时期，由中国政府为安置越南的归难侨民而设置的华侨生活区。

作为广西重要港口中排名前二的北海港和企沙港，它们在20世纪中后期的归难侨民安置工作中有着不容忽视的地位。两港附近先后安置了90%以上的归难渔民侨胞，分别建立了现在的北海侨港镇和企沙华侨渔业新村。就华侨渔业新村而言，全村98%以上的村民仍延续归国前在越南从事的渔业生产，即家庭收入完全来自海上捕捞业。“靠海吃海”，仍是华侨渔业新村村民单一的经济生活方式和技能（见图3－1）。也正是这样一种单一的生活技能，迫使华侨渔业新村村民不能像其他的归侨一样选择到华侨农场或者是林场从事农业或林业和畜牧业的生产和生活方式。

图3－1　企沙镇华侨渔业新村的船舶（2008年9月5日　郑一省摄）

据统计，1979年底中国政府专门成立了筹建处，以解决华侨渔业新村的安置建设问题。到1980年，筹建处先后下拨400多万元的建材资金，在现在的企沙镇区南面修建了33幢、占地面积1.5万平方米的村落。国家还专项投资购买了6部135马力的渔船，划归华侨渔业新村（当时的渔业大队）集体所有。华侨渔业新村有约200艘渔船。每2～3户家庭拥有一部长7～8米、宽2～3米、仅靠风力航行的小渔船。

为了支援归国华侨安置点的建设，中国政府和联合国专项拨款救助。以下的部分数据和文件资料充分显示了当时的救助状况。

（一）联合国拨款

根据防城港市防城区侨务办公室1980年12月12日的资料，联合国难民署援助款下拨防城企沙华侨渔业大队数额如下：

（1）1979年12月18日，第一期下拨181812元（折款12万美元）；

（2）1980年5月14日，第二期下拨150650元（折款10万美元）；

（3）1980年8月8日，第三期下拨433320元（折款30万美元）；

（4）1980年8月29日，第四期下拨250461元（折款17万美元）；

（5）1980年11月15日，第五期下拨609640元（折款40万美元）。

联合国难民署援助款总共拨付五次，拨付金额为1625883元人民币，折合109万美元。

（二）1980年中国政府拨款

1980年中国政府的拨款信息，主要从广西壮族自治区侨务办公室的文件中体现出来。现摘录广西壮族自治区侨务办公室企业处计财组的文件如下：

防城县侨办：

现将我办历年来由我办直接拨款清单特公示你办。请查收。拨难侨生产、生活建设费一笔，实拨：220 万元；拨安置费、生活补助费一笔，实拨：35.3 万元；拨联合国援助款一笔，实拨：162.5883 万元。

区侨办企业处计财组

1980 年 12 月 12 日

根据防城侨务办公室的文件记载，截至 1980 年 12 月 12 日通过中国人民银行下拨防城企沙难民安置事业费如下：

（1）1979 年 7 月 19 日，由中国人民银行拨去难侨安置费 200000 元；

（2）1980 年 6 月 20 日，由中国人民银行拨去难侨安置费 40000 元（尾数）；

以上分别包括难民安置费，2000 人，每人 60 元，计 12 万元；生活补助费，2000 人，每人 60 元，计 12 万元。

（3）1980 年 7 月 30 日，由中国人民银行拨去 1980 年难侨生活补助费 20000 元和临时房修经费 3000 元；

（4）1980 年 7 月 31 日，由中国人民银行拨去 1980 年难侨生活补助费 50000 元；

（5）1980 年 8 月 28 日，由中国人民银行拨去文教卫生设施建设费 40000 元（2000 人，每人 20 元）。

以上五笔总计 353000 元。

（三）1981 年中国政府拨款

根据区计委桂计综字（81）21 号附件之（一）1980 年国家专项建设资金安置难民项目结转 1981 年计划，各续建设单位的结转项目，基本已完成，只有个别建设单位项目尚需结转 1982 年续建（见表 3－1）。

表 3－1　1981 年国家专项资金安置难民项目结转 1982 年计划

单位：万元

项　目	总投资	到 1981 年底财务累计完成	1982 年计划投资
防城企沙华侨渔业大队	300	230	70［按区计委桂计字（79）452 号文下达的生产性项目续建］
北海市华侨渔业公社	1200	960	240

此外，从华侨渔业大队成立之日起，国家每年都有专项渔业石油和低价柴油补贴政策。2002～2003 年国家逐步取消了渔政特产税，同时，国家向当地的渔民提供几十万的贷款。贷款的主要目的在于帮助渔民逐步转变经济生活方式，上岸从事多元化的生计方式。取消渔政特产税后，平均每条渔船每年可增收 2000 元人民币。同时，农业部从 2007 年 10 月开始给予渔民柴油补贴费用。每千瓦马力补贴 253.6 元，华侨渔业大队共计有 158.8 千瓦马力，农业部一次性补贴 4 万多元人民币，且有文件显示，现摘录如下：

关于下达 1988 年第二季度渔用石油分配计划的通知

各用油单位，沿海县、市、防城区水产局，北海、钦州、南宁石油分公司：

根据区石油公司桂石业字（1988）05 号文《关于下达

一九八八年第二季度石油分配预拨计划（通知）》精神，安排我区第二季度渔用石油分配计划（详见附表），现将有关事项通知如下：

根据自治区人民政府办公厅1988年1月20日《关于解决水利冬修用柴油、汽油问题的通知》决定以及区石油公司下达第二季度石油分配预拨计划的通知精神要求："区厅局农口单位，在安排第二季度计划时，应扣除一季度冬修水利用柴油后再安排。"按上述决定和要求，在下达第二季度渔用柴油计划时，已扣除冬修水利柴油4%。北海市虾业发展公司、侨港镇、防城县企沙华侨渔业大队用油也按此比例扣除。

1988年全年渔用石油分配计划尚未下达，根据桂石业字（1988）文件精神，当前我区成品油资源以及各种油资源相当紧缺。请各用油单位必须严格遵守，按渔业生产需要，作好统筹安排，适当组织滞价法，以弥补资源不足。

区石油公司、区水产物资供应站

1988年3月30日

有关给难侨专项柴油的安排问题，20世纪90年代初广西壮族自治区也有专门文件下达，现摘录如下：

广西壮族自治区计划委员会文件
（桂计财政字【1991】127号）

关于安排1991年难侨渔业生产专项柴油的通知

区石油公司、区水产局：

今年国家计委继续专项安排我区难侨渔业生产用平价

柴油3000吨。经研究，专项安排给北海市华侨渔业公司2250吨，防城县企沙华侨渔业公司750吨。请你们严格执行“专油专用”的原则，将柴油全部用于难侨油业生产，不准挪作他用。年底前，请将供应和使用情况报送区计委财贸处。有关商品换购事宜，请按自治区水产局有关规定从优办理。

广西壮族自治区计划委员会

1991年4月11日

以上的资料显示，企沙华侨渔业新村拥有着国家政策支持的良好软环境，这无疑给华侨渔业新村村民的经济生产活动提供了有利的政策保障。

据了解，1980～1993年，华侨渔业新村（原属企沙华侨渔业大队）处于人民公社管理时期，渔业捕捞按照既定的工分制度实行村民分红（见表3－2）。

表3－2　华侨渔业新村捕捞工分制

单位：分

身　份	工　分
船　长	16（最高线）
副船长	15（最高线）
水　手	0.5（最低线）

1993年华侨渔业新村为了完善生产责任制，加强经营管理制度，调动村民积极因素，发展渔业生产，增加村民收入，开始实施改革方案，即通过召开全体村民大会，邀请上级渔政部门对全村集体所有的渔船重新进行价值评估，并通过自愿、自负盈亏等原则，将集体所有的渔船承包给

个人。从此，华侨渔业新村开始了类似于中国内地农村的家庭联产承包责任制的时代。渔民走上自主生产、经营、自负盈亏的经济发展之路。

第二节　生产布局

一　渔业

渔业是企沙华侨渔业新村最为传统且最为主导型的产业。长期以来，渔业生产是企沙华侨渔业新村村民主要的生计来源。1993 年以前，企沙华侨渔业新村村民由于受到渔船小、捕捞设备较为落后等因素的限制，全村渔业生产以浅海捕捞为主，浅海捕捞的产量占企沙华侨渔业新村渔业总产量的 95% 以上。随着科学技术的发展，华侨渔业新村村民不断改进自己的渔船设备，且通过相关渔业部门的技术培训，渔业捕捞从浅海捕捞逐渐转为深海远洋捕捞，全村渔业产量不断攀升，成为整个企沙港渔业产量的龙头产业。企沙华侨渔业新村渔业的兴盛，带动了整个企沙港的发展，促进了相关产业的兴起，不少本地人或者是外面的人被吸引来企沙，投资兴建或发展海产品的加工、运输和销售。由于华侨渔业新村拥有的渔船数量占整个企沙港渔船数量的 80% 以上，大量的船只运转必定带动柴油供应、汽船维修和制造业的发展。外商老板来企沙的人口增多，客商来往频繁，进而也促进了整个企沙镇餐饮、住宿等服务行业的发展。这也使得整个企沙镇甚至是港口区新兴产业的生产规模急剧扩大，生产技术和加工技术不断提高，渔业生产的产量大幅度增加。企沙镇华侨渔业新村的渔业生产由此突破了原来单一的浅海捕捞方式，开始朝着多元化、集约化和规模化的方向发展。

（一）海洋捕捞

被当地人称为“做海”的海洋捕捞，是整个华侨渔业新村传统的渔业生产方式。1980 年华侨渔业大队成立之初，仅有 6 艘由国家下拨的 135 马力渔船，其余均是只能靠风力行驶的简陋小渔船。也正是由于当时航海工具简陋且没有机动引力，他们生产大多只能在附近海域作业，作业方式主要有拉网、放鲨鱼网、放墨鱼笼等，部分妇女劳动力主要从事挖沙虫、扒螺等滩涂作业。1985 年 4 月企沙华侨渔业新村的渔业大队开始实施渔船承包到个人的措施。据村支书介绍，当时承包给了 4 个小组，即由几个人自愿合作组成 4 个小组共同承包渔业大队公有的渔船。同内地许多农村的家庭联产承包责任制实施后的效果一样，渔船在承包给个人后，改变了过去渔业生产由于投入的人力、物力过少，生产发展缓慢，甚至出现停滞状态的局面。以家庭为主要生产单位的浅海捕捞业发展迅速，渔民的生产积极性得到极大的提高，同时，渔民也开始积极思索更有效的捕鱼方式，提高捕鱼技能，增收、创收，使得整个渔业大队的渔业产量不断增产。渔民家庭的经济收入随之得到不断提高。由于浅海捕鱼渔船增多，渔业资源减少，再加之渔民经济收入增加，部分渔民开始投资购建新的大型渔船，尝试以深海捕捞为主的渔业生产。20 世纪 80 年代末到 90 年代初期，华侨渔业新村改进后的渔船成本在 10 万～20 万元人民币之间，渔船上专门安装了照鱼灯和船载电话，较为先进的则安装有雷达定位系统。先进科学技术使得这里的渔业产量和渔民收入增加。

在此期间，华侨渔业新村有 10% 左右的渔民由于经济生活条件的好转，已经放弃出海打鱼的生活，在岸上修建了自己的房子，开始了岸上人家的生活。村副主任张桂枝就是其中的一个。在谈起家庭渔业生产时，他讲述了自己从出海打鱼到上岸生活的经历。他说道：

> 我出生在越南，回国之前我一直和家人居住在越南的下龙湾，和父辈一样从事捕鱼生活。1979 年秋季我和我老婆带着 4 个孩子（两男两女）一起坐着我们自家的渔船从越南逃回中国。那时我已经 24 岁了。由于我祖籍是企沙，所以当时回来后就直接安置在了企沙。1979 年回来时，当时企沙华侨安置点还没建起来。现在看到的华侨渔业新村基本上是在 1980 年才真正建成的安置点。我们那个时候回来后，在岸上没有房子可以居住，一家人只能挤在自家的渔船上。渔船大约长 5 米、宽 2 米。一家六口人就在这条渔船上开始了回国后最初的生活。
>
> 刚回来的时候，由于我们家自己有渔船，所以也就可以马上开始生产，最初是“单干”，也就是没有像其他人那样要依靠渔业大队的渔船才能生产。由于自己做得比较好，1982 ~ 1983 年我被选为“致富能手”，也就是说最早的“万元户”吧，去防城港参加致富经验交流会。
>
> 后来经济条件好了，我年纪也大了，就不出海打鱼了。我现在把家里的渔船都交给年轻人，我也就是在家帮他们卖卖鱼什么的。我家最早建造大船是在

1992年，大约是20万的造价。加上以前原有的几部小船，我们全家人都在渔船上打拼呢。我家现在还有2艘渔船，主要是我两个儿子和大女儿、女婿在负责。两艘渔船分别是1994年和1997年建造的，造价在40万~100万人民币之间。渔船空间面积大约有400平方米。1979~2008年近30年间，我们家连维修带换新船一共6艘渔船。

2000年，我在企沙镇买了地修建了120平方米的三层欧式小洋楼。房子修了快十年了，比不上现在很多新修的房子那么好看了。现在很多华侨渔业新村渔民房子比我家还豪华气派！我们家的房子现在主要是我和我老婆，还有我的小儿子一家三口、小女儿一家三口居住。大儿子和大女儿他们都居住在渔船上。

我的4个孩子有3个还在海上打鱼，只有我的小女儿不再出海打鱼了。其实她以前也是出海打鱼的，我女婿也是本村华侨渔民，结婚后他们有自己的渔船，也一直出海打鱼。2003年，他们出海打鱼的时候遇到台风，被海浪打沉了，幸好救援队员及时赶到才保住了他们的性命。上岸后，渔船也没有了，损失很大，没有那么多的资金再次投资建造渔船，所以他们现在改行从商，也就是在岸上做点卖柴油的生意。

2008年1月7日上午10点，应张副主任热情邀请，我们参观了他家的渔船。

几乎是每个早晨，企沙港都显得格外的繁忙，大大小小的渔船都在清晨回到港湾，把满载而归的丰收喜悦带给整个小镇。张副主任家的渔船也是在这样一个喜悦的早晨幸福归航的（见图3－2）。

图3－2 渔民们丰收的喜悦（2008年9月5日 郑一省摄）

不觉间来到张副主任家的大船边上，我们费了一番力气才从小船爬到大船上。船上一切装备出乎我们的意料，所有设备一应俱全。整条渔船分为三层，最下面一层是装鱼的船舱，每次出海之前整个船舱都要装上冰。因为每次出海都要几天，要是去深海捕鱼最长可达15～20天，平时一般在一周左右，所以每次打的鱼就要放在船舱内用冰冻起来。船的第二层由甲板和较大的船室组成。船的两头是甲板，船头的甲板较宽阔，装卸鱼的窗口就安置在此。船尾的甲板可以说是渔民的生活区，包括做饭、洗衣等，主要有煤气灶、电饭锅、空调、电扇、大水桶，还有干净的卫生间等设备。二层的船室较大，从室内的摆设可以明显知道这是船员们的娱乐区。船室里面放着一台电视机和一部录像机，一些碟片零乱地堆放在一边，可以想象这就是船员们出海唯一的消遣了吧。在室内的一边安装着许多电瓶，其功能主要是供应船上照鱼灯的发电需求。另一侧是四间狭小而阴暗的房间。房间里面安放着一些床，有些是上下铺的双人床，有些是低矮的单人床。这也是水手和船员的卧室。在靠近船头的房间里面有一个神龛，祭拜的香火还燃着。船的第三层是由一个开阔的阁楼、船长卧室和驾驶室组成。与船员的卧室相比较，船长的卧室显得格外宽敞和舒适。在驾驶室内可以看到整个渔船的核心部分，这里有全球定位、卫星导航系统，以及船载电话、对讲机、探鱼器等先进设备。总体而言，整条渔船包括许多较为齐全的设备。据调查，这是近百万造价的渔船才能拥有的设备，一般的渔船很难配备。

张副主任毕竟还拥有自己的大渔船，但是，村里大部分渔民是没有自己的渔船的。尤其是一些20多岁的青年，他们只能给有船的渔民做水手。张副主任的侄子就是华侨渔业新村众多水手中的一个。像张副主任侄子这种类型渔民的生活状况就与船长完全不同，他这样说道：

> 我小学五年级毕业后就没有上学了，跟着大人出海。那个时候是好玩跟着跑跑，专门给人家的渔船做水手是三年前吧。我家没有自己的大船，这船是我大伯的，我才能跟着堂哥跑船出海。
>
> 我们水手的主要任务就是，出海前主要负责装箱，把用来装鱼的箱子放到船舱。出海后，白天也没有什么事情，因为捕鱼一般是在晚上进行，通常是晚上9：00左右开始下网，每隔一个小时收一次网。尤其是现在主要捕捞鱿鱼，也就是在晚上开灯照鱼，然后

撒网。一般这样大的渔船撒网是不用人工的。人工是小船的活，撒网也就是水手的事情了。撒下网后，过上一个或者半个小时，有时候也是一个晚上，渔网拉上来。大的渔船拉网也是机器操作的。把渔网拉上来后，就是水手最忙的时候了。水手要对渔网里面的鱼进行分类。分好类后，把不同的鱼放进船舱里面的装鱼箱子。然后，把船舱里面事先准备好的冰也装进每一个装鱼箱，以免鱼腐坏变质。除了做这些事情外，水手还要负责打扫整条渔船的卫生。比如在拉网上来后，要清理甲板上的污秽。渔船回港后，把鱼装运到岸上后，水手要负责清洗一下船舱。平时没有事情的时候，水手就跟着船长学开船，学些技术。毕竟希望等有钱的时候也能买艘渔船自己出海。

水手的工资是按照每次出海回来后的总利润提成的。像我们华侨渔业新村一般是按小船5%、大船3%的标准进行利润提成。也就是说，要是这次出海打鱼后卖鱼所得扣除所有成本后的利润是3000元的话，那么水手就可以得到90元（3000元×3%）的提成。其实这就是风险共担的过程，船长赚得多，水手也就跟着赚得多了。每个水手基本上都想着等攒够钱了就自己买船，然后自己做船长。

每年的这个季节是鱿鱼最多的时候，因此照鱼灯主要也就是针对鱿鱼的。光是捕鱼网就有几种，有拉网、鲨鱼网，也有笼诱的。先说鲨鱼网吧，那是在我小时候见过的主要捕鱼工具。记得那个时候，和大人去到离岸十多海里远的海域放鲨鱼网，由于当时有马力的船只比较少，出海完全依靠手工划桨，体力消耗较大，因而在机动船只普及之前往往只有青壮年男性渔民从事这一海上作业。鲨鱼网主要是为了捕捞大条的鱼而设置，并非只捕捉鲨鱼。现在还有少数村民家庭仍然保留一定数量的鲨鱼网，但由于产量不高，以此为业的家庭并不多。其次，设笼诱捉墨鱼也曾是我们的一种比较不费劲的捕鱼方式。放墨鱼笼也要出到离岛稍远的海域。在墨鱼产卵时节，我们去到墨鱼活动频繁的海域，把鱼笼投入海中，静待墨鱼入笼。墨鱼以为鱼笼是其栖身产卵之地，往往会不加分辨便鱼贯而入。如果“公鱼”（雄性墨鱼）先入笼，一般就是一笼一条，而如果是“母鱼”（雌性墨鱼）先入笼，则往往会有七八条甚至十几条入笼，所以过去这种捕鱼方式收获颇丰。放墨鱼笼一般都是前一天傍晚之前投笼，第二天清晨收笼，收完再放。虽然现在没有专门的渔船这样放笼了，一是因为墨鱼数量日见稀少，另外是我们捕墨鱼的工具也由墨鱼笼变成墨鱼筒。拉网捕鱼是较为传统的浅海捕捞方式，但是现在也一般是大船才能这样做。现在的拉网不像以前的拉网捕鱼了。以前看大人们捕鱼是在靠近陆地作业的，生产较为安全。拉网一般以20~30人为一组，男女均有，以50多岁的男性劳动力和妇女为主。拉网捕鱼的方法，是先用船在浅海渔场周围撒网，将鱼群围成一个半月形的包围圈，然后众人从网的两端往岸上拉，将围住的鱼群拉上岸。由于现在近海的渔业资源逐渐减少，拉网捕鱼的产量较低，鱼的品种不断减少，品质也在下降，所以，现在的大船拉网是先用探鱼器探测到附近海域有比较多的鱼群时，就撒下渔网，然后开船或者是不开船随水的方向漂，在这个过程中捕捞鱼群。也有的渔船是炸鱼的，其实现在渔政部门和小船户主最不希望大船户主炸鱼和拉网了，因为这样很不利于他们的捕捞。

在谈到这几年华侨渔业新村渔船设备的变化时，张水手很兴奋地说：

这几年我们村的渔船设备不但有变化，而且可以说是变化相当的大。就拿我大伯他们来说吧，他们年轻的时候出海捕鱼只能依靠看天象、看星星和月亮来断定最近是不是有台风，或者是不是该出海之类的事情。而且，在海上航行的时候也是要依据天象和指南针来判别航线的。有时候，尤其是大雾的天气难免不和其他的渔船相撞，也有些是触礁的。那个时候不像现在可以听天气预报。由于当时没有及时的天气预报消息，因而渔民出海前难以预测风浪的到来，常常有渔民因此而葬身海底①。尤其是每年农历的二三月份，这种事情最易发生。现在就不一样了，1995年后，我们村的大船基本上都是由雷达导航，这样即使是在夜间航行或者是遇到大雾的天气，渔船可以根据导航系统的提示及早避开前方的障碍物。近几年，企沙港区域安装了一个发射塔，保证海上几百海里内通信信号的畅通。此外，撒网和取网的机械化，探鱼器、对讲机、船载电话、无线电话、自动舵和几千瓦的大灯泡

---

① 渔民固然会游泳，但船被风浪打翻之后由于没有食物和淡水，遇难的人很快就会渴死或者饿死。

等在大船上都配备齐全。由于夜间部分鱼群都有趋光性，尤其是鱿鱼，所以这个季节大船上都装有许多灯泡。这样的话，只要是晚间把灯泡都打开，鱼群就过来自投罗网了。要是以前的话，根本就不可能。听我父亲说，那个时候用罗盘针捕鱼，每年最多只能赚2万～3万元，安装现代化设备后，光捕鱼量就是以前的十几倍呢。

华侨渔业新村的水手基本上是男性，不过华侨渔业新村的女孩子也同样是要出海的。女人在结婚之前跟着自己家的船出海，结婚后跟着老公的船出海，她们偶尔也会在浅海或者沙滩上挖沙虫和扒螺。华侨渔业新村的小孩子也喜欢去挖沙虫之类的。不过一般情况下，这类活也只是妇女和儿童才做，因为挖沙虫和扒螺这两种作业方式对体力的要求不高，但需要耐心，比较适合妇女和儿童的生理和心理特点。等到傍晚退潮了，企沙镇海港的沙滩就会露出滩涂，便可以看到很多人在这里挖了。由于食用价值和经济价值都相对较高，沙虫和螺很受当地人的欢迎。在企沙镇的饭馆里面也专门有这道菜。这边的人很喜欢拿它来做汤、煲粥等，因此沙虫和螺就成为部分村民捕捞的重要海产品。

（二）海产品加工

企沙渔业加工兴起于20世纪末期，由于海产品非常丰富，种类繁多，既有名贵的鱼、虾、蟹，又有文蛤、海蜇及其他贝类等海产品。近几年来企沙的海水养殖、捕捞业发展较快，每年全镇的海产品产量都达到2000吨以上，产品源源不断地运销国内市场，一些海产品经过加工后远销欧洲、东南亚、日本和港澳台等国家和地区，因此，大力发展海产品加工业对带动当地海洋渔业的发展、促进农民增收起着重要作用。企沙政府的主要措施是：（1）制定优惠政策，积极对外招商引资，吸引外来投资者到企沙镇创办海产品加工企业、冷冻厂等；（2）积极配合加工企业主管部门抓好原有海产品加工企业的改制、改造和技改工作，使企业增添新的活力，满负荷生产，提高产品质量和市场竞争力，增加效益；（3）积极鼓励当地农民自筹资金，采取独资、合股或者联营等形式办小型海产品加工厂及配套企业，进行海产品初加工，为大企业服务；（4）抓好基地建设，积极引导企业与养殖（捕捞）户建立挂钩联系，签订海产品购销合同，采取“企业＋基地＋农户”的模式，稳定企业的原料供应，维护双方利益。在这样一种政策的导向和支持下，企沙华侨渔业的发展逐渐改变了原来单纯依靠出海打鱼的经济生活方式，部分渔民开始尝试和外商合作，或者是与内部村民筹资等形式创办渔业加工厂。海洋渔业资源是企沙华侨的生存之本，但是随着经济的发展，华侨渔民更应多元化、高效率地利用海洋渔业资源，而发展渔业加工不失为一种较好的方式（见图3－3、图3－4）。

随着捕捞技术的不断提高，渔船数量的增加，从事渔业生产的人数也在增加。同时，渔业产量的增加，促使一部分人开始转变经济生产方式。20世纪90年代末期，华侨渔业新村的少数村民开始尝试加工海产品。但由于担心受到销路以及加工技术等多方面因素的制约，海产品加工业并不发达，多数加工是附带性的，主要加工那些保质期短

图 3-3 渔民们在进行海产品加工
（2008 年 9 月 12 日 郑一省摄）

图 3-4 晾晒的海产品
（2008 年 9 月 12 日 郑一省摄）

而无法在短时间内卖出去的海产品，如咸鱼、鱿鱼干等。早期村民加工后的海产品，多用于与周边农民换取稻米、木薯等，可以直接卖钱的不多。近几年的海产品加工业逐渐兴起，尤其以季节性的海蜇加工为主。每年的春夏之交是海蜇捕捞的旺季，企沙的海蜇加工业十分兴旺。许多华侨渔业新村渔民自己投资做或者和外商合作开办加工厂，工人多来自华侨渔业新村以及附近地区的农村，以青年女子居多。加工厂收购企沙港村民或者华侨渔业新村村民所捕获的海蜇，在企沙镇加工之后运销广东等地，也有少量在当地销售。海蜇的收购价格随市场行情而定，每只海蜇的收购价一般在 2～5 元之间。

目前，华侨渔业新村有 12 家小型海产品加工厂，都是个体的。这些海产品加工厂一般把一些小的鱿鱼、白矾鱼晒干。大一点的加工厂搞深加工，像一家名为“新飞泰”的加工厂便是深加工一些鱼虾类等。

刘某，女，32 岁，企沙某海蜇加工厂工人。她向我们谈起有关海蜇加工厂的情况，说道：

我在这个海蜇厂工作快半年了吧。这个厂是前年建的，也不是每天都开工的。海蜇加工是个季节性的活，比如说，7～9月是海蜇生长活动的旺季。每当这个时候，附近的渔民就会大量捕捞海蜇，加工厂就会日夜工作，还会请很多的工人。要是淡季的话，加工厂的工人就不多了。像现在看到的这个样子，就十几个、几十个人。

我们的工资并不高，但是比在家没有收入要好些，所以也就来做了。有些厂是按量计工资，有些是按你做的活（难度）不一样，计算工资，还有的就按时间吧。不过按时间的比较少。工人也是经常换的，有些人做做又不做了。像我们这样的活也不需要很难的技术，一般都是妇女做这个，过来看看，跟着做几天也就学会了。

我们厂加工的海蜇一般是做成干货后卖到内地其他的城市啊，不过听他们说一般是卖到广东、香港那边。因为那边的人也近海嘛，可能也比较喜欢吃这个东西。这几年也开始卖到国外了，有些越南老板也来要货，还听说卖到欧洲呢。我也不知道这是不是真的。

据说海蜇脂肪含量极低，能软坚散结，行瘀化积，清热化痰，对气管炎、哮喘、胃溃疡、风湿性关节炎等都有一定的疗效，食用海蜇能扩张血管，降低血压，防止动脉硬化，补充碘等。我们这边的人也常拿它来治病呢，可治老年慢性支气管炎，咳嗽久作等症。海蜇还是很好的保健食品，具有扩张血管、消痰散气、润肠消积等功能，特别是从事理发、纺织、粮食加工等与尘埃接触较多的工作人员，常吃海蜇，可以去尘积、清肠胃，保障身体健康。我们这边的人比较喜欢放醋后凉拌着吃。

其实海蜇的挑选也是非常有讲究的。一般在市场上卖的海蜇，分海蜇皮和海蜇头吧。好的海蜇皮应呈白色或浅黄色，有光泽，自然圆形，片大平整，无红衣、杂色、黑斑、肉质厚实均匀且有韧性的最好；无腥臭味；有韧性；口感松脆适口。差的海蜇皮皮泽变深、有异味，手捏韧性差，易碎裂。好的海蜇头应该呈白色、黄褐色或红琥珀色等自然色泽，有光泽，只形完整，无蜇须，肉质厚实有韧性，且口感松脆。差的海蜇头呈紫黑色，手捏韧性差，手拿起时易碎裂，有异味和脓样液体。现在越来越多的人用褐藻胶等为原料生产人造海蜇皮，人造海蜇皮（丝）与天然海蜇皮虽然外观相似，但绝对没有天然海蜇皮那么好的营养成分。

附：海蜇加工资料

海蜇的含水量在95%以上，又加上产在温度较高的夏秋季节，不及时处理，很易腐烂变质，加工方法不妥，也会造成质量差和出成率低。海蜇的加工方法沿海各地不一，比较科学的是三矾加工法。

（1）初矾。用竹刀沿海蜇伞体腹面将颈部与头（包括红墩）割下，蜇头集放一旁，待后处理；摘除蜇体腔内的蜇花（积存以备加工）；用竹刀割去伞体腹部的白色膏膜和血衣，用海水洗刷干净。在缸（池）内注入少量的海水，其水量以蜇体可活动开为准。按100公斤鲜蜇体明矾0.5公斤计算用矾量。将所需的矾粉（明矾要提前粉碎成细末）

放进水中搅拌均匀，在投放蜇体过程中，要轻轻搅拌，使蜇体能够均匀吸收矾液。经15小时左右即可捞出，背部向上垛放在筐中，沥水2～3小时，然后再进入二矾。在沥水期间，须自上而下地倒动一次，使之脱水均匀并防止蜇堆中间发烧“走肉”，以免影响质量和出成率。

割下来的蜇头经5小时左右（温高时间要短，温低时间要长），让污液渗出，触须烂掉，用海水冲洗干净。在缸（池）内按每100公斤蜇头明矾0.5公斤配好适量的矾液，蜇头投入后要搅拌均匀，经20小时左右即可捞出，盛在筐中沥水1小时左右，再进入二矾。

经过初矾后的蜇皮和蜇头的重量约占鲜蜇重量的50%。

（2）二矾。初矾蜇皮沥水后，每100公斤用盐矾混合物（食盐和明矾的比例为100∶4）15公斤进行腌制。腌时将蜇皮平放在木板上，每张皮用盐矾混合物一把，撒在膛心上，逐个垛盐3～4张时平放于缸（池）内，腌满后，加盖封顶盐，经5天后即成二矾蜇皮。蜇皮捞出后，在地板上垛起约33厘米高的斗笠形小堆，沥水4小时左右再进入三矾。沥水期间要自上而下地倒动一次。

初矾蜇头沥水后，每100公斤用盐矾混合物（比例100∶1.5）14公斤进行腌制。腌时先在缸（池）底撒盐矾混合物少许，然后将蜇头投入，一层蜇一层盐地逐层腌制，每层厚度为20厘米左右，每层都要用力踏实，腌满后，加盖封顶盐，经5天左右即可捞出，沥水1小时后再进入三矾。

二矾后的蜇皮和蜇头重量占鲜蜇重量的20%左右。

（3）三矾。二矾蜇皮沥水后，每100公斤用盐矾混合物（比例100∶1.5）18公斤进行腌制，腌时将蜇皮摊在木板上，用盐矾混合物一把，均匀地撒在蜇皮上，逐个腌制，每6~8张为一叠，平放池中，满池后加盖封顶盐，经7天后即成为三矾蜇皮。卤液的波美度（Be′）要求在22~23之间。

二矾蜇头沥水后，每100公斤用盐矾混合物（比例为100∶1.5）18公斤进行腌制，腌制方法同二矾蜇头。经7天后即成三矾蜇头，卤液的波美度在22左右即可。

蜇皮和蜇头的混合出成率一般在10%左右，其中皮占成品总量的40%，头占成品总量的60%[①]。

二 与渔业相关的产业

一个产业的兴盛势必带动其他相关产业的发展，企沙华侨渔业新村渔业的发展也是遵循着这样一种规律的。企沙华侨渔业新村的相关产业主要有以下几种：

（一）柴油供应

20世纪90年代末期，华侨渔业新村的渔民逐步将单纯依靠风力和人力的渔船改装或替换成动力渔船。自然，柴油和煤矿成了华侨渔业新村渔民不可或缺的资源。换句话说，柴油和煤矿的供应直接关系着当地渔业生产能否顺利进行。

企沙华侨渔民黄某，男，48岁，就与他们打鱼息息相关的柴油问题，谈了自己的看法。从中不难反映出，华侨渔业新村渔民的担忧和生活的艰难。他这样说道：

---

① http：//baike. baidu. com/view/603759. html？ wtp = tt.

我们华侨渔业新村的渔船基本上用的是柴油。现在是物价都涨啊，柴油价格也很高了，现在我们的打鱼成本高了。以前是1000多块钱每吨，现在翻了三倍多，都将近4000（元）每吨了。想都不敢想啊！

我们华侨渔业新村大部分的渔船所用的柴油都是国家由中石化那边提供的。但是让我们不解的是：我们企沙港是整个广西第二大渔港，在企沙附近竟没有一个专门的供油站。我们的油只能靠油罐车或者是小型输油管供应。很多时候都出现柴油紧缺的现象，迫于无奈，我们渔民只能从一些油商那里购买一些高价的柴油，或者是一些低价低质的柴油。由于我们这边渔船数量多，柴油紧缺，油价利润空间大，柴油走私现象也就多了。那些油商一般都会联合起来定价，也就是常说的垄断经营吧。你渔民要出去打鱼就必须要柴油，即便价格较高也是没有办法的事情。加上我们现在渔业资源日益枯竭，渔船作业成本大幅增加，居高不下的油价迫使渔民对走私油的依赖越来越大。许多渔船每趟只购买出海所需的少量合法柴油，生产作业用油直接在海上向走私油船购买，每吨差价约500元。

其实就这样的现象，应该也是有解决办法的。我个人觉得最好还是希望国家能通过宏观调控对油价实行限价销售，在企沙港附近修建一个较大的供油站。当国家合法供油的价格达到渔民的承受能力时，渔民自然就不会违法购买走私柴油了。这样的话，走私油商也会因为没有利润空间而放弃违法行为。

关于企沙镇的柴油供应问题，我们还访谈了企沙华侨渔业新村油商张某（女，29 岁），她这样说：

> 我们家做柴油供应的生意开始于 2003 年底。其实我们家以前也是和村里其他人一样出海打鱼的。后来在海上遇到点事故，我们家的渔船沉了。上岸后没有那么多的钱再造船了，所以只能转行做这个了。
>
> 和以前出海打鱼的生活相比较，两者各有利弊吧。我们村好像就我们一家（经营柴油），但是外面的有好多人在经营，既有企沙的人在做，还有外面的老板来做，有时候还有越南那边走私过来的油，所以说竞争还是比较大的。而以前打鱼的话，收入也还可以，就是比较辛苦。现在做这个就是不用出海，不那么累。白天的话可以在家休息，要是有人要买油了就出去看看。晚上的话就守着店就好，也就这点事情。平时我老公去外面要货。现在油价高了，我们的生意也比前几年难做多了。

（二）制冰厂

走在企沙镇的街上可以见到几处挂着“有冰出售”或“冰”等字样的牌子。起初我们不是很明白其间的奥妙，经多方了解才明白，原来冰和柴油等一样是渔民出海打鱼必备的物品。随着近几年渔船的增多，制冰厂和冷冻厂也逐渐增加。

20 世纪 80 ~ 90 年代，整个企沙镇有 3 ~ 4 家国营或者集体性质的制冰厂，华侨渔村的集体制冰厂——“大船队制冰厂”就是其中一家。后来这些厂因设备陈旧、经营不善等原因都破产了，现在镇上的制冰厂都是私人办的。这些后来建的制冰厂，有一部分是企沙镇人承包了原有破产的制冰厂而购买新设备重新投入生产的，有一些是外地人直接投资创办的。目前企沙有大船队制冰厂、卫东制冰厂、新飞泰制冰厂等6家冰厂。其中3家是大型的，另外3家是小型的。华侨开的制冰厂被人承包的只有大船队制冰厂一家，现在仍用原名。卫东制冰厂是钦州老板投资创办的，其余4家都是企沙镇人办的。

企沙镇的这些制冰厂生产的规模和人数各有不同。小型的制冰厂一般日产冰10吨左右，全厂3~5人；大型制冰厂日产冰80~100吨，全厂20~25人。制冰场实行两班工作制。制冰厂产的冰呈长方体状，长1米，宽0.55米，高0.2~0.25米，一条（块）冰（当地人说一条冰）重约100公斤，出厂价是8元/条~12元/条，渔民通过冰商买一般是15元/条~16元/条。一般来说，华侨渔业新村的渔民大都采用本镇生产的冰块，不过，我们在调查中发现，企沙渔民的冰块供应也有许多来自防城那边的冷冻厂运输过来的冰块。

由于华侨渔业新村的渔民大都居住在船上，平时很少下船。因此，为了方便渔民们，出现了许多以补给船只冰块的运冰船和从事这些行当的船工（见图3-5）。

根据华侨渔业新村村委会的登记，从事冰块运输的运冰船有15艘。运冰船一般长10米，宽4米，购置一艘运冰船大约要1万元，船上的碎冰机大约要4万~5万元，运冰船的发动机与碎冰机的功率差不多，一般都是11~15千瓦。运冰船的工作人员一般有3人，一人负责碎冰，一人负责吊运冰块，另一人负责开船和开启吊冰的设备（见图3-6、图3-7）。

图 3-5　企沙镇港湾中的冰块补给船
（2009 年 11 月 3 日　郑一省摄）

图 3-6　冰船的船工正在将冰块吊入压碎机
（2004 年 10 月 10 日　郑一省摄）

从事制冰的制冰厂老板和运输冰到渔船上的船主，由于长期在这里做生意，自然认识很多渔民，而且价格不是很高的话，还会有很多固定的顾客。正如企沙镇制冰厂某

图 3－7　船员们将碎冰灌进冰库中
（2004 年 10 月 10 日　郑一省摄）

厂老板所说的那样：

由于我的价格比较合理，久而久之就与一部分老顾客建立了长期的合作关系。一般他们只要给我个电话，等他们的船回来了，我就派人把冰给他们送到船上。一般来说我们这一行的顾客也是比较固定的。

我们是先用船把冰块装到港湾里，到了顾客的船边的话，就用小吊车把冰块起吊，装进一个碎冰机器里面，然后通过传送带把已经捣碎的冰块输入顾客渔船的船舱。我们厂的服务也好，所有送货、捣碎冰的费用是包含在货物价格里面了的。一般也就不另行收取其他费用了。

我们这些制冰厂主要是供应华侨渔业新村的渔船的，因为他们村的渔船绝大部分都是深海作业的大船，每次出海打鱼都少不了冰块。至于冰块的数量，这个是需要根据渔船大小而定的。一般来说大船出海时需要1000块左右，小的渔船也就是几百块。这个也要看他们船舱的大小，以及出海打鱼的季节。鱼多的时候或者天气热的时候就更多些，毕竟不能让鱼坏死在海上嘛。

（三）运输业

企沙港作为国家一类口岸，同时也将建设多方位、立体式的交通体系。从南宁到企沙的公路已经达到一级公路水平，南防铁路直达企沙的路段也在改造和筹划复线建设中。多方位的立体式交通枢纽给企沙港运输业的发展带来了巨大的契机。在企沙港的码头上每天都能见到来来往往的车辆，装货、卸货，异常忙碌。尤其是在早上，当渔船归来的时候，总有大大小小来自各地的卡车等待着把这些海产品运输到各地的市场。

我们在企沙港码头采访到钦州渔商老板翁某（女，37岁），她的话无疑代表了部分来自外地的渔商的感受和看法。她如此说道：

我是从钦州过来的，我和我老公都是跑鱼生意的，我们在钦州有个鲜鱼批发点，来企沙这边做生意也有好几年了，这边的鱼比我们钦州那边的种类要多，数量也多，所以常过来买鱼。但也不是说每天都来，主要根据我钦州那边的出货情况。要是出货快、需求量大的话，我就要每天过来。一般是早上来，因为华侨（渔业新村）的渔船通常是早上回来卖鱼。

我们有的时候也跑北海去要鱼，但是企沙离我们比较近，交通费用成本就少一点，所以就常来这边要鱼。

我们钦州那边也有很多人来这里要鱼的，有些人不是把鱼销回钦州，而是和外面的一些老板合作吧，他们作为当地人来这边要鱼，然后直接发货到内地。比方说南宁、广东、浙江那边也有。还有的鱼直接出口外国呢。你现在看到很多车来拉鱼吧，有些是直接拉回去卖鲜鱼的，也有的是去加工了，包装成成品销往外地。

我家有自己的货车，因为经常过来要鱼，有自己的车比较方便一些。现在比前几年好多了，从钦州到企沙的路基本都是一级公路，平时要走3~4个小时的路程，现在1个小时就到了。现在来说主要靠公路运输，不过，南宁到企沙的铁路也在修建当中。以后企沙的运输就更加便捷了。

在谈到与华侨渔业新村的渔民做生意的感觉如何时，她说：

其实我接触的华侨渔业新村的渔民也是比较少的，因为他们并不是每艘船都自己卖鱼的。绝大部分渔民打回鱼后都是交给一些他们村的渔商出售，所以我们能经常接触到的也就是那么几个渔商。和他们做生意这么久了，总体感觉还是蛮好的，都是老客户了，合作还是很愉快的。

（四）汽船维修、生活品外卖与小型渡船

在整个企沙港，大大小小的渔船不下百艘。渔船的大量存在自然也要求汽船维修业的存在和发展。企沙以华侨渔业新村渔民打鱼为主线，产生了众多的行业，进而带动着整个企沙乃至防城的发展。大到交通运输、对外贸易，小到小商

小贩，事无巨细，都成为影响经济发展的关键。在企沙港，早上是最为忙碌的时候，除了大大小小的渔船外（见图3-8、图3-9），还可以看到两种特殊的小船：一种是装有各种日常生活用品的小船，另一种就是穿梭在大船与码头之间的小木船。

图3-8　渔民在补给生活用水（2009年11月3日　郑一省摄）

图3-9　企沙镇港湾停泊的灯光船（2009年11月3日　郑一省摄）

由于早上的潮水尚未退去，人们要想去大船上，只能搭乘小木船进入海港，抵达大船。我们采访了摇船的船家——华侨渔业新村村民李某（女，54岁），她在企沙港里面摇船快两年了。平时出海忙的时候，李某也跟着出海。她老公和儿子在大船上出海打鱼。李某这几年年纪大了，她的家人不想她那么辛苦，于是就让她在港上摇船。平时她家的船出海了，李某觉得闲着也没有什么事干，就帮人摇船赚点钱。对于她现在所做的生意，她这样描述道：

> 其实我现在的摇船生意也是时好时坏，总的来说还可以吧，比没有收入要好一些。从岸上到渔船上每人每次1元，要是专门给人运鱼的话，一般运一次10～15元。一般上午渔船回来的时候，我们的生意比较好一些。这个时候一些外地的鱼商会乘我们的小船去大船上看鱼货。看好货物、谈好价格后，他们会找我们这些小船帮他们把鱼货从大船上转运到岸上。前几年，做小船生意还比较好些，现在很多不是华侨人做了，企沙镇上或者其他的人也来这里做这样的小本生意了。摇船的有男人，也有女人，有像我这样的小船，也有装马达的船。自然，装有马达的船生意比我这样的小船要好一些。

与华侨渔业新村的大部分渔民相比，李某家的条件还算比较好的。因为李某在村里面还有两间房，因此，可以白天在港里面摇船，晚上回村里面住，平时也顺便照看一下她的几个孙子和孙女。其他一些摇船的，有些在村里面没有房子，就住在这个港里的渔船上。年纪大了的渔民不能出海了，就在这个港里面摇船赚点小钱（见图3－10）。

图 3－10　摆渡的小船（2008 年 10 月 5 日　郑一省摄）

在企沙港湾里，除了摇船载客的小船外，还有一部分是摇船外卖的船只。企沙镇某村村民陈某（女，47 岁），就是在这些外卖船只上摇船的一个。陈某在海湾做外卖已经有两年了。她是企沙镇附近村子的村民，以前在家种地，看人家在这边打鱼收入还可以，就也买了条小马力的船跟着出海打了一阵子的鱼。但是由于没有资金，加上技术也不是很好，她通常只能在浅海作业。由于出海打鱼是一件风险比较大的事情，所以她老公还是上岸做生意了，而她自己也卖了渔船，换了条小船开始在海湾里面做外卖。从目前看，像陈某这样摇船外卖的在整个海湾也就两三户人家，竞争并不算大，所以陈某自己认为生意还不错，做这行也没有以前辛苦，每天只是摇艘船在这个港湾里面转转，卖一些方便面、糖果、饮料、饼干、面包之类的零食，有时也卖点啤酒。顾客主要是华侨渔业新村的渔民，因为华侨渔业新村的渔民在海上的时间久，不方便上岸，陈某就用小船把这些东西运到港湾里面，这样就极大地方便了华侨渔业新村的渔民。另外，每天早上的时候，码头这边会有很多人来买鱼卖鱼，陈某也就顺便卖些早餐。一天下来收入还是比较可观的。

但是在调查中我们发现，在海湾做外卖的并没有华侨渔业新村的渔民。另外，每天早上装卸货的也很少有华侨渔业新村的渔民。所有外卖的均是来自企沙镇岸上其他村的村民。在陈某看来：

> 华侨渔业新村的渔民就是打鱼吧，自己有船出海就不愿意做这个了。你说闲在家的那些，都是女人吧，听说她们都很闲的，老公赚钱养家，她们就在家打打牌之类的。可能是不愿意赚小钱吧，呵呵，她们是赚大钱的。

然而在谈到对于华侨渔业新村的渔民的整体印象时，陈某又说：

> 他们很能吃苦吧，出海都是很辛苦的。他们船上的女人都是和男人一样，出海打鱼。她们也很舍得花钱，吃都是要吃好的哦，每次上岸都要买好多好吃的。好像她们都不怎么存钱的，和我们岸上的人消费观念很不一样。

第三节　海港市场与鱼货交易

华侨渔业新村的经济以海洋捕捞业为主，从事渔业生产的渔民约占 90%。因此，海港市场与鱼货交易对华侨渔业新村的渔民们至关重要。

一 海港市场

华侨渔业新村位于企沙镇的南面，而村民的渔船大都停泊在企沙镇的港口内。企沙港航道深，水面宽阔，是良好的避风港。不仅华侨渔业新村渔民的船只停泊在这里，还有许多外地，如北海、广东等地，甚至越南的渔船时常在此港口停留靠岸、卸货等。因此，企沙港口的岸边也自然而然地形成鱼货交易市场。

华侨渔业新村渔民的鱼货交易的海港市场坐落在企沙港口码头的中部，它大约位于靠近企沙港渔业管理站的大楼旁。说是海港市场，其实那个地方除了有一座标有“企沙海港市场”字样的门楼外，从表面上来看并不像一个真正的市场，只能说是像一个随即而散的墟市。这里既没有固定的卖鱼摊，也没有一些带着执法标记的管理者们。可以说，这里的海港市场目前是一个松散的、尚未规范化的鱼货自由交易市场。

海港市场的开张和交易时间，一般来说是从本月农历十八开始，到下个月的农历十一之前。这段时期就是被当地人所说的除去“月光水”之外的打鱼好时期。交易时间从早上6点钟开始，直到上午11点多钟。在这段时期，每天早晨4~6点钟，进港卸鱼的大大小小船只挤满了不大的码头港湾，一天的鱼货交易也就开始了。

在鱼货交易之前，船民们将一筐筐装满鱼虾的箩筐从船上卸下，搬运到岸边的海港市场。这时，在海港市场内到处都是来来往往买鱼的人，而在海港市场外则停泊着许多各种式样运送鱼货的车辆，场面很是热闹。

海港市场交易的鱼货主要有墨鱼、鱿鱼、力鱼、子鱼、沙箭鱼、玉鲫鱼、马母、白贴、马鲛、黄蛊、大眼、白饭、苍鱼、芒鱼、浪随鱼、齐鱼、兰刀鱼、银鱼、沙针鱼等。虾蟹主要有“南虾”、花蟹、青蟹等。

海港市场交易的鱼货，主要卖给本地的一些海产品加工厂进行加工，或者运往广东等地进行销售（见图 3 - 11、图 3 - 12）。

图 3 - 11　企沙镇渔货市场之一（2004 年 10 月 11 日　郑一省摄）

图 3 - 12　企沙镇渔货市场之二（2004 年 10 月 11 日　郑一省摄）

二　鱼客头与鱼货交易

除了在海港市场里进行鱼货交易的船民（渔民）外，一个总是肩背挎包、手里拿着一个小本子的人格外引人注目，这被当地人称为“鱼客头”。

鱼客头是一个与船民（渔民）有着十分紧密经济关系的特殊人物。渔民们说这些鱼客头是村里或者企沙镇的有钱人，渔民也称他们为自己的老板或者鱼客。据不完全统计，企沙镇有 80~90 位鱼客头，男女都有，不过大多是男性。鱼客头这种现象出现于 20 世纪 80 年代。鱼客头的形成，或靠其贩鱼，或者做生意开厂积累资金而成，也有部分鱼客头是靠海外亲属资助而成。企沙镇上的许多制冰厂、造船厂的老板也是鱼客头。

一位知悉鱼客头的渔民，在与我们谈及鱼客头的情况时，这样说道：

> 企沙镇的鱼客头分为三类：第一类是借钱给渔民购船，这是一种与渔民有着债务关系的鱼客头。这类鱼客头的收益主要有两种，一种是贷款给渔民并收取一定的利息，另一种是获取贩鱼的差价。也就是说，那些与鱼客头有债务的渔民，每次打鱼回来都通过自己的鱼客头来卖鱼，即渔民捕鱼回来时把鱼称重后就交给鱼客头拿到市场上卖，交货时，双方只是简单记下鱼的种类和重量。鱼客头卖完鱼后，一般都是过 3~5 天才会把卖鱼的钱交给渔民，他们会按每市斤扣除一定的费用，当做自己贷款给渔民的额外收入。
>
> 第二类是租船给没有渔船或者已经破产的渔民打

渔的鱼客头。这类鱼客头自己也是渔民，只不过购置了多余的渔船，出租给没有渔船或者破产的渔民出海打鱼，收取一定的租金，渔民打回来的鱼也是由其去卖，并扣除一定费用。

第三类鱼客头跟渔民没有直接关系，他们只是在港口买鱼然后拿到市场去卖，从中赚取差价的鱼贩。这类鱼客头不仅有企沙本地的，也有部分是外地的人。这三类鱼客头以第一、第二类鱼客头居多。

谈到鱼客头与渔民们的关系，以及目前鱼客头的状况，这位渔民又说道：

鱼客头与渔民们的关系是十分紧密的。比如渔民们把鱼交给鱼客头后，扣除贩鱼费用的高低要看鱼客头的心情和经济实力，当然也要看鱼的数量。如果鱼客头的经济实力强，心情好，而卖的鱼又多的话，就会扣少点，反之亦然。渔民一般都很信任自己的鱼客头，他们有些合作时间长达十几年，有些人有多余的钱也会让自己的鱼客头去帮忙存起来。有时，鱼客头贷款给渔民的利息可能比银行高些，但渔民们还是愿意找鱼客头贷款，这主要是因为渔民们觉得向鱼客头借钱比较方便，没钱时，只要鱼客头有，随时可以借。而且如果渔民暂时手头较紧没钱还的话，可以一直欠着，不像银行还款有时间限定。至于为什么不自己卖鱼，好像整个企沙镇存在着一条潜规则，这就是：渔民在还清鱼客头的贷款之前，所捕的鱼都要交给鱼客头去卖。另外，渔民们出海回来后都忙着做补给的事，比如买油、冰、菜等，没时间自己去卖鱼，再加上渔民文化水平不高，也不太了解市场行情，所以交给鱼客头去卖鱼是最好的选择。即使有少数渔民还清了贷款也不会自己亲自去卖鱼，到时还是会交给鱼客头去帮助卖的。

至于鱼客头目前的状况如何？虽然说鱼客头贷款给渔民会有很高的回报，但是他们也会遇到很多问题。有些鱼客头由于自己经济实力有限，会去银行贷款，然后再贷款给渔民，但是有些渔民由于经营不善而破产，没有能力还款，就会出现鱼客头贷给渔民的款收不回来，而银行又在向其催款的现象，从而导致一些鱼客头也面临负债的状况。

我们在海港市场调研时，也曾遇见一位从事鱼货生意的鱼客头。只见他穿着一双长筒胶鞋，挂着一个小包，神情干练。当渔民们把鱼虾等鱼货从小船上搬下来时，这位鱼客便与渔民们一起过秤。过完秤后，他从挎包里掏出一个小本子，随手将所称的数字记在这个小本子上，然后让渔民们将鱼虾等倒入自己所带的白色塑料筐里，让人抬到岸边的马路上，等待车子过来运。他这样对我们说：

目前，我们和渔民都是在码头上交易，这是因为专门的鱼货市场还没有建起来，渔民打鱼上来后，我们要什么鱼就直接开车到这边来拿。像我们这样的人，这边大约有30个左右，其中大部分是本地人，华侨从事这种生意的只有几个人。

我是本地人，收鱼已有二十几年了，主要把收到的鱼卖给广东的老板。我们除了收鱼外，有时也借钱给船主，主要目的是想和船主建立固定的关系，这不仅对船主好，对我们来说也比较方便。我们贩鱼一般每斤鱼要收5毛钱，至于鱼款，要等到把鱼全部卖掉后才能给船主。

我今天主要是过来看看，（最近）风太大，船没有出港，只有很少的一部分鱼。如果船都出海了，整个码头都是鱼，不像现在这样只有两三家在卖鱼。

前几年收鱼的时候都要缴税，一般他们打鱼回来都是早上四五点，那个时候，收税的人也过来了，他们都派人专门等在这边。税收不是固定的，和某个人熟了，就可以少收一些。现在不用缴税了。以前做我们这种生意的人比较少，现在多了，比较难做了。

鱼客头这个特殊人群，与渔民们有着紧密的联系。可以说，鱼客头是企沙镇经济发展的产物，这是在当地渔业市场经济不甚规范的背景中产生的。虽然它在一定程度上活跃着当地的渔业经济，但随着市场逐渐趋向规范，它的弊端也就日益显现了。这种弊端主要表现在有些渔民因面临渔资源的短缺而打不上鱼，没能力还款给鱼客头，致使鱼客头陷入资金周转困难而破产。另外，渔民与鱼客头存在的这种不规范的金融关系，也会使渔民无意中面临高利贷的威胁和一切由鱼客头所控制的局面。

第四节　生态环境与可持续发展

企沙镇华侨渔业新村位于北部湾之滨，当地华侨渔民世代依靠北部湾海域的渔业资源生活，靠海吃海的传统生活方式一直延续到现在。因此，北部湾对于企沙华侨的生产和生活有着举足轻重的作用和意义。

从地理上来看，北部湾是中越两国陆地和中国海南岛环抱的一个半封闭海湾，面积约 12.8 万平方公里，历史上从未界定过其归属。20 世纪 70 年代中期，中越两国开始了北部湾划界谈判。20 世纪 80 年代以后，新的海洋秩序逐渐形成，中越两国分别在 1996 年和 1994 年批准了《联合国海洋法公约》。根据这一新的海洋法制度，沿海国除 12 海里领海外，还享有 200 海里专属经济区和大陆架。不过，中越双方共有的北部湾最宽处也只有约 180 海里。也就是说，整个北部湾均为中越权益主张的重叠区，这就更需要两国通过谈判划出明确的界线。随着专属经济区制度在各国逐渐推广，传统捕鱼范围也受到冲击。就北部湾而言，中越双方的渔业纠纷日趋增多，不仅使渔民的利益受到损害，也影响到两国关系的顺利发展，这些新情况也从客观上要求双方尽快解决划界问题，并建立起新的渔业合作机制。

为解决北部湾的划界和渔业争端等问题，中越两国从 20 世纪 90 年代开始就进行了一系列的谈判，并取得了很大的成果。2000 年 12 月 25 日，中越两国在北京签署了《中华人民共和国政府和越南社会主义共和国政府北部湾渔业合作协定》（以下简称《渔业协定》）和《中华人民共和国和越南社会主义共和国关于两国在北部湾领海、专属经济区和大陆架的划界协定》（以下简称《划界协定》）。从 2001 年 4 月起，中越双方围绕渔业协定中有关剩余问题先后进行了 20 轮磋商，最终就所有问题达成协议，并于 2004 年 4 月签署了《渔业协定》补充议定书，从而为前两个协定的生效创造了条件。

2004 年 6 月 30 日，《渔业协定》和《划界协定》同时生效。《渔业协定》生效后，中越双方商定设立共同渔区、过渡性安排水域和小型渔船缓冲区，并对这三个性质不同的水域分别做出生产和管理规定。协议规定，共同渔区的范围为北部湾封口线以北、北纬20°以南、距分界线各30.5海里的中越两国各自专属经济区相连海域。由中越北部湾渔业联合委员会每年确定各方在共同渔区内作业渔船数量。协定生效第一年，一方进入共同渔区另一侧的作业渔船为1543艘，其中拖网渔船不超过617艘；单船功率为60～400马力，总功率为211391马力。共同渔区的有效期为12年，其后再自动顺延3年。

协议规定，过渡性水域范围为北纬20°以北、北纬20°54′以南、分界线两侧双方部分专属经济区相连水域。过渡期为4年。协定生效后第一年，一方进入过渡性安排水域另一侧作业的渔船数量为920艘，其中拖网渔船不超过322艘；单船功率为20～200马力，总功率为78200马力。上述船数和功率逐年削减25%，4年后完全撤出分界线另一侧过渡水域。

协议规定，未获得许可证而进入共同渔区和过渡性安排水域对方一侧从事渔业活动的，对方可根据其国内法律的规定，处以相应的罚款，并没收所有渔获物、渔具和从事非法捕捞活动所使用的工具。情节严重的，追究违规者的刑事责任。对水产资源造成损害或造成环境污染的，依法承担赔偿责任。

协议规定，持有共同渔区捕捞许可证，在共同渔区对方一侧作业的渔船，或持有过渡性安排水域捕捞许可证，在过渡性安排水域对方一侧作业的渔船，如有各种违规行为，也会受到相应的处罚。此外，持有共同渔区捕捞许可证的一方渔船，不得在过渡性水域的另一侧水域作业；而持有过渡性安排水域的一方渔船，也不得在共同渔区的另一侧水域作业。

协议还特别提示，小型渔船缓冲区是为避免双方小型渔船误入另一方领海引起纠纷而设立的，其范围为两国领海分界线北端第一界点向南延伸10海里、分界线两侧各3海里的水域。船机功率不超过60马力或船身长度不超过15米的小型渔船，一旦误入小型渔船缓冲区对方一侧，必须立即撤出。船机功率和船身长度超出此范围的渔船一律禁止进入小型渔船缓冲区一侧水域。中方渔船一律禁止进入距白龙尾岛15海里范围内的水域①。

附：渔船进入中越协定水域作业须遵守12项新规定

据2004年6月30日生效的《中越北部湾渔业合作协定》规定，北部湾渔船在进入中越协定水域作业时，必须遵守12项新的规定。到共同渔区或过渡性安排水域越方一侧作业的渔船，必须先向船籍港所在地的渔业行政主管部门提出申请，取得共同渔区或过渡性安排水域捕捞许可证才能进入生产。凡是进入共同渔区或过渡性安排水域生产的渔船，必须配备100瓦以上的短波单边带电台、甚高频对讲机和GPS（或船位监控）以及雷达等通信导航设备，并有所属岸台。

获准在共同渔区或过渡性安排水域作业渔船和人员，

---

① 新华网，http：//www.southcn.com/today/hotpicnews/200407010158.htm。

必须随船携带共同渔区或过渡性安排水域捕捞许可证、船舶登记证和船上人员随身证件。

获准进入共同渔区或过渡性安排水域作业的渔船应悬挂中国国旗，并按规定在驾驶楼两侧明显处悬挂由渔政管理部门统一制作的标识牌。

在共同渔区内或过渡性安排水域禁止使用炸鱼、毒鱼、电鱼及禁用的渔具和作业方式进行捕捞。

获准在共同渔区或过渡性安排水域作业的渔船，应按捕捞许可证规定的内容开展捕捞活动，并按规定填写共同渔区或过渡性安排水域渔捞日志。渔捞日志须定期上交当地渔政管理部门。

在共同渔区或过渡性安排水域内禁止捕捞鲸、海豚、儒艮、海龟、珊瑚等珍稀濒危水生野生动物。无意捕到上述禁止捕捞的珍稀濒危水生野生动物，应立即将其放回海中。

渔船在共同渔区或过渡性安排水域作业或航行时，应遵守渔船避碰规则，不得影响其他渔船正常捕捞作业。若与越方渔船发生纠纷或海损事故时，双方船长应协商解决。禁止采取打、砸、抢、扣人或破坏渔船等不法行为。渔船之间发生纠纷或海损事故现场无法解决的，双方当事船长应按规定样式填写北部湾共同渔区或过渡性安排水域事故确认书，并交本国实施机关，由双方实施机关协调解决或提交渔委会解决。

中越双方监督机关公务人员要求对渔船进行检查时，船上人员要给予配合，停船接受检查，出示许可证、船舶登记证和船上人员随身证件，为公务人员执行公务提供便利条件和帮助，并协助保障公务人员的人身安全。渔船在北部湾航行或作业时，因天气恶劣、抢救伤病员、机器故障等紧急事态需要或可能进入越南港口或水域避难的，应按规定报告。

渔船在越南结束避难需离开时，应及时向越南当地监督机关报告。如果无法与越南沟通，可通过中国驻越使馆进行通报；或通过渔船船籍港所在地渔业主管部门，向农业部南海区渔政渔港监督管理局报告[①]。

中越两国有关北部湾的谈判和陆续签订的有关规定，对两国的北部湾划界问题和妥善处理渔业争端有较大的积极意义，但对于以北部湾渔业为生计的企沙华侨渔业新村的未来发展却有着很大的影响。在谈到华侨渔业新村渔民生活与《渔业协定》、《划界协定》的关系时，原华侨渔业新村村支书黄翠富（男，51 岁）的一些话代表了华侨渔业新村渔民的心声。他认为：

> 从国家层面来说，北部湾划界协定的签署充分显示了中国愿意通过和平方式解决领土边界纠纷的立场，展现了中方秉持公认的国际法处理事务的诚意，树立了中国负责任的大国形象，是一次成功的外交实践，有利于增进两国政治上的相互信任和其他领域的密切合作。同时北部湾划界确定了中越在北部湾的领海、专属经济区和大陆架的分界线，这是中国第一条海上边界线，意义重大。北部湾划界是中越双方适应新的海洋法秩序、公平解决海洋划界的成功实践，对中越关系长期稳定发展具有重要意义。

---

① http://www.southcn.com/today/hotpicnews/200407010158.htm.

但是也正是这两个协定的签署对我们华侨渔业新村渔民的生活产生了巨大的影响。华侨渔业新村的渔民几乎都是靠着这片海域生活的。渔场划界出去后，直接导致华侨渔民的渔业资源减少。同时，渔民还得应对国家每年的休渔期。当然，说起休渔，渔民们都理解，认为这是好事，要是无序地捕捞，海都要被吃光。但有些问题，也令我们渔民十分苦闷。由于现在物价上涨，渔场划界，如今鱼越来越难打了。给你初算一笔账吧。就拿柴油价格来说，2007 年是每吨 3600 元，2008 年涨到每吨 4700 元。每条船每年大约需要 20～30 吨柴油，全年仅用油的成本就达 10 多万元！2008 年 1～5 月，村里 10 多艘大型渔船每艘生产总收入仅有 5 万～6 万元，而油钱就消耗了 5 万多元，那些小渔船收入亏损就更多了。另外渔业资源日益减少，人口不断增多，而国家又控制大马力的渔船生产，加上北部湾划界后，我市传统渔场缩小 32 万平方公里，以至于形成了打鱼难的问题。由于这些原因，有些渔民甚至出现了返贫现象。

关于该如何解决渔民所面临的困难，他也有着自己的看法。

如何解决这个问题？渔民的出路在哪里？我个人觉得：我们渔民还是要逐渐改变以前单一靠打鱼为生的生活模式。希望政府部门，一是因地制宜，加大产业结构调整力度；二是发挥资源优势，加大招商引资力度；三是广辟转产就业门路；四是强化渔业执法，压缩捕捞强度，努力改善资源环境。可以说，目前制约我们华侨渔民上岸转业的最关键因素就是：华侨渔民整体文化素质不高，无法加入其他技术行业。没有资金也没有技术很难再就业，更不可能创业。因此，要想改变这样一种状况，当务之急就是要抓好"两转"技能培训，提高渔民自主就业能力，上级相关部门要多多组织一些专家来给我们这些渔民"补课"，为我们开设相关的技能培训班。同时，政府要在渔民接受培训后及时提供就业和创业信息，让渔民看到其他生活方式也能给其带来收益，也能有生活的希望。要是这样的话，我相信经过努力，企沙渔民的转产转业一定能够得到解决。

面对渔业资源日益枯竭，如何寻求华侨渔业新村以后的出路问题，现任华侨渔业新村村委宋主任谈了自己的一些具体想法：

目前企沙华侨渔村的渔船都是中小型的，一艘大的远洋捕捞船都没有，近海没有鱼捕后，就没法生存。所以，（1）希望政府部门加大对渔民的低息贷款力度，下放大船的生产指标，建大船搞远洋深海捕捞；（2）北部湾经济区成立后，随着一些工厂的纷纷落户，环境污染也会随之而来，对当地的渔业资源会产生很大的破坏性，会导致近海的渔业资源逐渐减少，届时很大一部分渔民将面临生存危机，希望有关部门能采取有效措施来解决这一问题；（3）应恢复以前的渔业捕捞合作社或者成立渔业公司，搞联合大规模远洋捕捞作业，各个渔民可以参股合作社或者渔业公司，而渔民本身也可以作为合作社或者渔业公司的一个普通员工，领取工资和分红。

第四章　社会发展

第一节　社会结构

一　社会结构的变化与趋势

自1980年华侨渔业新村落户企沙到现在已近30年，华侨渔业新村从一个归难侨安置点已经发展成为现在企沙港经济建设的重要组成部分。在某种程度上说，正是企沙华侨渔业新村的渔业发展，才带动了整个企沙港的深、浅海捕捞、海水养殖、海产品加工、海产品运销、汽车运输业、旅游餐饮服务业、边境互市贸易、木船修造业等相关产业的发展。华侨渔业新村渔民在稳步提高生活水平的同时，也见证了整个企沙港的发展和变化。

一个地区经济的发展在很大程度上是与该地区社会结构的变化相依相伴的，华侨渔业新村经济发展的过程同时也是其社会结构逐渐变化的一个过程。这些变化主要表现在以下几个方面：

（1）贫富差距的凸显。从1980年华侨渔业新村归难侨安置点建立，华侨渔业新村渔民按照人民公社时期的生产方式开展渔业生产，到1985年华侨渔业新村开始实施家庭联产承包责任制，将渔船分包到个人，村民之间经济收入的差距悄然出现。部分敢作敢为的渔民成为第一批承包渔船的受益人。由于国家政策的支持，加上个人的能力，部分渔民最早走上了致富奔小康的道路。据了解，华侨渔业新村现任村委会副主任张桂枝就是20世纪80年代末华侨渔业新村的第一批万元户。到2007年底，华侨渔业新村人均年收入近2万元，基本上达到小康生活水平，其中部分致富带头人家庭年收入达到20万元以上，且几乎都在企沙镇上修建了自己的新式小洋楼。但是全村有20%的人依然居住在统一建设的安置房屋内，有70%的人受渔业生产的束缚，只能居住在海上，岸上没有任何居住场所，生活十分艰难。整个华侨渔业新村面临着住房与生产的困境。绝大部分居住在村安置房的渔民由于没有自己的渔船，只能依靠给别的渔船打工来维持生计。而居住在海上、在岸上没有住所的渔民，由于常年出海在外，上岸居住不利于其生产作业，因而延续着海上生活的传统，虽然有一定的收入，但是其生活质量却不高。部分首先致富的渔民纷纷上岸生活，成功转产转业，开始投资建厂，或者是投资渔业生产，成为华侨渔业新村最早的私营业主，并逐步掌握更多的社会资源。整个华侨渔业新村三个不同居住区域体现了村民之间的贫富差距。

（2）新阶层的出现。家庭联产承包责任制确立之后，特别是改革开放之后，首批有经济头脑的村民依靠辛勤劳动带头致富，如今在企沙镇建起了小型商场、海蜇加工厂、造船厂等。一方面，良好的投资氛围吸引了来自广东、海南、福建、浙江等地的商人来企沙投资建厂、进行贸易，其中部分厂址就设在华侨渔业新村，这在很大程度上也吸引华侨渔业新村的劳动力加入这个新兴的事物发展中来。另一方面，由于华侨渔业新村紧靠企沙镇街区，特殊的地理位置为其成为企沙镇发展的拓展区提供了先决条件。正因为此，近几年部分外来企沙发展的务工人员选择在华侨渔业新村租赁房屋居住。这个新阶层的发展和壮大在一定程度上缓解了企沙华侨渔业新村渔业资源减少和捕鱼人口增加这一矛盾，同时也缓解了华侨渔业新村私营企业劳动力缺乏的问题，促进了企沙华侨渔业新村经济发展的多元化，也促进了渔民与外界社会的交流与互动。然而，华侨渔业新村务工者本身素质的参差不齐，加上其本身劳动技能的单一性，很大程度上影响了华侨渔业新村渔民的产业转型。同时，外来务工人员的增加也给当地社会治安带来一定的不稳定因素，给其公共设施建设带来一定的压力。

（3）经济转型新现象的出现。随着经济的发展，少数渔民开始意识到教育的重要作用，积极培育下一代，为其创造良好的教育环境和条件。到 2007 年底，华侨渔业新村已有本科学历 4 人，专科学历 50 人，中专学历 25 人，其中约 30 人已经走出企沙，在防城港市或更远的市县就业。虽然，这和整个华侨渔业新村 4000 人的总数相比较而言有些微乎其微，但不可否认的是，这将是华侨渔业新村经济转型、劳动力转移的一个好的开始。

二 劳动者数量、素质和结构的变化

正如第一章中所提及的那样，企沙华侨渔业新村渔民的总体受教育程度并不高，据了解，1978 年整个华侨渔业新村有近 95% 的渔民是文盲，到第二代华侨渔民时仍有

70%的文盲，如今的第三代华侨还有约50%的文盲。从教育水平较高的村委干部和党员来看，15名党员中，除村支书杨冰高中毕业，村主任宋小强、村支委吴寿春有大学学历外，其余基本上都是小学文化水平。整个华侨渔业新村村级小学的所有教职员工几乎都不是华侨渔业新村户口。华侨小学从建立到现在有近30年的历史，只有一位华侨渔业新村籍教师。从这个层面来说，村中除了村干部学历高一点之外，大多数村民的文化水平都较低。那些学历较高、尚能识字看报的村民要么已经担任了村干部，要么成了致富带头人。从企沙华侨渔业新村的村民情况来看，有些村民可依靠辛勤劳动发家致富，但有的却成为需要扶植的贫困户，其主要原因是文化水平普遍偏低。一般认为，经济状况与文化素质没有必然的联系，但是不可否认的是，文化水平依旧成为当地影响渔民更好更快致富的一个重要因素。在整个华侨渔业新村的家庭经济发展状况调查中，那些学历高者，其经济收入相对较高，他们已成为最早发家致富的榜样，基本实现了产业转型而成为私营业主。同时，由于华侨渔业新村有着较为丰富的自然海洋资源，部分学历低者也可以依靠个人努力并通过勤劳苦干而走上发家致富的道路。

目前，由于海洋渔业资源的减少，企沙华侨面临着要逐渐转产转业的境地。上级政府部门也通过部分政策和措施，鼓励和帮助华侨渔民陆续开办海产品加工厂，同时，充分利用渔民的休渔期，组织相关“成人职业技术培训班”，设立“农家见习点”，开展致富经验交流会等。政府通过对华侨渔民进行专业的技术培训，帮助其掌握转业后的特殊技能和技术，鼓励其快速有效地再就业或创业。大部分村民虽然不很重视目前国家承认的全日制学历，但他们对与经济生产直接挂钩，能迅速带来经济效益的生产技能、专业技术还是十分注重的。

三　社会精英

在企沙华侨渔业新村短短30年的发展历程中，逐渐涌现出一些社区精英人物，他们是社区的优秀分子，是社会活动中产生的佼佼者，对这个社区或者说社会的发展起了一定的促进作用。他们已成为整个华侨渔业新村渔民致富的带头人、好榜样。

1. 村支书——杨冰

杨冰，男，1955年6月出生在企沙镇。他有两个兄弟、一个姐姐、一个妹妹。其祖祖辈辈都是渔民，不过，到他这一代就不“做海”（打鱼）了。他在企沙镇长大、上学，一直读书到1972年高中毕业。高中毕业后，为响应国家“知识青年到农村广阔天地炼红心”的号召，他作为知识青年来到企沙向阳渔业村插队。在企沙向阳渔业村，他虚心地向渔民们学习、请教，并想再出海打鱼。可是，他总是没找到合适的机会。1975年11月，他被推荐到企沙公社船厂当了一名工人。在工厂工作期间，他一方面刻苦学习工厂的技术，另一方面又向他人学习一些牙医知识，憧憬想着当一名牙科医生。他的这种刻苦学习和上进的精神，还真的让他后来有机会去了广西医科大学进修牙医。不过，牙医最终没有真正当成，1987～1990年他被企沙政府录用，到企沙居委会工作。1993年被任命为企沙镇计生站副站长，1994～2002年被任命为企沙计生办主任。2002～2007年被调到企沙民政办工作，兼任企沙镇残联理事长和企沙镇板寮村支部书记。由于在工作岗位上的出色表现，2001 年他被自治区党委、政府评为 1995 ~ 2000 年计划生育先进工作者，2003 ~ 2004 年被评为优秀党务工作者，2009 年 3 月又被自治区残联系统评为残联工作先进个人。

杨支书生在企沙，长在企沙，又在企沙从事基层工作多年，而原来他在企沙镇任计生办主任时，又因为经常和归侨打交道，比较了解华侨渔业新村的情况。因此，2009 年 3 月华侨渔业新村村委换届时，上级派他担任华侨渔业新村的村支书至今。

他在接任村支书一职后，了解到目前海上还有很多人住在小渔艇上（小渔艇不能住人），就走访这些困难户，帮他们办城市低保。他说，曾上报的困难户有 263 家，但名额有限，只给了 60 个。办好低保的人每个月可以领到 150 ~ 200 元的生活费。这些困难的人群主要是老人，他们年龄大了出不了海，孩子出海又不经常回来，没有人照顾他们。办好城市低保后，等把住在安置房的本地人安排好后，老人便可以搬到岸上住，这样就安全多了。

他认为现在华侨渔业新村现在存在两大问题。一是住房问题。现在岸上归侨村民住的房子都是当年联合国拨款建的安置房，是准备过渡用的，但一住就是 30 多年，现在都成了危房，有的一到下雨天就会漏雨。村里第一期的村改房只有 178 套，村出土地，由外面的开发商承建，卖给华侨的价格是 1064 元/平方米，首付需要 4 万元左右。但很多华侨没有钱，买不起。附近驻有空军，不能建高层建筑，渔村只有 150 亩地，没有那么多的土地建新房。二是中越北部湾划界后，北部湾渔场缩小了 1/3。有的渔民经常跑去越南海域捕鱼，被抓的风险很大。有的渔船报废后，船主就不能再捕鱼了，国家给一些安置费，渔民存在需另谋职业的问题。三是国家对华侨农林场的归侨有住房补贴，但对渔村的归侨就没有，要想办法解决这个问题。他们没什么文化，办理渔船有关证件需要填写的表格基本上由村委会代劳。由于大多时候在海上，岸上没有亲戚，小孩上学也很困难。

对于刚上任不久的村委会领导班子近期要开展的工作，作为村支书的他有这样一些设想：其一，建一栋新的办公大楼，里面有渔民培训学校。其二，建老年人活动中心、医疗卫生所、幼儿园、福利院等公共设施。其三，在村里成立侨联，联合一些华侨商人来共同建设华侨渔业新村。现在，村里的经费来源主要是上级拨款，区外侨办（安置难民办）每年拨 10 万元左右，还有一些是村船舶管理费，每年 8 万元左右。建办公楼，民政局、外侨办会给一些经费。村干部的工资由国家财政每月拨 300 元，村委再补贴 1000 元。其四，村改房的二期工程准备建成廉租房，这样渔民才能真正住进新房。

2. 村主任——宋小强

宋小强，男，汉族，1977 年 9 月出生于越南广宁省姑苏岛，祖籍防城。他们家族在越南姑苏群岛住了三四代了，主要以捕鱼为生，也种一些红薯、玉米、水稻等农作物。越南排华时，他才两岁，为了生存，不得不随父母回到中国。他听父母讲，他们是坐小船划回来的，第一站就到企沙。后来被安置到海南一个农场，在农场种胡椒、橡胶、茶等，在海南呆了 10 年。在农场做农活赚不了什么钱。因为有亲戚在企沙，1988 年父亲先来到企沙，买了一条小艇，去北海买油再回企沙卖给船主。看到这种买卖有利可赚，1989 年，他父亲便将全家搬迁到企沙安居下来。

宋小强与父母来到企沙后，居住在华侨渔业新村，他在那里读完高中，1994 年考取广西民族大学，就读于该校工商企业管理专业。1997 年大学毕业后，他并没有从事所学专业方面的工作，而是回到企沙学做生意。一开始是做收购海鲜的生意，先是帮别人收，获取差价，后来自己也收，但由于把握不好市场，就没有再做此生意了。1997～1998 年，企沙发展灯光渔船，需要发动机。他看到了机会，于是就去广东中山、珠海等地收购国外废旧的发动机，这种机器是由美国、英国、日本等国家生产的。

虽然收购的是废旧机器，但这些国家生产的发动机比国产的要便宜很多，又很实用，渔民们比较喜欢，这样他赚到了第一桶金。

再后来，他又收购越南的鱼货到国内卖。在做这种生意时，他发现企沙镇的冰很紧缺，于是 2004 年接手一家别人转让的冰厂，现在运转还比较好。收购冰的船基本上都从他的冰厂拿货。2008 年，他又与兄弟一起在南宁开了一个同润陶粒彻块砖厂。目前，他所经营的企沙镇人船队冰厂，年产值约 30 万余元，他在广西南宁市创建的南宁市同润陶粒彻块砖厂，年产值约 300 万元。由于他对社会的贡献，2009 年，华侨渔业新村村委会换届，需要年轻有学历的领导班子，他被推荐担任华侨渔业新村村委会主任。2009 年 5 月当选为防城港市第二次归侨侨眷代表。

3. 村支委、文书——吴寿春

吴寿春，男，1977 年 1 月出生于越南，祖籍防城港光坡镇。因清朝末期战乱频繁，再加上海盗、土匪欺民，其高祖一辈（爷爷的爷爷）逃难去了越南北部的姑苏群岛。

越南那时渔业资源很丰富，中国人比较勤快，在那边自己开荒坡、种田，捕鱼的技术又比较好，所以生活得较为顺意。然而，到父辈的时候，越南开始排华。他家里有一只小帆船，不能远航，同村的几家华侨都把自己的小船拆了，拼建成一条6米长的大船，再凑钱请一个动力船作牵引。由于害怕越南当局的迫害，动力船的老板只把华侨的船带出越南海域就不带了，要他们自己划回国。他们回来时只带了一点米，回来之前黄金首饰都被越南军队抢去了。回来时，第一站先到企沙，一年后，随父辈去了钦州东风林场，住了10个月，听说北海可以安置，就又跑去北海住了半年。后又听说企沙可以安置，爷爷先过来企沙，过了一段时间，1981年他们全家被安置在企沙。从那时起，他就与曾祖母、爷爷、奶奶、爸爸、妈妈、两个小姑一起住在华侨渔业新村。

在企沙镇安置下来后，吴寿春便在当地上学，一直读到高中。1995年他考取了北京化工学院，毕业后在北京工作了两年，随后又去上海工作了两年。正像许多立志要改变家乡的年轻人一样，他辞掉了上海的工作，于2003年回到企沙，开始从事边贸生意，并对社会作出了一定的贡献。2009年4月被企沙镇录用为华侨渔业新村村委会工作人员，担任村委支委、文书。

4. 村调解主任——张桂枝

张桂枝，男，1954年6月出生于越南，1979年回到中国。1992年开始建造自己的大船（价值约20万元人民币），1994年和1997年分别再建渔船，价值均为30万~40万元。2000年，他在企沙镇修建了一栋三层的小洋楼。凭借自己的勤劳，张主任赢得了大家的认同。早在1982年、1983年，他就曾作为最早的“万元户”去防城港市参加致富能手经验交流会。1990 年他当选为企沙镇第十届人大代表，1992 年被评为企沙镇先进生产工作者，1993 年当选为防城港市第一届政协委员。自 1999 年任华侨渔业新村村干部以来，他更为村里的发展作出了许多贡献，赢得了许多荣誉：1999 年当选企沙镇第十三届人大代表；2002 年当选企沙镇第十四届人大代表；2002 年当选防城港市工商联代表，并被评为 1999～2002 年南海休渔工作先进个人；2003 年当选为防城港市港口区归侨、侨眷第一届代表；2003 年当选为防城港市港口区第二届政协委员；2006 年当选为企沙镇第十五届人大代表，并被评为该年度企沙镇先进工作者；2008 年被评为港口区侨联先进个人；2009 年当选为防城港市归侨、侨眷第二届代表，并被评为该年度防城港市归侨、侨眷先进个人。

5. 黄翠富

黄翠富，男，1957 年出生在越南，在越南期间顺利念完中专，并服兵役，后担任某校教师。1970 年在越南排华浪潮中他随家人回到中国，落户企沙华侨安置点。由于他在同龄人中可以算得上是读书最多、学历最高的文化人，因此，落户不久的他，便凭借自己的个人能力首先致富。目前他已在企沙镇修建了两栋五层小洋楼，还在街上开了一家日杂小商铺，其渔业经营收益也良好，成为村中最早走上致富路的渔民之一。生活好了，他也没有忘记带动全村渔民发家致富。于是，他担当起了村支书的重任，开始为全村渔民更好地生活而工作和奔波。

1992 年，在他的带领下，部分渔民共同筹资成立企沙镇华侨渔业公司，其注册资产为 200 万元。该公司主要负责修造渔船业务，年营业收入达 10 万元。

2006 年 10 月 19 日，黄翠富再次当选防城港市第四届人民代表大会代表，成为港口区 44 名人大代表之一。他继第二届市人大会议之后，连续三届当选为人大代表。12 年来，他为归难侨民提的 10 多条建议，件件都得到落实，并为归难侨民解决了许多热点、难点问题。因此，每届选举群众都推选他为人大代表。在防城港市第四届人民代表大会上，他又为企沙的渔民写了两份建议：一份是建议有关部门建立企沙渔港鱼货交易市场，便于中越两国渔民交易鱼货，促进当地经济发展，同时可解决归侨的就业问题；另一份建议是要求有关部门在企沙渔港设一个加油站，解决广大渔民加油难的问题。同时，他对新农村建设感慨至深。他认为必须加大对农村基础设施建设的投入，高标准做好新村规划，提高农民素质，帮助农民尽快找出致富的路子。

鉴于北部湾海域渔业资源的逐步减少，部分渔民转产转业成为必然趋势。他充分利用渔民休渔期闲置在港的特点，积极组织渔民学习文化知识和技术技能，帮助他们逐渐掌握捕鱼以外的生活技能和技术，为他们更好地转产并开始新的经济生活方式作准备。

6. 吴福贤

吴福贤，上一届村委会主任。他是第一个搬出华侨渔业新村、在镇上建房的渔民，不但有自己的渔船，还有一个渔船建造厂，并聘请了村里的渔民帮助其一起发展。喝水不忘挖井人，他也是一位极富爱心的企沙镇民营企业家。2007 年 8 月 16 日，他就曾慷慨解囊，捐献爱心，将一名浙江籍精神病患者送往那马精神病院进行治疗，并为该患者缴纳了 5000 元入院费，他表示将支付该患者入院后所有治疗费用，直至患者完全康复。

第二节　婚姻与家庭

一　婚姻习俗

企沙华侨渔民婚姻的基本形态是一夫一妻制，基本实行自由恋爱，也夹有传统的色彩。一般来说，男女青年婚前有社交自由，但双方即便情投意合，也需征得父母同意后才可结婚。自由婚姻的主要方式是男女青年通过日常交往择偶。在家庭结构方面，华侨渔业新村核心家庭日益增多，特别是随着经济的发展，家庭成员之间的独立性和平等性明显增强。

20 世纪 80 ~ 90 年代，华侨渔民初到企沙，他们特有的生活方式和生活习俗在很大程度上限制了华侨渔民与当地社会的族际通婚。一直以来，他们的通婚圈主要局限于本村内部。不过，随着时间的推移和经济的发展，企沙华侨渔民的通婚圈开始逐渐外延，有一些适婚龄青年开始与企沙当地的或者是防城其他地方的青年通婚。

（一）择偶方式

1979 年以前，居住在越南的时候，华侨渔民的婚姻多数由父母包办，依从所谓的“父母之命，媒妁之言”。虽然也有一些青年通过自由恋爱而结婚，但需要得到双方父母的认可。青年男女到了十三四岁，父母就开始为其物色对象，一旦有合适的人选，双方父母便力促其成婚。早婚早育现象相当普遍。

1979 ~ 1980 年华侨渔民被迫从越南回到中国，被安置在企沙镇。作为移民，他们曾在一段时间内过着相对“封闭”的生活。由于企沙华侨渔业新村是一个在特殊时期组建的社区，它不同于中国内地许多其他的农村村落。在这里没有严密的宗族和家族制度，加上华侨渔民的姓氏复杂，人数较多，尚不存在限制同村通婚的规定。因此，企沙华侨男女青年与本村青年自由恋爱的现象较为普遍。由于企沙华侨渔民在恋爱、婚姻上有着较为宽松的环境，华侨男女青年很少像其他农村男女青年一样除非到了谈婚论嫁的程度才敢公开恋爱关系。对于企沙华侨的第二代回国青年男女来说，他们从小在华侨渔业新村一起长大，有着青梅竹马般的生活，他们自由恋爱并结婚。由于家庭背景较为相似，双方父母一般也不会有太大的反对意见。到 20 世纪 90 年代末期，由于这一时期华侨男女青年与外界接触逐渐增多，因此一些青年男女开始扩大找对象的范围，加上父母与当地居民的往来增多，认识的朋友也逐渐增多，父母开始为适龄孩子在本村以外的地方谋求寻找对象。

（二）通婚的范围

企沙华侨渔业新村姓氏达 9 个，有黄、吴、郭、苏、李、刘、劳、周等，但以黄姓和吴姓居多。企沙华侨渔民均为汉族，且华侨渔业新村的周边村落也以汉族人口居多，因此异族通婚现象较少，通婚范围大都限于本民族内部。随着华侨渔民居住时间的延长，其与当地社会、经济、文化交流活动增加，与外界交往加强了，逐渐出现外出求学、就业的现象。加上华侨渔民与当地人的语言较为相近，沟通不存在障碍，因此，避免了异族和不同地域语言交流困难的问题，企沙华侨渔民通婚圈明显扩大。

据调查，至2008年，有10名越南妇女在1978年以前嫁给华侨渔民并随之迁居中国。1997年后，有少数华侨渔民从越南经人介绍娶入越南女性。华侨渔民与周边村民或者北海侨港镇渔民结婚的大约有200对，约有50位华侨渔业新村的女子外嫁到防城港其他乡镇。此外，还有约10人嫁至广东、澳门、香港等地区。另有华侨渔业新村的3名女子嫁往海外，其中2人嫁至美国，1人嫁至英国。在调查中我们发现，华侨渔业新村女性渔民对于外嫁他国的现象有着两种不同的看法。一部分女性渔民觉得很是羡慕那些能嫁到国外去的女性，在她们看来，能够生活在那些发达国家，生活上肯定比在国内要过得舒服一些，福利待遇都很好。但是另一部分女性则表示并不是很愿意接受那样的生活。她们的理由是，一个人嫁到国外，再想回国看看家人都是不怎么现实的问题了，再者一个人在外面总觉得比较孤独，随着中国经济的发展，在国内生活也不见得很糟糕。这一部分女性还是比较偏向于生活在国内，选择嫁在离家较近的地方，即便生活不富裕，但是感觉能踏实一些。

不过，华侨渔业新村渔民的通婚圈，相对当地其他村落来说仍然较为狭窄。有90%以上的华侨渔民选择了嫁娶在本村。以我们调查的个案华侨渔业新村渔民吴某（女，29岁）为例，她的经历就是众多华侨渔业新村女性渔民的代表。

吴某的父母20世纪70年代末从越南逃回中国，并被安置在企沙华侨渔业新村。吴某出生在华侨渔业新村，并在这里长大。小的时候她一直跟随父母生活在渔船上，直到十二三岁才上岸念书，读完小学也就没有再继续上学了。

后来她家在华侨渔业新村有了房子，她才开始在岸上居住，照顾家中年迈的奶奶。到了婚嫁的年纪以后，家人开始张罗她的婚事。由于华侨渔业新村的女孩子很少有机会接触和认识到当地社会的其他青年，因此，到了婚嫁的年纪她们多半也就是认识本村一些同龄的青年。吴某和她的老公就是同在华侨渔业新村长大的，原本就认识，感情也还好，后来经人介绍两个人自然也就在一起了。像吴某这样嫁在本村的女性，在21世纪初期还是极为普遍的，尤其是像吴某这个年纪或者是再大一些的。比方说，吴某的姐姐，还有她弟妹都是嫁娶在本村。由于近几年华侨渔业新村的经济有了一定的发展，村里青年上岸的机会多了一些，逐渐有女性愿意嫁到外村，开始出现华侨渔业新村的渔民嫁去外面，同时也有少数外村女性嫁进华侨渔业新村的现象。

当问及产生上述现象的原因时，吴某这样说道：

> 说到我们村和外面的人通婚较少的原因，可能主要还是与生活习惯、经济有关吧。早些年，我们华侨渔业新村的渔民基本上是住在海上的，在岸上没有房子，也没有地，生活全部靠打鱼维持生计。所以，人家岸上的女人怎么可能嫁到我们村来呢？她们一是不习惯我们的海上生活，二是她们也不愿意跟着我们渔民漂泊在海上。所以早些年要是有的话，也是我们村的女孩子嫁出去，几乎没有什么当地的人嫁到我们村的。那个时候，我们村的男的要是找不到老婆了，有些人就掏钱去越南买老婆。后来，我们渔民的生活慢慢好些了，有些人在岸上修建了房子，或者是买了大船，经济收入高些了，加上与外面的交往多了，认识

的人多了，才逐渐有外面的女孩子愿意嫁到我们村来，但是嫁到我们村的也基本上都是嫁给在岸上有房子的人。要不然就是北海侨港镇那边的渔民嫁过来的，因为她们本身也是渔民，所以生活习惯方面还比较相近。

（三）婚姻制度

企沙华侨渔民均实行一夫一妻制，且尊重自由恋爱的交往方式。

除同姓的渔民之间不能通婚，五服之内也不能通婚，姑舅表亲也不被允许外，企沙华侨渔业新村在婚姻方面没有严格或者是较为烦琐的限制。自华侨渔民落户企沙，华侨渔业新村尚没有出现有悖伦理的婚姻事件，村内通婚模式仍占华侨渔业新村通婚模式的主体。但是值得指出的是，华侨渔民存在许多男女不足法定结婚年龄就成婚的现象。男女双方结婚时年龄一般是：女方 18 ~ 19 岁，男方 20 岁左右。他们一般是依据当地的风俗习惯先操办婚事，等到了法定结婚年龄再去补办结婚证书，并接受有关部门的罚款。因此，在华侨渔业新村很年轻就做妈妈的女性较多，早育现象较普遍。但是华侨渔业新村外嫁的女性或者是外面嫁入的女性年纪一般都大一些，大多数达到了国家法定的婚育年龄。总的来说，早婚早育现象在华侨渔业新村较为常见。不过，华侨渔业新村的渔民对于早婚早育的群体不存在歧视。相反，他们对于晚婚晚育现象倒是难以理解。

在谈到政府有关部门对于华侨渔业新村早婚早育的现象所采取的措施，以及华侨渔业新村渔民的应对措施时，吴某和我们这样说道：

> 早婚在我们企沙华侨中是很多的，一般都是先结婚吧，也就是按照我们当地的习俗操办婚事。亲朋好友也都认可这样的关系，虽然他们还没有领证获得法律上的认可。等到了法定年龄再一起去民政部门补办一个结婚证，其主要目的是为了让孩子能上个户口，便于以后上学什么的。要不然也没有谁会在意是不是领证了。通常民政部门、派出所或者计生站也没有什么办法，最多也就是罚款之类的。

华侨渔业新村渔民对于青年男女的爱情态度较为开明，家长一般不会过分干涉孩子对于婚姻对象的选择。对于婚前性行为，以及未婚早孕的现象也不会像当地某些村落的村民那么指责或者采取相应的家规、族规或者村规进行惩罚。要是女方不慎怀孕的话，通常双方父母就会考虑让他们马上完婚。

（四）婚姻过程

华侨渔民婚嫁一般十分讲究订婚这道程序。订婚多是在男女双方情投意合、你情我愿的基础上，再由男方父母托遣媒人说合。小伙子和姑娘双方经两三次交谈协商后，如无意见，即可订婚。完全违背子女意愿而强行包办的婚姻在华侨渔业新村极为少见。

上门女婿的现象在华侨渔业新村也存在，男子被招进门后，或改称女方的姓氏，或者依旧沿用自己的姓氏。

1. 订婚

在男女双方情投意合（少部分是素昧相识）的情况下，男方的家人会积极打听关于女方家的细致情况（一般情况下，华侨渔业新村内部的通婚较为简单，因为对于本村人大家也都比较熟悉）。倘若女方家的各种情况均符合男方家的要求，那么，男方家会请一个媒婆和一名女性亲戚去女方家说媒。媒人的选择是有条件的。比如媒婆最好是由多儿子，且没有女儿的，年纪在30~50岁之间的人担任。当然媒婆的年龄不是最主要的条件，但没有生儿子或者全部是女儿的媒人是万万不可选的。至于选择男方家一个女性亲戚随同媒婆一同前往，是因为去提亲的人数需双数。在提亲时，如男方家对女方家的女儿有意，则要求得女方家女儿的生辰八字。若女方家对此事也同样有点意思的话，才同意给媒婆八字。媒婆将八字带回去后交给男方家人。男方家得到八字后便请人送去给道公（一般会给道公一个8~10元的小红包），让道公来推算男女双方八字是否相符。若两人的八字不合，则这门婚事就不了了之或者是再找人合八字（也就是做法事，驱灾辟邪，两人能相合等意思）。若双方八字相合，则男方家准备第二次去女方家，前去的人数依旧是双数。这次去主要是告知女方家八字相合之事，并询问女方家需要多少聘礼（通常聘礼包括首饰、糖果、酒、饼、蛋糕之类，还有鸡两只、100斤活鸡、100斤左右的猪肉、水果、茶叶、面条等）。第三次去女方家，为的是询问定亲的金额。一般来说，定金数额需双数（据华侨渔业新村记录，村内最高定亲金额达3.8万元。一般是在2万~3万元之间，最少也需要几千元）。通常女方家在收定亲金时会退还一半给男方家，而男方家一般需要准备衣服、柜子、家具、黄金等作为聘礼。

订婚时一般会在各自家中置办酒席，小请自家的亲戚一聚。订婚后一般会在一年左右成亲，也有的是在两年后结婚的。但是一般而言，定亲后，男女双方即按照亲家关系走动。

2. 完婚

企沙华侨渔民有着特殊的结婚习俗，即通常婚礼要持续三天三夜（见图4－1～图4－5）。婚礼的第一天，男方家要派人前去接亲，且男方接亲时必须带上订婚时候由女方家退回的礼金和黄金首饰（5钱左右）。接亲的人一般包括：男方及其亲戚、朋友和媒婆。而且还要事先准备好一定数量的红包（红包主要用于送给女方家的亲人，大有沾沾喜气的意味。红包的数量根据女方家最亲的人数如父母、兄妹等数量而定，数额一般相同）。倘若男方家条件好，则会雇用车辆前去接亲，接亲的车辆数目要求是双数。在华侨新村，大部分居住在海上的渔民用小船接亲。此时，男女双方家的渔船均需挂上红布，男方家的渔船停前排，女方家的船停后排。若是居住在岸上，新郎家也在婚礼的前

图4－1　村民们在摆放结婚的喜糖等物品（2007年8月8日　蒋婉摄）

两天就在家门口搭起大棚，在大棚的出入口上方悬挂一面绣有吉祥图案的“红喜布”，然后开始宴请亲朋好友。

新娘走出自家家门时，必须由男方家的大嫂或者大姐为新娘撑伞，并一直撑到男方家。此举有遮风挡雨之意，暗含新娘从此以后生活平安、幸福。给新娘遮挡的伞是由男方家带来的，通常是黑伞，且伞尖还绑有红布。

送亲的时候，女方家的送亲队伍除新娘的父母外，其余人都可以陪送到男方家。送亲队伍还需有伴郎、伴娘同行。

新娘进入新郎家后，第一件事情就是拜祭新郎家的祖先。此时，新郎家早就准备好了宰杀的火鸡、熟鸡、猪肉、酒、茶等拜祭物品。两位新人则叩拜、点香、烧纸，并亲手为拜祭的祖先倒上一杯泡好的热茶放在神台上。这个仪式，一是为了向男方家的先人告知，家中迎娶了一位贤淑的女子，家中又一位男子即将开始成家立业的生活；二是为了让先人在天之灵保佑这一对新人从此百年好合，平安幸福。这个拜祭仪式一般由男方家一个比较懂得风俗的长者主持。相应的，新娘在离开家之前也必须祭拜自己的祖先。与在新郎家拜祭

图 4-2　婚礼现场之一
（2007 年 8 月 8 日　蒋婉摄）

不同的是，这个时候祭拜祖先，仅由新娘一人拜祭。准备的祭品和拜祭的程序都与男方家拜祭时一样，但须有新娘的父母在场。新娘跪拜或叩拜三次，主要是向其先人表达：从此以后要离开这个家庭，到一个新的家庭开始生活。

在男方家拜完祖先后，男方家又将新娘送回娘家。第二天男方家再次派人去女方家迎亲，程序类似。到第三天也就是最后一次的时候，则接亲的人数越多越好，但仍需人数是双数。将新娘接到男方家时是下午 2~3 点之间，之后开始吃晚饭。

第一次接亲时，女方便会把给新娘置办的嫁妆带去男方家，放入他们的新房。这时候，男女双方的家人和亲友会相互泼水，以示友好、开心和祝愿。

图 4-3　婚礼现场之二（2007 年 8 月 8 日　蒋婉摄）

第二次接亲主要是为了去男方家吃晚饭，通常在吃完晚饭后，新郎和新娘须给新郎的父母敬茶。同时，男方家也要给女方家送去一些婚礼的物品，一般是在早上10点左右出发。为了迎娶新娘，男方家会安排出几十名姐妹，每人手捧一份礼物，排成长长的送礼队伍，一直送到女方家里（见图4－4）。男方家的迎亲队伍里还会有人快乐地即兴“舞狮”，其隆重热烈，令人动容。这些礼品则包括首饰、糖果、酒、饼、蛋糕之类，还有两只鸡、猪肉、水果、茶叶、面条、两壶热茶等，而女方家只会将男方家送过来的一部分礼品留下，剩余的会让男方家的迎亲队带回去。

真正意义上的接亲是在婚礼的第三天。这时，当新郎来到新娘家的渔船前时，便会由新娘家的大哥或其姐姐的儿子，牵着新郎的手，将其引上女方的渔船（岸上的渔民则是开车门或者进屋）。

图4－4　婚礼中送礼的村民们
（2007年8月8日　蒋婉摄）

上船后，新郎要给女方家“开门钱”，女方家方可开门，让新郎进入，接着是新郎新娘拜祖、敬茶（一共四杯，男女各敬茶两杯）、用筷子夹食物给亲戚吃，然后亲戚便会给新郎新娘红包或者是黄金首饰。一切仪式结束后，开始点燃鞭炮，新娘自己下船去新郎家。此时，新娘会向众人抛撒米粒，将挂在渔船上的帆布顶一下。新郎将新娘接至家后，先祭拜祖先，随后与喝喜酒的人见面、敬酒、吃饭。吃饭回来后，新娘上新郎家的渔船，然后新人共同点香祭拜码头。婚礼通宵欢闹，直到第二天吃完早饭，其亲友才各自回家。

结婚是人生中的大事，华侨渔业新村的渔民对于婚礼是十分重视的。我们采访吴某时，她的话代表了当地渔民对婚姻的重视和期望。吴某这样描述道：

> 就拿我弟弟结婚来说吧。我弟弟和弟妹都是华侨渔业新村的人，他们的婚礼是典型的企沙华侨渔民的婚礼。为了把婚礼搞得隆重热闹，我们家早早就开始准备了。布置新房、添置物品，尤其是购置新娘家要求的聘礼。在他们婚礼的前两天，我家就在自家门口搭起大棚，在大棚的出入口上方悬挂一面绣有吉祥图案的“红喜布”，这个大棚是在婚礼期间宴请亲朋好友吃饭、娱乐的场所。通常这样的宴请，要一直持续到婚礼后的第二天，也就是说差不多要三天这样。
>
> 就在婚礼的第二天，我家要给女方家送迎亲的“大礼”。当天上午，吃完酒席，已经接近中午。移去餐桌，把凳子排成一排，我家就把事先准备好的38份礼物逐一摆在凳子上，然后让先前邀请的38位姐妹也对号就位。在清点完毕礼品和人数后，送礼的38位姐妹就从“红喜布”下走过，排着长长的队伍穿街过巷。张扬热烈的礼仪，引得街坊邻居和路人投来羡慕的眼光，赞叹婚礼的隆重和热闹。送礼的队伍蜿蜒

迤逦地来到女方家，在女方家悬挂着“红喜布”的大棚前停了下来，女方此时也会出动众多姐妹排成长队开始接礼。经过一番点算，女方家然后回礼。按照我们这里的规矩，后面几份礼物通常不能动，这叫做“有剩”。因为我们华侨渔业新村的渔民长年累月在海里讨生活，这样做是讨个吉利，意为年年有余。其余每份礼女方家则会象征性地收取一点，然后迎亲的队伍回给我家。

我们村也有些是居住在渔船上的，他们的婚礼一般都在船上进行。婚礼之前，新郎家就会将几只甚至数十只小船连在一起，同样用红布搭起凉棚。有些经济条件好的，还雇来楼船，就是紫洞艇那种大大的渔船，并在上面张灯结彩，大摆筵席。尤其是到晚上的时候，所有的亲朋好友都来到渔船上，开着彩灯、音乐，人们载歌载舞，即兴而唱，非常热闹。

（五）婚姻关系的解除（离婚、丧偶再嫁的情况）

由于企沙华侨渔民比较信奉恋爱自由、婚姻自愿结合的信念，因此，他们的婚姻多是有一定的感情基础，家庭相对稳定，离婚人数较少，相比那些没有感情基础的婚姻来说更为牢靠。据统计，1980～2008 年这 28 年间仅有 10 对夫妻离婚。离婚的情况一般有两种：或丈夫不满意妻子而主动提出离婚；或妻子不满意丈夫而主动提出离婚。离婚的方式基本上也是两种：一种是去民政部门办理离婚手续；一种是尚未领取结婚证的事实夫妻通常邀请双方的家长共同协商解决。

华侨渔业新村渔民对于离婚的现象，也有着和恋爱、结婚类似的开明态度，也就是说渔民能比较平静地接受这些事情。调查中有大部分渔民表达了类似的想法：

> 其实家家都有本难念的经，要是走到离婚的地步自然也是那个家庭的难处。要是丈夫或者是老婆有外遇，这样的事情在现在这个社会也不是什么大惊小怪的事情。所以，大家也是看在眼里，最多背后会指责、议论一下这些事情。至于说，某个女人因为离婚而被其他人歧视或者是孤立，这是很稀少的事情。
>
> 要是遇到夫妻之间有什么矛盾，通常会和亲友诉说吧，协商解决，有的时候，村委会的村干部也会出面进行调解。俗话说“夫妻劝和不劝分”嘛，所以，有的时候有些夫妻在大家的劝说下，又走到一起了。要实在走不到一起，也就只能选择离婚了。
>
> 离婚了，要是遇到合适的还是可以再次结婚的。我们村就有与本村的人离婚后，又嫁给我们村其他人的事情呢。大家还是像以前一样生活着，也没有人看不起她。（因为）这是很正常的事情，追求个人的幸福嘛。那些丧偶的，一般多是爱人病故的比较多一些。若是丈夫去世了，且女方过了40岁的，在我们村来说一般就不会再嫁，女方可能觉得孩子也都比较大了，自己年龄也有点大了，所以可能就不会考虑再婚了。而男的要是妻子去世了，再婚的情况比较多一些，娶外村或者本村的皆可，但需要登记结婚。其实婚姻这事，只要是两个人愿意，旁人也是没有什么好论道的。总的来说，我们华侨渔民在这些问题上还是比较开放、民主的。

二 家庭

（一）家庭结构

按家庭结构区分，家庭可分为核心家庭、主干家庭、扩大式家庭、隔代家庭、单亲家庭和其他类型家庭。核心家庭又称自然家庭、基本家庭，即由一对配偶及未婚子女组成，俗称小家庭。核心家庭的成员不仅在经济上共同合作，还需要负担起抚养子女的责任。主干家庭是指父母和一对已婚子女生活在一起的家庭，通常包括祖父母、父母和未婚子女等直系亲属三代人。扩大家庭则指的是由血缘关系联系起来的在核心家庭扩大的基础上形成的家庭。扩大家庭是通过不同形式由核心家庭改建而成的，所以扩大家庭往往又被称为扩大的核心家庭。

我们在调查中了解到，华侨渔业新村的基本家庭结构主要是扩大家庭，其次是核心家庭和主干家庭。单亲家庭和隔代家庭占少数。

1979～2008年，华侨渔业新村的家庭类型和结构发生了一定的变化。据调查，华侨渔业新村的渔民基本上是在1979年和1980年这两年被安置到企沙华侨渔业新村的，当时回来的渔民大部分是以核心家庭的形式回来的，也有个别以主干家庭形式回国的。时至今日近30年的时间，许多当时的核心家庭逐渐转化为主干家庭，又或者经过分家而细分出更多的核心家庭，但绝大部分渔民仍延续了从核心家庭到主干家庭再到扩大家庭的发展轨迹。许多渔民家庭中，兄弟并不分家，而是共同努力，有了钱就多买一条渔船，轮流出海打鱼。

在调查中我们了解到，华侨渔业新村渔民对于其现在的家庭结构会有什么样的发展趋势以及扩大家庭普遍存在的原因，有着自己的看法。

说到发展趋势的话，这个就得和我们村的经济生活有些关系吧。现在我们村很多人还是居住在渔船上，在岸上没有房子。大部分家庭只有一艘渔船或者没有渔船。不像住在岸上的农民，他们有自己的田地、房子，说到分家还有财产可分。我们渔民就不一样了，是没有什么可以分的。渔船又不能像田地那么分。要是有两三个儿子，根本没有办法分啊。即便分给其中一个儿子，单靠一个小家庭的力量也很难打点整个出海打鱼的生意。再说，父母要是把渔船都分给孩子了，自己没有了收入，要是再有个分家不均的话，两个老人的养老就很成问题了。所以，目前来看最合适的还是不分家，大家做。但是这些年我们海里的渔业资源都在减少，打鱼的船只和人员却有所增加，因此，现在政府有意开始让我们部分渔民转移到岸上工作。要是照此发展的话，也就是说，我们渔民慢慢地有一部分人会转变成工人或者商人什么的，以后也会在岸上有自己的房子，在工作或者生意上开始脱离大家庭，分家可能比较现实和可行。

扩大家庭存在的原因，最重要的应该是我们华侨渔业新村的经济生产方式，也就是和我们渔民的生存手段有关；另一个是和老人的养老问题有关。再要是有的话，也就是和孩子有关了。因为，我们华侨渔民出海打鱼通常不是一两天就能回来的，而家里的小孩需要上学，更需要大人在家照顾，倘若分家了，夫妻两个都要出海打鱼的话，就没有人来照顾小孩了。不分家，一大家子人掌管一条渔船的话，就可以轮流或者是专门让老人在家照看孩子。

（二）家庭关系

家庭关系一般是指基于婚姻、血缘或法律拟制而形成的一定范围的亲属之间的权利和义务关系。家庭关系依据主体为标准，可以分为夫妻关系、亲子关系和其他家庭成员之间的关系。总体而言，华侨渔业新村的家庭关系较为融洽。村中夫妻打架、虐待老人、家庭暴力之类的现象比较少。建村以来，全村仅有 10 对夫妻离婚。通常年长者在家庭中拥有较高的威望，而年轻人对老年人也比较顺从和尊重。加上不怎么分家，老人和年轻人在利益上没有很多的冲突，长期在一起生活、沟通，矛盾也不是很多。

（三）家庭中的性别角色

性别角色也是家庭中成员关系的一个决定因素。“男主外，女主内”的中国传统家庭性别角色观念同样也影响着华侨渔业新村的渔民。夫妻间的性别角色有着两种较为明显的取向。一种是彻底的“男主外，女主内”角色分工，即男人出海打鱼，女人在家照看孩子，料理家务，做完全意义上的家庭主妇。全家的生活都依靠丈夫一个人外出干活维持。另外一种是，夫妻间在分工上没有明显的区别，妻子跟随丈夫一起出海打鱼，从事着几乎相同的劳动，共同赚钱养活整个家庭成员。

在华侨渔业新村，男性在家中的地位虽不能说完全居于主导地位，但是不可否认的是，男性在家中确实享有比较多的发言权。在渔船出海打鱼的过程中，开船、下网、捕捞等技术活一般由男人来操作，女人若是跟着出海通常是打个下手，或者是帮他们做做饭、洗洗衣服、修补渔网等。至于说家中大事的决定权，这要根据不同的家庭情况而言。就现实情况来看，也只有少部分家庭会由男人独自做出某个重要的决定，大部分家庭则显得较为民主，通常还是会拿出来和家人讨论，共同协商，寻求好的解决办法。华侨渔业新村的渔民对于男人从事的劳动没有什么异议，女人们对于男人目前在家庭中的地位也是比较能接受的。对于家庭中的大事决定权，渔民还是比较倾向于全家分析，共同决策。

依据所从事的劳动性质划分，华侨渔业新村的女人分为两种。一种是在岸上依靠丈夫养活的女人，她们通常并不辛苦，每天只要负责安排家中小孩或者是老人的饮食生活，做点家务活，平时就在村里玩玩扑克牌。另一种则是居住在海上，和丈夫一样每次都要出海打鱼，常年奔波在海上，风吹日晒，很是辛苦，她们完全是靠自己的劳动来养活自己、养活家人。就华侨渔业新村的女人在家中的地位来说，仍要承认，她们的地位较男人的地位仍有一定的差距。但是，现在毕竟是现代文明社会了，男女平等的思想已经深得华侨渔业新村绝大部分渔民的认同。她们通常也会参与到家庭中的大事决定中，出谋划策。当然这个也不是绝对的，还得根据一个人的性格和能力作具体区分。有些家庭并不在乎到底是男人决定家中大事，还是女人决定家中大事，主要是谁有能力处理就听谁的。

当然，关于“男女在家庭中的地位”的观念，华侨渔业新村村民并不是一直以来都是如此。华侨渔业新村的渔民有过在越南居住的经历，据华侨渔业新村的渔民说："以前在越南的时候，我们华侨重男轻女的观念还是很重的，就说现在，这在我们村也是有的。男人在家庭中的地位通常要高于女人，且拥有家庭中大事的完全决定权。"随着经济的发展，以及中国政府对于男女平等观念的宣传和推崇，同时，华侨渔业新村渔民文化水平相对过去有所提高，加上与外面社会交流的逐渐加强，华侨渔业新村的渔民逐渐接受了男女平等的思想。夫妻在一起生活，考虑得更多的是如何才能赚到更多的钱，怎样才能让一家人的生活过得更好，而不是如过去一般，一味地追求谁才是一家之主。

三　生育状况

（一）生育习俗

企沙华侨渔业新村妇女在怀孕初期一般都继续从事较轻的体力劳动，但仍会随同丈夫出海打鱼。关于生育，华侨渔民有其特殊的风俗习惯。比如，妇女在怀孕期间不能吃"八仔鱼"，不被欢迎去其他人家的渔船上。生完小孩后的妇女也不能上他人的渔船（一般指一个月内），此外，生完小孩的渔船不能停靠在他人渔船的船头方向，只能停靠在他人渔船的尾部方向。生完小孩的渔船会在其渔船上插上青树枝。在调查过程中，黄某说其爱人的许氏家族存有关于生育这样一种习俗，即若家中生育男孩，则会在房屋外面张挂红灯笼。通常生完小孩的第三天，由小孩的父亲带上一只鸡、水果、一瓶酒去小孩外婆家拜祖。男方家则三天或者是一个月后拜祖。产妇则一个月不能出门。华侨渔业新村对于小孩的满月和周岁仪式都较为重视，通常在孩子的满月和周岁仪式上，亲人会向小孩赠送早已准备好的黄金首饰，以表达对孩子未来美好生活的祝福。

20世纪90年代以前，由于受经济条件的制约，企沙华侨渔业新村的孕妇不但营养状况欠佳，且卫生保健条件也普遍不好，许多渔民孕妇只能请人帮助其在渔船上生产。更糟糕的是，会有一些孕妇在出海打鱼的途中因无助自我生产。这种情况直接导致新生儿存活率偏低。据调查，1990年以前，华侨渔民基本上都在海上生产，因而婴儿死亡率较高，死亡婴儿常占到出生婴儿人数的60%左右。

20世纪90年代中期，华侨渔业新村经济状况相对改善，渔民生活水平有所提高，卫生医疗条件也随之改善。渔民开始上岸去医疗条件较好的医院或者诊所生产，这在很大程度上保障了产妇和婴儿的生命安全，提高了华侨渔业新村新生婴儿的存活率。

（二）计划生育

近年来，在上级计生部门的指导下，企沙华侨渔业新村在计划生育工作方面围绕“三好一满意”这个标准，切实坚持计生“三为主”，推行计生“三结合”的指导思想，深入开展宣传人口与计划生育基础知识、生殖健康知识的活动，通过一系列优质服务，普遍树立婚育新风尚，群众婚育观念有较大转变，广大人民群众逐渐参与并支持计划生育工作。

首先，华侨渔业新村的计生工作将人口与经济社会环境的协调发展相结合，即把计生工作纳入村的两个文明建设中。抓计生工作的同时更要抓好村的渔业生产，使得人口发展与经济发展相互协调，健康、良好地发展。例如2000年全村总产值达1280万元，人均收入达4600元，人口出生率仅为10.9%，计划生育率达91.43%。

其次，继续坚持实施“三为主”的措施，优化宣传手段，强化宣传教育。继企沙镇成立人基教育学校后，华侨渔业新村也相应成立了人基教育学校，配有教师、教室、教材以及相关教学计划。村委会规定每一季度进行一次人口与计划生育基础知识的培训，并进行考核。每年全村开设培训班6期以上，培训干部、群众1600人次，育龄群众的人口与计划生育基础知识教育参学率达80%，应知应会率为82%。此外，村委会还专门制定了计划生育婚育、节育情况跟踪管理一览表，开办了计生村务公开栏。2000年村委会还为村民订阅了《中国人口报》、《广西人口报》、《家庭时报》、《人生》等多种报刊，并设立村计生服务网络、村计生服务室、避孕药具专箱，切实方便群众。

再次，华侨渔业新村开展计生“三结合”活动，将渔业生产综合开发与计生工作紧密结合。村干部、党员与计生困难户建立帮扶对象关系，除资金上的扶持外，还对这些困难户进行经常性的渔业捕捞技术、管理技术等方面的指导。以2000年为例，全村投入帮扶资金达30万元，与40户计生户建立了帮扶关系，使25户计生户年人均纯收入达到5500元以上，这切实让渔民体会到“少生快富，优生优育”的好处。

总之，企沙华侨渔业新村积极落实计划生育政策，切实坚持计生“三为主”，推行计生“三结合”之后，取得了一定的成绩。例如2002年，全村总人口为3797人，总户数为982户，已婚育龄妇女818人。区间内出生24人，比上级下达人口出生控制数62人少38人，计划内出生33人，计划生育率为97.06%，比区下达的计划生育率指标88%提高9.06个百分点。出生一孩率为82.35%，出生二孩率为17.65%，计划内5人，二孩计生率为83.33%，无多孩出生。完成计划生育手术24例，其中结扎4例，放环18例，采取补救措施2例。综合避孕人数723人，其中结扎332人，放环327人，药具64人。综合避孕率为88.39%。女性初婚25人（见表4－1～表4－5）。

附：计划生育应知应会知识

中国现行的人口政策：实行计划生育、控制人口数量、提高人口素质。

中国现行的计划生育政策：提倡晚婚晚育、少生优生；提倡一对夫妇只生育一个孩子。

计划生育"村民自治"：按照计划生育"两个转变"的要求，根据国家法律、法规的有关政策，制定村民计划生育章程，建立村级计划生育工作机制；规范和引导育龄群众的婚育行为，真正通过实现群众民主选举、民主决策、民主监督，使群众"自我教育、自我管理、自我服务"，达到完成计划生育工作各项任务的目的。

计划生育村民自治合格村的标准：①达到"三好一满意"的要求（即宣传服务好、执法服务好、技术服务好、群众对计划生育工作满意）；②稳定低生育水平，人口出生不出现反弹；③开展以生殖健康为重点的优质服务；④干部为育龄群众生产、生活、生育服务，多做好事实事；⑤群众实行计划生育的自觉性大大增强；⑥群众参与计划生育的程度高。

计划生育村民自治开展的“五个自我”：自我教育、自我管理、自我服务、自我监督、自我约束。

开展计划生育村民自治要求实现“五个无”：无计划外生育、无计划外多胎、无大月份引产、无早婚早育和无恶性事件。

计划生育“村民自治”的标准要求保障村民的“五个权利”：村民的选举权、决策权、管理权、监督权和享受权。

村务公开要求公开的内容：一是政务公开；二是事务公开；三是财务公开；四是合同履行情况公开；五是计划生育协会等群众组织民主参与和民主监督情况公开。

“婚育新风进万家”：“婚育新风”是指新的婚育观念和社会风尚；“进万家”是指进入、送入、影响到、服务到千家万户。

“五期教育”的“五期”是：青春期、新婚期、孕产期、避孕期、更年期。

计划生育优质服务：开展以避孕节育全程服务和生殖保健服务为主要内容的宣传教育、政策法规、人口统计信息相配套的综合性优质服务。

《计划生育技术服务管理条例》：2001 年 6 月 13 日颁布（《中华人民共和国国务院令》第 309 号，朱镕基总理签发），2001 年 10 月 1 日起施行。

《中华人民共和国人口与计划生育法》：由中华人民共和国第九届全国人民代表大会常务委员会第二十五次会议于 2001 年 12 月 29 日通过，2002 年 9 月 1 日起施行。

《广西壮族自治区人口与计划生育条例》：由广西壮族

自治区第九届人民代表大会常务委员会第三十一次会议于2002年7月27日通过，2002年9月1日起施行。

避孕方法知情选择：知道国情和现行的计生政策；知道三种以上避孕方法的优缺点和使用方法；知道自己的身体状况；知道避孕措施知情选择的意义和好处，并在医生的指导下，选择一种适合自己的安全、有效的避孕措施。

计划生育“三好一满意”：宣传服务好、执法服务好、技术服务好，群众对计划生育工作满意。

计划生育合格村应具备的六条标准：队伍建设好、政策落实好、宣传教育好、技术服务好、制度建立好、干群关系好。

计划生育合同管理制度：指育龄人口根据国家和地方的计划生育政策法规的规定，与所在单位（或乡、村企事业单位，计划生育部门）协商同意规定的双方在计划生育中互相必须遵守和承担的责任、权利、义务，并通过书面形式签订的共同遵守的协议。计划生育通过实行合同管理，可以有效地约束行政执法人员的行政行为和群众的生育行为。

计划生育“三为主”合格村的标准：要达到“六好四有三落实”。即领导重视好、队伍建设好、政策落实好、宣传教育好、技术服务好、干群关系好；有一个好的领导班子、有一支负责抓经常性工作的队伍、有一条符合实际的工作路子、有一套规范化管理制度；计划生育工作人员落实、任务落实、报酬落实。

计划生育宣传教育工作“五化”建设的标准是：①人基教育普及化；②阵地建设标准化；③宣传手段现代化；④宣传管理规范化；⑤干部教育培训制度化。

计划生育行政执法中的“七不准”是：①不准非法关押、殴打、侮辱违反计划生育规定的人员及家属；②不准毁坏违反计划生育规定人员的家庭财产、庄稼、房屋；③不准不经法定程序将违反计划生育规定人员的财物抵缴计划外生育费；④不准滥设收费项目、乱罚款；⑤不准因当事人违反计划生育规定而株连其亲友、邻居及其他群众，不准对揭发、举报的群众实行打击报复；⑥不准以完成人口计划为由而不允许合法的生育；⑦不准组织对未婚女青年的妇检。

晚婚晚育年龄：男方年满25周岁，女方年满23周岁以上初婚的为晚婚。已婚妇女在24周岁以上生育第一个孩子的为晚育。

计划生育协会的宗旨：计划生育协会坚持计划生育是提高人民生活质量，促进社会进步，实现可持续发展的必要条件，以全心全意为人民服务为根本宗旨。

计划生育协会的任务是：①协助政府动员群众实行计划生育、优生优育；②宣传计划生育方针、政策和科学知识；③开展调查研究，反映群众的要求和呼声，对计划生育工作实行民主参与和民主监督；④开展计划生育各种服务活动，帮助群众发家致富和排忧解难。

被征收社会抚养费的行为由《条例》第四十四条、第四十六条规定，有下列行为之一的，由县级计划生育行政部门依法征收社会抚养费：①本条例规定可以生育第二个子女的夫妻，女方年龄未满25周岁，自生育第一个小孩之日起不满4周岁又生育的；②不符合本条例规定生育第二个子女的条件生育的；③以收养形式规避法律、法规生育的；④婚外生育的；⑤非婚生育的。

表 4－1　华侨渔业新村 1 组的计划生育情况

家庭	年　龄	初婚时间	一胎情况	二胎情况	三胎情况	避孕方法
男户主 女户主	1955. 3. 5 1957. 6. 30	1983. 2. 15	1984. 4. 16 女孩	1986. 3. 20 男孩	1995. 12. 15 男孩	1996. 9. 15 男扎
男户主 女户主	1970. 10. 10 1965. 5. 18	1984. 12. 15	1986. 1. 15 男孩	1988. 4. 15 男孩	—	1989. 6. 15 男扎
女户主 男户主	1960. 4. 5 1958. 11. 10	1980. 12. 15	1981. 11. 28 男孩	1983. 8. 20 男孩	1985. 11. 29 女孩	1991. 6. 15 男扎
女户主 男户主	1973. 3. 25 1971. 12. 28	1995. 4. 15	1996. 6. 15 女孩	1999. 6. 15 男孩	—	1999. 9. 15 男扎
女户主 男户主	1970. 12. 28 1969. 7. 14	1991. 12. 15	1993. 1. 5 女孩	1994. 4. 10 男孩	—	1995. 1. 15 男扎
女户主 男户主	1963. 11. 15 1963. 11. 15	1991. 5. 15	1992. 7. 15 男孩	1998. 3. 15 男孩	—	1998. 6. 30 女扎
女户主 男户主	1955. 11. 15 1951. 12. 15	1973. 12. 15	1974. 10. 15 男孩	1985. 9. 15 男孩	1987. 5. 15 男孩 1989. 5. 15 男孩	1991. 6. 15 男扎
女户主 男户主	1970. 12. 15 1969. 8. 15	1991. 10. 15	1994. 1. 15 男孩	1997. 6. 15 男孩	—	2000. 4. 15 上环
女户主 男户主	1976. 9. 19 1969. 11. 20	1995. 10. 15	1996. 7. 19 女孩	1999. 12. 3 女孩	—	2000. 6. 15 上环
女户主 男户主	1957. 7. 1 1953. 4. 15	1980. 3. 15	1979. 9. 9 男孩	1981. 12. 21 男孩	—	1982. 6. 15 上环
女户主 男户主	1957. 11. 25 1955. 1. 1	1980. 10. 15	1984. 10. 13 女孩	1987. 4. 9 女孩	—	2001. 3. 15 安全套
女户主 男户主	1976. 1. 4 1971. 11. 5	2002. 6. 17	2003. 3. 20 男孩	—	—	2003. 7. 15 上环

续表

家庭	年　龄	初婚时间	一胎情况	二胎情况	三胎情况	避孕方法
女户主 男户主	1983. 3. 26 1981. 11. 17	2004. 1. 5	2004. 8. 6 女孩	—	—	2007. 4. 5 上环
女户主 男户主	1985. 2. 18 1979. 9. 9	2006. 10. 13	2007. 3. 18 男孩	—	—	
女户主 男户主	1970. 10. 11 1968. 8. 11	1991. 7. 18	1993. 11. 9 男孩	2002. 3. 5 女孩	—	男扎
女户主 男户主	1980. 2. 4 1981. 11. 28	2007. 6. 8				

表 4－2　华侨渔业新村 2 组的计划生育情况

单位：岁

女户主初婚年龄	男户主初婚年龄	生育情况	避孕方式
22	22	2 男 2 女	上环
21	22	3 男 1 女	女扎
21	22	1 女 1 男	男扎
25	25	2 男	男扎
23	23	1 女 2 男	男扎
25	29	无	—
25	26	1 男 1 女	男扎
21	22	1 男 1 女	男扎
21	22	2 男	男扎
21	22	1 女 1 男	男扎
21	23	1 女 1 男	女扎
22	23	1 女 1 男	男扎
20	22	1 男	上环

续表

女户主初婚年龄	男户主初婚年龄	生育情况	避孕方式
20	22	2 男	男扎
20	—	3 男	—
21	22	2 男	男扎
22	23	2 男 1 女	男扎
20	22	2 男	男扎
21	24	2 男	男扎
21	23	1 女 1 男	男扎
23	26	1 女	药
25	27	1 男	药
23	23	2 男	男扎
21	23	1 男	上环
20	23	1 男	上环
20	22	1 女 1 男	男扎
20	22	1 男	上环
20	29	1 女 1 男	男扎
20	22	1 女 1 男	女扎
33	34	2 男	女扎
24	22	2 男	女扎
37	31	1 男	上环
19	24	1 男	上环
25	25	—	—
20	22	2 女	上环
20	22	2 男	上环
22	25	—	—

表4-3　华侨渔业新村21组的计划生育情况

单位：岁

女户主初婚年龄	男户主初婚年龄	生育情况	避孕方式
20	20	3女1男	安全套
21	23	1女1男	男扎
20	22	1女1男	男扎
21	22	2男1女	男扎
21	21	1女1男	安全套
21	23	1男1女	男扎
20	21	1男	安全套
22	22	1女1男	男扎
21	21	1男1女	上环
21	22	3男1女	药
21	22	1女2男	男扎
21	23	2男	男扎
23	27	1女1男	男扎
21	24	1男2女	男扎
21	22	1男	上环
20	22	1男	上环
20	22	1男	上环
22	26	1女	抱养
22	24	1女1男	男扎
19	26	2女1男	男扎
24	31	1女	上环
23	25	1女	上环
22	23	1女	上环
26	29	1女1男	上环
20	22	1女	—
20	22	2女	—
28再婚	28初婚	1女1男 （女方带入）	女扎

表 4-4 华侨渔业新村 2 组初婚情况

单位：岁

女户主年龄	人 数	男户主年龄	人 数
19	3	20	2
20	3	21	2
22	3	22	2
23	2	23	3
25	1	24	1
—	—	25	1
—	—	26	1

表 4-5 华侨渔业新村 2 组生育情况

生育情况	户 数
无孩	0
1 男孩	0
1 女孩	2
2 男孩	1
2 女孩	2
1 男 1 女	4
2 女 1 男	2
2 男 1 女	1

华侨渔业新村至 2008 年 1 月，有 1 个孩子的妇女人数为 327 人（见表 4-6）。

表 4-6 华侨渔业新村各组有 1 孩的情况

组 别	户 数
1 组	3
2 组	2
3 组	8

续表

组　　别	户　　数
4 组	9
5 组	12
6 组	15
7 组	7
8 组	14
9 组	5
10 组	19
11 组	10
12 组	8
13 组	26
14 组	6
15 组	7
16 组	12
17 组	17
18 组	10
19 组	13
20 组	12
21 组	9
22 组	9
23 组	12
24 组	8
25 组	15
26 组	38
27 组	21

根据华侨渔业新村计生委提供的资料，2008年全村已婚育龄妇女人数860人，出生人数46人，其中一孩男14例，一孩女12例，二孩男10例，二孩女8例，多孩2例。另外，女性结扎29例，放置宫内节育器24例，取出宫内节育器2例，人工流产4例，一共59例。

四　家庭费用支出、居住场所及其变化

华侨渔业新村村民的家庭消费支出，可以比较真实地反映出当地村民经济生活状况的变化。

据调查，20世纪80年代初，华侨渔民刚从越南回来时，只是想着有吃有住就行了。而且由于当时的收入有限，渔民们的日常开支主要集中在食物方面，且衣、食、住、行等方面的开支占据了村民家庭消费的绝大部分。1985～1990年，这种消费结构虽然有所改变，但是由于家庭普遍比较困难，村民的消费水平没有本质上的提高，电视机和自行车等较高档的商品都很少见。20世纪90年代以后，随着海洋捕捞经济的发展，鱼货交易扩展到邻近的北海乃至广东等地，经济的发展促使村民的收入逐渐增多。一些渔民的家里已购买了自行车、电视机等耐用商品；而一部分先富起来的人也购买了商品房、小汽车。近几年来，娱乐、旅游、衣服、电器方面的支出在家庭消费中所占的比重在不断地增加。

不过，从整个渔村来看，渔村里买车的人很少。因为渔村70%的人都住在船上，平时上岸的机会不多，就算上岸走出企沙镇，一般都是乘当地的三轮车或者是公交车；更何况他们活动的区域以企沙镇居多。华侨渔民中买了小车的就两家，一家是现在的村主任宋小强，另一家是村里开造船厂的老板吴某。而买电动车或者摩托车的家庭也就3～5户。

（一）家庭费用支出

由于家庭消费支出的内容会涉及家庭的一些隐私，我们在调查时遇到的困难是比较大的，即全部村民家庭消费支出的统计资料难以获得。但是为了能充分地反映华侨渔业新村村民的消费支出情况，我们特地重点访谈了一些村民，向他们了解其家庭的消费情况。这种方式的调查，虽然不能全面或很准确地得到整个华侨渔业新村每个家庭的消费支出数据，但通过被调查者的消费支出情况，至少可以窥见渔民消费支出的走向。

2009 年 11 月 2 日晚上，我们来到村民刘德兴家，访谈了刘德兴及其好友黎富银先生。他们详细地介绍了各自的家庭经济状况。

刘德兴现在居住的是 20 世纪 70～80 年代联合国和中国政府为安置越南归国华侨所修建的房子，共一房两厅一厨，面积大概 45 平方米，刘某家有父亲、刘某夫妇、儿子、女儿共 5 口人，由于住房紧张，平时其父亲都是住在船上，刘德兴夫妇及其子女就住在这四十多平方米的房子里。他家有彩电、电饭锅等家电，还有一辆电动车，作为平时出入的代步工具。

刘德兴家的船是小型的灯光船，除禁渔期外，一般每次出海 3～7 天，每个月出海 15 天左右，所以每年有一大半的时间是在岸上度过的。若在岸上生活，刘某家每天买菜平均要花 40 元左右，米是一次性买几个月或者是半年的，一般是买 1.8 元/斤～2 元/斤价位的米。刘妻是企沙镇山新村人，儿子现在在企沙镇上小学三年级，女儿也在镇上一所幼儿园上学，托管费是 200 元/月。除了教育开支外，其他的日常开支还有：自来水费1.95元/吨，排污费0.8元/吨，枯水期电费是0.6003元/千瓦，丰水期电费是0.4563元/千瓦，卫生费7.5元/月。在岸上生活期间一年的开支大概是3万元。

每次出海的开支包括以下几项：(1) 出海捕鱼时的伙食、淡水开支。每次出海都要买300元左右的菜和米，有时出海久一点，菜吃完了，就拿打上来的鱼做菜吃，一般情况下，米都会多买一点。出海过程中淡水是必不可缺的，用来洗船、洗衣服等的淡水由专门的送水小木船送来，价格是8元/立方米，直接饮用的桶装水价格是10元/桶，淡水开支总计约80元。(2) 冰的费用。出海一次一般要30条冰，价格是15元/条，买冰支出大概是400~600元。(3) 柴油费。每次出海大概要0.3吨柴油，按照上年柴油油价的平均值算，每吨大约6000元，柴油开支约1800元。(4) 水手或者工人的工钱。他们的工钱是按比例计算的，一般是每次出海回来后收入（含成本）的5%，在打鱼旺季时，一般会请2个工人；淡季就请1个，以25~40岁的男性为主。船主不仅要包工人的吃住，还要为工人买人身保险。

除了以上开支外，缴纳各种税费也是刘家的一项重大支出。

(1) 渔业资源增值保护费。这部分费用是按马力大小计算的，小于200马力的渔船，按8元/马力的标准收取；大于200马力的渔船，按8.16元/马力的标准收取。刘家的渔船是小于200马力的渔船，今年共缴纳了1392元的资源费，这部分费用是由企沙镇渔政管理站征收的。

(2) 渔港费。这部分费用是由企沙渔港监督站征收的，刘某2009年缴纳了306元的渔港费。

(3) 渔船船东雇主责任互保费、渔船互保费。这部分费用都是由中国渔业互保协会广西企沙分理处征收的，其中渔船船东雇主责任互保费是每人每年 50 元，每人每年要买 2 份。此项支出是由船主为工人义务购买的，为此刘某支付了 300 元。渔船互保费，是按渔船的新旧程度来收费的，刘某的渔船船龄有 13 年，渔船价值是 23 万元，互保比率是 43.48%，2009 年渔船互保费是 2800 元，互保金额是 10 万元。

（4）管理费。这部分费用是由村委征收的，刘某的渔船 2009 年缴纳的管理费是 500 元。

（5）渔业船舶检验费。这部分费用是由防城港渔业监督处征收的，刘某 2009 年缴了 2631 元的检验费。

除了交税费外，刘某可以从政府部门拿到柴油油价补贴。2008 年，刘某共拿到油价补贴 7.4 万元。

在访谈中，我们了解了刘家渔船的情况。刘德兴先生是在 2006 年买的二手船，该船买时已经有 10 年的船龄，当时价格是 24 万元，购买设备和简单的维修花费 3 万元，所以总共花费了 27 万元。船上固有的设备有单边带（通信器材）、导航仪、对讲机等，刘某后来购买了捕鱼时吸引鱼群的灯泡、发电机组（发电机和带动发电机的柴油机）、渔网等。据悉，国产灯泡每个要 210 ~ 220 元，进口的灯泡要 270 元/个，功率一般都是 1 千瓦。正常情况下，一个灯泡可以使用 7 ~ 8 个月，在遇到大海风时或者停港靠岸时渔船间的碰撞会导致更换灯泡的频率频繁。像刘某的这种小型渔船可以装 40 ~ 50 个灯泡，灯泡的数量取决于发电机组功率的大小，刘家的渔船装了 44 个灯泡。刘家的发电机组也是买的二手的，发电机功率是 50 千瓦，而带动发电机的柴油机功率是 60 ~ 70 千瓦。因为他的渔船是二手船，所以没必要买新的发电机组。买全新的发电机组大约要 1.5 万 ~ 2 万元，而二手的发电机组只要几千元。一张渔网要 600 元，一般可以用 1 ~ 2 年，具体的使用寿命视个人对渔网的保养程度而定。平时渔船的保养主要是给船底涂防腐防虫油漆以及给船面涂光油。涂防腐防虫油漆一年要 2 ~ 4 次，每次要花费 1000 元左右。给船面涂光油大概 2 ~ 3 个月一次，每次要花费 300 元左右。

在谈到购船资金时，刘先生说，全村 95% 的人都是负债经营，都背有一定的债务。购船资金一般是从银行贷部分款，利率是 0.7%，加上附加税 0.3%，总利率是 1%，有时间限制，而且还要还本金或者利息；从“鱼客头”借一部分资金，利息是 1.2% ~3% 不等，还款没有时间限制，没钱的话可以一直欠着；也会从自己的供油商（渔民称其为油客）那里借贷部分资金，据说这部分资金也是不要利息的，但是一旦向其借贷，你出海的柴油必须由其供应。一般其供应的柴油要比市场价高出 100 ~200 元。当然也有个别油客由于供油价格太高，与其有债务关系的渔民就会考虑解除与原油客的合作关系，一般的做法是去找别的油客借钱还给自己原来的油客，与其解除债务与合作关系，进而与新油客建立债务合作关系，但是这种情况并不普遍。如果购买渔船的资金还是不够的话，那渔民只有自己想办法了，一般都是向自己的亲戚朋友借。不过向亲戚朋友借的资金一般都比较少，所以大部分购船资金都是向银行或者私人贷款得来的。

在与刘德兴访谈的同时，我们也对刘德兴的好友黎富银先生做了访谈。黎富银先生谈到他家的消费支出时说道：

> 我以前一家都是住在船上的，最近才在政府专为渔村村民建设的华侨小区买了 120 平方米、三房一厅

两卫一厨的房子，价格是1046元/平方米，总价是13.2万元；首付4.3万元，其余按揭，每月还银行1020元，10年还清。我家有一个女儿、一个儿子，共4口人，儿子现在15岁，小学只念到三年级就不念了，一直在家呆着，2007年才开始跟着我出海打鱼。女儿10岁，现在上小学三年级。我家的渔船是价值80万元的中大型渔船，重达40吨，可以装100多个灯泡。我向银行贷款40万元，向鱼客头贷款20万元，在美国的亲戚资助了10万元。像我家这样在海外有关系的人家，一般家庭经济条件都会相对好些。海外亲戚资助的钱一般是不用还的。我家的渔船每次出海有6~7人，一般雇请3~4人，每次出海要买冰100条左右，一年买冰2000多条，一年消费柴油大约40吨。每次出海买菜买米要花费400~500元。

2009年1月3日上午，村委会宋主任带我们访谈了2家居住在船上的渔民，他们也分别谈到其家庭的消费支出情况。一位姓龚的渔民谈道：

我是（19）78年从越南乘帆船回国的，从越南回来时12岁左右，在越南时也有船，是小船。后来自己做了一艘6~7米长的小渔艇在近海打鱼，（19）81年以后才配装了柴油发动机。现在的渔船是2006年买的，当时的价格是150万元，是远洋捕捞作业渔船，渔船的功率是190千瓦，大约是260马力。我购船的资金80%是贷款来的。

2008年我的渔船捕鱼总收入是80万元，纯收入是15万~16万元。2008年得到柴油补贴11万元，今年的油补分两次发，油补直接发到银行卡上。我家的船是灯光船，所以得到的补贴要少于拖网船。一般来说，拖网船的油补要比灯光船高一些。补贴标准是上半年143.98元/千瓦。

我家有3口人，平时出海一般要雇请4个工人，工人工资为每次出海收入的3%～4%，工资一般是按月结。我的妻子也跟随出海，一般是做后勤，做饭、洗衣服、洗船板等。我们每次出海都要买300～400元的米和菜；200多条冰，冰的价格是15元/条，需要3000多元；3吨油，每吨5800元，需要17000多元钱的油费。如果出海时没那么多的钱买油、买冰，就先欠着，回来时卖了鱼再付。每年大船的维修费大概要10万元左右，像其他小型渔船的维修费也要4万～6万元。

另一位姓吴的渔民，也谈到了自己的生活与渔业收入状况，他向我们这样说道：

我这艘船出海3天，今天早上回港的。现在捕鱼越来越难了，鱼的数量和质量都在下降。不像以前那么容易打到好的鱼了。我们现在要是遇上鱼多的情况，打上鱼装满就回来了；要是遇到鱼少的时候，我们只能量着船上的补给供应回港。经常出海打鱼，就会对附近海域什么季节有什么鱼比较熟悉。这样也就会合理安排捕鱼的路线。

就拿这次来说吧，这次的运气算比较不错了。这条渔船的造价100多万人民币，这次捕鱼大约在2000斤左右，大约可以卖到1万元。就成本方面而言，柴油费5000元左右，冰1000元，外加淡水、食物、煤气费用以及水手的工资等，扣除所有费用大约可获得的利润为2000~3000元。这还算比较好的情况，因为这个季节鱿鱼比较多，所以出海主要是捕捞鱿鱼。市场上鱿鱼的收购价格也比较高，因此收入还算可以。尤其是2002~2003年国家逐步取消了渔政特产税。取消渔政特产税后，平均每条渔船每年可增收2000元人民币。从2007年10月起，农业部又开始给予渔民柴油补贴费用。每千瓦马力补贴253.6元，158.8千瓦马力的船，农业部一次性能补贴4万多元人民币呢。

而我们平均每个月大概只能出海3次吧，休渔期的两个月就不能出海了。

（二）居住场所的变化

华侨渔业新村的归侨村民分为两部分：一部分是居住在船上的村民，大约占整个村民的70%；另一部分是主要居住在岸上的村民，大约占30%。正因为这两部分村民的居住形式不一样，其居住场所及其变化也有所不同。

1. 船上村民的居住场所

资料显示，华侨渔业新村刚建起来时，国家和联合国难民署曾给了村里一些安置费。村委会用这些钱买了8条大的拖网渔船，并用这些渔船组织了4个生产队，开始进行浅海捕捞作业。联合国帮助建的岸上安置房，有很多都是空的，许多渔民不愿意上来住，因为他们在越南时都住在海上，习惯了，只要是有船的渔民大都居住在船上。据统计，目前华侨渔业新村渔民的各类船只有529艘，其中，灯光船232艘、小艇146艘、机排50张、住人艇50艘、无证艇、排51艘（张）。这些船舶大都有人居住。

从船上村民的居住场所来看，大的船只有两三层，不仅可供船主家人居住，其所聘用的船员和水手也可居住其中。小的船只虽然只有一层的结构，但也可以供家人一起居住。

一般来说，两层大船的最上层除了驾驶舱外，就是船主居住的房间，大约有四五间。虽然这些房间不是很大，但功能很齐全。不仅有卧室、娱乐室，也有独立的厨房和卫生间。在船的底层，主要是水手和船员居住的房间，其房间比船主人的房间要小。这样的房间大约有三四间，房间内有的放着双人床，也有的放置着一张低矮的单人床。最上层的甲板是家庭活动的主要场所，平时吃饭、聊天和会客大都在那里进行，所以甲板被船民称为“客厅和饭厅”（见图4－5）。

海港中还有许多较小的船只，其船长度多为5～6米，宽约3米，首尾翘尖，中间平阔，并有竹篷遮蔽作为船舱。

图4－5　船主在船尾甲板上招待客人饮茶
（2009年11月3日　郑一省摄）

这种船的渔民一般在船头的甲板上生产劳动。船舱则是家庭卧室和仓库，船上没有厕所，船尾就是排泄的场所。

2. 岸上村民的居住场所

华侨渔民在回国前就是生活在海上的疍民，他们居住在自己家的渔船之上，在岸上通常没有住处。在逃难回国的过程中，许多渔民失去了自己的渔船，因此，他们只能被统一安排居住在华侨渔业新村。华侨渔业新村的房子是修建于20世纪70年代末的钢筋水泥结构的二层楼房，共33栋、246套，约1.5万平方米（见图4－6）。部分有渔船的渔民则全家居住在自己的渔船上，或者是在海上搭建一个海上“棚”。渔民依岸临水，植木为椿，架栋为椽，上覆竹瓦，围以竹壁，或者是盖上塑料幕布，地铺木板，这种棚的面积一般在40平方米左右。由于华侨渔民很爱干净，一般都会在地板上打上一层光亮的腊，并擦得纤尘不染。

图4－6　联合国资助建造的归难侨民老房屋
（2008年10月3日　郑一省摄）

他们在棚里居住如在船上一样，坐卧席地无床椅，卧室也不设蚊帐，因近海无蚊之故。华侨渔民将这样的棚户当做“基地”，而渔船则是他们流动的家室。平时，棚户由家中的老弱者留守，逢年过节或遇婚丧大事，合家才聚宿棚户。

进入20世纪90年代，在落实了承包责任制后，华侨渔民的生活水平有了很大的提高。部分渔民开始把自己的小船换成大船，手摇风力式渔船改装成发动机式的大型渔船。渔民在船上的居住条件也随之得到改善，除了拥有单独的卧室外，渔船上还特意装备了洗澡房和卫生间。更有些经济条件好的渔民开始在企沙镇上购地建房，到2008年1月，企沙镇街头已经形成一条颇具规模和风情的华侨街。漂亮而气派的别墅式洋楼，不免让人惊叹华侨渔民近30年生活的巨大变化（见图4－7）。与此同时，随着人口的增长，那些没有渔船的岸上渔民的人均居住面积大大减少，原来修建的安置房屋远远不能满足其居住的需要。

图4－7 居住在企沙镇上较富裕的归难侨民房屋
（2008年10月3日 郑一省摄）

在村委会和当地政府以及侨办的关注下，华侨渔业新村在原有村址的附近开始筹建新的村改房，力图解决日益增长的人口和有限的居住面积之间的矛盾。

第三节 风俗习惯

一 生活习俗

（一）服饰及其变化

华侨渔业新村渔民回国之前生活在越南，拥有越南疍民的生活习俗，回国后相当长一段时间仍然延续着原居住地的生活习俗。这样的习俗在渔民服饰上得以体现。

由于华侨渔民长期生活在海上，他们对衣服材料的选择常常倾向于丝绸或者是棉布等透气性好、吸汗的料子。回国以前，华侨渔民的服饰在一定程度上源自蓝天和大海的图腾，以蓝色为基调。绝大多数时间男女都穿着短、宽、窄袖的上衫，宽短的裤子及于足踝之上。不论四季，头戴既可遮阳又可挡雨的海笠（垂檐竹帽），跣足。华侨渔民妇女喜爱留长发，姑娘们把头发结成不容易散开的五绞辫，发梢上缀红绒，休闲时就让长辫摇晃垂及腰际。结了婚的妇女把长辫在头顶上盘成髻。海上作业时她们习惯在头上包一块方格花纹的夹层方巾，一角突出前额，一角垂于脑后，俗称猪嘴，方巾的左右两角交结于下颊。她们的这种装束打扮，利于在海上作业和遮蔽风日，便于步滩涉水和渔业劳作。随着时间的推移，华侨渔民对服饰颜色的喜好发生了些许变化，逐渐开始喜欢颜色艳丽的丝绸衣物，据她们自己解释，这样对在海上作业的她们来说有种迎风舞动的美感。

回国初期，渔民在服饰方面依然延续在越南居住地的习俗和偏好。女性渔民多不穿裙子，而是以宽松舒适的裤子来替代，上衣多是无领向右腋开纽扣的滚边上衣。男子穿宽袖有领对襟上衣，下穿宽脚长裤，到夏天的时候则多上身赤裸，下身穿一条大短裤，通常不穿鞋。倘若穿鞋也基本上是拖鞋或凉鞋。除此之外，渔民还喜欢戴帽子或者头巾。冬天女性喜用黑布或花格布包头，式样奇特。包头布前缘有“头布拱”撑托，布上绣着红色的狗牙边花纹，也有的女性喜用深红色或黄色多花纹的头巾。由于他们在岸上没有房子，孩子在出生后不久就由大人背在背上参与劳作，所以背带成为海上人家照看孩子最为适用的物品。华侨渔民的背带多喜欢用碎布拼成各种图案，且上端附有盖头布，这样是为了使孩子免受风吹日晒。

近几年，华侨渔民的服饰发生了较大的变化。首先在衣服的材质上已逐渐改变了以前特意买丝绸和棉料去裁缝店制作衣服的偏好，而是直接去岸上的服装店购买。据当地人反映，部分有钱的华侨渔民在衣服的品牌方面较为倾向名牌。此外，华侨渔民对黄金首饰有着特别的偏爱，几乎每一个华侨渔民都有自己的一件黄金首饰，或是耳环，或是戒指，或是手镯、项链之类的。依据华侨渔民的习俗，每个孩子在满月时，亲人都会为其戴上一件黄金饰品，女孩到达一定的年龄就必须穿上耳洞，戴上黄金耳环。总而言之，华侨渔民在衣服的选择和喜好方面，逐渐接受了岸上主流社会的时尚观和审美观（见图4－8）。

图 4-8　华侨渔业新村归难侨民及其子女的服饰
（2008 年 10 月 3 日　郑一省摄）

（二）传统食品与饮食习俗

华侨渔民靠海吃海，他们的生活与海有着密不可分的关系，就连饮食也表现出海上人家特有的饮食偏好。在华侨渔民的传统食品中，晒干的鱿鱼丝是他们的最爱，他们喜欢在闲暇时嚼鱼干，更喜欢把啤酒和鱼干当做丰盛的消夜。每当有亲朋好友到来，华侨渔民就会拿出鱼干，买上几瓶啤酒盛情款待他们。此外，鲶汁，也就是俗称的鱼露，是华侨渔民餐桌上传统的调味品，虽然现在许多工业化生产的调味品已经进入华侨渔民的家中，但是鱼露仍为大部分渔民所喜爱，更是较大规模酒席之上不可或缺的佐味品。鲶汁的加工方法是将捕捞到的小鱼与海盐按一定的比例（一般是 1∶3）拌匀，放入一个塑料大缸（1978 年以前是瓷缸）中进行腌制，腌制的时间为一年左右。到时，打开鱼缸底部的小漏管，即有鲶汁流出。最初流出的鲶汁一般都混有较多的鱼渣，因而需要放回缸中重新过滤。他们根据加工工序上的差异和品质，将鲶汁分为三种不同的成色，即“头漏汁”、“二漏汁”和“三漏汁”。“头漏汁”呈橙红色，是第一批滤出的鲶汁，这种鲶汁呈橙红色，为鲶汁中的极品。出完“头漏汁”之后，再将缸中的鱼渣取出，加水煮沸后放回缸中继续腌制，此后流出的鱼汁为“二漏汁”，呈黄色，其色、香、味均无法与“头漏汁”相提并论。“三漏汁”的做法与“二漏汁”相似，只是品质略差。

茶和咖啡也是华侨渔民饮食中比较常见的饮品。茶甚至成为华侨渔民婚姻聘礼和婚姻庆典等重大节日中必不可少的物品。在华侨渔业新村，几乎每家每户都会有一套饮茶的器具，喝茶也是相当有讲究的，条件较好的渔民甚至还专门针对不同的茶叶配备不同的饮茶器具。

就华侨渔民的饮食来看，他们比较偏好清淡的食品，每餐必有一汤。最为常见的是用芥菜和海螺熬汤，据说这样的汤清淡、下火、消暑，此外，华侨渔民还喜欢用沙虫来做汤，因为沙虫是一种很好的补血食品，含有十分丰富的营养价值。鱼汤是华侨渔民做汤手艺中最经典的，手艺高的渔民通常能把汤做得色香味俱全，奶白色的浓汤清香可口。

除了汤外，华侨渔民还喜欢喝粥，尤其是在夏季，各种各样的粥成为他们饭桌上的最爱。

（三）黄金饰品的习俗

黄金饰品的佩戴、婚姻习俗的别样、海上居住的方式，是企沙华侨渔业新村华侨与众不同的风俗习惯。在企沙镇的调查中，笔者发现，区分归侨村民和当地其他族群身份最直接有效的判别方法就是从外形上识别。用一位当地受访者的话来说：

> 在街上，你看到的那些戴着黄金首饰的人，十之八九就是华侨了。我们当地人基本上不这么戴。

的确如此，企沙华侨渔业新村华侨村民对黄金饰品有着特别的偏好，可以毫不夸张地说，在华侨渔业新村，上到80岁老人，下到满月婴儿，无一例外都有着至少一件属于自己的黄金饰品。它们或是耳环，或是戒指，或是手镯，或是项链，甚至有金牙之类的。除此之外，黄金饰品在他们的婚礼和其他重要的节日习俗上都频频出现。据调查，依据归侨村民的习俗，每个孩子在满月时，亲人就会为其戴上一件黄金打制的饰品，女孩长到一定的年龄就必须穿耳洞，戴上黄金打制的耳环。正是这在当地人看来极为“显富”的装束，在一定程度上成为判别其归难侨民身份的有效方法。

黄金饰品作为企沙华侨渔业新村华侨村民生活中很重要的部分，既是渔民自我的一种装饰，也是渔民用于人情往来的一种礼物。尤其是在归侨村民的婚姻习俗中，更是不可或缺。常言道：“婚姻乃人生大事。”就中国传统文化而言，婚姻对一个人的一生来说是一件极为重要的事情。企沙华侨渔业新村归难侨民自然如此。对于他们有着特殊意义的黄金饰品俨然成为其婚礼习俗中不可或缺的组成部分。在归难侨民的婚礼嫁妆中，黄金无论多少都是女方家人赠予新人的心意。在婚宴的敬茶仪式中，亲人对新人黄金饰品的赠送也显得尤为重要。

华侨渔业新村华侨村民对黄金饰品的偏好，不仅表现在他们把黄金作为一种装饰物品，更表现在他们将黄金作为一种储蓄方式。储蓄有狭义和广义之分，狭义上的储蓄多指储蓄存款，它是指："城乡居民将暂时不用或结余的货币收入存入银行或其他金融机构的一种存款活动"。而广义上的储蓄则通常是指："西方经济学通行的储蓄概念是，储蓄是货币收入中没有被用于消费的部分。这种储蓄不仅包括个人储蓄，还包括公司储蓄、政府储蓄。储蓄的内容有在银行的存款、购买的有价证券及手持现金等"。

随着企沙镇农村经济的发展，人们除了生活消费支出外，还能有一部分资金盈余。选择将这一部分资金存入银行，或者是投资再生产，不免成为许多企沙村落农民的选择。然而，对企沙华侨渔业新村的华侨渔民而言，盈余资金却另有用处，这就是将现金兑换成黄金。华侨渔业新村华侨渔民每当有盈余的资金时，就会去购买黄金，或将黄金打成饰品，在家储藏或赠予亲人。习惯于将现金兑换成黄金储藏或佩戴是归难侨民区别于当地族群的特点之一。在我们的调查中还发现，居住在镇上10%的华侨渔民多已经逐渐趋同于当地其他族群的储蓄方式，或将现金存入银行，或投资渔业相关生产，或开拓、发展其他经济活动。他们对于将现金兑换成黄金储藏方式的兴趣也呈现显著下降的趋势，黄金首饰佩戴的现象较船上居住的村民明显弱化。整体而言，这样一种弱化的现象呈现一个梯度，换而言之，越是居住在海上的华侨渔业新村的华侨渔民，对于储藏和佩戴黄金饰品越感兴趣，而居住在岸上的华侨渔业新村的华侨渔民次之，居住在镇上的华侨渔民最弱。

与华侨渔业新村渔民的黄金储蓄方式相比，企沙镇当地其他族群将钱存入银行、或是投资置业的储蓄方式则更迎合现代社会对盈余资金支配方式的潮流。

英国著名的功能人类学派的领袖人物之一——马凌诺夫斯基主张文化功能观。他认为文化实际上是满足人类需要的一种手段。文化在满足人类需要的过程中创造了新的需要，新的需要又促使新文化的出现。从这个意义上讲，华侨渔业新村渔民对于黄金饰品和黄金储蓄方式的需求梯度促使其固守这样一种风俗习惯和价值认同。同样的，企沙当地其他族群因为需要的不同而没有出现这样一种文化，他们对华侨渔业新村渔民对于黄金的特别偏好现象也难以理解和认同，所以才有了他们对华侨渔民“显富”、“奢华”的价值判断。

二　节日习俗

节日是每一个族群不可缺少的生活元素之一，华侨渔民也有着他们自己的节日。

和所有的中国人甚至海外华人一样，华侨渔民特别重视春节这样一个隆重而盛大的节日。早在春节到来之前，渔民们就会挑个日子打扫自家的房子或渔船，扫除一切旧的事物，迎接新年的到来。除夕之夜吃团圆饭，是每一个华侨渔民过春节的愿望和重要内容，团圆饭又被称为年夜饭，一般在晚上七八点开饭。团圆饭中不能缺少饺子，这一天，全家人围坐在一起，一边絮叨着这一年的生活琐事，一边把来年的祝福全部包裹在饺子之中。因此，家家户户包饺子也是团圆饭中值得一提的事情。除了吃团圆饭外，除夕这一天渔民一般会选择在中午拜祭祖先，贡品通常有鸡、猪肉、酒、茶、水果等。燃放鞭炮是每个渔民及其家人都开心的事情，各家各户在这个晚上燃放鞭炮或烟花，异常热闹。据说，燃放鞭炮一是为了庆祝一年有好的收成；二是为了驱魔迎福，期待新的一年有更好的收成和福气。尤其是到了零点，即新年到来之际，家家户户都会走出门来燃放鞭炮或者烟花，庆祝新年的到来。给小孩压岁钱同样也是华侨渔民除夕节的重要内容，这一般是在吃过团圆饭后，大人们想通过这种方式来表达对儿孙们幸福成长的美好祝愿。

大年初二，是华侨渔民外出去拜年的好日子。家家户户选择在这一天穿戴一新，外出走亲访友，恭贺新禧。

除春节外，清明节、端午节、鬼节以及冬至节都是华侨渔民重视的节日。

每年的清明节，华侨渔民都会像对待春节那样重视这个节日。在外工作的人们都会尽量赶回家中，和亲人一起准备好鹅、鸡、猪肉等熟食，带上锄头和镰刀之类的工具前去扫墓，祭奠故去的先人。清明时节，渔民们会为其祖先重新修葺坟墓。关于清明祭拜，华侨渔民还有这样一个习俗，那就是：对于那些下葬不足三年的，通常只是在正月里前去拜祭，清明节所拜祭的祖先一般都是已经下葬三年以上的。

每年农历五月初五为端午节，又称端阳节，在华侨渔业新村，这个节日多被称为龙船节，是海上人家欢度的节日。这一天会祭拜祖先、吃粽子和赛龙舟。尤其值得一提的是龙舟比赛。在比赛之前，华侨渔业新村通常会精挑细选出一支强壮的队伍（20 人），进行多日的训练，以保证在比赛这天有一个出色的表演。这支队伍通常由 20 名队员组成，其中包括掌舵手、船桨手、指挥手和鼓手等。他们一边划船，一边用力擂动渔船上的大鼓。鼓声、吆喝声以及岸上渔民的呐喊声一齐震响云霄，其场面何等气派。龙舟竞渡通常没有专造的长长的五彩龙舟，而是在众多渔船中挑选比较合适的船只配对而成，但也必须粉刷一番。这样，无论在港口还是在大船上观看的观众都有一番看头，让欣赏者能够流连忘返。

赛前的筹备工作也不可小视，带头人挑选桡手，从各家各户挑选壮汉，选中者则先发给一柄桡。划头桡的桡手，体型要雄健，发力强；划尾桡的，岁数可以大点，但也要有一定的力头加韧性，人家划两下桡，他因桡长，只能押一下，但要拍出水花，寓滚龙尾之意。为了把好方向，船上采用双舵，由有经验的老舵工担当。鼓手也要选择一名身体素质好的，鼓点节拍要均匀有力，以推动全船高速向前。

通常，在龙船下海之前，渔民会在岸上举行一个盛大的出征仪式，由渔民中拥有较高权威的人主持。渔民会摆上丰盛的贡品，一起对海祭拜，感谢这片大海以及自己的祖先对于渔民的保佑（见图 4－9、图 4－10）。待到仪式结束后，众人将装点喜庆的龙船抬到海里，开始龙船表演或是龙舟比赛。

渔村龙船赛事，常以外海对内海、大桁对小桁、村东对村西、青年对成年等形式进行。竞赛开始，鼓、锣、钦、海螺有节拍地敲打、吹奏，桡手齐声划着。船两旁各有一名手舞短桡、叫“骑风”的选手，他见哪个桡手用力慢了，就用桡叶将那人的大腿“拍”一下，令其振作。他来回舞行，引人注目，龙船头次赛事叫“献纸”，不斗胜负。正式

图4－9　龙舟赛前的供品准备（2008年6月20日　蒋婉摄）

图4－10　龙舟赛前的祭祀活动（2008年6月20日　蒋婉摄）

开赛则从本村后田坪白鹞头港治水尾港划至蚶埕港外遥对猪母崖“伯爷公庙”作祈求“海水好”的祷告，接着放一串鞭炮，然后划回来，捉对竞赛。在这个节日里，天常下雨，人们称为神水。这时，全村男男女女，怀着节日喜乐之情，穿新衣，撑彩伞，来到白鹞头崖下看热闹。有的几个人合划一只小船下港游荡；有的竟凑成十来只小桡，兴致勃勃地划着，增添热闹氛围。孩子们更加活跃，光着身，又蹦又唱："咚锵锵，咚锵锵，山伯读书遇英台，两人同窗三年久，划呀咚锵，咚锵！"

指挥船载着两支竿，竿尾缚着树青和红布标志旗，先至猪哥港外大港深处将这两支竿分开插牢，专等着勇者们前来擎标。把标夺到后插在船上，接着一场极其激烈的抢岸拼搏便把竞赛推向最高潮。是时，船速惊人，船上的人站都站不住。船上还有两个人使用吊桶在船尾提水，用力向两边桡手们的头上泼去，有时一泼就是十几米远，以防桡手们流汗造成缺水现象。"咚锵，咚锵……"据说，打破鼓与敲裂锣、划折桡的事，是经常发生的，此时龙船宛如两条飞滚向前的蛟龙，气势磅礴，特别壮观，也最为振奋人心。

和清明节相比较，每年农历七月十四至十五的"鬼节"，在华侨渔民的节日中显得要略为逊色一些。渔民通常只是在家祭拜祖先，给先人烧一些纸钱、元宝之类的冥币。一是为了表达对先人的思念；二是祈求祖先保佑后人们平安、幸福。

冬至为二十四节气之一，并且是最重要的节气之一。冬至是按天文划分的节气，古称"日短"、"日短至"。冬至这天，太阳位于黄经270度，阳光几乎直射南回归线，是北半球一年中白昼最短的一天，相应的，南半球在冬至日时白昼全年最长。每年的冬至节华侨渔民家家户户都会吃汤圆，节日气氛比较隆重。

三　丧葬习俗

在华侨渔业新村，以前老人过世时，其家人通常是在船上举行仪式（因为在岸上没有任何住处），临近出殡时便会请来道公做法事（见图4－11）（有钱人家则会多做几日法事活动，比较困难的家庭只做一天一夜）。道公会随同送葬队伍将死者下葬。老人去世时通常不用看风水，直接买块土地将其埋葬。一般2～3年后，会再请道公做法事，开棺材收回其骨头。将死者的骨头重新拾起装在一个小坛子内，选好一块"风水宝地"后，将坛子重新掩埋。有钱人家则会买一个玉镯给死者戴上，待到重拾骨头的时候，将镯子取出，用一个装有醋水的盒子浸泡，且选好吉日，由道公做法，将盒子埋于某一芭蕉树下。一般是三天后，再择吉日将盒子取出，拿出镯子留给死者的后人佩戴。此时的镯子据说比刚刚买回来的价格要高出很多倍。

图4－11　归难侨民家中的神龛
（2008年3月2日　蒋婉摄）

之所以要将镯子用醋水浸泡，据说是为了消毒。将镯子埋在芭蕉树下，则是为了将逝去的先人的灵魂转至树里，以免后人在佩戴此镯子时，先人的灵魂附着在后人身上。

在岸上有住所的家庭，老人去世后，家人会在家中设置灵堂，张贴白纸，但下葬后便会揭掉张贴的白纸。

下葬后的第三天去复坟，此后便是三七、五七、六七、七七去坟头上香拜祭。

第五章　民族与宗教

第一节　民族

一　民族历史与现状

华侨渔业新村于20世纪70年代末至80年代初期建立，最初的村民都是由越南回国的渔民，均属于汉族。据了解，他们的祖辈在出国之前也多是中国广西、广东的汉族人，多居住在沿海地区，依靠打鱼为生。由于越南下龙湾海域有着更为丰富的渔业资源，或是其他的原因，加上亲朋好友的介绍和指引，他们才迁居到越南。虽然他们在民族成分上归属于汉族，但是他们与内陆的汉族人却有着很大的区别。他们自称“疍家人”，回国后普遍自称“企沙华侨”。

受各种条件的制约，回国后相当长一段时间内，企沙华侨渔民大都固守在自己的生活圈子里，很少与外界进行族际的互动，尤其表现在族际通婚方面。回国后的第二代华侨渔民也多是与本村的渔民通婚，因此，在民族构成上还是局限于汉族。进入20世纪末期，华侨渔民开始了与周边社会的互动，在婚姻上也逐渐开始了族际的通婚。一部分外族女性嫁入华侨渔业新村，也有一部分华侨女性外嫁他族，在民族构成上开始呈现出汉族、壮族、瑶族等民族共存的状况。

二 华侨渔业新村渔民与原居住地的关系

华侨渔业新村是一个小型的“移民社会”，第一代华侨渔民出生并成长在越南，他们有着很长一段时间在居住地的生活记忆，且与当地的人们有着友好密切的交往。虽然受到国家间政治因素的影响，华侨渔民和当地朋友被迫分离，但是他们之间淳朴而至深的感情却并未因此而隔断。回国后，华侨渔民的生活安定下来，而且随着中越关系的改善，许多华侨渔民纷纷回到居住地看望他们在越南生活时期的老朋友，与他们开展中越之间的边贸互动，建立了更为深厚的感情。华侨渔业新村村民许某（女，52 岁）就是其中的一个。

许某出生在越南，在越南生活期间有几个从小一起长大的越南籍女性朋友。由于当时她们住得很近，小时候开始就一起上学、玩耍，直到后来她们几个分别嫁人；但是很多时候，她们还是会抽空一起聚聚。许某回国后，她们彼此见面的机会减少了。随着生活的改善，许某家现在已经有了电话，电话成为她与越南籍朋友联系的一个重要渠道。每逢过节等重要日子，许某就会通过电话和她们聊天，询问彼此的近况，关系还是像以前一样好。

除了电话联系外，许某和她的朋友还会隔几年见上一次面。许某说：

前几年，我和我老公还一起去越南看望她们了。

现在生活水平好了，我们也有这个钱去看看她们。现在我做点小生意，会卖一些越南的特产。我就是从我其中一个越南的朋友那里拿货的。有时候，我们了解到中国这边需要什么越南的特产，就会告诉她，然后让她那边发货。同样，她也会告诉一些越南那边的信息给我。我们就这样相互帮忙，一起做些小生意。

当我们问起许某什么时候再去越南时，她说：

这个就说不定了，现在我的孩子都在外面工作，家里面的事情没有人照看，走不开。再说朋友那边也各自有各自的事情，我们只好电话多多联系了。但是，我想我还会过去看看她们的。

三　华侨渔民与海外亲人的关系

华侨渔业新村有5%的人口拥有海外关系，其中部分是在越南排华浪潮后回国，且又再次去往欧洲、美洲等地区的华人。这些海外华人与华侨渔民保持着密切的联系，逢年过节都会相互问候。

早期出国的华人在国外生活稳定后，还会帮助其亲人迁居到海外共同生活，因此开始出现一些华侨渔民女性嫁到国外的现象。而在国内生活较为稳定的渔民，也会邀请其海外亲友回国探访。近些年广西侨办也较为重视侨乡与海外华侨之间的联系，鼓励侨乡人民积极与海外华侨联系，让更多的海外华侨回国支持故乡的建设和发展。

第二节　宗教信仰与禁忌

一　宗教信仰与宗教政策

（一）宗教信仰

华侨渔民在宗教信仰方面表现出自发性、盲目性、功利性、组织上的涣散性和非宗教化的特点。他们没有严格的教义和教规，难以形成统一的意志并对他们施以有效的控制。与其他许多地区的人们一样，他们既供奉土地神，又祭拜花婆和观音；同时，他们又有着海上人家独特的宗教信仰。

以海为生的华侨渔民素来信奉海神天后、龙皇、龙母和观世音菩萨等（见图5－1）。渔民出海前有备三牲祭祀海神的习俗。渔船在海上遇到风浪险情，船家就会焚香在握，

图5－1　归难侨渔民们供奉的土地神（2008年3月21日　蒋婉摄）

匍匐跪拜，大呼“三婆婆”和观音菩萨“救命”，妇女则披散头发，边叫边向空中撒米，传说这样可以平息风浪。正月十五元宵节，又名上元节，俗称小年。渔民疍家多用金猪祭神祈福，是日还有“偷青”的风俗。端午节是华侨渔民较为重视的节日，端午节的高潮便是赛龙舟，俗称“划龙船”。参赛者多为华侨渔民，他们深信举行龙舟赛才能免时疫和日子丰顺，有“龙船鼓响疫鬼退”之说。因此，是日龙船和花船满海，奏乐唱曲，配合着十番锣鼓，荡漾海中，助兴龙舟竞渡。全城的人倾城而出，聚集在海边看龙船，或全家租一小艇漫游海上，海中顿成人山，岸上顷化人海……

由于没有严格的宗教信仰，整个华侨渔业新村都没有祠堂和神庙。可以说，在零散化的信仰中，祖先崇拜是华侨渔民最为集中的信仰。无论是在华侨渔业新村的岸上居所，还是在华侨渔民的渔船上，人们都可以看见他们为自己的祖先设置的神龛，他们每天吃饭前必须供奉神龛（见图5－2）。许多神龛中并没有特意制造的神像，仅仅放置了一个足以点放香火的香炉（见图5－3）。除了每天吃饭前的简单供奉外，每逢初一、十五或者重要的节日，又或者渔民家中有较好的收获时，他们都会在神龛上供奉，以祈求更好的丰收和平安。

（二）宗教政策及其影响

华侨渔业新村坚持贯彻和落实“中国宗教信仰自由政策的基本内容”，即每个公民既有信仰宗教的自由，也有不信仰宗教的自由；有信仰这种宗教的自由，也有信仰那种宗教的自由；在同一宗教里面，有信仰这个教派的自由，

图 5-2 渔船上的神龛
（2007 年 7 月 5 日 蒋婉摄）

图 5-3 华侨渔业新村村内人家的香炉
（2007 年 7 月 5 日 蒋婉摄）

也有信仰那个教派的自由；有过去不信教而现在信教的自由，也有过去信教而现在不信教的自由；既尊重和保护信教的自由，也保护不信教的自由。

在随机走访的 20 名渔民中，有 18 名称自己不信教，仅有一名称自己信佛教，另一名称自己信天主教。由于华侨渔民在宗教信仰方面表现出组织上的涣散性和非宗教化的特点，又由于没有严格的教义、教规，他们难以形成统一的意志和有效的控制。因此，宗教对华侨渔业新村的影响较为微弱，但是这并不代表华侨渔民的信仰和崇拜不会对其生活产生影响。华侨渔民笃信祖先崇拜，祖祖辈辈流传至今的祭拜方式一直影响着华侨渔民的生活。他们通过对祖先的拜祭，寄托对美好生活的憧憬和向往。此外，对海神天后、龙皇、龙母和观世音菩萨等神灵的信奉构建出华侨渔民共同的风俗习惯。每年的“龙舟节”则更直观地表现出信仰所凝聚出来的一种力量。

二　禁忌

几乎每一个族群都有自己生产或者生活方面的禁忌，生活在华侨渔业新村的华侨渔民也是如此，其禁忌主要表现在以下方面：

（一）生活禁忌

华侨渔民在饭桌上的禁忌有：平时吃饭或者宴请时，汤勺不能反着放，反着放就是翻船的象征，主人很忌讳。如果客人因不知而犯讳，主人会立即把汤勺放正，并到门口对天作揖。

每当吃鱼的时候，当上面一片吃完时，华侨渔民会取去鱼骨继续吃贴盘的那一片，而绝对不能把鱼翻过来吃。此外，吃鱼忌先吃鱼尾，更忌一筷子将鱼尾叉断。客人不知道此习俗，把鱼翻过来取食或将鱼尾叉断，主人会很不高兴，因为在主人看来这是翻船或撞船的征兆或象征。

因为疍民以船为家，长年生活在变幻莫测的风浪中，身家性命财产都系在船上。因此，凡对船不利的象征性动作和语言他们都很忌讳。

忌打破屋内东西，他们认为彩头不好；忌说猫，他们认为捕捉的鱼会被猫吃光；忌杀乌鲨，他们认为乌鲨会闻到死伴的腥味而在海里复仇吃人。

此外，华侨渔民最忌讳渔船或船屋沾上秽气，他们认为这样会招来撞船或搁浅等不利的事情。故有如下诸项禁忌：忌女人跨过“龙头”（船头最前端）；忌“月头婆”（分娩后未满一个月的产妇）过船或碰到自家的船只；忌死尸从船头上经过，恐怕其污染龙头，不利生产；忌陌生人走入船尾，因船尾是渔民掌舵的地方，怕沾上秽气而导致驾驶不灵；忌在船头上大便；忌妇人跨过渔网，怕渔网沾上秽气而捕不到鱼虾。男人婚后四日或一个月后才准许上船出海。

（二）生育禁忌

民间传说人由各种动物轮回托化，以形附于谁家，谁家有妇便托生，其形称为“六甲”（又称“胎神”），要婴孩形貌完好，必不可犯六甲。故妇女怀孕期间不能在床上剪布、裁衣；不能在居室内任何地方打针、开灶、通渠、补漏、拆屋；不能拆床、搬居；不能在床底下放利器……如犯了禁忌，孩子出生时会破相或怪异。此时，需在百日内将所做的禁忌恢复原貌，就可除去异象（俗称“起犯”）。如孩子生下时头上多了个瘤，面上有痣，多手指、脚趾等，可能是补屋之类造成的，应立即拆去，用水将补上的灰浸于盘内放在床底，这样孩子的瘤、痣便会慢慢除去。此外，妇女怀孕期间忌讳吃“八子鱼”；男女交往期间，若尚未结婚，则忌讳男方把女方带往自己的渔船，以及到养鱼、养虾场所居住或玩耍。

生完小孩的渔船会在其渔船上插上青树枝。一般不欢迎陌生的女性上船，尤其忌讳女性踩踏在其渔船的船头上。女人月经期间更是不能到他人的渔船上。

华侨渔民给孩子取名字也是相当有讲究的。婴孩出生时不能起大名，一般以排行数直呼，如二弟、三妹……或亚七、亚八；有些则给孩子起贱名，如“猪”、“牛”、“狗仔”、“旦家”；有些孩子出生满月即给他（她）戴手镯、脚镯，材料多是银质，分男左女右，据说孩子叫得越“贱”越易养；戴镯子则是要把孩子圈住，这样才不会被妖魔带走。如果孩子长得胖，样子好看，也不能直接对着孩子说出“胖”、“靓”之类的话，只能说“抵打”、“丑样”、“打得几下落”等。孩子出生的时辰（年、月、日、时），由父母用一张红纸记下，放于笼底，不能让孩子知道，直至孩子长大成人定亲时才能由父母告之。

孩子出生后，父母要请卜算先生定时（按出生时辰来定八字），且须在满月之前。卜算先生根据生辰八字，推算孩子一生的运势和寿命，俗称“批命”，用红纸写成批命纸，由父母保存，按时运给孩子“祈福”、“还神”、“禁忌”、“开学”、“婚嫁”。尤其是给孩子推算五行相属（金、木、水、火、土）时，谨记相冲相克的禁忌，水命不能配火命，因水火相克。孩子起名也要按五行相属，如欠金，则名字中一定要有金字或金字做偏旁的字作名；否则一生不利。俗话说“唔怕生坏命，至怕改错名”，即指此。

华侨渔民比较忌讳别人问自己的孩子有多大，别人不能问“几多岁”（岁与碎同音，不吉利），只能问“几只手指”（一只手指为一岁）。

当孩子满月以后，有的呆到周岁或上学的时候，父母会另请算命先生或有文化的长者再给孩子重新起个正式的大名，从此以后，则不许别人叫乳名。起名的另一个特点是男孩子的名字大多带一个“金”字；女孩子的名字大多带一个“娣”字，称女性为“仔”、“娣”，这也是水上人家的一大特点。因此，在华侨渔民的名字中常常可以看到“亚”、“娣”等字样。

关于祈吉。在过去，华侨渔民家的孩子，无论男女都要戴上铸有“长命富贵”、“出入平安”等吉祥字样的银制镯子，以祈祷孩子平安和将来有好生活；也有戴玉扣和在手腕上系红绳的；还有在孩子会爬以后，父母便在他（她）的背上系个浮漂，并在浮漂上面贴上符咒，以防孩子溺水。

华侨渔民忌讳家中有风筝落入，倘若谁不小心将风筝落入华侨渔民的家中，则必须要带上猪头去人家家中赔罪。

在华侨渔民中还流传着这样一种说法，即出海打鱼，救死不救生。见到死的人会认为是上天给的福，就捞起来安葬。假如活着的话，认为是上天要取这人的命，不敢违背天意，所以不会搭救，不能因为擅自救他而违背天意。

华侨渔民出海之前还有“旺船”这一仪式，即必须要生火烧烧船头，以祈求一帆风顺。

第六章　文教卫生

第一节　教育

一　基础教育

（一）学校的设置

华侨渔业新村只有一所基础教育的学校，即华侨小学。这所小学是1980年华侨渔业新村自己筹钱新建的，华侨小学建在华侨渔业新村入口处，初为一栋平房，内设5个年级，在校学生共有80多名。全校全部房屋使用面积为950多平方米，其中教学用房面积为600多平方米。

2006年7月1日，马来西亚华人联合港口区政府分别投资20万元人民币和10万元人民币，改建华侨小学。改建后的华侨小学拥有一栋三层楼的教学楼，内有8个教室、一个教师办公室和1个实验室。

至2008年12月，华侨小学共有教师10人，均为公办教师。10名教师都取得国家认定核发的“小学教师资格证书”，合格率100%，其中取得大专以上学历的有4人，占本校教师人数的40%，取得中师或相当于中师学历的有6

人，占全校教师人数的60%。拥有大专学历的教师中有女教师1名。全校教师均为汉族外村籍老师。全校教师教学以普通话为主，白话为辅。现任校长是潘泽滨，教导主任是蒙银生，大队辅导员是张婷婷。

全校在职员工全年总工资约23万元，且建校以来，学校不存在自动辞退教师的现象。

华侨小学的教师平均年龄36～38岁，男教师6名，女教师4名。教师年龄结构是：30～40岁的4名，40～50岁的5名，50～60岁的1名。

全校学生开设的课程为语文、数学、社会、自然、艺术（音乐、美术）、科学、体育、劳动、思想品德、英语（3～6年级）、综合课。每位教师平均每周上课约20节，几乎每位教师都是班主任（见表6－1、表6－2）。由于受到师资等教学条件多方因素的制约，学校现在缺开课程主要是电脑课程。学校只有1台电视机和DVD播放器，这是2007年由港口区教育局配发给学校的。

华侨小学的教师在加强自我学习的同时，还经常会参加上级有关部门组织开展的一些活动，不断提高教师的教学水平和业务素质。2008年1月5日，全校教师去港口区参加继续教育培训，效果显著。

2000～2003年，华侨小学有一位数学教师被派去北京参加小学课程改革会议。该教师现在调任企沙镇中心小学教师。

目前全校有7个班级，学校也开设了学前班，学前班招生从6周岁开始，一年级招生则通常要求达到7周岁。

全校的学生均为汉族，大部分是华侨渔业新村的子女，只有两三个学生是其他村子转学而来的。

在校学生有140人，其中女生63人，占45%。华侨小学升学率为99%。

表6－1　华侨小学在校学生统计情况

单位：人

班　级	人　数	男　生	女　生
学前班	28	10	18
一年级	34	20	14
二年级	21	12	9
三年级	14	7	7
四年级	18	13	5
五年级	17	10	7
六年级	8	5	3

表6－2　华侨小学2007年秋季学期教师授课安排

吴良桂	语文、品德、音乐、美术、劳动、综合、写字、队活动、好样的我（学前班）	一年级班主任
李科跃	数学（一、三年级）、品德（三年级）	
张婷婷	语文、音乐、劳动、写字、队活动、英语（三至六年级）	二年级班主任
苏春爱	数学、品德、美术、综合（二、三年级）	
骆梦瑶	语文、音乐、劳动、队活动、可口的食品、数和图形、活动	三年级班主任
骆小芹	语文、音乐、艺术、综合、可爱的乡村、动物王国、体育	学前班班主任
张艺德	数学、品德、自然、劳动、队活动	四年级班主任
裴铁强	语文、品德、劳动、队活动、体育（一、二、三年级）、书的世界、图画	五年级班主任
潘泽滨	数学、音乐（五六年级）、自然、美术、综合、艺术	
蒙银生	语文、品德、自然、艺术、体育（四、五、六年级）、劳动、综合、队活动	六年级班主任

除了上述学校开设的课程外，政府有关部门还联合学校开展一系列活动，以促进学生全面健康发展。

从2005年开始，每年的3月份学校会组织安全教育的相关培训，由港口区交警来讲授。

2007年6月防城港市侨联组织华侨学生开展有关健康的义诊活动，主要针对村里的老人和小孩进行健康检查。

2007年6月，企沙镇卫生院来到华侨小学为孩子们体检，发放驱虫糖丸。

（二）学校的教育状况

我们就华侨小学的教育状况向华侨小学教师进行了相关的了解（见图6－1、图6－2）。

图6－1　华侨小学
（2008年10月3日　郑一省摄）

图6－2　华侨小学的老师与学生们
（2008年10月3日　郑一省摄）

首先，就整个企沙镇的小学教育来看，华侨小学的教学质量同全镇其他完小相比较，应该说处于中等偏下的水平。而对造成这种状况的主要原因，华侨小学的老师普遍认为：

应该说这与我们华侨小学的学生生存状态以及他们的家长不重视教育有着密切的联系。

首先说生存状态。华侨小学的学生不像企沙镇其他农村小孩绝大部分时间可以和自己的父母生活在一起。由于华侨小学学生的家长基本上是外出打鱼的渔民，他们隔三差五地回来几天，父母与孩子的交流十分有限。有些家庭，家长只是把几天的生活开支交给孩子，由他们自己安排生活。通常是年纪较大的孩子负责整个家中弟弟妹妹们的生活。有些家庭还有年迈的爷爷或者是奶奶帮忙照看一下孩子，但是一般来说爷爷和奶奶也只是负责他们的一日三餐，保证不冷着、不饿着的生活状态，对于孩子们的学习，他们根本没有能力顾及。加上父母在家的时间比较少，平时出海打鱼，上岸的时间也是十分有限的。因此，这样一种特殊的留守儿童状况给我们学校的教育造成极大的影响。

其次，由于家长自己受教育水平有限，很多家长也是文盲或者是半文盲，他们对于下一代子女的教育问题也没有充分的认识。在很多家长的眼中，把孩子们送去学校学习只是为了让孩子在这个长身体的年纪有个去处，当然能认识几个字最好了。等到孩子身体长好了，有力气了，他们则更加寄希望于孩子们能回到自己家的渔船上帮着他们打鱼赚钱养家。

在华侨渔业新村，有渔船的家庭基本上是要雇用1~2个水手帮忙出海打鱼的，他们所请的水手不是按月发放工资的，而是根据每一次出海打鱼的收益进行分红，因此，这对于有渔船的家庭来说是一笔不小的开支。而对于没有渔船的家庭来说又是一个很好的赚钱渠道。因此，许多家长在自己的孩子小学毕业，能上船帮忙干些活的时候，就不怎么支持孩子去上学了。随着这几年华侨（渔业新村）渔民的收入状况不断好转，以及现在整个社会面临着高校毕业生就业难的状况，在许多家长看来，一个家庭要花很多钱供孩子上中学、上大学，最后还得花钱帮孩子找工作，这是得不偿失的，而即使毕业的孩子能找到工作赚钱，也不比在家打鱼赚得多，因此他们便对孩子的教育失去信心。再加上部分孩子厌学，家长就更不再操心孩子的学习了。我们学校的老师也努力开展过家访工作，但是由于我们老师都不是华侨渔民，很多家访工作既受到主客观条件的限制，也受到风俗习惯等的制约，而很难开展，家访效果不是很明显。在华侨渔业新村岸上居住的孩子基本已经被家访过，至于那些在渔船上生活的，我们老师很难去家访。学校也特意针对高年级开展过备考家长会，但仅有半数家长到会。

除了以上主要原因外，现在社会上的一些坏风气（比如一些社会青年的赌博、抢劫、吸毒、沉湎于网络游戏等行为）对学校教育也造成不良影响。不少孩子受外界影响而开始接触网吧，沉迷于网络游戏。由于家长平时不在家中，他们的孩子进入网吧或者和社会不良青年混在一起确实成为难以避免的事情了。

其次，就华侨小学的学生而言，老师们也反映道：

华侨小学的学生普遍来说知识面比其他农村小学的学生要窄。这可能与孩子们平时的生活以及他们平时接触的事物有很大的关系。但是，华侨小学的学生要比其他农村小学的学生有更强的生活自理能力。因为家长大部分时间不在家，他们必须学会自己安排生活，年龄大点的还必须要照顾家中弟弟妹妹的学习和生活。

二　成人教育

华侨渔业新村的成人教育以扫盲和职业教育为主。扫盲主要针对全体村民，而职业教育是在扫盲的基础上，对从事渔业生产的村民进行渔业作业安全、海员船员的职业培训。

在扫盲方面，由于历史原因，华侨渔业新村的村民绝大多数都没有读过书，基本上都是文盲，法律意识比较淡薄，不了解相关的渔业法律规定。为了出海生产，不能按时办理各项渔业证件，经常受到相关部门的处罚。从20世纪90年代起，华侨渔业新村就对本村的村民进行了3次较大规模的扫盲运动，但由于70%的村民常年在海上打鱼，因此收效甚微。据目前的调查来看，该村的村民至少有90%是文盲。

在职业教育方面，针对本村村民的知识程度，华侨渔业新村村委会与企沙镇渔业管理部门等有选择性地对海外作业的渔民进行了诸如外出作业安全、海员船员海洋知识和涉外渔业船员等知识的培训。

2009年5月，华侨渔业新村与防城港市南海渔业管理区合作，对进入北部湾中越共同渔区的涉外船员进行了岗前培训。培训内容包括海洋法基本知识、渔业通信和紧急避难、中越北部湾渔业合作协定以及南沙渔业管理等。渔民们经过培训考试合格后，可以拿到《北部湾共同渔区渔业捕捞许可证》（许可证用中越两国文字书写，盖有国家农业部的章）和一块贴有C1050标志的红色牌子，这表示该渔民拥有可以去中越北部湾共同渔区捕鱼的权利。

虽然这种牌子有效期只有一年，但对于日益感觉到渔业资源枯竭的渔民来说，却是一件莫大的好事。而且培训证书的获得，表明渔民们的知识面在不断地扩大，技能在不断地增强。

对于华侨渔业新村来说，加强扫盲和渔业技能培训等成人教育仍然是一个很重要且亟须解决的问题。

第二节　民间艺术与体育

一　民间艺术

华侨渔业新村渔民长期生活在海上，逐渐形成了他们自己的文化。这种文化表现在其生活的各个方面。每逢华侨渔业新村渔民的盛大节日或者是婚宴酒宴时，渔民们就会载歌载舞以示庆祝。唱咸水歌，就是他们展现其艺术才华的一种方式。

咸水歌又称“白话渔歌”，或者是“疍歌”。“咸水歌”多为陆上人对“疍歌”的称呼，这种“咸水歌”主要流行于珠江三角洲一带，是水上居民唱的一种歌谣。清人屈翁山的《广东新语·诗语》中记载：“疍人亦喜唱歌，婚夕两舟相合，男歌胜则牵女衣过舟也”，可见咸水歌早在明末清初就很流行。过去，浮家泛宅的人不断来到珠江口沿海一带冲积平原上，散居在中山、斗门、顺德等地，以种禾、蔗、蕉和养鱼为主，同时也种桑养蚕，操捕渔业，人们称他们为“疍家人”，讲话以疍家话为主。他们在建设美丽家园的同时，也创造了灿烂的文化、丰富的民歌。

《羊城竹枝词》云：

渔家灯上唱渔歌，一带沙矶绕内河。
阿妹近兴咸水调，声声押尾有兄哥。

关于广州水上居民唱歌的情景，《中华全国风俗志（上篇)》有一首《粤曲》[①] 写道：

琵琶洲头洲水清，琵琶洲尾洲水平。
一声欸乃一声桨，共唱渔歌对月明。

可见当时疍民唱歌之普遍。疍民不仅唱咸水歌，许多陆上人普遍爱唱的龙舟歌、木鱼歌等他们也爱唱。水上居民所传唱的歌谣，其中的许多精品已被广东省文化工作者收进了《中国民间歌谣集成·广东卷》[②]。早期疍歌今已不多见，现转录著名民俗学家钟敬文教授1927年所编辑出版的《疍歌》两首如下：

日落西山是夜昏

日落西山是夜昏，啰，点起孤灯照孤房，啰。
日来想兄幼[③]得暗，啰，冥[④]来想兄到天光，啰。

竹叶生来叶叶尖

竹叶生来叶叶尖，啰，咸菜炆鱼免用盐，啰。
好石磨刀免用水，啰，好个老契[⑤]免用钱，啰。

---

① 梁佩兰作。
② 20世纪80~90年代国家统一编纂的民间文学类书。
③ 幼：等不及，意希望快快天黑。
④ 冥：夜。
⑤ 老契：朋友，此指情人。

芫荽开花满园香，啰，兄当无佡妹无左，啰。
兄当无佡单身哥，啰，妹当无左守空房，啰。
巴豆开花白抛抛，啰，妹当共兄做一头，啰。
白白手腿分兄枕，啰，口来相斟[1]舌相交，啰。
头帆挂起尾正正，啰，中帆挂起船要行，啰。
大船细船去到了，啰，放掉俺妹无心情，啰。
有情阿哥，哥呀！睇你不过二十人仔，
长得又强又壮咯，兄哥！你摇起船曝快如箭咯，
每次见到哥你，我块面都热辣辣呗，
我想话过你知呢，妹爱你啲心肠呀哩！

疍歌一般由男女对唱，多属情歌。因此，对于此歌曲一般有两种不同的解释：一种认为这种歌多是咸水地区（多指珠江三角洲）群众所喜爱的一种调式，因此被称为“咸水歌”；一种认为咸水歌多以男女爱情和调情逗爱为主要内容，被称为“咸湿歌”（风流庸俗）。现在人们只将它作为一种民间曲调名称而应用，内容唱什么是另一方面的问题。抗日战争前，每逢中秋之夜，当地人多在白云山上举行咸水歌大会，战后便停止了。

咸水歌一般为四句。由上下两句组成单乐段，或由四个乐句组成复乐段，四句时常为七言句，中句之间可自由衬词和拖腔。有独唱、对唱等形式，多以后者为主。对唱采用男女互答形式，问答双方的曲式结构是一样的。男唱前两句，女唱后两句。男的结束句多有“姑妹嘿”一语，女的结束句则多有“兄哥”一词[2]。

---

① 斟：吻。

② http：//zhidao. baidu. com/question/2469276. html? si = 1&wtp = wk.

咸水歌曾是华侨渔业新村渔民口耳传唱的口头文化，作为疍家的一部分，这些渔民也深受广东疍家文化的影响。

如今，在华侨渔业新村中会唱咸水歌的人逐渐减少，尤其是回国后的第三代华侨渔民对之更是知之甚少。一些年纪较大的妇女还会在平时劳作中唱歌自娱自乐，每当有喜事时，村里会唱的也会聚在一起来上几段，歌唱的内容随性而至，自由发挥。

除了咸水歌外，华侨渔民还特别喜爱采茶戏，每年的休渔期都会专门花钱请戏班来华侨渔业新村表演。

“采茶戏”是明清时期发源于江西省九龙山，流传于赣、鄂、闽和粤客家地区的一种传统民间小戏。在赣、闽、粤、鄂等地，采茶戏流行的地区不同，而冠以各地的地名来加以区别。如广东的“粤北采茶戏”，湖北的“阳新采茶戏”、“黄梅采茶戏”、“蕲春采茶戏”等。这种戏尤以江西较为普遍，剧种也多。如江西采茶戏的剧种就有“赣南采茶戏”、“抚州采茶戏”、“南昌采茶戏”、“高安采茶戏”、“武宁采茶戏”、“赣东采茶戏”、“吉安采茶戏”、“景德镇采茶戏”和“宁都采茶戏”等。这些剧种虽然名目繁多，但它们形成的时间大致都在清代中期至清代末年。

起初，采茶戏是以民间小调夹杂歌舞的小演唱形式，模拟当地采摘茶叶、上山、下山、采茶、制茶等劳动生活。每当农闲或节日时候，村民在村中屋坪上点起灯笼、火把，就地表演，故也称“地灯戏”、“灯子戏”、“舞采茶”。又由于演出的角色只有旦、丑（旦角由男子装扮）两人或生、旦、丑三人，因此，也有人将之称为“两角班”、“ 三角班”。

采茶戏的表演形式有高步、矮步、马步、碎步、园手、扇花、耍手巾、水袖、纥带等，这一来自民间的小戏生活气息浓郁，有说有唱，载歌载舞，轻松活泼，深受当地群众欢迎。

从唱采茶歌发展为采茶戏有几个阶段。采茶歌最早只唱小调，每句仅有四句唱词，如“春日采茶春日长，白白茶花满路旁；大姊回家报二姊，头茶不比晚茶香”。这种小曲生动活泼，委婉动听。采茶歌再经发展，便由采茶小曲组成“采茶歌联唱”，名曰“十二月采茶歌”，如“正月采茶是新年，姐妹双双进茶园，佃了茶园十二亩，当面写书两交钱。二月采茶……”，后来，“十二月采茶歌”又与民间舞蹈相结合，进入元宵灯彩行列，成为“采茶灯”。“采茶灯”的主要唱调是茶黄调、摘茶歌、看茶调和报茶名等。它由姣童扮成采茶女，每队八人或十二人，另有稍长者二人为队首，手持花篮，边唱边舞，歌唱“十二月采茶”。这种“采茶灯”形式简单，纯属集体表演的歌舞，但是它已向采茶戏迈进了一步。

远在明朝，盛产名茶的赣南安远县九龙山茶区，茶农为了接待粤商茶客，常用采茶灯的形式即兴演出以采茶为内容的节目，即从“采茶灯”中八个（或十二个）采茶女中分出二人，为旦角大姐、二姐，再留一个队首做丑角，正好是二旦一丑的“三角班”。姐妹二人表演上山采茶，手持茶篮，边唱边舞，唱着“十二月采茶歌”（每人轮唱六个月）；扮丑角的手持纸扇在中间穿插打趣。这就是原始节目——《姐妹摘茶》。再后增加了开茶山、炒茶、送哥卖茶、盘茶等细节，丑角扮成干哥卖茶，便更名为《送哥卖茶》。这种采茶灯（又名“茶篮灯”）的演出已是采茶戏的雏形了。赣南的“茶篮灯”不断增加新的内容，并涌现了表演其他劳动生活的、由二旦一丑或一旦一丑扮演的小戏，如《秧麦》、《挖笋》、《补皮鞋》、《捡田螺》、《卖花线》、《磨豆腐》等，因用采茶调演唱，一唱众和，尚无管弦伴奏，便统名为“采茶戏”。采茶戏因是从民间歌舞、灯彩发展形成的地方戏曲，演出剧目又多反映劳动人民的生活，其音乐唱腔又多民歌风味，故深受人民群众喜爱。

采茶戏的形成，不只脱颖于采茶歌和采茶舞，还和花灯戏、花鼓戏的风格十分相近，与之有交互影响的关系。花灯戏是流行于云南、广西、贵州、四川、湖北、江西等省区的花灯戏类别的统称，以云南花灯戏的剧种为最多。其产生的时间，较采茶戏和花鼓戏稍迟，大多形成于清代末叶。花鼓戏以湖北、湖南两省的剧种为最多，其形成时间和采茶戏形成时间大致相差不多。这两种戏曲也是起源于民歌小调和民间舞蹈。因为采茶戏、花灯戏、花鼓戏的来源、形成和发展时间、风格等都比较接近，所以在这三者之间，自然也就存在相互吸收、相互滋养的交叉关系。

茶是华侨渔民生活中很重要的一部分，无论平时的饮食，还是节日的庆典，都可以看到茶的影子。华侨渔民所喜爱的采茶戏多属于粤北采茶戏（见图6－3）。

粤北采茶戏旧称唱花灯、唱花鼓、采茶戏、大茶或三角班，是源于广东北部山区节庆灯彩歌舞的地方民间小戏。以韶关市为中心，主要流行在粤北的南雄、始兴、曲江、仁化、乐昌、乳源、新丰、连平、和平、龙川、河源佛冈、清远、英德、连县、连南、连山等县。原有南雄灯子、韶南大茶、连阳调子三种流派，1950年后逐渐交融会合，1959年统一称为粤北采茶戏。

图 6-3　采茶剧团在企沙镇华侨渔业新村演出
（2007 年 3 月 12 日　蒋婉摄）

粤北采茶戏形成和发展的历史亦有 200 多年。据清乾隆年间李调元《南越笔记》载：“粤俗岁之正元，饰儿童为采女，为队十二人，人持篮，篮中燃一宝灯，罩以绛纱，以緪为大圈缘之，踏歌，歌十二月采茶。”清朝乾嘉年间，粤北和粤东北流行唱采茶歌，府县志书及文人著作多有“唱采茶歌”、“歌十二月采茶”、“采茶歌尤妙丽”等记述。农村艺人组织调子班、灯班、大茶班，划地作场，由一男一女或一男二女登场表演，边唱民间小调边持扇子或彩巾起舞，俗称唱花灯、唱花鼓。后来艺人运用花灯歌舞的曲调去演唱劳动生产、爱情婚姻的故事，如《装雕》、《夫妻采茶》等，在表演上形成以扇花、矮步、吊马为主要特征的动作，这时人们称之为“三角班”、“采茶戏”。根据调查，清朝已有连县的何家子弟堂调子班、南雄县的里溪灯班，以及曲江县的老乐群英、乐群英大茶班。清末民初，粤北地区的采茶戏逐渐由农村走向省内外的市镇进行演出，本省和外省的一些剧种表演者也常来这些山区县份演出，通过与江西、湖南一些剧种的交流，采茶戏的音乐和表演得到丰富，在原来的二小戏、三小戏的基础上，陆续编演了《壶瓶记》、《九莲宝灯》、《八宝山》等人物情节比较复杂的古装戏。后来调查挖掘出的流行剧目有150多个，如《打柴头割鲁基》、《磨豆腐》、《双双配》、《卖杂货》、《打狗劝夫》、《阿三看姐》等，还有少量的神话戏和公案戏。粤北采茶戏最兴旺时有专业戏班30多个，职业艺人200多人，其中刘吉增、沈松、潘金凤、刘荣华、钟南石、唐任喜、谢启池等享有盛誉。民国三十二年（1943年）后，由于战乱动荡，粤北采茶戏渐趋衰落。中华人民共和国成立后，由于党和政府的重视，有关机构于1957年组建粤北民间艺术团，1959年改名粤北采茶剧团。与此同时，曲江、翁源、南雄、连县等县也建立专业采茶剧团。这些采茶剧团收集整理粤北采茶戏的传统艺术，共得传统剧目200多个、音乐曲调200多首，同时开办演员培训班进行传统艺术的研究革新工作。20世纪50～60年代，粤北采茶戏演出的剧目相当丰富，其中一部分是经过整理改编、具有剧种特色的传统剧目，如《补皮鞋》、《装画眉》、《王三打鸟》、《啃妹子》、《钓蛤》和《借亲配》等；另一部分是为了增强剧种的艺术表现力而移植改编的剧目，如《牛郎织女》、《刘三姐》和《红叶题诗》等；还有一部分是反映现实生活的现代戏，如《刘介梅》、《玛瑙山》、《血榜恨》等。通过多方面的艺术实践，艺术家们对传统艺术进行了认真的继承革新，广泛借鉴其他戏曲剧种和话剧的长处，从而使粤北采茶戏艺术获得了全面提高。罗发斌、何瑶珠、何胜祥、谢福生等成为这个时期深受观众欢迎的演员。1966年，粤北采茶戏因为“文化大革命”而停止演出活动，直到1976年之后，才开始正常的演出、研究和创新活动。20世纪80年代后，通过创作、改编、整理而演出的一批剧目，如《女儿上大学》、《称心花》、《阿三戏公爷》、《人生路》、《青峰山传奇》等，既受到广大观众的欢迎，又在广东省的多项评奖活动中屡屡获奖。舞台上也涌现出吴燕城、陈联凤、蓝兴朗等一批优秀中青年演员[①]。

二　民间体育

每年的六七月间，是华侨渔业新村渔民的休渔期，休渔期间的渔民有着自己的娱乐方式。通常，举行各种体育比赛是渔民们的主要娱乐方式，如篮球赛、足球赛、龙舟赛等。这些活动极大地丰富了华侨渔业新村渔民的闲暇生活，也有利于增强渔民之间以及渔民与当地社会之间的交流和互动。

如华侨渔业新村在1991年12月的防城首届“侨乡杯”男子篮球赛中勇夺第一名（见图6－4）。

图6－4　企沙镇华侨渔业新村村民获得的奖牌
（2007年3月11日　蒋婉摄）

2002年2月，获得企沙镇“中国移动杯”篮球赛第三名。

2003年7月，在企沙镇伏季休渔期“中国移动通信杯”足球赛中获得第二名。

① http：//zhidao. baidu. com/question/28680344. html？ si＝2.

2004 年在“金胜杯”首届港城中越民间龙舟邀请赛中获得第一名。

2005 年 6 月，在第二届港城中越（民间）龙舟邀请赛中获得第二名。

2007 年 6 月，在“金龙杯”第四届港城中越（民间）龙舟邀请赛中获得第四名。

2008 年 6 月，在“宁泰杯”港城中越（民间）龙舟邀请赛中获第三名。

由于濒临大海，又以捕鱼为主业，企沙镇华侨渔业新村的归难侨民对开展龙舟赛事情有独钟。每年在端午期间，企沙镇华侨渔业新村的村民都会组织龙舟队参与防城港的各种龙舟赛事。2004 年 6 月，“金胜杯”首届港城中越（民间）龙舟邀请赛在防城港隆重举行，华侨渔业新村也派出了强大的阵容参加了这次盛大的赛事（见图 6－5）。

这次活动由广西防城港市港口区人民政府、广西壮族自治区体育局等单位共同主办。前来观看“海上体育盛事”的中越观众有 5 万多人。“海上龙舟”成了本次龙舟邀请赛

图 6－5　龙舟赛前的龙舟（2004 年 6 月 20 日　郑一省摄）

的看点。按传统习惯，龙舟赛一般在内陆江湖上举行，这次龙舟赛却延伸到海上举办。赛场恰好是当年“胡志明小道”的起点，位于广西防城港市港口区西湾跨海大桥海域，水流平稳，属海湾深港的海域，不受涨潮退潮及一般性洪涝影响，是其他地方所无法媲美的海上龙舟大赛场。赛场有近6公里长的海岸线和0.7公里长的跨海大桥，观众随处可观看到比赛的全过程，龙舟、蓝天、碧海、跨海大桥、市区楼宇、港口码头交相辉映，让参赛者和观众都感受到“海阔天高任鸟飞”的意境（见图6－6、图6－7）。据广西体育局官员介绍，这不仅是广西首次海上龙舟赛，也是中越民间首次海上龙舟赛。中越边境群众曾在两国边界内河北仑河上进行过龙舟比赛。

在这次龙舟赛上，广西壮族自治区体育局副局长岑汉康，越南广宁省体委副主任、代表团团长裴文战出席了龙舟赛开幕式，并分别作了讲话。参加此次龙舟竞赛的队伍

图6－6　企沙华侨龙舟队的礼仪小姐
（2004年6月20日　郑一省摄）

图 6-7　企沙华侨龙舟队的队员们
（2004 年 6 月 20 日　郑一省摄）

有八支，获得前四名的分别奖励 18000 元、8000 元、5000 元和 3000 元人民币，并加发奖杯、金猪和坛酒。经过激烈的争夺，广西防城港市港口区企沙镇华侨队获得了中越首次海上龙舟赛的冠军（见图 6-8、图 6-9）。

图 6-8　给龙舟点睛（2004 年 6 月 20 日　郑一省摄）

图 6-9　企沙华侨渔业新村龙舟赛（2004 年 6 月 20 日　郑一省摄）

第三节　科学技术

（一）生产技术

科学技术的发展极大地改变了人们的日常生活，科技的运用也给人们带来了显而易见的经济效益。华侨渔业新村的生产、生活在科技迅猛发展的今天，同样发生着巨大的变化。

1. 造船技术

渔船是华侨渔民的生存之本，它就像农民的土地，对于华侨渔民来说是生活中至关重要的一部分。回国初期，华侨渔民用于渔业生产的航海工具主要是由越南带回来的小木船，有些近海作业的甚至使用小竹排。以前的竹排多以竹子和木头为材料。1985 年华侨渔业新村实现了家庭联产承包责任制，将渔船分包给个人独立经营，自负盈亏。渔船分包到个人后，为了提高生产效率，渔民们开始积极改进自己的渔船，小船改建成大船，增加了柴油发动机，这大大提高了渔船的航行速度，运力也大为增加。经过改装之后的渔船大大提高了深海捕捞的效率。

华侨渔业新村有自己的造船厂，聪明智慧的华侨渔民秉承了前人精湛的造船技术和工艺。而渔船是华侨渔民生活的根本，每一艘渔船的建造对于华侨渔民来说都是一件极为重要的事情，每一艘渔船的开工都要专门请道公为其选择吉日良辰，且须用三牲福礼敬请天地神灵，向大木师傅敬酒，村里人都会去将要造船的人家道喜，庆祝这个重要的日子。造船木以杉木为主原料，辅以铁钉、麻丝、石灰、桐油等。钉木船要选择天然的老龄杉木，树龄要求必须在30年以上，这样的木材材质结实，有韧性，所造之船吃水浅，浮力大，能载重，轻巧灵敏而且坚固耐用。船造好之后，为了让船板防腐，保证船体经久耐用，必须油船三遍，新船油好后，经过一段时间，等桐油完全干透后就可以下水了。船只均采用纯手工操作，工序繁复，制作过程中没有图纸，全凭造船师傅的眼光和经验。由于劳动强度大，造船耗时比较多。

当新船梁头定位时，要披红挂彩；装淡水的“水舱”梁头合拢处要祈银洋（或铜板、铜钱），并用银钉（或铜钉）钉合，渔民称它为“船灵魂”，亦称“水灵魂”。最后一道工序装“船眼睛”，叫“定彩”。定彩仪式很隆重，也要择定吉日良辰，并按金木水火土五行用五色线扎在作为银眼珠的银针上，由船主将它嵌进船头，然后用崭新的红布将它蒙住，这叫“封眼”。在船尾板上贴上“海不扬波”

的横幅。新船下水时，船主揭去红布，称“启眼”。然后敲锣打鼓，鸣放鞭炮，由身强力壮、父母双全（有福气）的几十名青壮年将船体徐徐“赴水”（推入水中），谐音“富庶”，以示吉利。赴水时，东家站在船头上向船匠师傅和围观者分抛馒头，谓之“发福”。

现在的华侨渔业新村共有两个造船厂，船厂工人不多，都是几个较为熟练的造船高手。他们供应着整个华侨渔业新村渔民的渔船需求。

2. 捕捞技术

渔船设备的大大改进和大马力马达的引入都直接或间接地推动了华侨渔业新村渔业生产的发展。此外，卫星导航系统也在一定程度上促进了深海捕捞业的发展。以前渔民在一片海域发现鱼群之后，第二天还想去那个地方的话，则只能靠感觉了。而这种导航系统能够锁定地点，并保存在系统地图中。下次想要来到相同的地方，误差一般不会超过两米。这为渔业生产带来了极大的方便。还有，以前华侨渔民捕捞鱿鱼只能靠天气、等日子，而现在他们纷纷在渔船上安装了探照灯，每次出海仅仅凭借这些灯光就能捕捞数吨鱿鱼。以前出海完全凭借经验，很难掌握海上的天气情况，出海后跟岸上的亲人也无法取得联系。每一次出海都难以保证能否顺利归来。而现在的华侨渔民有了自己的移动电话，船上安装了广播设备，每一次出海前都能预知近期的天气情况，以及海上的风浪情况，这些都极大地保障了华侨渔民出海打鱼时的人身安全。

3. 海产品加工技术

晒鱼干、腌咸鱼是华侨渔业新村传统的海产品加工技术。在当地人看来，这些算不上技术，而只是把一时吃不完的鱼用盐腌好、晒干，以便于长久保存。

每年的二月中旬到四月中旬是华侨渔业新村的海蜇捕捞季节，对于华侨渔民来说海蜇捕捞是一件划不来的捕捞，因此，绝大部分有大船的渔民都进行深海捕捞，只有部分拥有小船的渔民会在浅海进行海蜇捕捞。但是20世纪90年代末，由于市场对于海蜇需求量急剧增加，海蜇捕捞也逐渐成为当地渔业生产的一项重要内容，随之而来的是海蜇加工技术的快速发展。这种技术是从外面传入的，一开始是江苏和山东的商人过来投资，请当地人帮忙收购海蜇，然后自己加工，同时雇用当地人参与某些制作程序。后来慢慢地，华侨渔民就学会了这门技术，不少本地人也开始投资办厂。

海蜇加工的技术并不复杂。第一步，是将海蜇分解为表皮、脖子、“大花”和“小花”等部分。“大花”和“小花”的价格最贵，因此要分开处理，然后将其分别放到一个搅拌池中搅拌，以使“大花”和“小花”的绒毛脱离，这个过程需要2~3个小时。绒毛的颜色发黄，而分离清洗过后的“大花”和“小花”晶莹剔透，可以提高性价比。第二步，把海蜇的各部分放入用粗盐和明矾配制好的卤水中，盐可以让海蜇便于长期保存，明矾可以使之变脆，食用起来味道更好。盐要慢慢加，如果一开始盐的浓度太高，由于渗透压的作用，会使海蜇的水分流失，这样的海蜇看起来就不饱满，味道也大打折扣。第三步，浸泡2~3天后，等到色泽和硬度都够了，就算是成品了。最后用塑料包包装，每个包中都要先加入卤水，这样海蜇成品就可以保存三年左右。塑料包装的外面再加一个木盒子，这样可以方便运输。经过华侨渔民的加工，海蜇商品纷纷远销广东、香港、澳门甚至部分欧洲国家。

4. 海水养殖技术

20世纪90年代末期，华侨渔业新村渔业生产得到一定的发展，开始出现海水养殖业。1995年华侨渔业新村渔船分包到户后，一部分渔民失去了渔船，且一时没有足够的经济实力来购置新船。其中有经济头脑的一部分人运用现代科技开始从事诸如养虾、养螺、培育虾苗等技术含量较高的养殖业。这比原来那种由自然条件决定的海洋捕捞有着更强的自主性。海洋捕捞有鱼汛期与闲置期之分，而人工养殖则有效地避免了这一点，能够提高经济效益。以养虾为例，村里放养的虾主要有南美白和斑节虾。在华侨渔业新村，虾子一年可以放养三期，每期60～90天。其中，第一、第三期养斑节虾，第二期放南美白。虾料主要有大海牌、玉海牌等品牌，长势好的虾一期下来30多只就够一斤，差的60多只也够一斤。1998～2000年成虾最好卖，可以卖到30元/斤。2005年华侨渔业新村的斑节虾每斤18元，但最高时每斤高达50元。随着这几年上级政府有关部门的重视，政府开始在华侨渔业新村积极筹建部分科技小组，组织渔民学习海水养殖、海产品加工等技术。从某种意义上讲，应用现代科学技术进行海水养殖，成为华侨渔民除传统捕捞方式以外重要的经济收入方式。当然，养虾也有风险。如果技术跟不上，不注意虾的疾病防治，虾就容易生病，而一旦发生病害则会让业主损失惨重。这种情况在前几年时有发生，现在村里办了养殖培训班，从而提高了业主的养殖技术，在一定程度上减少了类似情况的发生。

（二）信息技术

在交通、通信条件欠佳的时代，华侨渔民刚回国时

“交通基本靠走，沟通基本靠吼”，唯一的交通工具就是渔船，这也是他们维持生计的工具，足见当地村民在出行、沟通上的不易。20 世纪 90 年代以后，华侨渔业新村的渔民开始购买自行车、摩托车、电动车甚至小三轮等。有些没有渔船的家庭就通过这些交通工具到村外做点外贸小生意。同时，随着信息技术的发展，电视、电话、手机以及互联网络相继在村里普及，为村民了解外面世界的情况提供了极大便利，同时也为华侨渔民之间以及村民与外界之间的信息交流创造了良好的条件。

20 世纪 90 年代中后期，电话、手机的使用开始在华侨渔业新村普及，这在很大程度上改变了村民的日常生活。华侨渔业新村的村民们说，以前他们从村头到村尾找另一个人商量事情，需要步行一个小时左右，而现在打个电话几分钟就解决了。村里有两个电信服务点，除可以提供电话通信服务之外，还提供天气预报、渔业短信、时事新闻和手机杂志等短信服务，内容涵盖渔业技术、本地新闻、海洋捕捞、水产综合和水产养殖等多个方面。针对不同的客户，中国电信提供不同的服务，比如给出海打鱼的渔民提供船载电话，这样渔民在离岸 10 公里范围之内都可以与陆地保持联系。这些服务被当地年轻人普遍接受，并被当成是与现代社会接轨的一个标准。

2003 年，现任华侨渔业新村村委会副主任的张桂枝家买回了华侨渔业新村第一台家用电脑。此后，一些相继富裕起来的华侨渔民也开始购置电脑，学习网络知识，并通过网络将自己的渔业生意做得更广。由于华侨渔业新村毗邻企沙镇，镇上的网吧在一定程度上也极大地方便了华侨渔民上网了解外面的世界，尤其是华侨渔业新村的年轻人对网吧的接受程度至少从表面上看来还是比较高的，“QQ”、“E-mail”、“网上冲浪”这些新名词经常自年轻人口中冒出。上网已成为华侨渔业新村年轻人上岸后休闲的一种娱乐方式，他们也开始通过网络了解相关的知识，将自己与外面的世界联系在一起。

（三）乡村医疗

华侨渔业新村拥有企沙镇华侨渔业新村合作医疗站一个。该医疗站始建于20世纪80年代，拥有门诊室和病房共三间。该医疗合作站的医师苏维新同志，是一名十分优秀的医师。他曾两次作为“全国模范乡村医师”赴北京参加代表大会。在他行医期间，华侨合作医疗站一直被评为年度“卫生先进单位”。在十分简陋的医疗条件下，他却做出了这么大的成绩，实在是难能可贵。

现在苏维新医师已经去世，由他的儿子接替他担当华侨合作医疗站医师的重任。

随着现代医疗技术的发展和改善，企沙华侨渔民的医疗卫生状况也得到极大的改善。华侨渔民开始摈弃过去那些所谓的“巫医治疗”，相信科学，珍重生命。他们平时感冒发烧也会及时在村医疗站就诊，要是再严重些的，就会去镇医院、市医院等较大的、条件较好的医院就诊。除了华侨渔民科学自我就诊意识的提高之外，上级政府及相关医疗部门也加强了对华侨渔业新村医疗卫生条件的改善。他们会每年定时组织医务工作者来村巡诊，积极为渔民进行相关疫苗（小儿麻痹症疫苗、脑膜炎疫苗、乙肝疫苗、结核疫苗、麻疹疫苗等）的接种。同时，还加大对于防结核病、防艾滋病、防乙肝等传染性疾病知识传播的力度。

2008 年 1 月企沙镇华侨渔业新村开始实施新型农村合作医疗。

新型农村合作医疗的资金由以下部分组成：

（1）个人部分：以户为单位，每人每年缴费 10 元（其中 8 元纳入家庭账户，结余记入下年家庭账户，2 元纳入大病统筹）；

（2）政府部分：按参加合作医疗的人数每人每年补助 40 元（其中中央财政 20 元，自治区财政 11 元，防城港市财政 4 元，港口区财政 5 元）。

参合人员资格有如下规定：凡是港口区籍农村户口的农民（年龄不分大小，包括外出打工人员）均可参加，非农业户口的不能参加。独生子女和两女已结扎的家庭、优抚对象和五保户的个人参合资金由政府财政、民政部门代缴。

所有参合人员都会享受以下优惠条件：

农民个人每年缴纳 10 元中的 8 元的家庭账户基金可全家合并使用，用完为止，凭有效票据可随时到镇合管办报销。

凡参合农民患高血压、糖尿病、甲亢、类风湿性、风湿性关节炎、慢性肾炎、结核病等慢性疾病需要长期门诊治疗的，其门诊费用每人每年最高报销 600 元，对低于每年 600 元的门诊治疗方案实行 100% 补偿，慢性病患者急性发作获得住院治疗的按住院补偿，不再进行门诊治疗补偿。

在港口区各镇卫生院住院治疗费用可报销 65%（除 100 元起付线，自费药品及非检查项目费用外），在港口区以上政府举办的非营利性医疗机构住院治疗费用可报销30%（除200元起付线，自费药品及非检查项目费用外）。

孕产妇在港口区医院、镇卫生院正常分娩的一次性补助200元人民币，难产的参照住院费用按有关比例报销。

一般情况下全年住院费用最高可报销4500元，重大疾病按大病补助比例给予补偿报销，全年最高可报销补偿20000元。

附录
华侨渔业新村专题调研报告

专题调研报告一
企沙镇华侨渔业新村调研报告

一　基本概况

企沙镇位于防城港市东南面，三面环海，距离市区 32 公里。全镇地处滨海丘陵区，总面积 88.7 平方公里，年平均气温 23℃，全年无霜，降雨量 2200 毫米左右，下辖 12 个行政村和 2 个社区居民委员会，总人口 2.96 万人，以汉族为主。企沙镇华侨渔业新村就是其所辖范围之一。

企沙镇华侨渔业新村位于镇区南面，旧址原称“黄坭潭”，是 1979 年中越关系恶化的时候由联合国集中安置难民侨民的村庄。企沙华侨渔业新村 1979 年成立之初为“企沙公社华侨渔业大队”，1982 年更名为企沙华侨渔业新村。

企沙华侨渔业新村全村占地面积 150 亩。现有 1979 年建的难民安置房 33 栋、246 套，约 15000 平方米，小学一间占地 5 亩，卫生医疗合作站 1 个，辖 27 个生产小组，共 900 户、4000 人，其中劳动力 3000 人左右。建立之初，联合国难民安置署于1979年12月至1980年11月曾先后分五次下拨援助款，共计人民币1625883元（折合109万美元）。与此同时，中国人民银行也先后五次下拨防城企沙难民安置事业费合计人民币353000元。值得指出的是，企沙镇华侨渔业新村是全国唯一一个以渔村集中形式安置的归难侨民居住区。

二 取得的成绩

企沙镇华侨渔业新村自建立以来，在以下方面取得了一定的成绩：

（一）经济方面

企沙镇华侨渔业新村从成立至今，在经济上得到了很大的发展，近三年全村的生产总值数据足以很好地说明这一点。2005年华侨渔业新村全村生产总值为1.1亿元；2006年为1.3亿元；2007年全年生产总值为1.58亿元。企沙华侨渔业新村是一个典型的依靠海洋渔业资源生存的社区，全村生产总值的90%以上来自渔业捕捞所得。众所周知，企沙港是继北海港之后的广西第二大渔港。依海而居的华侨渔业新村每年的捕鱼总量占企沙港捕鱼年总量的80%以上，成为企沙渔港当之无愧的中坚力量。

（二）科技方面

华侨渔业新村的归难侨渔民经济收入以海洋捕捞为主，渔船成为归难侨渔民的生存之本。由于要进行远洋深海作业，更新船舶设备成为归难侨渔民增产创收的必然要求。20世纪80年代初至90年代初，华侨渔业新村共有6艘大船（35马力/艘），2～3户共用的渔船（7～8米长，2～3米宽，依靠风力航行）共计200艘。当时的船上设备极其简单。到2008年1月，经过发展和改进，华侨渔业新村共有大小渔船420艘，其中120马力以上的260艘。船上设备得到极大更新和改进，拥有诸如雷达、探鱼器、GPS卫星导航系统、自动舵、探照灯、对讲机、无线电话等先进设备。机械化取网代替人工取网，在很大程度上解放了劳动力，使得现在的渔船人均劳动力在3～5人之间，提高了渔村的渔业产量。

（三）文化方面

为了丰富归难侨渔民的精神生活，在每年两个月的休渔期之间，华侨渔业新村村委会积极联合有关部门和企业共同举办各种体育赛事和民间活动，且取得了良好的成绩：1991年防城首届“侨乡杯”男子篮球赛第一名；2002年2月企沙镇“中国移动杯”篮球赛第三名；2003年7月企沙镇伏季休渔期“中国移动通信杯”足球赛第二名；2004年“金胜杯”首届港城中越（民间）龙舟邀请赛第一名；2005年6月第二届港城中越（民间）龙舟邀请赛第二名；2007年6月“金龙杯”第四届港城中越（民间）龙舟邀请赛第四名；2008年6月“宁泰杯”港城中越（民间）龙舟邀请赛第三名。

（四）生活方面

企沙华侨渔业新村全村占地面积150亩。1979年由联合国难民署提供难民安置房33栋、246套，约15000平方米。但目前仍有420～430户、近70%的归难侨渔民居住在海上，岸上无居所。此外，随着华侨渔业新村人口的不断增长，住房问题成为该村亟须解决的问题。2007 年华侨渔业新村引进外商筹建“村改房”约 178 套（至 2008 年 7 月我们调查时，所有“村改房”仍处在后期排污建设阶段），有 150 平方米、130 平方米和 86 平方米三种不等面积的套房，价格约 1045 元/平方米，平均每套房屋在 2.8 万元人民币左右。全村预期建设 11 栋 4 层的“村改房”楼房，“村改房”的筹建直接为解决归难侨渔民的住房问题提供了一个良好的途径，这有望解决归难侨人均居住面积仅为 4 平方米和部分村民上岸无居所的问题。

三　存在的问题

尽管华侨渔业新村成立 29 年来取得了一定的成绩，但也存在一些亟待解决的问题。

（一）归难侨渔民“上岸”与打鱼的两难选择

企沙归难侨渔民不同于当地社会的农民，他们没有属于自己的可耕种土地，绝大部分归难侨渔民唯一的生计来源就是出海捕鱼。2004 年中越重新划定北部湾海域后，归难侨渔民的捕捞范围受到很大限制，加上海洋渔业资源的日趋枯竭，归难侨渔民面临着被迫“上岸”的问题，即面临“转产转业”的选择。但是，现实情况是，上级有关部门对于“转产转业”的政策尚未出台具体措施和办法。由于归难侨渔民文化水平低下，许多归难侨渔民甚至处于文盲或者半文盲的状况，加上他们长期生活在海上，对岸上的社会生活并不十分熟悉，打鱼是他们唯一的生存技能，“上岸”后他们很难适应其他技能性的工作。同时，归难侨渔民少有闲置资金可以从事零售业或者餐饮业等第三产业。

相反，如果不选择“上岸”而继续打鱼，归难侨渔民的生活同样艰难。出海打鱼不同于农民的种田、种地，这是一项需要高成本投入的生产。归难侨渔民每一次出海打鱼，必须要准备足够的柴油和冰块，同时还必须付给水手一定的工资。此外，还要支付渔船平均 2～3 个月的基本维护费用，以及要向渔政部门缴纳相关的费用等。加上许多归难侨渔民本身的渔船就是贷款购置的，还贷也成为他们生活的巨大压力。随着物价的上涨，柴油价格也在不断攀升，归难侨渔民出海打鱼的成本也随之增长。与之相反的是，随着海洋渔业资源的减少，归难侨渔民出海打鱼的收效也日趋减少。如果归难侨渔民继续打鱼，就面临着出海必须要继续加大投入，而收益反而日趋减少的恶性循环局面。

（二）归难侨渔民受教育的瓶颈

“知识改变命运”，当中国许多的农村孩子通过教育这条途径成功实现跃“农门”，脱离土地，走向城市时，华侨渔业新村的归难侨渔民却仍然被冠以“受教育程度低，文化水平低下”的称号。至 2008 年 1 月，华侨渔业新村全村人口 4000 人，但从 1979 年至今，华侨渔业新村才拥有本科毕业生 2 人，专科毕业生 6 人，中专毕业生 25 人，约 30 人在防城港市以外地区就业。不难看出，试图通过受教育而实现人口转移、职业转换的现象，在华侨渔业新村并不多见。归难侨渔民的教育瓶颈来源于三个方面：首先，归难侨渔民的生活方式。由于归难侨渔民长期生活在海上，出海打鱼多是深海作业，通常出海之后要一周左右才能回港，很多归难侨渔民在岸上没有任何居所。他们的孩子上岸受教育，其起居饮食无人照看。这成为许多适龄儿童难以正常入学的关键所在。其次，家长的教育观念。对于第一、第二代甚至第三代归难侨渔民来说，他们本身受的教育很少。在调查过程中，有归难侨渔民给我们估算，1979 年回国的华侨中有 95% 以上是文盲，第二代归难侨渔民有约 70% 的文盲。第三代仍有近 50% 的文盲或半文盲。由此可见，家长自身受教育少，他们无法体会教育给他们带来的改变，进而难以要求孩子去接受学校的教育。相反，他们会认为孩子长到有力气、能干活的年纪，上船帮家里出海打鱼，替代雇用水手，能给家里减少支出。这就成为许多归难侨渔民孩子辍学的又一重要原因。最后，社会环境的影响。目前，全社会面临高校毕业生就业压力大的现状。“读书无用论”也在潜移默化地影响着归难侨渔民，不仅影响着家长，同时也影响着孩子。加上一些社会的不良风气毒害了在校学生，使他们产生了厌学、逃学的情绪。所有这些因素，使得许多孩子在应付完九年义务教育后，纷纷离开学校，投入社会闯荡，进而导致华侨渔业新村多年来受教育程度低的状况。

（三）归难侨渔民的社会保障问题突出

企沙华侨渔业新村是全国唯一一个以渔村形式安置的归难侨居住区，这样的安置方式使得它与其他的华侨农场安置点走上了完全不一样的发展轨迹。华侨农场的归难侨民成为享受国家退休金的农场工人，而归难侨渔民则成为自力更生的归难侨渔民。随着老龄化时代的到来，渔村的养老问题日趋突出，但是归难侨渔民不能享受农场归难侨民的对等待遇，他们没有退休金，其养老问题依然只能遵循传统的家庭式养老模式。虽然2008年1月华侨渔业新村开始实施国家新农村合作医疗保险，且目前有80%以上的归难侨渔民参加了“新农合”，但是居住在海上的归难侨渔民上岸看病仍多有不便。因此，归难侨渔民的社会保障问题依然不容忽视。

（四）归难侨渔民的住房依旧困难

在前面我们已经了解到，华侨渔业新村从2007年开始招商引资修建“村改房”，共建约178套。但是全村归难侨渔民共有900户，这意味着仍有420～430户归难侨渔民需要举家居住在自己的渔船上，另一部分则需要继续居住在1979年由联合国难民署修建的安置房（近30年来许多房屋因常年受海风腐蚀，已成危房）中。可见“村改房”套房数量远远不够，另外，资金问题也成为渔民面临的最大问题。许多归难侨渔民很难一次性缴付购买房屋所需的资金，贷款、月供成为他们迫不得已的选择。由于许多华侨自己的渔船本身就是贷款购买的，如此一来，沉重的多项贷款使得许多归难侨渔民生活雪上加霜。

四　几点建议

对于上述困难和问题，企沙华侨渔业新村的村干部和村民提出以下建议：

（一）关于转产转业的问题

有关部门应免费提供相关的职业技能培训、就业信息，安排上岸的归难侨渔民成功就业，解决归难侨渔民的生计困难，提高归难侨渔民的就业信心。

（二）关于住房问题

继续完善“村改房”计划，上级有关部门应给予归难侨渔民与华侨农林场职工同等的房屋补贴。同时，对于那些既买不起房屋，家中又有老弱者急需上岸居住的归难侨渔民，有关部门应想办法提供岸上的住所。此外，中央、区、地方还应各拨出一定专款，维修与加固尚有价值的二类危房。

（三）关于教育和社会保障问题

教育部门和相关机构应该给予华侨渔业新村更多的关注，通过开展扫盲、文化娱乐下乡、科技下乡等丰富多彩的活动，提高归难侨渔民重视教育的意识。增强学校教育与家庭教育的良性互动，共同促进华侨渔业新村的教育发展。在社会保障方面，要注重归难侨渔民的养老和医疗保险问题，出台相关的政策和措施，实现归难侨渔民“老有所养，病有所医”的愿望。

专题调研报告二 稳定与发展专题调研报告

一　基层建设主题调研

企沙镇华侨渔业新村全村共 900 户、4000 人，但华侨渔业新村却仅有党员 15 名，其中村委会成员 7 人。2008 年 6 月 22 日，华侨渔业新村迎来了新一届村委会改选大会，经村民投票选举产生了新一届村委会。但是新班子旧人，除一人是新入选村委会成员外，其他的村委会成员仍继任。以村委会会计为例，自1980年华侨渔业大队成立以来，他就担任此项工作，和会计有着类似经历的还有村主任等其他成员。在我们的调查中，村民和村委会部分人员认为华侨渔业新村村委会人员变动较少的原因来自多方面。首先，大部分华侨渔民受教育较少，文化程度较低。很多30岁以上的华侨渔民几乎不能听懂普通话，更别说识字看书了。而要成为村干部候选人，绝大部分村民还是有自己的认知的。比如，候选人自身的素质还是很重要的，一般要有一定的文化素质，读过书，能识字；另外，候选人眼界要广，精明能干，做事要有一定的魄力，方方面面都能吃得开。其次，大部分华侨渔民生活在渔船上，长期在外出海打鱼，很多渔民表示没有时间和精力参与村委会的管理。最后，许多华侨渔民的参政意识还很淡薄，部分渔民很少主动参与选举活动。由此，华侨渔业新村的村委会选举呈现出“新选旧人在”的局面。

当前华侨渔业新村的党员干部以及所有村民最为关心的事情，首先是华侨渔业新村渔民转产转业的相关政策和措施的制定；然后是华侨渔业新村住房问题的解决情况。这些都是关系华侨渔业新村渔民切身利益的生计问题。

对于上述存在的现象和问题，华侨渔业新村的干部和群众认为可以采用下述对策和建议：首先，要针对华侨渔业新村渔民文化水平较低的现状开展相关的培训，提高其文化知识水平。其次，要大力解决华侨渔民的住房和转产转业现实难题，解决渔民的后顾之忧。再次，要加强开展党员干部的培训工作，努力发展并吸收优秀村民加入团、党组织。

二 和谐社会构建主题调研

（一）群众对构建和谐社会的认知与希望

在华侨渔业新村，除了党员、干部能较为深刻地理解和谐社会即“人与人、人与社会、人与自然”和谐的要义外，绝大部分村民则是从更为朴实的角度去理解和谐社会。在他们看来，出海打鱼能赚到钱，能吃好穿好，岸上有房子住的生活就是和谐社会应该要达到的目标，这也是他们对于和谐社会的希望。

（二）当前群众最关注的问题

在调查中我们发现，目前华侨渔业新村渔民最为担忧的是转产转业后的生计问题。随着中越海域划界的确定，中国渔业捕捞海域相对以前有所缩减，渔民出海打鱼的收入日趋减少。同时由于中国继续推行“可持续发展”政策，为了保护北部湾海域的良性发展，从2000年起上级有关部门就开始对华侨渔业新村的渔船实行为期两个月的“休渔期”限制，同时对渔船的马力和捕捞的方式也有一定的限制。因此，依靠打鱼为生的华侨渔民最为担心的是被迫上岸后以何维持生计的问题。

（三）当前影响构建和谐社会的因素分析

影响华侨渔业新村和谐社会构建的因素主要表现在华侨渔业新村渔民与当地社会的关系，以及华侨渔民与北部湾海域自然资源的关系上。首先是华侨渔业新村渔民与当地社会的关系。由于华侨渔业新村渔民生活相对封闭，即绝大部分渔民长期生活在海上，与岸上的当地人几乎没有什么交往。这样一种岸上与海上相对隔绝的生活方式，使得华侨渔业新村渔民对于当地社会了解甚微，同时，生活在岸上的当地人对于华侨渔业新村的渔民也知之甚少。正是由于华侨渔业新村渔民对当地社会了解甚微，互动较少，加上特殊的生存方式，华侨渔业新村渔民呈现出日趋“边缘化”的态势。其次是华侨渔业新村渔民与北部湾海域的关系。一方面，华侨渔业新村渔民人口不断增加，但是劳动力向外转移的现象并不多见。换句话说，华侨渔业新村的渔民在成年后都纷纷转移到海上，延续了父辈们的打鱼生涯。另一方面，现代捕捞技术的进步和船舶设备的改进，使得出海打鱼在捕捞收效增加的同时，对于劳动力的要求相对减少。但是，正是由于捕捞技术和船舶设备的改进，劳动力的大量增加等其他因素的存在，北部湾海域的渔业资源也在急剧缩减。这就无疑影响到人与自然和谐共存局面的实现。

（四）对策与建议

针对上述问题，华侨渔业新村渔民认为可以从下面几个方面着手解决：首先，要切实做好渔民上岸后顺利就业的安置工作，这是一个长期而艰巨的任务。一方面，要逐渐缩减海上的渔民，安排他们上岸参加有关技能的培训，并在经过培训后顺利就业。另一方面，可以针对有意向独立创业的渔民，予以相关的政策扶持和贷款免息或减息的优惠措施。其次，华侨渔业新村渔民上岸后的住房安置也是一个极为重要的问题。上级有关部门应给予华侨渔业新村渔民与华侨农场职工同等的住房补贴金待遇。

三　民族关系专题调研

企沙镇华侨渔业新村民族成分单一，均是汉族。华侨渔业新村是一个特殊的移民社区，居民是20世纪70年代末至80年代初期由越南不同地方回来的归难侨民，后经国家和联合国难民署统一安置在企沙镇。最早全村共有2000人，由于他们有着相同的生活方式和经历，同时受长期出海打鱼的限制，几乎没有和岸上其他族群交往的机会，因此，华侨渔业新村的通婚圈仅限于本村内部。20世纪90年代末，通婚圈逐渐扩大，开始有华侨渔业新村的女子外嫁到其他村落，也有北海侨港镇的渔民嫁入华侨渔业新村的，但是这仅是极少一部分。

华侨渔业新村通婚圈逐渐扩大是华侨渔业新村发展的一个趋势。通婚圈的扩大有利于华侨渔业新村渔民与当地社会的更好交往，有利于这个“边缘化”族群更好更快地融入当地主流社会。因此，有关部门要利用华侨渔业新村两个月的休渔期，积极举办华侨渔业新村与当地其他村落的联谊活动，鼓励华侨渔业新村的渔民与当地其他村落的村民互动。尤其要鼓励年轻人之间的交往，为华侨渔业新村通婚圈的进一步扩大创造良好的条件，进而为华侨渔业新村渔民上岸生活提供新的途径。

附个案1－1

张某，女性，25岁，2004年嫁至茅岭，现在和丈夫做点渔业小生意。生意好、需要人手帮忙的时候，张某就会叫其住在华侨渔业新村的哥哥过去帮忙。其哥哥在岸上没有房子，孩子上学没有人照顾，哥哥就将孩子寄宿在张某家上学。

四　宗教信仰、国家观和民族观专题调研

（一）宗教信仰问题

据我们调查，华侨渔业新村渔民有近90%以上除了祖先崇拜外，没有其他宗教信仰。仅有个别的渔民信仰佛教、基督教等宗教。整个华侨渔业新村内部没有公共的祠堂或者庙宇，渔民仅是各自在家里或者渔船上设置一个神龛，用于每天供奉自己的祖先。宗教性组织、宗教场所以及境外宗教势力在华侨渔业新村不可见，宗教对华侨渔业新村的社会生活和教育的影响不太明显。

（二）国家观和民族观问题

华侨渔业新村的渔民有着不同于其他边境村落的历史经历。20世纪70年代末期出生的渔民都有过在越南居住的生活经历，他们对于国家意识和民族意识有着更为复杂的情愫。首先，由于绝大部分渔民都是几代世居越南，他们对于居住地也有着“家乡”的感情，但与此同时，他们又深知自己有着完全不同于越南当地居民的身份，即“华侨”，这样的身份困惑在回国后也同样存在。回到中国后，他们在国籍上与当地社会的居民一样，但是，他们却还有着不同于当地社会居民的身份，即“归难侨”。这样一种差异使得华侨渔业新村的渔民在与当地社会居民的互动中存在一定的影响。同时，对于双重身份的困惑无疑会加强华侨渔业新村渔民对于越南居住地的社会历史记忆，进而在

一定程度上影响到他们国家观和民族观的形成。

附个案 1－2

谭某，女性，56 岁，在越南有着 30 多年的生活经历。对于越南，她有着很深厚的怀念之情，同时却又很气愤。有很深的怀念之情，是因为家族迁居越南已经有四代，而她自己也是出生并成长于越南的，要不是因为有“华侨”的身份，她真不知道自己和当地人有什么区别，她也深深地把居住地当做自己的故乡。气愤是因为她很不能理解越南政府采取的不同程度的排华政策。被迫回国后，谭某对于自己是中国人的身份有了更深刻的认识，同时也有了一定的民族意识。但是，由于仍有着“归难侨”的身份，她感到自己与企沙当地其他社会的群众有一定的区别，进而产生一种恐惧，甚至担心哪一天会不会再次被赶回越南。

后 记

2007年6月，笔者申报的广西哲学社会科学“十一五”规划2006年度研究课题“社会人类学视野中的广西华侨农场”获得立项。从那时起，笔者便开始和课题组成员在广西的几个华侨农场开展调研活动，防城港企沙镇华侨渔业新村也是此次调研活动的重要对象之一。在防城港企沙镇华侨渔业新村的调研过程中，笔者便发现这个调查点与其他安置归难侨民的华侨农场相比有许多不同之处：其一，该调查点是一个专门安置越南归难侨民的安置点；其二，该调查点是中国唯一一个以渔村形式安置归难侨民的安置点，而且还是以“华侨”命名的渔村；其三，该调查点归难侨民从事的打鱼“行业”，实际上是其在原居住国生计方式的延续。换句话说，该调查点的归难侨民是将其祖祖辈辈的生计模式继承搬迁或移植到这个安置点的。

正是由于意识到防城港企沙镇华侨渔业新村具有以上独特之处，笔者在接受周建新教授主持的“当代中国边疆·民族地区典型百村调查”之广西卷的课题时便将其列为调查和写作的对象。在接受任务后，笔者带领硕士研究生蒋婉于2008年8~9月、12月和2009年1月前往该地进行了调研。在调查过程中，我们看到在中国政府和联合国的帮助下，归难侨民依靠自己的努力，将原先被称为“黄坭潭”的荒芜之地，建设成一个初具规模的华侨渔村。不过，我们也看到，由于历史和现实的原因，企沙镇华侨渔业新村在近30年的发展中呈现出“边缘化”的态势，这在一定程度上影响了华侨渔村归难侨民的生活及发展，同时对社会的和谐与中国边疆的稳定也产生了一定的影响。因此，我们认为有必要对防城港企沙华侨渔业新村进行调研和科学研究。

就本书而言，我们觉得还十分粗糙。准确地说，它还只是一个框架，需要修改的地方太多，好在勉为其难，已经初步将它做了出来，接下来我们将继续完善这个工作。

本书系“当代中国边疆·民族地区典型百村调查”的成果之一，该课题的策划、立项是由中国社会科学院中国边疆史地研究中心组织进行的。在课题的实际运作中，中国社会科学院中国边疆史地研究中心的领导及专家不仅深入到课题点指导课题组成员进行调研，还在编辑和出版课题成果等方面做了许多有益的工作。此外，我们在调查过程中，也得到了当地侨办、侨联和有关部门领导的大力支持和帮助，如广西壮族自治区侨办的梁宏处长，防城港侨办的覃菊花主任、郑业智科长，防城港市侨联的林威爵副主席、杨孙艳副主席等，以及企沙镇华侨渔业新村的村支书黄翠富、张桂枝等。在此，我们一并向他们表示深深的谢意！

郑一省

2009年6月于广西南宁

图书在版编目（CIP）数据

一个移植在海滨的村庄：广西防城港市企沙镇华侨渔业新村调查报告／郑一省，蒋婉著．—北京：社会科学文献出版社，2011.11

·（当代中国边疆·民族地区典型百村调查／厉声主编．广西卷．第1辑）

ISBN 978－7－5097－1274－0

Ⅰ．①一…　Ⅱ．①郑…　②蒋…　Ⅲ．①乡村—社会调查—调查报告—防城港市　Ⅳ．①D668

中国版本图书馆CIP数据核字（2010）第036447号

当代中国边疆·民族地区典型百村调查：广西卷（第一辑）

一个移植在海滨的村庄

——广西防城港市企沙镇华侨渔业新村调查报告

著　　者／郑一省　蒋　婉

出 版 人／谢寿光

出 版 者／社会科学文献出版社

地　　址／北京市西城区北三环中路甲29号院3号楼华龙大厦

邮政编码／100029

责任部门／编译中心（010）59367004　责任编辑／王玉敏　陶盈竹　张文静

电子信箱／bianyibu@ssap.cn　责任校对／杨京鲁

项目统筹／祝得彬　责任印制／岳　阳

总 经 销／社会科学文献出版社发行部（010）59367081　59367089

读者服务／读者服务中心（010）59367028

印　　装／北京季蜂印刷有限公司

开　　本／889mm×1194mm　1/32　印　　张／7.125

版　　次／2011年11月第1版　插图印张／0.25

印　　次／2011年11月第1次印刷　字　　数／158千字

书　　号／ISBN 978－7－5097－1274－0

定　　价／168.00元（共4册）

中国社会科学院中国边疆史地研究中心 **厉声 主编**

当代中国边疆·民族地区典型百村调查：**广西卷（第一辑）**

分卷主编：**周建新　冯建勇**

礼茶村的俯视图（2007年7月27日 郑一省摄）

礼茶村的稻田丰收在望（2007年7月30日 郑一省摄）

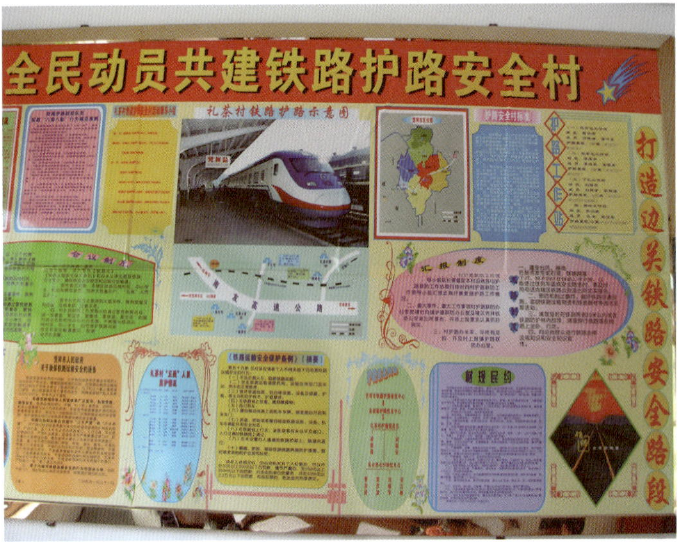

礼茶村共建安全村的宣传图（2007年7月27日 郑一省摄）

礼茶村小学远景（2007年8月5日 郑一省摄）

礼茶村小学内的“信”字石碑（2007年8月5日 郑一省摄）

礼茶村村民委员会办公所在地（2007年8月8日 郑一省摄）

友谊关的通商关口岸（2007年7月24日 郑一省摄）

友谊关的中越边境（2007年7月24日 郑一省摄）

用水牛犁田（2007年7月26日 郑一省摄）

打稻谷（2007年8月5日 郑一省摄）

中礼屯民众的水泥房（2007年7月31日 郑一省摄）

中礼屯民众的土砖房（2007年7月31日 郑一省摄）

礼茶村村民的服装（2007年7月24日 郑一省摄）

礼茶村村民屋内的神龛（2007年8月9日 郑一省摄）

礼茶村的家长学校牌匾（2007年7月28日 郑一省摄）

礼茶村农田风光（2007年7月28日 郑一省摄）

中国社会科学院中国边疆史地研究中心 厉声 主编

当代中国边疆·民族地区典型百村调查：广西卷（第一辑）

国门第一村

——广西凭祥市友谊镇礼茶村中礼屯调查报告

郑一省 蒋婉 刘萍◎著

社会科学文献出版社
SOCIAL SCIENCES ACADEMIC PRESS (CHINA)

“当代中国边疆·民族地区典型百村调查”

总 序

深入实际、开展国情调研，是中国社会科学院肩负的重要科研任务，也是中国社会科学院履行好党中央、国务院赋予的“思想库”、“智囊团”职能的重要方式。中国边疆省区占国土面积的60%以上，边疆区情及当地的民族社会调研（边疆调研）是中国国情调研的重要组成部分。正如一位边疆工作者所说：不了解少数民族，就不了解中华民族；不了解边疆，就不了解中国。1983年中国社会科学院中国边疆史地研究中心建立后，特别是1990年以来，一直将边疆调研作为学科研究的重点之一。

2004年，中国边疆史地研究中心承担国家哲学与社会科学基金特别项目“新疆历史与现状综合研究”（简称“新疆项目”）。2006年，中国边疆史地研究中心牵头，立项开展“当代中国边疆·民族地区典型百村调查”（简称“百村调查”），作为此特别项目的子课题。“百村调查”以新疆为重点，在全国新疆、西藏、内蒙古、宁夏、广西五个民族自治区和云南、吉林、黑龙江三省基层地区同时开展，共调查100个边疆基层村落。调查工作在“新疆项目”领导小组和专家委员会指导下，由“百村调

查”专家委员会暨编委会组织实施。在中国边疆史地研究中心主持拟定的调查大纲框架下，发挥每个省区的优势，体现各自的特色。

本项目的实施得到了边疆地区各级地方党政部门的支持。首先，调查工作注意与地方党政部门的相关工作衔接、听取意见，在实施调查之前，主动向各级党政部门汇报情况，听取指示和意见。其次，调查组主动让各级党政部门了解调研的全过程，在调研过程中出现问题时及时向相关党政部门请示。再次，调研阶段成果和最终成果的副本同时提供地方党政部门参考。

“百村调查”的调研主题是：改革开放30年来中国边疆基层村落的民族社会和经济发展的历史与现状。具体内容包括：乡村概况、基层组织、经济发展、社会生活、民族、宗教、文教卫生、民俗风情等。项目调研的时间是：2007～2008年（资料下限至2007年底或适当延长）。

“百村调查”的调研对象为：100个具有典型意义与特色的中国边疆基层村落。课题以基层乡、村两级为调查基点，大致每个省区选择2个地州，每个地州选择1～2个县，每个县选择2个乡，每个乡选择2个村。新疆共调查22个村，其他地区均为13个村（辽宁、吉林、黑龙江以东北边疆为单元，共调查13个村）。调查点的选择要求：

（1）本地区社会稳定与经济发展中具有典型意义的基层乡和村。

（2）存在边疆现实政治、社会或经济发展的热点、难点问题。

（3）与20世纪50年代全国边疆民族调查能有一定的衔接。

“百村调查”采取学术调查与现实政治相结合的方法，以社会人类学入村入户调研方法为主，同时关注现实政治、社会与经济发展中的热点、难点问题：一般共性调查与专题专访调查相结合，在一般综合性调查的基础上，选择好专访或专题调研的“切入点”——总结经验与完善不足相结合，在总结各项工作经验的同时，善于发现问题和提出解决问题的对策与建议。调研注重入户访谈和小范围座谈的专访调查。在一般性问卷和统计资料收集的基础上，注重对基层干部、群众典型、教师、宗教人士等特定人员的专题访谈，倾听和收集他们对基层社会稳定与经济发展的看法、意见和建议，形成能说明问题的专访或专题调研报告。

“百村调查”的成果形式分为调查综合报告与专题报告两大类。

（1）调查综合报告：依据大纲规定，撰写有关乡村经济社会等发展状况的综合报告，课题结项后分期公开出版。专题报告及调查资料可以公开发表的，在篇幅允许的情况下，作为附录附在综合报告末尾。

（2）专题报告：内容较敏感、不适宜公开出版的专题报告，集成《专题报告集》，内部刊印。

“百村调查”主编　厉声　谨识

2009年8月25日

目录
CONTENTS

图目录
FIGURE CONTENTS

表目录
TABLE CONTENTS

序 言
FOREWORD

中国社会科学院中国边疆史地研究中心“当代中国边疆·民族地区基层社会与经济发展典型调研”项目，是一项涉及广西、云南、西藏、新疆、内蒙古、宁夏、吉林7省区、100个村寨的大型调研项目。广西壮族自治区作为中国西南边疆少数民族聚居省区，此次调查共选点13个，主要集中在广西沿中越边界一线的各民族边疆村寨，个别分布在非边境县市境内。

在中国近现代发展史上，对于边疆地区的关注，主要出现在19世纪末20世纪初。当时的中国边疆地区，在英、法、俄等帝国主义势力蚕食鲸吞下，出现了普遍的危机。边疆危机唤起了中国民众尤其是知识阶层对边疆的关注。20世纪30年代，以“边政”概念为核心，以“边疆民族”为主要研究对象，一批学者对中国边疆尤其是西南边疆地区进行了调查研究，形成了一批成果。但关于中国边疆地区大规模的社会与经济发展调查项目，过去还未见诸报端。如果仅仅从大规模的社会调查活动考虑，新中国建立后的国内各民族社会历史调查活动，与边疆研究关系密切。

20世纪50年代，根据党中央和国务院的部署，国家有关部门在全国范围内进行了大规模的少数民族社会历史调查，其中也对广西各民族社会历史发展情况进行了全面的

调查。当时的调查关注的主要是少数民族社会历史发展状况，之后形成了《广西壮族社会历史调查》（7 册）、《广西瑶族社会历史调查》（9 册）以及苗族、京族、侗族、仫佬族各 1 册，仫佬族、毛南族合 1 册，彝族、仡佬族、水族合 1 册等系列调查成果，并于 1954 年由广西省民族事务委员会编印。那次调查为广西少数民族地区的社会、经济、文化发展起到了重要的推动作用，也为后来的学术研究积累了大量的历史学、民族学、人类学、社会学资料。

与少数民族社会历史调查不同的是，此次由中国社会科学院中国边疆史地研究中心推动的“当代中国边疆·民族地区典型百村调查”项目，主要是从边疆学的角度出发，突出了边疆、村落和现实发展状况三个要点，期望通过深入的田野调查，面向中国边疆农村地区，真实反映现实的中国边疆村寨客观发展状况，为国家宏观把握边疆发展现状，构建和谐、安全、富裕边疆提供参考资料。此次调查虽然并未把少数民族因素作为关键的内容考虑，但由于中国历史上形成的边疆社会人口结构，决定了调查的内容必定要涉及大量的少数民族村寨。因此，广西的调查和全国其他边疆地区的情况一样，包含了大量的少数民族村寨。

进入 21 世纪后，中国西南边疆社会稳定、经济发展、人民安居乐业，广西与全国各边疆省区一样，在社会、经济、文化等方面都发生了巨大的变化，尤其是经济社会发展进入了迅速成长阶段。在现代化、全球化迅猛发展的今天，地处祖国南疆最前沿的广西，有着沿边、沿海、面向东南亚的地缘优势，在中国边疆地区具有重要的不可替代的独特战略地位，是巩固边疆、发展经济的前沿，也是面向东盟、走向世界的前沿。面对现代化进程中的广西边疆地区发生的巨大变迁，此次进行的边疆现状调查非常必要，且意义重大而深远，既可以为推进广西各民族的社会进步、经济发展、文化传承提供参考依据，又可以为后人积累宝贵的阶段性历史资料，为国家和地方政府部门提供决策参考。这不仅仅是一项科研工程，也是一项德政工程和国防工程。

2007 年，自从接受了此项课题后，我们感到任务光荣、责任重大。作为广西高校的科研人员，承担这项国家社科基金特别项目我们责无旁贷。为了很好地完成这次任务，真正开展一次边疆地区集体调研活动，在项目开展之初，我们曾多次组织相关人员进行专门讨论研究，制订了详细的工作方案，组织了精干的队伍，保证了项目的顺利实施。

广西调查项目课题组成员主要由广西民族大学教师组成。项目主持人：周建新教授；成员：王柏中教授、郑一省教授、甘品元副教授、吕俊彪副教授、覃美娟馆员、郝国强讲师、罗柳宁助理研究员。另外，由周建新、王柏中、郑一省、甘品元、吕俊彪等牵头组成 5 个调查小组，组织研究生参与调查工作，并分头组织实施。参与调查的研究生有严月华、农青智、寇三军、蒋婉、张小娟、肖可意、刘萍、马菁、唐若茹、钟柳群、黄欢、陈云云、胡宝华、雷韵、黄超、谭孟玲、周春菊、黄静、蒙秋月、杨静、罗家珩、于玉慧等。

中国社会科学院中国边疆史地研究中心分派翟国强和冯建勇两位同志担任广西调查项目协调人，他们为项目的启动、实施和结题工作发挥了积极作用。广西调查项目整个调查工作的开展，大致可以分为三个阶段：第一次田野调查时间为 2007 年 7 ~ 9 月；第二次调查时间为 2008 年 1 ~ 2 月；

补充调查时间各小组自由安排，大致时间为 2008 年 7 月至 2009 年 10 月。

为了彰显本次典型调查写作的特色，根据中国社会科学院中国边疆史地研究中心的要求，我们非常重视调查视角与写作主线。要求调查一定要有边疆学的视角，要以典型村寨为单位进行调研，对于人口较多、地域较大的村寨采取以村委会所在地为主要调查点，通过具体点的调研反映出整体面的特征；务必着重描写边疆村寨的政治、社会、经济和文化现实内容；写作重点要特别关注改革开放以来广西边疆村寨发展的变化；在完成调查报告的基础上，要同时完成一定数量的研究报告，要有一定的理论分析和科学研究。在调查报告的写作方法上，我们不仅要求有现实地方志的描述，有数字统计和图表展示，也要有民族学人类学田野个案的访谈，同时兼顾纵向历史的阶段性特征，使调查报告不仅具有一般资料集和地方志的性质，又通过研究报告形式，将边疆地区现实存在的突出问题反映出来，以引起国家和地方政府部门的重视。

在调查选点方面，我们从全局考虑，以点带面，遴选有特色、典型性的村寨，尽可能凸显边疆区位、地方文化和发展水平等特征。经过多次讨论，我们确定了以下调查点：广西东兴市京族万尾村，广西宁明县明江镇洞廊村，广西凭祥市友谊镇礼茶村，广西龙州县金龙镇横罗村，广西防城港市企沙镇华侨渔业新村，广西大新县宝圩乡板价村、下雷镇新丰村，广西那坡县城厢镇达腊村，广西靖西县龙邦镇其龙村，广西环江县下南乡玉环村，广西金秀县长垌乡长垌村，广西百色市右江区龙川镇六能村，广西南宁市江西镇杨美村 13 个调查点。确定以上调查点的根据主

要有以下几点：

(1) 边境沿线村寨。广西有8个边境县（市、区），我们特意在每个边境县市境内选择了1~2个调查点，如大新县下雷镇新丰村距离边界线仅数百米，沿边公路从村落中间穿过。

(2) 民族村寨。广西有12个世居民族，我们选择了若干民族特色鲜明的边疆村寨，既突出了边疆特点，也表现了民族特色，如那坡县城厢镇达腊彝族村寨，那里的白彝文化特色鲜明，受到政府和学术界的广泛关注；我们也选取了个别非边境地区民族村寨，如环江县下南乡玉环毛南族村寨。

(3) 经济发展特色村寨。广西各民族村寨经济发展模式不同，发展阶段不同，如以边贸为主发展起来的东兴市京族万尾村，总体发展水平较高，而以农业和旅游业为主的大新县宝圩乡板价村发展水平一般。

(4) 华侨移民村落。20世纪70年代，广西境内接受了大批归国侨民，建立了一些华侨农场，他们对边疆地区的稳定具有特殊影响，因此，我们特意选择了防城港市企沙镇华侨渔业新村作为典型个案。

经过全体成员两年多的共同努力，本项目在要求的时间内顺利完成。整个项目的完成，在锻炼队伍、培养新人、积累成果等方面取得了一定的成绩。笔者虽然是广西项目负责人，但在整个项目的完成过程中，笔者主要从事指导工作，绝大多数写作任务都是由各调查点主持人组织完成的。在课题调研过程中，笔者曾多次带领课题组老师和研究生前往田野点调查，进行工作布置和安排。在调研过程中课题组老师和研究生不畏艰难困苦，深入边境一线，走

访干部群众，细致调查研究，求真务实，收集了大量的一手材料，保证了本课题的顺利完成。在此，谨向课题组全体成员表达我个人的敬意和衷心的感谢！

广西调查项目的顺利完成，也凝聚着中国社会科学院中国边疆史地研究中心全体同仁的心血。中国社会科学院中国边疆史地研究中心厉声主任、李国强副主任非常关心项目的进展情况，曾于2007年、2008年两次组织人员来广西检查、指导工作。研究中心的于逢春、李方两位研究员，也给予了大力支持。广西项目协调人冯建勇同志，对广西卷的所有书稿进行了认真审阅，并提出修改意见等。在此，谨代表课题组全体成员表示衷心的感谢！

本套丛书广西卷的13个村落材料，由于进行田野调查的时间不完全统一，因此各分册中使用的年度统计截至数据也不完全统一，有截至2007年、2008年的，也有截至2009年上半年的。调查报告中出现的某些访谈，依照学术惯例，我们隐去了访谈者的姓名，但对于一般内容和访谈，都遵循了客观真实记录和描述的原则。对于调查报告中使用的照片，凡涉及个人肖像权的，均征得了个人的同意。由于调查时间的限制以及撰稿人学术背景差异等原因，丛书中难免存在一些不足，望读者批评指正。

周建新

2009年8月11日于南宁

第一章　基本情况

第一节　自然概况

一　礼茶村概况

凭祥市礼茶村地处中越边境，是素有“国门第一镇”之称的友谊镇的一个行政村，号称“国门第一村”。它位于322国道1048~1050公里处，南友高速公路和湘桂铁路国际联运线贯穿全村，礼茶村辖区内铁路路段全长3公里，有3个涵洞、2个铁路公路交叉道口。礼茶村距友谊关7公里，北距凭祥市区8公里，有21号（位于礼茶村祖光屯与越南边界线上）、22号（位于礼茶村坤隆屯与越南边界线上）中越界碑（见图1-1、图1-2）。

礼茶村辖7个自然屯，包括中礼屯、坤隆屯、那岭屯、祖光屯、板价屯、板茶屯、下礼屯，全部与越南接壤，各屯均为一个自然小组。截至2006年，全村共有567户，2713人，其中农业劳动力1760人。全村除45名由越南嫁过来的“三非”妇女为侬族（壮族）外，其余村民均为壮族（见表1-1）。该村设1个党总支部、6个自然屯党支部，共51名党员；设1个团总支部、6个自然屯团支部，

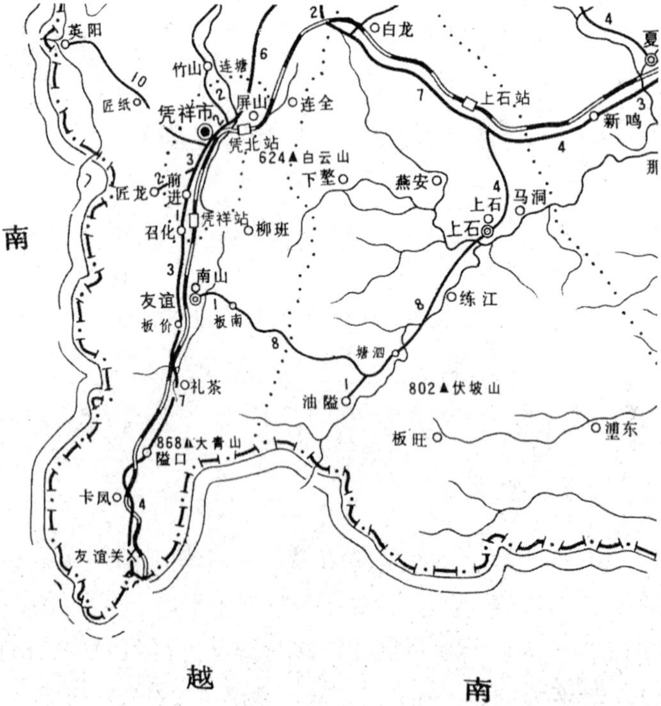

图1-1 礼茶村位置（2007年1月1日 郑一省摄）

共32名团员。有6个屯设有屯公务栏。

礼茶村耕地面积1456亩，人均耕地0.55亩，其中水田面积1310亩。礼茶村山林面积14350亩，人均有林面积0.8亩。全村现有荒地荒坡429亩，贫困户有21户，计80人。该村是凭祥市有名的“八角村”，即八角种植为该村的主要经济支柱。截至2007年6月，礼茶村八角种植面积达到1500多亩。礼茶村共有水库、水坝和水塘33个，占地151亩。该村农业经济以种植水稻为主，并种植木薯、玉米、花生、黄豆、西瓜等经济作物。礼茶村盛产龙眼、柿子、

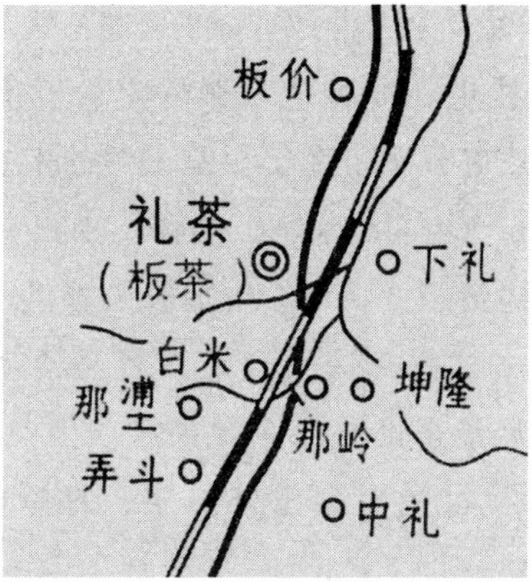

图 1－2　礼茶村村落位置（2007 年 1 月 1 日　郑一省摄）

表 1－1　礼茶村 2006 年基本情况

自然屯名称	户数（户）	人口数（人）	壮族人口（人）	土地面积（亩）		2006年人均纯收入（元）	屯级路		用电		是否全用水	住房情况（户）	
				水田	旱地		通否	公里	通否	公里		砖瓦	泥房
中礼	68	282	282	105	23	985	是	2	是	2	是	57	11
下礼	128	619	619	360	32	940	是	1.2	是	1.2	是	99	39
坤隆	104	499	499	180	17	1065	是	1	是	1	是	92	12
祖光	21	105	105	60	20	605	是	4	是	4	是	13	8
那岭	25	102	102	43	13	910	是	0.2	是	0.2	是	22	3
板茶	87	439	439	148	21	015	是	0.4	是	0.4	是	73	14
板价	134	667	667	289	20	815	是	0.2	是	0.2	是	113	21
总和	567	2713	2713	1185	146	905	是	9	是	9	是	469	108

香蕉等水果，各类果树 600 亩，林果业体现了礼茶村的主要经济特色。2003 年礼茶村就初步建立了以八角种植、优质西瓜种植为主要特色的农业示范基地。2001 年全村粮食总产量为 82 万公斤，农民人均有粮油议价 252 公斤，农民人

均纯收入 1630 元。

该村的中礼屯、坤隆屯、那岭屯、板价屯、板茶屯、下礼屯 6 个自然屯分布于南宁至友谊关的南友高速公路旁，交通便利。这 6 个屯靠近浦寨、弄怀、弄尧三个边贸点，为广大边民参与边贸经济活动、增加收入提供了优越的条件。引导和组织广大村民到边贸点从事贸易活动和劳务输出，成为礼茶村发展经济的一条重要途径。因此，现在礼茶村闲置人员很少，村民大多出外打工，每年劳务输出大约 600 人。

2003 年礼茶村被定为贫困村，2007 年 4 月礼茶村又被定为区直、中直驻桂单位第二批定点扶贫村。2004 年 4 月，凭祥市把礼茶村中礼屯纳为农村生态扶贫示范屯，使该村群众生活水平不断提高，党的基层组织建设能力不断加强。该村成为凭祥市乃至崇左市农村基层组织建设先进村，连续几年被评为凭祥市和崇左先进基层党组织。2006 年 11 月 14 日，礼茶村被评为“平安示范村”和“社会治安综合治理模范村”。

近年来，礼茶村的农村基础设施建设步伐加快，相继完成村屯级水泥硬化道路 3 条、三面光水利渠道 2400 多米、中礼屯民族工作示范村一期工程等项目，建成沼气池 275 座，并建成板价屯白龙游泳池休闲旅游山庄一座。2005 年全村实现“村村通”广播闭路电视工程。礼茶村的各项政策及措施为该村经济和社会的发展奠定了坚实的基础，人民群众的生产生活水平明显得到提高。

二　中礼屯概况

中礼屯是友谊镇礼茶村的一个自然屯，坐落于凭祥市最高峰大青山脚下的坡地上，其东、南皆被大青山所环绕，背山而居，并与越南边界接壤（见图 1－3）。中礼屯位于礼茶村的东南端，西南距友谊镇隘口村 3 公里，西北方是中礼屯人的田地，中礼屯人的聚居地海拔要高出其田地 10 米。中礼屯距 322 国道 850 米，远离其他村屯（见表 1－2）。

图 1－3　山雾缭绕的中礼屯（2007 年 7 月 27 日　郑一省摄）

表 1－2　中礼屯与各屯间距离

单位：公里

中礼屯—坤隆屯	1.5
中礼屯—那岭屯	1
中礼屯—祖光屯	2
中礼屯—板价屯	3
中礼屯—板茶屯	1.5
中礼屯—下礼屯	2

中礼屯地形属于喀斯特地貌，是半山区丘陵地带。地势自东南渐向西北倾斜。

中礼屯土地多为赤红壤。水田主要有沙泥田、黄泥田，泥土为黏壤土。旱地主要有赤壤土、红壤土。土壤的共同特点是土层松厚，腐殖质较多，肥力较高，适宜农作物生长。

中礼屯处于北回归线以南的低纬度地区，其气候与凭祥市相同，属于高温多雨的亚热带季风性气候，夏无酷暑，冬无严寒。中礼屯年均气温 21℃ ~23℃，最热的 7 月平均气温为 27.6℃；最冷的 1 月平均气温为 13.2℃。年降雨量 1062 ~1772 毫米，日最大降雨量 206.5 毫米。全年无霜期 344 天，平均日照 1614 小时。全年主导风向夏季为东风和南风，冬季以东北风为主，年平均风速 5 米/秒 ~17 米/秒。灾害性气候有干旱、寒露风、霜冻、低温和阴雨等。

2007 年，中礼屯共有 66 户、293 人，其中 7 户居住在礼茶村那岭屯，为 54 人。中礼屯有劳动力 221 人、残疾人 13 人、在读学生 26 人。外出打工约 132 人，从商 3 人。男女比例为 9∶10。贫困户有 6 户，占全村总户数的 11%。现役军人 1 名。基干民兵 7 人，占全村的 1/4（礼茶村基干民兵 31 人，其中中礼屯 7 人，坤隆屯 16 人，那岭屯 5 人，板茶屯 3 人），民兵干部 1 名。

中礼屯为礼茶村 7 个自然屯之一，设党支部 1 个，党员 12 人；设团支部 1 个，团员 17 人。

中礼屯全屯有 4 名 20 世纪 90 年代从越南边境嫁入该屯的“三非”妇女，皆为侬族（壮族），不会说汉语，她们主要通过当地白话和壮语进行交流。除此之外，中礼屯村民皆为壮族。语言主要以壮语为主，其次为白话和普通话，50 岁以下的村民皆会说普通话，小孩从幼儿园开始学习普通话。

中礼屯主要姓氏为凌、周、李、马、韦、王、蒙七姓，其中大姓为凌姓。

中礼屯房屋占地面积28亩，土砖户21户，水泥房12户，专困房26户，干垒房2户。摩托车25辆，农用运输车2辆，彩电61部，小型耕机29台。中礼屯林业面积1116亩，其中八角果树面积678亩，水田面积115亩，旱田面积21亩，甘蔗地面积100亩。八角果是中礼屯的主要经济来源，目前为止产量最高的一年是2001年，共收获125万斤。

2002年，中礼屯引进马蹄、“金皇后”特色西瓜等致富项目，建立了种植示范基地。2006年初，中礼屯成为甘蔗种植示范基地，共53户、97人参加。

中礼屯各项计生指标均达标，2004年10月至2005年6月，全屯只生了一个孩子，占全村出生孩子总数的0.043%。全屯适龄儿童入学率达100%，40岁以下成年人无文盲。

2002年7月，中礼屯被确立为凭祥市民族工作示范屯、小康文明建设示范屯。

2003年，示范屯一期建设工程投资30多万元，建成人畜饮水工程、200平方米的文化娱乐综合楼1座、篮球场1个、舞台1座、环屯水泥硬化道路1条。“共青创业成才服务站”设置在中礼屯。

2003年，中礼屯被凭祥市民族局作为“胡志明足迹游”旅游点加以建设。

2003年12月1日，凭祥市首个“中越边境青年友谊站”挂牌仪式在中礼屯举行。

2004年，中礼屯被凭祥市确定为“党旗耀边关连心工程”示范点。

2004 年，中礼屯修建 100 立方米的蓄水池，投资 11 万元。

2005 年，中礼屯修建了三面光水利渠道。

2005 年，中礼屯被列为友谊镇两个文明村建设示范点之一。

随着 2005 年 8 月“村村通”广播电视工程的启动，中礼屯建立了有线电视网络。现在中礼屯的有线电视网络及电话线已被破坏（主要被吸毒者破坏），屯中 90% 的住户安装了卫星接收器，村民与外界的联系主要靠手机。

目前，中礼屯有沼气池 7 座，占全村沼气池总数的 3%。

礼茶村登记在案的吸毒人员有 34 人，其中中礼屯 1 人，该人 2001 年 2 月开始吸毒，2003 年 11 月至 2004 年 5 月被强制戒毒。近几年中礼屯无新增吸毒人员。

20 世纪 80 ~ 90 年代，中礼屯打架、斗殴，以及“黄、赌、毒”等现象时有发生。目前，全屯社会治安状况良好，是礼茶村治安最好的自然屯。

第二节 历史沿革

一 历史概况

（一）历史概述

中礼屯村民认为其祖先是在宋朝皇祐五年（1053 年）大将军狄青南征时，被征为挑夫，从山东白马街来此，并与本地女子成婚，定居于此地的。

中礼屯原名叫“ban lei”（板垒），“ban”是村、寨的意思，音译成汉文为“板”。“ban lei”（板垒）地名始于何时？元代以前的中国史籍关于地名的记载，只写到州县，不记村名。1579 年成书的《苍梧总督军门志》中的地图、文字已有板字地名。据推测，“ban lei”（板垒）最早可能产生于 10 世纪[①]。大约在 1933 年，因当时凭祥镇设计一项“三礼村”建设方案，于是改“ban lei”（板垒）为中礼屯（三礼屯分别为上礼屯、中礼屯、下礼屯，现在上礼屯已经不存在了），此为中礼屯得名由来（见图 1－4）。

传说，中礼屯村民原先住在大青山中离现在中礼屯不远的一个小山坳里。传说该屯土地庙上的一片茅草被风吹到了现在中礼屯所在地，村民认为这是神灵显灵，因此从 19 世纪 80 年代开始陆续从山坳中迁居于此。最初迁于此地的约有 11 户。因该屯没有相关的史料以及碑文等文字记载，此说无从考证。由此也可推断，中礼屯村民自清朝末年起就在该屯现在的聚居区居住了。

在土司统治时代，“民无册籍，户口不编，例不编丁”。村民生活贫困，备受压迫。

民国时期，中礼屯多次遭受国民党的骚扰。中礼屯村民积极与共产党配合，与国民党作斗争，同时也为抗法援越做出了巨大的贡献，其代表人物是县赤卫队队长——凌云（1889～1931）。1925 年越南青年革命同志会凭祥联络站设在中礼屯凌云家里，名为“中礼屯凌家联络站”，在 20 世纪 30～40 年代，当时的越南领导人胡志明过境活动，曾

① 参考范宏贵《同根生的民族——壮泰各族渊源与文化》，光明日报出版社，2000。

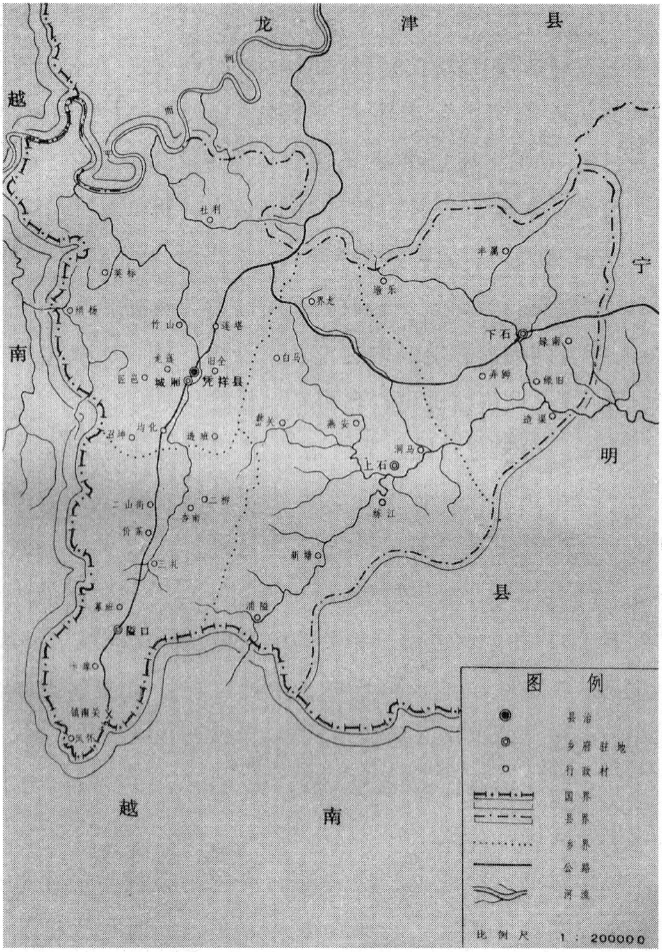

图 1－4　1933 年凭祥县行政区划（2007 年 1 月 1 日　郑一省摄）

多次来中礼屯落脚（据中礼屯老人讲，胡志明曾在此屯居住，最长的一次为 3 天）。1927 年，越南革命党人裴玉成、黎夏等曾率领越盟军队 100 多人过境在中礼屯一带活动。中华人民共和国成立后，越共领导人黄文欢等途经凭祥时，还专门到中礼屯作客。据统计，1926～1946 年，胡志明、黄文欢、孙德胜等越南革命领导人先后到过中礼屯12次。

在抗日战争时期，日寇入侵凭祥，到处烧杀抢掠，人民遭受深重的灾难，凭祥人民积极参加保家卫国的战争。

中华人民共和国诞生后，中礼屯作为小队存在。在抗美援越的战争中，中礼屯作为后方，积极配合前线战争。在1979年对越自卫反击战中，中礼屯作为后方在积极支援前线的同时，还作为后方医院及时救治伤患，家家准备药箱及战备粮，这种习惯一直到20世纪80年代还保留着。

（二）历史上的三次大火灾

中礼屯历史上曾遭受三次大型火灾。

第一次：1930年，当时桂系军阀在凭祥大肆捕杀共产党人和革命群众，白色恐怖笼罩着凭祥。当年的反动民团刘廷威再次卷土重来，纠集残部300多人，围攻县赤卫队队长凌云的家乡三礼村中礼屯，搜捕凌云（红八军撤离凭祥，县赤卫队被打散后，凌云率领20多人潜伏该屯），因事先获得群众的情报，凌云等人提前转移，结果刘廷威因扑空而兽性大发，肆意烧杀掳掠，能拿走的财物全部被搜刮一空，不能拿走的财物全部烧光，全屯30多户、100多间房屋全部化为灰烬，损失巨大①。

第二次：1932年，因凌云率领红八军游击队常在此地作战，多次打败过国民党保安团，使国民党保安团十分恼火。因此，在凌云牺牲后，为报复凌云，国民党再次烧毁了整屯房屋。

---

① 参考《凭祥文史资料》第二辑《白色恐怖笼罩着凭祥》，第63～64页，凭祥市委员会文史资料工作委员会编，1992年1月。

第三次：1956年，此次火灾系该屯村民凌则安所为。凌某的家与一王姓村民比邻而居，凌某怀疑自己的妻子与邻居王某有见不得人的勾当，于是在该年10月份村民集体缴公粮（该屯村民要到隘口缴公粮）、全屯无劳动力在家之时，他在一个竹筒里放满火柴，放一支香点燃后，将其放至王某的房上。当时该屯的房屋大多是茅草房，只有三家是瓦房，但其瓦房的棚顶也都是用竹子编成的。该屯聚居区面积小，家家相连，一间房子着火后，其他房子都没能幸免于难。全屯的房屋被烧毁后，整屯迁往礼茶村的那岭屯居住。后凌则安如法炮制想烧毁那岭屯，被发现后遭到逮捕并被判处无期徒刑，死于狱中。中礼屯部分房屋修建后，村民陆续迁回该屯，最后一批迁回是在1986年。现还有7户中礼人仍旧居住在那岭屯。

（三）姓氏的由来

目前，中礼屯主要姓氏为凌、周、李、马、韦、王、蒙七姓，其中大姓为凌姓（见表1-3）。该屯的凌姓为一

表1-3 中礼屯姓氏

姓氏	户数	原籍	迁来代数
凌姓	36	原居民	—
周姓	5	下礼	6
李姓	8	板山屯	5
马姓	5	隘口马家屯	6
韦姓	3	柳班村	5
王姓	6	原来居民	—
蒙姓	3	渠光	8

大家族，属于本屯的原住居民。周、李、马、韦、王、蒙六姓氏皆为外来姓氏，部分为早期以入赘方式与该屯凌姓女子互为婚姻，最初皆随妻子姓氏——凌姓，后因多方原因才改为原姓氏，改为原姓氏的原因现已无从考查；部分为本村的女儿外嫁后，因某些原因迁居回娘家居住。

二 行政区划

礼茶村现属于凭祥市友谊镇管辖。友谊镇位于凭祥市西部，因境内的友谊关而得名。北与龙州毗邻，东与上石乡接壤，西、南两面与越南交界，辖召化、礼茶、隘口、卡凤、英阳、三联、平而、宋城、匠龙 9 个村委会。

1912～1931 年，凭祥县设 4 区、19 个团，分别为第一区（城厢区）、第二区（上石区）、第三区（下石区）、第四区（隘口区），第四区辖下隘口、东团、中团、南团 4 个团，共 85 甲。当时中礼屯属于第四区。

1933 年，凭祥县废区设乡，原第一区改为城厢乡，第二区改为上石乡，第三区改为下石乡，第四区改为隘口乡。隘口乡下辖隘口街、二山街及凤怀村、卡摩村、幕班村、三礼村、价茶村、杏南村这 2 街 6 村，共 93 甲。

1949 年 12 月至 1951 年 4 月，凭祥县行政区划仍沿袭国民末年的区划，全县设城厢、隘口、上石、下石 4 个乡、14 个村（街）。当时中礼屯属于凭祥县的隘口乡。

1951 年 5 月，奉广西省令，凭祥、宁明、明江合并为镇南县，全县分为 11 个区，凭祥降为县属第一区，隶属崇左专区。1953 年属桂西壮族自治州管辖。凭祥区（原城厢乡与隘口乡）下辖 6 乡 21 村（街），6 乡分别为隘口乡、礼南乡、召杨乡、全柳乡、城厢乡、连成乡。中礼屯属于礼南乡。

1955年7月，凭祥从宁明县分出，设立县级凭祥镇，下辖凭祥、连全、竹社、英阳、匠龙、召化、柳班、南山、礼茶、隘口、卡凤11个乡和凭祥街道办事处。中礼屯属于礼茶乡。

1958年2月，凭祥精简机构，并小乡为大乡，全市原来的11个小乡并为连全、龙英、召化、隘口4个大乡，街道办事处继续保留。中礼应属于隘口乡。同年9月，撤销4个大乡，成立政社合一的睦南关人民公社，下设36个大队、107个生产队。中礼属于睦南关人民公社礼茶大队。

1961年5月，恢复县级凭祥市建制，并将其管辖的睦南公社划分为睦南、隘口、竹山3个人民公社。1966年8月，凭祥撤销睦南、隘口、竹山3个公社，成立友谊人民公社，此时，中礼应属于友谊人民公社。

1984年10月，凭祥撤社设乡。经广西壮族自治区人民政府批准，友谊公社改为友谊乡，友谊乡辖卡凤、隘口、礼茶、南山、召化、柳班、匠龙、英阳、前进、连全、屏山、竹山、三联、平而、宋城15个行政村。此时礼茶村的中礼屯属于友谊乡。

1990年9月，经广西壮族自治区人民政府批准，友谊乡分为友谊、白云2个乡，友谊乡辖卡凤、隘口、礼茶、南山、召化、柳班、前进7个行政村。礼茶村的中礼属于友谊乡。

1993年11月，经广西壮族自治区人民政府批准，凭祥所辖的4个乡全部改为镇建制，各镇行政区划保持乡时原状，即友谊乡改名为友谊镇，礼茶村中礼屯属于友谊镇。

1996年11月，经广西壮族自治区人民政府批准，撤销凭祥街道办事处，新建凭祥镇。至此，全市设5个镇，分别为夏石镇、上石镇、友谊镇、白云镇、凭祥镇。友谊镇下设卡凤、隘口、礼茶、召化4个行政村。

2002年10月，经广西壮族自治区人民政府批准，撤销白云镇，将其英阳、三联、平而、宋城4个行政村划归友谊镇。至此，友谊镇下辖卡凤、隘口、召化、英阳、三联、平而、宋城等8个行政村。

2003年4月，崇左市人民政府下文，凭祥镇的匠龙村划归友谊镇管辖。至此，友谊镇共辖卡凤、隘口、召化、英阳、三联、平而、宋城、匠龙等9个行政村至今[①]。

礼茶村属于友谊镇的9个行政村之一。中礼屯与坤隆屯、那岭屯、祖光屯、下礼屯、板茶屯、板价屯为礼茶村下辖的7个自然屯。礼茶村设有1个村委会，处于中礼屯地界，以及1个总党支部、6个党支部、7个村民小组、1个总团支部、6个团支部。礼茶村在中礼屯分别设1个党支部和1个村民小组。

三　交通物流

中礼屯距322国道850米，又临近南友高速公路、湘桂铁路国际联运线。

322国道南宁—友谊关公路凭祥段，始于南宁，过凭祥经友谊关接越南同登公路，全长52公里，属三级公路。该路原属龙镇公路，是中越交通要道。1932年，全路完成通车。1939年，日军从龙门港登陆，广西省当局征工破路，凭祥路段多处被破坏。1944年，日军第二次入侵南宁时，为了免被日军利用，9月，广西省再次破坏该路段。1945年6月，因

① 参考政协凭祥市委员会文史资料委员会编《凭祥文史》第六辑——《凭祥市行政建制变迁概况》，2006年3月，第55~58页。

抗战所需，奉省令抢修，10 月 16 日，全线勉强通车。至 1947 年，全线畅通。1964 ~ 1982 年，自治区政府及交通厅先后共拨款 825.17 万元，重修南友公路。至 1985 年，从宁明县界 200 公里至友谊关口 247.5 公里，全部铺成沥青路面，该路成为中国南疆一条重要的国防与国际交通干线。礼茶村位于 322 国道 1048 公里至 1050 公里处。

2003 年 4 月 28 日，南友高速公路全面开工，2005 年 12 月 28 日全线通车。公路起于南宁吴圩，接南宁机场高速公路，经扶绥、崇左、宁明、凭祥，终于友谊关，接越南 1 号公路，全长 179.2 公里。它是中国通往越南乃至东南亚地区最便捷的陆路国际大通道，被誉为“南疆国门第一路”。南友公路贯穿礼茶村，在该村辖区内的长度约 3 公里。

湘桂铁路国际联运线，北起中国湖南省衡阳市，南至广西壮族自治区凭祥市友谊关，与越南铁路相接，全长 1026 公里。1954 年建成凭祥—隘口（友谊关）段，1955 年同越南铁路接轨联运。它是广西壮族自治区对外联系及区内运输的主要干线，也是通往中越边境并同越南接轨的国际铁路。礼茶村辖区内铁路路段全长 3 公里。

2003 年，中礼屯修建长 850 米、宽 3 米的环屯水泥硬化道路，直通 322 国道，以方便人们来往凭祥市及浦寨、弄怀、弄尧等贸易市场。

中礼屯村民去凭祥市或浦寨等贸易市场大多在南友高速公路上拦截公共汽车，一般情况下车费为 2 ~ 2.5 元，偶尔会在 322 国道遇到凭祥市内来往于凭祥市和浦寨等贸易市场的公交车（电瓶车），去凭祥市的车费为 1 元，去浦寨的车费为 2 元。到市场上交易时，人们主要通过摩托车运送物产，大多为小宗交易，没有大宗交易。

第三节　人口状况

一　人口发展

中礼屯2007年人口为293人，占全村总人口的11%，其中男性145人，女性148人，男女性别比约为9:10，男性人口多集中在1~20岁、21~30岁两个年龄段，而女性多集中在11~20岁、31~40岁、41~50岁三个年龄段（见表1-4~表1-6）。中礼屯没有流动人口，皆为常住人口。中礼屯2005年的出生率达6‰，计划生育率为97%，晚婚率达95%。

表1-4　1984年、1986年中礼屯人口基本情况

单位：户，人

年份	户数、人口、劳动力					
	总户数	总人口	其中 女	劳动力合计	劳动力中女劳动力	农林牧副渔业劳动力
1984	37	219	111	108	56	101
1986	37	232	123	118	79	118

表1-5　20世纪90年代中礼屯人口基本情况

单位：户，人

年份	户数、人口、劳动力					
	总户数	总人口	其中 女	劳动力合计	劳动力中女劳动力	农林牧副渔业劳动力
1991	41	275	145	100	55	3
1993	53	273	140	126	62	121
1995	59	301	148	156	80	146
1997	59	278	140	155	81	148
1999	57	270	139	179	90	176

表 1-6 中礼屯 2007 年 7 月人口年龄统计

单位：岁，人

年　龄	男	女	总数	男女比例
1~10	12	9	21	133:100
11~20	28	31	59	90:100
21~30	36	23	59	157:100
31~40	23	32	55	72:100
41~50	26	28	54	93:100
51~60	10	10	20	100:100
61~70	4	5	9	80:100
71~80	3	6	9	37.5:100
80 以上	3	4	7	75:100
合　计	145	148	293	98:100

二　人口分布

至 2007 年 7 月，中礼屯共有 66 户人家，其中包括因 1956 年中礼屯整屯被烧，待房屋修建后陆续从那岭屯搬迁回中礼屯的村民。至今仍有 7 户住在那岭屯，有 5 户居住在距中礼屯聚居地 100~500 米环屯水泥硬化道路旁，有 2 户居住在距中礼屯聚居地约 300 米的东北方，背山而居，有 1 户搬至凭祥市内居住，其余都居住在中礼屯聚居区。

三　职业与知识结构

2007 年，中礼屯村民皆为农业户口，其中 1 名现役军人，2 名教师（一名为中学教师，一名为幼儿园教师），外出打工者约 132 人，从商者 3 人，在读学生 26 人。

该屯村民学历普遍不高，其中文盲 11 人，都是 20 世纪 20～30 年代出生的人，占全屯人口的 3.8%；中专毕业的有 5 人，占全村人口的 1.7%；高中生 12 人，占全村人口的 4.1%；初中生 105 人，占全村人口的 36.9%；小学 58 人，占全村人口的 19.8%。

第二章　政权建设

第一节　民主和法制建设

一　自治法的制定和实施情况

中礼屯村民在严格执行《礼茶村村规民约》（1997 年 1 月 1 日起执行）的同时，为推动、确保中礼屯的社会主义精神文明建设及社会主义民主法制建设，在 2003 年 11 月起草了《中礼屯村规民约》，并于同年 11 月 28 日起开始执行。

八角果为中礼屯的主要经济收入来源之一。八角树种植在山里，不易防盗。20 世纪 80～90 年代，八角果成熟时常发生外村屯村民到中礼屯偷、盗、抢八角果的事件。为确保八角果的产量及收入，针对八角果的偷、盗情况，中礼屯村民小组在 2001 年 5 月 15 日制定了《中礼屯守护八角公约》，并予以执行。该公约实施后，近几年来中礼屯少有八角被盗事件。现将《礼茶村村规民约》、《中礼屯村规民约》、《中礼屯守护八角公约》内容摘录如下：

礼茶村村规民约

为加强社会主义民主和法制建设，维护社会安定团结大局，为发展经济创造良好的社会环境，促进全村物质文明和精神文明建设，经过村民大会讨论通过，在一九九〇年制定的村规民约的基础上修订《礼茶村村规民约》。实行依约治村，违约必究。希望全村村民共同遵守。

一 认真贯彻执行党的基本路线和各项方针、政策。执行村委会的决议，不断完善生产责任制，种好责任田，走勤劳致富、共同富裕的社会主义道路。

二 正确处理好国家、集体和个人三者的关系。坚决完成国家的各项任务。遵守国家宪法、法律、法规，不搞任何违法行为。

三 严格执行计划生育，违者按政策处理。

四 移风易俗。提倡新事新办、丧事俭办，反对搞封建迷信活动；提倡尊师爱生、尊老爱幼，反对虐待老人，树新风，反对不道德行为。爱护公共财物。

五 开展和睦家庭、邻里互助活动，树立新风尚。家庭、邻里都要做到互爱、互助、互谅、团结。

六 积极开展各项有益身心健康的群众性活动，把广大青少年培养成为有理想、有道德、有文化、有纪律的共产主义事业的接班人。

七 搞好社会秩序，成立民兵巡逻队，维持社会治安，做好“三防”工作（防偷、防火、防毒），对违反“三防”规定者，按照本规约罚款。

八 严禁盗窃。凡盗窃或破坏他人财物，种养、承包管理的各种农作物、经济林、果、鱼塘，以及公共财产等，证据确凿者，除照价赔偿外，另外处以双倍罚款，情节严重者交公安机关依法惩处。

九 严禁赌博、吸毒、贩毒及买卖枪支弹药，违者除交公安机关处理外，每人每次罚款50元以上，并没收所有赌具及现款。为赌博提供条件的每次罚款50元以上。发现吸毒、贩毒及买卖枪支弹药的，人人有责任向村委会反映或直接到公安部门报告。

十　严禁嫖娼、拐卖人口。违者报公安机关处理。

十一　禁止扰乱公共秩序、妨碍公共安全、聚众闹事、斗殴等行为。造成人身伤害的除付全部医药费以外，每人每次罚款50元以上，情节严重者交公安机关依法处理。

十二　放牧损害他人农作物的，除照价赔偿外，每头每次罚款50元以上。

十三　维护公共利益，严禁偷电、偷自来水，违者除按有关规定处罚外，每次罚款20元以上，并取消安装资格。

十四　不准在公路沿边、水利渠道两旁开荒种植或堆放其他杂物。破坏其设施者，视情况轻重，每次罚款20元以上。

十五　遵守铁路法规，爱护铁路设备，禁止击打列车，禁止拆、盗、收购铁路器材。

十六　讲文明、讲礼貌、讲道德。严禁在公共场合耍流氓，违者严肃处理。

十七　对检举揭发违反规约的有功人员给予奖励罚款的50%；对敢抓敢管的人员奖励75%，余下的25%归村委会所有。对检举揭发者给予保密和保护。

十八　违反本规约经教育不改、重犯者加倍罚款。对干部、群众打击报复的处以双倍重罚，并交司法机关严肃处理。

本规约自一九九七年元月一日起执行。

中礼屯村规民约

为了进一步加强农村社会主义精神文明建设，推进农村社会主义民主法制建设进程，维护本屯群众的根本利益，从中礼屯今后发展的高度出发，经全屯多数群众讨论决定，制定村规民约如下：

1. 自觉遵守国家法律、法规，勇于与违法行为作斗争，维护社会稳定。

2. 崇尚社会主义文明新风尚，邻里和睦，全屯讲团结，讲文明礼貌，互帮互助、互敬互爱，争创文明村屯，争当文明村民。

3. 严禁在本屯范围内开设赌场、聚众赌博，违者除报送公安机关处理外，提供赌博场所者罚款500元，参赌者罚款200元。

4. 严禁偷盗集体、私人八角果和其他水果，凡偷盗八角或其他水果一棵（不论数量多少），一经发现查实，除没收偷盗所得归集体外，被偷盗主有权收摘偷盗者家20棵果树的果作为赔偿损失。如遇偷盗者家果树当年已摘收、当年无法抵偿的，第二年继续抵偿，直至抵清为止。其他水果也如此类推。外地人员到本屯偷盗的，除没收偷盗所得外，每人每次罚款300元。罚款所得70%奖励给抓捕人员，罚款30%归集体。

5. 严禁偷盗集体、私人财物，违者报送司法机关严肃处理。

6. 爱护公共财物。对有损坏公共设施和财物行为，属无意损坏的，要照价赔偿，属有意破坏的除照价赔偿外，报送公安机关处理，另外加罚款500元。

7. 严禁砍伐、剥皮山中自然林木和村屯周围树木。山中林木直径30厘米以上大树（不论在谁家的地）需要砍伐的，必须先向村民小组申请，经村民组长、屯党支部书记签字批准后方能砍伐。如需砍伐，必须经全屯户代表会议讨论同意，由村民小组统一组织实施。故意砍伐、剥皮集体或私人的八角果或其他果树的（不论大小），每砍、剥一棵赔偿20棵成果树（所赔偿的果树永远归被损害主所有，直至国家或集体统一调整）。

8. 严格耕牛管理，不准放野牛，耕牛践踏、损害公私财物的，要照价赔偿，另外罚款每头牛每次50元。

9. 农户饲养的生猪一律圈养，违者损害他人财物的，除照价赔偿外，另加罚款每头猪每次50元。

10. 严禁占用村道、球场、舞台打谷和堆放禾秆垃圾。如需占道打谷的农户，必须在打完谷的当天清理好禾秆，保证道路和路边沟的畅通。违者每次罚款100元，用作请人清理禾秆费用。

11. 拖拉机、小金牛需经村道下田作业的，必须做好防护措施。违者每次每个铁齿印罚款10元。

12. 私人请车拉货进村道的，仅限都安车（小四轮）吨位以下的货车行使通过，村道严禁行使载重大货车（集体需要经同意的除外）。违者每次每辆车罚款500元。

13. 所有的水田田边草只准割不准锄（铲）。

14. 凡集体需要做集体义务的，每户一定要出勤一个劳动力（含请人顶替）。如遇特殊情况必须经村民组长同意，否则每缺一天工缴20元。

15. 本村规民约中所有罚款由村民小组用作本屯公益事业费用。

16. 本村规民约经本屯各户代表讨论通过后实施。凡违反本村规民约者或违反后不服从处理者、对负责处理的人员进行打击报复的，除报送公安机关处理外，永远取消参加本屯土地（公）、白事行会资格。该户有白事，本屯人员（不论亲戚朋友）一律不得到该户帮忙，否则，同样取消其参加本屯土地（公）、白事行会资格。

17. 本村规民约由本屯各户代表会议推选村规民约执行小组若干人负责实施。

18. 本村规民约未经本屯各户代表大会修改前长期有效。未尽事宜由本屯群众讨论决定。

19. 本村规民约自2003年11月28日起施行。

本村规民约一式四份，村民组长、村委会、镇政府、隘口派出所各留存一份。

中礼屯守护八角公约

八角是我屯村民主要的经济来源，关系到各家各户的生活条件，为了保护好我屯八角果林，增加我屯村民的经济收入，经召开群众大会讨论通过，特订以下公约：

一　本屯全体村民皆有齐心协力、共同维护好本屯八角果林的义务。如发现偷果者，不论本屯或外屯人，应齐心捉拿；如人力不足，要及时报告村民小组或召集本屯人员协助捉拿。

二　外屯人员到本屯偷果者，无论偷果多少，每人每次罚款300元以上，并没收偷得果，罚金与没收果由村民小组收管，奖给捉拿偷果者的有功人员。

三　本屯人员偷果者，经发现确实后，被偷果户有权到偷果者家果林自行或请人帮忙摘取八角果，偷果者偷果在5市斤以内的，被偷果户可摘取偷果者100市斤八角果，超过5斤的，每多1斤就加罚20斤。被偷果家需请人帮助摘果的，另罚偷果者负责帮工人员每人每日20斤八角果，作为误工费。

四　乱砍人家八角树、环砍环剥人家八角树根的，经发现确实后，受害者家有权到乱砍者家果林摘取八角果，作为赔偿，每砍 1 棵八角果，受害者可一次性摘取乱砍者 20 棵树的八角果。

本公约即日起生效，并长年有效，望全体村民协助执行。

礼茶村中礼村民小组

2001 年 5 月 15 日

二　民主选举

为了建设好中礼屯，该屯村民在共同制定《中礼屯村规民约》、《中礼屯守护八角公约》并严格执行的同时，中礼屯民主建设不断得到加强，村民充分发挥其民主选举的权利，如参加凭祥市、友谊镇和礼茶村的各项选举。

以下为 1999 年 11 月 28 日礼茶村参加凭祥市第十三届人民代表选举礼茶选区的具体情况。中礼屯作为礼茶村的重要组成部分，积极参加了选举。

礼茶选区分 5 个选民小组，5 个流动选箱同时进行。各组监票、计票人员数如下：板价，4 人；板茶，3 人；下礼、礼茶小学，共 3 人；坤隆、祖光，共 4 人；中礼、那岭，共 3 人。11 月 28 日10:35，中礼、那岭组投票完毕。投票结束之后，在礼茶村村委会办公室中，在监票人员的监督下，计票人员打开票箱，清点票数，总监票人员凌某向选举主持人报告投票情况。本次选举向选举工作组领取选票 1526 张，发出选票 1514 张，收回选票 1514 张，收回与发出的选票数相同。主持人宣布选举有效。计票人员开始进行统票（见表 2－1）。最后选出 3 名代表，于 14：00 将这次选举结果报告镇选举领导小组，再经市选委审核，张榜公布。其中当选人民代表的凌某为礼茶村中礼屯人，具体人选情况如表 2－2 所示。

表 2－1　1999 年 11 月 28 日礼茶选区选举投票结果

单位：人，张

选民人数	领到选票	发出选票	剩余选票	收回选票	有效票	弃权票	无效票
1526	1526	1514	12	1514	1512	23	2

表 2－2　凭祥市第十三届人民代表选举礼茶选区推荐代表候选人名单及选举结果

单位：张

姓名	性别	出生年月	民族	党派	学历	推荐单位	赞成票数	弃权票	备注
马某	男	1973. 12	壮	中共党员	大专	村党总支	—	—	
刘某	男	1952. 5	壮	中共党员	大专	市党委	1429	83	
刘某	男	1971. 7	壮	中共党员	初中	选民联名 市团委	—	—	
农某	女	1945. 3	壮	中共党员	初中	市妇联	—	—	
周某	男	1949. 8	壮	无	初中	选民联名	—	—	
周某	女	1950. 9	壮	无	小学	选民联名	1302	210	
凌某	男	1957. 12	壮	中共党员	高中	村党总支 选民联名	1424	88	
凌某	男	1955. 1	壮	中共党员	初中	村党总支 选民联名	—	—	
梁某	男	1938. 1	壮	中共党员	小学	选民联名	—	—	
曾某	男	1943. 11	壮	无	初中	选民联名	—	—	

注：表中按姓氏笔画顺序排列，只记录了当选人民代表的人员的票数。

三 法制建设

中礼屯是中越边界上的一个自然屯，20 世纪 80 年代以前饱受战争的侵扰。随着中国改革开放以及中越关系的逐渐友好、中越边贸的开放，中越边民互动频繁，普法、依法治理村屯工作显得更为必要。

近几年，中礼屯为了建设好村屯，为村民提供一个良好的生活环境，不断加强普法、依法治理工作，开展了诸如“平安村”建设、“无毒社区”建设、“文明村”建设等活动。同时，外出打工的人越来越多，村中大多是妇女、儿童、老人在家留守，这在一定程度上减少了斗殴、赌博的现象。

为做好普法、依法治理工作，2006 年中礼屯设置一名法制宣传员，由村民小组长李某担任。其主要工作目标是：通过深化法制宣传教育，努力使广大人民群众学法、知法、守法、用法的自觉性进一步增强，法制观念和法律素质普遍提高，为该屯创造一个良好的社会环境。中礼屯还以“五五”普法为主线，以各种活动形式为载体，开展普法宣传活动，大力向村民宣传《民法》、《刑法》、《婚姻登记条例》、《计划生育法》、《妇女与儿童权益保护法》、《选举法》、《村民自治法》等法律法规。同时，中礼屯还组织村民积极观看礼茶村村委会组织播放的普法宣传电影和法制宣传晚会。具体内容如下：

（一）“平安村”建设

2005 年，礼茶村开始“平安村”建设活动。由 7 名村委会干部实行分片包干开展平安建设活动，各屯均成立以村干、村民小组长、民兵骨干为主要队员的治安联防队。每逢重要节日，治安联防队都要加强治安巡逻防范，为全村的治安提供组织保障。同年，礼茶村被评为凭祥市平安村、崇左市铁路护路先进集体、首批自治区铁路护路安全村。

中礼屯作为礼茶村7个自然村之一，积极参加“平安村”建设活动，并于2005年12月2日组织村民签订《凭祥市建设“平安家庭”承诺书》（见图2－1）。全屯68户，签订承诺书的有65户，签订率为96%，平安家庭65户，达标率96%（见表2－3）。其中，3户被评为“遵纪守法光荣户”（见表2－4、图2－2），2户被评为“五好文明户”。

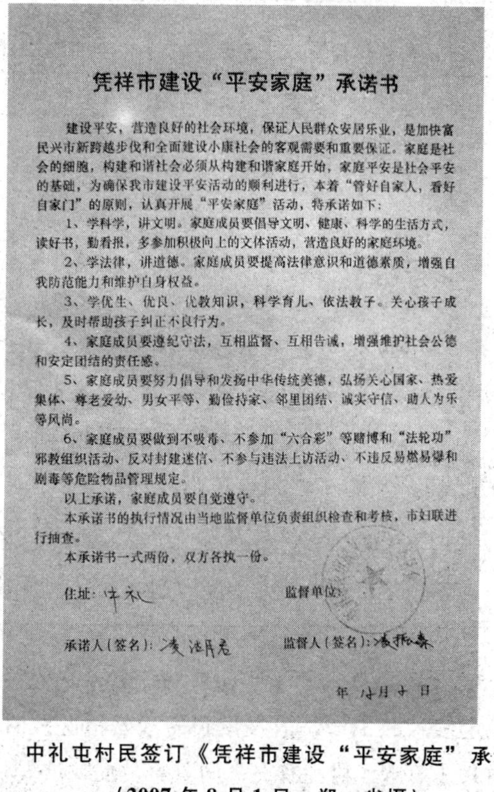

凭祥市建设“平安家庭”承诺书

建设平安，营造良好的社会环境，保证人民群众安居乐业，是加快富民兴市新跨越步伐和全面建设小康社会的客观需要和重要保证。家庭是社会的细胞，构建和谐社会必须从构建和谐家庭开始，家庭平安是社会平安的基础，为确保我市建设平安活动的顺利进行，本着“管好自家人，看好自家门”的原则，认真开展“平安家庭”活动，特承诺如下：

1、学科学，讲文明。家庭成员要倡导文明、健康、科学的生活方式，读好书，勤看报，多参加积极向上的文体活动，营造良好的家庭环境。

2、学法律，讲道德。家庭成员要提高法律意识和道德素质，增强自我防范能力和维护自身权益。

3、学优生、优良、优教知识，科学育儿、依法教子。关心孩子成长，及时帮助孩子纠正不良行为。

4、家庭成员要遵纪守法，互相监督、互相告诫，增强维护社会公德和安定团结的责任感。

5、家庭成员要努力倡导和发扬中华传统美德，弘扬关心国家、热爱集体、尊老爱幼、男女平等、勤俭持家、邻里团结、诚实守信、助人为乐等风尚。

6、家庭成员要做到不吸毒、不参加“六合彩”等赌博和“法轮功”邪教组织活动、反对封建迷信、不参与违法上访活动、不违反易燃易爆和剧毒等危险物品管理规定。

以上承诺，家庭成员要自觉遵守。

本承诺书的执行情况由当地监督单位负责组织检查和考核，市妇联进行抽查。

本承诺书一式两份，双方各执一份。

住址：中礼　　监督单位：

承诺人（签名）：　　监督人（签名）：

年　月　日

图2－1　中礼屯村民签订《凭祥市建设“平安家庭”承诺书》

（2007年8月1日　郑一省摄）

表 2-3　礼茶村签订“平安家庭”承诺书及平安家庭情况统计（2005 年 12 月 2 日）

单位：户，%

屯名	户数	签订承诺书	签订率	平安家庭户数	达标率
中礼	68	65	96	65	96
坤隆	104	100	96	100	96
祖光	21	21	100	21	100
那岭	25	25	100	25	100
下礼	128	122	95	122	95
板茶	87	85	98	85	85
板价	134	128	96	128	96
合计	567	546	96	546	96

表 2-4　礼茶村委会守法光荣户统计（2005 年 12 月）

姓名	性别	出生年月	民族	文化程度	文明户类别	所属村屯
曾　某	男	1972.9	壮	初中	守法光荣户	板价屯
黄　某	男	1965.7	壮	初中	守法光荣户	坤隆屯
梁某1	男	1956.5	壮	初中	守法光荣户	板茶屯
梁某2	男	1954.4	壮	初中	守法光荣户	板茶屯
凌某1	男	1972.7	壮	初中	守法光荣户	中礼屯
凌某2	男	1964.6	壮	高中	守法光荣户	中礼屯
周　某	男	1968.3	壮	初中	守法光荣户	中礼屯
苏　某	女	1966.3	壮	初中	守法光荣户	坤隆屯
张　某	男	1968.10	壮	初中	守法光荣户	那岭屯
刘某1	男	1968.6	壮	初中	守法光荣户	下礼屯
刘某2	男	1972.6	壮	初中	守法光荣户	下礼屯
龙　某	男	1956.2	壮	初中	守法光荣户	坤隆屯

中礼屯聘请维护稳定信息督察员一名，主要负责收集该屯维护稳定信息的工作，把收集到的治安情况及时向村委会汇报。同时还规定，村民有义务向督察员反映治安状况。

图 2-2　中礼屯“遵纪守法光荣户”牌（2007 年 8 月 6 日　郑一省摄）

2004 年 3 月，中礼屯村民小组参与签订了《友谊镇礼茶村 2004 年度社会治安综合治理目标管理责任状》和《友谊镇礼茶村 2004 年“安全文明”创建活动目标管理责任书》。

（二）“无毒社区”建设

中礼屯地处中越边界，贩毒、吸毒现象较为严重。基于此，中礼屯狠抓打击贩毒、吸毒工作，整顿村屯秩序。中礼屯村委会每年向村民发放宣传资料达 500 余份，2004 年 4 月，中礼屯村民签订了《凭祥市不让毒品进我家承诺书》（见图 2-3），签订承诺书的有 66 户，签订率 97%，无毒家庭 66 户，达标率 97%（见表 2-5）。同年，在“世界禁毒日”前后，该屯举办了两场以宣传禁毒、防拐防卖和预防艾滋病为主题的文艺互动晚会，还在国庆期间举办了“无毒社区杯”篮球赛。

目前，礼茶村登记在案的吸毒人员有 34 人。其中，中礼屯 1 人。此人于 2001 年 2 月开始吸毒，2003 年 11 月至 2004 年 5 月被强制戒毒。近几年没有新增吸毒人员。

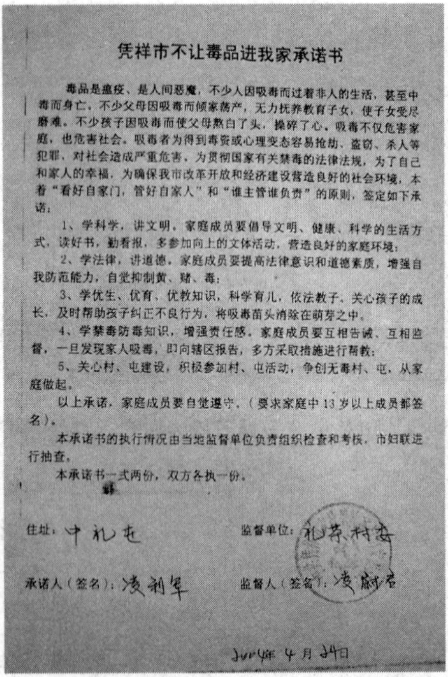

凭祥市不让毒品进我家承诺书

毒品是瘟疫、是人间恶魔，不少人因吸毒而过着非人的生活，甚至中毒而身亡。不少父母因吸毒而倾家荡产，无力抚养教育子女，使子女受尽磨难。不少孩子因吸毒而使父母熬白了头，操碎了心。吸毒不仅危害家庭，也危害社会。吸毒者为得到毒资或心理变态容易抢劫、盗窃、杀人等犯罪，对社会造成严重危害，为贯彻国家有关禁毒的法律法规，为了自己和家人的幸福，为确保我市改革开放和经济建设营造良好的社会环境，本着"看好自家门，管好自家人"和"谁主管谁负责"的原则，签定如下承诺：

1、学科学，讲文明。家庭成员要倡导文明、健康、科学的生活方式，读好书，勤看报，多参加向上的文体活动，营造良好的家庭环境；

2、学法律，讲道德。家庭成员要提高法律意识和道德素质，增强自我防范能力，自觉抑制黄、赌、毒；

3、学优生、优育、优教知识，科学育儿，依法教子。关心孩子的成长，及时帮助孩子纠正不良行为，将吸毒苗头消除在萌芽之中。

4、学禁毒防毒知识，增强责任感。家庭成员要互相告诫、互相监督，一旦发现家人吸毒，即向辖区报告，多方采取措施进行帮教；

5、关心村、屯建设，积极参加村、屯活动，争创无毒村、屯，从家庭做起。

以上承诺，家庭成员要自觉遵守。（要求家庭中13岁以上成员都签名）。

本承诺书的执行情况由当地监督单位负责组织检查和考核，市妇联进行抽查。

本承诺书一式两份，双方各执一份。

住址：中礼屯　　监督单位：礼茶村委

承诺人（签名）：　　监督人（签名）：

图2-3　中礼屯村民签订《凭祥市不让毒品进我家承诺书》

（2007年8月1日　郑一省摄）

表2-5　礼茶村签订"不让毒品进我家"承诺书及无毒家庭情况统计（2004年4月）

单位：户,%

屯　名	户数	签订承诺书	签订率	无毒家庭户数	达标率
中　礼	68	66	97	66	97
坤　隆	104	101	97	101	97
祖　光	21	21	100	21	100
那　岭	25	25	100	25	100
下　礼	128	120	94	120	94
板　茶	87	83	95	83	95
板　价	134	120	90	120	90
合　计	567	536	95	536	95

（三）防拐防卖宣传

礼茶村地处中越边界，中越边民互动频繁，这给一些人贩子提供了便利条件，甚至有些人贩子把一些边境村屯当做拐卖人口的通道，进行跨国拐卖。2004 年 4 月，友谊镇妇联与英国救助儿童会签订了项目合作协议书。同时，在凭祥市妇联、镇党委的指导与支持下，礼茶村针对现实情况，以中礼屯、坤隆屯共建青少年“互助之家”（地址在坤隆）为基础，进一步提高中礼屯、坤隆屯社区防拐意识及自我保护能力。

中礼屯还积极配合公安机关做好预防妇女、儿童、外出打工人员被拐、被骗的工作。表 2－6 为礼茶村 2006 年社会治安状况统计。

表 2－6　2006 年礼茶村社会治安状况民意测评统计
（参评人数 100 人）

单位：%

测评等级	所点比例	备注
满　　意	95	—
基本满意	5	—
不 满 意	0	—

第二节　基层组织建设

一　村民委员会

礼茶村村民委员会占地 120 平方米，位于 322 国道旁，靠近南友高速公路、湘桂铁路国际联运线。

礼茶村村民委员会原址在礼茶村的板价屯。2002 年，凭祥市政府开始加大边贸发展，征收此地，因此把位于板价屯的礼茶村村民委员会迁于此地（见图 2-4）。重建的最初方案是将村委会建于那岭屯内（322 国道通过那岭屯，便于办公），但那岭屯地窄，没有适合的地方，于是村委会收回靠近 322 国道分给中礼屯凌某的土地，赔偿其 350 元作为青苗费。礼茶村村民委员会虽地处中礼屯，但距那岭屯最近，只有一道之隔，因此现在大多数礼茶村村民认为该村民委员会建在那岭。

图 2-4　礼茶村村民委员会办公所在地（2007 年 8 月 6 日　郑一省摄）

村民委员会成员包括：村委主任（兼任礼茶村党总支书记）、文书、治调主任、妇代会主任各 1 名，村委副主任 2 名，分别管计生和经济工作。下辖 7 个村民自然小组，各设一名组长。设南疆青年图书室、会议室、接待室、治安办公室各一间。

二　党团组织

（一）礼茶村党总支部

礼茶村有一个党总支部，其党总支书记同时兼任村主任（中礼屯人）。党总支部下设6个自然屯党支部，各设一名党支部书记，全村共51名党员（见表2－7、表2－8）。

表2－7　2006年礼茶村党员中心户一览

单位：元

姓名	性别	出生年月	文化程度	入党时间	中心户类型	经营项目	年均纯收入	所在支部	备注
凌某	男	1965.7	初中	1998.7	种植中心户	西瓜种植	20000	中礼支部	
何某	女	1968.6	初中	2003.6	家庭养殖中心户	养猪	17000	板价支部	
周某	女	1977.1	初中	2000.8	劳务输出中心户	外出务工	12000	下礼支部	
李某	男	1956.7	初中	1999.11	种植中心户	种植八角、三华李、杉木等林果作物	13000	板茶支部	
农某	男	1955.9	初中	1994.6	种植中心户	八角种植、低产改造	20000	坤隆支部	
曾某	男	1969	初中	2004.6	家庭加工中心户	代销、酿酒、加工	18000	板价支部	

表 2-8 2006 年礼茶村把党员致富能手培养成村干部情况统计

单位：元

姓名	性别	出生年月	籍贯	民族	文化	职务	技术特长	致富门路	入党时间	所属村屯	年收入
农　某	男	1955.9	凭祥	壮	初中	党总支副书记 村委会副主任	八角低产改造 西瓜种植	种植	1994.6	坤　隆	12000
曾　某	男	1969.9	凭祥	壮	初中	村委会文书	代销、加工 养殖	代销、加工 养殖	2004.6	板　价	13000
李　某	男	1956.7	凭祥	壮	初中	村委治调主任	种植	种植	1999.11	板　茶	13000
凌某1	男	1976.7	凭祥	壮	高中	团总支部书记	经商	边贸生意	2000.12	坤　隆	8000
何　某	女	1968.6	凭祥	壮	初中	村妇代会主任	养殖	养殖	2003.6	板　价	13000
凌某2	男	1965.7	凭祥	壮	初中	党支部书记	西瓜种植	种植	1998.7	中　礼	12000
李　某	男	1969.8	凭祥	壮	初中	村民小组长	西瓜、芋头种植	种植	2003.6	中　礼	5000
梁　某	男	1952.5	凭祥	壮	初中	村民小组长	建筑、养蜂	建筑、养蜂	1997.11	坤　隆	7000
张　某	男	1960.4	凭祥	壮	高中	村民小组长	马蹄种植、运输	种植、运输	1999.11	那　岭	7500

礼茶村党总支部在友谊镇党委的正确领导下，认真按照创建“五个好”村党支部的要求，贯彻执行十六大精神和党在农村的各项路线、方针、政策，积极组织党员学习邓小平理论和“三个代表”重要思想，不断加强党总支班子建设和自然屯党支部建设，增强党组织的战斗力和凝聚力，充分发挥共产党员的先锋模范作用。

同时，礼茶村党总支带领全体村民加大农业产业结构调整，大力发展优质西瓜种植产业，组织劳务输出，群众生活水平不断提高。礼茶村党总支 2004 年、2005 年连续两年荣获凭祥市先进基层党组织称号，被自治区评为 2005 年度铁路护路安全村和 2006 年度铁路护路安全示范村等，充分发挥了党的基层组织在新农村建设中的先锋堡垒作用。

各村屯的党支部在党总支的领导及指导下，按照党的要求，积极创建具有特色的屯党支部。

（二）中礼屯党支部

礼茶村中礼屯有一个独立的自然屯党支部，有党员 12 名，占礼茶村全村党员的 24%；9 名入党积极分子，占礼茶村全村入党积极分子的 56%。中礼屯 1966 年发展出第一批党员。1996 年以前中礼屯还没有一个独立的党支部，当时全屯只有两名党员。从 1996 年中礼屯独立的党支部成立至今，已发展了 10 名党员。现在中礼屯党支部办公地点设在中礼屯的民族办公楼内。

2000～2003 年中礼屯党支部连续三年被友谊镇评为先进党支部，有两名共产党员被凭祥市授予优秀共产党员称号。党支部书记凌尉君获得凭祥市扶贫攻坚致富带头人光荣称号。

该屯有党员致富带头人2名（全村共6名），占礼茶村全村的33%；中礼屯党员致富能手2名（全村10名），占礼茶村全村的20%；在党员中培养出的致富能手有3名（全村16名），占礼茶村全村的19%；在党员致富能手中培养出的村委会干部有1名（全村5名），占礼茶村全村的20%。

2005年，礼茶村举办党员“两个带富”活动，中礼屯作为礼茶村党总支的一个重要组成部分也积极响应。中礼屯有3名党员率先加入这一活动，占全村参加这一活动党员总数的20%。在这3名党员的带领下，中礼屯的村民有199人加入，占礼茶村全村参加村民总数的46%。为促进整体经济的发展，中礼屯在“两个带富”活动基础上举办党员“一对一帮扶”活动。从2002年开始，随着产业结构的调整，中礼屯的党员开始走上了党群致富联合体的道路（见表2－9、表2－10）。

（三）团组织

礼茶村设一个团总支，有团总支部书记、组织委员、宣传委员、生活委员、文娱委员各1名；有团员32名，至2007年在团总支班子中共有党员3名。团总支下设6个团支部，各设1名团支部书记。中礼屯作为一个独立的团支部，有团支书1名、17名团员。2003年6月，贺州市团委捐赠3000元，建成中礼屯“共青团创业成才服务站”（见图2－5）。

（四）治安联防队

治安联防队是地方上为了维护当地治安而组建的旨在协助公安部门开展工作的常设组织，也经常被叫做联防队。2004年，礼茶村组建治安联防队，每逢重要节日，治安

表 2-9　2005 年礼茶村“两个带富”活动情况

单位：元，人

姓名	性别	出生年月	籍贯	民族	文化	职　务	入党时间	所在支部	年收入	致富项目	参与群众	带富项目	备注
凌某1	男	1965.7	凭祥	壮	初中	党支部书记	1998.7	中礼	12000	西瓜种植	114	西瓜种植	
李某1	男	1969.8	凭祥	壮	初中	村民小组长	2003.6	中礼	5000	西瓜、芋头种植	9	西瓜、芋头种植	
凌某2	男	1967.7	凭祥	壮	初中	—	2002.12	中礼	60000	边贸生意	76	组织村民参与边贸和到边贸点务工	
农某1	男	1955.9	凭祥	壮	初中	党总支副书记 村委会副主任	1994.6	坤隆	12000	八角低产改造 西瓜种植	175	八角低产改造 西瓜种植	
曾　某	男	1969.9	凭祥	壮	初中	村委会文书	2004.6	板价	13000	代销、加工养殖	5	养　猪	
李　某	男	1956.7	凭祥	壮	初中	村委治调主任	1999.11	板茶	13000	种　植	8	种植林果	
凌某3	男	1976.7	凭祥	壮	高中	团总支部书记	2000.12	坤隆	8000	经　商	4	—	
何　某	女	1968.6	凭祥	壮	初中	村妇代会主任	2003.6	板价	13000	养　殖	5	养　殖	
梁　某	男	1952.5	凭祥	壮	初中	村民小组长	1997.11	坤隆	7000	建筑、养蜂	13	建　筑	
张　某	男	1960.4	凭祥	壮	高中	村民小组长	1999.11	那岭	7500	马蹄种植、运输	3	马蹄种植	
周某1	女	1977.10	凭祥	壮	初中	—	1998.7	下礼	7000	劳务输出	9	引导劳务输出	
周某2	男	1979.12	凭祥	壮	初中	—	2000.8	下礼	6500	劳务输出	6	引导劳务输出	
李某2	女	1960.12	凭祥	壮	初中	—	2001.6	板价	6000	养殖	3	养　殖	
农某2	女	1979.8	凭祥	壮	初中	—	2002.12	坤隆	5000	养殖	2	—	
李某3	男	1980.8	凭祥	壮	高中	—	2002.12	板茶	5400	种养	3	种　养	

表 2－10　2005 年礼茶村党群致富联合体调查

项目	户数（户）	人数（人）	党员（人）	规模（亩）	收入情况（元）	备注
中礼金皇后西瓜示范基地	37	114	4	120	60 万	
那岭马蹄种植示范基地	6	21	2	50	16 万	
坤隆八角低产改造示范基地	70	175	9	500	140 万	
板价白龙游泳池	63	63	5	50 万	20 万/年	
中礼甘蔗种植示范基地（2006 年初种植）	53	97	4	100		

图 2－5　中礼屯“共青团创业成才服务站”牌

（2007 年 7 月 31 日　郑一省摄）

联防队都要加强治安巡逻防范工作，为全村的治安提供组织保障。2005 年，为了做好礼茶村社会治安联防工作，为村民创造一个良好的社会环境，2005 年 7 月 20 日，礼茶村村民委员会调整礼茶村治安联防队成员，设队长 1 名，副队长 1 名，队员 11 名。中礼屯有 2 人参加。治安联防队的组建加强了礼茶村各屯的安全状况。

第三章　经济发展

第一节　经济概况

礼茶村中礼屯世代以农业及林业为生。传统的农业种植以种植水稻为主，有水田 115 亩、旱田 21 亩，种植有木薯、玉米、花生、黄豆等经济作物。林业主要种植八角，林业面积 1116 亩，其中八角树面积有 678 亩，同时兼种龙眼、柿子等果树。

20 世纪 80～90 年代中礼屯主要经济来源为八角果。至 2006 年末，八角果产量最高的是 2001 年，收获 125 万斤。中礼屯位于南宁—友谊关 322 国道旁，交通便利，靠近浦寨、弄怀、弄尧三个边贸点，随着凭祥市中越边境边贸市场的开放，少数人到边贸市场及外市打工。但由于八角果的市场价格逐年下降，八角果的收入逐渐减少，20 世纪 90 年代末外出打工的人逐渐增多，劳动输出成为中礼屯又一主要经济来源。

在凭祥市政府及友谊镇政府的扶持帮助下，中礼屯村民的生计方式变得日益多元化，产业结构也随之发生了变化。2002 年，中礼屯引进马蹄、“金皇后”特色西瓜等致富项目，建立了种植示范基地。2003 年，中礼屯被凭祥市民族局作为“胡志明足迹游”旅游点加以建设。2006年，中礼屯引进甘蔗种植技术，建立了甘蔗种植示范基地，目前有甘蔗地100亩。中礼屯村民生活水平逐渐提高。2007年，该屯有摩托车25辆，农用运输车2辆，彩电61台，小型耕机29台，几乎家家有一部手机。

随着生活水平的提高，各项基本设施逐渐完善，2003年中礼屯建成人畜饮水工程，2004年修建了投资11万的100立方米的蓄水池，2005年修建了三面光水利渠道。这解决了村民饮水、灌溉田地的困难。2005年8月，“村村通”广播电视工程启动，2006年11月完成，中礼屯因而建立了有线电视网络。

一 农业种植

中礼屯田地很少，水田115亩，平均年产量为500公斤左右；旱地21亩，平均年产量为300公斤左右。因中礼屯田地少，人均耕地约0.4亩，生产的农作物大多自己食用，几乎不卖。中礼屯的农作物主要有水稻、玉米、木薯、绿豆、花生等。每家只有1~2分蔬菜地，春季主要种植豆角、西红柿、茄子等蔬菜，7月后主要种植白菜。在自家产的蔬菜不够吃的情况下，中礼屯村民大多到凭祥市买菜，一般是在圩日的时候到凭祥市赶圩，凭祥市区的圩日为每月农历三、六、九日。

农业种植主要有水稻、玉米、木薯等。生产工具主要有锄头、犁头、耙、镰刀、小型打谷机、大型打谷机、小型耕机（小金牛）（见图3-1）、谷桶、碎米机、扁担、箩筐、砍山刀等10多种。

图3－1 小型耕机（小金牛）（2007年8月5日 郑一省摄）

（一）水稻种植

主要水稻品种有特优63、特优838、特优21838等杂交水稻良种。

主要犁田用具有水牛、小型耕机。目前中礼屯几乎都用小型耕机犁田，全屯小型耕机有29台，大多为几家共用一台，并在农忙时协作工作。少数用水牛犁田（见图3－2），主要是因为部分水田面积太小，不适合小型耕机犁田。

主要病灾有稻飞虱、稻瘿蚊、水稻纹枯病。

稻飞虱：昆虫纲同翅目（Homoptera）飞虱科（Delphacidae）害虫，俗名火蠓虫，以刺吸植株汁液危害水稻等作物。常见种类有褐飞虱（Nilaparvata lugens）、白背飞虱（Sogatella furcifera）两种。（1）危害症状：飞虱以成虫和若虫在稻丛基部刺吸汁液，分泌的唾液使水稻中毒萎缩，危害严重时水稻呈点、片枯黄，倒伏，而形成飞虱穿顶，俗称“黄塘”。此外，稻

图 3－2　用水牛犁田（2007 年 7 月 26 日　郑一省摄）

飞虱还可传播水稻矮缩病和条纹叶枯病、小麦丛矮病和玉米矮缩病。稻飞虱一般 3 月下旬、5 月上旬开始在稻田出现；6 月上旬至 7 月中旬是稻飞虱主要的危害时段。(2) 防治方法主要有三种。其一为农业防治。农业防治指的是加强田间管理，做到科学用水，适时露晒田，合理施肥等，以促进水稻正常生长，抑制稻飞虱的生长繁殖。其二为保护利用天敌，在农业防治基础上科学用药，避免过量杀伤天敌。其三为化学防治，首先选用大功巨。使用方法是每亩使用 10% 大功巨可湿性粉剂 10～20 克或 25% 扑虱灵可湿粉剂 25 克冲水、50 斤喷雾。

稻瘿蚊：双翅目，瘿蚊科，别名稻瘿蝇。(1) 危害特点：幼虫吸食水稻生长点汁液，致受害稻苗基部膨大，随后心叶停止生长且由叶鞘部伸长形成淡绿色中空的葱管，葱管向外伸，形成“标葱”。水稻从秧苗到幼穗形成期均可受害，受害重的不能抽穗，几乎都形成“标葱”或扭曲不能结实。稻瘿蚊一年可出生 7～9 个重叠世代，在田边、沟边等处的游草、再生稻、李氏禾等杂草上越冬。越冬成虫最早在4月上旬出现。一般第二代幼虫危害早稻田的无效分渠。第三、第四代危害晚稻秧田和中稻本田，第五、第六代危害晚稻本田。其中第四、第五代分别危害晚稻秧田和本田。（2）防治方法：采用“抓秧田，保本田，控为害，把三关，重点防住主害代”的系统治理方法。化学防治方法为在秧苗（见图3－3）起针线青时，本田插秧后3～5天，每亩使用益舒宝1.25公斤，或米尔乐1.25公斤，或甲基异柳磷4公斤，拌细土15公斤，均匀撒施。施药时，秧田和本田都要留浅薄水层，7天内不排不灌，待水层自然落干后再灌入新水。

图3－3　插秧前的禾苗（2007年8月6日　郑一省摄）

水稻纹枯病：又称云纹病，俗称花脚秆、烂脚秆，是由立枯丝核菌侵染引起的一种真菌病害。一般在水稻分蘖期开始发病，最初在近水面的叶鞘上出现水渍状椭圆形斑，以后病斑增多，常互相愈合成为不规则的云纹状斑，其边缘为褐色，中部灰绿色或淡褐色。叶片上的症状和叶鞘上的基本相同。病害由下向上扩展，严重时可上剑叶，甚至造成穗部发病，大片倒伏。一般从分蘖期开始发病，孕穗期前后达到最高峰，乳熟期后开始下降。该病流行时间：上半年发病始期一般为5月上中旬，流行期为6月中下旬；下半年发病始期为8月中下旬，流行期为9月中旬。防治方法：加强栽培管理。在供水条件好的地方，要做到浅水勤灌，适时晒田，孕穗以后干干湿湿。在施肥方面，做到底肥足，追肥早，不偏施。合理密植，降低田间湿度。适时喷药，目前首选药剂为井岗霉素水剂150毫升或10%粉剂50克冲水、50公斤喷雾，重病田如需喷药两次，则间隔期为7～10天。

水利工程：2005年2月中旬至3月底，中礼屯投入资金1.2万元、劳动力300多人修建了长500米的三面光水利渠道，解决中礼屯、那岭屯约100亩水田的灌溉问题。

播种时间：水稻一年两熟。早稻一般在5月10日以前插秧完毕，7月底8月初收割，晚稻一般在8月25日前插秧完毕，10月底收割。每年锄草两次。

播种方式：2003年之前和2007年采用传统的播种方式。传统的种植方式主要是犁田（见图3－4）后再插秧（见图3－5）。2003～2006年在凭祥市农业局的指导下，中礼屯采用了水稻免耕抛秧技术。水稻免耕抛秧是指在收获上一季作物后未经任何翻耕犁耙的稻田，先使用除草剂灭除杂草植株和落谷幼苗，催枯稻桩或绿肥作物后，灌水并施肥沤田，待水层自然落干或排浅水后，将塑盘秧抛栽到大田中的一项新的水稻耕作栽培技术。它具有省工节本、简便易行、提高劳动生产率、缓和季节矛盾、减少水土流失、保护土壤的优点。中礼屯采用水稻免耕抛秧三年后发现，用过免耕抛秧的水田肥力下降，已不再适用此技术，2007 年，大多数村民恢复了传统种植。

图 3－4　犁田（2007 年 8 月 6 日　郑一省摄）

图 3－5　插秧（2007 年 8 月 6 日　郑一省摄）

收割：在收割时，如人手不够，一般会雇人，每人每天30元，并提供中饭和晚饭。割稻时用自制的镰刀（见图3-6），在稻秧的中部割断稻秆并捆成小捆（见图3-7）。稻

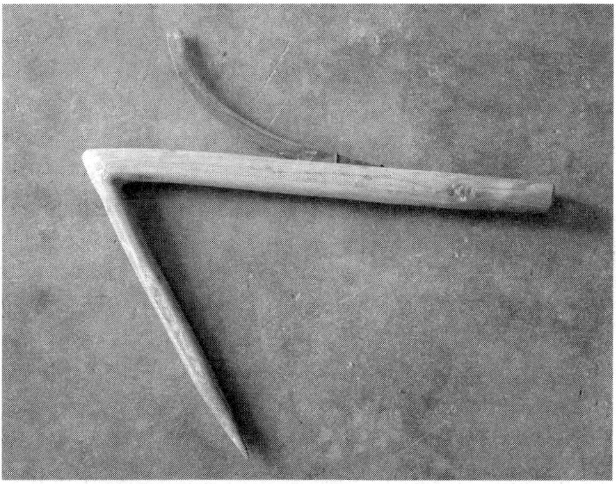

图3-6　自制的镰刀（2007年8月5日　郑一省摄）

图3-7　收割（2007年8月5日　郑一省摄）

根会在下一次的犁田过程中被翻在地里，并作为该田的有效肥料。在收割完水稻后，一般将收割的水稻堆放在地头的路上，方便打谷。水田多的农户一般雇人用大型打谷机打谷；水田少的农户一般用小型打谷机打谷（见图3－8、图3－9）。之后用拖拉机、摩托车或人扛的方式运回家。脱谷后的稻秆堆积在路旁用火焚烧（见图3－10）。

图3－8 打稻谷（2007年8月5日 郑一省摄）

晒谷：晴天家家户户会将其稻谷铺到晒谷场（即中礼屯篮球场）（见图3－11）、322国道或自家房顶（钢筋水泥结构的房子，一般房子顶部为平台，专为晾晒之用）上晾晒。但晒谷时各户都会留人在家看守，以防变天下雨。

（二）玉米种植

中礼屯种植的玉米品种为桂单26、桂单22杂交玉米，一年两熟。春玉米在春节前后播种，7月初收割；秋玉米在9

图 3－9　小型打谷机（2007 年 8 月 5 日　郑一省摄）

图 3－10　焚烧脱谷后的稻秆（2007 年 8 月 5 日　郑一省摄）

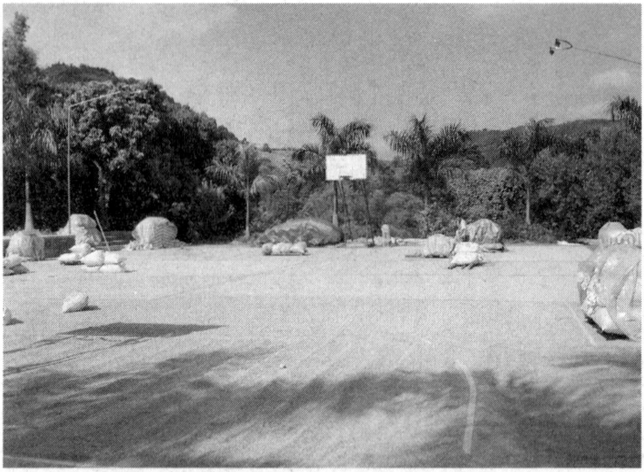

图 3-11 晒谷场（2007 年 8 月 6 日 郑一省摄）

月初播种，12 月末左右收割。播种的方式为点种，主要的肥料是尿素。播种后一般培土两次，亩均产量为 190 公斤左右。中礼屯的旱地很少，种植的玉米数量也少，一般只用来喂养鸡、鸭等家禽或猪，几乎不到市场上卖。收获完玉米后，用脱粒机脱粒，种植得很少的人家也有用手工脱粒的。脱粒后村民在晴天会把它们铺到晒谷场、322 国道或者自家的房顶上晒干。

（三）木薯种植

中礼屯种植的木薯品种近年来主要是“木薯王”。其种植方式大多是一犁一耙或两犁一耙，耕深 25 厘米以上，种植沟约深 25 厘米、宽 20 厘米。木薯一般在 2 月下旬至 3 月上、中旬种植，每亩 400~450 株，亩均产量 25~30 公斤。一般都施农家肥 1000 公斤或者复合肥 30 公斤。种后 20 天左右开始查苗，50 天左右进行间苗。30~50天后，结合中耕松土，每亩施尿素15～20公斤；70～100天后，结合中耕松土，每亩施氯化钾20公斤、复合肥10公斤。木薯害虫较少、较轻，主要是地老虎（俗称土蚕、切根虫、夜盗虫，以幼虫危害为主，在中国分布很广，以老熟幼虫或蛹越冬）。其主要防治方法：用甲基异柳磷或甲胺磷拌毒饵诱杀。中礼屯的木薯种植不多，大多在坡地种植。农业种植综合情况如表3－1、表3－2所示。

表3－1　农业耕作技术情况

单位：次，斤

产品种类	播种时间	主要工具	肥料	培土次数	除草次数	遭受虫害	防虫方法	收获时间	亩均产量
水稻	春：5月10日前；秋：8月25日前	铁牛、水牛	—	—	2	稻飞虱、稻瘿蚊、水稻纹枯病	农业防治、化学防治等	春：7月底8月初；秋：10月底	550
玉米	春：春节前后	点种	尿素	2	—	—	—	春：7月初；秋：9月初	380
木薯	2月下旬至3月上、中旬		施尿素、复合肥、农家肥	—	—	地老虎	甲基异柳磷或甲胺磷拌毒饵诱杀	130	—

表3－2　农事历

一月	二月	三月	四月	五月	六月	七月	八月	九月	十月	十一月	十二月
整地	整地	种植玉米等	培土	管理	收割玉米	插秧	种植豆类	收割水稻、黄豆等	种植白菜、青菜等蔬菜	整地	整地

二　林业种植

中礼屯林业面积 1116 亩，其中八角树面积 678 亩，是该屯的主要经济支柱；同时该屯盛产龙眼、柿子、沙梨等水果，但水果大多自家食用，不作为经济来源。下面主要介绍八角林的相关情况。

八角为常绿乔木，又称茴香，是一种投资少、收益长、收获大的经济树种。它不耐干旱，耐阴，喜欢生于冬暖夏凉的山区气候环境。八角树的经济价值高，用途广泛。它的果、皮含油量达 5% ~6%，种子含油量达 17% ~27%，叶子含油量达 0.7% ~0.95%（均以鲜料计），是优良的调味佳品。它在医学上作祛风、健胃、祛痰、止咳之用，外用可治癣、杀虱、驱蚊等。它又是主要化工原料之一，木质细轻，不爆裂，是家具和细木工用材。以下为八角树种植及防护的介绍。

八角树一般是春植（每年 2 ~4 月）为宜，株行距3 ~4 米，每亩 42 ~74 株。

种树后要防止干旱，防积水，并覆盖树盘，防止水土流失，保持湿润，提高成活率。施催苗肥，在萌芽、展叶、老熟三个阶段各施一次水肥，30% 的腐熟人畜粪便或 0.3% 的尿素液，每株 6 ~8 公斤，同时要做好补种工作。幼树管理主要分为土壤管理、肥水管理和整形修剪。幼林施肥，每年 2 月、5 月各施一次氮肥（尿素），干旱时开水淋施；每年 10 ~12 月施一次八角专用肥，每株施 1 公斤。成林施肥，主要选取适当 N、P、K 配方，外加微量元素及有机质，生成八角专用肥。每株施用 2 公斤，视树大小适当增减，大约在 5 ~6 月施一次，次年 1 ~2 月施一次。施肥方法主要是在树冠投影上方开长 1.5 米、深 20 厘米的弧状沟，将肥均匀撒入，用脚踩实。

挂果树管理分土壤管理、合理施肥、修剪、密林疏伐和保花保果等步骤。

防治病虫害：主要病虫害为八角黑斑病、炭疽病、白灼病、煤烟病、八角尺蠖、金花虫。

八角黑斑病：该病属真菌病害。其症状表现为：叶、叶柄、嫩枝、花梗均可受害，但主要危害叶片。发病初期，呈褐色放射性状病斑，边缘明显，直径为 5～10 毫米，斑上有黑色小点，严重时叶片早期枯萎脱落，影响生长，如不采取防治措施，发展下去全株枯死。防治办法有四种。其一，秋冬季剪除病枝病叶，清除地下落叶及残枝，集中烧毁以减少病源。其二，选用抗病品种。中礼屯以柔枝红花八角、柔枝淡红花八角、普通红花八角、普通淡红花八角等较为优良，适宜大力推广。其三，保持适当密度。以采果为主的八角林，亩保留 27～42 株为宜。加强抚育，增强树势，提高抗病能力；适当修枝，增强透光通风，注意排水，降低湿度。其四，以防为主，发病前喷施 50% 多菌灵可湿性粉剂 500～1000 倍液，或 70% 甲基托布津 1000 倍液，或 75% 百菌清 1000 倍液，或 80% 代森锌 500 倍液，7～10 天喷 1 次，共 2～3 次。

炭疽病：该病危害八角叶、果、枝，受害叶、果、枝初期出现水渍状褐色斑。开始，叶片边缘变黄变褐，后逐渐扩展形成褐色外斑。一般春天开始发病，2～12 月均可发生危害。防治时先除病株残体，病害发生期可喷 1∶1∶200 的波尔多液防治。

白灼病：该病是由果树暴晒于强光下所引起。防治时，一是搞好庇荫工作；二是对有害部位及时修剪涂封，防止白蚁危害；三是在树干上涂刷石灰浆，以反射部分白光，减轻危害。

煤烟病：由真菌引起，随介壳虫、蚜虫、粉虱等害虫而发生，在叶面上形成一层黑色煤烟状物，影响八角质量、产量。每年3～6月和9～11月是发病高峰期。防治措施：合理施肥，增强抗病能力；40%的乐果混合1000～2000倍水喷杀，轻病区采用0.3～0.5波美度的石硫合剂，每15天喷一次，直至高峰期过后为止。

八角尺蠖：幼虫食害八角叶、花、幼果，大发生时害虫会将全树叶片吃光，使八角减产，若连年危害，则造成八角植株死亡。广西八角产区均有八角尺蠖分布。防治办法为90%的敌百虫混合1000倍的水或马拉松混合1000倍的水喷杀，用苏云金杆菌粉炮防治效果更佳。

金花虫：成虫、幼虫均咬食八角嫩蕊嫩叶，危害较轻时会将树叶咬得破碎，严重时会吃光全部叶片及嫩枝，甚至引起整株死亡。防治方法：结合抚管进行铲草、松土、刮地表土等消灭虫蛹，冬季修枝摘除卵块，用乐果药液喷杀，杀虫率达85%，用“621”烟剂喷杀以及白僵菌粉炮效果都很好。

中礼屯在1986年11月开始按人头分八角树，按每人20株的标准分配，至1987年9月分配完毕。至今原各户所得的八角树没有变更。根据田地少、坡地多这一实际情况，中礼屯又鼓励村民大力开发荒山，从而使每户的八角树数量不断增加。

据统计，小八角树每棵约产八角果10斤，中等八角树每棵约产八角果100斤，大八角树每棵约产八角果200斤。

1986年，该屯产八角果250担，1993年产9500公斤，1995年产8000公斤，1999年产20吨。至2006年，产量最高的是2001年，收获123万斤。

从国内外市场需求看，八角一直是非常畅销的紧俏商品，长期供不应求。自20世纪80年代中期“八角热”后，八角价格呈上涨趋势，至90年代中期升至一个高位。20世纪90年代末由于受东南亚金融危机的影响，八角价格下挫，近年价格虽有回升，但并没有达到果农的理想价格（见表3－3）。

表3－3　20世纪90年代崇左市八角果市场价格

单位：元/公斤

商品	1990年	1992年	1994年	1996年	1998年	2000年
八角	6.00	13.00	27.00	16.00	16.00	25.00～28.00

由于近两年广西八角产量不断增加，价格连年下跌，市场低迷。目前新鲜春八角农户收购价一般在0.7元/斤，干八角因品种、质量及干度的不同，市场销售价格在2.5元/斤～4元/斤不等，这与2001年30元/斤～40元/斤的八角销售价格相比，已有了天壤之别。

中礼屯销售八角主要以私人收购或到市场零售为主，近几年价格下跌，影响到该村的八角采摘及销售。中礼屯村民大部分已不再单纯以采摘八角为生，在八角果成熟季节，有的人家已不像以前那样热衷摘八角果，从而导致部分八角果无人采摘。

三　养殖业与畜牧业的发展

（一）养殖业

中礼屯的养殖业一向被作为副业。该屯主要养殖鸡、鸭，每家养鸡10~30只不等，但主要是自家吃，不拿到市场上交易。目前，屯中约有1100只鸡、150只鸭，鸭的种类主要是西洋鸭。该屯有10户村民养猪，约50头。村民养猪主要是拿到市场上卖钱。在过去，因为没有冰箱，村民要把猪肉做成腊肉；现在，随着经济的发展、收入的提高，冰箱逐渐普及，猪肉可到凭祥市场购买。其余村民现在已不再养猪，一是多数村民外出打工，留守在家的人没有时间照看；二是中礼屯住地狭小，家家相连，没有多余的地方养猪（见表3-4、表3-5）。

表3-4 中礼屯1984年养殖情况

单位：头，只

	猪年末存栏数	其中			其中		鸡、鸭存栏	
		能繁殖的母猪	两个月以下的小猪		售给国家	自宰	鸡	鸭
礼茶村	657	5	295	225	17	208	2840	3000
中礼	60	—	40	15	5	10	400	600

表3-5 中礼屯20世纪90年代养殖情况

单位：头，只

年份	猪					鸡		鸭	
	合计	年末存栏数			全年出栏数	年末存栏只数	全年出栏只数	年末存栏只数	全年出栏只数
		合计	在合计数中						
			能繁殖母猪	不满两个月小猪					
1991	53	13	3	10	40	400	200	500	250
1993	94	54	3	18	40	845	423	45	50
1995	116	80	2	12	56	600	300	300	500
1997	115	81	2	13	57	600	300	300	500
1999	158	66	2	15	92	2093	1045	255	300

（二）畜牧业

中礼屯的畜牧业一向被村民作为副业。该屯在没有小型耕机（小金牛）时，几乎家家养水牛，大多用来犁田。目前，中礼屯大多数村民用小型耕机犁田，少数用水牛犁田。有6户养水牛，共22头，村民大多在闲暇时到山里放牛（见表3－6）。

表3－6 中礼屯20世纪90年代养水牛情况

单位：头

年份	水牛			
	年末存栏头数	其中		
		能耕	能繁殖母牛	当年出生牛仔
1991	83	40	38	5
1993	135	97	15	5
1995	57	40	32	8
1997	48	31	30	12
1999	37	20	17	4

四 产业结构的调整

随着经济的发展、眼界的开阔，中礼屯不断引进新技术，调整产业结构。2002年，中礼屯引进马蹄、“金皇后”特色西瓜等致富项目，建立了种植示范基地。2006年，中礼屯引进甘蔗种植技术，建立了甘蔗种植示范基地。

（一）马蹄

马蹄又名荸荠，属莎草科荸荠属，丛性多年生水生草本植物，其地下茎呈球状，皮呈赤红褐色，肉白色，皮脆味甜，汁多爽口。一般每亩产 1000～1250 公斤。中礼屯目前主要种植的品种有“桂林马蹄”、“闽侯尾梨”等，属早中熟品种，株高90～105厘米。单个球茎重量达18～20克。

（二）特色西瓜“金皇后”

“金皇后”金皮红肉西瓜品种，夏秋收获，外观十分秀丽，果重 2.5 公斤左右，肉红、质嫩、汁多，含糖 14～16 度；果实呈长椭圆形，外观可爱；抗病丰产。中礼屯村支部书记凌尉君在到西瓜产地——海南等地考察后，1998 年在山坡上种下了屯里的第一片 10 亩西瓜。当年首试告捷后，他又在旱地里引入“黄美人”、“金皇后”等特色西瓜种植，西瓜上市价格为 3 元/公斤～4 元/公斤，每亩获利 5000 元。凌尉君又带动 6 户村民承包了几十亩水田种西瓜，并毫无保留地传授经验。6 个“串联户”年均收入由过去的五六百元蹿到了一千元。但由于技术的缺欠，投资过多，收不回成本，管理又不到位，部分人已经不再种植“金皇后”了。

（三）甘蔗

中礼屯目前有甘蔗地 130 亩，于 2006 年开始种植。种植甘蔗的过程分为以下几个步骤：

整地：先犁遍蔗地，然后再耙碎耙平。下种前，结合施放基肥，每亩施放 3% 的呋喃丹 6～8 斤或特丁磷 6～8 斤，防地下虫危害种苗，确保发芽率。

下种：用双行品字形或双行摆种，蔗芽向两侧平摆。亩用种苗约 1400 斤，每米下种芽数要保证达10～12个有效芽。下种后用碎泥覆盖一寸左右。

开排水沟：水田种甘蔗的，在蔗田周围开通排水沟，田块较大的还要开十字沟，确保蔗田雨后不积水，防止蔗种浸坏变质影响萌芽率。

锄草：甘蔗种植后1～2天，需进行地面封草处理，即亩用40%的阿特拉津150～200克，兑水50～60公斤喷雾后地面防杂草。

苗期管理：种后加强蔗田的管理，一要防蔗田积水，二要防人畜践踏。甘蔗齐苗3～5叶后要及时进行锄草施肥，以促进蔗苗健康生长。蔗苗开始分蘖时，每亩用高效杀虫剂全面喷杀一次，防止苗期螟虫危害。

（四）旅游业的发展

中礼屯是革命老区，1925年越南青年革命同志会凭祥联络站设在中礼屯凌云家里，名为“中礼屯凌家联络站”，在20世纪30～40年代，当时越南领导人胡志明过境活动曾多次来中礼屯落脚，目前中礼屯还保存着胡志明来中礼屯落脚时居住的茅草房，并将其作为“胡志明足迹游”旅游线路的一个旅游点加以建设。

五　对外贸易及劳动输出

（一）对外贸易的历史与现状

1. 对外贸易的历史

中礼屯对外贸易历史虽然没有留下具体的文字材料，但可以从凭祥市的对外贸易发展情况及其中礼屯周边村寨的对外贸易发展情况来了解中礼屯的贸易历史。

据《凭祥市志》载，边境小额贸易始于清同治至光绪年间，边境群众就开始以火柴、陶瓷、碗碟、成药、八角、香信、木耳、煤油、万金油、烧酒以及从国外流入的一些日用小百货，在边缘的弄怀、弄尧、渠历、板绢、山子、米七、油隘、浦寨、下阳等村屯，同越南边民进行交易。有的以货换货，如一斤八角换两盒虎标万金油，有的用铜仙、铜钱、毫银等货币进行交易。凡屋处松树下、屋内、路边，都成为边民商贩洽谈买卖的场所，那时这些场所尚未成为集市。

清光绪十一年（1885 年）中法战争结束，苏元春为戍边安民，移民护边，在驻地拦岗闸（即隘口）建房造圩，鼓励边民聚居经商。来隘口赶圩的群众，每人次赏赐铜钱五枚，免费施粥或米粉一碗，招引边民群众。战争流落的散兵游勇，串村走屯的货郎担，无家可归的外来游民，也收留安置在隘口定居。随后外地一些群众，亦感于边境生意好做，谋生容易，慕名前来隘口落户，成家立业，世代繁衍。久而久之，隘口便成为百多户居民的固定圩镇，中越边民、商贩逐渐集中在隘口街做买卖，商业日趋活跃，形成最早的边境贸易市场。

隘口成街不久，当地黄姓人家，又在距隘口约 2 公里、中越边民往来便道的荒山上，搭建房屋六七间，开设酒坊杂货店，人称风流街。除供驻防官兵假日喝酒玩乐外，主要方便越南商贩夜间往来贩运烧酒，以逃禁偷税。每日到风流街贩运烧酒杂货的越南边民有二三十人次，日售烧酒 1000 余斤。接着，当地居民米十一又在距镇南关不远的便道附近搭建房屋，号称新街，同样私蒸烧酒，卖杂货，有时还搭台唱戏，招引顾客。清宣统至民国初年，中越边民商贩往来经商人次逐日增多，出境商贩先在隘口住宿一夜，次日凌晨出境，在越南同登等集市做完买卖后赶回隘口过夜，然后将货物运销内地，不需在越南境内滞留，进出国境以隘口作为起止站甚为方便。走私烟帮，经常从云南、贵州贩运鸦片入广西，取道靖西、大新、雷平、龙州至隘口集结成帮，雇请挑夫三五十人不等，肩挑背负，武装押运，经关前隘、龙门关出越南，运销同登、彭家、谅出、太原、河内各地。市场上供出口的商品有点梅纱、金丝绒、阴丹士林布、白扣布、元贡布、双妹花露水、虎标万金油、八封丹、火柴、肥皂、烧酒等。从越南运入中国境内的是八角、桂皮、砂仁、巴戟、甘草、蛇类等山货，也有零星日用品洋货流入，每日赶圩边民都有三五百人次，圩期多达一千数百人次。每圩交易额约 8000 银元，以货换货甚少。越南被法国占领后，在市场流通的货币以法光、法纸为主，14 年后亦有桂钞流通。

20 世纪 30 年代，龙（州）镇（南关）公路修筑通车，外地较大商客到隘口设店购销货物，用汽车运到龙州，再以轮船从左江运销内地。隘口街进一步兴旺繁荣，居民将茅房略加修饰，即挂起招牌营业。四生隆、麦时和、春发、陶华昌、李茂昌、李三记等商号，先后应时开业，经营纱布、百货、药材、酒坊等。桃源酒家、扬子江酒家、冠生园、南方等茶楼酒店相继开业。

中华人民共和国成立前，边民商贩的贸易往来，没有受到什么限制，中国边民可以直达越南的高平、七溪、同登、谅山等地经商。同样，越南边民也可直达中国龙州、凭祥等地经商，贩运货物。为追逐利润，越南客商除赶隘口街外，到凭祥赶圩的也为数不少。

1938 年，南宁至镇南关公路线上，军运车辆夜以继日地从越南抢运货物经凭祥驶向内地。凭祥原来是仅有 1000 多人口的城镇，人口骤然成倍增加，生活日用品供不应求，数以百计的商贩涌向越南及内地采购香烟、洋油、汽水、糖果、百货日用品。越南边民也纷纷涌到凭祥赶街贩卖商品。凭祥的狭窄街道，圩日熙熙攘攘，人流滚滚。

1939 年 12 月，日本侵略军为了切断中越国际交通线，入侵凭祥。次年夏天，侵越日军再次入侵凭祥。1944 年，日军又一次占领凭祥，边贸市场遂陷入瘫痪。

抗日战争胜利后，隘口边贸市场很快恢复，上市货物品种数量都有所增加，除八角、砂仁、香信、木耳等原品种外，名贵中药材如血竭、牛黄、海龙、海马、珍珠等，从越南进入中国边贸市场。出口商品除纱布、成药、陶瓷器等日用杂品外，还有电筒、电池、缝车针等五金百货也进入市场大量成交，市场活跃，进出口额比战前增加 30% 以上。

中华人民共和国成立后，1950 年 4 月，龙州专署贸易公司在凭祥设贸易购销组。1952 年 7 月，增加隘口购销组。两组各配干部 6～8 人，除参与市场购销外，曾多次与越南解放区经济组洽谈生意，按照协议，由中方雇工运货至隘口、浦寨，通过法军封锁线到越南彭家、叫降、国怀交货。主要是纱布、成药、万金油、八封丹、奎宁及其他日用品，按原路运回越南土特产八角、茴油、胡椒、咖啡及中药材石解草、五倍子等，每次协议成交额约五六十万元（旧币，下同）。

1952 年 11 月 7 日，湘佳铁路南宁—凭祥段全线竣工通车，继以凭祥为中心的公路干线修复，衔接宁明、龙州及越南公路，南来北往，交通方便，边贸市场进一步繁荣。凭祥、隘口街逢圩日，赶圩边民都在两三千人次。每圩进出口成交额达 3 亿元以上。

1952年“三反”、“五反”运动以后，南宁一些较大客商也慕名前来凭祥设店经商以谋出路，拥有资本一两千万元的商号有志祥、胜利酱园等。其他商人也先后在凭祥设店，往来隘口街，大做边境生意。

1953年初，中国政府决定开放包含隘口、平而等在内的边境小额贸易口岸。凭祥成立由政府、海关、外贸、税务、银行等部门组成的对越小额贸易联合办事处。4月，中国人民银行成立隘口、平而两个兑换所。10月，成立睦南关口岸委员会。根据中央人民政府政务院关于“开放中越边缘地区小额贸易，以便中越边民商业往来”的指示精神，广西省人民政府于1954年1月8日以省经字第63号颁发《广西省中越边缘地区小额贸易管理办法》，对中越边境小额贸易作了具体规定，边缘地区指由国界至国境20公里以内的地区。交换产品以自产、自种、自养、自销和自用为主。越方入境的主要是农副土特产品、中药材等；中方出口的主要是五金、百货等日用生活用品。未列入范围的，禁止进出口；小额贸易指每人次运出或运入的商品价值，不得超过人民币10万元或等值的越南盾为限（后调整为20万～100万元人民币）；小额贸易的市场管理，由当地人民政府、海关、外贸、税务、人民银行和边防公安部队等有关单位组成统一管理机构，名为广西省中越边缘地区小额贸易凭祥联合办事处；边境居民欲进入越南边境进行小额贸易，须向当地政府申请领取边境通行证，方能出国贸易；越南货币不准携入中国境内流通使用，中国货币也禁止携出国境，在进行交易中所得的人民币，可在当地人民银行兑换成越币后，凭银行兑换凭证携带出境；小额贸易货值在1万元以上者照章纳税，1万元以下者免税。指定开放6

个小额贸易市场（后增加为 16 个），其中有凭祥、隘口、北山、爱店、平而等。小额贸易限在上述市场内交易，不得在市场以外成交。1954 年 2 月，中越两国政府签订《关于两国边境贸易议定书》，之后宁明县人民政府，凭祥海关、外运、税务、人民银行及边防部队等有关单位组成广西省边缘地区对越小额贸易镇南关联合办事处，开始对越边境小额贸易进行管理并办理小额贸易证的发放工作，先后申请领证的边民有 200 人。与此同时，桂西僮族自治州贸易公司边境小额贸易凭祥办事处（简称凭祥边贸）成立，内设秘书、计划、业务、储运等 5 个股和仓库一栋，在职干部 20 人。下设隘口、北山、凭祥、爱店 4 个购销组，并于当年 1 月 20 日正式营业。

1954 年 2 月 18 日，据广西省财政经济委员会（54）020 号文件指示，各贸易点越方群众向中方贸易公司购买棉布限在 8 公尺以内，粮食出口每人每天不得超过 50 公斤，花生油不得超过 5 公斤，并须持有越南乡、区政府证明。如有特殊情况，持有越南县一级人民政府证明者，可超额售给，但粮食仍不准超过 50 公斤，花生油不准超过 5 公斤。

随着越南抗法战争的胜利，越南多年积存下来的土特产八角、砂仁、血竭、丁香、玉佳、党参、牛黄、海龙、海马、五倍子等，大量向中国边境市场流入，尤以隘口最集中。全国 29 个省、自治区（除西藏外）、市的客商及企业采购人员纷至沓来，在凭祥、隘口一带大做生意，边贸市场呈现过热趋势。凭祥、隘口两地区边贸购销组开张伊始，购销两旺。为方便越方边民排队购销货物和及时出境，隘口边贸购销组和银行、税务有关单位，往往夜以继日，整天营业，中国人民银行曾出现过现钞吃紧，火速到凭祥支行提取现钞应急，保证收购付款兑现的情况。曾有上海采购员到边贸联系采购牛黄，了解到这种珍贵药材以斤为单位，甚为惊异。隘口边贸购销组收购额有时竟高达10多万元（新币，下同）。收来货物因仓库不足，调运不及，有些土产被迫露天堆放。据1955年统计，边贸小额贸易全年进口额为457.7万元，出口额337.5万元。

1955年7月，中越两国政府在北京谈判，签订关于中越两国边境地方国营贸易公司进行货物交换的议定书后，外贸部、财政部、商业部发出联合通知，指出：为了缩小中越边境的小额贸易和照顾越南目前经济发展需要，中国政府同意两国边境地方国营贸易公司之间直接贸易，但是必须指出，目前两国边境的小额贸易和即将开放的地方国营贸易都是带有过渡性质的。中国的方针是：今后应采取积极措施，把小额贸易和地方国营贸易逐步纳入正规的国家贸易范畴。1957年，中越边境小额贸易凭祥办事处撤销，其业务并入凭祥市民族贸易管理局。民族贸易管理局设进出口股，不久单独成立地方国营贸易公司（简称地贸），过热的边贸市场小额贸易开始降温。

1957年7月，越南规定，由河内、海防等地来的商贩所带货物，一律卖给边境国营商业公司，不准直接进入小额贸易；小额贸易进口（中国为出口）的货物不能直接与内地商贩交易，只准在边境市场上零售；出口货物只限于谅山省范围内收购的各种农副土特产品，其余如内地来的象皮、桂枝、象牙、巴戟等土特产均不准出口；出境只准兑换现金等，并要求中国也照此办理。边境小额贸易市场急剧变化，隘口原来每天入境500人次，爱店原来每天入境30人次，而

1957年8月入境人次骤降为0，而从小路偷入境的无证越民却相对增多，每天由数十人增到100人左右。入境货物为少量鸡、鸭、砂仁、甲片等。由于没有入口货，中国也无法出口，隘口办有小额贸易证的62户居民无法正常经商。

1958年上半年，中越边境凭祥、隘口贸易点中断贸易。

1959～1962年期间，国家出现暂时的经济困难，少数越南边民偷偷地从便道进出边界，携带三两只鸡、鸭或三两斤猪肉、粽粑，入境售出后，购买味精、清凉油、止痛退热散、钢笔、眼镜等出境，每天进出边境仍有百余人。

1963年以后，越南边民又以肩挑手提的方式，将土产及中药材如巴戟、小白藤、八角、泡竹根、蛇类、山货、杂铜、香信、木耳、青天葵等运到隘口、凭祥，交国营门市部收购后，购买纱布、日用百货及成药（氯霉素、土霉素、痢特灵、六神丸等）出境，边民往来小量互市，直到1979年完全终止[①]。

20世纪70年代末至80年代中期中越两国交恶期间，虽然中越双方都在各自的边境线上埋了地雷，但由于双方边民历来有通婚的传统，不少人有亲戚关系，再加上越南对中国日用商品需求量大，“物以稀为贵”，中越边贸价格落差大，中国商品到达越南后，价格暴涨，利润丰厚，在高额利润的刺激下，很多中国的边民冒险翻山到越南做生意。中越边贸初期贸易方式主要是以货易货，越南人需要的是工业日用品，而他们拿到边境交换的是农副产品。当时一台中国制造的缝纫机在边境可换取100公斤越南八角。

---

① 参考凭祥市志编纂委员会编《凭祥市志》，中山大学出版社，1993，第575～378页。

按一台缝纫机（国内价）148 元人民币，八角按每公斤 12 元人民币计，一台缝纫机换 100 公斤八角，净赚 1052 元人民币。其他商品也可赢利一倍到数倍。

边境贸易是双方边民自发形成的。刚开始时，中越双方政府还存在着戒备甚至敌对的心理，所谓的边境贸易，实际上是双方边民偷偷摸摸地把货物运到边界偏僻的地方进行交换。许多贸易事先已约定好，他们半夜出发，天亮时到达目的地后，交易很快进行完毕，并约定下一次要交换的货物，便各自匆匆返回。因为时常受到越南公安的劫掠，因此他们做边贸生意时时提心吊胆。由于边境线上埋有很多地雷，也有不少人在做边贸的途中触雷死亡①。

凭祥市新时期的边境贸易是于 1986 年逐步恢复和发展起来的。先是在边境一线村屯自发形成边民互市的“草皮街”，后逐渐发展到全市共有浦寨、弄怀、平而、油隘 4 个边民互市点，其交易手段主要是以货易货和人民币易货的方式。在交易的商品中，中方出口的商品，初期有布匹、自行车、啤酒、五金机电、农用机械、陶瓷、食品、水果、日用百货等，后扩增到化工产品、轻工产品、纺织品、小五金、药品（包括中成药）、医疗器材、家用电器、食品饮料、建筑材料、陶瓷制品、通信设备、电子产品、塑料制品、皮革制品、机动车辆及零配件、玻璃制品、机械及零配件等数百种。从越南通过边贸进口的产品主要有木材、中草药、水产品、美术工艺品、棉纱、咖啡、大米、香蕉、八角、芒果、龙眼、鱿鱼、螃蟹、腰果等农副土特产品和

① 参考政协凭祥市委员会文史资料委员会编《凭祥文史》第六辑——《鲜为人知的中越边贸恢复初期》，2006 年 3 月。

煤炭、废铁以及锌、锰、铬等金属和矿产上百种。

随着中越边民民间贸易的不断扩大，边贸愈来愈显示出强大的发展态势。对此，党中央、国务院高瞻远瞩，于1992年6月批准凭祥市为边境对外开放城市，给予特殊优惠政策。同年9月，国务院特区办又下文批准凭祥市设立7.2平方公里的边境经济合作区。

1996年初，国务院下达了国发2号文件，明确了边境贸易的形式以及边民互市贸易、边境小额贸易、对外经济技术合作项目的定义和范围。

1996年7月，海关总署批准凭祥市在边境合作区内设置公共保税仓，对外开展各类出口加工、来料加工、转口贸易物资的保税业务。

1998年底，国务院又决定将边贸优惠政策延续到2000年。

1998年11月，外经贸部和海关总署联合下达844号文，对进一步发展边境贸易作了补充规定，给予更加宽松的优惠政策，为凭祥市进一步发展边境贸易提供了政策保障。

凭祥市边境贸易的恢复发展，总的来说，经历了两个阶段。

1988～1991年为初级阶段，这一阶段的边境贸易有四个主要特点。

（1）边民自发参与，贸易范围仅限于两国边界的互市点。

（2）易货贸易是主要的交易形式。

（3）贸易规模小，经营主体分散。

（4）管理制度尚未健全。

第二阶段是提高阶段，时间自1992年至今。在这一阶段，中央及地方政府相继出台了一系列发展边境贸易的优惠政策，地方对边境贸易的管理也逐步进入规范化、制度化轨道，边境贸易逐步形成规模大、辐射广、多元化的新格局，这主要体现在以下五个方面：

（1）贸易规模已由简单互市贸易发展成为有一定规模和质量的、较为规范的边境贸易。

（2）贸易主体已由边民自发的、原始的民间易货贸易发展为国营、集体个体、外资、合资等经济成分共同参与的多元化贸易。

（3）贸易区域已由初期纯粹的两国边民互市贸易转变成为辐射多国的跨国贸易和跨国转口贸易。

（4）贸易形式已由单一的边民互市发展成为农、工、技、贸相结合的综合性贸易体系。

（5）从 1995 年起，边境贸易与国贸并驾齐驱，共同发展。

从 1988 年至今，凭祥边贸为国家、为地方创造了巨大的财富。1988 年，全市边贸成交额为 2000 万元，到 2005 年，全市边贸成交额达 32.5 亿元人民币。

中礼屯处于中越边境线上，翻过村后的大山就是越南的同登市，且中越边境的边民语言相通，很早以前就开始与越南居民互相买卖。在积极参与边贸活动中，中礼屯见证了中越边贸发展的历史。

2. 对外贸易现状

中礼屯靠近弄尧、弄怀、浦寨等边贸市场，为该屯提供了地理上的优势。同时，国家对边贸市场的优惠政策，也为中礼屯人从事边贸生意提供了保障及便利。目前，中礼屯从事边贸生意的有 3 人，他们并成为该屯富裕户。他们大多在弄尧、弄怀、浦寨等边贸市场做贩卖西瓜、木薯等生意，往返于边贸市场以及内地。每年利润额为 3 万余元人民币。

现将对外贸易中典型人物介绍如下：

凌学芳，男，壮族，1967 年 8 月出生，初中文化，2002 年 11 月加入中国共产党，现住礼茶村中礼屯，主要从事边贸活动。

最初，只有初中文化的凌学芳和其他村民一样，到边贸点做搬运工。在帮老板打工的同时，精明的凌学芳发现一个很重要的信息，那就是从事越语翻译。由于当时边贸相当红火，来自国内的老板与越南客商很难沟通，到处找翻译，凌学芳了解到这个信息后，决定学越语，他亲自到越南谅山请人教学，并买来书籍进行自学。功夫不负有心人，经过两年的刻苦学习，他不仅会说一口流利的越语，而且还能写一些基本的书信。由于他为人勤快、正直而且讲信用，许多内地的老板都喜欢请他做翻译，其中一位来自广东的做水果生意的老板长年聘请他为专职翻译。凌学芳穿插于中越边贸点之间，在从事翻译活动的过程中，随着与国内外客商打交道的增多，凌学芳的交际能力得到了很大提高，开阔了视野。同时，看着自己老板的生意做得红红火火，他不仅仅是羡慕，而且一个强烈的念头也深深地植根于他的心里：总有一天我也要像他们一样自己当老板。为此，平时打工时他也多了一个心眼：收集客户的信息资料，了解边贸市场行情的动态，总结别人的经验教训。经过不懈努力，他逐渐掌握了一些做生意的本领，并积累了一些资本。1997 年，凌学芳决定自己做水果生意，他利用以前打过交道的中越客商了解国内外市场信息，由于越南气候比国内暖和，越南水果一般比内地要早熟两三个月，凌学芳看准国内销路，将越南的水果销往国内，等到越南水果市场萧条时，国内的水果也到了收成期，凌学芳就将国内的水果再销往越南。就这样，经过几年奋斗，凌学芳成了当地有名的老板，如今他的水果生意越做越大，每年的旺季，仅西瓜生意每天的销量就有十几卡车，同时他还兼营龙眼、荔枝、木薯等其他农副产品的生意。现在他不仅建起了一栋三层高、200 多平方米的楼房，而且还增添了不少高档家具。

作为中礼屯的经济能人，中礼屯党支部及时把他列入党员发展对象，支部书记凌尉君和党总支书记凌振森也经常通过与他面对面的深入交谈等形式对他进行培养。经过培养考察，他本人也提高了自身的理论水平，增强了为人民服务的意识，端正了入党动机，积极向党组织靠拢。经过认真严格的培养考察，中礼屯党支部于 2002 年 12 月将其吸收为中共党员。

作为一名致富起来的中共党员，凌学芳不忘本村的群众，先后介绍多名村民从事水果生意，同时，给他们提供资金帮助，许多村民经过凌学芳的传、帮、带，逐渐走上了发家致富的道路。

（二）劳动输出

各边贸市场的繁荣与发展，为周边各村屯的村民外出打工提供了机会。再加之近几年八角的市场价格不甚理想，也促使各村屯村民寻找新的谋生出路，于是外出打工的人越来越多。目前，中礼屯劳务输出已经成为该屯经济收入的又一大来源。中礼屯劳务输出主要集中在临近的弄尧、弄怀、浦寨和凭祥市，同时也有辍学在家的青少年到区外打工。现中礼屯外出打工人员有 132 人，其中在区外的有 84 人，大多集中在广东、海南，有少数人在浙江、福建。在弄尧、弄怀、浦寨和凭祥市等地方打工的，大多都是打零工，以中青年为主，此类打工多发生在农闲季节，每人每天挣 30～40 元，工作时间比较有弹性，而农忙时则回家务农。到区外打工的大多是长期工，主要是在工厂里，以青少年为主。中礼屯外出打工人员也常常参加友谊镇及礼茶村举办的外出打工培训活动，不断增强外出打工的自我保护及防范等法律意识。此外，“互助之家”从 2004 年建立以来，多次以各种形式的宣传活动，帮助青少年树立正确的人生态度，提高防拐防骗能力，减少外出打工的风险（见图 3－12）。

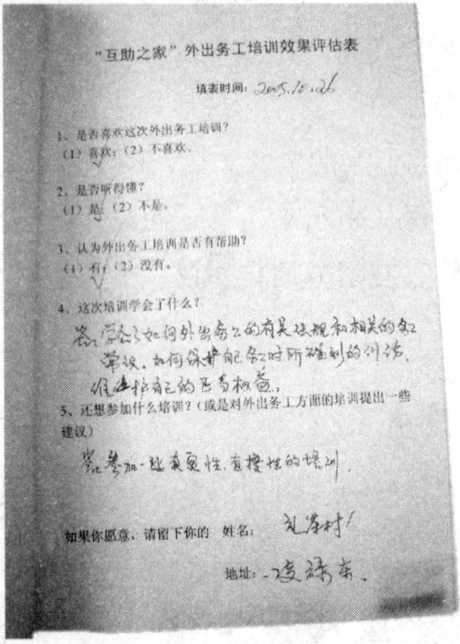

“互助之家”外出务工培训效果评估表

填表时间：2005.10.26

1、是否喜欢这次外出务工培训？
（1）喜欢；（2）不喜欢。

2、是否听得懂？
（1）是（2）不是。

3、认为外出务工培训是否有帮助？
（1）有（2）没有。

4、这次培训学会了什么？

5、还想参加什么培训？（或是对外出务工方面的培训提出一些建议）

如果你愿意，请留下你的 姓名：礼茶村

地址：

图 3－12　中礼屯“互助之家”外出务工培训效果评估表

（2007 年 8 月 7 日　郑一省摄）

第二节　经济建设

一　生产的形式

2002年，礼茶村进行了产业结构调整。随着产业结构的调整，其生产的形式主要是农户林业承包和土地承包。各屯的经济也不断发展。

（一）集体经济的承包

2005年，中礼屯的集体经济主要有八角林、水库、鱼塘和旧村委房屋等，分别让予村民承包（见表3-7）。

表3-7　礼茶村2005年集体经济项目统计

单位：元

序号	项目名称	项目规模	经营状况	年收入	备注
1	马尾松工程林	497.5公顷	长势良好	25880	
2	下礼鱼塘水库	约700平方米	农户承包	1400	
3	中礼鱼塘水库	约700平方米	农户承包	1200	
4	中礼八角林	约100亩	农户承包	1800	
5	坤隆水库	约900平方米	农户承包	1800	
6	板茶鱼塘	约600平方米	农户承包	900	
7	旧村委出租	约60平方米	农户租用	240	
合计	—	—	—	33220	

（二）土地承包

中礼屯从1981年开始实行家庭联产承包责任制，土地分配标准为每人8分地（见表3-8、表3-9）。1995年，为稳定落实农业生产责任制，中礼屯村民承包耕地、开荒地，并签订了承包合同书。承包期限为 30 年，自 1995 年 1 月 1 日起至 2024 年 12 月 31 日。

表 3－8 1984 年度中礼屯农业统计

	实行联产承包责任制的情况			户数、人口、劳动力		劳动力中	
	村民小组	户数（户）	户数（户）	人口（人）	劳动力（人）	女劳动力（人）	农林牧副渔劳动力（人）
礼茶村	9	341	341	2157（女：1121）	1139	549	1131
中礼		37	37	219（女：111）	108	56	101

	上年耕地面积（亩）			年末耕地面积（亩）		
	合计	田	坡地	合计	田	坡地
礼茶村	2020	1713	307	2020	1713	307
中礼	156	137	19	156	137	19

	夏收			早中玉米			早稻			绿豆		
	播种面积（亩）	有收面积（亩）	总产（斤）	播种玉米（亩）	有收面积（亩）	总产（斤）	播种面积（亩）	有收面积（亩）	总产（斤）	播种面积（亩）	有收面积（亩）	总产（斤）
礼茶村	1378	1378	5855	93	93	96	1207	1207	5730	78	78	29
中礼	123	123	453	10	10	10	110	110	440	3	3	3

	秋收			中稻			晚稻		
	播种面积（亩）	有收面积（亩）	总产（斤）	播种面积（亩）	有收面积（亩）	总产（斤）	播种面积（亩）	有收面积（亩）	总产（斤）
礼茶村	1452	1452	3824	115	115	190	1207	1207	3560
中礼	120	120	270	10	10	20	110	110	250

	蔬菜			芋头			水果合计	
	播种面积（亩）	有收面积（亩）	总产（斤）	播种面积（亩）	有收面积（亩）	总产（斤）	面积（亩）	产量（斤）
礼茶村	50	50	580	83	83	325	90	380
中礼	3	3	120	20	20	100	20	80

	全年化肥施用量（担）	其中			全年农药使用量（斤）	其中
		氮肥	其中 氨水	磷肥		666 成药
礼茶村	82500	3000	2950	8800	140	65
中礼	5500	1500	2000	2000	20	20

	林副产品产量（包括自用和出售）	大队生产队自砍自用竹木
	八角（公斤）	木材量（立方米）
礼茶村	725	119
中礼	150	5

表 3－9　1994 年度中礼屯农业统计

	实行联产承包责任制的情况			户数、人口、劳动力		劳动力中	
	村民小组	户数（户）	户数（户）	人口（人）	劳动力（人）	女劳动力（人）	农林牧副渔劳动力（人）
礼茶村	9	486	341	2649（女：1239）	1329	667	1289
中礼	—	53	53	282（女：140）	126	62	121

	上年耕地面积（亩）			年末耕地面积（亩）		
	合计	田	地	合计	田	坡地
礼茶村	1438	1311	127	1163	1036	127
中礼	140	130	10	135	125	10

	全年粮食作物合计		
	播种面积（亩）	收获面积（亩）	总产量（斤）
礼茶村	2369	2233	1451150
中礼屯	220	204	126100

	夏收粮食作物合计			早稻、冬稻谷				早、中玉米			
	播种面积（亩）	收获面积（亩）	产量（斤）	播种面积（亩）	收获面积（亩）	亩产（斤）	产量（斤）	播种面积（亩）	收获面积（亩）	亩产（斤）	产量（斤）
礼茶村	1198	1198	898800	1148	1148	774	888800	50	50	200	11000
中礼	110	110	79400	100	100	—	77400	3	3	—	1000

	秋收粮食作物合计				晚稻				甘蔗				木薯			
	播种面积（亩）	收获面积（亩）	亩产（斤）	产量（斤）	播种面积（亩）	收获面积（亩）	亩产（斤）	产量（斤）	播种面积（亩）	收获面积（亩）	亩产（吨）	产量（吨）	播种面积（亩）	收获面积（亩）	亩产（斤）	产量（斤）
礼茶村	1171	1035	472	552350	1126	1000	550	550000	18	18	2	36	70	70	300	22500
中礼	110	94	—	46700	100	84	—	46200	1	1		2	5	5		1500

目前，随着人口的增加、耕地的不断减少，中礼屯人均耕地只有 4 分。因此，该村的主要经济来源是八角种植和劳动输出。

二 社会主义新农村建设

2002 年，友谊镇将礼茶村的中礼屯设为新农村建设的试点，积极推进文明村镇建设。在上级指导、中礼屯干部及村民的积极努力下，文明村镇建设取得了一定的成绩。

（一）基层组织建设得到进一步发展

中礼屯积极参与2003年礼茶村开始的“三级联创”活动和“五个好”村党组织建设。该屯党员及村干部不断加强自身建设，有计划、有步骤地组织屯中党员学习邓小平理论和“三个代表”重要思想，每年组织党员干部学习各种路线、方针、政策达6次以上，受教育面达90%以上。在进行思想教育的同时，结合本屯实际，中礼屯进行各种科技、法律知识培训，全面提高党员干部的理论水平、法制意识，形成了一个强有力的领导班子，增强了他们带领群众发家致富的本领。此外，切实抓出成效，通过以点带面，推动礼茶村各自然屯党支部的规范化建设。2002年7月，中礼屯被确立为凭祥市民族工作示范屯、小康文明建设示范屯。2003年12月1日，凭祥市首个“中越边境青年友谊站”挂牌仪式在中礼屯举行。2004年，中礼屯被凭祥市确定为“党旗耀边关连心工程”示范点。2005年，中礼屯被列为友谊镇两个文明村建设示范点之一。

（二）农民生活水平得到明显提高

农民不再像过去那样单纯依靠传统农业及种植八角过日子，改变了产业结构，开始走有特色的农业经济发展道路，劳务输出成为该屯经济来源。2003年，示范屯一期建设工程投资30多万元建成人畜饮水工程，以及200平方米的文化娱乐综合楼一座、灯光篮球场一个、舞台一个，给老百姓的闲暇生活带来了快乐。

（三）农村保障制度得到进一步发展

“小病拖，大病挨，要死才往医院抬”，这是以前农村普遍存在的“就医难”现象。在此形势下，友谊镇建立了农村合作医疗保险制度。2006 年 3 月，友谊镇礼茶村新农合正式启动。到 2007 年 8 月为止，中礼屯参加新农合的人数已经占到全屯人数的 75% 以上，其中已有 2 人享受到了新农合的大病减免保障。这一制度的建立和实施在很大程度上解决了中礼屯的“看病难”问题。

（四）教育程度普遍有所提高

2007 年，全国农村义务教育阶段家庭经济困难的学生都能享受到“两免一补”政策，努力做到不让学生因家庭经济困难而失学。该屯很好地执行了该政策，目前全屯适龄儿童入学率达 100%，40 岁以下成年人无文盲。

三　公共设施建设及利用情况

2002 年 7 月，中礼屯被确立为凭祥市民族工作示范屯、小康文明建设示范屯。2003 年，中礼屯建成了长 850 米、宽约 3 米的环屯水泥硬化道路一条。

2003 年，中礼屯被凭祥市民族局作为“胡志明足迹游”旅游点加以建设，但这一规划进展稍嫌滞后。

2004 年，中礼屯修建 100 立方米蓄水池，投资 11 万元。蓄水池位于半山坡上，用电抽水，通过一根水管把水送到各家各户的自来水管中，解决了中礼屯的饮水问题。

2005 年 2 月中旬至 3 月底，中礼屯修建了长 500 米的三面光水利渠道，解决了中礼屯、那岭屯约 100 亩水田的灌溉问题。同年9～11月，礼茶村投入资金约 3.5 万元，解决全村 6 个自然屯、372 户群众收听收看广播电视问题，其中入户率达 95% 以上。中礼屯也建立了有线电视网络。现中礼屯的有线电视网络及电话线已被破坏（主要被吸毒者破坏），屯中90%的住户现已安装了卫星接收器，与外界的联系主要依靠手机。

2000年到2007年6月以来，在友谊镇及礼茶村村委会的帮助下，礼茶村全村共有267户农户新建了沼气池，沼气入户率为60%。中礼屯的沼气池最少，只有7座，主要因为中礼屯地方狭小，且无养猪户，养牛的也只有两家，共有5头牛，这在一定程度上制约了沼气池的建造及使用。沼气池的应用使大部分农户结束了原始的砍柴烧火的历史，村里的生态环境得到改善。同时，在建造沼气池时，村委会给一定的补助，2005年礼茶村沼气池每座补助250元、水泥25包、炉具1套、瓷盆1个、排渣管2米。

农村户用沼气池的建池体积一般是8～10立方米，如果使用新型高效沼气池技术，一年可产生沼气380～450立方米，提供的热能可供3～5口人的农户10～12个月的生活燃料之用。年可节省柴草2000公斤以上，节约用电200千瓦时左右，仅此两项年可节约200～400元的开支，另外还能减少作物秸秆的燃烧。

建造户用沼气池的要求如下：

第一，要请参加过沼气生产工上岗培训，且实际操作合格，并持有施工合格证的技术人员建沼气池。

第二，选择最佳季节建沼气池。一般在北纬39°以北地区，深秋、冬季气候冷，池温低，沼气池建后不易启动，不宜建池；雨季或地下水位高的季节也应避开。

第三，养护。建池结束以后，立即对用混凝土浇筑过的每个部位进行养护。

第四，试压检查。沼气池养护后要进行试压检查，看是否漏水、漏气。

第五，施工安全。一是防止塌方；二是及时加盖；三是挖好池坑时若遇下雨，要教育儿童不要在池坑附近玩耍，以防误入坑中发生被淹的危险。

四 农民收入与消费状况

八角种植曾是中礼屯村民传统上最为稳定可靠的收入来源。在20世纪80～90年代，几乎家家以种植八角为生，直到90年代初才有少数人出去打工，特别是近两三年，由于八角市场的低迷，为了增加经济收入，该屯村民大多数出外打工。2003年，中礼屯人均收入1830元左右，比2002年增加200元左右。目前，中礼屯外出打工者132人，占中礼屯人数的1/2，人均年收入2000元左右。

经商也是部分村民家庭的收入来源之一。1992年，凭祥边贸市场开放。随后的几年间，中越边境贸易异军突起，迅速成为凭祥市的主导产业，中礼屯部分村民把握机遇，从事边贸生意，成为中礼屯的富裕户。

近几年，中礼屯产业结构发生了变化，一部分人开始种植具有特色的甘蔗等，这也成为部分家庭的经济来源。

中礼屯村民经济生活的变化较为突出地表现在他们的消费方式上。目前村民以家庭为单位，其消费可以分为家庭的日常消费、节庆消费、教育投资等。

家庭的日常消费主要包括衣着消费、饮食消费、住宅建设消费、交通与通信费用等。1990年以来，随着村民家庭收入的不断增加，时尚服饰开始进入村民的日常生活，经济条件较好的青年男女对于衣着打扮的追求远远超过他们的父辈。目前，若单从日常的衣着服饰上看，中礼屯部分村民与普通城镇居民已经没有明显的区别。村民家庭日常饮食仍以大米为主食，鱼、肉类的消费已接近附近城镇居民的消费水平。在饮食习惯上，早、中餐一般以大米为主，村民对晚餐比较重视，菜肴通常比较丰盛，偶尔也喝一些酒，村民们不再酿酒，一般喝啤酒，并且都是在饭后饮酒。按照目前的消费水平，该村的一个普通村民家庭（4～6人）每月的饮食消费为300～800元，部分村民家庭的生活已接近“小康”水平。

1990年以后，随着家庭收入的不断增加，修建水泥楼房的村民逐渐增多。但是，该屯贫富差距较大，收入最高的家庭年收入为10万元，收入最低的家庭年收入为4000元。贫困户也有，其中，有两户为两兄弟住在一起，有一户为三兄弟住在一起。主要原因是家里兄弟多，家底比较薄，没有人出去打工，经济来源较少。目前，中礼屯土砖房有21户，占全屯住房的34.4%；水泥房有12户，占全屯住房的19.7%；砖捆房有26户，占全屯住房的42.6%；干垒房有2户，占全屯住房的3.3%（不包括居住在那岭屯的中礼屯人的住房）（见图3－13、图3－14）。

中礼屯人住在山坡上，上坡不方便，大多数家庭都用摩托车代步，全屯共有25部摩托车、2辆汽车。2005年，固定电话在当地普及，目前由于电缆被吸毒者弄坏，手机成为通信的必备品，几乎家家户户都有手机。

村民的节庆消费包括年节消费、婚庆消费、享乐型消费等。在中礼屯，一年当中比较重要的节日是春节，消费的费用与节日的隆重程度大体相当。村民家庭春节期间的消费也大大增加，吃、穿、用等方面的开支逐年攀升，普通家庭春节期间在吃的方面的消费就超过2000元。目前，村民

图 3－13　中礼屯民众的水泥房（2007 年 7 月 31 日　郑一省摄）

图 3－14　中礼屯民众的土砖房（2007 年 7 月 31 日　郑一省摄）

的婚礼开始办得比较隆重，彩电、冰箱、洗衣机、摩托车、高级家具等逐渐成为嫁妆的重要组成部分，用于婚礼方面的开支也逐渐增加。中礼屯村民家庭中家用电器普及率比较高，其中电视机普及率为最高。村民的消费形式也逐渐多样化，在闲暇之时，村民也会到凭祥市内吃饭、唱歌、跳舞，以此作为休闲娱乐的方式。

第四章　传说、神话、故事

第一节　中礼屯的传说、神话

一　中礼人搬迁到中礼屯的传说

传说200年前，中礼屯人的祖先一直居住在大青山余脉今隘口村的一个山坳里。由于那个山坳土地贫瘠，交通不便，长年遭受大风的侵袭，给人们的生活带来诸多不便，但因是先祖的居住地，所以没有人愿意离开村庄而迁徙到外面居住。

有一日，村中有一户人家的房屋起火，随着大风，火势迅速蔓延，将当时全村人居住的茅草屋烧为灰烬。就在全村人一筹莫展时，一阵飓风吹来，将未烧尽的一间房屋的茅草刮起，在天空中飞旋，有一根茅草最后一直飞出了这个山凹，朝北飞去，最后落在了大青山北面的另一个小山凹里。

村里的人将这件奇事告诉了村中最有威望的一位老人。这位老人得知此事后，便对全屯的人说，这根茅草是祖先的灵魂化成的。祖先们得知屯里人住在这个风口生活很艰难，又遇上火灾，生活更是雪上加霜。于是，祖先们便将自己的灵魂化作茅草，飞向北面，在另一个山坳里为他们的后世子孙们寻找到一处生活的乐土。这根茅草所停落的地方就是祖先们为他们找到的新家园，它暗示全屯的人应该搬迁到此，开辟新的家园，开始美好的生活。

全屯人在听完老者的话后，纷纷表示赞同，都觉得是祖先想让他们过上幸福的生活。不久后，屯中的人抛弃那片火烧殆尽的土地，高兴地迁到了今天中礼屯所在的位置。从那以后，中礼屯人再也不必忍受大风的侵袭，逐渐过上了幸福的生活①。

二 中礼屯李姓的由来

中礼屯从单一的凌姓发展到今天以凌姓为主，李、马、王、蒙、周等姓并存的格局，但是，其他各姓皆与凌姓家族有着千丝万缕的联系。下面以李姓为例加以说明。

据说民国时期，屯中有一户凌姓人家，家中只生育了一个女儿。为了延续香火，凌姓人家决定给其女儿在他处招一个上门女婿。这位上门女婿是从礼茶村邻近的下石村一户姓李的人家中招来的。按当地的风俗习惯，这位女婿上门后自然改姓凌，其所生孩子也都姓凌。

但是不幸的是，这位上门女婿与凌家女儿婚后生育的孩子都难以养大，纷纷夭折。于是他们便请来道公为其作法事，化解不祥之灾。

道公在经过一番法事后，便告诉这对夫妇说："你们的孩子之所以难养是因为你们改姓凌的缘故，你们这样做遭到了李姓祖先的责罚，所以，你们以后想让孩子平安长大，就必

① 根据与中礼屯村民凌尉君、凌振森等人的访谈资料整理。

须要改姓，必须让孩子认祖归宗，跟随他们姓李。”①

这对夫妇听从了道公的话，为他们后来所生的孩子取李氏姓名。奇怪的是，此后的孩子果真养大成人了。也就是从那时起，中礼屯出现了凌姓之外的李姓。

三　关于蟾蜍的神话

传说蟾蜍是一种万分神圣的动物，曾是玉帝的一个儿子，后被下放到人间。玉帝之所以下放自己的儿子，一方面是让其来体会世间生活的酸甜苦辣，另一方面也是要让他保卫凡间的人们。

正是因为蟾蜍有着这样一种特殊的身份，人们无比地尊敬它，从来不去捕捉和伤害它，遇到它时通常心怀敬意，小心避让。据说，倘若谁不小心触犯了它，更或是有意捕杀它的话，必定要遭到上天的惩罚（或烂手烂脚，又或是长疮等）。

由于人们认为蟾蜍是玉帝的儿子，显然它也就具备通晓未来世间或预测福祸的本领。所以，在当地一些迷恋六合彩的人中，产生了这么一种“获得天机”的方法。

在每期六合彩开奖的前一天，有些彩迷便去房前屋后、田间地头捕捉一只蟾蜍，待到天黑时分，便在家中神坛和屋外点上三炷香并焚烧纸钱，紧接着就给蟾蜍嘴里灌酒。无论是白酒或是啤酒都行，直到蟾蜍的肚子被灌得圆鼓鼓的方可。此时，彩迷将蟾蜍按住，肚皮朝天放置，然后用手轻轻抚摸它的肚皮，它白白的肚皮上会慢慢显现出一些类似于阿拉伯数字的符号。于是，迷信的彩民便无比兴奋地将这些数字抄下来，作为自己下次投注时的幸运数字和号码。

---

① 根据与中礼屯村民凌尉君、凌振森等人的访谈资料整理。

四 “鸡鬼”的故事

20世纪50~60年代，在中礼屯居住着一对60来岁且长得十分特别的凌姓夫妇。老妇是一位盲人，不过，奇怪的是，这位老妇失明的眼睛与一般盲人的不同，其眼珠子不是像其他盲人那样逐渐深陷进去，她的眼珠不仅没有深陷，眼睛还能像正常人那样睁开。在她那翻起的眼皮下，有一对淡红色的眼珠，如同长着一对鸡眼，让人看了感觉十分恐怖。

这位老妇人总是佝偻着矮小的身躯，拄着拐杖，在村里蹒跚地游走。村里的人只要见到这夫妇二人便暗自远远避开，因为这对夫妇就是中礼屯村民中传说的“鸡鬼”。

事情发生在1968年冬季，中礼屯有位40岁左右的中年妇女生病卧床已好几天，寻医问药都不见起色。突然有一天，这位妇女从床上直起身来，对家人说想吃鸡肉和甘蔗。家人大喜，以为其病已好转，有好胃口，能吃东西了，便四下里去给她准备了一只鸡和几根甘蔗。卧床多日、茶饭不思的中年妇女出人意料地独自吃完一整只鸡和几根甘蔗。然而，让人难以理解的是：妇女口中开始不断地说着一些奇怪的言辞，且说话的声音也渐渐不像其本人了。

次日清晨，这位中年妇女便走下病床，拄着拐杖，佝偻着身躯，蹒跚地走出家门，人们惊讶地发现她的眼睛不知何时也变成了红色且已失明。人们一边试图阻止她继续往外走，一边问她要去何处。妇女便用貌似村中一位60多岁阿婆的声音说，她要回家，跟别人何干。有人便问她是谁，她便讲出了那位老阿婆的名字。此时，人们确信这位中年妇女已被“鸡鬼”缠身，于是召集村中的青年男女手持刀棒，点上火把，时而放几声土枪鞭炮等，众人吆喝着驱赶中年妇女。中年妇女惊恐万分，四处躲藏，就在临近那对夫妇的房屋前，忽然摔倒。等中年妇女从地上醒来时，眼睛居然又复明了，背也不驮了，说话的声音和语气都恢复了其原本的样子。面对眼前众人举刀挥棒的情形，她显出一脸的惊讶与困惑。她醒来后，对刚才所发生的以及生病期间所发生的事情一无所知。

另有一事大约发生在上述事情的稍后几年。据说，村中亦有一位20多岁的男子得病，且情形大致同中年妇女的状况相同。但不幸的是，这位男子在别人不知晓的情况下独自偷偷走到了那对夫妇的家中，被那位阿公用人尿泼了一身透。男子回到自己家后便卧床不起，不久便死了。

从那以后，村里人都极其厌恶这对“鸡鬼”老夫妻，且纷纷避让他们[①]。

第二节 中礼屯的历史人物故事

一 凌云——凭祥县赤卫大队队长

凌云，又名凌锦标，男，壮族，凭祥礼茶村中礼屯人，1889年10月17日出生于一个农民家庭。父亲，凌美南；

① “鸡鬼”一说不仅在中礼屯甚至整个礼茶村及周边村落都广为流传。关于“鸡鬼”的种种故事，不胜枚举。值得欣慰的是：自20世纪80~90年代以来，“鸡鬼”事件的发生几乎消失殆尽。当人们再次谈论“鸡鬼”故事时，仅仅是将其作为一种茶余饭后的谈资。人们也逐渐开始怀疑“鸡鬼”的真实性，他们揣测所谓的“鸡鬼缠身”或许只是当时无比艰苦的生活条件下人们所患的一种疑难杂症。而这种疑难杂症却限于当时简陋的医疗条件难以诊断或治疗，因而被迷信的思想用来解释成“鸡鬼缠身”罢了。

母亲，黄氏。父母生有两男两女，凌云是老大。凌云21岁时娶妻赵氏，后纳越南人阮氏为妾，膝下三女一男。

凌云家里有六七亩田地，碰上风调雨顺的年份，倒也能勉强维持一家生计；要是遇上天灾人祸，那就得勒紧裤腰带过穷日子。凌云小时候在村里念过几年私塾，后因家境较穷，且为长子，当替父母分担家计，只得辍学归农。他性情活泼，好胜心强，时常招来村里一帮穷伙伴，或下池塘摸鱼捉虾，或上山狩猎捕鸟，被人称为“小孩王”。

1903年，14岁的凌云因不满足于当村里的孩子王，便怀着一颗自强的雄心，拜别父母，远走他乡闯荡世界，独立谋生。过了两年，凌云返回家乡参加当地民团组织，练就了一身高强武艺和一手好枪法。后来，一位贩卖鸦片的老板见他慓悍，身怀绝技，特聘他为贴身保镖。那阵子，凌云伴随老板“一日河东，一日河西”地穿梭于凭祥、龙州、靖西、百色乃至云南、贵州及越南北方。由于穿州过府、出省跨国，凌云结识了不少好朋友。因此，见多识广、深谙世态炎凉的凌云，养成了讲义气、耿直豪爽、好打抱不平的个性，在本县及附近地方颇有名气，极受群众尊敬。

凌云看到官场腐败，盗匪横行，国家多灾多难，社会动荡，民不聊生，感到痛心疾首，愤愤不平。他决心尽自己之所能，为民众做些好事。

1929年冬，左江大地，寒风肆虐，而革命的烽烟滚滚，左江人民的心热乎乎的。客居异国他乡的凌云听说老家凭祥在甘湛泽、韦炫等共产党人的领导下，农民运动搞得热火朝天。他兴奋地说：“好！好！家乡闹起来啦！这一下有奔头啦！”不久，凌云谢绝了邓子敏等人的再三挽留，毅然返回凭祥参加革命。

凌云回到凭祥后，形势发展迅速，1929 年 12 月下旬，中共凭祥县支部成立。尔后，凭祥第一个农民组织——凭祥均化村农民协会成立，随后，各乡村的农民兄弟纷纷行动起来，积极筹备建立农会，农民运动不断高涨。看到这些，凌云高兴之余又有所思虑：“群众发动起来了，农会组织建立了，但是赤手空拳的，敌人来了怎么对付？我们手中无枪无炮，腰杆硬不起来呵！可是，枪去哪里找？”凌云思前想后，突然眉头一皱，计上心来，一拍大腿：“有了！”便跑去跟均化村的黎寒等人商议起来。过了几天，经党支部同意后，凌云率领 20 多名农会骨干以迅雷不及掩耳之势冲进国民党凭祥盐税局，硬是“借”来土漏壳、大十响、小十响等 20 多支枪，子弹数千发。尔后即以这些骨干和枪械为家底，成立了县农民自卫队，下设三个班，凌云以其出色的军事才干出任自卫队队长。

1930 年 2 月 1 日，在邓小平、李明瑞、俞作豫领导下，广西警备第五大队在龙州起义，宣告成立中国工农红军第八军和左江革命委员会。2 月 3 日，凭祥第一个红色政权——凭祥县革命委员会也宣告成立，韦炫任主席，刘浪任副主席，凌云等五人被推选为委员。

为了适应形势发展和保卫新生的人民政权的需要，2 月上旬，凭祥县农民自卫队扩编为农民赤卫大队，下辖三个连，共 300 多人，凌云任大队长。赤卫大队成立那天，在县政府对面的十字街道（现凭祥市中学对面）召开隆重的庆祝大会。街上居民及附近村屯的群众数千人前来参加。那天，威武地站在赤卫大队队伍前面的凌云，身着唐装，脖子上系着红领巾，腰上挎着两支手枪，领着全队队员唱着红军歌曲，高呼革命口号，宣誓表决心：“团结向前进，向着敌人去拼命。不怕流血与牺牲！”会后，凌云指挥队伍分头驻扎于县城边的班夫人庙和城隍庙。

凌云出任赤卫大队长后，在中共凭祥县支部和县革委会的领导下，带领赤卫队员配合农民协会抓贪官除恶霸，斗土豪劣绅，维持社会治安，镇压敌人的反抗，保卫新生的红色政权，深得人民群众的赞许和爱戴。2月中旬，原国民党凭祥县反动县长李庾明（又名李可拔）被赤卫队关押后趁看守不严半夜越墙逃往镇南关，企图越境逃往越南。凌云知道后狠狠地训斥了看守员一顿，圆眼一瞪：“这狗官想溜去越南？哼，没门！”当即率一小队精悍人马快马加鞭向镇南关急奔而去，李庾明连滚带爬，气喘吁吁地刚到半路，“哒哒哒”一阵急速的马蹄声疾风而来，还未等他省悟过来，就束手被擒了。李庾明被押回城后，经群众大会公审即被处以极刑。为了不给敌对势力喘息的机会，在凌云的精心组织下，赤卫队配合农协会，紧锣密鼓地惩办了罪大恶极的恶霸农积胜，捣毁了法国“鬼楼”（现206营房所在地），把住在那里的法国佬驱逐出境，并查封和没收了郑惠祥、陆启祥等十几家地主豪绅的财产，将部分财物分给穷苦群众，变卖部分财物，将所得款项用做革命经费。这一连串的行动，使那些贪官污吏、土豪劣绅胆战心惊，惶惶不可终日。

夏石乡恶霸刘廷威（又名刘水保），仗着其叔大军阀刘日福（又名刘华堂）的势力把持着夏石民团，购枪置炮，收罗团丁，强占夏石乡公所，胡作非为，鱼肉百姓，群众对其恨之入骨。凌云与韦炫商议后决定，以武力解决，为民除害。3月1日，凌云亲自率县赤卫队100多人前往夏石，会同夏石赤卫队30多人攻打盘踞于夏石乡公所的刘廷威部，刘廷威见势不妙，稍做抵抗后便仓皇率部30多人缩回老巢——哨平村那潭屯。凌云率队追击包围了刘家大院，赤卫队装备落后，多是土枪土炮，而刘家大院墙垣坚固且设有炮楼，赤卫队久攻不下。3日深夜，刘部逃遁海渊。凌云率队将夏石街地主陆志祥的财产没收归公后，班师回县城。

1930年3月中下旬，桂系军阀梁朝玑部重兵偷袭龙州，红八军仓猝应战失利，撤经凭祥时得到凭祥赤卫队的掩护。红军撤离凭祥后，凌云受命率领赤卫队40余人留下坚持斗争。他们辗转于大小青山和中越边境，与敌人周旋了一年多。这期间，桂系军阀勾结当地的土豪劣绅全面清乡，大肆搜捕赤卫队员、农会骨干及其家属，赤卫队长凌云自然也是敌人搜捕的主要目标。由于凌云机智过人，多次从敌人眼皮底下逃脱。反动头目刘廷威、李仕球、黄美堂等人恼羞成怒，纠集300余人包围中礼屯进行烧杀劫掠，焚烧全屯30多户民房。幸亏凌云事先听到风声及时疏散屯里的群众，两名来不及逃走的群众落入敌人魔掌，结果一死一伤。敌人走后，凌云掏尽囊中所剩，买来白米分给群众煮粥吃。

此后一段时间，噩耗不断传来：队员黎纯帮被杀，队员莫亡被害……赤卫队战士一个接一个地惨遭敌人杀害。几经磨难的凌云痛心疾首，悲愤万分。痛定思痛，凌云觉得队员集中行动目标过大，只得将队伍化整为零，让队员分散隐蔽，并吩咐他们将枪支弹药埋藏好，伺机东山再起。

敌人抓不到凌云，便诡秘地放出风声：只要凌云放下武器向政府自首，就不再追究责任。凌云知道后冷冷一笑："这帮龟孙子黔驴技穷了，想得倒美，哼，硬的来不了，软的也别想行得通!”凌云始终没有放下手中的枪。

1931年冬，凌云感到在凭祥难以继续活动，想到广东寻找出路。在他同几名随从前往广东途中，恰巧碰见经常外出的隘口人林斌，林斌也知道凌云是干什么的，便劝凌云不用去广东了。他说，到处都一样，共产党、红军、赤卫队被抓了都砍头，与其到外面送死，不如在家里来得自由，凌云觉得在理，便折回凭祥。

隘口距中礼仅两三公里，是乡公所所在地，凌云经常在这里活动，他跟黄鹏乡长是世交，平时来往密切，时间长了，思想有些麻痹。黄鹏劝过他：“过去的事就算了，政府不抓你了，放下手中武器，就保你平安无事。”凌云狠狠地盯了他一眼：“你这小子也想打我的主意?!”“不，不，我只是口说无心，我俩是世交，你的事，就是我的事，哪敢往坏处想。”黄鹏见凌云警觉了，连忙找退路。凌云也没把这事放在心里，其实，凌云哪想到被赤卫队惩办的恶霸农积胜之子农宝连早就串通民团头目李仕球、黄美堂、隘口乡长黄鹏合谋算计凌云。他们先用金钱买通了凌云的随从蒙国琛，要他保持与凌云的接触，用酒肉引诱麻痹凌云，而后见机行事。1931年11月底，凌云闷在家里，正想出门，见黄鹏在门外兴高采烈地喊他：“老同，你正好在家，算你有口福，我家杀了条大黄狗，来，来，随兄弟到家里喝两杯!”凌云推辞不过，被缠着去黄家喝酒，那一餐，酒足菜盛，黄鹏“敬酒”又敬得殷勤，凌云虽然海量，也被灌得醉醺醺的，随手将两支手枪交给黄鹏，等到傍晚回家时竟忘了取枪。不料，当他蹒跚行至距隘口一里多路的浦庙屯路边的大榕树时，遭到黄美堂所率民团的伏击，“啪”的一声枪响，凌云右腿上一股暖流在喷涌。他两手摸摸两胯，“背时啦，枪没带来!”他心里暗暗叫苦，顺势倒下滚摸到路边的水沟里。敌人深知凌云厉害，一时不敢靠近，久不见凌云开枪还击，才知凌云没带枪，于是蜂拥而上，凌云被严严实实地绑着装入特制的猪笼抬到县衙门。途中，赤卫队员韦永功、刘振田、许玉辉、凌旭勋等人闻讯赶来营救，但因势单力薄被敌人打退。敌人在狱中要凌云写自首书，并交代赤卫队员名单，凌云怒目而视，毫不理睬。敌人恼了，对凌云严刑拷打，凌云被打得遍体鳞伤，多次昏死过去，但他只要醒着便高声怒斥敌人：“我没有罪，犯罪的倒是你们这帮狗崽子！我的工作全是为了民众利益，是正义的，你们休想从我口中得到任何东西!”敌人被斥骂得火冒三丈，拿来匕首割掉了凌云的舌头后，这帮豺狼还觉得不解恨，竟惨无人道地割掉他的生殖器……英雄的鲜血染红了大地。凭祥县赤卫队的主心骨、凭祥人民的优秀儿子——凌云就这样悲壮地牺牲了，时年仅42岁[①]。

二　孙德胜和凌金莲的跨国恋情

中国对越南的政治、文化影响，源远流长，仅从历史上的地理名称，如交阯（越南北部）、九真（越中部）、日南（越中南部），即可见一斑。两国民间习俗相近，每年农历正月初十，越南边境口岸会免费让持有边民证的凭祥居民入境，到同登拜访亲戚。中越之间特定的关系也造就了越南国家主席孙德胜与中礼姑娘凌金莲的一段凄美的异国爱情故事。

继胡志明之后出任越南国家主席的孙德胜（Ton Duc

① 凭祥市志编撰委员会编《凭祥文史资料》，中山大学出版社，1993。

Thang)，1926年之后曾多次住在中共党员凌云家中，最长的一次住了6个月。半年的相处，使得孙德胜与凌云的三女儿、当时绰号“双枪姑娘”的18岁的凌金莲情投意合，双双坠入爱河，并订下婚约。此后，凌云到越南直接参与反对法国殖民统治的革命，凌金莲也进入越南组织游击队。后来由于越南革命需要，孙德胜到了越南南方，两人联系顿失。不久，传来孙德胜被捕就义的消息，凌金莲悲痛欲绝，一年之后与一名战友结婚，并生下一女。越南革命胜利后，孙德胜回来寻找凌金莲，但时过境迁，徒叹奈何。1945年8月，当凌金莲知道孙德胜还健在时，自感愧对爱人，便面向南方举枪自杀殉情。

三 中礼屯凌家联络站

1924年底，离开越南故乡12年之久的胡志明从莫斯科来到中国广州，在设于广州的越南青年革命同志会总部工作。其间，他不仅亲自主持举办特别政治训练班，还亲自领导和组织越南青年革命同志会机关刊物《青年》周刊的出版发行工作，并将刊物的大部分通过设在中越边境的联络站送回越南国内进行革命宣传。

越南青年革命同志会凭祥联络站是那时设在中越边境的联络点之一，这个联络站就设在凭祥市礼茶村中礼屯凌云的家中。

凌云在越南各地闯荡期间，曾直接参加了越南革命活动，不仅经常与越南革命党人裴玉成等有来往，还亲自担任由邓子敏指挥的队伍的司令，专门带领越盟军队打击法军。在长期的革命斗争中，凌云与越南革命党人邓子敏、裴玉成、黄文欢等接触频繁，深受越南革命党人赏识，有鉴于此，越南革命党人于1925年初把凌云在凭祥的家作为一个联络站来建立。1925年以后，越南革命党人每次过境活动均落脚在这里。在20世纪30～40年代，胡志明过境活动曾先后八次在凭祥居住，时间最长的一次达6个月之久，把这里作为领导越南人民进行民族独立和人民解放斗争的可靠后方基地。1926年，黄文欢等11名越南青年前往广州参加胡志明举办的政治训练班，途经凭祥时，由一位黄埔军校的干部、越南军官伞英在凌云家里进行接待，他打着“黄埔军校入伍生”的旗号护送他们前往广州。训练班结束后，黄文欢等人回国时又落脚在这里，并由凌云派人护送他们出境到同登乘车。1927年，越南革命党人裴玉成、黎夏等率领越盟军队100多人过境在中礼屯一带活动，凌云一家及设在他家的联络站人员一起热情地款待这支部队。中华人民共和国成立后，越共领导人黄文欢等途经凭祥时，还专门到中礼屯作客。1931年，凌云被内奸出卖，壮烈牺牲。凌云牺牲后，多年跟随凌云的村民蒙国琛担起了联络员的重任。胡志明到中礼屯，八次住在蒙国琛家。蒙国琛经常为越南革命党人送信传递情报。多少枪林弹雨，多少艰难险阻，深厚的友谊就此结下。越南解放后，胡志明为蒙国琛亲笔签发了一张特别通行证。蒙国琛凭此证经常前往越南，可以直接面见胡志明①。

① 礼茶村党总支书记凌振森曾亲眼见过蒙国琛的特别通行证。

第五章　风俗习惯

第一节　服饰

中礼屯均为壮族居民，总体而言，壮族男女的服饰较为简单朴素。妇女多穿无领向右腋开纽扣的滚边上衣，下着长裤。男子多穿宽袖有领对襟上衣，下穿宽脚长裤。清朝时期，村民穿自纺、自染、自缝制的土布唐装，以蓝黑色居多，灰白色较少。男一般穿大袖有领对襟上衣，布纽扣，下穿宽脚长裤，热天多穿短裤。女一般穿无领向腋开纽扣的滚边上衣，用布条绑作纽扣，下穿肥大宽脚裤。到民国年间，村中男子多穿对襟唐装。女性则仍穿有滚边的衣衫和宽脚裤，布料则由黑到杂，如蓝、黄、灰色等，布质也由粗到细。

中华人民共和国成立后，村中男子多穿中山装，但老人仍穿唐装，布料已为机织布。除部分壮姑仍穿滚边上衣外，其余女子多穿有领杂花上衣和适中长裤，且颜色亦趋多样。但许多中老年妇女仍穿自己织、自己染的土布衣服。进入 20 世纪 80 年代后，穿西服的人渐多。

中礼屯壮族居民的民族服装和着装形式颇具特色。

一　头饰

自清朝至1915年，村民不分男女，均留长发，男梳辫子，女盘发髻，未婚女子额留刘海。老年男子冷天戴自制平顶围帽，未嫁女子用长头巾包头，戴耳环、项链、手镯、脚环和戒指。老年妇女冷天时戴风帽。1916年，政府下令剪发，男留短发，女仍留长辫，盘发髻。1978年后，村中女子则留羊角辫，扎蝴蝶结，冷天披丝绸或尼龙围巾。

一般而言，女子均一头长发，将头发梳理整齐并高束于头的前部左侧，然后用一条宽6~8厘米、比头发长3~4厘米的黑布或靛青色布紧裹住已束成条的头发，一直从头顶发根部紧包头发到尾部，让所有已束好的头发包裹在这块布中成一条。接着便将这头发绕头缠成一圈置于头上或一匝。值得指出的是，未婚女子则在额前留有刘海，而已婚女子则不留刘海在前额。若是在寒冷或风大的季节，又或是出于害羞见到他人时，女子便在缠好头发的头上系一条黑色或靛青色的头巾。头巾一般是方形，对折后成三角形，包住整个头后，在下巴处打成一个结。

二　衣饰

1. 男子的衣着服饰

男子包头巾，多穿宽袖有领对襟上衣，下穿宽脚长裤，脚上一般穿黑色布鞋。所有的头巾、衣服、鞋子均是黑色或靛青色。男子一般不留长发，只是用黑色或靛青色头巾在头上缠绕一圈。男子的上衣不长，大约盖过裤头的长度。上衣有5~6个纽扣，纽扣是用黑色或靛青色的线或细布条缠绕成的一个小圆形纽扣，同样用这种颜色的细布条或线做成一个纽扣大小的扣眼，分别钉在衣服左右对称的两侧。衣服的领子显圆形，且短而窄，只是浅浅地立起，貌似中山装的样子。裤子长度大约至脚踝处，裤筒宽而肥大（约1尺2寸），尤其值得一说的是，那大约1.5米的腰围。据说这么大的腰围几乎是每个成年男子和女子的既定标准。穿上这种裤子后，便分别用手拉住左右两边，交叉将这肥大的腰围布围在腰间，接着用一根用做油灯灯芯材料的绳子绑上一枚铜钱系在腰间已缠好的布上，这有现今皮带的用途。

自20世纪60～70年代开始，中礼屯的男子和其他邻近的村屯男子一样逐渐改穿汉族的服饰。仅从外形上看，你已经难以分辨其民族为汉族或壮族。到现在，已经完全见不到身着传统民族服饰的男子了。

2. 女子的衣饰

女子的裤子和男子的裤子一样，也是宽而肥大。为什么女子的腰围也做得跟男子的一样宽大？据当地人推测，在当时没有厕所的条件下，女子穿宽大的裤子或许是为了解手时遮羞避嫌。同时，有一种说法是女子在解开裤头蹲下后，将其帽子或盆之类的物品，放入裤子内以方便解手。

女子的上衣不同于男子的上衣开扣在正中，而是将纽扣开在身体的右边，从脖子的右侧一直到右腋侧。通常也是5～6颗纽扣，扣子的样式和男子上衣的纽扣一致。女子的上衣及裤子在颜色上和男子的并无区别。女子的上衣下摆成扇形。在衣服的左右两侧均有4～6厘米的小开襟，据说这样的裁剪一方面是为了美观，避免整件衣服看起来像个圆桶一般；另一方面，则是为了方便女子们穿这样的上衣下地干活、爬山打柴等。在衣服的内侧分别在开襟处、衣服边沿处及肩部位缝有带花色的布料，有些衣服是直接将绣好的五彩布缝上。20 世纪 50 年代前，由于中礼屯壮族服饰主色是黑色与靛青色，而不将其他颜色的布料显露在衣服外侧，因此，只能将这些漂亮的花布缝在衣服的内侧，每当有风吹开衣襟时，便可隐现出那美丽而绚烂的颜色。这样一种细微的改变，诠释了这个民族对美的渴望以及那种质朴的羞涩（见图 5－1、图 5－2）。

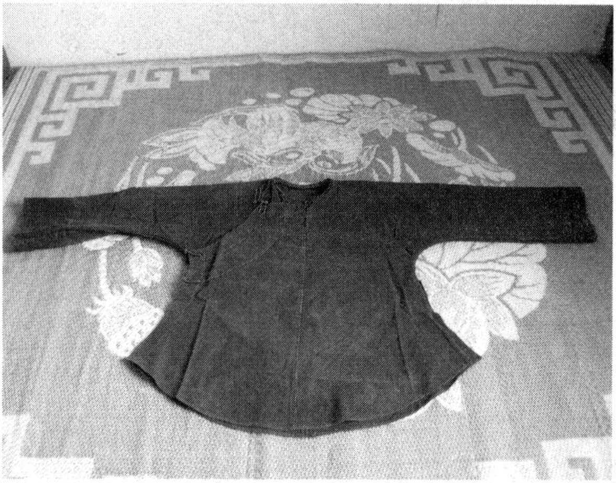

图 5－1　自制的女性服装（2007 年 7 月 24 日　郑一省摄）

中礼屯女子只穿裤不穿裙。随着男子衣饰的巨大改变，女子在衣饰上也显现出较大的变化。首先，20 世纪 50 年代后出生的女子大都已经改变了包头发缠成匝的习惯，而是将头发剪短或仅仅把头发束成一个发髻放在脑后。这样的改变让她们觉得方便且凉快。其次，衣服款式与颜色的变化也是显而易见的。越南女子的衣服开始被中礼女子所接受，衣服的颜色从黑色、靛青增加到墨绿色、青色、浅绿色等。纽扣的位置也从右侧移到了胸膛正中处，与以前的男子衣服纽扣位置一样。纽扣本身也从原来的线或布制成

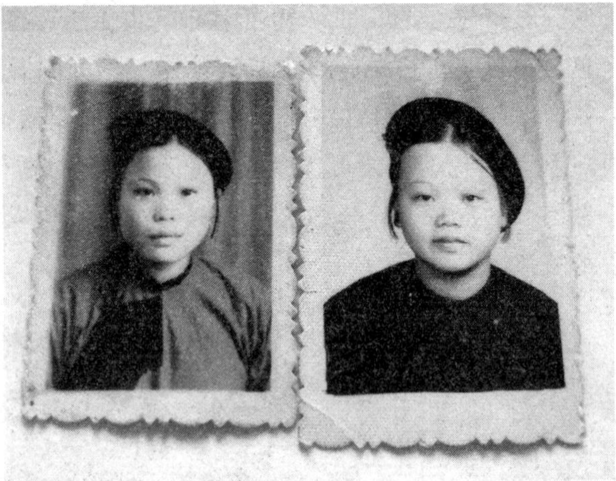

图 5-2　20 世纪 70 年代女性装束照片

（2007 年 8 月 7 日　郑一省摄）

发展成塑料纽扣，颜色亦有白、黑、青、红、绿等多种。尤其应该指出的是衣服的布料也发生了变化。以前中礼屯人全部是自己动手织布、染布，然后裁剪制成具有民族特色的衣物。随着越南女子服饰的引入，中礼屯女子的衣服质地由麻、棉转变成了的确良布、绸布、灯芯绒布等。

过去中礼屯人不论男女老幼均穿自织自染的黑色或靛青色土布，再后来就去市场上买白布回来染。

一般来说，制作完成一件衣服需要 1～2 年的时间，在这个过程中，染布是最重要的工序，它通常要花费半年多的时间。

用来染布的植物是一种约 1.5 米高、开蓝色花、当地人称“板蓝根”的植物。染布时间的选择也尤为关键，一般是在 8 月份采摘这种植物将其放入装有水的大染缸中，浸泡约 1 周，直至它腐烂，再加入石灰水（石灰水量的多寡，完全凭用舌头舔尝，倘若咸了就不放，主要是根据味觉判断石灰水的浓度）和木灰水（即用家中烧完柴火的灰烬和水兑和而成）。然后，用一根大木棍不停地用力搅和（一般需要 3 ~ 4 个小时），直到有蓝色水泡形成。然后，将已搅好的一缸水放置 7 ~ 10 天，目的是使缸中物质彻底沉淀。待后，若见缸中水较清澈时，便从缸中取出沉淀的物质集中放置。取出这些沉淀物以后也并非要马上进行下一道染布工序，而是将这些沉淀物储藏，待至腊月或正月时取出，兑水使劲搅拌直到有泡沫产生，方将白布放入搅拌后的水中，浸泡一个晚上左右，次日，取出后，或洗或不洗，晒干。如此重复 20 ~ 30 次。最后是定色，即采榕树皮加黄豆水放入锅中一起煮 1 小时左右。然后，将布拿去田间搭在竹竿上晒干。

至于为何要选择在正月或者腊月染布，主要有以下几方面原因：这个季节村民比较空闲，田间地头的农活已经结束或者尚未开始；这个季节天气比较冷，新染的布不容易受潮，也方便好天拿出去晾晒；每次至少染 20 米左右的布，冬天田间的稻谷已经完全收割，有宽阔的地方进行晾晒，这也是最后的工序。

中礼人的民族服装制作工序如此复杂，做 1 件衣服需要 1 ~2 年的时间，但实际上除去染布之外，衣服本身的手工缝制仅仅需要 5 ~7 天即可。

过去，成年人一般拥有 10 套民族服装，儿童则有 3 套左右的民族服装。村民在平时的日常生活中，或赶集、过节、走亲戚时，都会身着民族服饰。而逢年过节等重大节日时，男女老少都会穿上崭新的衣服，而这些新衣服便是他们无比喜欢的节日盛装。

第二节 饮食

中华人民共和国成立前，凭祥市城镇居民和乡村农民均吃稀饭和杂粮，只有节日或待客时，才能吃上大米饭。中华人民共和国成立后，城镇居民的生活实现了一稀两干，即早点吃稀饭，午、晚餐均吃干饭或面食，并多有荤菜；乡村农民则是两稀一干，习惯于早、午餐吃稀饭，晚餐吃干饭，辅食以蔬菜、豆类为主，鱼、肉类兼之。每到年节，城乡各地，普遍以鱼、肉为菜肴，蒸、煎、炒、炖，作法较为讲究。夏石、哨平、榴利、那楼等村的客家人，平时好煮“干捞饭”，水米分开，老幼有别。凭祥人有吃生鱼片（俗称“鱼生”）和生猪血（俗称“猪红”）的习惯，尤其是在壮族人中较为普遍，每以生鱼片为待客佳肴。此两种吃法虽欠卫生，但至今仍颇受欢迎。

同样，中礼人也以大米为主食，以前平日每天吃四餐，时间分别为：上午 7:00；中午 12:00；下午 3:00 ~ 4:00（稀饭）；晚上 7:00 ~ 8:00（干饭）。成年人通常是两稀一干。但现在全屯吃三餐的较为常见。早上吃粉、面条，或者吃稀饭、干饭，中午和晚上均吃干饭。杂粮方面主要有红薯、木薯、玉米等。红薯一般是洗干净后，整个蒸着吃；木薯切片浸水晒干，吃的时候拿出来蒸熟即可。玉米既有在较鲜嫩的时候直接摘回家蒸熟吃的，也有把玉米磨成粉后加水煮羹，待稍凉凝结后才吃的。下饭的菜有自家种的黄豆、南瓜叶、红薯叶、多种青菜等，偶尔也有从田间抓回的青蛙或鱼、虾等。除了道公、仙婆以及女人不吃牛肉和狗肉外，一般人都吃牛肉，但很少吃狗肉。值得指出的是，现如今，中礼屯很多习俗已经发生了很大改变，女人也有些开始抛弃过去的禁忌，同男人们一样饮食。但道公和仙婆仍多不吃牛、狗肉。

在食用器具方面，除了过去有的碟、碗、筷、勺等外，炊具有：煮饭用的圆铁锅，煮菜用的铁锅，烧菜用的小铁镬，另有大铁镬是专门为了煮猪食用的，以及烧水用的铅或铁锅。现今一些好的家庭中或多或少添置了电饭锅、电冰箱、饮水机、电磁炉、消毒柜等先进的家用电器。

中礼人除了较为嗜好烟、酒外，中礼屯还有一些较为特殊的食品和小吃。

一　酸粥

酸粥是一种中礼人自制的特殊食品，其酿制过程异常复杂。先将隔夜饭放入一个大碗或盆中，加盖置于阴凉处存放。直至碗或盆中长出一种白色小虫或滋生出一定的菌类，再加入一定数量的隔夜饭，使其发酵。如此反复，直到数量足够全家人食用，且味道酸美即可。然后，将酿好的酸粥放入锅中煮或炒着吃，有时取一定数量的酸粥用于煮鸭肉，其味道清香可口，颇受中礼人喜爱。

二　蒌

过去中礼女子有“吃蒌”的习惯，这类似于男子抽烟的嗜好，在当地极为普遍。据说，该习惯在某种程度上是保护牙齿健康的一种方法。因此，“吃蒌”并拥有一个随身携带的“蒌袋”，在中礼女子身上司空见惯，不足为奇。

所谓“吃蒌”，除了蒌叶外，还需要加上一种梨木皮以及一种越南产的烟叶丝，再掺入一些石灰，把上述三种东西放在口里不停咀嚼，便嚼出一种血红色的汁液来。长年“吃蒌”的女子，牙齿会逐渐变得有点泛黄或者发黑，就像抽烟多年一样。

三　猪红

中礼人也有吃猪红的爱好，即喜欢吃生猪血。当他们宰杀猪时，就会将尚温之猪血与熟盐少许搅拌，不让猪血凝结。然后将猪肺、猪肝、猪软骨喉等切成碎粒，炒熟搁凉，配些葱白，再将猪血与佐料倒入大碗一起搅拌，加入少量的凉汤，搅匀即停，五分钟后结块即可食用。香甜可口，别具风味。

四　猪肠

先把猪肠弄干净，然后将生猪血、三角麦粉、糯米（一般请红白喜事才有）等填塞在猪肠内，待塞满蒸熟后切片食用；又或者仅仅用猪血来填塞猪肠，这种食品便被称为血肠。

五　黑白凉粉

中礼人亦有吃凉粉的爱好。凉粉有两种，即黑凉粉和白凉粉。这两种凉粉均是由当地山上生长的两种植物加工而成的。

当地人上山采摘这两种植物的果实，回家后把果实切开，取出果实中的籽晒干（晒干后黑凉粉籽呈黑色或暗红色，白凉粉籽则多变成乳白色或淡黄色）。做法：取一盆凉开水，用一块布或自做的小布袋将晒干后的籽包好，放入盆中不停揉挤，直至盆中凉水被布袋中的凉粉籽液搅和成略带糊状，方可取出布袋，再往盆中放入少许牙膏或者石灰水搅拌均匀。将拌好后的盆放在一边15~20分钟后，盆中液体便凝结成固体（黑凉粉呈黑色固体，白凉粉则呈白色固体）。食用时，可用勺子从盆中舀出一碗，根据各自的口味加入白砂糖或红糖及薄荷水即可。

现在市场上已经能够买到黑、白凉粉的半成品或成品。半成品多为粉状。人们买回家后，用凉水加入粉充分调和，再倒入锅中加适量的水烧沸，然后倒入盆中冷却方可结成软体状。这就比过去上山采摘、晾晒要更加方便。

六　黄皮果

黄皮果在当地尤为普遍，中礼屯几乎每家每户都会储藏一定数量的黄皮果。关于黄皮果的食用方法有许多，它不仅可以用来泡酒、腌制，也可以直接食用。黄皮果的籽还可以拿来煮着吃。

中礼人都喜欢喝用黄皮果炮制的酒，这种酒烈而清凉可口，下喉后有无比清凉的感觉，倘若加入少许蜂蜜就更加味美香甜。黄皮酒也是中礼人招待客人的上等好酒。

除此之外，他们还喜欢将腌制的黄皮作为炒菜时的调料，尤其是在炒鸭肉或做鱼的时候。在吃白切鸡、鸭时也常将其用做佐料。

七　茶

现在的中礼人多有喝茶的习惯，茶叶通常不是市场上卖的成品茶叶。换句话说，他们饮用的茶叶不是一般意义上的茶叶，它是一种只有当地才能生长的植物。该植物叶片较大，泡茶时常连同枝叶一并放入沸水中。在当地习俗中，这种茶叶在农历五月初五时采摘为佳。据说，这个时节万物生长一片欣荣，就连有毒的草木也是生长繁茂，选择此时采摘这种茶叶有“以毒攻毒”、驱魔除病的暗喻。

此茶清热解毒，甘甜清凉，即便是放上几日，茶水也不会同其他茶叶一样变味或变坏。

虽然现在中礼人喝茶的习惯较为普遍，但据说在中越自卫反击战前，他们不但不喝茶，连喝白开水的习惯也没有。人们都是直接饮用泉水。在战争期间，有不少战士来到中礼屯，他们难以接受当地的饮水习惯。正在为难之际，一位当地领导想出了在水中添加茶叶的好方法。也正是这办法解决了战士们的喝水问题，更是将喝茶的习惯引入中礼，并流传至今。

八 五色糯米饭

糯米饭对于中礼人来说有着非同寻常的意义，无论是红白喜事、大年小节，还是各种仪式活动都少不了糯米饭。

中礼人在端午节前后，还喜欢用红花草、黄饭花、嫩枫叶、紫蕃藤的汁液各浸泡适量的糯米，3 个小时后将糯米捞出，与等量的白糯米拌匀后，另加白糯米一份，一同入窝蒸熟，再加些油盐，即成红、黄、蓝、紫、白五色斑斓的糯米饭。该饭清香扑鼻，好看又好吃，令人垂涎欲滴。它也象征着五谷丰登、生活美满幸福。

九 生鱼

生鱼也是当地人特别喜欢的一种风味小吃。做法：拣鲜活的3 ~5斤的鲤鱼或草鱼，刮鳞洗净，除去内脏和鱼骨，用干净的白纸揩干，然后将鱼肉切成小薄片，以白糖、酱油、蒜泥及柠檬汁拌和，再浇上花生油，即可食用。生鱼片脆而鲜嫩，滑润爽口。

十　艾糍粑

清明节前后，艾叶鲜嫩，将新摘来的艾叶煮烂，捞出洗净压干，拣去粗纤维，同煮熟的糯米混合捣碎，捏成窝状，再放入芝麻或花生和砂糖混合的馅，捏成扁圆如饼即成。这种糍粑呈嫩绿色，又软又韧，有糯米和艾叶的苦香，是壮族人喜爱的食品和送礼佳品。

除了上述小吃之外，中礼人自产的酒类有红边龟酒、白玉醇酒、五蛇酒、巴戟酒。红边龟酒和巴戟酒为凭祥市酒厂生产的优质产品。红边龟酒，以品质纯正的高度米酒，配以名贵的红边龟、党参、枸杞子等中药长期炮制而成，能使药力溶于酒，行于血，吸收快而均衡，显示了其独特的治疗保健作用。巴戟酒，以巴戟为主要原料，配以淫羊霍、石钟乳、楮实、熟地等多种名贵中药及纯米酒精制而成，集食品、保健、治疗为一体，具有强精补肾、固本培元、调补气血、调理脾胃等作用。

第三节　居住、生育习俗

一　居住

中礼屯地处边陲，其房屋现今可分为三类，即砖房、泥房和茅草房。砖房又分钢筋混凝土浇筑房、水泥砖砌房和砖垒房三种。泥房主要是指用当地的泥土晒成砖型砌成，屋顶或盖瓦片，或盖树皮、茅草等。就屋内的结构而言，现在的整个中礼屯没有严格一致的结构。这种房屋设置的差异性，恰巧反映的是中礼屯房屋设置的历史发展过程，它从纵向上反映了一个村落时代变迁的痕迹。

中华人民共和国成立前，人民群众居住得很简陋。房屋多是用木头柱架起来，盖上茅草，用泥拌禾秆涂抹做墙，一般一幢三间，“上人下畜”的一种高栏木屋。该房屋上层用木板铺设和间隔，一般坐北朝南，上房的大门开在正中，入大门便是厅堂，正堂下设祖宗神位，写有“某门堂上历代祖宗之神位”字样，神龛上长年供有香炉；上高屋安有“天地君亲师”神位，亦供有香炉。入中门就是餐厅。厅堂两侧是卧室，前厅居男，后厅居女，长辈居左，幼辈居右，绝无乱套。睡床多用木板制成。正门多是两扇木板，窗口很小，屋内阴暗。中华人民共和国成立后，人民群众的居住条件有了变化，尤其到20世纪90年代后期，砖房甚至楼房开始出现，楼房的修建格局多因地势陡、面积较窄的缘故，各家各户将楼梯修建在房屋的外面，且内部多为客厅加两边的侧房格局，亦有较窄的走廊。2000年后修建的楼房，已经把楼梯改建到了屋内，外面也多没有走廊，但是二楼设有阳台，窗户不同于以前的玻璃或木制窗，而以铝合金窗见多。厕所的变化也是显而易见的，自全屯实现自来水工程后，厕所有了巨大的改变。由过去的没有厕所、野外“打游击”到后来的旱厕，最后演变成今天的自来水厕所，相伴而实现的是人畜粪便的沼气化。

另外，家具的制备也有了很大的改变。改革开放前，除中农以上的家庭有床、桌、凳子外，一般家庭多睡在被当地人称为“寿板”的一种木板上，贫穷的家庭不设置桌凳，只用草铺或木块、石头来垫坐。

改革开放后，桌椅、板凳、床都是家家必备的家具，床由原来的木板床变成现在的“席梦思”，木凳也变成了椅子、沙发又或是越南的红木家具。装衣服的小箱子也多改成了三合板制成的衣柜。此外，还专门设有放电视和放碗筷的柜子等。

在中礼屯，现有 90% 以上的家庭拥有电视机，且其中有85% ~90% 的家庭拥有彩色电视；有 20% ~30% 的家庭拥有小型洗衣机；有 10% ~15% 的家庭拥有冰箱；另有 50% 左右的家庭拥有摩托车或小型农用车；有 95% 以上的家庭拥有电扇。除了上述家用电器外，部分家庭还拥有饮水机、消毒柜、音箱、卫星接收器等。

二 生育习俗

（一）怀孕期间的情况

中礼妇女在怀孕期间也像平常一样参加劳动。在饮食方面也没有什么严格的规定，孕妇一般喜欢吃较酸的食物。在怀孕 7 ~9 个月间，家里会请道公推算日子并在神坛作法事，随后由道公给黄色符纸数张，贴于门、窗上，意为保佑孕妇顺产。在将近分娩时，孕妇则减少劳动。

（二）分娩的方式

产妇分娩一般都在家中，由家人请来接生婆接生。但 20 世纪 80 年代末至 90 年代初，中礼妇女逐渐到医院生产，到 2005 年，全屯产妇实现全部去往市、镇医院生产。医疗卫生条件得到极大改善，产妇及婴儿的生命安全得到良好保障。

产妇产下婴儿三天后，娘家即送来鸡、猪脚、糯米饭等给产妇，使其迅速恢复健康，增加奶汁。在此期间，孕妇通常不吃杂娘，多吃豆腐、肉类等。

（三）产妇难产的情况

在医院生产的产妇遇到难产的情况时，几乎都选择剖宫产。产妇在医生悉心开导和熟练技术下，平安顺利完成整个生产过程。而在过去，妇女分娩采用的是旧有的一套接生方法。产妇在分娩时若碰到难产，则会在心理上产生极大的恐惧与不安。只有把命运完全寄托在鬼神之上，纷纷请道公前来作法。道公通常会用一头猪装在笼子里并放在地面上，随即点香烧纸钱、敬酒，口中念念有词，并画出两道符纸，一道给产妇佩戴在身上，另一道则用火焚烧并放入一个盛满开水的碗中，给产妇饮尽。倘若产妇平安产下婴儿，这头猪择定要用来宰杀敬神。倘若产妇并没有顺利生产，则道公便会说这一定是产妇或其家人平日里得罪了哪路神仙或鬼神，此一劫难乃是命中注定，实难解救。

（四）关于婴儿

过去产下婴儿后，用热水将娃娃洗涤干净，然后用刀把婴儿的脐带割断。婴儿所穿的衣服是用旧布缝制而成的。据说，男孩子穿的衣服是用其父亲的衣服改制而成的，而女孩的则用母亲的衣服改制而成。如果穿错了，暗指该婴儿以后将不聪明，比较愚笨。

婴儿在产下后未满 40 天时，不宜让其见“天日”，尽量避免出门，倘若要出门，也应用帽子、伞、毛巾被之类的物品遮挡住婴儿，以免让其直接对着天空。在即将满 40

天的时候，需请道公为婴儿推算“剃胎毛”的日子。剃胎毛，即给婴儿第一次理发，这可以是象征性地剪下几根头发，也可以是完完整整地理一次头发。具体情况视婴儿头发长短与多少来决定。剪下来的头发不能随便乱扔或者扫出门去，而是要用一块黑色或者是青色的布将所有的头发包好，由孩子的父亲或其他家人将头发放置到一处别人难以发现、难以碰触到的地方。婴儿家人也须请道公为婴儿求得一道“护身符”（护身符是由一块小红布包裹着的、由道公求得的符纸，以及在药店买回的朱砂缝制成的三角形香包）。婴儿戴上这个“护身符”，即会健康、平安、顺利长大。

婴儿产下后的第三天，其外婆通常会给产妇送来一些鸡、猪脚、糯米饭之类的补品。而待到约 40 天时，婴儿家人则会专门设宴邀请亲朋好友，以庆贺家中喜添一丁。

通常情况下，婴儿满 40 天的设宴开销全部由产妇的娘家人承担，即婴儿的外公外婆会在这一天到来之前准备好宴席上的酒、肉、糯米饭等食物（现在多由产妇的娘家和婆家共同来承担这次宴席的开销费用）。除此之外，婴儿的外公必须为其外孙送来一个“花台”。“花台”由木头制成，上面用红布或者是花布做成花朵形状，放在两侧（见图 5－3）。整个“花台”又像是一座倒置的木桥，中间用来摆放供品，点放香火。逢年过节，每个月的初一、十五，以及小孩生日的时候，家人都会在“花台”上点香火上供，以求“花台”的主人健康、平安、吉祥如意（见图 5－4）。“花台”自安上后就不再轻易取下。女孩需到自己出嫁的时候才能取下，男孩也要等到自己成年结婚分家后，或者是死亡后，才能从墙上将“花台”取下。

图 5-3 花台（2007 年 8 月 9 日 郑一省摄）

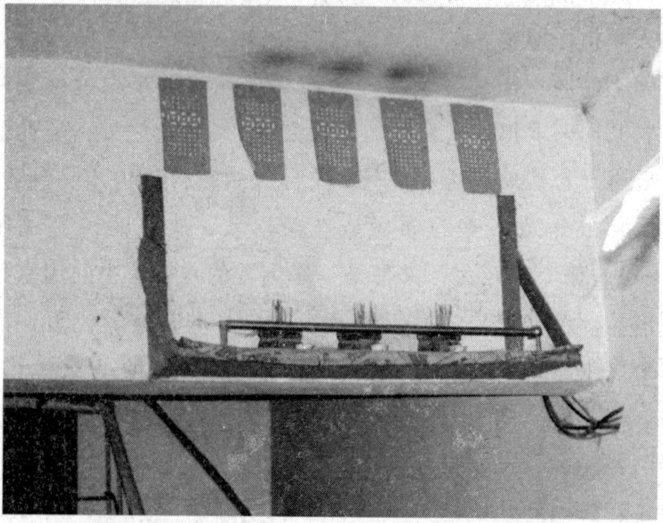

图 5-4 神坛（2007 年 8 月 9 日 郑一省摄）

设宴这一天还有一个仪式，那就是由小孩的小姨或者小姑之类的亲戚抱着婴儿出家门，直到走过一条小河或者小溪，且在路上用草编两个草结，一个放在孩子口袋中，另一个则在过桥后或烧或直接放在桥头，从上面走过，且在桥头点上一炷香，并烧上几张纸钱。或有在桥头放置几角钱以替代草结。据说，这个仪式源自过去婴儿满40天时，要由小姨抱着婴儿去外婆家报喜、请宴这一习俗。由于有些人家路途遥远，抱着婴儿报喜不太方便，因此，这个习俗就慢慢演变成现在的路过小溪或者小河就可以了。

由于中礼人有不落夫家的习俗，因此，在坐月子期满后，产妇会携带猪肉、鸡、糯米饭等礼品回娘家，而娘家则会回赠给产妇一定的衣箱、棉被、蚊帐、布匹等，以表示产妇在生育孩子后就会在婆家稳定居住下去。

过去婴儿穿的衣服不能用新布来做，据说，婴儿穿上新衣服，则表示鬼神容易附身。而且婴儿每天都要洗澡一次，直到两三岁时，才两三天洗一次。满一周岁前，晾晒的婴儿衣服必须要在太阳下山前收回放置在屋内。倘若不赶在太阳下山之前收回，婴儿穿了就会生病。

中礼人也有让孩子认“契爷”的习俗。若婴儿出现时常啼哭又不想进食，或者发烧感冒难以治愈等情况时，婴儿家人则会再次请来道公推算八字，看孩子的命中到底缺什么，或者是和哪一个人的八字比较相符合。倘若推算出其命中缺木，则让孩子认一棵大树作为“契爷”；若缺水，则会认一条河或者是一口井作为“契爷”；若与某人八字相合，则认这个人作为孩子的“契爷”或者“契妈”。至于拜树、井、石头、大山或是人等作“契爷”，完全依据道公的推算。拜定以后，每年除夕前几日，以及孩子的生日，又或过节时，家人都会去拜祭（访）孩子的“契爷”。

孩子满周岁时，通常也会设宴，但宴席没有满 40 天时隆重，一般只是宴请比较亲密的朋友和亲戚。酒席饭后，会给孩子准备一个簸箕，簸箕内放有笔、书、钱、食品、算盘等物品，然后将孩子放在簸箕中让其拿里面的物品。如果孩子首先抓到的是食品，则表示孩子长大后会是个比较好吃的人。若拿到的是钱或者算盘，则表示孩子将来会是个商人。而抓到笔、书之类的，则表示孩子将来会“中状元”，是个读书之人。

中礼人一般没有成年礼，孩子过完周岁生日后，便不再专门为其举办庆生宴，成人也不过生日。近些年来，受城市外来文化的影响，部分家庭也开始给孩子买蛋糕，过生日，但大部分家庭仍没有过生日的习惯。

第四节　丧葬习俗

中礼屯全屯居住的均是壮族人，因而有着比较完整的壮族丧俗。屯中但凡老年人过世，不论家庭经济状况好坏，请道公作法是每个孝子应尽的“义务”。据说这是为了报答父母在世时的养育之恩，丧礼越隆重则表示孝子越感恩，有很长一段时间，丧礼攀比大操大办的现象在中礼屯异常盛行。但在中礼屯，未满 18 岁或者尚未结婚的人，死后则没有开丧的礼规。近年来，随着政府“反对铺张浪费，红白喜事从简节约”政策的宣传，人们开始意识到大操大办、铺张浪费给家庭的经济状况所造成的沉重负担，村民们于是自发形成了一个组织（当地人发音为“hang pie”），主要用于解决丧事期间的各项事务，包括财务开支与结算，以及丧事期间的后勤事务（如做饭、洗碗、砍柴等）。该组织的成立极大地帮助了丧主家庭处理后勤事务，最大限度地为其节约了丧事的开支。这个自发成立的互助组织成为中礼丧事的一大特色。

一　报丧

父母过世时，孝子即请族兄亲戚代替其前往舅舅家报丧。报丧者一般不需要携带什么礼品。孝子则会亲自去往屯中或者临近的亲戚朋友家报丧。舅家闻此噩耗后，便准备一块约三尺长、一尺宽的白布，随报丧者一道而来。来到丧家后，舅舅成了丧家暂时的主人，策划并指挥整个丧事的进程。一族兄前往舅舅家报丧的同时，另一族兄则前往孝女家报丧，孝女在带回白布的同时，且需要带回一个纸幡，以此作为赠送给已经过世的父母的礼物，女婿也随同而来。

二　请道公

请道公是每个孝子报答父母之恩的方式。请道公前，丧主家的亲戚会聚到一起商量该请哪一位道公（通常会请口碑比较好的、法事比较“灵验”的道公）。在决定好请哪位道公后，孝子同族兄或几位亲戚携带 1 斤米、3 条香去往道公家。如果道公愿意去给丧主家作法事，则会表示接受孝子带来的物品，由孝子或其亲属亲自把米放在道公家的神坛上，并将香点燃，插在道公神坛的香炉内（但是道公不能亲手接过孝子带来的米和香）。若道公不接受物品，则表示道公不愿意去丧主家作法事。

道公在接受孝子邀请，且同意去作法事后，则会召集

3~4个“行内人士”作为道公组，一般会有5个道公，其中包括孝子去请的主道公。道公们通常会带来锣、鼓、钹等乐器。道公可穿便装或者灰色长袍，主道公一般有两套衣服，一套是灰色或红色长袍，另一套则是类似袈裟的红色长褂。

请一班道公来完成整个丧事间的法事活动，费用在400~800元之间，主要是依据所请道公的人数以及仪式活动的多少来确定。除了给道公们现金之外，还需要给他们30~40斤米、10斤糯米糍粑、2瓶酒、2只活鸡、1~2只熟鸡、1个猪头肉、20~30斤猪肉（通常就是一头猪的1/4）。现金一般是在最后一次法事活动结束后，道公们吃完饭准备各自回家前，由丧主家人亲手交给主道公（据说所得钱物是道公们共有的）。其余物品则由丧主家择日送往主道公家。倘若道公们居住地离丧主家较远，丧主家还应租一辆车将道公们送回。

三　买水

道公来到丧主家后，便开始动鼓作道，准备为死者去买水。随同道公去买水的是死者的儿子、女儿、儿媳妇以及孙子等孝男孝女。所有孝男孝女排成长列，长子在前，次子在后。死者的儿子头上均戴着一顶竹子编制而成的三角帽子。而走在行列最前面的长子手持一把约两尺长的木质大刀或者是芭蕉叶杆，刀的尖端插着一个空的竹筒。而跟在他后面的是身穿白色孝衣、头披白色孝巾的孝男孝女。他们一路哀哭而去（现在买水的仪式较过去随意一些，孝男孝女除孝子外，其他人头戴白花或孝巾、腰间缠麻绳即可，无需每个人都穿白色孝衣，头披一丈白布）。头上扎白色孝巾的也多是死者第三到第四代的子孙。

买水的地方是由道公推算而定的（或井或河）。到达买水地方后，点燃香火，道公作法，焚烧纸钱。此时，由死者的大儿媳妇拿盆，背对水井或河取水。道公则在一旁点燃早已准备好的竹筒油灯（即用一截竹筒灌上灯油，插上一根灯芯），并放置在取水处，接着就是燃放鞭炮。

四 入殓

道公用桃木枝叶或者柚子枝叶沾上一些买回来的水，往死者脸上轻洒三次。死者儿媳妇将买回的一盆水、一块长宽与手巾相似的新白布作为洗脸巾给死者的长女或者长子，让其为死者擦身。通常是先擦脸，后擦身，由上至下，洗后的水盆会放置在一边，又或倒掉后装入一盆新的水放置。中礼人也有为死者理发、洗头的习惯。若死者为女性，则为其洗头、梳头即可。擦净身体后，则给死者穿上崭新的衣服，包括衣、裤、鞋、袜。鞋通常是黑色布鞋（据说橡胶鞋会留在棺内难以腐烂）。头巾是新的，衣服一般包括春夏秋冬四季的，都穿在身上。通常，考虑到人死后擦身不方便，所以很多家人选择在死者终没前完成擦身、换衣服、洗头和理发的仪式。

入殓的时间是由道公推算的。死者家属须严格按照该时间为死者入殓。入殓前，家属们须在棺材内放置一些火木灰、一张凉席，以及用一块黑色或靛青色新布制成的三角形枕头一个（枕头内用火木灰填充）。死者由其孝子抬入棺内，死者头部朝向棺材大的一端，脚则朝向棺材小的一端。随后在死者身上盖上白布或者黑布（通常是白布）。这些白布由死者的儿媳妇所送（每个儿媳妇送一块），布的数量也就依据死者儿媳妇的多寡来确定。该布的顺序也有一定的讲究，大儿媳妇的布要最先盖在死者身上，依次是二儿媳妇的、三儿媳妇的等。布的大小也有规定。大儿媳妇的布最宽、最长，二儿媳妇的布不能宽于、长于大儿媳妇的布，其他的以此类推。倘若没有儿子或儿子仍未娶媳妇的，则不用盖布。此外，还须用白砂纸包一枚铜钱或者硬币放入死者口中，另让其左右手均持鸭毛与纸钱数片，据说是给死者到阴间渡河过海时得便利而用的。

五　封棺

入殓后，便按照道公事先择好的时辰准备封棺。棺材一般停放在厅堂中央，依据中礼人的习俗，倘若丧家有两层式或者多层式的楼房，棺材均是停放在一楼的厅堂内，且入殓后，丧家人自动封闭通往楼上的楼梯，即家人、亲戚或者朋友都不能再上楼。此种习俗旨在表达对死者的尊敬，意为不去往比死者更高的地方，不轻易惊扰其安息的灵魂。此外，在封棺前，需将死者生前的衣服叠好，整齐地塞放在死者的左右两侧，使尸体在抬棺过程中不至于移动。待时辰到时，便盖好棺盖，以米浆、红泥土、火木灰拌糯米谷一起炒好，用来涂塞棺内的缝隙。盖棺后，用一颗小铁钉将一个正方形红白纸钉在棺材的尾部。待出殡时，将其取下。

六　动鼓开丧

在动鼓开丧前，道公先吹响海螺，然后由族兄帮助丧家以木板安好“道”、“坊”两潭。安置在门内东边的是道公的法坛，西边的是“坊公”的法坛，两者分头作法，各不相混。首晚由道公作法，接下来则由“坊公”唱“坊”。

作法时，棺上方悬挂着一块红布，棺的大端置有猪肉、糍粑、五个酒杯等祭品。棺材的小端则置有五个酒杯、糍粑数个和写有死者生殁时辰的灵位，此外尚置有猪头一个，猪头的两个鼻孔上各插有一支宝烛，谓之“七星灯”。道公坐在地板上作法，敲打着两只铜铃，另一个人则敲镜，二人鸣钹，道公绕棺材行走，口中念念有词，孝子则各持一炷染上生油的神香，随哭随走，谓之“明灯”。

此外，丧家还请来一位年长的族兄专门为丧家斟酒、点香等，另外还需请来几个专门制造纸屋的匠人。纸屋的做法如下：先由竹子编制而成屋的整个骨架，再以五色纸贴上，屋的长度为六七尺，一共有两层。此纸屋主要是用来待下葬后盖在坟墓上，据说是人死后还不能立即转入阴间，盖上纸屋则是为了给其遮阳避雨。另外，外嫁的女儿各送来纸幡一个（一般用红白两种纸做成），用来插在坟墓的边上。纸幡的多少表明死者女儿的多少，也是其女儿孝顺与否的表现。

在举丧期间，所有的亲朋好友都来吊丧，孝男孝女则出门迎接，吊丧者进屋上香，丧家则会给其一块长条白布，吊丧者随后在灵柩前三跪九叩，“假哭”一通，主要是表达死者生前的英德，劝慰死者在阴间安息之类的话语。孝子在灵柩前向吊丧者答礼。如果吊丧者是开车或者骑车来的，丧家会给吊丧者一块红布条用来绑在其车上，或者给装有几毛钱的红包，以表达祝愿和谢意。

七　选地、择日

在出殡之前，先由道公选择好“吉日良辰”，丧者家属商量确定坟址。坟址选定后，带道公前去看坟址，如果道公觉得合适，就点上三炷香，并将一顶旧的草帽放在选好的坟址上，以便由村内的“hang pie”组织在出殡前一日将坟穴挖好。孝子和族兄也随其一起去，第一锄头由孝子先挖，然后孝子拾起少许泥土，以一张白纸包好，带回家中放好。

八　出殡

出殡的时间是由道公事先根据死者的命庚来推算决定的。到时，孝子会请其舅舅守在丧家的后门，主要是为了不让别人往屋顶上乱投掷石头。据说，如果被人投掷了石头，丧家就会有重丧的厄运。出殡时，孝子伏在门外的楼梯上面，让棺材从身上跨过。在门外距离楼梯不远的地方，也是棺材经过的路上，放着装有花生油并点燃的勺子灯，灯的数量根据孝男孝女的人数确定，但是一般至少有七盏灯，称为“送丧灯”。此灯用完后，孝子一般不会过问，任由其放在路上或者由别人拾捡去。另外，在出门100米左右的地方暂时停放棺材，以方便将棺材绑在楼梯上抬棺。在停棺处，丧家则开始焚烧死者的破旧衣物和用具。中礼人也有类似“挡棺”的习俗，即孝子匍匐在地上，让棺材从身上跨过去。出殡时，孝男用芭蕉叶做成的绳子绑在腰间，头戴孝帽或头绑白布，由死者的大儿子（如果没有儿子，就由上门女婿）双手抱灵位，一路哀哭而去。孝女们皆穿孝服，头扎孝巾，由长女挑着死者的蚊帐、被子以及镬具。在出殡行列的最前面，由道公沿路撒上谷壳和纸钱，另有族兄肩挑一担祭品，手持一根烧红的大火把，以示明路之意。在出殡将到达坟址的时候，孝男又再次伏在地上，让棺材跨过身上。

九　埋葬

到达坟地以后，道公开始作法，孝男孝女向棺柩跪拜，齐声哀哭，且以大量的神香、纸钱来烧暖坟穴。烧纸钱也是有一定讲究的，即在坟穴内按照人躺在穴内的形状焚烧纸钱。道公随即将一只雄鸡放在坟穴内，如果雄鸡能跳出坟穴走开，则表示此地乃是“旺地”。随后，抬棺人就将棺材放入穴内，抬棺的木头和绳子都需拣出来。孝男则从地上抓起一把泥土撒在棺材上，接着抬棺人开始往坟穴内填土。将坟穴填埋成一个棺材的形状（福是头，寿是尾）后，在其上面盖上纸屋，四周插上纸幡。待一切完毕后，抬棺人便可空手回去，抬棺的所有木头、绳子和农具器物都由丧家亲自取回。中礼人没有葬后拾骨重葬的习俗，除非葬后坟地进水，或者丧家人畜不旺、家庭不兴，才会请来道公重作法事，拾骨重葬。此外，也没有立碑的习俗，除非丧家经济上很富足，且有道公“点化”说给祖宗立碑将会消灾转运，但是这样的情况在当地很少见。

十　复坟

中礼人有下葬后的当天或次日复坟的习俗。孝男孝女备上猪头一个、鸡一只、糯米饭数碗等祭品去复坟。坟上放一张竹方桌和死者生前用的雨帽、碗筷等。复坟时，孝男孝女以新土补厚坟头，并将下葬时所用的木头、绳子和器具捡回家。中礼人没有送饭和送火的习惯，只是在出殡回来时，将死者的灵牌安置在厅堂上，朝夕焚香，茶饭祭祀。此外，连同自家中死人之日起，安置在灵堂的一盏油灯（同时还要放置一盆水和一条毛巾，水每天要换一次，在出殡后盆就可以撤掉）一起安置满40天后才能撤停。此后，便是在过节时连同祖先一起祭祀。

十一 陪睡

出殡后，丧家一般会邀请村中青年或者部分亲朋好友来家中留宿，当地人称之为“陪睡”。少则2～3天，多则一个月。这段时间里，年轻人会聚在家中喝酒吃肉，唱歌打牌，制造热闹气氛，主要是为了让丧家尽早忘却丧亲的痛苦。过30～40天（时间一般由道公推算而得）后，便请来仙婆为死者超度灵魂，大意是为了拯救在阴间的死者，为其免却地狱之劳苦。作法的排场大小可依据丧家经济状况决定。

十二 “Hang pie”组织

“Hang pie”组织是中礼屯专门运作于屯中丧事期间的组织。它是一个由屯中村民自发成立、自愿加入的互助组织。加入组织的村民需要在组织协议上签字，同意接受组织中的各项条款。组织自成立之日起就拥有一个“账本”，里面记载着组织内的成员名单、每次丧事间的分工、财务开支等各项事宜。“账本”遵循流动保管的程序，即组织内成员谁家有丧事，则在丧事结束后，“账本”就由这家丧主成员掌管。且当组织内其他成员家丧亲时，就由掌管“账本”的成员负责组织其他成员为丧主打理丧事期间后勤等事宜。待到这家丧事结束后，“账本”就停留下来交给丧主管理。一直到再有组织成员家丧办，且负责完本次丧事后勤之后，才进行“账本”的交接。以此类推，实现互帮互助。

个案5-1

人物：凌某、李某（两人都参加了屯中的“Hang pie”组织）

时间：2007年3月中旬

事件：李某家的丧事

2007年3月中旬，李某父亲过世，出殡前一日李家在村中举办丧宴，但李家房子较小，没有空地摆置饭桌。2006年10月母亲去世的凌某是目前“账本”的掌管者，自然也就是李某丧事后勤的负责人。得知李某父亲过世后，凌某就召集组织成员开会商议李家丧事的操办事宜，具体包括买菜、做饭、洗碗、挖坟穴、抬棺材、上山砍柴、管理物品借用等事务的分工。会后由组织成员借给李家需求的碗、筷子、凳子等物品。“Hang pie”组织通常在丧家出殡前一日正式运作。由于丧宴一般在出殡前一日举办，此时丧家要打理的事情比较多，组织的启动在很大程度上缓解了丧主家人的压力。依据分工，组织成员分别完成好各组的任务，并由凌某在“账本”上记录下任务完成过程中的各项事宜，以及一些相应的开销、花费。待李某父亲顺利下葬后，由凌某将“账本”移交给李某，并由李某负责组织操办屯中下一个组织成员家的丧事活动。

第五节　节日与禁忌

一　节日

中礼人和其他许多少数民族一样几乎每个月都有节日，

这些节日有大小之分，也有简单和隆重之分。一年中除了除夕、清明节、端午节、六月初六、鬼节、中秋节、重阳节、冬至节、腊月二十三（送灶神）是比较大的节日外，其余均为小节。大的节日是必须要过的，且花费较高，也比较隆重，而小的节日很多时候只是一个简单的仪式。

当地传统节日，除了同内地各民族一样有着过小年、大年和元宵节等习俗外，还有几个比较有特色的节日，即吃立节、佛生节、天祈节、尝鲜节，以及农历正月初二拜祭土地庙、三月初三吃艾糍粑等。

（一）吃立节

每年的农历正月二十九，中礼人总要杀鸡、杀鸭、宰猪、采野艾糍粑、蒸糯米饭等，热闹得像过春节一样。这个节叫“吃立节”，是一个纪念历史灾难的日子，至今已有100多年历史了。据史料记载，中法战争爆发后，法军攻陷谅山时，正是光绪十年腊月二十九，战争结束后，壮族边民们痛定思痛，为使子孙后代牢记国破家亡的深仇大恨，便将这一奇特的节日沿袭至今。

（二）佛生节

相传四月初八是敷佐伯冯三界诞生日，乡村民众此日上山采摘银花、艾叶青等拌制糯米粑，说是吃此糯米粑后，能祛疾健身。又传，此日为牛魔王生日，乡下农民均用糍粑喂牛或将糍粑贴在牛角上以示酬劳耕牛，是日忌使牛耕役。

（三）天祈节

六月初六，相传为花圣母神旦，人们做米粉、糯米粑，带上酒肉到神庙去求神拜佛，保佑行福。民间每逢此日皆翻晒衣物，用滴有畜血的纸插在田间以避畜害和自然灾害求丰收。农家还用芭蕉叶、莲藕叶喂牛。

（四）尝鲜节

与其他有约定的传统节日相比，村民过尝鲜节可谓独具一格。在十月，具体不规定哪一天，各家到田间剪回七八成熟的糯谷穗，脱粒后连谷壳一同煮熟，再用舂碓捣，簸出糠。经捣簸后便成了扁形的糯米干饭，呈绿色，软韧可口。人们用手抓着吃，既可填肚子又能解馋，由于不在统一约定的日子制作，所以村里人无论是谁家做了都会请邻居尝鲜，你尝我的，我尝你的，一直延续到秋收谷粒进仓为止。人们把这个叫做“尝鲜节”。

二　禁忌

无论是在婚姻、生育还是生产、生活方面，中礼人都有着各个方面的禁忌习俗。

（一）性禁忌

有关性的话题，历来是中国人口中禁讳的内容，也是中礼人避讳言说的内容。人们谈性色变，公开谈性，则被认为是无耻、下流的表现。婚前性行为若被他人知晓，则会被别人唾弃、歧视与不齿。

20 世纪 70 年代以前，未婚先孕的女子通常有两种选择。一种就是祈求男方家同意迎娶；另一种是倘若男方不承认且不同意与其结婚，那么在众人的闲言碎语中，女子多选择自杀或是远走他乡。倘若男方同意娶女子，那么其婚姻礼仪则可异常简化，男方无须给予女方彩礼钱，整个婚姻礼仪从速从简。此外，新娘进入男方家门时，还需因其未婚先孕受到处罚，即新娘要被男方家族中一位长辈在头上套上“牛轭”(用于耕田地时，给牛头身上套的器具)，并在其额前挂上一棵青草。由于新娘的未婚先孕，众人对其行为鄙视，在男方家人的眼中，娶进来的新娘如同领进一头耕牛。从此以后，新娘在其家中做牛做马，永不得抬头做人。

未婚女子与男子发生性关系后生下的婴孩，则被众人称为“野仔”，孩子连同其母亲，甚至未婚女子的家人都将遭到别人的歧视。已婚的女子（尚未落夫家）与别的男子发生关系，则有两种不同的情况。一种是已订婚而未完婚的，该女子则赶紧与未婚夫完婚，男方家不用过大礼。另一种是已结婚而没有落夫家的，女方家立即将该女子送到男方家，并赔给男方一头牛。但对于男子“不贞”的行为，则没有过多追究。相反，该男子的妻子在一定程度上还会因为丈夫的“不贞”而受到他人的诋毁。

（二）结婚禁忌

结婚时，忌打破碗碟；忌在迎亲路上碰见死人及石头跌落；忌新娘吃鸭肉；忌孕妇进入新房，更不能触摸新娘的新床。

（三）怀孕期间和产后的禁忌

怀孕期间的禁忌：孕妇大清早忌出门（据说做生意办事的人清晨出门遇到孕妇则表示不吉利，孕妇也会因此遭到别人的责骂）；孕妇丈夫不能替人抬死人；孕妇丈夫不能打蛇和杀蛇；家中牛栏内的石头不能更换；不能用锄头在房屋四周乱挖坑；不能盖新瓦；孕妇不能吃死的六畜肉；孕妇出门遇到路上有绳线之类的物品，必须绕过绳线，而不能直接跨过。

产后的禁忌：产下婴儿后，便在自家门前挂一小捆柚子树枝，若是产下男孩则挂左边，产下女孩则挂右边，这是告诉别人，这户人家已经生下一个男孩或者女孩，别人不能随便走入屋来；产妇同孕妇一样也忌随便进入别人的屋内；产妇、婴儿忌见血（鸡、鸭等血）；丈夫忌当着婴儿面宰杀牲畜；不能去水井挑水；忌在火灶前面走过及走近放有神位的地方。

（四）丧葬禁忌

父母死后，孝男孝女（尤其是孝女）头上都要戴白布，一年过后，就将白布取下染成蓝色，直至满三年才能取下。父母去世未满40天时，孝子不得寝高床、坐高凳、剃头，以及与妻子同房（子孙则要求20天内禁止上述事情）。在过去，丧家三年内不能有新婚，不能修建新房。入殓时，孝子的头发和眼泪不能落在死者的尸身上。据说，这样死者就会在阴间走错路。入殓封棺后，忌有猫跳过棺材，传说有猫跳过，尸体就会自已直立起来。因此，举丧期间都会将猫关起来，以避免它四处乱窜。父母死后，孝家三年内不能在门上粘贴红纸门联，舞狮队也不能进孝家。孕妇和体弱的儿童忌见到棺材，且“生死相衡”的人（即出生时日和死者过世的时间相同）也不能见到棺材。出殡时棺材不能碰撞在门槛或者门楹上，否则，也会有丧家重丧之说。过去父母去世后未满三年，孝女忌戴银饰，即便是想戴也只能以砂纸包掩着戴。现在已经可以佩戴了。父母去世后未满一百天，在正月初一与七月十四这两天早上，孝子不能吃饭，只能喝开水来充饥。即便有亲戚朋友来请吃饭也不能去。忌在找仙婆看日子、作法事（入葬后，作法事的时间为：一般若是父母双方都已去世时，则需要38~40天，一方去世时，则需要20天左右）之前移动灵位。移动灵位意思是让死者的灵魂跟随祖宗一起，免受苦难，独自漂泊。

（五）其他禁忌

除了在前面章节中提及的内容外，还有以下几点值得指出：

（1）忌在供奉祖先或者神灵之前，偷吃祭品。

（2）农历正月初一忌将家中的垃圾外扔，忌去往别人家中，凌姓家族不宰杀牲畜。

（3）忌用桃木烧火，据说桃木是其祖先的骨头。

（4）父母祭月中不能插秧，且新春第一次打雷的日子也不能插秧（如正月初一打雷，那么这一年中每月的初一都不能插秧）。

（5）出门做生意与准备跑远途的人，忌煮饭不熟；赶街时，行至半路，忌问别人不答，否则当天东西很难卖出。

（6）忌见蛇交配，据说会生重病。通常，解除方法是：见到后不能出声，马上在路边捡一块石头，然后放到一个大石头或者是一棵古老的树（一般不容易被人轻易搬动或者砍伐的）边，并说："我今天见到蛇交配了，以后这个石头变成灰烬时，就来见我。"倘若事后还是很不吉利，便要请道公或者仙婆来为其解除灾难。

第六章　文教卫生

第一节　民间艺术与体育

一　民间艺术

勤劳智慧的中礼人在长期的生产和生活的过程中创造出了丰富多彩的民族传统文化，神话传说、民间故事，浩如烟海，民歌、山歌、故事、神话等在民间广为流传。极具本地特色的民族传统文化有民间山歌、民间民族舞求、师公舞等。

（一）歌节

歌节俗称歌圩，壮语“歌浦”，意为外野歌会。“歌浦”始于明清时代，盛行于清末民初，延续至今。每年农历正月起，各村均有歌圩期，在春暖花开时节，更为盛行。凭祥市歌圩期共51处，比较隆重的有南山、隘口、板透、岜口、岜灯、板绢等；除凭祥市及邻县农民外，尚有越南边民参加，人潮歌海，熙熙攘攘。此外，夏石、江屯、那渠、纠碑、板灵等村（街）的歌圩也颇为热闹。山歌内容广泛，有盘歌、猜谜歌、故事歌等，而以情歌为主。唱法也有多种：近中越边境的村屯，多唱勒歌（壮语“诗歌”），其曲调悠长，歌声尖细，欲断仍续；内地及龙凭界，以唱龙州山歌为主，其曲调高昂，情意缠绵；毗邻宁明的村屯，则唱寨安歌，其漫长回旋，如泣如诉；夏石地区的客家人则唱灵山山歌，其曲调低沉紧促，如叹如叙。

歌圩多在夜间举行。男女恋人唱到天明，唱得难舍难分，终于离开人群，双双来到村边路上互换相片，相约下次在某地歌圩再见面。分别上路时，双双还唱起饱含离愁别绪、催人泪下的暂别歌。至此，一场歌圩才告结束。

（二）民间山歌

凭祥人民有着爱唱山歌的风俗习惯，中礼人也自然爱唱山歌，每年均有定期参与集会唱歌的习惯，他们能歌善舞，唱歌成风，他们以歌代言，唱歌为乐，依歌择偶。每年的“三月三”歌节便是一年一度的唱歌节的盛会，每到歌圩，男女老少，会集于此，年轻人盛装艳服，三五成群或成群结队，不辞辛劳地从四面八方会聚而来，或物色对象，或寻找昔日情人。而凡举行歌圩的村屯，那一天各家各户喜气洋洋，杀猪杀鸡，准备佳肴，做糍粑和米粉，以自家酿造的米酒，热情招待四方的宾朋好友，不管相识与否。众多小商贩也挑着糕点和化妆品等小商品追随而至。

20 世纪 80 年代以前，由于当地经济还比较落后，业余文化生活十分单调枯燥，所以山歌是作为满足人们在求知、教育、审美方面的精神生活需要的一种民族传统活动的方式。每到歌圩，人们就会聚集到一块儿对唱山歌，载歌载舞。到了 20 世纪 80 年代末，歌圩增加了即兴对唱山歌、摆上擂台进行山歌比赛等形式，但都不能像过去那么普及了。

就山歌的歌唱内容而言，中华人民共和国成立以前所作的民歌、山歌主要有以下几种：

放牛歌

母亲生我是晚仔，头戴竹笠去放牧。
水牛过岗还喘气，何况我年不满六。
牛钻刺蓬我挨刺，跑回家向主人哭。
主人一听开口骂，拿棍把我赶出屋。

纳勒歌

阿姐真是辛苦多，晴天雨天田间忙，
如今阿姐要出嫁，连夜赶做鞋一双。
竹节油灯光线弱，一针一线姐情长，
鸡啼三遍示歇手，明天一早送情郎。

拜山歌

拜山不要花钱多，不要猪羊坟前摆。
富人用上三五吊，穷人只带纸钱来。
炷香匙酒念情义，坟顶白旗当抬牌。

怀胎歌

一月睡下梦纷纷，二月妹才知情分。
三月坐哪闷沉沉，四月口馋爱吃酸。
五月上山双脚累，六月下坡脚抽筋。
七月告诉夫婿知，八月回报老母亲。
九月婴儿生下地，十月才脱得胎身。

祝寿歌

阿公生日扩祝寿，全家老少乐陶陶。
祝愿阿公东海福，祝愿阿公南山寿。
鹤发童颜添寿粮，事事称心脸不皱。
年年生日年年乐，儿女子孙怀中绕。

四季歌

春天到来桃花开，打犁带耙到田来；
指望今年收成好，待得吃穿欢一回。
夏天来到热似火，种田的人汗成河；
带来稀粥吃不饱，这种辛苦真难过。
秋天来到谷熟黄，未等新谷运到场；
家中早来收租人，半得交租半纳粮。
冬天来到近新年，有钱的人喜洋洋；
但咱穷人怎样想，这个日子真凄凉。
春夏秋冬回又回，农民咱翻身一回；
忧食忧穿又忧住，这个时世好难为。

情　歌

今夜月明人群多，男女风流满山坡。
有钱人说做生意，种田人道犁耙箩。
读书人议考秀才，多情男子唱山歌。
亚妹你嫌哥什么？嫌哥麻雀没有窝。
入夜只身栖树杈，张翅无法把露躲。
恐怕妹想嫁美郎，想个能文能武哥。
我虽不才又不貌，但有一腔相思歌。

田间小糯比大糯，阿妹开口你莫说。
哥似秀才读“大学”，妹似小孩读“之初”。
灯里无油火烧根，哥家无钱妹变心。
阿哥家贫妹不爱，问妹嫁人或嫁银。
歌是大树妹是藤，藤树相连难相分。
爱情如同藤缠树，天下连理根连根。

与中华人民共和国成立前多表达爱情题材的山歌不同，中华人民共和国成立以后村民们所创作的山歌内容则有了显著的差异。主要内容如下：

（一）改革开放[①]

改革开放是应当，达到民富又国强；
祝贺每人身健康，好多形势地凭祥。
自从分了田到户，正才繁荣个市场；
中越边境刘开放，自由生意任通商。
米水有食钱有用，不色人则讲困难；
及内穿布人不受，人人穿是的确良。
现在本市刘来讲，高楼大厦起成行；
农村建设跟城市，生活前程奔小康。
交通路广通外国，商品贸易运入关；
私人买得班客车，车小车大班又班。
人人出行有车坐，有脚亦不走多布；
国家搞个好形势，达到民富又国强。
翻身不忘共产党，幸福全靠党中央；

① 作者：陆少礼、陆瑞良。

社会主义多稳定，每人老少得平安。
凭祥兴市难讲尽，高明人士补下尾。

（二）计划生育是国策

计划生育讲四时，要记当前主要题；
民是国家的国策，夜过思日难过年。
计内许生人子了，全国夫妻一定依；
最高能在大城市，最底下来边疆区。
又是发现生二子，即刻要去做措施；
要去引产的结扎，免得翁刘再没有。
干部职工民先做，生活过得更好的；
子肖子保仝要短，总求人则欺侮你。
多生多子的难管，找吃找穿共见鬼；
众人不信开眼看，赞得月来的过年。
任是超生多人耳，赶快由去做措施。

（三）现在计生讲科学（山歌对唱男声）

一肖桃好吃众人栽，计生好处大家来；
育龄夫妇要拥护，几时生仔要安排。
二肖讲结扎是认真，鸡阉搭母站得狂；
机关大炮你话灿，怕都有日打不响。
三肖讲结扎讲科学，业米有油难吴着；
时则子女有宵难，再生孩子大奔波。
四肖讲结扎是断根，角袋补好变通风；
时则怀孕官不鬼，不讲翁刘卯超生。
合：计划生育是国策，依法生育要自觉；
每家争当计生户，共同致富奔小康。

（四）宣传创办旅游城市

棉叶原来像枫叶，开句得赞凭祥刘；
凭祥有山也有水，平而河流到龙州。
有山有水属生态，生态平衡有名头；
每座山样都奇特，又像狮子又像龙。
玉洞天然真名胜，形状如同三层楼；
现在有了高速路，从在南宁通到刘。
通到国门友谊关，登上谊关三层楼；
中越风景看见齐，风景好多忘吃饭。
政府领导就开口，好好建设凭祥刘；
创办旅游的城市，吸引客人来旅游。
凭祥人民齐响应，扩建公路起高楼；
清洁工程做得好，市容市貌创一流。
创办旅游好城市，功德无量记千秋。

（五）防“非典”国泰民安（壮话山歌）

早起太阳照枯该，吟出条诗告哥大；
吟出条诗告群众，严防“非典”告人多。
防治“非典”国大事，中央领导是关怀；
发现“非典”要报告，才使措施好安排。
各级领导责任制，防治任务艰苦多；
草药老师李世震，世代相传除病炎。
准确诊断开处方，良药苦口补心怀；
打针吃药讲科学，乱用乱吃不应该。
入夜下睡洗水热，常吃醋酸益人多；
出门走路戴口罩，平时吃用要分开。

你去医院要警惕，发现病人不去依；
碰见病人要回避，卫生健康做好多。
开窗通风人爽快，保护身体值钱多；
公德医德要提倡，利国利民为人多。
防病治病有功者，奖罚严明要分开；
身体锻炼坚强志，消灭“非典”育人才。
动员全民防“非典”，中华儿女笑颜开。

（六）创建文明城市

改革开放大辉煌，减免农民增够粮；
全国农民齐拥护，国家日变新江山。
工农业都齐发展，做路瓜后机器帮；
今天国家刘富裕，大家感谢党中央。
崇左十二个县市，做好能算是凭祥；
凭祥市委个班子，办法他好主意强。
凭祥刘有优越性，算来最近有边防；
有近边防好生意，农民也都得经商。
凭祥改革做的罍，上级时常都表扬；
凭祥到处开工厂，治安管理又加强。
同心创建文明市，任意投资都不惊；
外地来到凭祥在，包你财产得平安。
包你生意有钱赚，赚钱买得几楼房；
赚钱来买有车小，坐入江去像布官。
包盟吃好得有老，人人受老百零三。

（七）防治艾滋病

讲起艾滋病不好，听我得唱告条诗；

中央广播上传呀，广播上传论几年。
艾滋病毒要防治，希望人人要做好；
各位男女要注意，呀去含色呀去嫖。
若是乱性去嫖内，得病个各叫艾滋；
艾滋乱性得传染，细菌东西看不见。
若是你成艾滋病，艾滋绝症就死人；
一害家庭的团结，二害社会不安宁。
告你不嫖不吸毒，乱嫖吸毒害人民；
那嫖也都有例子，吸毒死去呀五人。
珍惜自己的生命，呀去玩鸡宁多仁；
营造五个好环境，四防开展要做到。
懂得自爱求身洁，能做要好保太平；
搞好防治艾滋病，建设平安个家庭。
大家要远离毒品，拒毒防毒防艾滋。

（八）凭祥风景好

果锦似同相果榄，吟出条诗告你齐；
来讲凭祥个风景，它在南疆是最好。
有山有水真美丽，比起桂林差不远；
街道每条多整洁，城乡清洁搞得好。
城市美化同花园，市容市貌变好齐；
亮化绿化好环境，晚上景色更加美。
凭祥旅游好城市，治安工作做得好；
旅游景点有多地，全国闻名友谊关。
凭祥风景真优美，谁人来到都赞好；
现你不信来到看，来到你都不想回。

（九）法制教育

父老乡亲告几人，赌嫖白粉不成吃；
四装反领去卖完，短裤同官装蛋门。
日其望得天出烈，洗亲的晒上顶石；
没有钱赌的去偷，为车门吹海洛因。
张争前面你见过，几多老板都死直；
吹嫖你语好多米，所知反渡又岑醒。
有钱欺妻的去玩，产去下石又宁明；
三天的出二日市，少市不去在米成。
公安查碰不好坦，就挨腐切不街城；
要入衙门和留在，里教不好就向刑。
有鱼也都当得回，街有鸡新呀去吃；
去亲碰毒的入院，一针不多百二元。
百二元银不紧要，也能怕气命不成；
家塌崩败去添啰，妻你的叫出离婚。
要离子散的满度，眼泪你哭似下雨；
满的刚知去过错，像船江海就地沉。
条诗我出去能告，转来的遥起重新。

（十）壮族铁路护路山歌

爱好耕牛要小心，切记不可铁路行；
铁路沿线村民们，国家法律有规定。
不让耕牛铁路行，铁路专给火车行；
爱好耕牛要小心，爱车护路如人心。
一旦耕牛上铁路，宁可避让绕道走；
不听规定走铁路，火车撞上祸不轻。

依法惩治不饶人，火车撞上会死人。

（十一）宣传教育：吸毒有害

老人以前见过多，才告青年几句乖；
白粉原来叫鸦片，对人害处是真多。
清朝那时真腐败，英国才贩进来卖；
骗我中国的国土，搞到香港都被卖。
吸上瘾了的早死，贩去总不少钱财；
钱财几多挨贩完，家里东西提去卖。
公家不帮大人撇？九点还睡不知晚；
为条吸毒去做偷，粉仔个个看崔多。
做偷做盗死肯定，瘾赌哪个发得财？
明知白粉它有毒，为何还钻进去死？
改革开放好政策，允许每人去发财；
光明正道何不走，何去走几多路斜。
条诗留多这样告，勤劳致富正是路。

（十二）情歌一首

告哥心交仆台，早晚常端你在口，鱼肉入口不知味，米粥不吃身肉裹。

日登守哥图要得，吃呆图岱去工役，去工半路能图遥，老人看见他也逗，双刘有这得情二。

（十三）歌仙刘三姐

呀去挂惦也莵多，端多身软比枯歪，米粥不吃身肉裹，睡到影子不吃呆。

哥背耙犁什担箕，我逗你笑能泼沙，班伴看见眼世界，在意位人讲样多。

（三）舞蹈类型

舞求是一种民间独特的舞蹈，广泛流传于中越边界一带的壮乡村寨。中华人民共和国成立前，每到秋后，粮食归仓，各村屯舞师聚集一起，跳舞求，以求来年五谷丰登六畜兴旺。舞求动作优美，内柔外刚，造型幅度大，如“行马仰望”、“跑地抖玲”、“踏步转舞”等，加上铃声、琴声、歌声交织在一起，气氛热烈，乡土气息深厚。中华人民共和国成立后，特别是进入20世纪80年代以来，这种民间的民族舞蹈几近失传。

在凭祥地区流行一种“师公舞”，也深受群众欢迎。这是一种巫舞，通常在拜神、祭祀、丧葬时表演，多演唱历史故事。表演者有特制的面具、服装和乐器，通过饰演历史故事中的各种人物角色来表达情感。

二　民族传统体育项目

除了丰富多彩的民间艺术文化外，这里的民间传统体育项目也是异彩纷呈。

（1）抢花炮：盛行于民国时期，流行于城厢街、南山、隘口、上石、练江等地，一般在各自歌圩举行。这种活动一直流传到中华人民共和国成立后。1965年社会主义教育运动中因被当做迷信活动来批判而停止。1985年恢复。现在，此项活动已消失。

（2）舞狮子：流行于城乡民间，每年春节，城乡均有群众自发组织舞狮队，从正月初一至初七，轮番到各村各户家中去拜年。逐户舞贺毕，再到村头巷中空地上表演，舞狮有单人舞，也有双人舞，狮队有单狮，亦有双狮。人们为了庆贺一年中五谷丰登、万事如意，每当狮子进村入户后均燃放鞭炮，贺毕赐给红包。中华人民共和国成立后，该项活动沿袭下来至今。除春节外，其他民间集会或重大庆祝活动也舞狮子。

（3）抛绣球：在土司时代至1936年间，凭祥、隘口、上石、夏石等圩镇及附近村屯，均有抛绣球活动。此活动在每年春节期间或歌圩期间同时进行。届时，男女青年各持事先用彩色绸丝制成的绣球，沿着村头或路边去物色伴侣。看到中意的人后，便将绣球抛给对方，对方接到绣球，如果满意，男的就在绣球上系上铜钱或银毫，再将绣球抛给女方。男的钱系得越多，越表示追求迫切；女方若将铜钱收下，即表示同意谈情说爱。于是，他们就可以离开人群，到偏僻地方去谈心，对唱山歌。直到日落西山，才依依不舍地离开。1936年后，此项活动已消失。

第二节　学校与教育

一　学校情况

友谊镇共有小学五所，分别是隘口小学、卡凤小学、礼茶小学、铁路小学和希望实验小学；中学一所，即希望实验学校。

礼茶村唯一一所小学——礼茶小学创办于1960年，地处友谊关脚下，可谓依山傍水。该校占地面积3735平方米，建筑面积1277平方米，共有两栋教学楼、一栋宿舍楼。1996年2月10日竣工的2号教学楼耗资21.16万元，占地面积474

平方米，是“国家贫困地区义务教育工程”项目之一。该校开放式的围墙，扬起风帆的校门面对着通往开放的友谊关南大门的322国道。该校体育运动场，体育、美术、音乐器材，以及自然、教学仪器和实验室均达到三类小学标准，如：有一个藏书3600多册的图书室，一个播音室，一个电脑室和一个实验室；学校篮球、羽毛球、乒乓球场地设置齐全，另有单杠和双杠等其他体育娱乐设施，基本实现硬化、绿化、美化目标，2000年，礼茶小学被评为南宁地区创优美校园“合格学校”（见图6－1、图6－2）。

2007年，学校有教师18人，均为公办教师，其中小教高级职称者2人，大专毕业者8人，在读大专者6人，合格率100%。该校在校生约329人，其中女生占总人数的60%；共设有9个班级，含一个学前班，学前班的学生年龄4～6岁不等，但以5～6岁居多，每个学期学费160元左右。学校以普通话教学为主，辅以壮语教学。在课程设置方面，学校分别开设语文、数学、思想品德、体育、音乐、美术和劳动课程，由于缺乏英语教师，学校无法开设小学英语课程。每个教师平均每周有14～15课时，共有两个教研组，分别是语文教研组和数学教研组。在校住宿的学生约10名，主要来自礼茶村祖光屯，他们不但不必向学校缴纳住宿费用，而且每学期享受国家助学资金110元。

近年来，学校的教学质量稳步上升；教研教改扎实开展，先后有40名学生荣获区、地、市读书活动奖；一位教师的教学论文8次获市级以上一、二、三等奖，10多位教师先后被评为市级优秀教师、先进班主任和优秀少先队辅导员。礼茶小学及中礼屯教育情况如见表6－1～表6－6所示。

表 6－1　礼茶小学教师年龄结构

单位：岁，人

年　龄	人　数
20～30	12
30～40	5
50～60	3

注：教师均为壮族，且凭祥市和其他乡镇的外来教师人数均占全校教师员工的60%～70%。

表 6－2　中礼屯 2005 年 1 月 8 日统计在校学生

单位：岁，人

教育程度	年龄	男生	女生	共计
中学生	14～16	7	4	11
小学生	7～14	13	13	26

注：2005 年中礼屯 7～16 岁青少年共 50 名。

表 6－3　2007 年中礼屯 20 岁以上成人教育程度分析

单位：人，%

名称	中专	高中	初中	小学	文盲	不详	总计
人数	5	12	105	58	11	3	194
比例	2.58	6.19	54.12	29.90	5.67	1.55	

表 6－4　中礼屯家庭教育程度及家庭年收入统计

单位：人，元

项目	教育程度						家庭年收入
姓名	人数	小学	中学	中专	在读	文盲	
王 1	4	4					7000
王 2	4	2			2		16000
王 3	4	1	2		2		11000
凌 1	6	1	4		1		18000
凌 2	4	1	2		2		13000
凌 3	5	1	4				18000
凌 4	4		1		2		7000

续表

项目	教育程度						家庭年收入
姓名	人数	小学	中学	中专	在读	文盲	
凌 5	4	1	2		1		12000
凌 6	4		4				100000
凌 7	5	1	2		2		18000
凌 8	5	1	3		1		17000
李 1	4	1	3				13000
李 2	8	1	6		1		30000
周 1	5	3	2				17000
周 2	5		2		2	1	14000
凌 9	5		5				18000
凌 10	4		3	1			20000
凌 11	4		2		2		11000
凌 12	4		2		2		7000
凌 13	3		2		1		13000
凌 14	5		4		1		12000
李 3	5		2		1	1	11000
李 4	4	1	3				11000
蒙 1	4	2	1		1		8000
周 3	5	2	2		1		15000
周 4	4		2		2		13000
卢 1	5		3	1	1		25000
马 1	3	1	1			1	6000
凌 15	4	2			2		9000
凌 16	5		2		2	1	8000
凌 17	4	2	1			1	10000
凌 18	4		2		2		8000
凌 19	5	1	4				12000
凌 20	5	1	4				11000
马 2	4	1	3				10000
陈 1	5	2	2		1		9000
李 5	4	1	2		1		10000

续表

项目	教育程度						家庭年收入
姓名	人数	小学	中学	中专	在读	文盲	
李 6	4		2		1	1	9000
凌 21	5	1	3	1			12000
凌 22	4		2	2			15000
凌 23	3		2		1		20000
凌 24	3	1	2				12000
韦 2		1				1	16000
罗 1	4		3		1		18000
凌 25	4		4				12000
凌 26	7	2	3		1	1	12000
凌 27	3	1	1				7000
凌 28	5		2		2	1	12000
马 3	3	3					5000
陈 2	4	1	2		1		18000
凌 29	3		2		1		4000
李 7	4		4				15000
凌 30	2		2				6000
周 5	2	1	1				8000
马 4	3		2		1		13000

表 6－5　各年龄组不同性别教育程度统计

单位：岁，人

年龄组	21～30		31～40		41～50		51～60		61～70		71 岁以上	
教育程度＼性别	男	女	男	女	男	女	男	女	男	女	男	女
小学	4	0	6	5	3	9	3	1	2	2	2	2
中学	20	16	14	17	20	8	1	2	0	0	0	0
中专	1	4	0	0	0	0	0	0	0	0	0	0
文盲	0	0	0	0	0	0	0	0	0	1	1	9
不详	0	0	0	1	0	2	0	0	0	0	0	0
总计	25	20	20	23	23	19	4	3	2	3	3	11

表 6-6　各年龄组男女教育程度所占比例

单位：人

年龄组	21~30		31~40		41~50		51~60		61~70		71岁以上	
性别 教育程度	男	女	男	女	男	女	男	女	男	女	男	女
小学	16	—	30	21.7	13	47.4	75	33	100	67	67	18.1
中学	80	80	70	73.9	87	42.1	25	67	—	—	—	—
中专	4	20	—	4.35		—	—	—	—	—	—	—
文盲	—	—	—	—	—	—	—	—	—	33	33	81.8
不详	—	—	—	—	—	10.5	—	—	—	—	—	—

图 6-1　学校大门（2007 年 8 月 5 日　郑一省摄）

二　“互助之家”

“互助之家”是由英国救助儿童基金会联合广西区团

图 6－2　学校获得的奖牌（2007 年 8 月 5 日　郑一省摄）

委、妇联和凭祥市团委、妇联于 2004 年 4 月 13 日在友谊镇礼茶村共同建立的，旨在保护和救助边远山区儿童和妇女权益的组织（见图 6－3）。“互助之家”的成立为边远山区的孩子创建了一个良好的互动和交流的场所。在这里，孩子们拥有了自己的图书室和体育运动场所。此外，“互助之家”第一期生活技能培训班的开办，教会了他们独立生活的能力，以及懂得外出务工注意的事项和应当享有的权利。2004 年 6 月 24 日，“互助之家”还专门举办了以“禁毒、防拐、防艾滋病”为主题的互动晚会，以丰富多彩的形式向当地村民传授了“禁毒、防拐、防艾滋病”的相关知识。“互助之家”的成立，对于促进中礼屯甚至整个礼茶村的村民掌握生活技能、了解和预防毒品及艾滋病危害，发挥了重大的作用，同时也较好地杜绝了该村跨境拐卖儿童和妇女现象的产生。

图 6-3 “互助之家”牌匾（2007 年 7 月 26 日 郑一省摄）

第三节 医疗卫生

一 卫生院

隘口卫生院始建于 1956 年，原称隘口卫生所，1994 年撤所建院，它是友谊镇辖区的医疗预防保健机构（见图 6-4）。隘口卫生院距离市区 15 公里，距祖国南大门——友谊关 2 公里，占地面积 2648 平方米，其中业务用房 400 平方米，病人楼房 345.73 平方米。隘口卫生院现有职工 13 人，其中卫生技术人员 10 人，承担友谊镇所辖 9 个边境行政自然村、63 个自然屯，以及浦寨、弄怀边境贸易区 4 万多常住人口和流动人口的疾病预防、医疗、保健任务。边境建设大会战前，该卫生所设备设施简陋，无法满足群众的基本医疗需求。在边境建设大会战中，该所才建设了一栋病楼房。后来，在各级党委和政府的关心及对口支援的龙泉山医院的大力支持下，隘口卫生院装备了X光机、B超机等医疗设备，且增设了放射室、B超室、检验室和心电图室等科室和住院病房，医疗设施得到了极大的改善。

图6－4　中礼屯的“定点医疗机构”牌匾（2007年8月8日　郑一省摄）

二　新型农村合作医疗

新型农村合作医疗（简称新农合）是指，由政府组织引导、出资，农民自愿参加、合资，以报销部分住院医疗费为主，切实解决农民群众因患重大疾病而出现致贫返贫现象，同时发扬中华传统美德“互助共济”的医疗保障制度。2006年3月友谊镇礼茶村新农合正式启动。

（1）参加对象：以户为单位，凡是凭祥籍农村户口的农民群众，年龄不分大小（含外出打工人员），都可以参加凭祥市新型农村合作医疗体系。

（2）如何参加：农民以户为单位到镇农合办缴费或由镇、村工作队入户收缴，标准为每年每人 10 元。在规定的时间内缴纳合作医疗费用后，再由工作人员发放合作医疗证。

（3）怎样报销住院费用和门诊费用：①住院费用的报销：相关人员出院后持合作医疗证、户口簿、疾病诊断证明、转诊证明、住院费用发票、住院费用清单到镇新农合办办理。②门诊费用报销：每年每人的门诊费用为 8 元，可全家合用，可一次报完。当年没用或用不完的可存留下一年度，但结余资金不能抵消个人缴费资金。看病后，相关人员持合作医疗证、户口簿、门诊病历本、门诊费用发票到镇新农合办办理。

（4）参加新农合的好处如下：①可报销部分住院医疗费用。在镇卫生院住院治疗的，扣除自费药品费、材料费用后可报销 60%；在凭祥市人民医院、市妇幼保健院、市中医院住院治疗的，扣除起付线 100 元和自费药品费、材料费用后可报销 30%；在凭祥市以外国家非营利性医疗机构住院治疗的，扣除起付线 200 元和自费药品费、材料费用后可报销 20%。②到凭祥市各定点医疗机构门诊就诊，作心电图、B 超，血、尿、大便三大常规化验，肝功能加两对半，胃镜，CT 等检查按 20% 给予补偿报销。③住院分娩的补助。孕妇在有接产资格的医疗保健机构正常住院分娩的，一次性补助 200 元。剖宫产等异常分娩的按住院比例报销。④一般情况下，全年每人住院费用可报销 4500 元，患重大疾病或大病，总医疗费用在 1 万元以上的，可获得二次报销，最高可报销 2 万元。

附：1997年9月15日农村合作医疗的实施办法

友谊镇礼茶村农村合作医疗卫生所1997年12月23日正式成立。镇政府支持医疗设备折款1000元；市卫生局、市防疫站和隘口卫生院也分别捐赠了药品及医疗器械；村委会从村集体经济中拨出6000元作为扶持基金；群众个人集资3000元。

（一）参加对象：参加合作医疗的农民不论年龄大小以及健康状况如何，都可以自愿参加。

（二）如何参加：以一农户全体成员为单位，每人每年缴纳20元现金（缴至村委）。办理有关手续和服从管理者，即可享受优惠待遇。

（三）参加村合作医疗的好处：可享受优先看病以及优惠及减免部分医疗费的服务。村合作医疗卫生室的治疗费、出诊费，在本村诊治的给予全免。每张处方，不含动脉和静脉注射的，给予减免20%～30%的待遇；含注射的，则治疗费减免50%，药费减免10%～20%。到隘口卫生院就诊者，每次药费在300元以内的，可享受减免20%的待遇，药费在300～1000元间可减免10%。经管理站同意，转到市级医院治疗的，可凭发票到镇管委会报销医药费2%～5%。不参加合作医疗的村民，可以到合作医疗卫生室就诊，但一切费用自理，不能享受任何减免待遇。村合作医疗资金筹集使用情况，每月或每两个月由管委会公布一次。

到2007年8月，中礼屯参加新农合的人数已经占到全屯人数的75%以上，其中已有两人享受到新农合的大病减免保障。

三　民族民间医学

中礼屯地处季风型亚热带地区，在这里中草药有四五百种之多，如绞股蓝、海丰藤、鸡血藤、八角枝、丢了捧、草决明、过江龙、生沙姜、陈皮、五味子、甲片、三叉苦、龙血术、砂仁等。其民间医疗术主要有以下几种：

（1）刮痧。身患重感冒、头痛发烧、手足酸软者，民间称为“痧症”。对于“痧症”，群众很少到医院治疗，多用刮痧治疗。痧症有九肠痧、标蛇痧、黄毛痧、马黄痧等。因症而治，其方法是令痧症患者取坐位或卧位，施治者用碟（或匙羹）的一边沾上清水，在患者头、颈、胸、背等各部位从上而下轻刮、来回刮，直至皮肉发红发紫为宜。刮痧后休息一两天，症状便会消失。

（2）挟痧。患感冒头痛、四肢酸痛无力者，也可用挟痧法治疗。方法：让患者取坐位，施治者用食指和中指蘸清水，按筋络和穴位，在额头、颈、背、胸部挟，一挟一放，直至被挟的部位呈紫红色即可。

（3）轻微小火烫烧伤者，找五眼果洗净，煎熬成胶液，冷却后涂擦于患处，敛水止痛，连涂数天可痊愈。

（4）小儿疳积。小儿厌食、烦躁、哭闹不宁、身体瘦弱，民间谓之“疳积”。医治小儿疳积有挑、割等方法。在患儿手掌食指与中指间用刀割或针刺，挤出黄白色脓液，然后用中草药蒸瘦猪肉食用，两三个疗程可痊愈。凌正权治疳积，分肝、肾、脾、心四大“疳积”，对症下药，不需针刺或割手。

（5）驳骨。民间用中草药治疗骨折者不乏其人，较有名气的是宋抗金和凌才生、李梅珍夫妇。宋抗金治骨折需透视正位固定后敷药，同时内服，疗效既快又好，已治愈者数百人。凌才生夫妇不需透视正位，边敷药边校正骨位，并能治陈旧性骨折。

第七章 婚姻家庭

第一节 婚姻习俗

中礼屯壮族婚姻的基本形态是一夫一妻制，其婚姻形式基本实行自由恋爱和父母包办的双轨制。男女青年婚前有社交自由，但双方即便情投意合，也需征得父母同意后才能结婚。以前自由婚姻的主要方式是男女青年通过唱山歌择偶，当地谓之“赶歌圩”。长期以来，此种方式在他们的婚姻生活中已成为一种惯例。改革开放以后，歌圩逐渐衰落，中礼屯男女青年大都通过自由恋爱而结合。在家庭结构方面，核心家庭日益增多，特别是随着经济的发展，家庭成员之间的独立性和平等性明显增强。

一 赶歌圩——爱情产生的场所

歌圩又称歌节，意为山野歌会，它以男女青年为主要参与对象，是男女青年表达爱意、传递情感的交流方式。因此，壮族歌圩与婚姻有着密切关系，进一步说，歌圩以一种轻松自由、活泼的形式存在，为男女青年充分表达爱意创造了良好的环境。男女青年在歌圩间的相识、相知、相爱，在很大程度上是其婚姻的序曲。在歌圩促成婚姻的同时，也存在着另一种情况，即不少青年男女因“赶歌圩”而相爱，但有些因得不到父母的同意而失败。另有一些是有夫之妇（不落夫家），仍去赶歌圩谈情说爱，从而导致婚姻破裂。加上过去对婚姻法的宣传力度不够，许多人对“婚姻自由”四个字的真正含义尚未完全把握，因而导致随意结婚与离婚，出现离了又结、结了又离的奇怪现象。

改革开放后，热闹非凡的歌圩现象逐渐消失，自然歌圩与婚姻的关系也就逐渐弱化。追溯其原因主要有以下几个方面：

首先，“文化大革命”期间，村民以政治斗争批判为主要生活内容，这对歌圩造成极大的破坏。十年动乱，歌圩几乎被迫中断甚至停止，曾经擅长歌圩演唱的部分当红歌手在动乱中遭受批判，绝大多数爱好唱山歌的人在这场浩劫中被迫交出所有关于对唱山歌的歌词手抄本。许多山歌经典传唱的内容在那个时期被大量没收并烧毁。一些山歌能手或因批判或因畏惧也不再开口唱了。山歌顿时失去了歌者与歌唱的内容。

其次，“文化大革命”结束后，歌圩曾得到一定的复兴。但据说因十年动乱后，人心散了，许多青年男女在道德品质上都较以前恶化，社会治安明显变坏，人们不愿意、更不放心去参加歌圩会。歌圩在某种程度上失去了良好的群众基础和举办环境。

最后，改革开放后，人们生活的重心转移到致富奔小康上。他们无暇去举办并参加各种歌圩会，更不用说去创造新时期的山歌内容。同时，由于经济的发展，以及收音机、电影、电视、网络的发展，农村娱乐方式花样不断翻新，这极大地弥补了人们心灵上的空虚，填充了人们的空闲时间。下棋、打牌、看电视、听广播等以个人或少数人就能进行的娱乐活动，比歌圩这种人数多、场地大、持续时间长的娱乐活动更具有传播上和举办上的优越性和便捷性。再加上，新一代成长起来的青年（20 世纪 70 ~ 80 年代出生）大都不会唱山歌，也不愿学习唱山歌。此外，随着思想的逐步解放，男女青年相互接触并交往的机会增加，歌圩不再成为他们交往的唯一有效渠道。随着经济的发展，青年外出就业、求学，为婚姻圈的扩大提供了条件。

多方面的原因影响甚至阻碍了歌圩的发展和传播。如今中礼屯的歌圩在很大程度上依赖于政府的扶持。政府及相关部门和机构通过鼓励加奖励的方式组织人员学习并创作山歌，试图保护歌圩这样一种有着悠久传统和历史渊源的深厚文化传统。

二 通婚范围

中礼屯全部村民均为壮族，且整个礼茶村甚至友谊镇也是一个壮族人口聚居的区域。因此，异族通婚现象极为鲜见，通婚范围只限于本民族内部。随着改革开放的发展，社会主义市场经济的确立，中礼屯与外界交往的加强，外出务工人员的增多，以及普通话的推广，中礼屯克服了异民族不同地域语言交流的困难。中礼屯通婚圈明显扩大。

20 世纪 50 ~ 60 年代，中礼屯通婚的范围多限于今礼茶村各屯，隘口村、凭祥镇部分村屯有少数越南女子嫁入。20 世纪 70 年代至 80 年代末期，有南宁市附近的农村女子嫁入，与龙州、宁明等地也有少许通婚现象。1990 年至今，中礼屯共有两名女子嫁至钦州，一名嫁至浙江，另有两姐妹嫁至广东省。20 世纪 90 年代初期，中礼屯尚无外籍女子嫁入（见表7-1）。

表7-1　1990年至今中礼屯婚姻迁移（嫁入）情况

单位：人

地点＼年龄组	21～30岁	31～40岁	41～50岁	51～60岁	61岁以上
本　屯	—	1	—	—	—
本　村	—	1	1	—	1
本　镇	3	7	3	1	4
凭祥镇	—	11	5	—	2
外　县	—	—	9	2	—
越　南	—	1	2	—	—

注：本屯、本村、本镇人数互不包含。

据屯中人反映，现今很多中礼男女在广东、浙江、福建等沿海省市务工，他们成为新时期扩大中礼通婚圈的主要因素。

中礼屯与邻近坤隆屯两者在通婚圈扩大化的变迁历史上有着极大的相似性，但坤隆屯却有着与同村板价屯男女不成婚的习惯。据说，坤隆与板价男女一般情况下难以成婚，即便有结婚的，最后也全部离婚。至于是什么原因导致这样的现象，当地人也难以解释，只不过久而久之，就形成了现在坤隆屯与板价屯互不通婚的习俗。

三　婚姻过程

传统婚嫁一般分为订婚、成婚、婚后分番三个阶段。早先，订婚多由男方父母托遣媒人说合。小伙子和姑娘双方经两三次交谈协商后，如无意见，即可订婚。但是不可否认的是，他们恋爱多是通过“赶歌圩”、对唱山歌的机会来进行的。每逢“赶歌圩”的日子，青年男女们纷纷穿戴一新，打扮得整洁而漂亮。他们从四面八方涌向歌圩地点，三五成群地在集市上徘徊，互相选择合意的对象，且暗中追随。待到郊外时，男女双方便引吭高歌，以表心意。由多人对唱到单人一一对唱，经过几次对歌后，男女双方有了初步的认识和了解，再经过几次对歌和交谈后，双方的认识和情感日益加深，愿结为终身伴侣，但最后仍需经过双方父母的认可才能结婚。若有部分男女父母不同意的，他们或遵从家长之命，另娶（嫁）他人。又或有痴情男女违抗父母之命，双双私奔到越南生活的。但是这种情况毕竟还是少数。

中礼人的婚姻基本上是一夫一妻制，五服之内及姑表，同姓之间，甚至是有家族或宗族仇恨的均不能通婚，亦有本屯之间通婚少的现象。上门女婿的现象极为普遍，男子入赘后，随即改称女方的姓氏（见表 7-2）。男女双方有契约为证，所生育的后代若无特殊情况均随女方家族的姓氏，以使女方家中香火得以延续。此外，婚后分番（即不落夫家），此为凭祥农村特有的风俗。不仅壮族新娘如此，就连汉族蔗园新娘也如此。婚后逢年过节，或农忙时，夫家才来接回新娘小住几天，直到将要分娩为止。现实行家庭联产承包责任制后，这种习俗才逐渐改变。

表 7-2　中礼屯上门女婿情况统计

单位：岁

地　点	年　龄
本镇丈龙村	56
防城港市	51
靖　西　县	49
宁　明　县	43

（一）订婚

在当地人中，关于订婚过程流传着这样一句口诀："一探二媒三定日"，即在男女双方情投意合或者素昧相识的情况下，男方的家人便会利用各种渠道去打听关于女方家的细致情况，通常包括女方三代的家庭情况，尤其是女方母亲的娘家情况，这也作为一个参考的重要因素。倘若女方家的各种情况均符合男方家的要求，那么，男方家则会请一个媒婆（该媒婆多是拥有多个儿子，最好是没有女儿的，年龄在30～50岁之间，当然年龄不是最主要的条件，至于没有儿子或者全部是女儿的媒人是万万不能选择的）去女方家表明：某男方家对其女儿有意，想求得女方家女儿的生辰八字。若女方家对此事也同样有点意思，则同意给媒婆八字。媒婆将八字取回后交给男方家人。男方家人随后请道公来推算男女双方的八字，若两人的八字不合，则这门婚事就不了了之。若双方八字相合，则由媒婆再到女方家将此事告知女方父母。按照惯例，女方父母不会立即答应婚事，而需男方家人多次派人去女方家商谈婚事。待女方家差不多同意时，男方家人就要准备下定。

几天后，男方家请媒婆正式携带酒、肉、糖之类的物品去女方家中。如果女方家不同意婚事，则将物品退回或不予接受。若同意，则收下物品，且让男方家看日子订婚。

订婚时，男方家要向女方家先交部分聘金，并送一对"等命鸡"（一公一母，母鸡尚未下蛋）、几斤猪肉、一担糯米饭、几斤酒、红糖以及几包香烟给女方家。女方家用这些食物来宴请自家的亲戚，称为婚酒订。订婚后，男方家每逢端午节、七月十四（鬼节）、中秋节等重大节日时，须由男方家儿子即“准新郎”亲自将相应礼品送往女方家。一般而言，如果不是“准新郎”亲自将礼品送往女方家，则被认为是对女方家人的一种不尊敬。很多时候，女方家可以因为这样的一种不尊敬，而不予接收男方家送来的礼品。

此外，订婚时宴请的男女方亲戚，若无特殊原因，这些亲戚将会继续被邀请参加婚礼和后来新娘生完小孩后的满月酒席。

（二）成婚

订婚后一段时间（或几个月，或一年、两年，时间不等），待男女双方家人认为时间合适可以成婚时，则再次请道公推算八字，确定结婚的日期、洞房、出门等一系列的成婚时辰。一切定妥后，媒婆则携带酒、肉各五斤，以及糖果、烟、糯米饭等去女方家告知此事。这时，女方家则会请家族中的叔、伯亲戚来商议定身的价钱及彩礼等若干事宜。

结婚前，男方家根据女方家确定的“定身价钱和彩礼”事项，分别确定送小礼、大礼的物品。一般是先送小礼，后送大礼。礼品的内容仍是猪肉、糯米饭、糖、酒、烟等，只是数量上要参考女方家的要求。此外，男方家应积极制作新床，布置新房。在新床搬进新房后的最后一道安装工序时，通常要请两个年龄在50岁以上，且夫妻双方都健在、有儿子、两代相传的老伯，象征性地拿锤将新床安装完毕。新房布置好后，按照当地习俗，必须封门，即在新娘进入新房前，这间房须上锁，不准他人擅自进入。

结婚前一天晚上，出嫁的姑娘会邀请自己的女伴到家，倾谈姐妹离别之情；而女伴们通常会赠送给她热水瓶、脸盆之类的物品。男方家准备好各种次日去迎亲的礼品，即大礼。除了猪、糖、烟、糯米饭等常见礼品外，还须两条粽粑、猪五脏合一斤，“等命鸡”一对（一公一母），红色蜡烛一对，红包12个及乾礼钱（给女方母亲的感恩钱）。最不能忽略的就是，还须准备一个“等命帖”，如图7－1所示。

坤乾
造

二人一卜成天下

百年偕老

公元X年X月X日X时建生

公元X年X月X日X时顺生

五世其昌

XXXXXXX

图7－1　等命帖

该帖“建生”部分是男方的生辰八字，而“顺生”部分为女方的生辰八字。左侧“X”部分是应由女方家根据男方家“二人一卜成天下”的上联所作的下联部分文字。帖子写完后，放入一个用花布或黑布缝成的布袋中，并在袋中放入少许米，另装上男方家给女方家的礼钱。在迎亲完后，此帖由媒婆带回男方家。这时帖子已在女方家被拆开，且已补填上女方的生辰八字和应对的下联部分文字。男方家人取出袋中女方家给的礼钱（通常女方家会放入少部分钱数作为回礼)，同时再往袋中装入少许米，重新缝合布袋。

迎亲当天，男方家亲戚、媒婆、新郎及其好友多人一同随大礼前往女方家。到女方家中后，新郎须先拜前亲(女方的祖父母)，后拜后亲（女方的父母)。礼毕，便将男方家带来的一对红烛在女方家的神坛上点燃。点烛的通常是新娘的小弟或是堂弟，待点燃蜡烛后，男方则将12个红包中的一个送给点烛人。

在午饭的酒席上，新郎一般会给女方家的亲戚敬酒或敬茶。此时，女方父母或前亲会准备一个装有几十元钱的红包给新郎。酒席间，男女双方的亲朋好友除了高兴地吃喝外，兴致所至还会相互对对联、对山歌。内容有“宝镜团圆，日月同辉”，“龙烛双辉，爆竹千声”，“德禽四羽，家仙成篮”等祝愿词句。席间，宾朋满座，大家不亦乐乎。

吃完饭后，待女方家验看送来的礼品是否齐全合格后，便打点嫁妆准备送新娘。

嫁妆通常会根据男方家所下礼金的多少，而置办相应的物品（如棉被、衣柜、自行车、电视机之类，现在增加了洗衣机、冰箱等家用电器。女方家越富，办得越风光)。嫁妆中一般包含新棉被一床（这床被子是请村中四个夫妻双双健在、且有儿子的妇女来共同缝制的，且男方带来的12个红包中就有4个是给这四位缝制被子的妇女的）和两盏大小相同的煤油灯（俗称长命灯)。

一切准备完毕后，迎亲队伍开始动身回男方家。按照习俗，新娘出门时要大声哭泣（俗称哭嫁)。哭嫁歌内容一般是固定的，有叙父母养育之恩的，有叙兄弟姐妹之情的，歌声幽怨，缠绵悱恻，以表达不舍得离开生养她的家人和亲戚。通常，哭嫁的新娘头发也是异常凌乱的，待到出门后，在离娘家家门约百米的路边或树边停下，由新娘的一位好朋友替其将头发梳理整齐。此时，新郎也应给梳头者一个红包。此外，新娘离开娘家后，便不能回头张望。出门时，由新娘的弟弟或堂兄弟为新娘撑起一把红色雨伞，意为遮风挡雨，从此新娘生活平安幸福，直至梳头处方可将雨伞取下。撑伞的兄弟也能从新郎处得到一个红包。离开娘家门后，迎亲队伍不能径直走大路到新郎家，必须绕弯路，也不得经过岩洞，不能过桥。倘若碰到桥非过不可时，则应在桥头放置几角钱，或者由新郎将新娘背过桥去。

在中礼屯进村口处，有一个被当地人称为“long mo”的地方，该村流传着这样一个习俗，就是每个迎亲队伍都不能过此地，队伍须领着新娘绕开此地，穿过田间小道进入村中。因为，该地在村民眼中被认为：若新娘经由此地进入村中，婚后则难以或者无法生育小孩，有断子绝孙的厄运。因此，中礼人迎亲都会避开此地进村。

到了新郎家，新娘并不能立即进入男方家门，而是需要根据道公事先推算好的时辰进门。倘若离进门时辰尚早，新郎的家人便会为新娘及亲友在屋外搭上一个临时的帐篷，以便于休息等待。等时辰一到，新郎的父亲会暂时回避。男方家人会在新娘进入的门框上挂一把剪刀和尺子（过去是挂新郎的一条裤子，意为在新娘进门后必须服从丈夫的意愿），同时请一名道公前来作法，当新娘走进来时，由一妇人将一碗水用筷子泼向新娘，并由道公在前面走过，吐一口酒在地上。这象征着为新娘洗去一路的邪气，驱魔除病，从此以后过上幸福的生活。随即新郎新娘拜堂，礼毕，将新娘带来的一对“长命灯”放在神坛上点燃，并一直点上三天三夜才能熄灭。随后就是入席吃饭。这时，在客厅的重要位置（靠墙且较为注目处），会设置一桌由来自村中、夫妻双方健在，且有儿子的8位男性组成的酒席。新娘、新郎进入客厅时，首先举杯向该桌客人敬酒，同时，这8位男性客人在饮酒的同时要说对新婚夫妇美好祝愿之词。

酒席上，扣肉这道菜是必不可少的。20世纪70年代，宴席上大多没有鸡、鸭肉，但是扣肉是绝对不能少的。从宴席的桌数上看，现今最多的有60桌，绝大多数在30~40桌之间，而进入20世纪80年代中期，曾有过120桌的最高纪录。

吃完饭后，新娘准备进入洞房（但通常是在晚上12:00后），新娘陪同而来的好友也随后进入屋内，依据习俗，结婚当晚夫妻不能同房，而由新娘女伴们陪睡。然后，新娘新郎以及双方好友都会在家中对唱山歌直至天亮。天亮后，新郎新娘洗漱完毕吃完早饭，等亲朋好友前来家中敬酒或敬茶。新娘新郎敬茶、敬酒时便会得到客人们的红包。这个过程通常会持续到中午时分。约午饭前，新娘家便会派来30~40人接新娘，待吃完午饭，新娘便随同其娘家人一起回家。

新娘回家后的第二天，新郎便亲自或者由其母亲、姑姑去新娘家接新娘，一般还会带上糯米饭去新娘家。将新娘接回家后，再带上准备好的鸡、猪肉、酒、糖、糯米饭等，由新娘和新郎一同去媒婆家“谢媒”。媒婆又称“冰人”，结婚后，媒婆便自动成为新娘家的亲戚，一般有“干妈”的意思，即新娘相当于媒婆自己的女儿般亲密。

来到媒婆家后，新郎便主动帮媒婆家把所有的水缸都挑满水。这时，新婚夫妇称媒婆为“阿妈”。由新郎出钱、物，在媒婆家设下酒宴，一般摆四桌（男女各两桌）。在媒婆家吃完饭后，若新娘不满意这门婚事，则会执意要求回娘家（也有因为害羞，怕被别人说闲话，假装要回娘家的）。倘若真是不满意这门婚事的新娘，回娘家后便再也不愿意去男方家中，且由其家中父辈出面向男方家退还相应的礼钱，表明这门婚事的终止，此后女方仍可另嫁他人。倘若新娘满意这门婚事，则会在饭后，随其丈夫回夫家，小住上3~5天便又返回娘家居住。此后，遇上农忙时节，丈夫则去妻子家将其妻接回，以便帮助婆家做工。待农活忙完后，又返回娘家。如此反复，直至妻子生下孩子后才会在婆家长期定居下来。婚后，若是新郎不满意新娘的情况，则会在新娘第一次回娘家后不再亲自或者派人去接，这就表明婚姻的解除①。

（三）离婚、丧偶再嫁的情况

中礼屯离婚现象少见（2007年8月的统计表明，全屯仅有两对离异），但据惯例而言一般有两种情况，即丈夫不满意妻子而主动提出离婚的；又或是妻子不满意丈夫而主动提出离婚的。若丈夫主动提出离婚，妻子家不用返还任何财物给男方家人。反之，如果是妻子不满意丈夫而主动提出离婚，妻子娘家则需要根据结婚时丈夫家给予的礼钱和物品的数额，扣除嫁妆等相应的花费，所剩余的金额便是娘家应赔还给男方家人的钱物。此外，双方会请一个尚

① 俗话说："十里不通风，百里不通俗。"中礼屯临近的村落在结婚习俗上也存在不同之处。如在平而村一带，新娘要由伴娘陪同到男家去"拜堂"，并逐一给长辈敬茶后随即回娘家，过三朝（天）婆家才来接回。而板旺、浦东、板任、浦门等村，尚有背婚之俗，新娘出嫁时，由本族兄轮流将她背到夫家，以示娘家实力。友谊镇一带，新娘出嫁时不坐车坐轿，而是由新郎新娘双方的伴友陪同新娘前行，一路上欢乐对歌不绝，别有风趣。油隘、板旺一带，新娘给长辈敬茶时长辈即席吟唱几句山歌，祝贺新娘婚后幸福美满。

没有妻儿的独身男人来代写一张离婚证明书，男女双方同在证明书上画押，各收执一份以作为离婚凭证。

丧偶再嫁的也有两种情况（2007年8月的统计表明，全屯共有15位丧偶）。一种是丧偶后女方便回娘家居住的，再嫁时不再享受已故丈夫的财产继承权，而是直接从其娘家出嫁。另一种情况是，丧偶后女方仍留在婆家居住（或同已故丈夫的父母、兄弟居住，或是在分家后独自居住）。女方若再嫁时，既可从婆家直接嫁出，又可回娘家后再嫁。分家后独自居住的还可以往家中招纳上门夫君。倘若跟已故丈夫已有孩子的，则孩子通常是交由婆家抚养，独自出嫁。除非婆家明确提出同意让其带着孩子外嫁。

（四）中越跨国通婚

中礼屯坐落在大青山脚下，与越南仅一山之隔，往来密切。胡志明就曾经在中礼屯居住过，并领导指挥越南的革命斗争；革命英雄凌云的女儿凌金莲与越共主席孙德胜更是有一段家喻户晓的传奇爱情故事。除了这些广为传颂的故事足以证明中礼人与越南人民的密切交往之外，中越两国边界上的民族通婚更是一个有力的证明。

由于聚居上的毗邻，以及语言、风俗习惯、经济生活等各个方面的趋同性，双方相互往来颇为密切。中越跨国婚姻的存在深刻地反映出两国在边境上的友好往来。改革开放以来，越南嫁入中国的女子共四人。据说，在中华人民共和国成立前，两地通婚人数更多，越南女子勤劳能干，肯吃苦，这是中礼人对越南女子的一致看法。而中国男人好，中国的生活状况好，则成为多数越南女子愿意嫁入中国的原因之一。

中越人民之间彼此有着良好的印象，地理位置毗邻，语言、生活习俗相近，以及边境自由贸易区建立，这都为两国人民的友好往来提供了更加便捷的途径与方法，但是中越两国边界上的民族通婚数目较过去却日益减少。主要原因大致有以下几个方面：

首先，由于通关口岸的严格设置，中越两国间人们通关证件及手续也更加严格化，这在一定程度上限制了两国人们更加便捷地自由出入，许多中礼人如没有重要或不得已的事情，已经很少进入越南境内。许多中礼人对于越南国内情况的了解也大都停留在中越自卫反击战时。

其次，中越贸易方式的巨大改变。中华人民共和国成立前，甚至是中越战争前，中越间的贸易往来多是通过中越两国的边民间进行的“物物交换”贸易来实现的。这种“物物交换”贸易是指基于两国边民在语言上相通的优越性而开展的，针对中越两国生活物品的相互往来。即中国边民将国内的部分电器、食品、布匹等物品运送到中越边境，或是越南国内。同时，越南部分边民也将越南国内的水果、衣帽、香水等物品以相同的方式运到边境上，与中国的边民进行贸易。越南人将越南产品出售给中国边民后，再从中国边民手中买回部分中国产品以销售给越南人民。有时甚至存在直接的物物交换贸易形式。那时期的贸易是一种极为简单且零散的贸易往来，边民之间肩挑背驮式地运送商品，且不说贸易方式的先进与否，但无可否认的是中越两国边界上各民族之间有着密切的交往。而如今，随着中越边境贸易区的建立，贸易由以前简单零散的方式转为大型且集中的贸易。与过去两国民间贸易不同的是，现在贸易区中进行贸易往来的商人大多已是来自中国国内各省区的商人，他们在贸易区内有相应的商铺。由于交易数额大，交通运输快捷，以及通信技术发达，他们无须守在贸易区与越南商人进行多次面对面交谈。相反，他们在国内任何地方只需一个电话就可以实现远程式遥控并将货物派送完毕，且通过银行实现资金交付。因此，贸易方式的改变，在一定程度上减少了两国边民间往来的机会。

最后，越南女子嫁入中国后户籍问题总是难以解决，这成为中越跨国婚姻最大的障碍。据了解，中礼屯的四位越南妇女嫁入至今，其户籍仍无法落户中国。因为户籍总是无法解决，进而也就无法实现民政部门的有效婚姻登记，这种婚姻自然也就被归结为非法婚姻。没有经过合法登记的婚姻也就难以得到相关法律的保护，甚至连孩子的入户与上学也都存在困难。所以，中礼的男子不再愿意承担这种风险与成本，他们开始把结婚对象定在国内的女性身上。此外，成婚后，从某种程度上说，这是两个家庭甚至是家族上的密切往来，而国内婚姻比跨国通婚在实现两个家庭或家族往来上更为便捷。这也是中礼男人在结婚对象国别选择方面发生改变的重要原因之一。

第二节　家庭与生育状况

一　家庭类型和家庭关系

（一）家庭类型

核心家庭又称自然家庭、基本家庭，指的是由一对配偶及未婚子女组成的家庭，俗称小家庭，与单偶制婚姻相适应，一直是人类最普遍的家庭组织。它是当代绝大多数民族群体中最基本的社会单位，家人不仅在经济上共同合作，还需要负担起抚养子女的责任。扩大家庭则指的是由血缘关系联系起来的，在核心家庭扩大的基础上形成的家庭。扩大家庭是通过不同形式由核心家庭改建而成的，所以，扩大家庭往往又被称为扩大的核心家庭。

2007 年，中礼屯共有 66 户，其中核心家庭有 42 户，扩大家庭 24 户（见表 7－3、表 7－4）。

表 7－3　2007 年中礼屯家庭人数统计

单位：户、人

户数	人数	户数	人数
2	2	1	6
8	2	1	7
25	4	1	8
16	5	—	—

表 7－4　2007 年中礼屯婚后家庭居住情况统计

单位：户

夫妻单独居住	同父母居住	同父亲居住	同母亲居住	同兄弟居住
42	4	6	12	5

注：其中交叉的有同时与父母和兄弟居住的 1 户，与母亲和兄弟同时居住的 2 户。

（二）家庭关系

中礼人婚后一般都随父母居住，待婚后 2～3 年，确切地说是有独立的经济生活能力，且多已生育孩子时，才从整个家族中分家出来，自立门户。

媳妇进门后，其公公通常不能与媳妇同桌吃饭（多是公公选择避让，回自己的房间吃饭）。吃饭、说话、干活时，弟媳妇不能与大伯对面而坐。以上两种习俗，直至20世纪70年代末才逐渐淡化，从20世纪90年代开始，中礼屯出现有公公与儿媳妇坐在一起商讨家中事宜的现象。而在过去，则必定会遭到众人的非议。

分家后，妻子则承担起家中的重要农活，比如说田间地头的农活，播种、锄草、收割等家中大事。丈夫则相应承担家中的家务劳动（当然，这只是就绝大部分家庭而言）。

案例7－1

受访对象：凌振森（村党支部书记兼村委会主任）

性别：男

年龄：50岁

当笔者问及中礼屯家庭中的性别角色与人际关系时，他说："在我们当地，妇女是比较辛苦的，可以说一年四季家中的耕种收割几乎都是由妇女负责完成的。就连赶牛下田耕犁一般也是由妇女做。妇女们不仅忙活着家中最主要的农业活动，闲暇间还去附近的边贸市区做一些季节工或者散工，如扫马路、卸货物、挑选大蒜以及修建高速路挖沟等临时性的短期工作。"

但是在进一步追问家中男女地位时，他说："一般而言，妇女主事比男人要多，但现在多数仍是男主外女主内。就性别偏见与歧视而言，当地家庭地位中性别歧视并不明显，可以说很少存在。基本上体现的还是男女平等，家中大事共同商议。"

说到这里，他笑了笑，接着说："其实说是共同商议，也有多数这样的情况存在。以参加农村合作医疗保险为例。若是有镇里的工作人员在田间地头遇上一个家庭的男主人，劝说他参加合作医疗，男主人答应了。但一般情况下，工作人员还需找到这家女主人确认是否同意加入。相反，如果路上遇到的是这家的女主人，且女主人同意加入，那么工作人员就不需要再找到这家的男主人确认了。因为，女主人答应的事情一般是不会再有变动的了。”

受访者的这番话，反映出的是一种微妙的家庭地位关系，既不能说女性在家中占据主导地位，也不能说男性占据主导地位，说是平等也不尽如此。在倡导男女平等、反对性别歧视的今天，男人和女人在一个家庭中所体现出来的关系，借用凌书记的话说：“这种地位来自于家庭中男女主人的性格。性格比较坚定且有持家本领的一方，在决策家中事务时，无疑拥有相对的主导权。但是这也仅仅是相对而言，并非绝对。在建设和谐社会的今天，一个家庭的和谐才是整个国家和社会和谐最基本的前提条件。”

二　生育状况

中礼屯地处中越边境，与越南仅仅一山之隔。全屯均是壮族居民，1981～1982 年间该屯开始实施计划生育政策，1994 年开始实施边境线 5 公里内允许生育二胎的计划生育政策。据 2006 年底统计，计生户共有 73 户，全屯共 295 人（见表 7－5、表 7－6）。针对违法超生现象，友谊镇从 1992 年 3 月开始对辖区内的所有村屯实施追扎二胎（含二胎）以上人员。对于涉外生育的，在责令其缴纳相应的社会抚养费用后，方可让新出生婴儿登记入户。随着当地政府和相关部门机构对于国家计划生育政策宣传力度的加强，同时大大改进工作方法和作风，当地的村民在生育观念上发生了重大变化。有60%～70%的群众能接受并理解当前国家的计生政策，20世纪80年代后出生的新一代夫妇已经淡化了在生育方面的男女性别要求，且开始自觉生育一个孩子，并有意识地将初孕年龄推迟，但是不可否认的是，屯中还存在家中年长父母要求子女生育2～3胎或者男孩的现象。在生育费用方面，据2007年8月的调查显示，全屯有98%的家庭选择在医院进行生产，从怀孕到生产的平均花费为1000～1500元。在避孕措施方面，中礼屯尚未生育及已生育一胎的夫妻通常采取放环、药物避孕、安全套和避孕膜避孕的方法。但是在生育二胎后，通常采取的是结扎避孕的方法。此外，对于屯中贫困家庭的孕产妇提供补助，具体为正常产补助100元；剖宫产补助300元；合并产科严重并发症，经阴道分娩者补助200元；剖宫产者补助500元。

表7－5　中礼屯1991～2006年婴儿出生情况统计

单位：人

年份	出生人数	女	男	年份	出生人数	女	男
1991	8	5	3	1999	2	1	1
1992	9	3	6	2000	1	0	1
1993	3	2	1	2002	4	2	2
1994	4	2	2	2003	4	3	1
1995	7	3	4	2004	1	1	0
1997	5	1	4	2005	4	2	2
1998	2	0	2	2006	1	0	1

注：1996年和2001年全屯没有新出生婴儿。

表7－6　中礼屯现居家庭生育情况

单位：户

胎数	户数	胎数	户数	胎数	户数	胎数	户数	胎数	户数
一胎	13	两胎	37	三胎	11	四胎	1	六胎	1

注：其中有2户尚未有孩子。在生育一胎的户数中，有男孩7人，女孩6人。

凭祥市致全市众民公开信中
对计生管理办法的规定

一　我国婚姻法的法定婚龄是：结婚年龄男方为22周岁，女方为20周岁。

二　符合规定生育第一个子女的夫妇怎么样办理《计划生育服务手册》？

应当在依法结婚后至怀孕三个月内持双方的户口簿、结婚证、双方所在单位或村（居）民委员会出具的本人婚育和收养状况证明，到女方户籍所在地乡（镇）人民政府、城市街道办事处或者县级人民政府人口和计划生育行政部门领取服务手册。

三　符合二孩生育条件的夫妇如何办理《二孩生育证》？

符合二孩生育条件的夫妇应当在怀孕前，持有关证明材料，向女方户籍所在地乡（镇）人民政府、城市街道办事处提出申请，经乡（镇）人民政府、城市街道办事处审查，并报县级计划生育行政部门批准。领取《二孩生育证》后方可生育。

四　符合哪些条件可以生育第二孩？

（1）夫妻双方均是1000万人口以下的少数民族的；

（2）第一个子女经设区的市人口和计划生育行政部门

组织医学专家进行医学鉴定确诊为非遗传性疾病致残，不能成长为正常劳动力的；

（3）夫妻一方为二等甲级以上或者夫妻双方属二等乙级革命残废军人的；

（4）夫妻双方均为独生子女的；

（5）夫妻一方为烈士的独生子女的；

（6）再婚夫妻一方只生育一个子女，另一方未生育的；

（7）夫妻中女方属农业人口，只生育一个女孩的；

（8）夫妻中女方属农业人口，男到有女无儿家结婚落户的（多女户招婿，只安排其中一个）；

（9）定居在靠国境线5公里以内的乡村，持有边境居民证且连续居住10年以上的。

五　办理《二孩生育证》需要提供哪些证件？

（1）夫妻双方的户口簿；

（2）夫妻双方的结婚证；

（3）夫妻双方所在单位或者村（居）民委员会出具的本人婚育和收养状况证明；

（4）符合法律、法规规定可生育第二个子女的其他有关证明材料。

六　社会抚养费的征收对象有哪些？

社会抚养费的征收对象主要是不符合《人口与计划生育法》第十八条规定生育的公民。包括非婚生育、不符合地方法规规定的生育数量、生育间隔及有关程序的生育。有人认为“交钱可多生孩子”是错误的！

七　哪些情况应被征收社会抚养费？

（1）不符合规定生育条件生育第二个子女的；

（2）以收养形式规避法律、法规生育的；

（3）婚外生育的；

（4）非婚生育的；

（5）符合条件生育二孩但提前生育的。

凭祥市违法生育社会抚养费征收标准

1. 征收基数标准

2002年农村年人均纯收入为1833元，城镇每案按3.6万元计征；2003年农村年人均纯收入为1873元，城镇每案按3.6万元计征；2004年农村年人均纯收入为1994元，城镇年人均可支配收入为6435元；2005年农村年人均纯收入为2134元，城镇年人均可支配收入为7190元；2006年农村年人均纯收入为2493.6元，城镇年人均可支配收入为9158元。

2. 征收倍数标准

违法生育一个孩子的，对双方当事人分别按违法行为被查出时的上一年城镇居民年人均可支配收入或农村居民年人均收入的3～5倍征收；违法生育两个孩子的，按5～7倍征收；违法生育三个孩子的，按7～9倍征收。

表 7－7　凭祥市违法生育社会抚养费征收情况

单位：元

	2003 年			2004 年			2005 年			2006 年			2007 年		
	双方为农业户口	一方为农业户口、一方为非农业户口	双方为非农业户口	双方为农业户口	一方为农业户口、一方为非农业户口	双方为非农业户口	双方为农业户口	一方为农业户口、一方为非农业户口	双方为非农业户口	双方为农业户口	一方为农业户口、一方为非农业户口	双方为非农业户口	双方为农业户口	一方为农业户口、一方为非农业户口	双方为非农业户口
违法生育一个孩子	10998～18330	23499～27165	36000	11238～18730	23619～27365	36000	11964～19940	25287～42145	38610～64350	12804～21340	27972～46620	43140～71900	14961.6～24936	34954.8～58258	54948～91580
违法生育两个孩子	18330～25662	27165～30831	72000	18730～26222	27365～31111	73000	19940～27916	42145～59003	64350～90090	21340～29876	46620～65268	71900～100660	24936～34910.4	58258～81561.2	91580～128212
违法生育三个孩子	25662～32994	30831～34497	100000	26222～33714	31111～34857	108000	27916～35892	59003～75861	90090～115830	29876～38412	65268～83916	100660～129420	34910.4～44884.4	81561.2～104864.4	128212～164844

第八章　民族与宗教

第一节　民族

一　民族的历史与现状

2007年，中礼全屯人口293人，除由越南嫁过来的四名“三非”妇女为侬族外，其余均为壮族。壮族是岭南的土著民族，来源于中国南方的古代越人。据史料记载，明代以后，壮族人口有了很大的发展，人口数在百万以上。到清代，壮族人口与公元1290年相比增加了294万人[①]（见表8-1）。

到民国时期，壮族地区所辖范围[②]发展为：

（1）南宁地区：邕宁、宾州、横县、永淳、扶南、绥渌、同正、隆安。

（2）龙州地区：龙州、凭祥、宁明、思乐、上思、崇善、左县、养利、万承、雷平、镇结、龙茗、向都、靖西、镇边。

---

① 肖永孜：《壮族人口》，广西民族出版社，1988。

② 黄体荣：《广西历史地理》，广西民族出版社，1985。

表 8-1 清朝嘉庆二十五年（1820 年）的广西壮族聚居地区人口统计状况

单位：平方公里，人

今行政区划	清代行政区划	面积	人口
南宁地区及南宁市	南宁府 领州三：新宁（今扶绥境）、横县、上思 县三：宣化（今南宁市）、隆安、永淳（今横县境）	12600	795214
	太平府 领州三：养利（今大新）、左（今崇左县境）、永康（今扶绥县境） 县一：崇善（今崇左县境）	1620	301544
柳州地区及柳州市	柳州府 领县十：马平、雒容（今鹿寨县境）、罗城、柳城、怀远（今三江县）、融水、来宾、武宣、上林、东江（今来宾境） 州二：象州、宾州（今宾阳）	17400	939399
河池地区	庆远府 领县四：宜山、天河（今罗城境）、思恩（今环江境）、荔波（今属贵州） 州一：河池	25200	480856
	思恩府地：都安、巴马	16200	496928
百色地区	思恩府地：百色、田阳、田东 泗城府：治凌云（今凌云、乐业、隆林和西林一带）	17100	326617
	镇安府：治天保（今德保境）	3600	28742
合计		108300	3369300

注：梁方仲《中国历史户口、田地、田赋统计》，上海人民出版社，1980；黄体荣《广西历史地理》，广西民族出版社，1985。

（3）武鸣区：武鸣、上林、隆山、那马、迁江、平治、果得、忻城、都安。

（4）柳州区：柳江、柳城、融县、雒容、榴江、象县、武宣、来宾。

（5）百色区：百色、田东、田阳、天保、凌云、乐业、田西、敬德、西隆、西林、万冈、凤山。

（6）庆远区：宜山、河池、南丹、罗城、天峨、天河、宜北、思恩、东兰。

根据上面的史料，可以得知，凭祥市所辖区域及周围各地是壮族的聚居区，在考证中礼屯的壮族情况时，当问及“中礼屯的祖先是从什么地方迁徙而来的?”时，他们的答案都是“山东白马街来的”，并且每个人对此答案都毫不置疑，但当仔细探究这句话背后更深层次的缘由与故事时，却没有一个人能详细地解释这句话的来历和秘密，大多说是儿时的长辈们告诉的。

由于中礼屯曾三次被火烧尽全屯，自然难以寻觅到记载一个家族甚至是整个村落的宝贵财富——家谱（或族谱）。同时，由于经济拮据和不断搬迁等因素，中礼屯人也没有为祖先刻立墓碑。所以，企图从碑刻中找寻中礼人的历史脉络也成泡影。

但是，关于中礼屯人的祖先是谁、他们从何而来、又为何来此这些问题，在深入访谈屯中老人时，我们发现了两种说法。

第一种说法是：山东白马街的一群百姓追随宋朝名将狄青，不远万里来到今广西龙州板咘地区开始了在异地他乡的新生活。在生活一段时间后，或许是因为战争，或是由于可利用资源人均相对缺乏，这群迁徙而来的百姓中，有一支凌姓人家，继续南迁，到达了今天凭祥市友谊镇礼茶村和隘口村交界的区域，直至生活到现在①。

---

① 根据中礼屯村委会主任凌振森同志的访谈，结合部分中礼人的说法总结而成。

第二种说法是：大约宋朝年间，中礼屯的祖先，即来自山东白马街的凌氏三兄弟，或是因为躲避兵役和战乱，或是因为饥荒流亡，又或是其他更多的原因，总之，这凌氏三兄弟从遥远的山东迁入所谓南蛮之地的广西。三兄弟在到达广西后，又分别各自踏上行程，选择一处安家落户的“世外桃源”。于是三兄弟中的一个在今天广西南宁附近停了下来，而另两个分别留在了今天凭祥市的中礼屯，以及去往今越南境内开始生活①。

在调查过程中，中礼屯居民对自己民族壮族的认同感比较淡化，认为他们的祖先是从山东搬过来的，他们原来是汉族，只是祖先们为了融入当地人的生活不得不被当地的壮族所同化：他们和当地的壮族通婚，与原居民有了血缘关系；他们也逐渐学会当地壮族的语言，学会壮族的各种生产和生活方式，故而，他们的后代都发展成了壮族。然而，由于各种历史原因，中国的某些少数民族为了躲避汉民族的民族压迫，常常出现改变民族隶属关系的现象，如北宋年间侬智高领导的壮族农民起义军被宋王朝军队打败，落荒而逃，其部属及大批壮族和其他少数民族农民深恐被“斩草除根”，纷纷改名换姓，伪托汉族出身。所以，至今许多壮人仍声称其始祖为山东省青州府益都县白马街人氏，皆因随狄青大将军征剿“南蛮”而来。其实，这大多属于伪托出身②。不过，此种现象突出表明了历代统治阶级对少数民族人民的政治压迫。即使现在有条件改变其民

① 根据中礼屯村委会主任凌振森同志的访谈，结合部分中礼人的说法总结而成。

② 《注意族属变色龙》、《广西民族报》（汉文版）1993 年 1 月（中），总第 39 期。

族类别时，当地人也毫不犹豫地选择了壮族，邻近的一些汉族也想方设法地要把自己改变成壮族。这一改变本身，是我们国家民族政策得到很好贯彻落实以及少数民族群众的权利得到充分尊重的体现。中国不仅在宪法和法律上规定各民族一律平等，保障各少数民族的合法权益，而且明确规定要帮助少数民族和民族自治地区发展经济、文化等各项事业，在社会生活中要尊重少数民族的风俗习惯。这是中国各民族之间能够长期紧密团结、共同繁荣的根本原因。

二　中礼壮族与越南民族的关系

中礼屯有越南嫁过来的四名侬族妇女，由于语言相通，中礼的壮族与越南边境的侬族来往密切，他们之间还经常相互走亲戚，关系融洽。由于侬族与壮族在语言和风俗习惯上很相近，并且在历史上有密切关系，遇到重大节日如赶歌圩时，越南的侬族男女青年也会参与到中礼屯的活动当中，侬族人也非常热爱山歌，他们与中国的青年男女互相对歌，或选派两人以上集体演唱，场面非常热烈，这种活动有时持续近一个星期。与越南有亲戚关系的中礼人家，家中每遇到如婚嫁等特殊日子时，都会邀请越南的亲戚过来一起祝贺，反之也是如此。

当然，由于所属国家的不同，中礼人在与侬族交往的过程中，也存在一些避讳的话题。特别是针对中越战争的事情，一般大家都不提令互相伤心的往事，若有人不小心提及此事时，中国人跟越南人的界限马上就会体现出来。各自为了国家利益，互相进行口头攻击，互不相让，但是也不会出现大打出手的现象。最后，他们一起和解，除了对过去战争的叹息之外，共同希望中越两国能够和平相处。由此可以看出，随着国家政权对少数民族地区基层的深入，中礼屯的壮族对我们的国家产生了强烈的国家认同感。

第二节　宗教

中礼人的宗教信仰极其复杂，崇拜对象多、范围广，再加上崇拜上的自发性和盲目性，这就构成了中礼人宗教信仰上的显著特点。与其他许多地区的人们一样，他们既供奉土地神又祭拜花婆和观音。在信仰上表现出的功利性，促使他们不会只信仰某一种神教而放弃另外的神教，这些神教也没有严格的教义、教规，难以形成统一的意志和有效的控制，表现出组织上的涣散性和非宗教化。

一　自然神崇拜

中礼人对自然神的崇拜，名目繁多，如土地神、天神、雷神、水神、山神、树神、火神、灶神、谷神等。

（一）土地神

中礼人都是以农耕为主的民族，对土地的依赖性很强。人们认为土地神是一方之主，主宰当地的安宁兴旺、丰灾悲喜、六畜兴旺、五谷丰登及人丁祸福、水旱虫灾、人畜瘟疫等。因此，在整个礼茶村，壮族各村屯都有土地庙，多设在村边路旁。土地庙一般都是选在树林密集的村头或其他竹林之处。那是一块圣洁的地方，任何人都不能侵占，尤其是女性更不能擅自进入。土地庙是用砖瓦盖成的一间小屋，高 1 米，宽 1 米，屋内没有神像，只是用一张红纸贴在墙的正中，表示土地神之位（中礼屯原先的土地庙建在村子的东南面，后由于市民族局为发展该村的旅游业，在土地庙的附近修建了一座二层楼房。考虑到两者的协调因素，政府建议中礼人将土地庙搬迁到村子的后山上。中礼人采纳了这个建议，并举办了相当隆重的搬迁仪式）。每年正月初二、十五，家家户户都带上猪肉、酒、糯米饭、香等祭品去祭拜。

（二）水神

此外，除了对土地神的崇拜外，中礼人对水也有着特殊的信仰方式。如果村里有人去世，在入殓前，还要由道公带领孝子孝女携香纸到井边去向水神“汇报”，并“买水”，即为“死者”取回“圣水”洗身，然后才入殓、封棺。

（三）山神

中礼屯依山而建，周围群山绵延，森林密布。在过去，他们除了从事农耕外，还辅以采集和狩猎，所以，高山和森林使人感到神秘和畏惧。因此，在当地人心目中普遍存在着某一座山住着某神灵、某一片树林由某神灵主宰的说法，人们大多不敢贸然闯入。有的还在所崇拜的山上和树林中，用几块石头立上神位，过年过节或遇上不吉利的事情时，就前往祭拜。

（四）灶神

在中礼屯，几乎所有家庭都供奉着灶神。他们认为：灶神专管家内烟火，是天帝派到各家各户行监护之职的神灵，每年农历腊月二十三要回去向天帝汇报所在人家的所作所为。每年的这一天，各家各户都要举行仪式“送灶神”，至除夕二更时分，再将灶神迎回来过年。除过年外，每当有好吃的或者过节时，也要祭灶神。禁往火里撒尿或吐口水，否则就会受到惩罚或有报应。

二　祖先神崇拜

在许多壮族居住地区，都存在人们对祖先神的崇拜，包括姆六甲、花婆、布洛陀、祖宗神等，但在中礼屯，村民却没有明显表现出对布洛陀的崇拜。他们普遍信仰女始祖姆六甲，她又被称为花婆、花王、花王圣母，是生育神和守护神，认为人类都是她繁衍的后代。屯中部分家中可以看到“花婆”的神位，有的立于母亲的床头，有的安在母亲的房门框上。若婚后多年不育，夫妻两人须祭祖拜神向花王求花（求子）。求子当天，岳父家送来鸡一只、糯米饭一篮，且需要用树叶遮住竹篮。当天，求花者以色纸剪成纸人八个，插放在事先准备好的一个装有米和生鸡蛋（一个）的碗中（八个纸人男女间隔地插在白米中成一圈），然后，请来仙婆开始作法事，点香、烧纸等，且在墙上挂一块黑色的布，由仙婆往布上扔小纸人，且用扇子不停地扇。此时，求子的女人便拉开衣角在布下接掉下的小纸人，装到几个纸人，则表示求得几个孩子。剩下的纸人放在碗中由仙婆烧掉后带回家。求花后，便在门上插上柚子树枝，以告诉外人，三天内不得有外人进入此户人家。小孩生下来 40 天后，通常要由小孩的外公给他送来一个木质的小桥，并举行“安花”、“架桥”仪式向花婆致谢，并求其保佑平安。若有小孩病痛时，母亲要供奉花婆。有些人家平时加菜和节日时都要供奉花婆。

中礼人的祖先崇拜大多以一家一户的形式进行。每家每户厅堂的正中，都有专门供奉祖先的神龛，龛上置一大香炉，香炉后面有一块大牌位，上书“×氏（门）历代宗亲之神位”等，龛下有一张桌子，桌子上放有几个小酒杯（通常有五个）以作为供奉时摆放供品之用。每逢初一、十五，过年过节，人们必须烧香供奉祖先；逢灾遇难，常向祖先的神灵祈求；若有大吉大利，也向祖先神灵致谢。此外，每年农历三月初三至清明节期间，各家各户都到自己祖先的坟前祭扫。此外，屯中还有安龙的宗教活动，若是某家家内“地内冻冷”，祖神不安，这家主人便请道公前来作“安龙”的法事。道公领着这户人家带上生猪、活鸡和鱼、香纸、糯米饭、熟鸡蛋等，去到主人家的一块坟地前，用一条白布将该坟墓圈起来，且在白布下面放上许多熟鸡蛋，然后在道公的法事活动过程中将带来的活物宰杀掉，最后让人们抢挖埋在白布里的熟鸡蛋。之所以要做这样的法事活动，目的在于祈福全家人“龙脉兴隆”、六畜旺盛、五谷丰登、人丁兴旺。

三　异族神崇拜

异族神是指从别的民族传入的神，如文昌、北帝、观音、菩萨、太上老君等。外来神是在民族迁移和佛教、道教传入壮族地区的过程中逐渐进入壮族民间信仰体系的，这些神明基本保持原有的功用，在一些地方发生了不同的变化。在中礼屯，几乎家家户户的神龛上都放有观音的神像，有些人家中还在厅堂正中的神龛上放有其他菩萨的神像，过年过节时与其他神一起供奉。值得指出的是，当地壮族民间诸神信仰中的外来神大多数是道教的神，如北帝、观音、太上老君等，而其他教如佛教的神则很少，这表明道教对壮族民间信仰的影响大，但是没有形成一个完整的体系，而佛教、基督教、天主教对壮族民间信仰的影响较小，这反映了壮族文化对外来文化进行有选择地学习和吸收。道教的形式和内容与壮族民间信仰较为接近，而且二者在形式和内容上可以互相补充，这在当地丧葬仪式上道公所穿的服饰上亦有体现。

四　宗教的作用

中礼屯与凭祥市其他村屯一样，并没有形成一个完整的宗教信仰体系，而更多的是在本民族民间信仰的基础上，学习、吸收并融合外来的宗教文化为其所用。中礼屯的宗教（更确切地说，这是一种广泛流传于民间社会的现象，它是相对于佛教、道教、天主教、伊斯兰教、基督教等制度化的宗教而言的宗教信仰和崇拜[①]）作为其传统民族文化的一部分，也同样具备其他宗教文化那样的、社会价值与作用的二重性。其作用主要表现在以下几个方面：

（一）积极作用

（1）民间信仰活动仪式在民间具有区域认同、社会整合的功能，在很大程度上，它可以起到“内部团结和外部联系”、推动地方经济联合的社会作用。这种作用在中礼屯最好的表现就是每年正月初二举行的对土地神的祭祀活动

① 张剑：《重视民间信仰问题在构建和谐社会中的影响和作用》，《中国宗教》2006年第11期。

和仪式。在这一天，全屯的男女老少都会聚集到土地庙前参与祭祀活动。这样的集体活动和凝聚力还表现在屯中丧事活动过程中的“Hang pie”组织上。正是通过这样的仪式和活动，这个社区的人群有力地整合到一起，产生并坚持对本民族和本地区的自我认同，这是一种向内的凝聚力，而当这样的仪式或者这个社区的人群遭到外来势力的触犯、入侵和压制时，这样的整合凝聚力无疑就会转换成一种向外的抗争力。

（2）民间信仰所宣传的某些道德价值观念有一定的社会伦理价值，在现代社会中仍能起到一定的道德教化作用。祖先崇拜是最为常见和普遍的民间信仰，在中礼屯，家家户户都设有祭拜祖先的神坛，每年的清明节，家族中的成员都会返回家中共同祭拜祖先，希望祖先有灵，保佑家人平安、幸福等。不可否认的是，在缅怀祖先养育之恩的同时，这无疑也增强了家庭的团结，强化了家庭成员尊老爱幼的美德。同样，在土地崇拜、自然崇拜中，也不乏珍惜土地、爱护环境、热爱自然、亲近自然等生态伦理思想。此外，中礼屯人对于传说和神话中的英雄人物的崇拜（如关公，蒙大，凌云等），无形中也是对见义勇为、匡扶正义、与人为善、助人为乐思想和精神的宣扬和传播，培养并教育现代人有良好的思想品质，使他们自觉地约束自己的不良行为。

（3）民间信仰作为一种传统文化资源，是民间文化的组成部分，具有一定的艺术价值和美学价值，它在发展民间文化、丰富人们精神文化生活方面起到了一定的积极作用。更为重要的是，这一传统文化具有一定的经济开发利用价值，对促进本地区区域经济的发展有着重要的作用。

在调查中，笔者了解到：凭祥市有关部门有意在未来的几年中将中礼屯打造成红色文化民族旅游村寨。届时，中礼屯的部分民间信仰中的文化将会被进一步挖掘和开发，为其旅游村寨的建设提供更为丰富多彩的内容。

（二）消极作用

（1）民间信仰的荒谬性对人们的思想具有极大的毒害作用。民间信仰就其核心观念而言，仍然是有神论、万物有灵论、因果报应论、阴阳两重世界观等，这些思想观念与客观现实是根本不相符的，是荒谬的。因此，它对人们具有极大的毒害作用：一是对人们思想的统治，致使人们形成一种错误的思想观念，从而失去了辨别真假是非的能力；二是对人们心理的摧残，使人们产生一些不健康的心理现象，严重损害了身心健康；三是对人们精神的控制，使人们不思进取，消极颓废，失去了积极向上的精神面貌。

（2）民间信仰的盲目性对人们的行为具有严重的误导作用。人们以一种错误的信仰作为指导，必然导致错误的行为。在中礼屯，大人、小孩生病都会请仙婆前来作法事，夫妇结婚不孕也去请仙婆或花婆来作法事。屯中人生病请巫师而不去请医生的现象仍然存在。有的甚至因相信迷信而失去理智，残害骨肉。

（3）民间信仰的落后性对事物发展具有阻碍作用。在中礼屯不乏由于坚守民间信仰而坚决抵制新事物的进入和对旧有落后事物改进的现象。进而，其欺骗性对社会的发展与稳定也产生破坏作用，这对当今社会主义和谐社会和新农村建设极为不利。

附录　边境少数民族村落教育调研报告

——以凭祥市中礼屯为例

少数民族的教育问题是一个关系到整个中华民族凝聚力的长远问题，它极大地影响着民族社会的发展、民族关系的稳定以及国家对于民族地区民族政策的制定和调整。由于边境少数民族村落有着与邻国村落互动密切的特殊身份，因此，其教育、经济、社会等发展状况也直接影响到中国在邻国人民心中的形象。在某种情况下，它甚至是两个国家间外交政策的参考因素。因此，继续加大对少数民族尤其是边境少数民族的教育力度，有着不可估量的现实意义。

凭祥市中礼屯地处中越边境，与越南仅一山之隔，是属于素有“国门第一村”之称的礼茶村的一个自然村屯。与其他边境少数民族村落地处边疆、交通不便、信息闭塞不同的是，中礼屯有着优越的地理位置和便捷的交通条件，它位于 322 国道 1048～1050 公里处，南友高速公路和湘桂铁路国际联运线就从村口经过，且距友谊关 7 公里，北距凭祥市区 7 公里。然而，值得指出的是：交通便捷，资讯相对发达的中礼屯却和许多其他少数民族村落一样面临着相似的教育问题。

一 教育现状

中礼屯隶属友谊镇礼茶村，是一个典型的壮族边境村落。2007 年，全屯有 66 户，共计 293 人，均为壮族人口。友谊镇共有小学五所，分别是隘口小学、卡凤小学、礼茶小学、铁路小学和希望实验小学；中学一所，即希望实验学校（地处隘口村辖区）。礼茶村唯一一所小学——礼茶小学有着较为优越的硬件和软件设备，办学质量也可圈可点。但是，就中礼屯的教育状况而言，却存在下列问题和现象：

（一）人均教育水平偏低

人均教育水平的高低是衡量一个地区教育水平高低的重要标准。据调查，中礼屯接受中学教育的人数，仅占全屯人数的 47.6%（其中，中学生占 45.8%，中学历专生占 1.8%），至今尚没有一位大学生，中专学历成为屯中最高的学历纪录，即使这样，也仅有五位中专生。

从附表 1－1～附表 1－3 中，不难看出中礼屯人均受教育程度的状况。

附表 1－1 2007 年 8 月中礼屯 20 岁以上成人教育程度分析

单位：人，%

名称	中专	高中	初中	小学	文盲	不详	总计
人数	5	12	105	58	11	3	194
比例	2.58	6.19	54.12	29.90	5.67	1.55	—

附表 1－2　各年龄组不同性别教育程度统计

单位：岁，人

年龄组	21～30		31～40		41～50		51～60		61～70		71 岁以上	
性别 / 教育程度	男	女	男	女	男	女	男	女	男	女	男	女
小学	4	0	6	5	3	9	3	1	2	2	2	2
中学	20	16	14	17	20	8	1	2	0	0	0	0
中专	1	4	0	0	0	0	0	0	0	0	0	0
文盲	0	0	0	0	0	0	0	0	0	1	1	9
不祥	0	0	0	1	0	2	0	0	0	0	0	0
总计	25	20	20	23	23	19	4	3	2	3	3	11

附表 1－3　各年龄组男女教育程度各占同组的比例

单位：岁，%

年龄组	21～30		31～40		41～50		51～60		61～70		71 岁以上	
性别 / 教育程度	男	女	男	女	男	女	男	女	男	女	男	女
小学	16	—	30	21.7	13	47.4	75	33	100	67	67	18.1
中学	80	80	70	73.9	87	42.1	25	67	—	—	—	—
中专	4	20	—	4.35	—	—	—	—	—	—	—	—
文盲	—	—	—	—	—	—	—	—	—	33	33	81.8
不详	—	—	—	—	—	10.5	—	—	—	—	—	—

（二）中小学教育

积极推进普及九年义务教育，是堵绝新文盲产生的有效途径。1986 年 4 月 12 日第六届全国人民代表大会第四次会议通过的《中华人民共和国义务教育法》，于同年 7 月 1 日起施行，它标志着中国已确立了义务教育制度。实践证明，义务教育法的实施极大地提高了中国人口的文化素质，中小学教育无疑是国家教育中的一个基础环节。然而在调查中，笔者发现，中礼屯中小学学生逃学、缺课，甚至流失等现象广泛存在，这已逐渐成为制约中礼屯中小学教育发展的难题之一。

附个案 1-1

调查对象：农老师（男，56 岁，礼茶小学教师）

农老师是一位从事教学工作三十余年的老教师，在谈及现今当地小学教育中存在的问题时，他一脸的无奈，连连叹息。“问题太多了，有来自学校的、家庭的、社会的，以及学生自己的因素导致的问题。就现在的学生而言，真正喜欢学习、认真学习的孩子不多，上课的纪律也不是很好，老师单方面很难管教。高年级学生逃课现象也较为严重，学生不愿意来学校上课，而是伙同社会上的不良青年或是同龄孩子玩耍。部分学生连小学都不念完就混在社会上了。我们这个地方的孩子上完九年义务制教育规定的学业就不再上学了是常有的事情。”

附个案 1-2

调查对象：阿铃（女，17 岁，初三希望实验学校学生）

阿铃是一个比较害羞的女孩，对她访谈是在跟她接触多次后正式展开的。她家中还有两个哥哥，也都在实验学校上学，实验学校是一所捐资修建的希望中学，邻近村落的孩子大都在这里上中学，也有个别去市里中学读书的。据阿铃说，大哥上高二，学习成绩比较好，因此，大哥的学费是全免的，每个月还有几十块钱的补贴。学校为了鼓励学习成绩好、家庭困难，尤其是少数民族的学生，每年会选出部分学生，给予全免学费、补贴生活费的奖励。另据阿铃说，他们班有 50 多个学生，上课的纪律不是很好，有些学生根本不畏惧和尊重老师，上课睡觉、说话、随便出入，甚至不服老师的管教，或骂或打老师的事情也曾有过。学生之间也有打架斗殴的事情，有些时候学生还纠集社会青年参与同学之间的矛盾事件。当问及阿铃初中毕业后的打算时，她羞涩地说："如果能考上高中就继续读吧，其实我自己觉得读书也很累呢。"说到这儿，她冲我笑笑，"我们村的女孩子很多没有读书的现在都在外面做工了，去了广东那边，也有些在南宁或者其他市的。男孩子也有些去广东那边打工，但是多数还是在家跟着大人做事，因为男的去广东那边好像不怎么好找工作。"问及关于大学的梦想时，阿铃微微笑着说："不知道呢，也很想上大学，但是考不上啊。"在调查期间，像阿铃这样的受访者并不少见，当地的孩子对大学生活也有着他们自己的梦想和憧憬，但是绝大多数孩子由于种种原因没能最终实现自己的愿望。

（三）成人教育和技术培训

20 世纪 90 年代以来是中国扫盲工作开展得最有成效的时期。中国国民经济持续健康发展，农业和农村经济发生深刻变化，家庭联产承包责任制的深入实施和农村经济的发展繁荣，极大地调动了农民的积极性，解放了农村劳动力；农村产业结构的调整，使大量农业富余劳动力向第二、第三产业转移；农村乡镇企业的发展，加快了工业化、城镇化的进程；农业科学技术的推广使用，推动了中国农业从传统农业向现代农业的转变。农村生产力的发展、农村社会的变革，呼唤着农村人口素质的提高，呼唤培养有文化、懂技术、会经营的新型农民。农村经济社会的发展，促进了农村文化教育事业的发展。在调查中，笔者发现中礼屯现有文盲率较低，60 岁以下的村民已完全实现扫盲。此外，中礼屯还有着较为优越的条件，即每年政府和相关部门都会定期或不定期地组织村民进行学习，并对他们开展各种技能的培训。但是，这些科技下乡或是农业、经济的培训并不像笔者想象中那样深受当地村民的欢迎，相反，这些培训很多时候遭遇的是尴尬和冷遇。

附个案 1－3

调查对象：李某（中礼屯，男，36 岁，村民）

在与李某闲聊的过程中，恰好村主任来到他家问他是否愿意过几天去参加市里的甘蔗种植培训。出乎我们意料的是：李某婉言拒绝了主任的“邀请”。既然是市里组织的免费农业技术培训，且有来自省里的专业技术指导老师，为什么这个培训的机会却不受村民们的欢迎呢？带着种种疑问，我们把谈话的内容转移到了技术培训上。

“其实说真的，不是我们不欢迎这么好的政策，我们也不是因为学不会才不去学习。我们农民一句话：就是实在。花哨的东西我们不愿意，我们是要看到有利了，出效果了，我们才能放心去做。早些年，镇里、市里也有技术人员下来指导我们种植八角，我们也很高兴和欢迎，因为有了技术指导后我们见到效益了。但是也不是每一种技术培训和科技推广都如宣传得那般见效。要是好心办成了坏事，我们农民下次就不会再相信、再接受了。比如说，前几年，镇里要开展甘蔗试验基地，鼓励动员我们村的农民广泛种植甘蔗，宣称只要种上了，一年四季就不用花精力去管理了，可以节约更多的时间和精力去做其他的生意或农活。动员期间，镇里还为农户免费提供种苗和初种技术，可这样的服务却有始无终，甘蔗是种下去了，可是到年尾收的时候，农户自己一时难以找到买方市场。由于邻近村落都或多或少地种植甘蔗，且货物滞留，导致甘蔗价格很低，最后无法达到农户所期望的收益。农民的积极性受到极大的打击。此外，有些技术培训时间长，农民不愿意耽误做工赚钱的时间去学习这些在他们看来一时没有利用价值的知识。”

附个案1－4

调查对象：凌某（中礼屯，男，55岁，村民）

凌某是调查中较早参加过农业技术培训的村民之一，他曾到南宁参加为期10天的农业种养技术的培训。他深有体会地说：“在南宁学习期间，我见识到了什么才是真正的科技农业，同样种的是西瓜和南瓜，可人家的就能在市场上卖高价格，而我们的最多也就是几毛钱一斤。人家浇水都是电脑控制，什么时候浇水、该浇多少水，都是有严格规定和控制的，我们的还处在挑水浇地的阶段。”他无奈地笑笑，接着说，“回到家后，我很想把自己学到的东西都运用起来，但是真正操作时，我发现有太多的客观条件制约着所学知识的发挥和运用。我也很想把知识传授给其他村民，但是我自己都没有做出成绩来，别人又怎么会相信呢？”

二　原因分析

中礼屯之所以存在上述现象，其原因是多方面的，有来自学校、社会、家庭以及个人等多个方面的因素。

（一）家庭教育方面

家庭教育一般是指家庭中的父母及成年人对未成年孩子进行教育的过程。教育的重点是以品德教育为主，培养孩子良好的道德品质并养成良好的行为习惯，教会孩子如何学“做人”。家庭是儿童生命的摇篮，是人出生后接受教育的第一个场所，即人生的第一个课堂；家长是儿童的第一任教师，即启蒙之师，所以家长对儿童所施的教育最具有早期性。良好的家庭环境和家庭教育是一个人形成正确、科学的人生观、价值观和世界观的重要前提。而调查中我们发现，中礼屯中小学教育中，孩子之所以存在厌学情绪和不正确的学习态度，家庭环境的影响和家庭教育的缺失或者失败占据重要地位。

1. 家长言行

家长的言行直接引导着孩子的言行举止，这种力量是巨大且潜移默化的。中礼屯的多数家长对教育极不重视。在他们看来，孩子能读完九年义务制的课程就足够了，读书太多也无用，还不如干活挣钱实在。现在让孩子接受这九年义务教育，目的也就是只要能认识几个字、看懂电视、会算账就行了，多学也没有用。尤其在严峻的就业形势下，就连大学生毕业后都得自谋职业，倒不如现在就让孩子早点出来干活挣钱合算。能否上大学接受高等教育并不是他们所期望的，高成本的教育支出在多数家长看来是不值得的事情，因此他们也就无法教育孩子树立正确的学习态度。家长这种淡薄的教育观念严重影响着孩子的进取心，使得大量的孩子不想再继续读书，因此严重阻碍了中礼屯中小学教育的发展。

2. 家庭环境

家庭环境是塑造一个人人生性格的重要因素。良好的家庭环境是关系到一个人能否健康成长的关键因素。时下中礼屯正面临其他农村同样的困境和难题：空巢现象和留守儿童问题。空巢家庭原是社会学者在研究“家庭生命周期”模式中提出的一个概念，一般指无子女或虽有子女，但子女长大成人后离开老人另立门户，剩下老人独自居住的纯老人家庭。而另一资料显示：中国1.2亿农民常年于城市务工经商，产生了近2000万名留守儿童。88.2%的留守儿童只能通过打电话与父母联系，其中53.5%的人通话时间在3分钟以内，并且64.8%的留守儿童是一周以上或者更长的时间才能与外出的父母联系一次，有8.7%的儿童甚至与父母就没有联系。49.7%的孩子表示想和外出打工的父母在城市生活，但也有44.1%的被调查对象明确表示不想和外出打工的父母在城市生活。有24.2%的留守儿童与照顾他们的成人很少或从不聊天。村中青壮年纷纷外出务工，导致空巢现象和留守儿童问题的产生，隔代监护型和亲朋监护型成为中礼屯留守儿童被监护的主要类型。由于缺乏父母的关爱和代与代之间的良好交流，孩子成长中的各种问题都不能得到很好的解决。在访谈中，农老师指出，由于大多数父母外出务工，老师无法将孩子在校的不良表现及时反馈给家长，老师的家访也难以实现。许多孩子交由爷爷奶奶看管，但是多数孩子根本不听从老人的管劝。此外，老人过分溺爱孩子的现象也不鲜见。种种因素严重制约了学校和家庭教育的互动与互补。

（二）社会因素方面

中礼屯地处中越边境，有着较复杂的社会治安环境。吸毒、贩毒、走私现象的存在给当地的教育带来极不利的影响。据当地村民说，礼茶小学附近的A村屯是该地区吸毒人员最为集中的区域。吸毒人员偶尔会流窜到学校附近进行吸毒活动，这给学校教育造成不良的影响。加之，现今社会严峻的就业形势和高校毕业生巨大的就业压力，以及通过求学由农村进入城市的青年人群面临的“买房难、供房难”等现象，无疑让中礼屯人更加坚定了“上大学难，就业更难，还不如早点出来赚钱更实惠”的错误思想。此外，当今电视、电影、网络等媒体的不当行为（性、暴力、游戏等）将孩子引导上了错误的成长之路。社会上不良青少年对校园内孩子的引诱也是孩子厌学并过早走上社会的一个原因。

（三）个人因素方面

除了上述家庭和社会因素是影响中小学教育的原因之外，个人因素的作用也是不容忽视的。青春期是一个很敏感的成长阶段，是走向成年的过渡阶段，亦是性意识萌发和发展的时期。步入青春期的青少年，由于身心健康趋于定型时期，他们的心理发展和生理发育往往不同步，具有半成熟、半幼稚的特点，因而，他们容易产生心理失误甚至心理滑坡等想法。加之其自我意识和好奇心的增强，以及社会、媒体的冲击，他们要通过表现个性、追逐潮流来满足自我意识和好奇心。另外，社会和家庭传统教育存在的一些弊端，阻碍了他们自身发展的需求，从而成为叛逆心理产生的源头。此外，青少年如今面临着各种压力，比如集体压力、学习压力以及生活中的无聊情绪等，这也是叛逆心理产生的“沃土”。正是这样一个特殊时期，加上外界的不利因素，从而导致少数民族地区教育严重受阻。

（四）学校教育方面

正如农老师所言，由于农村学校条件艰苦，老师的工作负荷普遍大于县城中学老师的负荷，而得到的报酬收入却远远少于县城教师。有些县城中学高中教师每年所得的奖金福利远远大于其财政工资，而农村教师除财政工资外，别无他有。利益如此的不平衡，因而“人心思走”。1997～1998 年间，礼茶小学就出现了老师停薪留职去广东打工的案例。师资严重流失，导致师资质量严重下降。那些走出去的多是或有一技之长，或教学成绩较好的教师。同时，有些地方近几年来连续把招考优秀教师进城工作作为激励教师工作、改革教师队伍合理流动的措施大力推行。造成了农村学校优秀教师被掏空的现象，致使城乡教师结构严重失衡。

同时，在有教师被调出的同时，却没有新教师调入补充——因为现在中师、师专毕业生取消了统一分配。多年不对农村学校补充新教师，造成教师队伍的断层现象，非常不利于农村教师队伍素质的提高。最为突出的表现是农村学校教师学科结构不平衡。学校没有专业的音乐、美术、体育教师，只能安排所谓“主科”教师去兼代这些“副科”，而现在，有时候连语文、数学、英语、思想品德等课程的教师都往往很难配齐。和其他农村地区的学校一样，英语教师的奇缺成为普遍现象，因此，礼茶小学目前为止尚未开设小学英语课程。

此外，由于教育体制的改革，相关教育方式的转变，传统的教育模式和方法已经不适合现在的教学工作。教师不能以体罚的方式来震慑调皮的学生，而老师的“好言相劝”很多时候又不被学生接受。面对这样的情况，部分老师采取了

"无为而治"的方法，据阿铃说，现在老师上课根本不管那些在课堂上睡觉、看小说、不听课的学生，老师上课的原则就是：只要你不严重违反课堂纪律，不干扰正常的教学秩序，能让想听课的同学听到讲课内容就可以了。从她的这些话中，不难看出老师在教育过程中的艰难处境，同时也反映出部分老师满足于现状，不去思索和探求新时期更加有效的教学方法，缺乏同学生之间的真心交流，无法实现对学生的人文关怀，进而使教学进入一个恶性循环的圈子。

总之，正是教育体制的不完善和部分教师不负责任的态度，阻碍了当地中小学教育的发展。

三 建议

（一）家庭应给予重视

家庭是子女成长与成才的自然环境，一个具有良好素质的家庭会使子女从小就受到良好的影响和熏陶，从而构筑成人生发展的坚实基础。因此，家长应首先转变教育观念，充分认识到教育对于下一代成长和发展的重要作用，从小培养孩子的自信心和正确的学习态度，激发学习热情，培养孩子的创新意识，挖掘孩子的智力潜能，为孩子创设良好的家庭学习环境，增加家庭的文化教育氛围，为孩子创建"智力背景"。首先，建议家长为孩子提供足够的学习时间，即使在农忙时，也不要浪费孩子的学习时间，给孩子一个学习的小天地。梁实秋就曾说过：一个家庭，每个孩子应该拥有一张书桌，主人应该拥有一间书房。其次，要求家长督促孩子完成家庭作业，经常查看孩子的作业。对孩子经常犯的错误进行细致讲解，帮助孩子买一些参考书。在学习之余，家长还可以订阅一些有益于智力开发的杂志，培养孩子对读书的乐趣，扩大孩子的知识面。这样，形成浓厚的家庭文化教育氛围，帮助孩子形成自觉学习的态度，改变家长对家庭教育的认识，从而提高家庭教育的质量。总之，家长不仅要监督、约束孩子的言行，更应该注重自己言行对孩子潜移默化的影响。

（二）要利用社会的力量

1. 加大对义务教育的宣传力度，切实转变传统教育观念

社会对教育的支持是学校教育的社会基础。对于文化落后的农村，加快义务教育的步伐，必须千方百计争取社会各界和家长的参与、支持，因此必须更加广泛地宣传义务教育法，提高全民的执法意识，树立尊师重教、依法治教的观念。在少数民族地区，特别要注重发挥宗教人士、民族上层人士的力量，让他们支持教育，请他们为办学出谋划策，帮学校排忧解难，不利用宗教活动妨碍义务教育。

2. 打击犯罪活动，给学校教育以良好的环境

当地政府部门要加大打击少数民族边境地区存在的犯罪活动尤其是吸毒、贩毒、拐卖儿童等犯罪活动的力度，在学校、村落间开展防毒、防拐、防艾滋病等相关专题知识普及活动，让学生和家长都行动起来，全民参与共同打击一切犯罪活动，积极捍卫生存和生活的空间，营造良好的学校教育环境和氛围。

3. 发挥党团组织作用

少数民族边境地区更要充分发挥村落党团组织的积极作用，主动加强同教育部门和文化部门以及乡村妇女联合会等组织的联系，真心关爱村中的孤寡老人和留守儿童，同时在村中开展丰富多彩的文化体育活动，组织大中学生到村中开展科技文化服务活动，传播科技文化信息。让村民了解外面的世界，也积极借助交流的机会将本民族的传统、特色文化传播出去，并努力产生文化效应和经济效益，增强村民的学习积极性和自主性，推进少数民族边境村落经济和文化的双赢发展。

（三）教育体制等方面的改革

1. 学校教育

首先，继续加大义务教育的普及面，使适龄儿童都能够进入学校学习，使适龄儿童的入学率、巩固率、毕业率得到普遍提高；同时要健全和完善教育经费投入保障机制。据调查发现，要当地政府拿出有限资金来办乡村教育是远远不能满足边境民族地区村落青少年对教育的需求的。因此，政府和教育部门首先要确保生均公用经费足额拨付到位，把教育经费的挪用作为重点来抓，把有限的教育资源用到实处。同时，要查清乡村小学、中学的负债状况，对因负债建校舍、添设备的要通过财政拨款支付，使学校能较好地运转。此外，还要加大农村教育的投入，平衡城乡教育资源。要借“新农村建设”的春风，在教育领域实行“城市反哺农村”，实现区域教育的均衡发展。

其次，要建立稳定的农村教师队伍，提高教师素质的有效机制。

第一，要培养一批扎根农村的基础骨干力量。在调查中我们发现，在礼茶小学教师队伍中有部分像农老师那样出生并生活在当地的老师，他们不畏农村的艰苦条件，仍兢兢业业地工作，安家在乡村，数十年如一日，全身心扑在学校工作上，从不向组织提私利要求。教育改革就必须把他们作为发展农村教育事业的中坚力量，对教师实行地区津贴和住房优惠政策，并多多为他们提供参加进修培训的机会，给予他们一定的物质与精神上的支持。改革完善现行中小学教师职务评聘制度，真正落实以业绩取人的机制，扫除非教育因素的人事分配障碍，为农村教育的良性发展提供健康环境。逐步建立具有中国特色的类似国家公务员制度的中小学教师职务等级制度，为少数民族边境村落的教师提供发挥作用的广阔舞台。

第二，城乡教师之间应当建立流动机制，不能总是从农村抽调优秀教师，城区教师不能只进不出，区域内的教师应当流动起来，否则农村教师队伍的成长机制就很难建立起来。要恢复招收大专学历的毕业生回乡任教的政策，为农村教师队伍不断补充新生力量。考虑到财政支付的能力，要坚决清除大量占编不在岗人员。

第三，要从少数民族边境村落的实际出发，因地制宜发展义务教育。根据少数民族边境村落经济的发展水平，并考虑到当地中、小学生厌学情绪较浓，初中毕业后难以升入高中的现象，当地学校应当改变以往照搬发达地区和城市义务教育办学模式的做法，防止单纯强调义务教育的所谓“知识性”、“系统性”的做法，必须纠正片面追求升学率的倾向，转“升学教育”为“素质教育”，坚持从当地实际出发，注重课本教程的发展，寻找教育与经济社会等发展的结合点，并以此为突破口，增强义务教育与地区经济发展的联系及对群众入学的吸引力。

第四，加强教育发展的区域传递性。所谓教育发展的区域传递，是指两个或两个以上的区域之间（可以是省与省之间，也可以是地与地、县与县、乡与乡之间）教育发展的某些因素相互波及、影响和渗透，从而使区域之间的教育结构趋于优化的过程。这里主要指通过发达地区先进的教育对少数民族边境村落教育的波及、影响和渗透，从而促使后者发展的过程。毫无疑问，发达地区通过人力、物力、财力的支持，通过信息传递、经验交流以及示范效应等，肯定能够在农村教育发展中起到“传递增长”的作用。

2. 科技培训

结合少数民族边境地区的实际情况，开展多种形式的农村成人教育和科技培训，坚持以提高学习者的生活质量为中心，以学习者的实际需求为导向，以解决实际问题为出发点，开发培训教材，进行培训教学方法的改革，使培训教学内容、形式和方法更加灵活多样，更加实用，更加有实效。采用先进的教育手段，充分利用信息技术，如计算机、电视、VCD 播放设备等现代化手段开展科技培训，利用现代网络教育资源和附近中小学远程教育平台提高培训的质量和效益。此外，将传授文化知识与传授实用技术相结合，提高他们获得知识、技能、信息，以及增加吸收和运用科学技术的能力和经营管理能力，扩展参与经济活动的领域，帮助他们走出愚昧，走出贫困，这在相当程度上也帮助他们改变了生存条件并提高了生活质量。同时，还要积极树立村民身边的成功典型，以户帮户，让参加技术培训并切实增加收入的农户讲述自己的成功经历，并带动村中其他农户走上科学致富的道路。在开展科学技术培训之前，要有针对性地实施调研，灵活处理并调整农户听课的时间，使农民真正能学到知识和技能，增加收入，得到实惠，提高生活水平和生活质量。同时，还应在村中建立文化站、图书室，组织村民开展各种文化体育活动，丰富他们的娱乐生活，杜绝打架、赌博现象的发生，努力改变村民的思想观念，改变他们的生存方式和生活方式。还要让越来越多的村民认识到文化、知识、教育的重要性，让他们懂得“今天的辍学生，就是明天的贫困户”和“科学技术是第一生产力”的真正含义，从而激发出他们巨大的学习热情和内在需求。

3. 民族传统教育

以义务教育为中心，重新整合少数民族村落传统的教育方式。传统教育应当成为现代学校教育的有利补充，它能够使义务教育在科学知识教育、职业技术培训、公民道德法律教育之外，理解和吸收乡土知识、传承民族文化，造就一种全方位的更加丰富多彩的教育。只有扬长避短，恰当地将少数民族村落的传统教育融入现代教育之中，才能建设一个更加融洽、和谐的民族地区。总之，少数民族边境村落的教育既是一项教育工作，又是一项复杂的社会工作，它与少数民族边境村落的社会、经济、文化，以及与邻国的交流往来等各个方面有着密切而深刻的内在联系。因此，中国少数民族边境村落生产力水平的提高在很大程度上取决于少数民族边境村落教育本身，在构建社会主义和谐大家庭的今天，加大力度发展少数民族边境村落成为不可懈怠的任务，为了进一步促进各民族之间的平等和团结、全社会的稳定与和谐，使各族人民充满希望地生活，全社会要以更大的热忱和毅力完成发展少数民族边境村落教育这一艰巨的历史使命，共同创造中华民族更加美好的明天。

后记

凭祥市礼茶村地处中越边境，是素有“国门第一镇”之称的友谊镇的一个行政村，号称“国门第一村”。无论在历史上还是在当今，礼茶村都具有一些与众不同的特点。在历史上，越南的一些革命者曾在这里度过难以忘怀的岁月，现实中这里又成为中越边境贸易的一个重要贸易边口。不仅如此，生活在礼茶村的村民大多数为壮族，有着许多令人着迷的风俗习惯，而又因为靠近越南，礼茶村的村民一直与越南民众有着良好的互动关系。正是基于上述原因，我们便将礼茶村中礼屯列入“当代中国边疆·民族地区典型百村调查”的调查点之一。

2007 年 7 ~9 月，笔者带领广西民族大学民族学与社会学学院 2006 级研究生蒋婉和刘萍前往该调查点开展深入的田野调查。在为期两个月的调查过程中，我们深入农户家中座谈，与他们同食宿，随同他们下到田间地头劳作。在全面了解其风俗民情的同时，也与之建立了深厚的友谊。整个调查过程得到了当地政府和有关部门领导的大力支持，比如凭祥市政协李小山主任、友谊镇团委何书记、凭祥市市委办公室韦力秘书等，以及礼茶村党委书记凌振森、村委会副主任农贵东及其家人等。在此，我们向他们表示深深的谢意！

当然，我们更不能忘记“当代中国边疆·民族地区典型百村调查”的策划、立项者——中国社会科学院中国边疆史地研究中心的贡献。本项目是中国社会科学院中国边疆史地研究中心组织的边疆调研重大项目。该中心从本丛书的立项设计、撰写大纲及调研大纲的制定和组织实施，到结项的书稿审定与组织出版，都做了大量工作。它不仅在课题的策划和立项中作出许多努力，而且还在课题的实际运作中派出一些领导及专家，深入到调查点指导课题组成员进行调研，并且在编辑和出版课题成果等方面做了许多有益的工作。

就本书而言，我们觉得还十分粗糙，准确地说，它还只是一个框架，需要修改的地方太多，好在勉为其难，已经初步将它做了出来，接下来的时间，我们将继续完善这个工作，以期更好地完成这个意义重大的课题，更为了回报所有给过我们帮助的朋友。

郑一省

2009 年 7 月 3 日于南宁

图书在版编目（CIP）数据

国门第一村：广西凭祥市友谊镇礼茶村中礼屯调查报告／郑一省，蒋婉，刘萍著．—北京：社会科学文献出版社，2011.11
（当代中国边疆·民族地区典型百村调查／厉声主编．广西卷．第1辑）
ISBN 978-7-5097-1274-0

Ⅰ．①国…　Ⅱ．①郑…　②蒋…　③刘…　Ⅲ．①乡村—社会调查—调查报告—凭祥市　Ⅳ．①D668

中国版本图书馆CIP数据核字（2010）第036440号

当代中国边疆·民族地区典型百村调查：广西卷（第一辑）
国门第一村
——广西凭祥市友谊镇礼茶村中礼屯调查报告

著　　者／郑一省　蒋婉　刘萍

出 版 人／谢寿光
出 版 者／社会科学文献出版社
地　　址／北京市西城区北三环中路甲29号院3号楼华龙大厦
邮政编码／100029

责任部门／编译中心（010）59367004　责任编辑／王玉敏　陶盈竹　张文静
电子信箱／bianyibu@ssap.cn　责任校对／邓晓春
项目统筹／祝得彬　责任印制／岳　阳
总 经 销／社会科学文献出版社发行部（010）59367081　59367089
读者服务／读者服务中心（010）59367028

印　　装／北京季蜂印刷有限公司
开　　本／889mm×1194mm　1/32　印　　张／7.25
版　　次／2011年11月第1版　插图印张／0.25
印　　次／2011年11月第1次印刷　字　　数／163千字
书　　号／ISBN 978-7-5097-1274-0
定　　价／168.00元（共4册）

中国社会科学院中国边疆史地研究中心 **厉声 主编**

当代中国边疆·民族地区典型百村调查：**广西卷（第一辑）**

分卷主编：**周建新　冯建勇**

其龙河一瞥(2008年7月16日 马菁摄)

其龙村灌溉水渠（2007年7月23日 马菁摄）

其龙小学新教学楼（2007年8月1日 马菁摄）

通往边界的沿边村路（2007年7月23日 马菁摄）

过境交易的越南边民及驮马（2007年8月11日 马菁摄）

界河对岸耕作小憩的越南边民（2007年7月23日 马菁摄）

其龙圩日交易的群众（2008年7月19日 马菁摄）

壮族传统铁木臼凳的凳面（2007年7月23日 马菁摄）

丧礼场景（2007年8月13日 马菁摄）

已废弃的旧民居（2007年8月3日 马菁摄）

村民堂屋供奉的祖先牌（2007年8月14日 马菁摄）

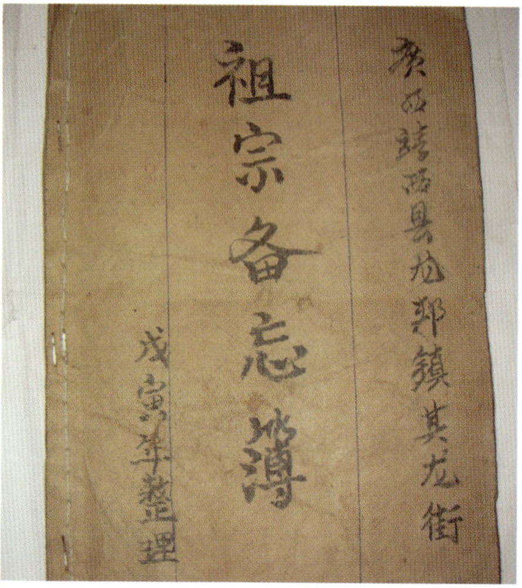

其龙村民祖先14 谱录（2007年7月23日 马菁摄）

“警察叔叔捐赠的新椅子”（2007年9月23日 马庆武摄）

广西武警边防总队“爱民固边慰问演出”（2007年6月29日 马庆武摄）

广西武警总队“爱民固边”帮扶资金捐助仪式（2006年10月30日 马庆武摄）

其龙村小学升旗仪式（2008年7月7日 马菁摄）

中国社会科学院中国边疆史地研究中心　厉声　主编

当代中国边疆·民族地区典型百村调查·广西卷（第一辑）

兴边富民新壮村

——广西靖西县龙邦镇其龙村调查报告

王柏中　张小娟　马　菁◎著

社会科学文献出版社
SOCIAL SCIENCES ACADEMIC PRESS (CHINA)

"当代中国边疆·民族地区典型百村调查"

总 序

深入实际、开展国情调研，是中国社会科学院肩负的重要科研任务，也是中国社会科学院履行好党中央、国务院赋予的"思想库"、"智囊团"职能的重要方式。中国边疆省区占国土面积的60%以上，边疆区情及当地的民族社会调研（边疆调研）是中国国情调研的重要组成部分。正如一位边疆工作者所说：不了解少数民族，就不了解中华民族；不了解边疆，就不了解中国。1983年中国社会科学院中国边疆史地研究中心建立后，特别是1990年以来，一直将边疆调研作为学科研究的重点之一。

2004年，中国边疆史地研究中心承担国家哲学与社会科学基金特别项目"新疆历史与现状综合研究"（简称"新疆项目"）。2006年，中国边疆史地研究中心牵头，立项开展"当代中国边疆·民族地区典型百村调查"（简称"百村调查"），作为此特别项目的子课题。"百村调查"以新疆为重点，在全国新疆、西藏、内蒙古、宁夏、广西五个民族自治区和云南、吉林、黑龙江三省基层地区同时开展，共调查100个边疆基层村落。调查工作在"新疆项目"领导小组和专家委员会指导下，由"百村调查”专家委员会暨编委会组织实施。在中国边疆史地研究中心主持拟定的调查大纲框架下，发挥每个省区的优势，体现各自的特色。

本项目的实施得到了边疆地区各级地方党政部门的支持。首先，调查工作注意与地方党政部门的相关工作衔接、听取意见，在实施调查之前，主动向各级党政部门汇报情况，听取指示和意见。其次，调查组主动让各级党政部门了解调研的全过程，在调研过程中出现问题时及时向相关党政部门请示。再次，调研阶段成果和最终成果的副本同时提供地方党政部门参考。

“百村调查”的调研主题是：改革开放30年来中国边疆基层村落的民族社会和经济发展的历史与现状。具体内容包括：乡村概况、基层组织、经济发展、社会生活、民族、宗教、文教卫生、民俗风情等。项目调研的时间是：2007～2008年（资料下限至2007年底或适当延长）。

“百村调查”的调研对象为：100个具有典型意义与特色的中国边疆基层村落。课题以基层乡、村两级为调查基点，大致每个省区选择2个地州，每个地州选择1～2个县，每个县选择2个乡，每个乡选择2个村。新疆共调查22个村，其他地区均为13个村（辽宁、吉林、黑龙江以东北边疆为单元，共调查13个村）。调查点的选择要求：

（1）本地区社会稳定与经济发展中具有典型意义的基层乡和村。

（2）存在边疆现实政治、社会或经济发展的热点、难点问题。

（3）与20世纪50年代全国边疆民族调查能有一定的衔接。

“百村调查”采取学术调查与现实政治相结合的方法，以社会人类学入村入户调研方法为主，同时关注现实政治、社会与经济发展中的热点、难点问题：一般共性调查与专题专访调查相结合，在一般综合性调查的基础上，选择好专访或专题调研的“切入点”——总结经验与完善不足相结合，在总结各项工作经验的同时，善于发现问题和提出解决问题的对策与建议。调研注重入户访谈和小范围座谈的专访调查。在一般性问卷和统计资料收集的基础上，注重对基层干部、群众典型、教师、宗教人士等特定人员的专题访谈，倾听和收集他们对基层社会稳定与经济发展的看法、意见和建议，形成能说明问题的专访或专题调研报告。

“百村调查”的成果形式分为调查综合报告与专题报告两大类。

（1）调查综合报告：依据大纲规定，撰写有关乡村经济社会等发展状况的综合报告，课题结项后分期公开出版。专题报告及调查资料可以公开发表的，在篇幅允许的情况下，作为附录附在综合报告末尾。

（2）专题报告：内容较敏感、不适宜公开出版的专题报告，集成《专题报告集》，内部刊印。

“百村调查”主编　厉声　谨识

2009年8月25日

目 录
CONTENTS

图目录
FIGURE CONTENTS

表目录
TABLE CONTENTS

序　言
FOREWORD

中国社会科学院中国边疆史地研究中心“当代中国边疆·民族地区基层社会与经济发展典型调研”项目，是一项涉及广西、云南、西藏、新疆、内蒙古、宁夏、吉林7省区、100个村寨的大型调研项目。广西壮族自治区作为中国西南边疆少数民族聚居省区，此次调查共选点13个，主要集中在广西沿中越边界一线的各民族边疆村寨，个别分布在非边境县市境内。

在中国近现代发展史上，对于边疆地区的关注，主要出现在19世纪末20世纪初。当时的中国边疆地区，在英、法、俄等帝国主义势力蚕食鲸吞下，出现了普遍的危机。边疆危机唤起了中国民众尤其是知识阶层对边疆的关注。20世纪30年代，以“边政”概念为核心，以“边疆民族”为主要研究对象，一批学者对中国边疆尤其是西南边疆地区进行了调查研究，形成了一批成果。但关于中国边疆地区大规模的社会与经济发展调查项目，过去还未见诸报端。如果仅仅从大规模的社会调查活动考虑，新中国建立后的国内各民族社会历史调查活动，与边疆研究关系密切。

20世纪50年代，根据党中央和国务院的部署，国家有关部门在全国范围内进行了大规模的少数民族社会历史调查，其中也对广西各民族社会历史发展情况进行了全面的

调查。当时的调查关注的主要是少数民族社会历史发展状况，之后形成了《广西壮族社会历史调查》（7 册）、《广西瑶族社会历史调查》（9 册）以及苗族、京族、侗族、仫佬族各 1 册，仫佬族、毛南族合 1 册，彝族、仡佬族、水族合 1 册等系列调查成果，并于 1954 年由广西省民族事务委员会编印。那次调查为广西少数民族地区的社会、经济、文化发展起到了重要的推动作用，也为后来的学术研究积累了大量的历史学、民族学、人类学、社会学资料。

与少数民族社会历史调查不同的是，此次由中国社会科学院中国边疆史地研究中心推动的“当代中国边疆·民族地区典型百村调查”项目，主要是从边疆学的角度出发，突出了边疆、村落和现实发展状况三个要点，期望通过深入的田野调查，面向中国边疆农村地区，真实反映现实的中国边疆村寨客观发展状况，为国家宏观把握边疆发展现状，构建和谐、安全、富裕边疆提供参考资料。此次调查虽然并未把少数民族因素作为关键的内容考虑，但由于中国历史上形成的边疆社会人口结构，决定了调查的内容必定要涉及大量的少数民族村寨。因此，广西的调查和全国其他边疆地区的情况一样，包含了大量的少数民族村寨。

进入 21 世纪后，中国西南边疆社会稳定、经济发展、人民安居乐业，广西与全国各边疆省区一样，在社会、经济、文化等方面都发生了巨大的变化，尤其是经济社会发展进入了迅速成长阶段。在现代化、全球化迅猛发展的今天，地处祖国南疆最前沿的广西，有着沿边、沿海、面向东南亚的地缘优势，在中国边疆地区具有重要的不可替代的独特战略地位，是巩固边疆、发展经济的前沿，也是面向东盟、走向世界的前沿。面对现代化进程中的广西边疆地区发生的巨大变迁，此次进行的边疆现状调查非常必要，且意义重大而深远，既可以为推进广西各民族的社会进步、经济发展、文化传承提供参考依据，又可以为后人积累宝贵的阶段性历史资料，为国家和地方政府部门提供决策参考。这不仅仅是一项科研工程，也是一项德政工程和国防工程。

2007 年，自从接受了此项课题后，我们感到任务光荣、责任重大。作为广西高校的科研人员，承担这项国家社科基金特别项目我们责无旁贷。为了很好地完成这次任务，真正开展一次边疆地区集体调研活动，在项目开展之初，我们曾多次组织相关人员进行专门讨论研究，制订了详细的工作方案，组织了精干的队伍，保证了项目的顺利实施。

广西调查项目课题组成员主要由广西民族大学教师组成。项目主持人：周建新教授；成员：王柏中教授、郑一省教授、甘品元副教授、吕俊彪副教授、覃美娟馆员、郝国强讲师、罗柳宁助理研究员。另外，由周建新、王柏中、郑一省、甘品元、吕俊彪等牵头组成 5 个调查小组，组织研究生参与调查工作，并分头组织实施。参与调查的研究生有严月华、农青智、寇三军、蒋婉、张小娟、肖可意、刘萍、马菁、唐若茹、钟柳群、黄欢、陈云云、胡宝华、雷韵、黄超、谭孟玲、周春菊、黄静、蒙秋月、杨静、罗家珩、于玉慧等。

中国社会科学院中国边疆史地研究中心分派翟国强和冯建勇两位同志担任广西调查项目协调人，他们为项目的启动、实施和结题工作发挥了积极作用。广西调查项目整个调查工作的开展，大致可以分为三个阶段：第一次田野调查时间为 2007 年 7 ~ 9 月；第二次调查时间为 2008 年 1~2 月；

补充调查时间各小组自由安排，大致时间为 2008 年 7 月至 2009 年 10 月。

为了彰显本次典型调查写作的特色，根据中国社会科学院中国边疆史地研究中心的要求，我们非常重视调查视角与写作主线。要求调查一定要有边疆学的视角，要以典型村寨为单位进行调研，对于人口较多、地域较大的村寨采取以村委会所在地为主要调查点，通过具体点的调研反映出整体面的特征；务必着重描写边疆村寨的政治、社会、经济和文化现实内容；写作重点要特别关注改革开放以来广西边疆村寨发展的变化；在完成调查报告的基础上，要同时完成一定数量的研究报告，要有一定的理论分析和科学研究。在调查报告的写作方法上，我们不仅要求有现实地方志的描述，有数字统计和图表展示，也要有民族学人类学田野个案的访谈，同时兼顾纵向历史的阶段性特征，使调查报告不仅具有一般资料集和地方志的性质，又通过研究报告形式，将边疆地区现实存在的突出问题反映出来，以引起国家和地方政府部门的重视。

在调查选点方面，我们从全局考虑，以点带面，遴选有特色、典型性的村寨，尽可能凸显边疆区位、地方文化和发展水平等特征。经过多次讨论，我们确定了以下调查点：广西东兴市京族万尾村，广西宁明县明江镇洞廊村，广西凭祥市友谊镇礼茶村，广西龙州县金龙镇横罗村，广西防城港市企沙镇华侨渔业新村，广西大新县宝圩乡板价村、下雷镇新丰村，广西那坡县城厢镇达腊村，广西靖西县龙邦镇其龙村，广西环江县下南乡玉环村，广西金秀县长垌乡长垌村，广西百色市右江区龙川镇六能村，广西南宁市江西镇杨美村 13 个调查点。确定以上调查点的根据主

要有以下几点：

（1）边境沿线村寨。广西有 8 个边境县（市、区），我们特意在每个边境县市境内选择了 1 ~ 2 个调查点，如大新县下雷镇新丰村距离边界线仅数百米，沿边公路从村落中间穿过。

（2）民族村寨。广西有 12 个世居民族，我们选择了若干民族特色鲜明的边疆村寨，既突出了边疆特点，也表现了民族特色，如那坡县城厢镇达腊彝族村寨，那里的白彝文化特色鲜明，受到政府和学术界的广泛关注；我们也选取了个别非边境地区民族村寨，如环江县下南乡玉环毛南族村寨。

（3）经济发展特色村寨。广西各民族村寨经济发展模式不同，发展阶段不同，如以边贸为主发展起来的东兴市京族万尾村，总体发展水平较高，而以农业和旅游业为主的大新县宝圩乡板价村发展水平一般。

（4）华侨移民村落。20 世纪 70 年代，广西境内接受了大批归国侨民，建立了一些华侨农场，他们对边疆地区的稳定具有特殊影响，因此，我们特意选择了防城港市企沙镇华侨渔业新村作为典型个案。

经过全体成员两年多的共同努力，本项目在要求的时间内顺利完成。整个项目的完成，在锻炼队伍、培养新人、积累成果等方面取得了一定的成绩。笔者虽然是广西项目负责人，但在整个项目的完成过程中，笔者主要从事指导工作，绝大多数写作任务都是由各调查点主持人组织完成的。在课题调研过程中，笔者曾多次带领课题组老师和研究生前往田野点调查，进行工作布置和安排。在调研过程中课题组老师和研究生不畏艰难困苦，深入边境一线，走

访干部群众，细致调查研究，求真务实，收集了大量的一手材料，保证了本课题的顺利完成。在此，谨向课题组全体成员表达我个人的敬意和衷心的感谢！

广西调查项目的顺利完成，也凝聚着中国社会科学院中国边疆史地研究中心全体同仁的心血。中国社会科学院中国边疆史地研究中心厉声主任、李国强副主任非常关心项目的进展情况，曾于2007年、2008年两次组织人员来广西检查、指导工作。研究中心的于逢春、李方两位研究员，也给予了大力支持。广西项目协调人冯建勇同志，对广西卷的所有书稿进行了认真审阅，并提出修改意见等。在此，谨代表课题组全体成员表示衷心的感谢！

本套丛书广西卷的13个村落材料，由于进行田野调查的时间不完全统一，因此各分册中使用的年度统计截至数据也不完全统一，有截至2007年、2008年的，也有截至2009年上半年的。调查报告中出现的某些访谈，依照学术惯例，我们隐去了访谈者的姓名，但对于一般内容和访谈，都遵循了客观真实记录和描述的原则。对于调查报告中使用的照片，凡涉及个人肖像权的，均征得了个人的同意。由于调查时间的限制以及撰稿人学术背景差异等原因，丛书中难免存在一些不足，望读者批评指正。

周建新

2009年8月11日于南宁

第一章　其龙村概况

第一节　县、镇情况

其龙村地处祖国南疆边陲，是广西壮族自治区靖西县龙邦镇所辖的一个行政村。

一　靖西县

靖西县位于广西壮族自治区西南部，南与越南高平省重庆、茶灵、河广三县交界，西与那坡县毗邻，北与百色市右江区、云南省富宁县相连，东与崇左市天等县、大新县接壤，东北面紧连德保县。沿边有152.5公里长的边境线，有龙邦、岳圩两个国家二类口岸、4个边民互市点、36条出入境通道，是大西南通往东南亚各国的重要陆路通道之一，具有优越的沿边优势。靖西素为战略要地。20世纪40年代的援越抗法、60年代的援越抗美、80年代的自卫还击、90年代的边境排雷，靖西都是主要的前沿阵地。靖西县是典型的集“老、少、边、山、穷”于一体的经济欠发达地区，属国家级贫困县。根据2008年资料统计，全县总面积3331平方公里，辖19个乡镇、291个行政村、6个边境乡镇。境内居住着壮、汉、苗、瑶、回、满等11个民族，总人口60万，其中壮族人口占 99.4%，是广西边境人口大县，也是百色市人口最大的县。2007 年，靖西县的财政收入为 2.86 亿元，人均收入 478 元；2008 年，财政收入 5.03 亿元，比 2007 年全年增长 178%。

靖西县历史悠久，中华人民共和国成立后在县城主山出土的旧石器时代的砍砸器，以及禄峒乡大金村等地出土的新石器时代的石锛、石铲等物，表明远在原始社会，靖西就有人类居住。秦始皇三十三年（公元前 214 年）派尉屠睢率 50 万大军平定岭南，在岭南置桂林、南海、象三郡，今县境属象郡。此后，靖西始终在中国历代王朝的直接或间接的管辖之下。唐开元二年（714 年）后，今县东境始置归淳州，隶邕州都督府，府治宣化（在今广西南宁市）。这是靖西县内设治的开始。唐元和初（806 年）后，归淳州更名归顺州。直到清朝改土归流以前，此地一直是王朝羁縻或土司管辖。民国二年（1913 年）6 月，废归顺府置靖西县。1949 年 12 月 13 日，靖西县和平解放。1950 年 1 月 18 日，靖西县人民政府成立，隶广西省龙州专区，专署设在龙州县，后迁崇左县（今崇左江州区），1952 年 8 月改隶百色专区（今百色市前身），至今仍隶属百色市不变。

靖西县具有丰富的自然资源，已探明的矿产品有锰、硫铁、铝土、红锑、磷、重晶石等 18 个矿种，铝土矿品位高，埋藏浅，易开采，储量达 25 亿吨，是目前广西探明的特大型铝土矿床之一。锰矿藏量为 2400 万吨，硫铁矿 546 万吨，重晶石 300 万吨，锰和硫铁已开发并取得效益。水力资源总蕴藏量为 10 万千瓦，可开发利用的为 5.76 万千瓦，现已开发 2.9 万千瓦。土特产资源种类繁多，名特优产品主要有大果山楂、大香糯、大肉姜、大麻鸭、五趾蛤蚧、灶番、茴油、茶叶、金银花、田七、矮巴、绣球、壮锦等。

靖西县属亚热带季风气候，夏天无暑，冬无严寒，年平均气温19.1℃，素有“小云南”之称。境内以溶蚀高原地貌为主，山明水秀，以奇峰异洞、四季如春的自然风光遐迩闻名，又有山水“小桂林”之誉。靖西旅游景点众多，东有三叠岭瀑布、通灵大峡谷、同德岩画；西有照阳关、灵山、黑旗军遗址、农智高南天国遗址；南有旧州风光、鹅泉景区、十二道门古炮台、抗美援越遗址、爱布瀑布群、大兴山水；北有渠洋湖、胡志明洞。县城周围有主山、宾山、大龙潭、鹅字碑、中山公园、排隆山风景区、太极洞、叫喊岩等，还有许多尚未开发的旅游景点，旅游资源极为丰富。近几年来，全县共投资开发了十几个各具特色的旅游项目。边境跨国游、田园风光游、抗美援越遗址游等，各大名胜古迹正日益受到各方游客青睐，旅游业已成为靖西经济发展的重要增长点。

二　龙邦镇

龙邦镇位于靖西县南部，东临壬庄，西临安宁，北依地州，南与越南茶灵县接壤，辖区总面积为117.3平方公里，辖12个行政村、76个自然屯、149个村民小组。人口为18526人，有壮、苗、汉三个民族，壮族人口占99.6%。

“龙邦”，壮语意为桄榔树的山弄，后谐音改为龙邦。清代在此设边防关隘，亦称隘圩。民国二十一年（1932年）始设建制，初名龙邦乡，为靖西县南区驻地。1950年属地州区，区驻坡豆，后迁地州，称第五区。1951年8月增设龙邦为第五区，地州为第六区。1952年为龙邦区。1958年建为公社。1962年复名区。1966年复公社。1984年改设乡。1992年改置镇。镇人民政府驻地龙邦街，在新靖西南29公里处。

龙邦地属山区，多为石灰岩岩溶峰丛及其谷地，部分为砂页岩土坡，地处低纬度，但地势较高，气候温和，年降雨量1937毫米，为全县之冠。总面积117.3平方公里，耕地面积13799亩。森林面积17509.5亩，森林覆盖率25.7%，植树造林以松、杉、椿为主，其他为薪炭林。境内山峦密布，主要河流有龙邦河、其龙河，小型水库有那坡、吕那、吕平等。还有机电抽水站、小水电站等设施。本地矿产资源有锰矿等。龙邦当地特产有香糯、田七、大果山楂、八角、大麻鸭、桐油、柑橙等，还是矮马的产地。

龙邦有公路通越南高平，还是田龙公路终点。辖区内国境线长43.85公里，有6个村、27个屯与越南邻接。境内龙邦国家一类口岸和龙邦、其龙2个圩场对外开放。作为中越边境贸易互市点、对外开放口岸，龙邦是竹木、金银花、木菠萝、山楂、蚬木砧板等进出口商品的集散地。

第二节　其龙村基本村情与历史沿革

其龙村距龙邦镇和靖西县城分别为9公里、45公里，东邻壬庄，南连越南，属于靖西县南部边陲，有88号、89号界碑与越南接壤（见图1－1）。全村总面积18435亩，耕地面积869亩，其中水田516亩，旱地353亩，人均耕地面积0.51亩。其龙河贯通全村，土地肥沃，农田灌溉条件较好，适合种植烤烟、生姜、稻谷等作物。其龙村地处南部边疆的大石山区，耕地少，基础设施差，资源匮乏，群众增收渠道较少；加之它受长期的边境战备特别是对越自卫反击战的影响，曾是全国有名的贫困村。

2000年开展兴边富民行动以来，在国家民委和自治区民

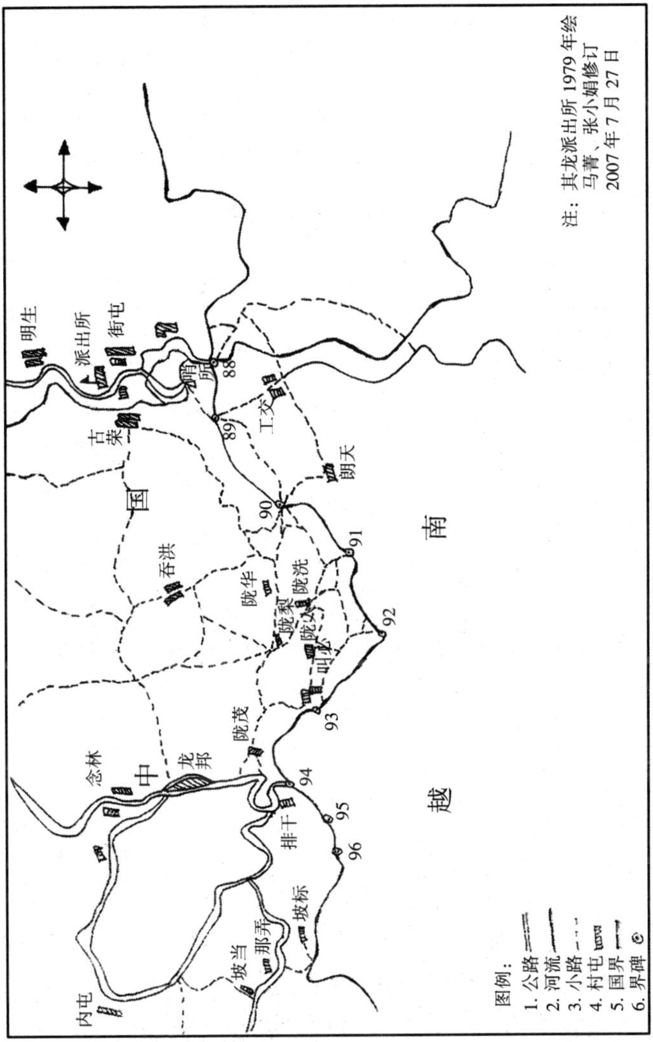
明生
派出所
街屯
古荣
哨所
88
89
工交
朗天
90
国
香洪
91
南
陇华
陇洸
陇梨
92
93
陇茂
念林
中
龙邦
94
95
96
排干
越
坡标
那弄
坡当
内屯
图例：
1. 公路
2. 河流
3. 小路
4. 村屯
5. 国界
6. 界碑
注：其龙派出所 1979 年绘
马菁、张小娟修订
2007 年 7 月 27 日

图 1-1　其龙村地形

委的大力帮扶下，其龙村共投入兴边富民建设资金253.9万元，实施了兴边富民项目27个，目前已完成23个，建设了道路、水利、沼气池、烤烟房、五保村、教学楼等农村基础设施。近几年来，其龙村多次荣获全国首批扶贫开发工作“整村推进”先进村等各种荣誉（见表1－1）。经过几年的扶贫开发，其龙村面貌发生了翻天覆地的变化，各项基础设施不断完善，边民生产条件和生活质量不断提高。

表1－1　其龙村历年获奖情况统计

获奖名称	颁发单位	获奖时间
烤烟生产先进集体三等奖	中共龙邦镇委员会龙邦镇政府	2003年12月
烤烟生产先进集体三等奖	中共龙邦镇委员会龙邦镇政府	2004年12月
2004年度先进党支部	中共龙邦镇委员会	2005年6月
整村推进扶贫开发先进村	国务院扶贫开发领导小组办公室	2005年11月
2005年度烤烟生产先进集体三等奖	中共龙邦镇委员会龙邦镇政府	2005年12月
2004～2005年度先进基层党支部	中共靖西县委员会	2006年6月
百色市村务公开民主管理示范村	中共百色市委员会百色市人民政府	2006年5月
2006年度烤烟生产先进集体三等奖	中共龙邦镇委员会龙邦镇政府	2006年12月
百色市民族团结进步先进集体	中共百色市委员会百色市人民政府	2008年1月
爱民固边模范村	公安部政治部	2009年6月

资料来源：由广西靖西县龙邦镇其龙警务室警员马庆武2009年6月30日提供。

一　基本村情

其龙村辖有大屯、古荣、其龙、民生和那亮5个自然屯，15个村民小组（见图1－2）。其龙村村委会旧址在其龙村那亮屯，现位于其龙村街屯，即龙邦边防派出所其龙警务室院内。

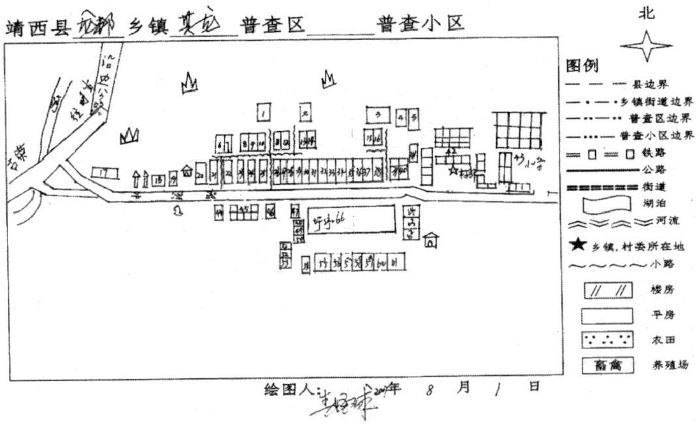

图 1－2　其龙村街屯平面示意

1. 街屯

其龙村街屯，因原有圩市而得名，距龙邦镇 10 公里，毗邻越南茶岭县指方社，辖区内共有 2 个村民小组，现有 56 户、249 人，其中劳务输出 50 人。全屯有 2 名孤儿，1 名困难学生，还有 1 位残疾孤寡老人，4 名弱势群体。全村有稳定住房 50 户，占农户总数的 96%。

全屯建有沼气池 51 座，占农户的 98%。耕地面积 162 亩，其中水田面积 125 亩，旱地面积 37 亩，人均耕地面积 0.6 亩。2006 年人均纯收入 1150 元，人均粮食拥有量 300 公斤。该屯经济来源主要依靠种植烤烟和劳务输出，以其他农副产品为辅。2005 年，在区民委的帮扶下其龙屯实现了街道硬化和人畜饮水工程改造（见图 1－3）。

2. 古荣屯

古荣屯，俗名“枯老”，相传古时屯里有一棵树经常分泌像猪油一样的物质，故名。后嫌汉字字义不妥，1954 年雅化为“古荣”。古荣屯距龙邦镇 9 公里，地处沿边公路

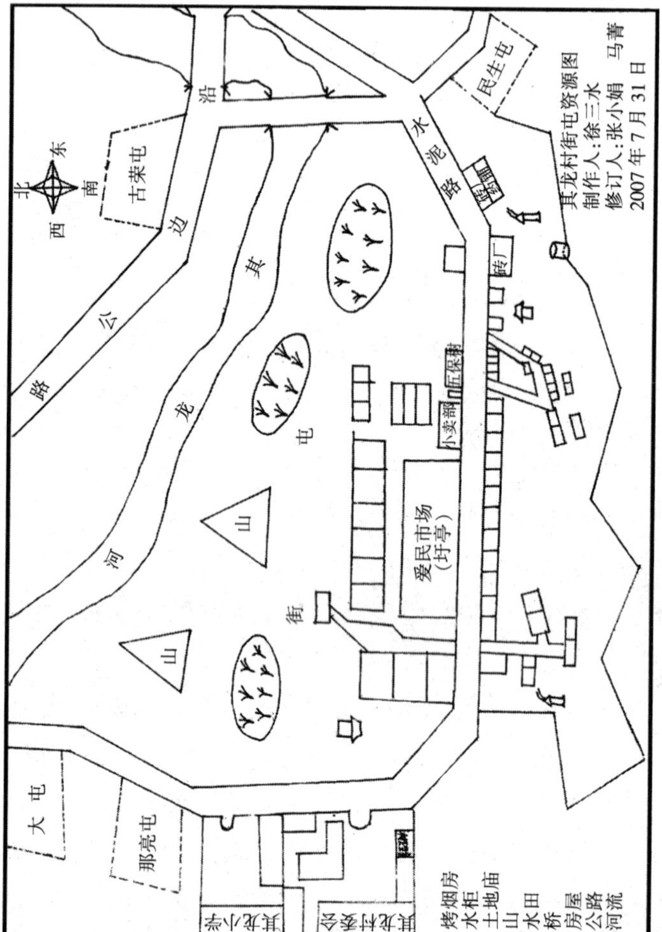

图 1-3　其龙村街屯资源分布

旁，辖区内共有2个村民小组，现有44户、225人，其中劳务输出24人。全屯有无助儿童2名；有属于弱势群体的群众5位。全屯建有沼气池22座，占农户的50%，全屯有稳定住房的有41户，占农户的93%。耕地面积160亩，其中水田面积90亩，旱地面积70亩，人均占地面积0.7亩。2006年人均纯收入1100元。该屯经济来源主要依靠种植烤烟和劳务输出，以其他农副产品为辅。2006年在区民委的帮扶下共种植辣椒8亩、水蜜桃53.3亩。

3. 大屯

大屯位于那亮南，因这一带户多人众，故名。大屯距龙邦镇11公里，地处758号（老界碑88号）界碑处，与越南茶岭县指方社相邻，辖区内共有6个村民小组，现有148户、687人，全村有稳定住房的有140户，占农户的95%。耕地面积481亩，其中水田面积258亩，旱地面积223亩，人均占地面积0.7亩。2006年人均纯收入1000元。该屯经济来源主要依靠种植烤烟和劳务输出（劳务输出28人），以其他农副产品生产为辅，辖区内无“三无”人员。2006年，在区民委的帮扶下大屯共种植水蜜桃121亩。2005年，在区民委的帮扶下大屯实现了街道硬化和人畜饮水工程改造。全屯建有沼气池80座，占农户总数的54%。

4. 民生屯

民生屯原名“明新”，距龙邦镇10公里，地处沿边公路旁，与龙邦镇上敏村交界，辖区内共有3个村民小组，现有78户、389人，其中劳务输出61人，全屯有2个孤儿，困难学生3个，弱势群体人员7位。全屯建有沼气池60座，占农户总数的79%，全屯有稳定住房的有70户，占农户总数的92%，全屯耕地面积321亩，其中水田面积171亩，旱地面积150亩，人均占地面积0.8亩。2006年人均纯收入1320元。该屯经济来源主要依靠种植烤烟和劳务输出，以其他农副产品为辅。2005年，在区民委的帮扶下民生屯实现了街道硬化和人畜饮水工程改造。

5. 那亮屯

那亮屯所处的地方原是缺水的望天田，故名。那亮屯距龙邦镇10公里，地处其龙街屯与大屯之间，辖区内共有1个村民小组，现有29户、156人，其中劳务输出17人，全屯有无助儿童1名，弱势群体2位。全屯建有沼气池29座，占农户总数的100%，全村有稳定住房27户，占农户总数的93%，全屯耕地面积80亩，其中水田面积32亩，旱地面积48亩，人均占地面积0.5亩。2006年人均纯收入1200元。该屯经济来源主要依靠种植烤烟和劳务输出，以其他农副产品为辅。2005年，在区民委的帮扶下那亮屯实现了街道硬化和人畜饮水工程改造。

二　历史沿革

关于其龙村的历史，据其龙小学校长李恒益介绍，很久以前，如今的其龙村只是一片丛林，没有村民居住。只有现在古荣屯的山背后，有杨、农两家住户。有一天，他们养的鹅不见了，在寻找鹅的时候他们发现了这块水草丰美的地方。这里有水，有草地，非常适合人畜生活，所以他们决定来这里居住，于是他们就从山冈后面搬到现在的古荣屯。而街屯原来是位于其龙河边，但是容易发生火灾，居民就搬到现在的位置。再后来就不断有人来这里居住，其龙村从此发展起来。

关于其龙地名来历有一则传说。有一群麒麟从中越边境88号、89号界碑由越南来到中国，人们看到这些麒麟就问："你们去哪里呀?"其中一只说："我来随便看看。"另一只说："我去旧州看看。"又一只说："我算不上是什么麒麟，只能算是其中一条龙。"最后，这只麒麟被其龙河隔住，变成其龙村一座座连绵的山，头在旧州，尾在越南重庆，中间就是其龙，即其中的一条龙之意。另一个传说是，其龙村街屯的屯口有一串石头，形状像龙，最大的一块貌似龙头，朝向屯里①。离其不远处有三座独立的山峰，象征着被其龙河困住的那条龙。两条龙首尾呼应，突出表明其龙是一个有龙的地方。实际上，当地群众的这些传说并不可靠，其龙很可能和龙邦一样，是壮语地名，可惜调查中我们并没有了解到这一地名的壮语含义。

其龙村街屯现有10家姓氏，即李、黎、农、杨、卢、许、黄、劳、陆和王。其中较大的姓氏有李、农、杨、许这四大姓氏。李姓现以李恒益为代表，形成了李氏家族。始祖李承基是原广西梧州府苍梧县广平乡平乐村人，由于世事及生活所迫，李承基带两个弟弟（李伟基、李曾基）离家前往其龙谋生，而长兄李彩基留在原处。农姓现以农承登为代表，形成了农氏家族。始祖农性业从地州搬到其龙居住。杨姓现以杨令业为代表，形成了杨氏家族。始祖来自广西隆安县，由于做生意来到越南的光远县，以后定居于越南，在越南生活了两代。杨令业的父亲杨运周生于越南光远县，在其20多岁时，由于法国侵略越南无法生存，与其五个兄弟一起逃路来到其龙。第五个兄弟后来又返回

① 组成龙身的小石头在农业"学大寨"时被移除，而今只剩下龙头屹立在屯口。

越南，因为越南还有田地等财产。而其余四兄弟仍定居其龙。许姓现以许荣庆为代表，形成了许氏家族。清乾隆年间，始祖许安荣系广东省南海县人。许安荣次子许记佛其兄弟三人来到镇安府（今德保县城）安家后，许记佛三兄弟转入靖西。许记佛胞兄上龙临乡安家，所以许、农两姓由此而起用[①]。

其龙村紧靠中越边境线。离其龙村不到两公里的地方就是88号、89号界碑，界碑的另一边就是越南国境。其龙河流经其龙村，从其龙村流入越南公交屯境内，其龙村村民和公交屯村民长年用其龙河从事生产、生活活动。这一方水土养育着中越两国边民，他们世代在这里友好相处、繁衍生息。

其龙村村民与越南人有着密切的交往，在历史上，其龙村村民与越南革命者有着频繁的往来。越南解放战争时期，以越南胡志明主席为代表的越南革命者在中越边境线上活动频繁。其龙村作为中越广西边境上的一个村庄，也曾是胡志明主席活跃在边境线上的一个落脚点。

个案1－1[②]

法国侵略越南时（1945～1954年），胡志明带领高红领、阮海辰等人进行革命活动，把那亮屯许先锋父亲许永祥生前住过的房子（其龙村村委会旧址）作为一个联络点。胡志明晚上在这里睡觉、吃饭，同时派人联络其他成员（见图1－4）。因为胡志明的老家位于中越边境线附近，便

---

① 靖西县人民政府编《靖西县地名志》，1985，第53～54页。

② 其龙村那亮屯许先锋口述，其龙村小学校长李恒益同时补充说明。

于他越境组织与开展革命活动。在龙邦镇与越南接壤的边境线村庄，都有胡志明活动的联络点。其龙村也属于其中一个联络点。胡志明在其龙村选择许永祥家作为居住的联络点，主要是因为许家当时条件较好，而且是一个大户人家，能提供胡志明在境外活动的一些必需条件，并且许家人能够掩护胡志明的身份，积极配合胡志明的革命活动。

图 1－4　胡志明当年在其龙住过的房子
（2007 年 8 月 2 日　马菁摄）

其龙村村民许先锋 17 岁时，他的父亲当时做生意，从云南贩卖鸦片销往越南，返回则从越南贩卖盐销往云南，并且从越南贩卖煤油销往靖西、云南，生意做得很顺利，家境殷实。据许先锋（见图 1－5）回忆，1940～1943 年期间，胡志明曾在许家居住一个星期左右，同时住在许家的还有高红领、阮海辰等人。当时的许先锋只知道他们是越南生意人，并不知道这些人的真实身份。他们白天很少出门，晚上与其龙乡乡长王连三进行革命活动。王连三虽然是国民党任命的乡长，但同时也从事共产党的地下工作，是一名地下中共党员。王连三同时担任其龙小学的校长，经常和胡志明在其龙小学谈话。一个星期后，胡志明离开，许父护送他们到89号界碑处。在越南公交屯的一个小山脚下，胡志明等人拿出三张名片，上面盖有三个人的印章，一撕两半，把三个半张给了许父，说："如果我能成功，你就拿这三个半张名片来找我。"

图1-5　许先锋老人（右一）（2008年7月18日　马菁摄）

胡志明这样的行动暗示要报答帮助他的其龙村民，反映了中越革命者在中越边境上互相帮助的深厚革命情谊。

后来胡志明于抗法战争末期在边境线两侧来往频繁，一直到越南解放（1953～1954 年），才返回越南。越南解放后，胡志明曾邀请好多中越边境帮助过越南革命者的村民到胡志明市游玩，送他们东西甚至把部分人的孩子带到越南做事、生活。胡志明曾邀请许先锋的父亲去越南，只是当时许先锋的父亲已经去世，就没有去越南。

个案 1－2

笔者于 2008 年 7 月 4 日到靖西县县党史办采访苏先生。苏先生介绍说，解放战争时期，以靖西县城为中心，吞盘乡、龙临乡、荣劳乡、巴盟等地都有大批越南革命者活动。越南革命根据地北坡与吞盘孟麻乡紧邻，交通方便，行动较安全。荣劳的林壁峰、龙临的许家都是越南革命者在中国的重要联络点。而且龙临当时属于三教九流聚集地，便于枪支弹药的购买，越南革命者在这些地方也建立了自己的活动网络。但是其龙村属于国民党统治区，管理严格，活动不便。

据苏先生介绍，他多次陪同边境考察专家采访越南革命者在靖西的活动点，没有发现其龙村有越南革命者活动过的痕迹，也没有见其龙村村民上报过这方面的情况。笔者翻阅资料也未见胡志明及越南革命者在其龙村活动的记载。那么笔者在其龙村采访许先锋的内容，无疑是对胡志明在中越边境活动内容的一项补充。笔者认为，许先锋陈述不似虚假瞒报，他能清晰地说出胡志明在其家的具体活动情况，当地村民也曾指给笔者看胡志明住过的房子和坐过的石墩。

根据报道人李恒益的观点：胡志明在中越边境线上活动频繁，甚至把越南革命活动的重点工作都集中到中国境内。当时越南国内形势严峻，不利于革命活动的开展，再加上胡志明的老家距离中越边境不远，他在靖西活动也便于与越南方面保持联系，于是靖西县与越南交界的几个村镇就成了胡志明革命活动的联络点。但根据笔者查阅的资料，胡志明出生于越南中部义安省南檀县南钟乡黄稠村外祖父家，并在南檀县南莲乡金莲村的父亲家长大。由此可见，胡志明的老家距离中越边境并不近，所以笔者对李恒益认为胡志明中越边境活动频繁的原因是离自己老家近的说法持怀疑态度。笔者认为胡志明在中越边境活动频繁最可能的原因是迫于国内形势，越共中央将指挥机关设在了中国边境地区，便于就近活动。而村民们的解释说明大部分边民还不清楚胡志明老家的具体位置，但胡志明的确在中越边境频繁活动过，从而给其龙村村民造成以上误解。

鉴于中越两国长久以来历史渊源和其龙村在中越边境所处的特殊地理位置，越南革命活动自然而然地会影响到其龙村。其龙村良好的群众基础、合适的地理环境，理应成为胡志明等越南革命领导人在中国尤其是中越边境上进行频繁活动的地点。

第三节　人口

一　其龙村人口概况

据2007年底的统计数据，其龙村全村有355户、计

1706人（各屯人口分布情况见表1－2），全为壮族①。其中，劳动力人口为994人，占全村人口的58%。其中外出从事第二、第三产业的劳动力有204人，占全村人口的12%。2005年从事劳务经商的有242人，2006年268人，2007年294人，外出务工人数逐年递增；2002～2007年，其龙村共有大专、本科毕业生24人。

表1－2　2003～2004年其龙村人口出生情况②

单位：户，人

屯　别	户　数	人口数
街　屯	56	249
那　亮	29	156
大　屯	148	687
古　荣	44	225
民　生	78	389
小　计	355	1706

从人口的阶层分布来看，1971～1980年，其龙村村民的职业构成为农民、干部、学生；1981～1990年，为农民、干部、学生；1991～2007年，则扩大为工人、农民、教师、学生、医生、干部、商人等，这表明其龙村村民的职业构成出现多样化趋势。

① 其龙村人口在1984年有汉族1人，苗族2人，其余为壮族。根据2007年统计资料，其龙村全部人口均为壮族。嫁入其龙的“三非人员”越南女子（依照《中华人民共和国外国人出入境管理办法》规定，越南“三非人员”指非法入境、非法居留、非法打工的人员）现已加入中国国籍，为壮族。

② 本节基本叙述其龙村的整体情况，其中个案分析主要以街屯为对象。

二 其龙街屯的人口情况

表1－3为其龙街屯人口的具体情况。总人口249人，男性138人，女性111人，男女性别比约为1.24∶1，男性人口比例偏高。57岁以上的有45人，占总人口的18%；男性19人，女性25人，该年龄段性别比例为1∶1.32。17岁以下的有58人，占总人口的23%；男性39人，女性19人，该年龄段男女性别比例为2.05∶1。17～57岁之间的共146人，占总人口的58.6%；男性79人，女性67人，该年龄段男女性别比例为1.18∶1。

表1－3 其龙街屯人口简况

单位：人

出生时间段	男　性	女　性	小　计
1910～1919年	1	2	3
1920～1929年	3	4	7
1930～1939年	1	3	4
1940～1949年	15	16	31
1950～1959年	7	13	20
1960～1969年	19	14	33
1970～1979年	25	19	44
1980～1989年	28	21	49
1990～1999年	27	14	41
2000～2007年	12	5	17
总　计	138	111	249

由表1－3可见，中青年所占人口比例最大，少年儿童和老年人不到总人口的一半。中青年和老年人的性别比例大致均衡，但少年儿童的男女性别比严重失调，男性偏多。

1. 婚姻年龄

婚姻是人口增加的一个重要因素。一个地区人口的婚姻状况会反映出该地区人口未来的变动趋势。其龙街屯居民的婚姻状况如表1－4、表1－5所示。

表1－4　其龙街屯各年代人口的婚姻状况

单位：人，%

出生时间段	婚姻状况	人　数	百分比
1911～1970年	已　婚	104	100.0
	未　婚	0	0
1971～1980年	已　婚	38	90.5
	未　婚	4	9.5
1981～1990年	已　婚	1	2.1
	未　婚	46	97.9
1991～2000年	已　婚	0	0
	未　婚	44	100.0
2001～2007年	未　婚	13	100.0

表1－5　其龙街屯不同年份婚姻状况

单位：岁，年

		年龄段			时间段				
		1～22岁	23～30岁	30～100岁	1911～1970年	1971～1980年	1981～1990年	1991～2000年	2001～2007年
性别	男	50	27	60	48	23	27	30	9
	女	32	16	61	54	17	20	14	4
婚姻状况	已婚	0	18	125	104	38	1	0	0
	未婚	82	25	0	0	4	46	44	13

历年统计资料表明，其龙村街屯婚姻状况良好，基本上不存在结婚难的问题。其龙村婚姻方面的基本状况是，

其龙村街屯已婚人数为143人，占总人口数的57.2%；22岁以下的已婚者、30岁以上的未婚者为零，据统计数字预测，其龙村街屯人口未来将会呈现增加趋势。

2. 人口受教育程度

本次调查以其龙村街屯的56户、249人为例进行说明。其龙村（街屯）村民的受教育程度情况如表1-6所示。

表1-6 其龙村街屯受教育程度情况

单位：人

出生时间段		1911～1970年	1971～1980年	1981～1990年	1991～2000年	2001～2007年
受教育程度	文盲	28	4	1	1	7
	小学	58	25	13	38	6
	初中	13	12	24	5	0
	高中	5	0	4	0	0
	中专	0	0	0	0	0
	大专	0	1	3	0	0
	本科	0	0	2	0	0
	硕士以上	0	0	0	0	0

由表1-6可见，其龙村村民的平均受教育水平为小学，初中、高中受教育人数居中，中专、大专、本科、硕士等人数占少数。不过，1990年和2000年出生的人中，包括待入学的儿童和准备升入上一级学校的青少年，如2000年出生的7个“文盲”，皆为学龄前儿童。另外也可以看出，20世纪70年代以后出生的人比以前出生的人，文盲数量大幅度减少，这说明文盲主要是老年人，中青年以下的基本上普及了小学文化。这种现象，也和我们国家教育发展的总体情况大致吻合。

3. 计划生育情况

计划生育是国家的基本国策，由于婚姻和生育观念相对陈旧和保守，加之医疗卫生和妇女保健条件相对不完善，农村的计划生育工作要比城市艰巨得多，其龙村作为边境村寨，其计划生育工作开展起来也比较吃力。

壮族传统上习惯早婚早育，现在的农村婚育适龄青年结婚和生育年龄都在21岁左右（见表1-7、图1-6）。统计资料表明，2001~2007年平均生育年龄为21.5岁，低于2001年的平均生育年龄，其龙村街屯村民女子的生育年龄有年轻化的趋势。其龙村根据国家计划生育政策的规定，按龙邦镇政府的计生指标执行，一般会完成生育指标，但也有个别村民想生男孩或女孩而违背计划生育政策的。

表1-7 其龙村街屯各时期初产女子平均生育年龄

单位：岁

出生时间段	1911~1970年	1971~1980年	1981~1990年	1991~2000年	2001~2007年
初育年龄	26.00	28.25	28.00	26.83	21.50

4. 弱势群体

弱势群体，也叫社会脆弱群体、社会弱者群体，主要是指那些劳动能力和就业能力低下，资源（就业信息、社会关系等）缺乏，身处困境（经济、社会、政治）之中的人群①。大体上说，弱势群体包括儿童、老年人、残疾人、精神病患者、失业者、贫困者、下岗职工、灾难中的求助者、农民工、非正规就业者、公务员以及在劳动关系中处于弱势

① 参见崔凤、张海东《社会分化过程中的弱势群体及其政策选择》，《吉林大学社会科学学报》2003年第3期，第67页。

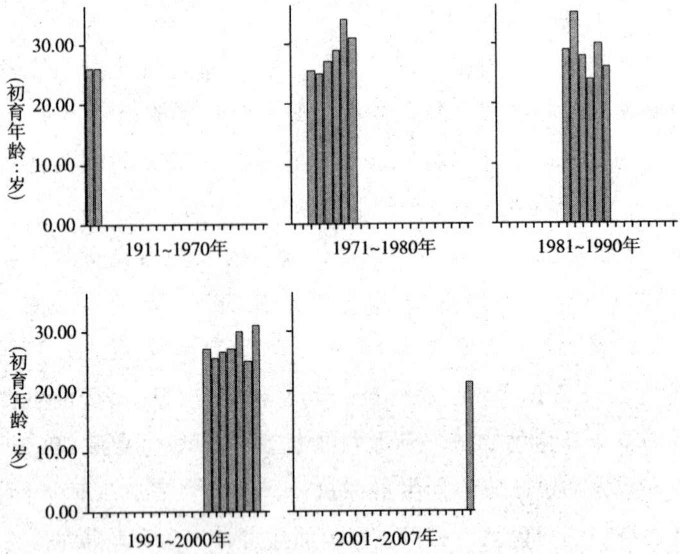

图 1-6　其龙村街屯初产女子生育年龄

地位的人。它主要是一个用来分析现代社会经济利益和社会权力分配不公平、社会结构不协调、不合理的概念。2002 年 3 月，朱镕基总理在九届全国人大五次会议上所作的《政府工作报告》使用了“弱势群体”这个词，从而使得弱势群体成为一个非常流行的概念，也引起了国内外的广泛关注。

根据 2007 年其龙警务室相关人员统计，其龙村有孤儿、无助儿童 7 人，弱势群众 3 人（见表 1-8）。在其龙村，由于一部分村民去广东等地外出打工，造成一些儿童无人看管；或者由于某些疾病、经济生活困难等原因，这部分人的身体健康状况欠佳，需要政府等部门的扶持与帮助。这些群众在民政部门、龙邦镇政府、广西区民委、广西边防总队等各级帮扶部门的关心与帮助下，解决了生活和升学等问题。

表 1－8　孤儿、无助儿童和弱势群体情况统计

单位：人

类　别	人　数	小　计
孤　儿	1	
无助儿童	6	10
弱势群体	3*	

资料来源：由龙邦镇其龙警务室警员马庆武、徐三水提供。

个案 1－3　百色边防支队关爱无助儿童

其龙村古荣屯村民杨仕勇家庭贫困，儿子杨作树只有13岁，患有小儿麻痹症。因为家庭困难，杨仕勇想让儿子辍学，龙邦边防派出所民警了解情况后与杨作树建立起“一对一”的对口帮扶关系，民警主动当他的“警察爸爸”和“代理老师”，为他缴学杂费，给他辅导功课，帮助他树立战胜困难的勇气和信心（见图 1－7）。

图 1－7　警察叔叔关爱无助儿童（2007 年 7 月 25 日　马菁摄）

在其龙村，像杨作树这样的困难儿童有7名，目前全都由龙邦边防派出所进行帮扶。通过民警多方争取，每个困难儿童都获减免大部分学习费用，享受政府最低生活保障金，参加新型农村合作医疗。

第二章　社会组织

其龙村作为边境线上的少数民族村寨，社会组织的性质都属于基层的社会组织，主要有党支部、村委会、治安联防队、红白理事会、妇女委员会和一些经济联合体等，涵盖了其龙村社会生活的方方面面。

第一节　基层政府组织

一　党支部

根据 2008 年对广西靖西县组织部的统计，靖西县有 9 个社区、22 个[①]党委，其中县委下属有乡镇党委 19 个，企业党委 2 个。党员有 19023 人，农民党员占党员总数的 70% ~80%。龙邦镇其龙村是位于靖西县中越边境线上的一个村，全村共有 356 户，总人口 1674 人，全村现有党员 32 人，35 岁以下的有 9 人，36 ~46 岁的有 7 人，45 ~55 岁的有 2 人，55 ~60 岁的有 6 人，61 岁以上的有 8 人，年龄最大的 77 岁，最小的 27 岁，中专文化 1 人，高中文化 9 人，初中文化 13 人，小学文化 9 人。党支部于 1953 年 4 月成

① 这个数字没算县委，加上县委，共 22 个。

立，下设5个党小组，现有的32名中共党员中，正式党员31名，预备党员1名，女党员3名（见表2-1）。

表2-1　其龙村党组织机构

	其龙村党支部				
党小组名称	街屯党小组	大屯党小组	民生党小组	那亮党小组	古荣党小组

靖西县提出了争创全市县党委先进县、每个村创建五个好党支部的目标。村党支部按照“五个好”党支部标准，按照社会主义新农村建设的要求，充分发挥党组织的战斗堡垒作用和党员的先锋模范作用，不断开拓进取，转变观念，利用区位优势，以区民委帮扶项目为依托，加大农业产业结构调整步伐，村经济得到很大的发展，村容村貌发生了显著的变化，促进各项工作上新的水平。2005年，全村农民人均收入为1856元。与此同时，支部本身也获得了许多荣誉，如1994年被靖西县委评为“红旗党支部”、1999年被百色地区委员会评为“先进基层党组织”、2000年被靖西县委评为“先进基层党支部”、2006年被靖西县委评为“2004~2005年度先进基层党支部”等。

2008年8月，靖西县组织各地方进行了“两委”换届选举，选举是三年一届。选举支部书记1名，村委会主任1名，副主任1名。人口在2000人以下的，设全额补贴村干部3人；人口在2000~4000人的，设全额补贴村干部4人；人口在4000人以上的，设全额补贴村干部5人。全额补贴村干部月工资为350~380元，非全额补贴村干部月工资为140元。靖西县大部分村有5名村干部，村党支部书记兼任村委会主任，即一肩挑。到2008年8月，靖西县146个村实现“一肩挑”目标，以减轻财政负担。村党支部、村委会职能特点表现为以下三点：第一，肩负起带领群众发展特色产业的重任。靖西县的特色产业是烟叶生产，主要种植云烟，烟叶产量已经连续六年排在广西第一位。2008 年烟叶产量为 20 万担，烟农收入为 1 亿元，农民找到了致富门路，政府财政收入增加。第二，“两委”工作的主要内容是抓好农民的实用技术培训，创建了“两户一网”的培训模式。一户是党员中心户，一户是农家课堂培训户。农家课堂的特点是由农民来培训农民，由已经致富的农民在家里组织课堂，村委会把村里的贫困户集中到富裕农民家里集中学习，学期七天，进行理论学习和田边操作。第三，建立了“农事村办”服务站。凡是涉及农业、农民、农村的事情，都要放权给村里来办理，如粮食直补工作由村里来办。

2008 年 8 月，其龙村根据靖西县换届选举的要求，如期进行了换届选举。在换届选举过程中，产生了新的“两委”班子。

二 村民委员会

村民委员会最早于 1980 年春天在广西罗城县的冲弯村出现。随后，在四川、安徽等省部分农村也建立了村民委员会。村民委员会一出现，就得到了党和国家的重视，各地积极地进行试点。1981 年 4 月，在总结各地试点经验的基础上，宪法修改草案将村民委员会正式列入宪法条文之中，1982 年制定的《宪法》正式将村民委员会列入第一百一十一条。从此，各地试点工作大规模地展开。到 1987 年 11 月《中华人民共和国村民委员会组织法（试行）》通过，前后共经过了 4 年的时间。在这之后，又经过 11 年的试行，于1998年11月4日由全国人民代表大会常务委员会正式通过《中华人民共和国村民委员会组织法》。

《中华人民共和国村民委员会组织法》的通过，标志着中国村民委员会的建设工作走上了制度化、法制化的轨道。村民委员会是农村的基层组织，1987年中国有86.6万个村民委员会，到1997年底，已经有90.2万个村民委员会。因此，《中华人民共和国村民委员会组织法》是在农民首创，并在广泛试行的基础上总结经验而制定出的，其目的是进一步以法律的形式加强农村的社会主义民主和法制建设。这是一个重大措施，是保障农民民主权利的重要法律。

村民委员会是农民自我管理、自我教育、自我服务的基层群众性自治组织，负责办理本村的公共事务和公益事业，调解民间纠纷，协助维护社会治安，向人民政府反映村民的意见、要求和提出建议。村民委员会一般设在自然村；几个自然村可以联合设立村民委员会。大的自然村可以设立几个村民委员会。村民委员会主任、副主任和委员由村民直接选举产生。委员会3~7人，村民委员会每届任期三年，其成员可以连选连任，驻在农村的机关、团体、部队、全民所有制企业、事业单位的人员，不参加村民委员会组织；不属于村办企业的集体所有制企业、事业单位的人员，可以不参加村民委员会组织。但是，他们都应当遵守村规民约。所在地的村民委员会讨论同这些单位相关的问题，需要他们出席会议的时候，他们应当派代表出席。

总而言之，村民委员会既不是一级政权组织，也不是一级行政组织或基层政府的分支机构，而是在党的领导下，由农民群众自己组织起来，在国家法律和政策规定的范围内，发动群众，依靠群众，自己管理自己，自己教育自己，自己服务自己，自己的事情自己定，大家的事情大家办的具有中国特色的农村基层政权组织，是人民群众实行社会主义民主的组织形式。

其龙村村委会（俗称“村部”）旧址在那亮屯，2000年搬到其龙村街屯，设在科技文化中心院内（见图2-1）。组织机构设有靖西县龙邦镇其龙村民委员会、靖西县龙邦镇其龙村民兵营、靖西县龙邦镇其龙村支部委员会、靖西县龙邦镇其龙村培养知识化新农民学校、靖西县龙邦镇其龙村团支部、其龙村电脑交流服务站、其龙村党员培训室、爱民图书室、爱民娱乐室、爱民卫生室、民兵之家、警务室、调解室、会议室等。

图2-1 其龙村委会（2007年8月1日 马菁摄）

在村党委支部领导下，其龙村委一班人针对本村实际，不断强化发展意识，突出发展主题，拓展发展领域，提高发展能力，狠抓物质文明和精神文明建设，取得了可喜的成绩。先后荣获国务院“整村推进扶贫开发先进村”、百色市“村务公开民主管理示范村”等荣誉。

其龙村地处大石山区，自然条件恶劣，交通偏远闭塞，村民整体文化水平较低，法律意识相对淡薄。为提高村民文明、守法意识，规范群众生产、生活秩序，树立良好的民风、村风，在靖西县边防大队和龙邦边防派出所协助下，2007年，村委会组织村民代表讨论制定了《村规民约》。

其龙村村规民约

为了推进我村民主法制建设，维护社会稳定，树立良好的民风、村风，创造安居乐业的社会环境，促进经济发展，建立文明卫生新农村，经全体村民讨论，制定本村规民约。

（1）每个村民要自觉学法、知法、守法，自觉维护法律尊严，积极同一切违法犯罪行为作斗争。

（2）村民之间应团结友爱，和睦相处，不打架斗殴，不酗酒滋事，严禁侮辱、诽谤他人，严禁造谣惑众，搬弄是非。

（3）自觉维护社会秩序和公共安全，不扰乱公共秩序，不阻碍公务人员执行公务。

（4）严禁偷盗、敲诈，哄抢国家、集体、个人财物，严禁赌博。

（5）爱护公共财产，不得损坏水利、道路交通、供电、通信、生产等公共设施。

（6）加强村民尤其是少年儿童安全用水、用电知识宣传教育，提高全村消防安全知识水平和意识。

（7）提倡社会主义精神文明，反对封建迷信及其他不文明行为，树立良好的民风、村风。

（8）红白喜事由红白喜事理事会管理，喜事新办，丧事从俭，破除陈规旧俗，反对铺张浪费，反对大操大办。

(9) 不请神弄鬼或装神弄鬼，不搞封建迷信活动，不听、看、传淫秽书刊、音像，不参加邪教组织。

(10) 积极开展文明卫生村建设，搞好公共卫生，加强村容村貌整治，严禁随地乱堆垃圾，村民要自觉搞好自家房前屋后卫生。

(11) 村民之间要互尊、互爱、互助，和睦相处，建立良好的邻里关系，有矛盾纠纷，应本着团结友爱的原则平等协商解决，协商不成，可申请村调解委员会调解。

(12) 提倡婚姻自由，婚姻由本人做主，反对包办干涉，男女青年结婚必须符合法定结婚年龄要求，提倡晚婚晚育，按计划生育。

(13) 父母应尽抚养、教育未成年子女的义务，禁止歧视、虐待、遗弃女婴，子女应尽赡养老人的义务，不得歧视、虐待老人。

(14) 村民违法犯罪交由公安机关处理，违反本村规民约的，本村村委会批评教育。

(15) 本村规民约自2007年6月1日起施行，之前修订公布的村规民约同时废止。

《村规民约》共15条，分别从守法、团结、互助、卫生等多方面对村民行为进行了规范。经村民表决通过后，制成《村规民约》宣传卡片发放到村民手中，努力打造文明模范村。

三　社会治安管理机构

其龙村有警务室、治安联防队、哨所等社会治安和边境管理机构（见图2-2）。

图 2-2　其龙警务室（2007 年 8 月 1 日　马菁摄）

2005 年 6 月，龙邦边防派出所在此成立其龙警务室，有共计 40 平方米的两间警务室，现有警务区民警 4 人，负责本村治安工作。其龙警务室处在龙邦镇南部，与越南指方社相连，距离派出所 5 公里，辖区最远处那坡村距龙邦边防派出所 12 公里。警区总面积 39.6 平方公里，边境线长 12 公里，管辖 5 个村委会、5 所学校、31 个自然屯，总共 2054 户、9348 人，其中处于 16～45 岁重点年龄段的有 6453 人，经济欠发达，治安相对复杂。警务室严格按照“五个一”标准设置，警务公开，设置群防组织、暂住人口及弱势群体管理、厂矿及行业场所登记、电话记录、为群众办好事登记、无助儿童信息登记等 9 种台账。其龙警务室主动为群众做好事、办实事，初步构筑了以警区民警为主导，村委治保人员和村委干部为主体，治安信息员和治安积极分子积极参与的警务模式，集“防范、打击、服务、管理”为一体，使群众办事省时快捷，治安防范打击有力，被老百姓誉为“家门口的派出所”。

近年来，随着农村经济的调整，群众性纠纷和治安问题比较突出，因此，农村地区历来是治安管理的重点地区。警务区坚持以“发案少、秩序好、社会稳定、群众满意”为目标，适应时代和公安边防管理工作的发展要求，坚持警力下沉，警务前移，按照“五位一体”的治安联防工作模式，实现新时期派出所工作由“管理型”向“服务型”转变的新突破。

其龙村的治安组织是治安联防队，负责全村的治安状况，同时协助其龙警务室进行必要的治安管理。其龙村共有 5 个自然屯，分为 15 个组，每个组的组长和 5 个屯的屯长组成 20 人的治安联防队，由治保主任担任队长。治安联防队每年开会 1 ~ 2 次，一般对偷盗等事件进行处理，如果治安联防队无法解决诸如村民打架之类的事件时，就会联系龙邦派出所的警察处理，帮忙解决。治安联防队最常见、最难处理的事件是两公婆（两夫妻）吵架。遇到此类事件时，治保主任一般会找村长、支书等一起劝架解决。通过近几年的努力，其龙村的治安状况与以前相比，得到了明显改善，边境村民生活安定。

由于地处边防前线，其龙村辖区内有一所边防哨所——其龙哨所，位于中越边境广西段 88 号至 89 号界碑间的燕尾山上（见图 2 – 3）。哨所海拔 702 米，离靖西县城 43 公里，有简易公路。边境有 4 条便道通往越南，哨所观察正面约 2 公里，附近有 5 个自然屯、1885 人。哨所编制 12 人，哨员皆为来自各乡镇的复退军人和优秀青年民兵。哨所装备主要有冲锋枪、轻机枪、狙击步枪等武器。

在上级军事部门和地方党委、政府的关怀下，哨所逐

图 2-3　其龙国防民兵哨所（2007 年 8 月 11 日　马菁摄）

步完善了战备工事、生活设施，建有住房 1 栋、抽水房 1 间、水池 1 座、观察哨 1 个、战斗工事 7 处、堑壕 115 米，并达到了通水、通电、通电话和能打能藏、能机动、能观察、能生活的要求。在哨所工作和管理上，认真贯彻落实部队“四个秩序”和一日生活制度化要求，不断加强哨所的正规化建设，并结合实际，制定和落实观察、巡逻、设伏守卡、边境调查、敌情分析、请示报告、村哨联系、方案演练等制度。在完成战备执行任务的间隙，哨所还组织哨员积极开展“哨民共建”活动，自觉为驻地“两个文明”建设作贡献，经常为群众做好事，兵民关系十分融洽，同时，因地制宜，大力发展种养业，改善哨员生活，哨所年收入达到万元以上，基本上达到了蔬菜自给。

哨所担负着艰巨的战备执勤任务。建哨以来，哨员们以满腔的爱国热情和崇高的革命英雄主义精神，出色地完成了上级赋予的各种战备执勤任务，得到了各级政府的高度肯定。1978年以来，哨所先后参加各种战斗7次，打击敌人袭扰破坏12起，歼灭入侵之敌7股，共毙敌16名，伤敌10名，俘敌3名，缴获冲锋枪5支、手枪2支、手雷4枚、子弹128发和军用物品一批，并协助公安部门拔掉重要特征敌人“钉子”6名，制止外敌外逃事件2起。哨所先后荣立集体二等功一次、三等功两次，1982年被广州军区授予“英雄民兵哨所”荣誉称号，1988年、1989年两次被百色军区评为全面建设先进哨所，先后有两人次荣立一等功，6人次荣立二等功，18人次荣立三等功，53人次受到嘉奖。第一任哨长潘振庭同志还被广州军区授予“民兵战斗英雄”荣誉称号，副哨长杨作标应邀出席了1982年北京国庆观礼和自治区团代会，哨员黄华波、农成木先后被共青团中央授予全国“新长征突击手”称号。

四　妇女代表大会

村妇女代表大会负责村屯的妇女工作，一般而言，妇代会的工作内容还包括宣传国家计划生育政策、法规，维护妇女儿童的合法权益；教育村民树立科学、文明、进步的婚育观，自觉实行计划生育；认真落实计划生育工作各项任务，做好流动人口的计划生育管理、服务和协调工作；积极开展“五好家庭”活动，倡导夫妻和睦、尊婆爱媳、尊老爱幼、赡养老人的社会风尚。但是，随着社会的转型、生产生活方式的变革以及人们思想观念的变化，村级妇女组织建设正面临着严峻的挑战，传统的村级妇女组织——妇代会，大部分已经形同虚设，基本没有发挥其应有的职能作用，团结和动员妇女参与新农村建设的能力很弱。由于待遇不高，妇代会主任工作的积极性也不高。

其龙村妇代会的情况也是这样，现任妇女主任（2006年9月上任）基本上不组织妇女活动，对村里的妇女情况也不是非常了解，每天忙着自家生意，早出晚归，没有投入相应的时间和精力去组织村内妇女活动。

第二节　基层民间组织

一　红白理事会

红白理事会一般是屯里有头有脸的长老主持，是村里的民俗传统组织，负责协助村民筹办婚丧嫁娶等乡村民俗活动。理事会主要负责整个红白事的人员调配、物品分配、礼单登记等，体现了村民和睦的关系，在新农村建设以及构建和谐乡村方面发挥了积极作用（见图2－4）。

图2－4　红白理事会（2007年7月24日　马菁摄）

二　经济联合体

其龙村经济联合体是村民经济管理组织，主要负责协调安排其龙各屯跨境的矿石交易。由于村里与越南方面进行矿石交易主要是经由88号与89号界碑，为了平均利益，消解矛盾，避免不正当的竞争，对交易活动的时间和地点进行了统一安排，使边境外矿交易规范合理。如以2004年第一季度为例，88号界碑：大屯第一组6天，第二组6天；89号界碑：那亮屯5天，街屯7天，古荣屯5天，民生屯5天。各界碑分组按照安排时间顺序经营，周而复始。村里有专门收锰矿的组织，轮到哪个屯收矿时，就会按50元/吨的标准付给每个屯的收矿负责人报酬。

第三章　经济生活

其龙村地处中越边境的山区，在经济生活方面，传统上是以农业为主，除了水稻、玉米、红薯、辣椒、生姜等传统作物种植业外，近年来烟草和水蜜桃等经济作物的种植异军突起，边境贸易与小商品经营和制砖、运输等行业也有所发展，多种经营的局面已经初步显现。

第一节　传统的农业种植

其龙村主要种植水稻、玉米、红薯、辣椒、生姜等粮食作物。村民除了从事农作物种植外，也相应从事些猪、牛、羊、鸡、鸭等家畜、家禽的养殖。其龙村村民进行农业生产主要运用人力、牲畜及农业机械。牲畜有水牛、马；农业工具有犁、镰刀、锄头、耙子、手摇玉米脱粒机、手扶拖拉机、碾米机及玉米粉碎机等。

每年春天农历一月到三月，其龙村民开始整地、施肥，为玉米播种做准备（见图3－1）。玉米一般在农历三月播种，村干部会带头种植玉米新品种，如619号、818号高产玉米。在旱地播种玉米，则不使用地膜。通常用锄头播种玉米，不使用玉米播种机，由于田地太窄，玉米播种机无法下地播种。玉米播种之后，四月到五月开始对玉米进行

图3-1　其龙村的水田（2008年7月16日　马菁摄）

培土、浇水、打农药等一系列田间管理。农历六月到八月是“双抢、双收”的农忙时期，也是一年中最忙的时期。农历七月或八月收玉米，用人力车和手扶拖拉机运回玉米。再把玉米剥皮，剥皮之后，编成一串，挂在屋檐下晒干。玉米晒干以后，再脱粒。收完玉米之后开始插秧，种植豆类如黄豆等作物。

水稻一般在农历八月插秧，即收完玉米之后，水稻一年两熟（见图3-2）。水稻品种有冈优527、冈优725、冈优838、香米、大糯（即糯米）。糯米又称江米，是一种有黏性的稻米。糯米是一种优质水稻，有上糯、中糯之分，米色有白及紫色之别，经济价值很高。其龙村村民一般将糯米出售，仅留下少部分自己食用，平时很少吃，只有在节日、红白喜事时才会蒸糯米饭、做糯米饼、酿土酒等。除此之外，其龙村村民还把糯米作为馈赠贵宾的最佳礼品。村干部为了鼓励村民种植水稻新品种，会出一大部分钱，由村民出少部分钱，共同购买水稻新品种。村干部还带头种植水稻新品种。水稻播种只使用插秧而没有使用抛秧技术，因为其龙村是玉米和水稻轮番种植，没有合适的抛秧时间，当玉米成熟时，秧苗已经长到超过抛秧的高度，无法进行抛秧。农历十月份收割水稻，晒干之后用脱粒机脱粒。水稻和黄豆一般在农历十月收割完毕。之后开始种植白菜、青菜等蔬菜。农历十一月到十二月开始整地过冬。烟农在农历十二月下旬开始种植水田烟，大约20天后，开始种植旱地烟（见表3-1）。

图3-2 收获玉米后翻耕的田（2008年7月16日 马菁摄）

表3-1 其龙村农事历

一月	二月	三月	四月	五月	六月	七月	八月	九月	十月	十一月	十二月
整地	整地	种植玉米等	培土	管理	收割玉米	插秧	种植豆类	收割水稻、黄豆等	种植白菜、青菜等蔬菜	整地	种植烟叶

2000年以前，其龙村村民用手工脱粒，没有使用任何机械。2000年以后，逐渐开始采用手摇玉米脱粒机，2005年已经普及使用手摇玉米脱粒机，与现在北方平原地区使用的电动玉米脱粒机相比，手摇脱粒机在脱粒的速度和质量方面还有很大差距。其龙村有碾米机，有些越南人用马驮着稻米来其龙村碾米。

第二节　工、副业生产

其龙村民除了从事传统农业生产外，还有一些劳动力从事工、副业生产和经营。

一　外出务工

其龙村人均耕地0.51亩，单靠农业收入很难维持生计，所以，在家里农业劳动力少、无法种植烟叶的情况下，村民就会选择外出务工挣钱。甚至有的女孩较多的困难家庭，由于经济困难，女孩最多小学毕业就会被送出去打工挣钱，以补贴家用。其龙村街屯外出务工人员主要去广州打工，外出务工收入主要用于修缮自家房屋，有的已经建起了具有欧式风格的小洋楼，大大区别于本村的传统干栏式建筑。其龙村有劳动力人口994人，占全村人口的58%。其中，2005年从事劳务经商者242人，2006年268人，2007年294人，外出务工人数逐年递增。

二　经营小卖部

其龙村街屯有两个小卖部，经营各种日常用品以满足村民的需要。本次调查以其龙村街屯街长杨松宁的小卖部为例。

个案3-1

采访对象：杨松宁，男，现任街屯街长，1964年生，文化程度为高中。

采访时间：2007年8月2日晚9：00。

采访地点：街长家小卖部。

1982年杨松宁开始经营小卖部，小卖部位于村路北面。1997年其龙村在原小卖部对面建房，小卖部搬迁至对面，即现在小卖部的位置（村路南面）。杨松宁过去开自己的手扶拖拉机去靖西县城进货。经营商品有：山楂、香槟、罐头、国产酒、啤酒（南宁啤酒厂成立后才开始卖啤酒）、布料（精元贡、长林布）等日常生活用品。现如今，小卖部能进到各式商品的货，品种非常齐全，但是不再卖布（村民已经基本不买布做衣服了）。小卖部货品售价跟龙邦镇上定价相同，但若批发，就会相应提高价格以赚取镇上到村里的路费。例如，批发一件漓泉啤酒，若在龙邦镇是27元，但是在村内小卖部则需要30元。

其龙村地处边境前沿，山路多险且交通不便，如2008年6月28日S325国道其龙村段发生了50米长的上边坡塌陷事件，阻断了道路。类似这样的情况，偶有发生，因此，村屯内的小卖部经营日常生活用品，就显得对村民生活非常重要。

三　制砖

其龙村有两个做砖的砖坊，主要供龙邦镇内各个村盖房所需，因为砖坊做的是石头空心砖，规则长方体，长约

35 厘米，宽约 15 厘米，符合农村建房的需要（以前盖房多用山上石块，不规则）。大块石头相对用砖量就少，价格也便宜（1.3 元/块或 1.5 元/块），非常适合农村建房使用，所以销路极好。而县城的人有钱，可以买土烧的砖建房，以示美观。本次调查以其龙村街屯黄华碧的砖厂为例。

个案 3－2

采访对象：黄华碧，男，1957 年 6 月生，文化程度为高中。

采访时间：2007 年 8 月 9 日晚 7：30。

采访地点：黄家砖厂。

黄华碧是村里的“首富”，既经营砖厂，又当村医为村民看病，经营一家药店卖药，同时种植烟叶谋生。

做砖的流程：

第一步，先到念龙村买石头（价格为每立方米 20 元）。念龙村四周都是石山，便于开采，也是现今政府规定的合法开采地。黄华碧以前自己也炸山开采石块，但是现在国家已经不允许，只有念龙村能开采石块。

第二步，买回石块后，用破碎机打碎石头。破碎机分两种：一种是专门打碎石头，大小是正合适做砖的大小；另一种是打碎稍微大一点的石块，直接卖掉，人家买来建房做房顶。

第三步，将碎石、水泥、水放入搅拌机进行搅拌。

第四步，搅拌后放入打砖机，其中的震动器震动出两个孔，即成空心形状。

第五步，把成形的空心砖晾干，晾的过程中要淋水两至三次。

在广西许多喀斯特地貌区，多山石、多水泥，因此，当地农户建房，多采用以水泥和石子为原料模制的空心砖做建材。现在山林资源日益匮乏，适合建传统木构干栏房的材料难以寻找，因地制宜建砖房是一种趋势，也是一种时尚。当地砖厂的出现，正适应了农民建砖房改善居住条件的需要。

四　交通运输

其龙村对外交通主要靠公路，有沿边公路 S325 国道经由该村西达龙邦，东到壬庄。村内五屯有村级道路水泥路 1 条，长 1.5 公里，修建大屯至中越边境公路 1 公里。巷道硬化 1620 平方米，村内水泥硬化到每家每户门前，极大地方便了村民日常出行交通。

其龙村街屯有两部公共汽车，运营龙邦至靖西线，运营时间为早 6：30 至晚 18：00，每天从龙邦到靖西之间往返四次。如果遇到街天，许多村民会乘这两部公共汽车赶街，每人 2 元；如果不是街天，乘机动三轮车去龙邦，来回车费 20 元。

个案 3－3

采访对象： 农氏娇，女，1966 年 8 月生，公交司机，初中文化程度。

采访时间： 2007 年 8 月 10 日，晚 9：30。

采访地点： 农氏娇家门前。

1994 年以前，如果要去龙邦镇，需要先骑单车到吕平村，再坐公交车到龙邦。那时农氏娇家里开小卖部，去靖西县城进货回来只能到吕平村，吕平村到其龙村这一段距离只好坐手扶拖拉机（34 元/次）回家。

农氏娇于1993年拿到驾驶证，1993～2007年先后开过三种车：微型双排座（1993～1995年）、白色中巴车（1996～2000年）、公共汽车（2001～2007年）。2001年县政府修好一条沿边公路，由此，其龙村到龙邦镇再也不用步行爬山或绕道吕平，2001年，农氏娇开始开公共汽车（龙邦—靖西线）。公共汽车成本13万元，三年内（2004年）赚回成本。

农氏娇的公共汽车每天早上6：30～7：00从其龙村出发，若有人想从村里去龙邦镇可以乘农氏娇的公交车，不是街天的时候去龙邦的活，这是最实惠的乘车路线，车费2元/人。这部公共汽车早上出门后，一直到晚上才会回到其龙村。若不是街天时去龙邦镇，则要包一辆机动三轮车，包车费为20元/次。农氏娇平时也会跟车捎带龙邦邮局的包裹、村里小卖部进的货品等，这也是一项不错的收入。

农氏娇的两部公共汽车成本都是13万元，现在已经赚回成本，每年纯收入约4.5万元。

五　代理业务

从2008年始，其龙村有部分村民做起了业务代理，例如代理中国移动通信的业务，代理点负责中国移动收费和网卡办理等业务，方便村民进行话费充值，村民不用像以往那样去龙邦镇缴纳话费。也有一部分村民在家里设立了锰矿收购点，挂靠在龙邦镇的某个公司，进行收购代理，从中赚取差价。2008年末，随着经济形势的转变，其龙村部分村民从广州等地返回家乡，利用村里现有的资源经营种植业、养殖业、运输业等。

第三节　烤烟生产与销售

经济作物是农村增收脱贫的主要途径之一。烤烟是其龙村近年来大力发展的经济作物，烤烟种植成为村里的龙头产业。其龙村烤烟产业是在百色市政府和百色市烟草公司共同扶持下发展起来的，百色市政府和烟草公司对烟农不仅进行种烟、烤烟、分级等各项技术培训，而且还提供相应的补贴。例如烤房补贴、烟用物资借贷和补贴、专业化补贴（漂浮育苗基质补贴、机耕补贴、烤烟生产抗旱喷灌服务、建立风险保障金、试验示范补贴）、土壤改良补贴、烟水配套工程补贴等，具体见《百色市2007年烤烟生产政策》及《2007年烟用物资借贷发放价格公示》。政府的支持和烟草公司的帮扶，不仅给农民种植烤烟提供了政策上的保证，而且也具有实质上的规范和扶助作用，切实提高了农民发展高效农业、种植优质烟草的积极性。

百色市2007年烤烟生产政策①

一　烤房补贴

1. 新建普通烤房：经验收合格后，每座补贴1200元（其中产区烟叶经营单位承担70%，当地政府承担30%）。

2. 新建小型密集烤房：经验收合格后，每座补贴1200元（其中烟草公司承担840元/座，政府承担340元/座），并由烟草部门免费提供一套设备（设备所包含的配件型号、规格、数量及功率以烟草公司提供的实物为准）。

① 资料由靖西县龙邦镇吕平烟站收购中心提供。

3. 普改密烤房：每改造一座，由烟草部门免费提供一套设备（设备所包含的配件型号、规格、数量及功率以烟草公司提供的实物为准）。

4. 新建大型密集烤房：每新建一座（能管20亩以上），经验收合格后，由烟草部门补贴4800元，并由烟草部门免费提供一套设备（设备所包含的配件型号、规格、数量及功率以烟草公司提供的实物为准）。

二 烟用物资补贴

上等烟110元/担，中等烟90元/担，下低等烟60元/担。级外烟叶无补贴。

三 专业化补贴

1. 漂浮育苗基质补贴：凡采用漂浮育苗技术育苗的，由烟草部门免费提供育苗基质。

2. 机耕补贴：由烟草部门在指定的区域内组织自有机耕队为烟农提供保本机耕服务。

3. 烤烟生产抗旱喷灌服务：由烟草部门在指定的区域内提供喷灌设备，免费借给烟农用于烟叶生产，设备的所有权归烟草部门。

4. 建立风险保障金：按种植合同面积每亩提取20元（政府、烟草公司各承担10元/亩），作为烟叶生产风险保障金，主要用于对受自然灾害的烟农进行适当补偿以及防灾救灾投入。

5. 试验示范补贴：凡涉及烟农参与的试验示范，根据协议约定标准对烟农补贴。

四 土壤改良补贴

1. 在烟草部门指定区域内种植绿肥的，由烟草部门免费提供绿肥种子。

2. 使用HM发酵菌沤制农家肥并用于烟叶生产的，由烟草部门免费提供HM菌种。

五　烟水配套工程补贴

对水利工程、集雨灌溉工程、小塘坝、小水坝、地头水柜、小水窖等建设工程以项目的形式进行补贴。

2007年烟用物资借贷发放价格公示

各位烟农朋友：

根据百烟原［2007］05号文件关于印发《2007年烟用物资借贷发放价格》的通知，由烟叶生产核部对2007年烟用物资借贷发放价格进行测算，经财务科、审计科、综合管理科审核，局（公司）领导审定，2007年烟用物资的借贷发放价格公示如表3-2所示。

表3-2　2007年烟用物资的借贷发放价格

品名	规格	单位	发放价格	备注
复合肥	N：P_2O_5：P_2O = 9：12.26	元/公斤	2.61	
硝酸钾	N：K_2O = 13.5：44.5	元/公斤	3.48	
硫酸钾	$K_2O \geqslant 50\%$	元/公斤	2.42	
磷肥	$P_2O_5 \geqslant 16\%$	元/公斤	0.56	
基质	2亩/袋	元/袋	33.00	现免费发放
浮盘	200孔/张	元/袋	4.40	
大田膜	0.005×200	元/公斤	14.30	
村垫膜	0.1×1600	元/公斤	12.90	
青苗盖膜	0.014×2000	元/公斤	14.30	
烟种	无	元/包	3.50	
硫酸镁	$M_9SO_4 \geqslant 95\%$	元/公斤	1.50	

续表

品　名	规　格	单　位	发放价格	备　注
硫酸锌	$ZNSO_4 \geq 95\%$	元/公斤	2.60	
硼　砂	B≥1.5%	元/公斤	2.85	
除芽通	33%除芽通	元/瓶	13.50	
移栽灵	10mL×5克×80盒	元/克	2.30	
斯美地	35%	元/瓶	10.00	
湿润育苗盘	54孔/张	元/张	0.85	
毒　消	80克×50瓶	元/瓶	6.00	

百色市烟草公司靖西区烟叶中心站

2007年2月12日

监督电话：0776－6215022

一　烤烟种植

到2006年其龙村种植烤烟约330亩，其中包括旱地烟和水田烟种植（见图3－3）。每亩烤烟纯收入1000元左右，仅烤烟一项全村增收18万元，人均增收105元。2006年，按照县委提出的大力推进田烟、积极发展地烟的烤烟生产发展要求，龙邦镇其龙村积极响应县委号召，示范种植地烟，取得较好的成绩，为全县发展地烟起到了示范作用。2006年，其龙村示范种植地烟情况如下：烟农4户，面积20亩，干烟总产量2915.5公斤，亩均产量145.8公斤，售烟收入26186.8元，亩产值1309.34元，生产成本10400元，纯收入15786.8元，亩纯收入789.34元。其龙村全村现共有宜烟旱地650亩，2007年其龙村计划在2006年示范种植取得成功的基础上，带动农民积极参与地烟种植，计划地烟种植面积达到500亩，这需新建烤房100座，烟水配套提水工程、地头水柜，共需资金19万元。

图3－3　其龙村种植的烤烟（2003年9月29日　马菁摄）

每到烤烟种植的相关阶段，靖西烟叶中心会派技术人员定期对烟农进行技术培训，对种烟、烤烟、分等的全过程进行一对一的指导，以及时解决烟农在种烟、烤烟中的技术难题。

1. 地烟种植过程

第一步，地烟，在正月十五左右开始播种，用基极土[①]填到塑料板[②]（即漂浮盆）的洞里，每个洞里放两粒种子，以防止出现一粒种子死亡、未发芽的情况，以保证种子成活率。

---

① 基极土，烟草公司给的种烟专用泥土。

② 塑料板，长约70厘米，宽约25厘米，上面有54个孔，每个孔呈倒圆锥形，底部有一个孔。

第二步，挖一条长约4.5米、宽约6厘米的沟，地下铺上一层黑色塑料布，里面放入大约3厘米深的水，再把放有种子的塑料板放入水沟里。

第三步，约50天之后，把烟苗移栽到旱田里。移栽之前，要间苗。间苗是把长势不好的一棵苗拔掉，让另一株生长，防止两株烟苗争夺肥料，以提高烟苗成活率。移栽之后，给烟苗盖上白色塑料薄膜。

第四步，10～15天之后，开始给烟苗破膜，把烟苗拿出来，再培土。40～50天之后撤膜，继续培土。天旱时要给烟苗灌水。

第五步，培土30～40天之后，烟苗开始出花，给烟苗打顶、剪芽。打顶、剪芽是为了防止烟苗结果，让烟苗只长烟叶（见图3－4）。

第六步，大约到五月下旬，开始采摘下部烟叶，装炉点火烘烤。下部烟叶最先成熟；其次是中部烟叶成熟；最

图3－4　长势喜人的地烟（2003年9月29日　马菁摄）

后是上部烟叶成熟。

2. 田烟种植过程

第一步，田烟在农历腊月二十五左右开始播种，把烟种放在漂浮盆[1]里。每个漂浮盆里的孔中放两粒种子，以保证种子的成活率。种烟时把肥料和种子放入孔中，种子放在肥料中间。

第二步，挖一条长 6 米或 10 米、宽约 70 厘米的水沟，底上铺一层黑色塑料布，再放水到沟里，然后把所有苗盆放在沟里育苗。

第三步，烟苗长到一个月时，开始间苗。间苗是把长势不好的一株苗拔掉，让另一株生长，防止两株烟苗争夺肥料，以提高烟苗成活率。

第四步，烟苗长到 15 厘米时，移到大田里种植，这时要给烟苗施定根水（硝酸钾）和追肥（复合肥）。定根水施于烟苗旁边，每株半桶。烟苗长高时，再施追肥。烟苗 50 厘米一棵，行距 1 米，再盖上白色塑料薄膜。在把烟苗移到大田之前，先把复合肥、磷肥、农家肥等放在大田里，用犁耕一遍地。

第五步，10 天之后破膜，把烟苗拿上来，即让烟苗露出薄膜，再培土。

第六步，一个月后，烟苗长到八九片叶时，把地膜拿走，给烟苗培土。天旱时要给烟苗灌水。

第七步，两个月后，等烟苗开花后再剪花、剪芽。剪花是让它长叶，防止烟结果。剪芽是为了防止烟片变薄，

① 漂浮盆，一种用塑料泡沫做成的长方形盒子，长约 1.66 米，宽约 1 米。每个漂浮盆有 200 个孔。

否则烤出的烟叶颜色不好看。

第八步，六月份，等烟的下部叶长熟时，再摘下部叶来烘烤。下部烟叶每株2~3片。下部烟叶烤完之后，再摘中部烟叶，每株3~5片。中部烟叶烤完之后，再摘上部烟叶，每株至少摘10片以上（见图3-5）。

图3-5 村民捆扎收获的烟叶（2003年9月29日 马菁摄）

二 烤烟烘烤

1. 所需用品

烤烟房：新旧两种，由石砖砌成，呈长方体状，房顶呈梯形。旧烤烟房一般分五层，每层可放30~40杆烟叶，一共可以放180~200杆。新烤烟房一般分六层，每层可放40~45杆烟叶，一共可放250~300杆。要烤同样数量的烟叶，旧烤烟房烘烤三炉的数量等于新烤烟房烘烤两炉的数量（见图3-6）。

图 3-6　烤烟房（2003 年 7 月 26 日　马菁摄）

竹竿：一般长约 1.5 米，用来放置烟叶。旧烤烟房内，一般是四片烟叶捆在一起，平均分架在竹竿的两侧，每侧两片，如此排成一排，一条竹竿总共可以放 80～100 片烟叶。新烤烟房内，一般是六片烟叶捆在一起，平均分架在竹竿的两侧，每侧三片，如此排成一排，一条竹竿总共可以放 120～150 片烟叶。

煤炭：烤烟所用的燃料。一般不用木头作燃料，否则会影响烟叶烤出来的成色。

绳子：把烟叶绑于竹竿时所用。绳子和竹竿都可以重复使用。

温度计：旧烤烟房内所用，一般用于测试烤房内的温度，便于烟农随时调整烘烤温度，以免烤焦，保证成色。

智能控制仪：新烤烟房所用，一种高科技产品，由计算机控制，价值约 3800 元。上面标有：上棚温度、上棚湿度、下棚温度、下棚湿度。智能控制仪方便了烟农在烘烤时及时调整烤烟房温度和湿度。智能控制仪操作方便，与旧烤烟房的设施相比，更加先进和完善，大大提高了烟叶的成色。

鼓风机和吹风机：新旧烤烟房均安装有鼓风机和吹风机。鼓风机位于棚下，吹火；吹风机位于棚顶，向下吹热风。鼓风机在下面转动吹风时，上面的吹风机才转动吹热风。

2. 烘烤步骤

烟叶烤制分为三个阶段：变黄期、定色期和干筋期。变黄期烘烤温度为32℃～38℃，需50小时；定色期烘烤温度为40℃～48℃，需35～36小时；干筋期烘烤温度为58℃～68℃，需48～72小时。一炉烟大概用7天烤完。一般20亩地烟叶需要45天烤完。

第一步，把烟叶绑好，串在竹竿上。一炉可以烤300～600斤湿烟叶，5～6亩地的烟叶才够一炉。一亩地产300斤干烟叶。

第二步，放好烟叶之后，开始点火烤烟。旧烤烟房用温度计来观测烟叶温度，新烤烟房用智能控制仪来观测温度和湿度的变化，更加精确，烤出来的烟成色也好。

第三步，烤好后，取出竹竿，然后取下烟叶，扎成捆，以备之后分等级。

三　烤烟出售

村民种植的烟草，通常销售给百色市烟草公司。烟草公司不仅负责对村民进行技术指导、生产资料扶持，而且按照不同等级包销烟农的产品。图3－7即为烟草公司的收购流程。

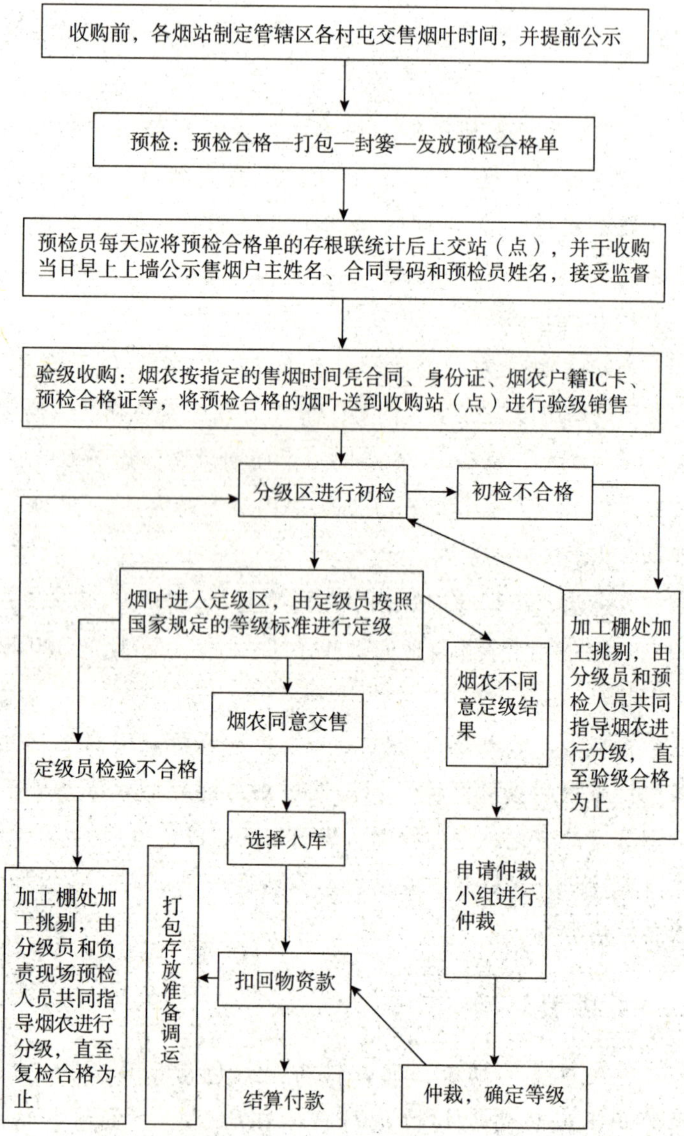
收购前，各烟站制定管辖区各村屯交售烟叶时间，并提前公示
预检：预检合格—打包—封篓—发放预检合格单
预检员每天应将预检合格单的存根联统计后上交站（点），并于收购当日早上上墙公示售烟户主姓名、合同号码和预检员姓名，接受监督
验级收购：烟农按指定的售烟时间凭合同、身份证、烟农户籍IC卡、预检合格证等，将预检合格的烟叶送到收购站（点）进行验级销售
分级区进行初检
初检不合格
加工棚处加工挑剔，由分级员和预检人员共同指导烟农进行分级，直至验级合格为止
烟叶进入定级区，由定级员按照国家规定的等级标准进行定级
烟农同意交售
烟农不同意定级结果
定级员检验不合格
选择入库
申请仲裁小组进行仲裁
加工棚处加工挑剔，由分级员和负责现场预检人员共同指导烟农进行分级，直至复检合格为止
打包存放准备调运
扣回物资款
结算付款
仲裁，确定等级

图 3－7　烟草公司收购流程

按照图 3 - 7 中的收购流程，农民卖烟有以下步骤：

第一步，预检。技术人员前一天去农户家进行分等。

第二步，烟农把烟叶运到吕平收购点之后，技术人员解开绑好的一捆捆烟叶进行第二次分等，以确保等级的准确性。分等时，烟农不能进入定级区，以免有失公正。

第三步，分等之后，技术员把相应的等级牌放到相应的烟叶旁。

第四步，在烟叶被推进过磅区的同时，烟农会得到一张密码条，与技术人员手中的密码条相一致，付款时要凭密码条付款。

第五步，付款。付款方式：通过信用社进行转账，因为龙帮镇上只有农村信用社，如果用其他银行转账，会给烟农支取现金带来不便。由于收购烟叶顺序是下部烟、中部烟、上部烟，一般前几次卖烟所得不能转账，只能销账。因为烟农种烟时烟草公司提前赊账给烟农化肥等种烟所需的原料，所以烟农前几次卖烟所得要先销账，以抵欠款。烟草公司提前借贷给烟农的物资，烟农领取所需的烟用物资之后，烟草公司会详细记录每个烟农所领取烟用物资的数据和价钱，以便烟农卖烟时对烟农进行销账。

第六步，收购完以后，把定好等级的烟叶直接送到靖西县仓储中心。

烟叶出售有固定的收购点，一般一个镇一个收购点，龙邦镇的烟叶收购点设在吕平村，其龙村的烟农也需到吕平出售烟叶，而地州则有三个收购点，因为烟农太分散。吕平村的地理位置处于龙邦镇的中心，便于各个村的烟农到收购点出售烟叶。

由于烟农很多，为了防止出售秩序混乱，烟草公司制定了收购烟叶的时间表，规定了每个村出售烟叶的具体时间，各村烟农按规定的时间准时出售烟叶。烟草公司同时还规定了相应的验收规则。

烟叶分等和定级，均按照国家烟草公司规定的这一验收规则进行。相关价格如表 3－3～表 3－5 所示。

表 3－3　烟农提供的 2006 年烟叶收购市场价

单位：元/斤

等　级	价　格	等　级	价　格
上橘一	6.9	中橘三	8.9
上橘二	5.6	中橘四	5.4
上橘三	3.9	下橘一	8.9
上橘四	2.8	下橘二	5
中橘一	6.9	下橘三	4
中橘二	7.9	下橘四	2.8

表 3－4　其龙村街屯 2007 年烟叶收购价格公示

单位：元/市斤

等　级	价　格	等　级	价　格
下橘一	6.25	上 橘 一	7.10
下橘二	5.20	上 橘 二	5.80
下橘三	4.20	上 橘 三	4.15
下橘四	2.30	上 橘 四	2.55
中橘一	8.80	中下杂一	2.20
中橘二	8.10	中下杂二	1.55
中橘三	7.10	上 杂 一	2.05
中橘四	5.60	上 杂 二	1.20
级外烟	0.20	上 杂 三	1.00

表 3-5　烟草公司收购价格表

单位：元/担

等级		价格	等级		价格
下橘一	X1F	625	上柠二	B2L	430
下橘二	X2F	520	上柠三	B3L	265
下橘三	X3F	420	上柠四	B4L	170
下橘四	X4F	230	完熟一	H1F	600
下柠一	X1L	600	完熟二	H2F	500
下柠二	X2L	485	上红一	B1R	570
下柠三	X3L	320	上红二	B2R	480
下柠四	X4L	200	上红三	B3R	305
中橘一	C1F	880	下微青二	X2V	330
中橘二	C2F	810	中微青三	C3V	520
中橘三	C3F	710	上微青二	B2V	395
中橘四	C4F	560	上微青三	B3V	295
中柠一	C1L	810	光滑一	S1	240
中柠二	C2L	730	光滑二	S2	125
中柠三	C3L	625	中下杂一	CX1K	220
中柠四	C4L	520	中下杂二	CX2K	155
上橘一	B1F	710	上杂一	B1K	205
上橘二	B2F	580	上杂二	B2K	120
上橘三	B3F	415	上杂三	B3K	100
上橘四	B4F	255	青黄一	GY1	100
上柠一	B1L	610	青黄二	GY2	80

由此可见，2007 年烟叶收购市场价普遍高于 2006 年的收购价格，这说明烟叶的市场需求量大，烟农种烟的前景越来越广阔。另外，烟站收购点公布的价格表（2007 年）与其龙村街屯公布的价格表（2007 年）相比，烟草公司公布的烟叶等级和价格更详细、更专业、更全面。因为烟农

在出售之前只是对烟叶进行初步的分等，便于烟草公司的技术员进行预检和到烟站后进行的二次质检。

在烟叶收购的前一天，烟草公司的技术人员到烟农家里，进行初步分等，即预检。最先收购的是下部烟叶，依次是中部烟叶和上部烟叶，因此预检顺序为下部烟叶、中部烟叶和上部烟叶。本次调查以下部烟叶的预检为例进行说明。预检步骤分为以下四步：第一步，技术人员拿出烟农的下部烟叶，按不同等级分成几堆，如下A、下B、下C、下D。第二步，烟农用木制模具把分好等级的烟叶捆绑好，在模具里挤压成长方体，用绳子扎成捆，便于贴封条和搬运。第三步，技术人员把写好等级的封条贴到捆绑好的烟叶上。封条上写有售烟农户名字、类别、预检员、预检日期。第四步，把贴好封条的烟叶堆好放整齐，以便于第二天装车去吕平出售。其龙烟民一般采取全屯人共同租卡车的形式将烟草运送去吕平村，由于每家所种烟叶数量不等，所以运费按5元/100斤的标准进行分摊。

第四节　边境贸易历史与现状

中越两国经济往来历史悠久。早在越南为中国历代王朝的“藩属”期间，就经常向中国封建王朝“进贡”，这种朝贡关系有政治上的目的，但是更多的是商业贸易关系。古代的中越贸易分为朝贡贸易和民间贸易，民间贸易是朝贡贸易的补充。

中法战争后，越南沦为法国殖民地。中越边境贸易随着时代局势发生变化，甚至由于战争边境贸易陷入停滞状态。中华人民共和国成立后，中越边境贸易逐渐恢复正常。

范宏贵先生在《中越边境贸易研究》一书的第三章中提到，1949～1990年的中越经济贸易关系有三种形式：一是两国的国家贸易，这是中越经济贸易的基本形式；二是两国地方国营贸易公司之间根据各自政府关于准进和准出的规定所进行的地方性易货贸易，这种贸易主要是两国边境地方的物资交流，是两国经济贸易的辅助形式；三是双方边境居民之间的小额贸易，这是双方为适应两国边境居民的传统经济往来而设的特殊贸易形式①。

从20世纪70年代初到90年代初，中越经济交往的国际背景发生了极为复杂的变化。受国际上冷战局势转变背景的影响，越南关上了交往的大门，中越经济交往陷入停滞状态。中越关系正常化之后，中越边贸飞速发展，出现多种形式的经贸合作格局。随着中国加入世界贸易组织，中国—东盟自由贸易区的建立，中越关系进入官方贸易与经济技术合作的新阶段。

2005年7月21日《亚洲时报》报道，越南总理阮晋勇欢迎中国商人，并且承诺给予中国商人以特殊的优惠政策，为中国投资者提供有利条件。阮晋勇说："中国消费品和工业机械用品已经在越南市场占有绝对优势，中国投资者在越南也都获得了巨大成功。""我们希望中国国际贸易委员会和越南工商会与边境当地政府扩大合作，加速贸易投资往来，保障边境贸易公平进行。通过产品展览带来更多的贸易和投资机会。"

不管国家之间政治边界线如何划分，人们为了满足自身生活的需求，必然开展民间贸易。民间的自由贸易是边

① 范宏贵等：《中越边境贸易研究》，民族出版社，2006，第106页。

境贸易不可忽视的一部分，特别是当边境线两侧社会经济发展水平不等的时候，民间圩日就显得格外的热闹。其龙村村民与越南边民经济互动频繁，除了日常出现的如碾米、购物等零星的跨境经济活动外，比较集中和重要的是边民间的圩日交易和锰矿交易两种形式（见图3－8）。

图3－8　过境到其龙村碾米的越南边民（2007年7月23日　马菁摄）

一　圩市交往

壮族的集市贸易场所称为“圩”，到圩上进行买卖称为“赶圩”①。圩市是城乡贸易聚集的地方，或称圩，或称集。“圩”就是广西的农村商业集市，它是具有一定规模、由许多商店组成的街区②。“圩”有大有小，星罗棋布，大的分

① 覃圣敏：《壮泰民族传统文化比较研究》第二卷，广西人民出版社，2003，第1246页。

② 庞智声：《广西商业史料》，广西商业厅，1990，第180页。

布在如县城、乡镇等要道之地，小的分布在偏僻的山村。大的圩场逢圩日时赶圩者逾万，小者仅数百人①。

中法战争前，桂（广西）越边境两侧各族人民基本上是自给自足的自然经济，边境两侧有一些定期的简单圩场。通过双方交易，边民获得具有互补性质的生产资料和日常生活资料。但是，由于生产力水平低，边民互市种类贫乏，经济往来并不频繁。

中华人民共和国成立初期，中越边境地区由于地理条件等多种因素的限制，与内地的物流不畅，为了满足日常生活所需，边民互市就显得非常必要。特别是边民之间的小额贸易和以货易货贸易，方便了边民的生产和生活，起到调剂余缺的作用。

到了20世纪80年代，由于连年战争，越南经济发展停滞不前，生活用品匮乏。越南边民为获取所需的铁制农具、锅碗、棉花、麻布、针线、保暖瓶等家用品，穿过边境线，到其龙村购买。据其龙村小学校长李恒益介绍说，其龙村当年开小卖部的人都发了财，特别是靠近越南边上的那一家小卖部，赚了“大钱”。由于利润丰厚，好多村民踏着大家摸索出来的中越交易小道进行边界交易，以马帮贩运货物为主，形成了边民自发的“草皮街”。

改革开放后，中国实施的“兴边富民”政策大大调动了其龙村人勤劳致富的积极性。于是各种经济交流不断展开。

其龙村村民的经济来源有：传统的农业种植、经济作

① 覃圣敏：《壮泰民族传统文化比较研究》第二卷，广西人民出版社，2003，第1246页。

物种植、副业（边境贸易、经营小卖部、做砖、经营运输业）。农作物主要种植水稻、玉米、红薯、辣椒、生姜等粮食作物。经济作物主要种植烤烟和水蜜桃。村民的其他收入包括从事边境贸易、经营小卖部、做石头空心砖、跑运输和外出打工等。

随着社会经济的发展，壮族地区圩市已星罗棋布，呈现贸易交换的繁荣局面。据统计，1990 年，靖西县共有 44 个圩场。地处广西西南部山区的靖西县，历来是壮族居住的地方，有新靖、化峒、同德、湖润、岳圩、壬庄、龙邦、安宁、地州、禄峒、荣劳、吞盘、南坡、安德、三合、龙临、果乐、大甲、新圩、武平、大道、巴蒙、渠洋和魁圩 24 个乡有圩市，共 44 个圩场①。各圩圩期多不相同。龙邦镇境内有龙邦圩和其龙圩两个圩。村镇的圩市，各有一定的开市日期，这叫做圩期。广西圩期有许多种，有十日三圩的，有十日四圩的，有五日一圩的，有日日圩的，但大部分是十日四圩的，五日一圩的有四种，即一六市、二七市、三八市和四九市②。龙邦圩和其龙圩都是五日一圩，龙邦圩是三八市，其龙圩是二七市。

根据《靖西县志》记载，以前其龙村也曾是进行跨境贸易的圩场之一，多年来一直是靖西县一个重要的边民互市点，每逢圩日，许多中越边民云集此地进行贸易交换。然而，其龙村远离乡镇政府所在地，村里的旧农贸市场房舍陈旧狭小，配套设施简陋，早就被列为危房，群众日常赶圩做生意既不安全也不方便。通过访谈我们得知，其龙

---

① 靖西县县志编纂委员会编《靖西县志》，广西人民出版社，2000，第 310 页。

② 庞智声：《广西商业史料》，广西商业厅，1990，第 181 页。

村已经有很多年没有开圩。两侧边民交易多在龙邦镇市场进行。其龙村村民如果赶圩需要到龙邦镇市场，对面越南边民若要赶圩就必须从越南赶到其龙村，然后从其龙村再到龙邦镇市场。但是龙邦圩五天一次，这在某种程度上给边民交易带来诸多不便。

近年来，随着中越两国经贸合作的加深、边民生活水平的提高、边境贸易的日益繁荣，其龙圩再次开圩成为迫在眉睫的大事。广西武警边防总队把其龙村确定为“爱民固边模范村”创建点后，积极帮助该村改善基础设施，将改造村里的农贸市场作为重要的援建项目来建设。其龙爱民市场改造工程于2007年5月中旬动工，6月下旬建成并通过验收，总投资5万元，市场地面混凝土硬化面积达462平方米，全部采用不锈钢管作为支架，锌铁皮作为顶篷。该市场的建成使用，为当地边民提供了良好的经商贸易场所，对推动当地经济建设发展起到了积极的促进作用。2007年10月27日（农历九月十七），其龙村市场正式投入使用，其龙村再次开圩。

边民互市成为其龙村村民生活不可或缺的一部分，中国市场吸引不少越南边民来做生意、购物。每逢圩日，越南边民都会到其龙圩、龙邦街去赶圩。他们或买东西，或挑着一些农副产品进行买卖（见图3-9）。其龙圩期按照中国农历推算，每逢农历二、七为圩日，以此类推每月十二、十七、二十二、二十七也都是圩日。笔者于2008年7~8月期间再次进入其龙村田野调查点进行调查研究，对其龙村圩日的情况进行了细致的观察。

其龙村村民与越南公交屯边民有着悠久的历史和文化渊源关系，边民之间有着千丝万缕的血亲、姻亲或多年的

图 3－9　其龙街的交易情景（2008 年 3 月 14 日　马菁摄）

世交关系，他们是被边境线隔开的同一个民族（壮族）。其龙村村民认为境外的越南人是壮族。街屯村民杨艳说：“他们（越南公交屯人）跟我们一样的呢！是壮族！”越南人在他们眼中只是划分国界的时候被划到另一边的同族人。而越南边民也认为边境两侧村民是同一祖先的民族。他们到其龙村赶圩、碾米、借农用机械等，也应邀参加其龙村各种民族活动；逢圩日的时候就到其龙所属的龙邦镇赶圩，但是其龙开圩后吸引了更多越南边民到其龙圩市；极少的越南边民会到靖西县城活动（见图 3－10）。

其龙村民与越南边民往来频繁。其龙村村民日常跨界活动区域主要集中在对面公交屯及公交屯邻近的村屯，有的村民去比较近的越南圩市赶圩，购买橡胶拖鞋、香水、白虎膏等越南特产。如果时间允许的话，就会去越南茶岭县城，那里商品相对比较齐全，也热闹许多。平常没有圩日的时候，做锰矿生意的村民经常去越南那边联系业务。

图 3－10　在其龙赶圩的越南青年（2008 年 7 月 9 日　马菁摄）

他们骑摩托或骑越南朋友的摩托四处联系矿源，或者在越南朋友家吃饭、聊天。也有少部分人到越南境内旅游，他们会和越南朋友联系好，一起去越南旅游景点玩，有时也会到高平省省会高平市参观。2008 年夏天，其龙村村民李盛洲就应越南朋友的邀请到越南，他和朋友喝酒聊天并且一起去高平省游玩。“我们去德天瀑布了。是越南那一边的噢！”李盛洲高兴地说，“我可是出国玩了一圈！”

边民圩市交易以现金交易为主。中国边贸出口商品主要有农机、农资、电机、建筑材料、机械设备、家用电器、水果、绿豆、牲畜（主要为黄牛）和日用百货等[1]。其龙村圩日，市场上的物品以日用品为主，并附带有农用机械的买卖。交易物品包括手电筒、电池、充电器、电灯、电插

① 靖西县边贸局：《2000 年以来靖西边贸情况》。

板等日用小电器；卫生纸、洗发液、洗衣粉、肥皂、香皂、毛巾、手帕、指甲刀、钥匙链等百货；还有各式各样的衣物、鞋子，大人小孩的都有。这些一般都是靖西县城的商家一大早直接开着大卡车来卖，也有极个别卖衣服的是临近市场的商家，他们流动做买卖，哪个地方是圩日，他们就去哪个地方摆摊。其龙村的村民大多数不做这样的生意，他们主要以经营食品为主。20世纪90年代，中越边境锰矿交易频繁，好多其龙村村民在矿点摆摊设点，做米粉生意（见图3－11）。其龙村开圩以后，村民又把以前做米粉用的器具重新找出来，或是买来新的蒸笼开张经营饭店。

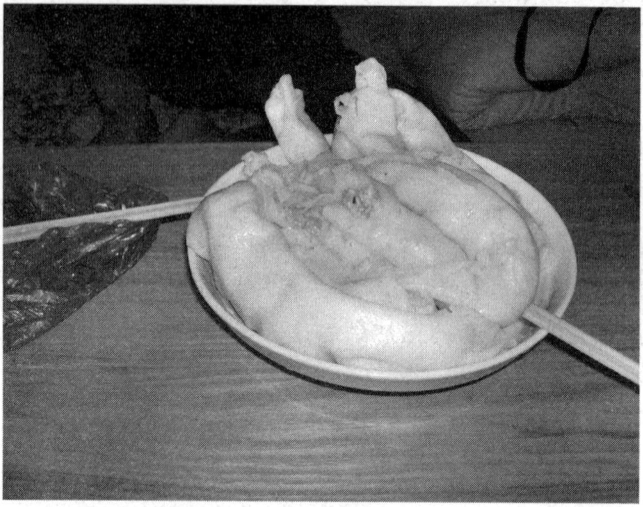

图3－11　越南风味的卷筒粉（2007年8月12日　马菁摄）

其龙村里的小百货商店，也因为其龙圩日的重新开圩，增加了商品种类和数量，而且很多商品都是针对越南边民的需求特意增加的，比如瓷器、茶叶、神香、调料、酒等日常必需品，还有家畜饲料和农用机械等。

个案 3-4　其龙圩日纪实

2008 年 7 月 14 日，农历六月十二，其龙街天。

早上零星几家商户在收拾铺位、摆摊，整个其龙街很宁静。到上午 9 时多，市场开始热闹起来，人来人往，好不热闹。有的来赶圩，有的来摆摊；有卖猪肉、青菜的，也有卖干货、衣服的。

李恒国，55 岁左右，原先在龙邦派出所帮厨，后来回家务农。其龙村定于 2007 年农历九月初七开圩，他就在临街的地方新建一栋两层的楼房，隔了一个三米宽的路就是其龙爱民市场，他准备在自家门口卖米粉。笔者早上在其龙村街李恒国家米粉店吃米粉，这时听到有人问："米粉多少钱一碗?"这是一位扎着头巾的壮族妇女。"3 块。"李恒国一边回答，一边示意妻子给顾客煮米粉。他告诉笔者，其龙市场开圩，他的米粉店就开始营业了，圩日一天能用 100 多斤大米，做成熟粉约 200 多斤，约 200 碗米粉。提起现在的米粉生意，李恒国眉飞色舞。

笔者走进市场，发现每个摊位前都有人在挑东西，讲价钱。他们用当地土话交流，所以笔者分不清哪个是越南人，哪个是中国人。笔者的报道人特意指着一位穿着朴素的妇女说她是越南人，这个妇女拿着一张面值 5 元的人民币在反复查看是否是真的。报道人说："你们不懂土话，不知道哪个是越南的。越南人都没咱这边的人穿的好，仔细看会分出来的。"经过报道人的指点，笔者当真发现不少来其龙街的越南人。他们买完东西不做太多停留就沿着小道回越南了。

其龙村街屯杨屯长家有一家百货商店，杨屯长说："平时主要就是卖一些小食品之类，并没有多少人来买东西。大部分时间不开门营业，等晚上做完农活回来营业一会儿。但是每逢街天就提早把门打开，多进一些货。像啤酒、饲料、塑料管、塑料桶、火钳、餐盘等家庭用具几乎供不应求。还有上次街天越南人订的农用机械（碾米机、抽水机、脱粒机等），得上县城买来准备好给越南人。”

笔者统计当日做生意的商家如下：2 家卖烤鸭，3 家卖生猪肉（其龙村平日从事猪肉买卖的村民，平时都是骑摩托车四处卖，到了街天就在圩亭摆摊卖），1 家卖生牛肉，3 家米粉店，5 家摆摊卖衣服，2 家卖百货商品（以百货小家电为主）；2 家卖鞋，4 家卖油炸（当地一种小吃，糯米面做成的，用油炸过），1 家洗化摊位，1 家理发摊位，1 家补牙（也是流动的，土牙医，不是本地人），1 家鸡行（用猪笼装着小鸡卖）；2 家豆腐炸（油炸豆腐块，做菜做汤比较好）。

当天来其龙圩赶街的其龙村庄的人有 30 人左右，而越南跨境来赶街的有 40 人左右。中国边民大多骑车或开车来，玩一下就走，买东西的不多，吃小吃、买水果的多。越南边民多是步行从小路来其龙，一般是来了市场上逛一圈就走，不做太长停留。也有的在市场上吃早饭或吃完午餐再走，大多吃米粉，因为一般家庭做一次米粉较麻烦。越南妇女、小孩来的多，买日常百货，吃东西。越南男子很少在街上停留，只是来拿一些原先定好的货（农用机械和化肥）。

笔者发现其龙村圩日赶街的主体人群是越南人；其次才是其龙村和附近村庄的村民。商家也都针对越南方面的需求来进货。据当地村民讲，2007 年农历九月初七其龙村恢复开圩的那天很是热闹，每个村民提到那天的情景都是眉飞色舞。然而笔者考察的这一个月间，正赶上农忙季节，所以直到笔者调查后期的几个圩日，市场才渐渐热闹起来，前来买卖的人数增加，商品的种类也更加多样化。2008 年，因为北京举办奥运会，边境管理较平时严格很多，先是在界碑那儿设立执勤岗，对来往人员的活动进行登记，后来就干脆封住边民来往通道，只有少数知道“羊肠小道”的越南村民曲折来到其龙市场赶街，因此，其龙市场又冷清了许多。

个案 3－5　其龙圩开圩给村民带来其他经济收入

采访对象：梁海鸥，女，35 岁，初中毕业。

时间：2008 年 7 月 9 日上午。

采访地点：其龙村中国代办点。

采访者：马菁。

2007 年农历九月初七，其龙街开圩，梁海鸥申请在其龙设置一个中国移动代办点，方便其龙村村民及附近村民缴费。更重要的是，她想在其龙圩市上为前来赶圩的其他村村民及越南村民办理中国移动业务，从而赚取手续费。本次采访以问答的方式进行，整理如下：

问：为什么想起开办中国移动代办营业点？

答：我们其龙开圩，大家都想着赚钱。我也做个小生意啊。

问：好多人都卖米粉，你怎么想起就卖移动电话卡？

答：家里老人在做米粉啊。我也不太会，做这个又不累。

问：以前做过什么生意没有？

答：前几年出去打工，后来孩子大了就回来了。一直种田。

问：如果有人缴电话费，是不是就不能做农活了？

答：没有，街上的人我都熟的，谁缴话费给我说一声就行，我下田回来就充上了，很方便的。

问：那街天的时候是不是也要出去摆摊？

答：用不着。人家想办卡就会来了，大家都知道的。

问：都是哪儿的人来办卡？

答：本村的也有，邻村的也有。

问：有越南人来办吗？

答：办啊。很少有人自己来办的。一般都是托人办好了带过去。要不就跟二哥（李盛塔）说，二哥就给缴钱了。

问：钱赚得多吗？

答：赚个零花钱呗！（梁笑着说）

问：你觉得其龙街开圩好不好？

答：好啊！你也知道的，以前赶街得到龙邦，很麻烦。现在多方便。但是现在其龙（街）还没龙邦（街）热闹。有些东西还是龙邦有（卖）。

其龙圩的再次开圩，为其龙村村民和越南边民进行日常生产、生活物品的交换提供了更多方便。当然，其龙村村民与越南的经济交流不只限于圩场的贸易。随着圩日贸易额的增加，商品交易种类的扩充，其龙圩边民互市的具体内容也有很大的发展和变化。交易商品由小百货、小五金、小药材发展到家用电器、服装、高档生活用品等，商品的档次和种类在不断提高和丰富，这也体现了边民生活水平的提高。

与其龙村相邻的越南圩市主要是茶岭县城圩市和“街

恩”（根据当地土话音译）圩市。茶岭圩期按中国农历推算，每逢农历四、九都是圩日，以此类推，每月十四、十九、二十四、二十九也都是圩日。街恩圩市按中国农历推算，是每逢农历三、八为圩日，以此类推，每月十三、十八、二十三、二十八也都是圩日。其龙圩日没有开之前，其龙村村民除了去龙邦街赶圩之外，也会到越南那边赶圩，主要购买越南水果和农产品，有时也买玉米，一块钱人民币能买20斤左右，比中国市场价低。或者去卖刚孵出来的小鸡、小鸭，越南主要是人工孵化小鸡、小鸭，没有中国的便宜。其龙开圩后，越南边民来其龙赶圩，发现长成的鸡、鸭价钱便宜，就直接买了回去，养鸡、鸭的人越来越少。去茶岭圩市要先坐20分钟的三轮到龙邦口岸，然后到越南坐一个小时左右的摩托车才能到，而去街恩圩市赶圩从其龙走路则需要一个小时左右，很浪费时间，所以，和众多越南边民来其龙村赶圩的现象形成明显反差的是，其龙村村民很少去越南赶圩，其龙开圩后去越南赶圩的人更少。

笔者关于去越南赶圩这个问题采访了几位其龙村村民。

个案3－6　关于其龙村村民到越南赶圩情况的调查

采访人物：阿桃，19岁，高中毕业。

采访时间：2008年7月15日。

采访地点：街屯阿桃家。

采访者：马菁。

阿桃：我有时间就和几个好朋友一起去玩。但是要“化装”——穿得土一点才像越南人，要不越南公安会跟你要过路费的。我们就是去玩，还得交几块钱给公安，太不划算了。

问：化装了越南公安就分不出来了吗？

阿桃：我们会说“土话”！不怕的。但是有一次，有一点露馅了就被看出来了。因为我们怕晒，就打着遮阳伞，而越南女孩是不打伞的。

问：你们不买东西吗？

阿桃：很少买，主要是赶街热闹，吃点小吃。不过这个东西是越南货噢！

[阿桃递给笔者一个手工小熊削笔刀。笔者发现在削笔刀底座有一串英文字——Made in China（中国制造）。笔者告诉她：“这写着‘中国制造’呢！”阿桃接过，连呼上当。]

问：你们什么时候再去玩？

阿桃（摆摆手）：早就不去了，以前我刚上初中时跟大家一起去玩玩。现在很多朋友都出去上学、出外打工了，没有时间去了。况且，越南那边路很不好走，咱们这边什么都有，什么都买得到的。

个案3-7

采访人物：农姓女士，45岁。

采访时间：2008年7月18日早上8点。

采访地点：街屯杨家小卖部。

采访者：马菁。

问：小卖部的生意好啊？

农女士：还可以，其龙开街了嘛！

问：街天卖什么东西快啊？

农女士：啤酒、塑料管、盆、桶、火钳、煤炉。

问：都是卖给越南人吗？外村的人没有买的吗？

农女士：中国人不买！这些都不是好东西（农女士认

为质量不好，做工粗糙）。

问：越南人就要？

农女士：要，要！这东西好的喽！又便宜，又比那边（越南）质量好。

问：其龙村的人去越南赶街吗？

农女士：很少。不过你阿叔（农女士丈夫）前两天刚去过呢！

问：去买东西？

农女士：不，去送货。越南同行订的化肥。再看看在越南还可以卖什么，回来买了（越南需要的商品）再去卖。

问：货都要亲自送去吗？

农女士：不是，一般是个人来买饲料、碾米机之类的，就自己来取。我们只送到界碑那儿。你阿叔去主要是看看那边缺什么，什么好卖。

问：街天收入大概多少钱？

农女士：好的话2000块，能得300块钱（纯利润）。

笔者就这个问题又采访那亮屯一位许姓男子。他说："有时候也去越南那边（市场）看一看，但是东西都没有咱的好。"大屯麻老伯说："我们都不去！越南的东西没咱的好，年轻人去玩玩，我们老人不去！"街屯许老师说："我们很少去越南。现在跟以前不一样了，越南人都喜欢到中国来。"

虽然笔者没能就这个问题采访到越南边民，但是通过其龙村村民的介绍，笔者了解到现在其龙村村民与越南边民往来是"来多去少"。越南人日常用的碾米机比较稀少，去越南那边的其他村庄碾米又不方便，好多越南人就会用马驮着米到邻近的其龙村碾米。平时跨界到其龙村来的越南人，多是邻近村庄的村民，年龄在35~40岁之间，男性居多，来买点日常生活用品或碾米。圩日的商品全，可供选择的余地也大。所以，等到圩日的时候越南来中国边境的人就多一些，年轻人有所增加，妇女也会带着小孩来。

交易集中在中国这边，而且市场上流通的货币是人民币。这样的事实从某种程度上表明了其龙边境地区中越交往的不均衡性。

二　矿石贸易

在现代工业中，锰及其化合物应用于国民经济的各个领域。广西的锰矿点多，产地分布广，早于清朝已有所发现。开采极盛时期，锰矿公司达57家，年产量超过万吨，1937年产量达54113吨（不含钦州、防城产量），这使广西锰矿石产量居于各省之首。以1926~1937年中国各省锰矿年产量为例，广西锰矿石的产量已居当时全国第一位（见表3-6）。据不完全统计，1926~1937年，广西（不含钦州、防城）累计产锰矿石33.4万吨以上①。

表3-6　1926~1937年广西锰矿年产量

单位：吨

年份	1926	1928	1930	1932	1934	1936	1937
产量	15000	45000	13000	15000	1000	60000	54113

资料来源：广西壮族自治区地质矿产局编《广西锰矿地质》，地质出版社，1992，第1页。

① 广西壮族自治区地质矿产局编《广西锰矿地质》，地质出版社，1992年，第1页。

锰矿交易在其龙村经济发展中占据很大分量，它能清晰反映出其龙村经济交往的脉络。本节主要以锰矿交易的发展变化为例，说明其龙村村民与越南边民经济交往的特点。

其龙村民最初开采锰矿，大部分是用其来换取基本生活用品的，只是农业生产活动外的另一项家庭经济收入来源而已（见图 3－12）。据村民李盛塔介绍，刚开始开采锰矿的时候，锰矿块大、量多，卖得很便宜，家家户户基本上都用它来换粮食，一些小颗粒的锰矿他们根本就不要，但是现如今锰矿开发过量，连小颗粒的锰矿都很少有了。

图 3－12　来 89 号界碑进行锰矿交易的越南马帮

（2007 年 8 月 11 日　马菁摄）

从 1986 年开始，其龙村村民开始购买越南的猛矿。其龙村老支书农承登讲："从 1986 年开始，越南人用马驮着锰矿到 89 号界碑即其龙哨所脚下来卖矿。从早上 6 点到晚上 6 点，越南来中国卖矿的马帮络绎不绝，每天交易量达十几吨。"随着国内现代化工业的发展，锰矿需求量的加大，锰矿交易成为中越边境边贸交易不可或缺的一部分，并在中越边境上发展壮大起来（见图 3－13）。其龙村的村干部成立了锰矿收购组，进行锰矿收购。老支书农承登介绍说，1990 年，村民小组开始收矿，当时的锰矿价格是每吨 80 元。1993～1994 年锰矿收购达到顶峰，每天收购锰矿达 150 吨，有 4 个秤同时称重。只要有越南人挑锰矿过其龙这边来卖，就有专门人员负责收矿。徐荣珠（当时的副村长）负责管钱，另外有专门的人负责出纳，以示公正。由此看来，当时其龙村的收矿工作已经具有一定的系统性和规模。

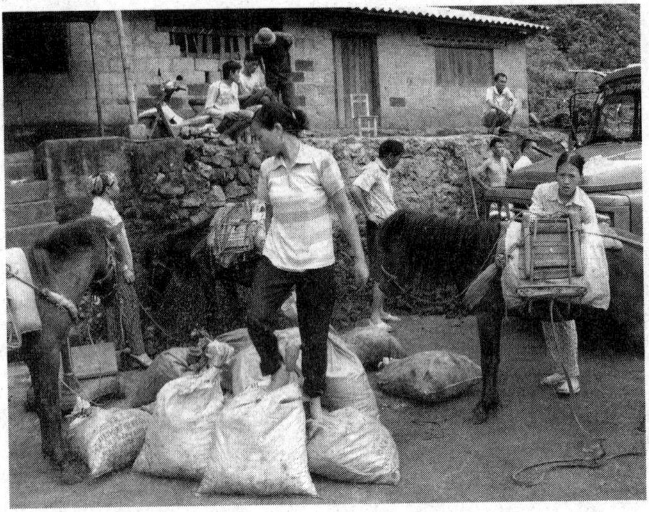

图 3－13　出售锰矿石的越南赶马妇女

（2008 年 7 月 7 日　马菁摄）

2000～2008 年，由于开采过度，越南锰矿的数量和质量都有所下降，越南国内的矿业公司和跨国公司也参与到锰矿交易中来，进行收矿工作。国内的大企业对边境锰矿交易也有所涉足，这些原因挤压了私人交易的空间。这给

图 3-14　交易过磅的越南锰矿石（2007 年 8 月 11 日　马菁摄）

其龙村从事收矿的村民造成了一定的竞争压力，村内专门进行锰矿交易的人数大大减少，锰矿市场交易日益萧条。但是少量从事锰矿交易的其龙村村民适应了现有的市场环境，他们有的自己独立做锰矿生意，有的依附于大的跨国公司，发挥自身边境关系网的优势，仍然活跃在中越边境锰矿贸易活动中。

其龙村街屯的李盛塔是现在村内仍然进行锰矿交易的少数人之一。2007 年暑假，笔者采访李盛塔时，他挂靠在佳鑫矿业公司底下，收购的锰矿都转手卖给佳鑫矿业，每月除了拿基本工资外，还赚取卖矿的差额。

个案 3-8　以李盛塔为代表介绍中越边境锰矿交易的有关情况

李盛塔，男，1971 年生，文化程度为初中，其龙村街屯人，2004 年从福建回其龙村，开始在其龙村收锰矿。矿业公司在越南收矿时，李盛塔就去越南买矿，利用自己是本地人并且会讲“土话”的优势，与越南人沟通方便，逐渐建立自己的关系网，进行锰矿交易。而他为了巩固自己的关系网，给越南卖矿的几个主要负责人每人一个中国移动卡号，方便随时得到锰矿信息（中国移动通信在边境线到越南境内 20 公里有信号）。有时他会帮卖矿负责人缴移动话费，笼络人心，甚至请他们到家里吃饭，建立一定的人情关系，增加感情，同时提高自己做生意的信誉度。他买进锰矿只卖给他隶属的公司，而公司作为回报，每月给其一定的薪水。

李盛塔收购越南锰矿的过程如下：

第一步，李盛塔接到越南收矿负责人的电话后，去 89 号界碑处看货，检验锰矿质量，决定是否收购。

第二步，验矿合格后，在收矿点过磅（离 89 号界碑不远处有一个收矿点）。

第三步，过磅之后，把矿倒出，李盛塔在本子上记录下每个卖矿人所卖矿的重量和姓名。

第四步，计算每人应得的人民币，之后统一发给一个人代领。这个人回越南之后负责把钱分发给每个卖矿人。

个案 3－9　以杨忠革为代表介绍中越边境锰矿交易的有关情况

杨忠革，男，40 岁左右，文化程度为初中，其龙村大屯人。先前在广州打工挣钱，后来于 2004 年回到其龙村，开始从事锰矿收购。笔者从靖西县边贸局了解到，沿着中越边境线，锰矿收购矿点设置一般根据老界碑分布进行安排，基本上是一个界碑，一个锰矿收购点。其龙村有88号、89号两个界碑，就有两个锰矿收购点。李盛塔是在89号界碑收购锰矿的，而杨忠革是在88号界碑处的锰矿收购点工作的。

据杨忠革介绍，88号、89号界碑两个锰矿收购点同属于一个锰矿公司——佳鑫矿业，公司两个女老板早几年前买断了这两条矿线，每年要向边贸局交10万块左右的矿线买断费。龙邦镇卖矿的公路是排干到越南的公路，之所以其龙村有矿点，而且矿线如此火热，是因为其龙村与越南采矿点较近，越南卖矿的人愿意牵着马走泥石路卖矿到其龙矿点。

农历六月是当地农忙时节，而且是雨季，越南人来卖矿的就相对较少。但是如果一天要卖矿，那么卖矿人就会牵着马从越南到卖矿点来回十几次之多。每次一匹马两侧各放半袋（50斤大米袋）的矿，用马驮着到矿点。

88号界碑收矿流程如下：

第一步，天气好的时候李忠革就跟越南方面卖矿的朋友联系，确定有矿来其龙，矿点的工作人员就等着，验矿，过秤。

第二步，验矿合格后，在收矿点过磅，工作人员会写一张字条递给卖矿人。卖矿人随即原路返回，继续牵马驮矿到其龙矿点，这样一个晚上来回十几次。一次所运的矿大约合人民币300元，一个晚上就3000多元。

第三步，等到所有的都过完秤，每个卖矿人都可以凭先前那些记录重量的条领钱。

第四步，把矿分类，等待公司来运矿，或者等待买矿的厂家来看矿。一般是卖给固定的厂家，个别时候会卖给新客户。

从88号界碑矿点到越南采矿点步行约1个小时的沙路，越南卖矿人一般提前把矿运到边境线，等到越南公安傍晚6点下班以后，就陆续驮矿过边境线到其龙村矿点卖矿。越南方面近年来对锰矿控制严，不让外卖，但是高额的利润促使不少边民仍然在私底下从事锰矿买卖。

边民互市是边境贸易的重要组成部分。经过不断的整治和加强管理，互市逐渐走上正常发展的轨道。随着形势的发展，边贸交易额逐年增加，边民互市交易额整体上呈上升趋势（见表3-7）。

表3-7 1996年以来靖西边贸情况

单位：亿元

年 份	1996	1997	1998	1999	2000	2001	2002	2003	2004	2005	2006	2007
贸易额	0.82	0.9	0.89	1.04	0.96	1.14	0.75	0.75	0.79	0.76	0.68	1.55

资料来源：靖西县边贸局。

靖西县边贸局为推动边贸经济发展，尤其是针对越南矿产品进口所需的存放场所、加工场地等，通过招商引资方式已投入大量资金。截至2008年6月，龙邦口岸附近已建成了三个大型存矿厂，即护龙边贸货场（约45000平方米）、光大矿业货场（约25000平方米）和新宇公司存矿厂（约4000平方米）。三厂共可容纳100万吨以上矿产品的吞吐量。从龙邦口岸进口的越南矿产品，对边贸（口岸）经济起着举足轻重的作用[1]。

① 靖西县边贸局：《靖西县边贸局开展“继续解放思想大讨论活动”工作总结》，2008，第6~7页。

龙邦口岸良好的经济发展势头再次刺激了隶属龙邦镇其龙村矿产品的买卖。除了笔者采访到的这两位之外，其龙村还有一些“兼职”从事矿产品收购的村民。他们有矿的时候就去越南联系，或到矿点去帮忙，主要是做验矿、过秤、验矿等工作；到了雨季矿不稳定的时候，或者矿点没事的时候，他们很多人又会下田干活。笔者 2008 年暑假在其龙村居住的一段时间，曾多次看到其龙村大屯一位农大哥，拉着从地里收回的玉米，然后去矿点帮忙。

边境经济往来是一个普遍现象，笔者希望通过其龙村村民的对外经济联系，观察到边境经济交往的一些特点。

第一，对越南经济交往的规模和领域在不断扩大。以前，其龙村村民过着自给自足的自然经济生活，与越南方面只有少量满足日常生活所需的交易，经济交往没有形成规模。现在，随着交往的深入和经济的发展，贸易的商品种类和数量不断增加，并由原来的圩日贸易走向日常贸易，交往的领域也由过去简单的商品交换拓展到了贸易的各个方面。

第二，大型贸易公司对经济交往的控制力不够，其龙村边境贸易主要还是以边民小额贸易为主。例如，锰矿的收购。当地村民对锰矿收购的联系网络比较熟悉，有的甚至有自己收购锰矿的关系网，而新来的跨国公司要融入现在的市场需要时间和耐心。边民发展边贸大多是靠亲缘关系，相同的语言和小范围内的信息网限制了他们的贸易范围，使他们很难与实力雄厚的外地商人或企业在资金、技术、物资、信息等方面进行竞争，这一点是边境小额贸易的劣势。如何融合边贸，在规范边贸发展的前提下，结合当地特殊情况，研究、开发、利用本地民族特色优势资源，实现规范的边贸经济与民族地方文化的良性互动，是值得认真考虑的问题。

第三，各种有利于经济交往的配套措施正在加速实施。例如，边远地区的道路逐步修建，基本实现村村通水泥路；圩场交易的规范管理逐步到位，圩场贸易种类全面；民间贸易环境得到很大改善，贸易形式多样化，贸易范围扩大化。

进入21世纪后，正在建立的中国—东盟自由贸易区对其龙村壮族与越南的经济交往既是新机遇，又是一个严峻的挑战。如何为其龙村壮族扩大对越南经济交往提供良好的条件、促进少数民族地区的经济稳步发展，是一个值得深思的问题。

在中越经济发展的过程中，边境地区民间经济往来逐渐发展成为大型的跨国经济贸易，政府对边境经济贸易的管理也日趋完善。如何规范边境经济贸易管理体制，防范非法商品走私活动对边界经济贸易活动的负面影响，是现如今值得关注的问题。同时，边境经济交往的发展有助于边疆地区的稳定和整个国家经济的发展。中越边境经济往来从民间层次转为国家级的交往层次将对中越两国经济共同发展起到一定的推动作用。

边贸之所以发展如此之快，与中越边境地区居住的跨国民族的天然联系是分不开的。双方边民之间的亲属关系，织成了一张巨大的关系网，能带来从事边境贸易所需的资金，并及时了解到边境贸易双方市场的需求信息，把握商机。从事边贸的边民熟悉边境往来的路径及双边的边贸政策，语言沟通方便，做起事情来也顺畅很多。所以，中越边境发展边境贸易，就要充分运用中越边民独特的地缘、人缘、血缘关系，挖掘边贸的巨大发展潜力。同时，边民还可以借边境贸易架起通向边境地区经济全面发展的桥梁，以经济发展带动边民现代化生活的进程。

目前，中国政府积极实施“兴边富民”工程，这既是经济建设，也是政治建设。这对中国边境地区的经济建设、社会稳定和文化发展具有积极意义。边境贸易是中国边境地区经济建设的重要组成部分，搞好边境贸易，对边民意义重大，对中国现阶段边疆地区的稳定与边疆经济建设的发展起着积极作用。沿边少数民族地区经济向邻国开放，是少数民族地区发展的重要推动条件，也是构建和谐社会主义社会的重要途径。

我们要充分利用西南跨国民族地区特殊的地理优势和民族优势，加快西南边境贸易口岸的建设，推动边贸事业的发展，开发得天独厚的旅游资源，促进人流、物流的流动。我们要充分尊重、利用和不断发展、疏通跨国民族内部族群之间的民族感情、亲缘关系，大力促进边疆地区的社会、经济、文化的发展。这对加快发展民族地区生产力、促进自然经济向商品经济的转换、积极参与国际贸易往来、经济合作、劳务输出等，提供了便利条件。

第五节　其龙村经济发展特点

2005 年其龙村的经济发展思路是：抓住粮食生产不放松，加大农业产业结构调整力度，大搞农业综合开发，走优质、高产、高效农业生产的路子，以烤烟生产为龙头，带动其他产业发展，坚持两手抓，加强文明建设，为加快经济发展提供思想保障和精神动力。当年的经济目标是：

第一产业的粮食生产播种面积达到1253亩，总产量62.84万公斤，年平均增长0.5%；烤烟生产到2006年要达到400亩，总产值达到50万元。第三产业的边境贸易纯收入达到242万元，运输业收入6万元，商业、服务业收入30万元。根据龙邦镇政府对其龙村经济发展的规划，2006～2008年其龙村的收入情况如表3－8所示。

表3－8　其龙村三年经济发展规划

单位：公斤，元

项　目	2006年	2007年	2008年
人均有粮	374	376	378
人均纯收入	2450	2530	2630
集体经济收入	25000	30000	35000

为了确保三年工作目标的实现，村委会采取了以下措施[①]：第一，认真贯彻执行上级党委、政府的各项决议，加强“三个文明”建设，促进社会稳定发展。第二，加强领导班子建设，提高整体素质，转变工作作风，全心全意为人民服务。第三，加大科技投入，达到“以科技保增长，以科技保增收”的目标。第四，发挥水利资源优势，做大做强烤烟生产。经过几年来的调整，其龙村的经济发展呈现出以下特点：

一　产业结构调整快，优质产业初步形成

为了培植新的优质产业，村委会围绕县域经济发展思路，从2003年起开始发动群众调整农业结构，引导群众种

① 资料由龙邦镇纪委书记赵英杰提供。

植烤烟，先后组织村干部及群众代表分别到龙胜、钦州等地进行考察学习，开阔视野，增长见识，增强在艰苦条件下创业和发家致富的信心和决心。2005 年，对口帮扶单位邀请了广西水果研究所和靖西县水果办的专家到其龙村考察，通过对土壤、气候分析和市场调查后，专家们提出在本地引种水蜜桃，并出资无偿提供种苗，免费进行技术培训，种下台湾水蜜桃 300 亩。这些种苗长势良好，成活率达 90% 以上，拓宽了群众增收的新路子。其间，对帮扶单位举办烤烟、水果种植培训班 9 期，培训烟农和果农 800 多人次，使他们较好地掌握了烤烟和水果种植技术，掌握了脱贫致富的技能。

二　基础设施投入加大，努力改善生产、生活条件

水利是农业的命脉。其龙河流经其龙村，这是中越两国边民共用的天然水源。为了灌溉水田，其龙村修有五条水渠，用四个水泵浇水，其中民生屯一个，古荣屯一个，街屯一个，那亮屯一个，大屯则用河水灌溉田地。稻田一般分为三类田，即三等：一等田（不用灌溉，田里本身有充足的水分）；二等田（用河水灌溉）；三等田（用水泵灌溉）。其龙村共投入 58.2 万元修建三面光水利 6 条，计 4520 米，维修水坝 50 米，有效灌溉 510 亩水田。水柜是位于半山坡上的蓄水池，通过一根水管送到各家各户的自来水管中，用电抽水。其龙村街屯有四个水柜，李家、黄家、农家各一个，其余各家共用一个水柜。除了投资水渠之外，其龙村还投入 22.5 万元新建古荣、其龙村民生、街屯、那亮四处人畜饮水工程。两年来，其龙村投入 33.3 万元新建村级道路水泥路 1.5 公里，巷道硬化 1620 平方米，修建大

屯到中越边境公路1公里。其龙村投入22万元新建校舍180平方米，维修校舍120平方米，新建校门、围墙、篮球场、厕所等；投入8万元建设其龙村五保户住房200平方米；投入8万元用于16户特困户民房改造，解决了群众许多困难和问题，使本村生产、生活条件得到了极大改善。

三　注重科技与信息在经济发展中的牵动作用

为解决农村党员干部群众“想致富无门路，想发展无技术”的难题，靖西县投入5万元开发出该县第一个计算机农业专家系统，并在其龙村试点应用，加快了其龙村农业信息化、产业化和现代化发展步伐。2005年5月，自治区民委投入资金3万元，在其龙村建立了农村现代远程教育接收站，使群众在家中能收看到农村现代远程教育内容。利用现有的闭路电视设备，通过闭路线连接全村5个自然屯的各家各户，村民在家中能收看到政策法规知识、现代科技信息、农业生产技术以及生活卫生常识等。其龙村村民基本上都拥有彩色电视机，安装了卫星接收器，可以收到全国各地的卫星频道。根据2007年4月的统计数据，其龙村90%以上屯通广播电视。2007年9月，其龙村村民改为安装“广西广播电视‘鑫诺3号’”卫星接收器，村民可以收到全国40个电视台的电视节目，丰富了村民的娱乐生活。

中国电信在其龙村街屯安装了电信线路，使其龙村村民能够使用固定电话，并且在小卖部设置了电信售卡点。中国联通在其龙村境内信号不好，而中国移动在其龙村以及边境线外至越南20公里处都有很好的信号，据访谈得知，其龙村街屯的手机使用者都是用移动号码（见图3－15）。甚至收锰矿的越南人也会选择用中国移动卡，方便与边境线上的中国居民进行业务联系。由于手机的普及，部分村民已经不再使用固定电话，可以省去每月的座机费。

图 3－15　其龙村的移动电话业务代理点
（2008 年 7 月 8 日　马菁摄）

第四章　婚姻与家庭

婚姻与家庭两者之间关系密不可分。婚姻关系指的是两性之间生物关系和社会关系的结合，血缘关系则主要指的是父母与子女之间的代际关系和兄弟姐妹之间的同辈关系。家庭首先通过婚姻关系而构筑。家庭是血缘关系的典型承载者。从婚姻制度的演变能够探索家庭及家庭关系的过去、现在和未来，从家庭结构的变化、家庭关系的变迁则可以预测婚姻制度进一步嬗变的轨迹①。

第一节　婚姻

一　婚姻制度的变迁

中华人民共和国成立前，其龙村有一夫多妻现象，但是不多，中华人民共和国成立后实行一夫一妻制。

其龙村村民一直和越南有通婚现象，一般是越南茶灵县的女子嫁入其龙村，也有一些其龙村的女人嫁到越南，主要因为女子年龄大，结婚困难。中国男人和越南男人很少到对方的国家上门入赘。其龙村的男人娶越南女人做妻子，一部

① 庞树奇、范明林主编《普通社会学理论》，上海大学出版社，2000，第 200 ~ 201 页。

分原因是因为家里太贫困，很难娶到中国妻子；另一部分原因是男人由于身体残缺等因素过了适婚年龄，娶妻困难。在越南，女性人数多于男性，男女比例约为1∶2，然而，其龙村的男性远多于女性，加上其龙村与越南公交屯相接的地理位置优势，所以，其龙村的男人娶越南女人做妻子的居多。中国国内的条件较之越南生活条件好，越南女子愿意嫁入中国。1979 年以前（即中越自卫还击战以前），嫁入中国的越南女子不用办暂住证，中国政府发给越侨证。1979 年以后，嫁入中国的越南女子要办暂住证，三年更换一次。

个案 4－1

访谈对象：其龙村治保主任农正业的妻子。

访谈时间：2007 年 8 月 14 日上午 9：00。

访谈地点：农正业家。

整个访谈过程由农正业翻译讲述。

由于边境线上中越边民生活习惯基本相同，因此通婚现象很普遍。尤其是 1988 年以来，中越战争结束，通婚的人越来越多。农正业的妻子是越南公交屯人，越南公交屯与其龙村只有一山之隔（89 号界碑对面），语言基本相通，她与其龙村村民沟通完全没有障碍。据农正业讲述，若不是越南公交屯的人嫁到中国，语言交流可能要存在一点问题，因为语言多少有一些变化。农正业与妻子生活习惯基本相同，通婚不存在国界的概念。农正业与妻子在 89 号界碑放牛时认识，之后自由恋爱，于 1992 年结婚。结婚时完全按照其龙村的礼节（越南的礼节没有其龙村的礼节繁杂）操办。妻子在生完第一个孩子后加入中国国籍（1996 年）。现在生有一儿一女，均在靖西县城上学，孩子很爱母亲，没有觉得母亲是外国人，与自己不同族。两家亲戚交往频繁，但妻子习惯自己回娘家。农正业的岳父母由于干农活很忙，不经常来到中国女婿家走亲戚。

另据访谈所得，其龙村也遇到越南女子骗婚的情况，骗到钱以后就跑回越南，即使有孩子了也不管；越南女子回到越南以后，再嫁他人，可以再得到一笔丰厚的礼金。如其龙村街屯卢期奎所娶的越南妻子就属于这种情况，越南妻子骗婚后裹挟财物回到越南，再也没有回来。

二　择偶方式

择偶方式随着时代的变化也有所不同。20 世纪 60 ~ 70 年代，一般是媒婆说亲，由媒婆在男女双方中间撮合。20 世纪 80 年代，一半是媒婆说亲，一半是自由恋爱。20 世纪 90 年代以来，基本上都是自由恋爱，男方去女方家直接找女方父母提亲，一般带一些小礼品上门，如果家里实在太穷，没有钱，空手也行。如果男女双方都对婚事没有意见，就请道公选“好日子”，举行婚礼。现如今，由于经济的因素，结婚请客和满月酒请客基本上合二为一，以减少花费。

三　婚配条件

中华人民共和国成立之前到 20 世纪 80 年代，男女结婚，要看双方父母是否愿意，才决定是否能结婚。20 世纪 80 年代之后，只要两个人是真心相爱，根据对方的道德、礼貌程度等情况判断能否在一起生活，觉得可以的话，就会结婚。另外，要看对方家庭所在地是好是坏，即考察其家里穷还是富。由此可见，在婚配方面，双方家庭经济条件如何，也是需要重点考虑的一个因素。

四　婚姻的确立

一直以来，其龙村村民结婚看重结婚的仪式，而不太看重法律程序。当地青年恋爱，若男女双方有意，女子直接搬入男方家居住，同居后就算是一家人。一般是女子生完第一个孩子之后，才举行婚礼和满月酒仪式，到这时才被村民认为是正式结婚。只是20世纪90年代以后，随着普法知识的宣传，结婚时领结婚证的人才逐渐增多。

娶越南女子的跨国婚姻，都不去公安机关办理结婚登记手续，不领结婚证。但是，有个别人按照风俗习惯举行婚礼仪式。对于这种情况，派出所的警员统计人口时，一般就把这些从越南嫁入的女子，作为“三非”人员统计入册。

五　婚姻礼仪

当地群众结婚，一般要经过求亲、定亲和举行婚礼等程序。无论是媒婆说亲，还是自由恋爱，都需要求亲。订亲要请道公算男女双方的生辰八字，有时也请巫婆预算结婚前景，即是否会有子嗣，是否会长寿。

嫁妆和聘礼的多少也随着时代的变化而有所不同。20世纪60～70年代，当时的嫁妆有缝纫机、衣柜、棉被等。男方给女方的聘礼约为1000元。20世纪80年代，嫁妆有收音机、录音机、缝纫机、自行车等。男方给女方的聘礼约为1000元。20世纪90年代以来，嫁妆有家用碾米机、电视机、电冰箱、摩托车等。男方给女方的聘礼为4000～5000元。如果男方家不要女方家任何陪嫁，则只给女方家

2000元茶钱作为聘礼。

结婚时婚宴的花费随着时代的发展也有所不同。在20世纪60~70年代，一般是请人来家里做饭，一桌酒席花费在150~250元之间，请午餐和晚餐两顿饭，一般一桌酒席要有23斤猪肉、猪脚。婚宴上所有的菜肴都以猪肉食品为主，做成各种不同的菜式。一场婚宴下来总消费大约1000元。结婚请客时，一般所在屯的人都会来，其他屯的人不来，除非是其他屯有婚宴主人的亲戚或兄弟，参加婚宴的大约有300人。改革开放以后，举办婚宴时也是请人来家里做饭，但是婚宴的消费有所提高，菜肴的种类有猪肉、鸡肉、鸭肉、牛肉等，一般花费在5000~6000元之间，或者更多。

六 婚后居住模式

其龙村街屯的婚后居住类型有两种。一种是占主导地位的从夫居类型，尽管女子在结婚后到生第一个孩子之前，有较长一段时间居住在娘家，但是生完孩子之后，就要与丈夫及其家人永久居住。居住时，主卧室是在祠堂的后面，由一家之主居住，而子女的房间按背对祠堂男左女右的顺序居住。

另外一种是占少部分的上门入赘形式。上门入赘的原因有两种。（1）女子家只有女儿，没有儿子，需要男人来上门，传宗接代。其龙村街屯街长杨松宁的父亲就是街屯农家的上门女婿。其龙村街屯上门女婿有4户。（2）女子家比较富裕，家庭条件较好；男方家相对贫困，无经济能力娶妻，就会上门入赘。此时，男方到女方家居住。祠堂上供奉双方祖先（女方姓氏在前，男方姓氏在后）。三代以后才会只供奉男方的祖先，女方家的祖先牌位撤去，男方正式成为这一家的主人。

七　婚姻关系的解除

总的来说，离婚的人还是很少，一般 30 岁左右的离婚比较多。离婚时村干部会帮助分配家庭财产，证实双方经济分配情况。提出离婚的一方要赔偿结婚当初对方付出的钱和物，有的还需要赔偿一些离婚费。离婚后父母双方都要给孩子提供抚养费，直至 18 岁。

第二节　家庭

一　家庭结构

其龙村的家庭结构有核心家庭、主干家庭、扩大式家庭、隔代家庭、单亲家庭等。

中华人民共和国成立前以扩大式家庭为主，中华人民共和国成立后主干家庭和核心家庭增多。其龙村四大姓当中都是以主干家庭为主。如果有兄弟两个，就另立门户分开住，一般两家住在一起，共同劳动，有的分家即分灶，有的分家不分灶。同一个家族的人分成几个小家居住在邻近的地方，便于互相照应。

隔代家庭是家中只有祖父、祖母和孙子、孙女的家庭。父母去广东等地打工，留下爷爷、奶奶照看孩子。如果爷爷、奶奶文化水平有限，加上不会说普通话，只能教小孩壮话即“土话”。其龙村有留守儿童 3 名，都是因为父亲或父母双方去广东茂名等地打工，留下爷爷奶奶种几分田地或把田地租给别人种烤烟的。打工主要是为了还债或建房。

单亲家庭指的是父母双方有一方去世的家庭。其龙村有单亲家庭4户。这些家庭因为缺少劳动力，经济收入低，生活困难，一般是由其龙边防派出所、龙邦镇政府或广西区民委等给予一点救济。有的家庭到现在还没有通电。

二　家庭关系

1. 夫妻关系

在日常生活中，夫妻一般生活和睦。如果夫妻吵架闹矛盾，如何解决要视情况而定。一般是请双方父母聚在一起，加上男方兄弟商量，尽量解决问题；如果实在无法解决矛盾和纠纷，就诉诸法律，由法院来判决。

2. 父母与子女关系

子女一般很少守在父母身边，有些是出去打工，有些是在外地上学或工作。父母对子女的生活期望与子女的个人意愿出现差异时，子女仍以自己的生活方式为主（如想要去大城市发展，不愿意留在父母身边），由此双方产生矛盾。最后以父母默认子女的生活方式为结束。

3. 祖孙关系

祖父母对孙子（女）倍加疼爱，甚至溺爱，如果孩子的父母外出打工不在身边，就会由祖父母担负起抚养和教育孙子（女）的重任。

个案4-2

访谈对象：李恒球和孙女李娇。

访谈时间：2007年7月22日至2007年8月14日。

访谈地点：李恒球的烟叶仓库。

访谈方式：不连续性的访谈加参与观察。

李恒球，男，1958年3月生，文化程度为高中；李娇，女，2005年12月生，未到入学年龄。

李娇是李恒球的长孙女，李娇的父母常年在广东打工。李恒球抚养孙女的这段时间内，与其培养出了深厚的感情，孙女寸步不离爷爷，即使爷爷在干活，她也在旁边陪着。爷爷也非常疼爱孙女，经常给其买漂亮的衣服。爷爷扮演着抚养、监护李娇的角色。李娇的饮食起居都由爷爷奶奶照料。

三 家庭中的性别角色

男女都要参加农业劳动，早出晚归，但是男女并不同时参加农业劳动，一般情况下不会同时出现在农田和家里，只有晚饭后休息时，才会看到男女主人都在。女性负责家务劳动多一些，主要是做饭，洗衣服，剥玉米，分烟叶，做猪食、鸭食等。如果男子外出打工，那么所有的农活和家务劳动基本上都落在女性身上，其甚至担负着对子女进行教育的重任。

一般情况下由男人决定家里的重要事情，女人有时可以提意见，没有决定权。

四 生育

一对夫妻一般只允许生两个孩子，国家规定少数民族地区如果第一胎不是男孩，过四年后可以生第二胎。其龙村村民仍然存在想要生男孩的心理，有的人家如果两胎都不是男孩，就会想办法超生，直到生出男孩为止。

基本上每个家庭都有孩子，如果经济条件允许，村民们会多要孩子，大多数人心中还存在养儿防老的思想。村里建有一所孤寡老人院（见图4－1），但是一直空着，没人居住，因为村里没人愿意被人认为自己不孝顺、不赡养父母，而且老人也不愿意住养老院，即使家里再穷，也愿意跟子女生活在一起。

图4－1　无人居住的敬老院（2007年7月23日　马菁摄）

在没有实行计划生育之前，村民会一直生孩子，直到生出男孩。自从实行计划生育后，村民实在想要男孩的就逃避结扎，继续生孩子。近些年来，由于国家计划生育知识的宣传，加上相关部门的帮助，村民思想有了很大改变，认为生男生女都一样。超生的人越来越少，村民自觉结扎，但是想要男孩的思想还继续存在。

五　儿童养育

其龙村没有幼儿园，儿童在六岁入学前班之前，没有任何接受学校教育的机会。

入学前班之前，儿童都是在家中度过，由女性长者来照顾。家中由老年妇女照顾孙子（女）的居多，因为年轻的母亲基本上都外出务工或做农活，陪伴子女的母亲很少(见图4-2)。这样，儿童的学前教育存在滞后现象，50岁左右的妇女基本上是文盲，只会说壮话，加上没有亲生母亲的陪伴教育，儿童各方面的学习、发展存在严重的问题。儿童基本上不会说普通话，只有个别家庭条件好的儿童被送到靖西县城幼儿园学习，才有机会学习说普通话，接受比较好的学前教育。

图4-2　长辈照顾儿童（2007年7月24日　马菁摄）

其龙村小学的学前班没有专门的老师，由其龙小学的校长和一个任课老师担任教学任务，主要教学生一些基本的算术、识字知识、简单的儿歌、舞蹈等。其龙村小学没有女老师，全部是男老师，教师性别比例上的失衡对学生的教育存在一定的负面影响。儿童在学前班读书一年后，正式进入小学一年级学习。

六　财产继承

儿女结婚后一般不分家，和家中父母居住在一起。家庭财产由男性来继承。若要分家，则请村、屯领导或同宗族的兄弟来主持，作为分家的见证人。如果是两三个兄弟分家，一般家中房子要留给最小的儿子，家中父母、祖父母等自愿选择留住兄弟中的任何一家。几个兄弟要共同负担父母、祖父母的生活费和养老费。

第五章　风俗习惯

风俗习惯是人们在群体生活中逐渐形成并共同遵守的一种社会行为规范。所处的环境不同，经历的历史条件不同，社会习俗也会具有特定的内容。其龙村民作为生活在南方亚热带边境地区的壮族，其风俗习惯也具有自己的特色。

第一节　日常生活习俗

日常生活习俗主要指饮食起居习惯、生活礼仪和日常禁忌等文化习俗。

一　饮食习俗

饮食习俗，包括居家饮食习俗、节日饮食习俗、待客饮食习俗、饮食礼俗等。居家饮食是指常用的饮食，制作和享用都比较简便，它可根据不同地区、不同民族以及不同季节，对饮食结构、配餐方式进行相应的调整。

1. 食物结构和种类

其龙居民日常饮食一般是两菜一汤，如果有客人来家里做客就加菜，但汤一般是必不可少的一道菜。当地居民的食物一般有大米、香米、大糯、玉米、红薯苗、南瓜苗、黄豆、土黄瓜、饭豆、绿豆等（见表5－1）。20世纪60～80年代，村民因为生活贫困，食物结构比较单一。20世纪80年代以后，随着经济的发展，国家实行包产到户的政策，村民的生活水平逐渐提高，饮食结构也发生了很大变化。餐桌上的食物种类增多，一些补品和营养品也进入普通家庭的日常饮食中。

表5－1　其龙村食物结构和种类

时　间	主　食	蔬　菜	肉　食	高档食品
20世纪60年代	玉米	山野菜	猪肉、鸡肉、鸭肉	—
20世纪70年代	玉米、大米	红薯苗	猪肉、鸡肉、鸭肉	—
20世纪80年代	玉米、大米	红薯苗	猪肉、鸡肉、鸭肉	—
20世纪90年代	大米	红薯苗、南瓜苗、饭豆、冬瓜、黄瓜	猪肉、鸡肉、鸭肉、鱼肉、牛肉	各式礼品
21世纪以来	大米	红薯苗、南瓜苗、饭豆、冬瓜、黄瓜	猪肉、鸡肉、鸭肉、鱼肉、牛肉	各式补品、礼品

其龙村村民的饮食，主要以当地生产的粮食和蔬菜为主，当地一年四季都可种植蔬菜（见表5－2）。

表5－2　其龙村蔬菜种植时间

一月	二月	三月	四月	五月	六月	七月	八月	九月	十月	十一月	十二月
豌豆	黄豆	黄豆	黄豆	南瓜	南瓜	黄豆	饭豆	绿豆	白菜	饭菜	胡萝卜

黄豆、南瓜、饭豆、绿豆、白菜、胡萝卜、豌豆等瓜、豆及叶菜各个品种几乎在当地都可种植。

2. 饮食器具

其龙村民的饮食器具随着时代的变迁，在种类、质地和用途方面发生了很大变化（见表5－3）。

表 5－3　饮食器具种类

时　间	炊　具	碗	筷　子	瓢
20 世纪 60 年代	土做的锅（土锅）	土做的碗（土碗）	木筷	葫芦
20 世纪 70 年代	上釉的土锅	上釉的土碗	木筷	葫芦
20 世纪 80 年代	高压锅	土碗、瓷碗	木筷	葫芦、塑料瓢
20 世纪 90 年代	煤气罐、电饭锅、电磁炉、微波炉	瓷碗	木筷、不锈钢筷子	塑料瓢、铁瓢

20 世纪 60 年代，饮食器具有土做的锅（土锅）、土做的碗（土碗），这些锅和碗都没有上釉（见图 5－1）。20 世纪 70 年代，饮食器具有上釉的土锅、土碗，以及铁锅。20 世纪 80 年代，饮食器具有高压锅、瓷碗、土碗。20 世纪 90 年代，饮食器具有煤气罐、电饭锅、电磁炉、微波炉等现代化的厨具，碗还是瓷碗。土锅已经不再是做饭的主要工具，现在用来煲汤、酿酒，有时会用来熬药。至于大铁锅则用来熬猪食、鸭食等。随着时代的发展，出现了不锈钢的筷子，因为质量较好，有时也会成为陪嫁物品。其龙村民曾经使用葫芦做成的瓢来舀水，现在使用塑料或铁制的瓢。

图 5－1　居民家中“人事局”的火塘和炊具
（2007 年 8 月 14 日　马菁摄）

3. 民族风味食品及其制作方法

其龙当地的民族风味食品有土酒（烧酒）、糯米甜酒、酸笋和糯米扁（饼）等。在生活中，村民会制作这些食品招待客人。

（1）土酒：土酒是村民自酿的一种酒，酒精度数为15度～30度之间，村民经常自己饮用或在招待客人时饮用。按照壮族的传统习惯，客人来时，主人首先要请客人喝一碗土酒表示欢迎，现在这种习惯已经演变为只喝一汤匙，意思一下即可。土酒的制作方法如下：

第一步，把糯米蒸熟，一般一次为10斤糯米。

第二步，把酒曲放在蒸好的糯米里，一般一次放二两。把放有酒曲的糯米放在缸里或盆里铺平，密封。

第三步，12小时后，再放入15斤水，之后继续密封10～15天。酿酒的温度要保持在20℃左右。10斤大米一般可酿出15～18斤酒。

（2）糯米甜酒：糯米甜酒是用糯米做的一种米酒。味甘甜，一般每家都会酿甜酒留作自己食用或作为招待客人的美味食品。甜酒的酒精度数一般为20度左右。甜酒制作方法如下：

第一步，把糯米蒸熟。

第二步，把酒曲放在糯米里搅拌均匀，之后将其放在缸里或盆里铺平，密封。

第三步，密封12小时之后即可食用。

（3）酸笋：酸笋是用竹笋发酵酸化而成的，有解油腻和降暑的功效，是当地壮族群众所喜食的一种日常菜品。其龙当地制酸笋以土酒和新鲜竹笋为原料。酸笋的制作方法如下：

第一步，把土酒的尾巴，即造酒的最后一锅盛出来，放到瓶子里密封严实。

第二步，6 个月后土酒的酒尾巴变为酸酒，把笋放进酸酒 15 分钟后即可食用。

（4）糯米饼：糯米饼是一种用糯米做的扁圆状饼。在壮族传统习惯中，糯米饼是青年男女之间传情达意的载体。做糯米饼时，如果男子看到中意的女子，就以过来帮忙为借口，说："你能让我帮你吗？"女子若有意就说："能啊！倒是看你愿不愿意。如果我们一起来就更容易。"之后，两人就开始交往。但是如果女子不愿意，就会拒绝男子的帮忙。时至今日，糯米饼主要作为一种节日食品食用。糯米饼的制作方法如下：

第一步，把未完全成熟的糯米从田里收回来，放到锅里蒸熟，注意不能太久。

第二步，取出糯米脱粒（用刮稻谷的刀或勺子）。

第三步，把脱出来的大糯放在石臼里，一个石臼放 4 斤左右，用木杵轻打，直到谷壳脱掉半数以上，再用竹制簸箕脱壳，再放到石臼里打，直到完全脱壳为止。

第四步，把脱壳后的糯米放进土锅里，加一点土酒、30% 的红糖，搅匀，然后用木杵打糯米九次以上，再用重物压两个小时以上，成形即可食用。若有粽叶就用粽叶包，压上重物，压成约两指厚的大糯饼。

4. 食物的分配方式

其龙村民一般是平均分配食物，不过对老人和儿童有特殊关照，比如有营养的、易嚼烂的部分留给老人吃。在一些家庭举行的聚餐活动后，所剩食品也会做分配处理，以免浪费。如我们调查当地的满月酒仪式时，就看到主人家把剩下的饭菜平均分给几家亲戚。

5. 进餐的礼俗

当地在进餐时有敬客、敬老的习俗。主人要坐在堂下的位置，客人来了要先喝一碗土酒，表示欢迎，但是饭后喝土酒也行。餐桌上先让老人吃容易嚼烂的食物，比如给老人吃鸡肝、鸡肺、鸡屁股等肉多、骨头少的部位，以示尊敬。如果主人家有事请巫婆做法事，那么进餐时必须先让巫婆动碗筷，其余的人才能开始吃饭。

二 服饰习俗

据当地村民介绍，其龙村村民在20世纪70年代以前，都是穿土布做的衣服，到70年代以后，才出现两种其他种类的布：精元贡布（黑色）、七林布（蓝色）。给人做衣服时，村民基本上都是量体裁衣，一般衣服要绣两道布边，袖子上绣三道布边，以显示个人手艺，没有绣边的衣服说明手艺低下，所以，为了显示手艺，个别衣服上还能看到绣花图案。20世纪70年代，村民手工缝制衣服（见图5-2），戴头巾，穿布鞋。到20世纪80年代村民才穿买的成

图5-2 其龙村壮族妇女的服装（2007年8月2日 马菁摄）

衣，不再有人带头巾，主要是穿解放鞋，还有凉鞋、皮鞋等。20 世纪 90 年代至今，穿民族服装的人越来越少，只在节日的时候才会穿民族服装。

其龙村妇女现在仍然穿着与 20 世纪 60 年代款式相同的黑色裤子，但是布料已经不是家织的土布，而是从越南进口过来的黑色布料。有些 40 ~ 50 岁的妇女也会穿大襟的上衣，部分妇女还保留着一些民族服装（见图 5 - 3）。大部分村民所穿衣服的款式和种类已经越来越多样化。

图 5 - 3　穿传统便装的老阿婆（2007 年 7 月 23 日　马菁摄）

值得一提的是，村民无论穿什么款式的上衣和裤子，脚上穿的都是越南拖鞋，尤其是越南的“人”字拖也比较常见。因为越南橡胶质量特别好，做出来的拖鞋耐穿耐磨，可以穿十几年不破；街天的时候去越南买拖鞋也比较方便。加之越南人也是平常都穿这种拖鞋，如果其龙村村民穿这种拖鞋去越南赶街，并且会用“土话”与越南人沟通，那样就不会被认出是中国人。

三 居住习俗

其龙村街屯总共有 54 户人家，房屋主要有三种：一种是传统的木制或土木混合制的骑楼、干栏房（见图 5－4、图 5－5）；另一种是空心砖（石砖）建的石头房，格局类似干栏房（见图 5－6）；再有一种是比较现代的房屋结构，即欧式风格的小洋楼，屋内甚至贴有瓷片，比传统建筑干净卫生（见图 5－7）。

图 5－4 其龙村街屯老民居（骑楼式）（2007 年 7 月 30 日 马菁摄）

图 5－5　老旧干栏房（2007 年 7 月 23 日　马菁摄）

图 5－6　砖石干栏房（2007 年 7 月 23 日　马菁摄）

图 5－7　其龙村街屯新式民居（2008 年 8 月 10 日　马菁摄）

1. 房屋建造

当地民众要建造房屋，首先要请道公看风水，选择合适的时日，即吉日。其次按选择好的时间动工盖房。如果有钱，就雇人盖房；如果没有钱，就请亲戚帮忙盖房，而酬劳就是每天管饭，这在实质上就是民间的一种换工行为。最后，房屋建成之后，要举行竣工仪式，放鞭炮，祭拜祖先，贴对联，请村民吃饭，之后才可以迁入新居。

2. 房屋结构

当地传统的干栏式房屋一般是三层：第一层用来饲养牲畜、家禽；第二层是人居住，进门为厅，摆有神台，俗称祠堂，周围隔成若干间卧室；第三层用来储存粮食（见图 5－8、图 5－9）。人们戏称为“三局”：畜牧局、人事局、粮食局。厕所在猪栏旁，现在沼气池也建在猪栏旁，冲凉的地方与厕所在一起，有的人则去河边冲凉。新式建筑已经不把牲畜放在第一层，一般另外建畜栏饲养牲畜。

图 5－8　干栏房顶层的“粮食局”（2007 年 7 月 25 日　马菁摄）

图 5－9　干栏房底层的“畜牧局”（2007 年 7 月 23 日　马菁摄）

3. 房屋辅助设施

房屋窗户都是镂空形式，没有玻璃。房顶隔开一段会有一块砖抽掉，覆上透明塑料布或玻璃，便于采光，以增加亮度。一般没有阳台，在屋檐下晾晒东西，或在屋外拉绳晾晒。没有书房和客房，客厅里设厨房，有的村民家没有专用的厨房，直接把火塘设在客厅。有个别村民则把厨房另辟出来，设置在角落。在屋外另设一间作为卫生间，与沼气池相连。没有专门放置农具和工具的地方，农具和工具多数是放在储存粮食的那一层。

4. 居住习俗

一家之主或家中老人的卧室在祠堂后，子女住旁边，按男左女右（背对祠堂）顺序居住。卧室属于私人领域，一般不能随意让外人进入。新婚夫妇一般不住在一起，通常父母入睡后才能在一起入睡。一般新娘生育后才会合房同居在一起。

第二节　人生礼仪

人生由一系列的阶段组成，从诞生、成长、结婚到死亡，每个人生阶段举行相应的仪式，标志着个体从一个阶段进入了下一个阶段，以便顺利完成人生关键阶段的过渡，调整个体的角色，取得合适的社会地位。

诞生礼预示着一个生命的开端，成年礼代表着个体的成长，婚礼是个体组建新家庭的标志，寿礼承载着对延长生命的祝愿，葬礼表明一个生命的终结。各种人生礼仪展示着生命的丰富多彩。

一　诞生礼

1. 求子、怀孕、产房禁忌

其龙村村民一直有求子的习惯，一般妇女生育会一直到生出男孩为止。如果总是没有男孩，夫妇会请麽婆（即巫婆）作法祈子；如果妻子还是没有怀孕，会请道公算命，看命中是否有子（男孩）。如果有的人家生的女孩太多，家里又养不起，则会考虑将她们送人。即便能够养得起，女孩小学毕业之后也会被家长送出去打工挣钱，但是如果麽婆说“此女命好”，家长就不会把这个女孩送人，一直养着，他们认为这个女孩可以保佑家人平安。

妇女生产时，产房不允许男人进入。女人坐月子期间家里不点香，不敬神。因为刚生完小孩的女人，被认为不干净，怕触犯了神灵。等到做完满月仪式，女人就可以烧香、敬神。产妇生产时，孩子的外婆要送 4 ~ 6 床棉被、小孩衣服和两个背带。其中一个背带由女方婶婶或比较亲的妇女做。而婆婆只需要准备办满月酒所需要的东西。娘家人会在产妇生产十多天后，送糯米、鸡等，用来给产妇补营养。

2. 满月酒

满月酒是小孩在出生满月那天，家中长辈为之举办酒席和满月仪式，以示庆祝。满月酒一般由村里有头有脸的长老主持。街屯的主礼人有老支书农承登、街长杨松宁、村医黄华碧、村长李恒球。满月酒席主家一般准备约 30 桌酒席，请亲戚朋友和村里的人来喝满月酒。

满月仪式的筹备，一般在婴儿出生后就开始了。诸如准备客人所用的酒菜、麽婆招魂时用的法事用品、通知亲朋好友等，满月仪式需要两天时间，第一天准备各种酒菜请客人喝喜酒，一直到晚上 9 点或 10 点；在第一天的夜里 12 点即第二天的零点请麽婆为婴儿招魂，招魂仪式一直持续到第二天早上 7 点或 8 点，之后主家再次宴请客人。

在其龙村进行的调查中，我们见到了两次满月仪式：一次是在2007年7月25日，地点为其龙村街屯的李家，满月仪式从2007年7月25日00：30开始，一直持续到2007年7月25日7：30结束，整个仪式大约进行7个小时，满月仪式在李家正屋举行，正对着李家的祖坛做满月法事。另一次是在2008年7月26日，地点是其龙村大屯的农家，满月仪式从7月26日晚8点一直到晚10点，满月仪式主要是请道公为小孩解关，整个仪式过程持续了两个小时。下面便以李恒好家满月酒的仪式过程为例来说明当地的满月仪式，从开始到结束，大体有以下过程：

（1）报喜。婴儿出生是一个家庭的喜事，表示这个家庭的血脉得到了延续。主家会提前一个月通知亲朋好友，告诉他们参加满月仪式的具体时间和地点。满月仪式一般选在满月之后的“吉日”，地点大都是主家的家里。亲朋好友在婴儿满月之时，会带上一些礼物参加满月礼，礼物有糯米、猪肉、鸡、鸭，婴儿的外婆还会送婴儿一个背带（见图5－10），也有的客人会送一些钱表示庆贺。

图5－10　外婆送的背带（2007年7月24日　马菁摄）

婴儿出生之后，一般由婴儿的父亲去婴儿的舅舅家（妻子的娘家）报喜，尤其对于头胎婴儿，这是非常值得重视的一件事情，表示着夫家和娘家有了共同的血脉和继承人。亲戚朋友在得到婴儿出生的消息后，会在“吉日”参加满月酒席，共同庆贺家庭增加新成员。

（2）宴客。主家在婴儿满月的吉日，准备丰盛的酒菜宴请客人。宴请的客人大部分是本村屯的亲戚或邻居，在庆贺婴儿满月的酒席上，大家可以相互交流，增进感情，共同庆贺婴儿满月。主家的女主人以及比较亲近的亲属会一起做饭准备酒菜，共同参与完成这项比较重大的庆贺活动。

在其龙村壮族人的风俗习惯中，如果一个家庭由于经济条件困难，没有足够的经济能力举办一场隆重的婚礼，或者由于某种特殊原因，女方在没有举行婚礼之前就怀孕在身，他们通常会把婚礼和满月礼放在一起举行。这一方面为了节省开支；另一方面也找到一个体面合适的理由顺便举行婚礼，避免了不必要的尴尬。因此，这种情况之下的满月酒会有双重意蕴，既是庆贺这对夫妻结婚，也是庆贺婴儿出生，但是主要目的是预祝婴儿健康成长。李家的满月仪式就是和婚礼一起举行的。

其龙村壮族人把宴请客人视为一件隆重的事情，主家通过宴请客人，一方面增进了自家与他人的感情，融洽了村民之间的关系；另一方面向他人宣布婴儿及其母亲可以走出家门活动了，在此之前婴儿以及母亲是不允许外出活动的，因此，满月时宴请客人也是婴儿“出窝”的开始。

宴请客人时，主家会拿出自己酿制的米酒（他们称之为“土茅台”）、大量的啤酒和饮料供客人饮用。饭菜大部分来自自家地里的庄稼、蔬菜所产，主食是米饭。也有一些糯米，糯米主要用来供奉祖先和各路神明。在村民看来，糯米是比较珍贵的食物，要送给上等的嘉宾享用。菜的种类也很丰盛，有猪肉、鸭肉、鸡肉、鱼肉、血肠、豆腐、冬瓜、饭豆、南瓜花等。主家会尽自家力量准备各种饭菜，以供客人进餐。

在准备宴请客人的饭菜时，单靠主家一家人的力量是不够的，比如，在没有足够的大米或糯米来蒸饭，也没有足够的锅灶来炒菜的时候，主家的家族以及邻居就会帮忙，有的供给大米，有的提供锅灶，有的拿来几只鸭或鸡等。在村民的帮助下，主家才会准备好宴请客人的所需之物。在准备宴请客人的过程中，主家和其他村民之间形成了一种团结互助的关系，结成一个互助团体。

（3）招魂（叫魂）。其龙村地处大石山区，环境恶劣，是典型的贫困村，交通不便，经济欠发达，村民生活困难，医疗卫生条件比较差，婴儿的死亡率较高，因此，保佑新生婴儿健康成长是父母的心愿。通过举行一系列的仪式，村民认为可以使小孩的“魂”固定下来，顺利过“关”。满月时，村民就会请麽婆来为小孩叫魂，在叫魂的过程中，也会把全家人的灵魂一起招回来，表明一家人团结在一起，共同保佑小孩健康顺利。李家这次的满月仪式虽然和婚礼一起举行，但主要目的还是为婴儿叫魂，保佑母子平安，婚礼的意义还在其次。

李家请来为婴儿（李中祥）做满月“叫魂”法事的，是越南麽婆农氏。村民认为越南巫婆法事做得很好，非常灵验，所以经常会请越南茶灵县的巫婆过来做法事。在满月仪式的招魂过程中，麽婆的仪式法功表现为动作和唱词两部分。不同阶段的唱词，代表请鬼、招魂、送魂、送鬼的不同历程。在不同的巫路阶段，伴以不同的动作，如摇晃扇子、摇铜链、占卜（见图5－11）。麽婆的招魂法事主要有以下过程：

图5－11　越南麽婆为婴儿招魂（2007年7月24日　马菁摄）

第一，请鬼。仪式开始之前，由李盛章（李恒好的儿子，即新生儿的父亲）家的妇女做剪纸（花旗、纸钱、红色和黄色纸飞马、茆郎、小鸟等[①]）。这时麽婆还没有穿上做法事的特殊服装，只是盘腿坐在席子上。在麽婆面前放着一个箩筐，箩筐里放有半箩筐大米，一个鸡蛋放在大米上面，还放有麽婆做法事用的一个木块（也叫“法印”），一面写着“左千千神将”，另一面写着“右万万吏兵”。箩筐正中间放有一面镜子，在镜子后面箩筐外面插上点燃的香。箩筐左边放着一碗水，水里放有几片柚子叶；右边放

① 这些剪纸在仪式举行的过程中要根据麽婆的指令进行焚烧。

着一个芒果。这段时间，麽婆闭着眼睛在箩筐前念念有词，这是麽婆在请鬼。麽婆在没有穿做法事的行头之前，要请鬼下来，鬼一般指麽婆的祖师，包括已经过世的和仍活在世上的祖师。麽婆不断重复喃唱，表示请祖师下来。

第二，穿戴行头。请鬼之后，麽婆开始边唱边穿做法事的衣服。在穿衣服的过程中，她的唱词主要是请千军万马下来，并用丁窖进行占卜，以确定是否已经把兵马请下来。祖师请的越多，做法事就会越灵验。请鬼之后，麽婆开始穿做法事的专门服装，先穿上黄色上衣，吟唱一段经文之后，会戴上围肩，围肩是用珠子串成的，上面有红色、白色、绿色、黄色等菱形组成的图案；麽婆戴好围肩之后，就开始系上绣有花朵图案的腰带。上帽是比较复杂的仪式，麽婆在吟唱的同时会戴上具有两层布的头饰，底下一层是红色，上面一层是黄色。在上帽之前，麽婆先拿一炷香在帽子上比画几下，念几句咒语之后才将帽子系在头上。

第三，上路。穿戴好做法事的全部行头之后，麽婆拿起箩筐里的法印在箩筐上空划几下。在这一系列动作之后，麽婆要吸几口水烟以提神。麽婆开始闭着眼睛吟唱，手里拿着扇子，摇着铜链，并且不断地更换扇子，整个仪式过程中扇子换了四次，依次是绿色扇子、橙色扇子、蓝色绣花扇子和白色扇子。在仪式过程中，不同法器的使用都有其特定的象征意义，扇子不停地更换，代表和不同的神明说话。麽婆“上路”时，会遇到祖先、灶君、门神、土地公等神明。在与各路神明对话结束之后，麽婆会休息一会儿，从神灵上身状态转入正常状态，又回到日常生活中。

第二天早晨6点，爷爷（李恒好）抱孙子（满月的孩子李中祥）出门，由外婆撑伞，带上书、笔、糯米、肉（若是女孩，过去做满月仪式时人们只是拿一个箩筐，出门捡猪草，象征女孩长大后要学会料理家务。现在女孩和男孩做法事时都是拿笔和书，说明人们的观念有所改变，即女孩地位有所提高，开始受到重视），由爷爷用手拎着。外婆手里拿着几炷香，点燃；爷爷抱着孙子走到大门口朝四个方向（东西南北）拜一下，随后外婆把香插在门口的树下。爷爷抱着孙子，和外婆一起回屋以后，由孩子的父亲点燃鞭炮。爷爷把孩子放到麽婆身后，麽婆继续念经，此过程持续约 20 分钟。

第四，收魂。麽婆稍事休息之后，又开始上路。这次上路，她的主要目的是收魂。在满月仪式举行时，主家会搭两个桥。一个桥用黑色的布搭成，连接着做法事的神坛和婴儿父母的卧室，在麽婆做法事的祖坛下和小孩父母的卧室前面各放一盆水（盆上放竹枝和小竹桥，盆边放一碗米，米上插香），两盆水中间用一块黑色布连起来。这个桥是为婴儿满月搭的桥，让小孩的魂顺利通过，意味着为小孩延命、补命。另一个桥用织布机的摆做成，一般是竹制的桥，这个桥是婴儿诞生之前（即胎儿在母腹中七个月）所搭的桥，麽婆在这个桥的旁边放上一碗红色的水和一碗米（上面插着香）。在麽婆面前放有全家人的衣服，里面裹着稻穗。麽婆劈开几根竹筒，在上面划几下，象征着驱走鬼怪。

这两个桥连接了婴儿的出生，意味给小孩接魂，从游魂接到固定之魂，也就是连接了两个世界——阴阳两界。“作为第三元的桥及桥场空间正属于非此非彼、亦此亦彼的状态或境域，这是一个动荡不安和‘模棱两可’的境域，充满了各种各样的生机、玄机、妙处、危险以及可能性，其中积蓄着人们意想不到的潜力和能量。”①

搭桥的同时，麽婆还会拿一个渔网，在上面放上一包全家人的衣服、几个小竹筒、一个小竹桥、一些剪纸，表示把全家人的魂都收回来了。麽婆招魂、收魂时所经过的地方是村落范围以外的地方，有些地方是日常生活中实实在在存在的，有些地方仅存在于仪式的唱词里面②。然后，麽婆收起两个桥，继续唱经文。

在麽婆收魂的同时，李盛章的五婶拿出剪纸（冥衣、纸马、纸花旗等）焚烧。同时，小孩奶奶把小孩衣服和稻穗放在小孩床头。在主家妇女烧掉一些冥衣、纸钱、纸马、纸花旗之后，麽婆拿起小孩的上衣，继续吟唱，随后往小孩的衣服里放一小撮米和半截香，包裹起来，递给主家收好之后再唱一遍经文。最后麽婆收起法具，整个仪式结束。这表明麽婆已经把小孩的魂收住、固定住了。

总之，其龙村村民认为，只有为小孩叫魂之后，小孩才会顺利成长，不受鬼怪影响，否则小孩就会遇到灾难，甚至短命。在其龙村，小孩满月之后为小孩叫魂，已经成为一种祖祖辈辈传下来的习惯，每个人在自己成长的过程中都要经历叫魂这种法事。

满月之后，小孩第一次回外婆家，按照当地习惯，要用黑炭在额头上划一道，以避免“鬼怪”缠身。家人还会把镜子放在装小孩衣服的兜里，以便让小孩时时看到自己的影子，据说这样可以避免小孩的灵魂跑丢。另外，家人把针用线穿好，在小孩帽子的外沿上绕几圈，以免小孩迷

① 周星：《境界与象征：桥和民俗》，上海文艺出版社，1998，第350页。

② 高雅宁：《广西靖西县壮人农村社会中（麽婆）的养成过程与仪式表演》，台北：唐山出版社，2002，第189页。

路。如果当天不能从外婆家回来，母亲就会抱着小孩在村头的三岔路口念叨一下，说："今天晚上回不去了，我们要在外婆家做乞丐讨饭吃了！"这样把自己说"贱"一点，可以保佑母子平安。

3. 百日礼

百日就是小孩出生满一百天，百日时村民一般请道公做法事，为小孩逮"关"，保佑小孩顺利长大，一直到12岁。人们认为婴儿有许多关煞。一般来说，婴儿有26个关煞，如水火关、下情关、急脚关、将军关、铁蛇关、鸡飞关、鬼门关、夜啼关、四柱关、雷公关、短命关、断桥关、千日关、百日关、白虎关、汤火关、天狗关、浴盆关、金锁关、落井关、深水关、五鬼关、阎王关、天吊关、四季关、和尚关。道公通过看小孩的生辰八字，就能推算出小孩所犯的关煞，然后选择一个吉日为小孩解关。道公给小孩解关之后，再由麽婆选择一个吉日为小孩叫魂。小孩满月解关之后，道公还要在小孩百日、三岁、五岁、九岁时再解一次关，在此之后，人们就习惯上认为小孩基本没有事了。因为有五个关很大（白虎关、短命关、阎王关、将军箭关、流霞关），需要解几次才能保佑小孩过关，其余的关是小关，只需要解一次就可以了。如果满月解关之后，在以后的年份，主家忘了请道公为小孩解关，可以在小孩13岁、20岁时补解关。当地人认为小孩长到30岁时，就不能解关了，做了也不灵了。

个案5－1　道公杨氏给小孩看关煞

时间： 2008年8月4日上午10：30。

地点： 其龙村古荣屯道公杨氏家。

人物：道公杨氏。

内容：道公杨氏给小孩看关。

上午10点半，有个其龙村的阿婆到杨道公家，拿出自己孙子的八字给道公看。在一个用草纸订起来的小本子上，用毛笔清楚地写着她孙子的姓名和出生年、月、日、时，这个小本子还用一个蓝色的食品袋包裹着。道公看过之后，不时用手指进行掐算，又翻看一些经书和一些推算关煞的书籍，如《聚宝楼》、《宝睦堂》等。然后，杨道公拿出一张用刀裁好的黄纸，写下这个男孩的姓名、八字、所犯关煞、花皇庇佑等字，杨道公书写时从右向左，竖着写下去，写了满满一张纸，并用红笔圈出小孩所犯的关煞，再加盖上他的印章（也叫道公印）。写好之后，杨道公把这张纸递给阿婆，那个阿婆小心地折好，把这张纸与写有小孩八字的本子放在一起，用那个蓝色塑料袋装好，放在口袋里。阿婆走时，给了杨道公5元人民币以表谢意。

在广西靖西县旧州一户人家的祖坛下面，笔者见到了一张“符”，经过调查了解得知，这张符是为主家的小女儿求的，上面写着：“东皇公西皇母，保佑孩女长大夜无哭啼之惊，日有安康之乐，不负洪恩，望单大吉。”[①] 这表明现在还有人请道公采用画符的方式保佑婴儿健康。

4. 起名

给孩子起名一般按家庭内的辈分来排，所起的名字不能与长辈重复，取名时一般经由家族的长辈共同商榷。一般会选象征吉祥如意，有远大理想和志向之类的字来命名。

① 资料来源：张晓娟于2008年12月2日在广西靖西县旧州调查所得。

通常情况下，男孩的姓名要严格按照家庭内的辈分来排名，中间表示辈分的那个字不能随意调换位置；女孩的名字则没有严格限制，可以根据实际情况调整。据笔者访谈，有部分女孩为了名字好听，把表示辈分的字调到名字的最后，有的甚至去掉表示辈分的字。

5. 认干亲

广西壮族传统上盛行认契（认干亲）的习俗，通过认契的血亲拟制，儿童多了一重人生关照的关系，从而更有利于小孩的成长。当然，这其中还有认草、认树、认石为亲的认契习俗，这种习俗出于神灵崇拜，反映了当地人的宗教观念，与一般意义上的认干亲还是有差别的。

认干亲一般是在小孩三岁左右会说话的时候，小孩跟谁走得近就会认谁做干爹干妈。如果小孩是女孩的话，干爹干妈会在女孩长大出嫁时送她一床被子，而干女儿则把聘礼的猪脚或十几斤肉送给干爹干妈。

二　婚礼

1. 求亲与定亲仪式

男方看上姑娘后，一般就会找媒婆（男女媒婆各一个）去说媒。媒婆说媒时要带上10斤土酒、10斤熟糯米、2条好烟。媒婆的目的是要姑娘的生辰八字。这一趟约需要100元（现在约需要200元），其中用8块钱换取女方八字，若两方八字相合，就开始定亲。男方送鸡、鸭等到女方家，连续送礼送三年。一般大的节日男方都会送礼，如中元节、春节等。定亲后的第一年中元节男方送10只鸭、12只鸡、10斤糯米；定亲后的第二年中元节送8只鸭、8只鸡、10斤糯米；定亲后的第三年中元节送8只鸭、8只鸡、10斤糯米。定亲后的每年春节男方还要送一条40斤左右的猪腿，连送三年。

婚前送礼比较隆重，婚后就自由安排，比较随意。如果男方在定亲不到三年时就想举行婚礼，按传统习惯，要一次性送清等同三年所有数量的礼。因为在结婚当天，新娘的舅舅、叔叔要送被褥给新娘，所以男方在定亲到结婚这段时间内同时也要给女方的舅舅、叔叔送同等数量的鸡、鸭。

2. 聘礼与嫁妆

聘礼有现金和实物两部分。现金在500元左右（定婚或结婚时给）；实物有120斤猪肉、100斤土酒、100斤糯米。

嫁妆有：门帘、两个木箱（现在则是衣柜）、铁锅（现在则是电饭锅）、两套被子、两张蚊帐、两套褥子（因为结婚后夫妻双方是不住在一起的，所以要准备两套被子、两张蚊帐、两套褥子）。随着时代的发展，嫁妆的种类也逐渐多了起来，许多现代化的家用电器也成为嫁妆的一部分，如洗衣机、电视机、电冰箱、电饭锅等。

亲戚朋友随礼一般也是现金和实物。现金约200元，实物有糯米、酒等。

3. 婚礼过程

婚礼一般多选择在秋季到春节这段时间举行。婚礼是一个较为复杂和烦琐的过程。

（1）男方派八个人抬着聘礼（120斤猪肉、100斤土酒、100斤糯米），陪同媒婆、男方的朋友等一起去新娘家。男方的朋友一般都会替新郎准备一定数量的礼钱，因为结婚当天新娘会再要一部分礼钱，以显示自己的身价。

（2）新郎会雇花轿抬回新娘，一般是抬聘礼去的八个人负责抬回新娘（现在则改用汽车接回新娘）及新娘的嫁妆［门帘、两个木箱（现在则是衣柜）、铁锅（现在则是电饭锅）、两套被子、两张蚊帐、两套褥子（因为结婚后夫妻双方是不住在一起的，所以要准备两套被子、两张蚊帐、两套褥子）］。随着时代的发展，嫁妆的种类也逐渐多了起来，许多现代化的家用电器也成为嫁妆的一部分，如洗衣机、电视机、电冰箱、电饭锅等。

（3）花轿抬到男方村头时要燃放鞭炮，女方需向男方索要200～500元不等的礼钱，否则到男方家以后女方不愿意下轿。男方一般会在村头盖一间茅草房，以供远道而来的新娘休息，等到吉时再起轿去新郎家。

（4）花轿抬到男方家时，新郎会给新娘下轿钱，同时给陪娘（一个或两个）50～100元不等的红包。女方一般会来至多六个陪娘（未婚女性），每个陪娘新郎都要给红包。

（5）新郎、新娘拜天地，拜父母（拜的同时父母要给新娘红包），拜家中长辈（一般给5元左右的红包，因为这个红包和长辈随礼是两回事，若不想给，就可以避开不给）。

（6）新郎、新娘拜过天地和父母之后，新娘进入新房，同时准备零钱和糖果等发给围过来看新娘的小孩。随后新娘和陪娘一起在新房吃饭。

（7）吃完饭以后，新婚夫妇轮着向亲戚朋友（主要是青年男性朋友和女性朋友）敬酒，然后再给每桌客人敬茶，喝茶的人要给茶钱（茶钱不多，一般几元钱即可）。

（8）结婚当天下午，新娘要回娘家。一个星期之后，由新郎找个理由来接新娘回家，如：“家里活忙不过来了，需要你帮忙啦！”现在新郎一般用自行车、摩托车接新娘回家。

4. 婚宴消费情况

结婚时，婚宴的花费随着时代的发展而有所不同，在20世纪60～70年代，办喜事的人家一般是请人来家里做饭，一桌酒席花费在150～250元之间，请午餐和晚餐两顿饭，一般一桌酒席要有23斤猪肉、猪脚。婚宴上所有的菜肴都以猪肉食品为主，做成各种不同的菜式。一场婚宴下来，总消费大约1000元（见表5－4）。

表5－4　婚宴消费

单位：人，元

时间　规格	人数	地点场合	菜　肴	花费
20世纪60～70年代	300	男方家里	以猪肉食品为主	1000
改革开放以来	200～300	男方家里	猪肉、鸡肉、鸭肉、牛肉等	5000～6000

三　寿礼

寿礼一般是给老人做寿时所举行的仪式，象征着人们祈盼老人延年益寿，安度晚年的心愿。据其龙村民所述，老人到了60岁以上才有资格做寿。做寿之前要先请道公算一算什么时候做寿合适，如果60岁不合适做寿就改为59岁，否则做寿就会折寿。

其龙村民一般选择在农历九月到春节期间给老人做寿，由道公选择做寿吉日。做寿当天请道公做道场，为寿星祈福。做寿的人家会通知亲戚朋友参加。一般由兄弟送酒、糯米，现在有的也送寿星图。如果寿星是女寿星，由寿星的丈夫送一头猪、一张寿镜（寿镜指的是镜子中间写有一个“寿”字，左边写有“寿比南山”，右边写有“福如东海”，镜子上写上寿星的姓名以及送镜者的姓名）；如果寿星是男寿星，则由寿星的妻子或朋友送寿镜，也可以几个人合送一面寿镜，再加上50～100元礼金。如果没有送寿镜，就送写有“寿”字的红布。寿礼要在一天之内做完。

四　葬礼

葬礼是人生的最后一个礼仪，预示着对生命的终结做最后的交代，以显示一个完整的人生。各个民族历来都对葬礼非常重视，葬礼也是反映一个民族对生命的态度和人生体验的一种展现。其龙当地的葬礼仪式，一般包括以下环节：

1. 报丧

报丧指的是在有人去世后，主家派人告知亡人的亲戚朋友。20世纪50年代以前，全部是人工报丧，报丧的人靠走路的方式通知亡人的亲戚朋友；20世纪60～80年代，除了走路报丧以外，主家还采用骑自行车、发电报的方式通知比较远的亲戚朋友；20世纪90年代以来，主家仍然采用走路、骑自行车和摩托车、发电报等方式报表。不过随着电话的普及，人们也打电话通知亡人的亲戚朋友（见表5－5）。

表5－5　其龙村报丧方式变化

年代　方式	人　工	电报	电话	其他
20世纪50年代以前	走路	无	无	无
20世纪60～80年代	走路、骑自行车	发电报	无	无
20世纪90年代以来	走路、骑自行车和摩托车	发电报	打电话	无

2. 择下葬吉日

主家请道公看亡人的生辰八字，算一算哪天下葬合适。

如果当天合适就当天下葬；如果当天不合适就第二天下葬；第二天再不合适就第三天下葬；最多停棺五天至一个星期，与此同时，请道公做相应天数的道场。

3. 做道场

请2~3个道公来做道场，在做道场之前，把亡人的尸体放在家里的主堂前面，并且请道公看尸体停放的合适时间。然后杀一头猪，再点上香，准备祭品。祭品有猪头、烧猪（60斤肉）。烧猪由亡人的舅父、舅母、叔伯或女儿、女婿等送来。道公念经，做道场。三天之后，相关人员把猪头分为两半，一半留在亡人家，一半由送猪头的人拿回去。道公做道场的同时，由亡人的兄弟、叔伯、舅父、舅母、女儿、女婿等守灵。女儿要穿白衣服，戴白帽守灵（见图5-12、图5-13）。

图5-12　其龙村民的丧礼场景（2007年8月13日　马菁摄）

道公做道场期间，主家要请参加葬礼的人吃饭，一般都是青菜，没有肉。

图 5-13 丧礼上的道公（2007 年 8 月 13 日 马菁摄）

4. 选墓地

主家请道公看 24 个方向的风水，然后由道公选择合适的墓地方向。合适的方向是指所选之地是否会影响后代，若选择不合适的方向则会给后代带来灾难。如果没有合适的地方，道公就会念亡人的生辰八字，借地方安葬。两年之后，实行二次葬，即把亡人的骨头拾出来，放在一个土坛里，再次寻找合适的地方安葬。若有合适的地方安葬，则 10 年后实行二次葬。

5. 制棺材

棺材一般用铁木制做，即便是再困难的家庭也会准备铁木，因为铁木不容易腐蚀。棺材里面放亡人生前的衣服、棉被，棺材里还放入冥钱以供亡人在阴间使用，再放约 30 元人民币硬币（不易腐烂）、亡人生前用的物品如戒指等，亡人头部用木灰来垫，身上盖一层布。如果亡人是女性，要穿绣花鞋，如果是男性则穿普通的鞋，现在有的穿皮鞋。

6. 下葬

下葬是指首次葬，一般是土葬（越南河内有水葬）。人们现在还不接受火葬，但是随着铁木（做棺材用的木料）越来越少，以后土葬的可能性将会越来越小。按照传统习惯，道公做完道场之后，亡人的娘家人不来，就不能下葬。娘家人来以后就出殡，到墓地下葬。下葬之后，娘家人请主家的兄弟、同村之人来喝酒。同时，亡人的家人要送三天饭（早饭和晚饭）到亡人的坟墓前，有半碗米饭、菜和肉等。亡人的女儿、儿子、孙子等在一百天内不许吃肉和龙眼（龙眼象征亡人的眼睛）。亡人的家人一年内不能贴春联，如果遇到别人家办喜事，这家人也不能参加，礼金也要别人捎去才行。

个案5-2　其龙村街屯2007年8月13日杨家的葬礼

杨家的亡人于2007年8月13日上午8点去世，亡人是女性。从报丧开始，亡人家属以及街屯的部分村民都来帮忙准备丧事。一些妇女做孝衫以备杨家的女儿穿。一些男人杀猪，挖墓地，准备竹条和饭菜等，还把亡人的尸体放入铁木棺材中，停放在杨家祠堂前面。

把亡人放入棺材之后，杨家请道公来家里做道场。道公身穿黑色道服，头戴一顶黑色帽子，拿着经书念经。另外有两个人打镲，附和着道公念经。亡人的棺材上放有一碗土酒、两双筷子、两个金色酒杯、一碗生米、半碗蒸熟的糯米、半碗肉、一截插满香的南瓜和一根点燃的蜡烛。棺材旁边、道公前面摆着一张放有祭品的桌子，祭品有一壶酒、一个猪头、两根点燃的蜡烛、三双筷子、三把勺子、一碗蒸熟的糯米（糯米上面插有一把勺子和一双筷子，筷子上面插着道公点燃过的纸灰）。

大约20分钟后，到出殡之时，道公围着棺材喝一口酒之后，再唱一会儿经文，如此重复三次。随后道公拿着一碗酒和一把刀在棺材上空比划几下，之后做一个猛砍的动作。亡人的女儿拿着一只鸡在棺材后部转三圈。然后一群男人抬着棺材从房屋后门出去，再绕到房子的正门。在棺材抬出后门之后，道公把刀放在地上，把酒碗倒扣于地。至此，道公做道场的仪式全部结束。

棺材抬到房子的正门以后，他们停下来把棺材放在两块石砖上，再缠上三条由竹子编成的绳索。之后男人们抬着棺材去街屯后山的墓地，参加葬礼的人都跟着去墓地，只留下做饭的人，在家里为参加葬礼的人准备饭菜。

男人们抬着棺材到达墓地后，由亡人的女儿点香祭拜以后，再把棺材放于坟墓之中，之后把两根抬棺材的木棍放到坟坑里面，以调整棺材的位置。

坟墓前面放有半碗肉、半碗糯米、半碗酒、两把勺子、一双筷子，亡人的女儿拿着鸡在旁边候着。填土时，墓地两头各立一根竹棍，两根竹棍中间系上一根绳子以丈量墓地的长度。之后几个人拿着铁锹轮流填土，把坟堆好。

下葬完以后，杨家请参加葬礼的人吃饭。晚上，死者的家人要去墓地给死者送饭，只送早饭和晚饭，这样持续三天。大约10年以后，拾骨进行二次葬，并为死者立碑。

其龙村杨家的葬礼，属于壮族传统二次葬的初葬。这种习俗，在广西的壮族地区现在仍十分普遍。一般来说，二次的拾骨葬更为重要些，因为在当地人看来，拾骨葬之后，古人的灵魂才有了永久的安生。

第三节　主要节日

节日是人类创造出来的标示纪念意义的日子，每一个节日都记载着重大的事件和美丽的传说，表达着人们对美好生活的期盼。节日是日常生活的调节剂，使人们在纪念的日子里得到休闲和娱乐，为之后的生产、生活做准备。

一年的12个月中，月月都有节日的习俗，大节中还有小节。根据月份、节气不同，其龙村民做的食品和举行的活动有所差异。在村落社会，村民依然以传统节日为主，举行隆重的文艺活动，这表明传统文化具有深厚的凝聚力和深远的影响力。人们过各种传统节日旨在敬祖奉神，祈求平安、发财，同时也改善一下日常生活饮食。中华人民共和国成立后，尤其是20世纪80年代以来，随着经济的发展，其龙村民过节必杀鸡、杀鸭以示庆祝。正如古语所说："当官靠个印，百姓盼节日"。其龙人按照传统农历节日祭祀、庆祝，以农历时间安排农活。

一　春节

春节是一年中最为隆重的节日，从正月初一开始直到正月十五（也称元宵节）才算结束。春节期间家家户户杀鸡、杀鸭、杀鹅，做粽子，男女青年唱山歌，跳舞。人们换上新衣。其龙村民一般大年三十晚上祭祖。初一凌晨，家家户户放鞭炮，开门迎财，屋门两旁贴上新春对联。初一拜年，亲戚朋友互相拜年祝贺，拜年是人们互相走访祝贺春节、辞旧迎新的一种形式，也是人们利用年节交流思想、联络感情、消除隔阂、增强团结的一种形式，它蕴涵着家族、乡友之间团结和睦的良好愿望。在拜年的同时，老人给小孩压岁钱（糖）。

正月初二，女儿回娘家（初十或十五女儿会再回一次娘家）。这一天，嫁出去的闺女纷纷带着丈夫和孩子回娘家拜年。

正月十五，其龙村民一般吃汤圆、粽子，看花灯，烧香上供，跪拜求佛。

二　三月三

三月三，是壮族的歌节，壮族群众集中在一起欢快地唱歌。这种节日活动也叫“歌圩”（即“歌墟”），是壮族地区传统性的群众活动，壮语称“窝埠坡”或“窝坡”。壮乡人民在这一天以歌传情、以歌会友、以歌展现壮乡文化。届时，青年男女从各地汇集在固定地点，每次一天或数天不等，一般有数百乃至数千人参加。各三五成群互相对唱，这一组同那一组问唱，那一对同这一对唱答，并多是触景生情、随编随唱。据文献所记，“歌圩”始于宋代（对“歌圩”起始年代的说法不一，有记载认为“歌圩”始于唐代），明代的“歌圩”已与今接近。三月三是壮族传统的“歌圩”日。

其龙村民在歌圩这一天，一般去祭坟，青年男女在坟前对歌。其龙村的山歌能手曾经参加过靖西县举行的山歌比赛，其龙村大屯还有两个唱山歌的能手。如今，40 岁以上的人还懂得山歌的唱法，至于青年一代已经不会唱山歌，而且也不愿意学习唱山歌。

三　清明

清明是中国的传统节气，按公历计算则在每年的 4 月 5

日前后。中国的清明节，有两层含义：一是指节气，二是指节日。在其龙村，村民清明不扫墓，只做些爱吃的饼。

四　端午节

五月五，端午节。端午节是古老的传统节日，始于春秋战国时期，至今已有2000多年的历史。其龙村村民在端午节这天只做些爱吃的饼，过得并不隆重。

五　牛魂节

牛魂节是壮、侗、仫佬、仡佬等民族祭祀牛神的传统节日，又称牛生日、牛王节、脱轭节，多在每年农历四月初八，也有在六月初八或八月初八举行的。其龙村村民在六月初六举行隆重的活动，这时农忙基本结束。据说当人们耕田时，抽打牛，牛很害怕，过六月六的时候，人们就把牛魂请回来。过牛魂节时，村民一般会杀鸡、蒸染色糯米饭（即五色糯米饭），到垌场祭祀田神，并插红黑纸旗为牛招魂，因为牛在耕作之时被人鞭笞会失去魂魄，又用糯米饭喂牛，以酬谢牛耕作之劳。

是日，农家给牛放假一天，各家各户把牛栏修整一新。村民们对全村的牛评头论足，并告诫各家要爱护耕牛。家家蒸制五色糯米饭，用枇杷叶包裹喂牛。有的地方还在堂屋摆上酒肉瓜果供品，由家长牵一头老牛绕着供品行走，边走边唱，以赞颂和酬谢牛的功德。这一天，各家各户先把牛喂饱，然后全家人才吃节饭。

20世纪70年代以来，牛王节中的敬牛神色彩已渐渐淡薄，但敬牛护牛之风犹存。

六　中元节

中元节，也称“鬼节”，是和人鬼有密切关系的节庆，七月十五是鬼月的大日子。包括其龙村民在内的壮族地区，主要在七月十四过中元节，这是一年中与春节同等重要的大节。年轻的夫妻一般都约定中元节和春节各在双方父母家过一次，如果中元节去男方家拜祖宗，那春节就要到女方家过。

到七月十四这一天，村民会举行隆重的祭祖活动，到土地庙上香等。中元节那天串亲戚的人们一般拿着一两只鸡鸭，一些糯米、粽子、糍粑等，先去土地庙上香，再去亲戚家。大部分嫁出去的闺女要回娘家，有时也会全家人都去外婆家团聚。据许荣庆老师说，他们这里有这样一种风俗习惯：中元节这天，小孩要有一餐饭在别人家里吃。他说不知道这是为什么，只是习惯而已。

中元节祭祀祖先之时，要给祖先做两套纸衣服，即冥衣，至少给每位祖先准备400万纸钱，具体送多少纸钱视个人情况而定。其龙村民要在家里的祠堂烧纸，点香火。供桌上放三个杯子，家人从左到右倒酒，连续三遍，隔一段时间之后再依此法做两次，总共是九遍，随后念一段祭拜祖先的话，烧香，烧纸衣。

本次调查过程中，村民李恒益给我们提供了其家中元节祭祖时所念祭词。

中元节祭祖所念祭词

南无地藏王明鉴：

中元节李恒益全家人赠给祖父李承基，祖母农氏、彭氏，父亲李荣志，母亲黄氏，各一套冥衣，金银财棉共享，无名外鬼不能争夺。

太岁九三年七月十四日午时化送

祭词祷敬的对象是阴间主宰地藏王，落款采用太岁纪年，足见这种祭词存留着浓厚的历史印记。

其龙村村民还会在中元节举行隆重的“过酒”仪式，也称“请酒”。过酒仪式通常在夜里零点举行，一直延续到第二天的早晨8点或更晚一些。其龙村村民一年举行两次过酒仪式，一次是在正月初一到正月十五之间选择一个吉日做过酒仪式（如正月初七）；一次是在七月十四到七月二十之间选一个吉日做过酒仪式（如七月十六）。举行过酒仪式的主要目的是保佑家人平安、健康、长寿，诸事顺利，五谷丰登，六畜兴旺等。过酒也是当地的一种宗教祈福仪式，主要内容是巫婆请神下来，之后把酒、吉利的话、一些供品、小孩的冥衣等敬奉给神明，以求得神灵的福佑。

个案5-3

时间：2008年七月十五（农历）22：00至2008年七月十六13：30。

地点：其龙村大屯农顺荣家。

人物：越南麽婆陆氏（48岁）以及农顺荣的家族。

内容：中元节过酒仪式全过程。

在举行过酒仪式的前几天，农顺荣家已经准备好了33套五颜六色的冥衣。这些衣服都是童装的样式，用一根绳子串起来，挂在堂屋的中间，这些衣服是送给祖先和各种神明所用的。农家还杀鸡、杀鸭、做豆腐、包粽子，准备了丰盛的供品，一部分供品用来供奉祖先和神灵，一部分用来宴请去他家参加过酒仪式的客人。农家每年都举行两次过酒仪式，以保佑家人身体健康，孩子去广东打工顺利，家里的鸡、鸭、牛平安生长等，每次举行过酒仪式农家都会请越南麽婆陆氏来做法事，她是农顺荣妻子的师傅（农顺荣的妻子也是麽婆）。据农顺荣说，他妻子的师傅做得非常好，很灵验，所以每次都请师傅来做过酒仪式，为他家消灾解难。这次过酒仪式持续了12个小时。

1. 仪式之前的准备工作（2008年七月十五22：00至七月十六00：00）

农家的一些妇女准备做仪式用的剪纸等物品，这些物品在仪式结束时会全部烧掉，送给祖先和各路神仙。这些物品主要有：绿色和红色纸旗、纸花、纸马、冥衣、小孩式样的剪纸即茆郎等。另外，因为仪式举行的时间很长，所需的物品很多，要分批做一些用品，所以在举行仪式的过程中，还会陆续做一些纸房子、纸钱、纸船等东西以供仪式过程中使用。

2. 仪式的前奏（2008年七月十六00：00~1：00）

在仪式开始之前，麽婆主要的任务是唱一些祝词，穿上做法事的衣服。

（1）00：00~00：25。麽婆手里拿着一把粉红色的扇子，开始唱祝词。麽婆的唱词主要是祭祀祖先和神明，把好话（吉利的话）送给他们（如祖先、花皇圣母、定福灶君、土地公等），请他们下来。

（2）00：30~00：50。麽婆开始跪拜送衣服给自己的五个女人，其中三个是60岁以上的老人，两个是40岁左右的中年妇女，她们来自龙邦镇，每个人花50元（共250元）给麽婆定做了一套法衣。麽婆给每个人的脖子戴上一条粉红色的毛巾和一条大红色的带子，然后开始行跪拜之礼，每个人跪拜九次，跪拜之后麽婆口中唱着祝词与老人交谈，祝老人家健康长寿，并请老人喝一口酒，表示孝敬老人。麽婆对其他送衣服的人也行此礼节，以表示感谢。

（3）00：55～1：00。麽婆开始穿做法事的衣服，边唱祝词边穿，到1：00时麽婆正式穿好做法事的衣服。这套衣服的头饰由黄色和红色两层布组成，还有两个挂坠一直垂到腰部，每个挂坠由一朵花和一个葫芦构成，葫芦上面绣有荷花的图案，色彩鲜艳。这套衣服的上衣以碧绿色为底色，印有蝴蝶图案；在麽婆的腰部系着一条用手工做成的腰带，腰带由绣有花鸟的刺绣和串珠组成，做工非常精美。麽婆的下身穿着一条带有亮片的紫色裙子。整套法衣做工细致，色彩明亮，图画精美。

3. 仪式正式开始（1：25～12：30）

这段时间麽婆开始请神，之后送酒、送冥衣、送纸钱、送纸船等物品，把这些物品送给祖先和神明，称为送神。麽婆把神送走以后，开始为全家人叫魂。叫魂结束后，麽婆会休息一段时间。麽婆休息时，参加过酒仪式的人可以向麽婆询问家里不顺利的事情，请麽婆化解灾难。麽婆休息好之后，主家烧掉挂在堂屋上的33套冥衣，表示送给祖先和各路神明。

（1）1：25。麽婆开始上路，即开始请神。她骑着马（用纸马象征马），拿着刀，把庙里所有的神都请来（如花皇圣母、土地神、神农等），请的神越多越好。

（2）1：30。其余的妇女开始剪一些冥衣（这些衣服有黄色、红色、绿色、蓝色、灰色等几种颜色）和纸钱，送给神灵。

（3）2：30～2：35。麽婆已经请神下来了。这时她已经不是麽婆，而是变成了神，开始用神的语言和口吻与一些老人交流。她问那些老人几个问题，让她们回答。一开始，那几个老人答不上来，答不对，她很生气，就使劲摇头、摇扇子、摇铜铃，直到其中一个老人答对之后，麽婆才不生气了。这些老人答对全部问题之后，她开始休息了，这时，麽婆又是她自己，而不是神了。

（4）2：42。主家摆上供品：一只鸡（半熟）、一只鸭（半熟）、一条猪肉（半熟）、一碗蒸熟的糯米、一个粽子、一碗生的米（米中插着一根香）、五个酒杯、五双筷子、一小瓶土酒。

（5）3：05。主家把供品摆好之后，麽婆又开始唱祝词，同时与一些老人一问一答。

（6）4：00。主家开始烧纸马，以备麽婆过路之用。麽婆现在正骑马上路送神。麽婆唱一会儿祝词，就用丁窖（两个小竹片）占卜一下，如果两个丁窖是一正一反，她就用手拿起一小撮米放到农家全家人的衣服里（全家人的衣服用一个袋子装着放在麽婆的左手边），然后麽婆继续唱祝词，这样边唱祝词边占卜的动作一直重复进行。与此同时，有个妇女开始做小篮子，这个小篮子是这样做的：先拿一张方形的烧纸，往里面放一个小孩（茆郎）的剪纸、两张纸钱，用这张方形的烧纸包裹好，再做一个提手。照这样的方法做8个小篮子，再把这些小篮子放在一个纸房子的前面，这个纸房子有门，有窗，有台阶，门的两边各贴有一朵纸花。10点半时，有位妇女把纸房子正对着农家的祖坛摆好，在纸房子的前面铺一条长方形的花布，这条花布一端连着纸房子的门口，另一端连着农家的祖坛，当地人说长方形的花布意味着做桥。这条花布上面放有纸船、纸花篮、纸钱、纸花、水果等物品。麽婆正对着纸房子进行占卜，同时唱祝词，做完这些之后，一些妇女把小房子连同花布上的东西全部烧掉。

（7）6：00。麽婆叫魂回来了，她把全家人的魂叫回来（因为全家人的魂去河边了），麽婆口中喊："（魂）回来吧！跟老妈回来吧！"叫魂结束之后，一些妇女开始烧冥衣。

（8）7：00。麽婆暂时休息。在休息期间，有一个阿婆拿着一些糯米和三元钱来问麽婆事情，因为她家里总是有人生病，却不知道怎么回事。阿婆拿着病人的一件上衣让麽婆看，麽婆看后拿了一小撮米放在衣领上，念了一会儿咒语，接下来又拿着一根点燃的香在衣领处比画了几下，麽婆说这个人的衣服晾在阳台上时，老是被别人偷去。这个阿婆说是的，真灵。麽婆又念了一会儿咒语，说过一段时间，这种情况就会好转，病人的病情也会减轻。问卜到此结束，那个阿婆很满意地离开了。

（9）12：15。主家的妇女把挂在绳子上的33套冥衣分批烧掉，意味着送给祖先和不同的神灵。

（10）12：30。麽婆继续唱祝词，同时麽婆的助手给在场的每一个人（不分男女老幼）都戴上了一条红丝带，以示保佑大家平安健康。

4. 仪式结束（12：30～1：30）

主家派两个女人拿一些供品，如一只鸡、一只鸭、一块猪肉、三只酒杯、一小瓶土酒、一些香和纸去土地庙祭拜，她们要拜大屯的两个土地庙（一个土地庙管人，一个土地庙管地）。祭拜之后，整个仪式全部结束。仪式结束以后，陆麽婆又逐一感谢送衣服给她的那五个人。

七　中秋节

每年农历八月十五，是中国传统的中秋佳节。这时正值一年秋季的中期，所以被称为中秋。这也是中国仅次于春节的第二大传统节日。

其龙村村民在八月十五这一天要做月饼，晚上会餐。屯里每户出一个人到村头土地庙拿着供品（月饼、饭菜等）去拜神，也叫“秋祭”，感谢土地公赐给人们五谷丰登。男女青年唱山歌，举行一些晚会活动。

除了上述节日外，诸如五一和十一等国家法定节日，村民一般不特殊过，除非国家有规定的活动，如广西边防总队在法定节日期间给其龙村赠送慰问品等情况下，村民们才举行一些活动。每有此类活动，村民们都会回送给部队一些蒸熟的糯米作为回礼。

第四节　社会交往习俗

其龙村民淳朴好客，乡亲和邻里之间互助友爱，关系和谐。家里来客人和办事情，都能做到热情款待。待客时其龙村民根据自家经济情况准备饭菜，如果太穷就用语言表示一下，不请吃饭；如果家里条件好就相对讲究一些，如杀一只鸡，吃饭前请客人喝土酒或甜酒。

在日常生活中，遇到节日、婚丧嫁娶等类的事情，其龙村民一般送钱及糖果、糯米、鸡、鸭、土酒等礼品。男女青年谈恋爱时，双方会把祝福的话写在书上；在20世纪50~60年代，女方送男方布鞋，男方则送女方一套衣服。如果求人办事，其龙村民一般会送一条好烟、一箱好酒和一定数量的钱。

其龙村民的社会交往范围超越了国界，由于地处边界线上，其龙村村民和越南边民有频繁的经济、政治、文化往来。经济往来主要是通过边民两个村庄的圩市、锰矿等进行交易；在政治交往中，其龙村村民与越南革命者胡志明等人建立了一定的革命友谊；由于边民语言相通，其龙村村民和越南公交屯存在密切的婚姻关系。另外，在一些仪式活动中，其龙村村民经常请越南麽婆举行法事活动，两国麽婆之间也互相传授技艺。

个案5-4　越南麽婆陆氏与其龙村大屯麽婆传授技艺

第一次访谈：

时间： 2008年7月27日下午2：30。

地点： 其龙村大屯农家。

人物： 其龙村大屯的杨麽婆（40岁）。

内容： 杨麽婆对满月仪式照片的解读。

翻译人： 其龙小学麻老师（57岁）。

第二次访谈：

时间： 2008年8月16日下午2：30。

地点： 其龙村大屯农家。

人物： 越南公交屯的陆麽婆（48岁）。

内容：陆麽婆对满月仪式照片的解读。

翻译人：龙邦镇的王女士（41岁）。

越南麽婆陆氏，越南公交屯人，2008年时48岁，是其龙村街屯农顺荣妻子杨氏的师傅，因为陆麽婆曾经救过杨氏的命，所以杨氏拜她为师傅，也做起了麽婆。据村民们介绍，陆麽婆是命里注定要做麽婆的，她本身不想做，不过不得不做，都是命中注定的，不能改变。陆麽婆不识字，也没有人教过她如何做法事，她天生就会做。她小时候曾经神志不清，经常说一些莫名其妙的话，清醒之后就会做法事。陆麽婆17岁时就开始给人家做法事，那时候还小，由家人背着翻山越岭去别人家里做法事。

陆麽婆没有嫁人，一直单身。据说嫁人那天（结婚那天），男方接她过门，她走到半路就晕倒了，回到自己家里之后又醒过来。等男方家再选择吉日接她过门时，她又晕倒在半路，没有办法过门。后来陆麽婆去算命，算命先生说她命中注定不得嫁（人），所以她就不嫁人了，没有结婚。其龙村村民认为，像陆麽婆这样命中注定要做麽婆的人，做法事比较灵验。加上陆麽婆也确实法术很高，占卜预测很准，来请她做法事的人很多。

越南陆麽婆的师傅却是广西靖西县任庄乡的苏仙婆。任庄乡紧邻龙邦镇，苏仙婆的家就在任庄乡。据其龙小学的许老师和李副校长说，那个仙婆远近闻名，每天都有人去她家找她看，如生辰八字、婚运、生男生女、生病等事情。每天来她家慕名拜访的人多则70人，少则40人，他们来自靖西县、田林县、田东县、德保县等附近的县城和村庄。

两国巫师间的往来，是有着传统基础的。边界两边的中越民众，大多语言相通，具有共同的习俗和社会价值观念，这些都不是边界所能隔绝的。他们之间的交流，既是传统的延续，另外从当代意义上说，也是一种“国际”文化往来。

第六章　宗教信仰

宗教是对超自然存在的信仰。人类对自然和祖先、生命之谜、梦幻等的解释，展示了人类探索自然的心路历程。围绕宗教举行的各种复杂多样的仪式活动，满足了人与神交流的愿望，借助超自然的力量，人类得以应对生活中的各种苦难，达到心灵深处的美好愿望。

民间信仰是一种在特定社会经济文化背景下产生的以鬼神信仰和崇拜为核心的民间文化现象。民间信仰深深植根于乡村民众之中，成为农民日常生活中必不可少的一部分（见图6－1、图6－2）。不管社会环境如何变迁，外界

图6－1　民居下的泰山石敢当（2007年7月23日　马菁摄）

图 6－2　民居门上的辟邪物（2007 年 7 月 23 日　马菁摄）

压力有多大，农民始终没有放弃属于自己内心深处的自然崇拜、神灵信仰、祖先崇拜等精神追求。

其龙村村民的传统信仰属于壮族的多神崇拜，内容相当庞杂，包括：祖先崇拜，村民在家中设有祖先的神堂和牌位，每逢年节及特殊的日子都要祭拜；此外，在中元节、春节、亡人忌日时，亲人还要到坟墓祭拜。神灵崇拜，内含自然崇拜和精灵崇拜，其龙百姓认为土地、山水、树木等自然之物皆有神灵，动物、植物也和人一样有魂魄和精灵。其龙村民德信仰世界中，也有土地、观音和太上老君等源自于汉族或佛教与道教的一些神灵。在这种传统信仰下，其龙村民便形成了岁时祭祀、农业祈仪、占卜风水和咒符法术等多种崇拜方式。

在其龙村，祭拜神灵已经成为村民生活中不可缺少的一部分。其中，要数土地神崇拜、观音崇拜和花王圣母崇拜比较有特点。

第一节　土地神崇拜

土地神是古代农业社会神灵崇拜意识的产物，也是中国民间信仰中的一个重要神祇，其影响广泛，遍及城市乡野，可以说凡有人烟之处，都敬土地。土地神，民间俗称“土地公”、“土地爷”，和城隍神一样是中国古代民间普遍信奉的管理本地区的保护神。在中国充满着人间等级色彩的神灵世界中，土地神可以说是地位最低的。尽管土地神的地位不高，但是在百姓心目中他是个善神，人们普遍都供奉他，有事必祭祀祈祷，尤其在土地诞辰日，人们都要杀鸡宰羊，虔诚供祭，祈求土地神保佑四方清净，阖境平安，也保佑人间五谷丰登，六畜兴旺。正因为土地神在民众生活中起着重要的作用，人们才虔诚地信仰他。

其龙村村民也有深厚的土地神信仰。其龙村每个屯都有两座土地庙（民生屯有三座土地庙），其龙村共有 11 座土地庙（见图 6 - 3）。村民称土地庙为“福德祠”，一个管人，一个管地。土地庙中供奉的神灵有以下几种：土地公、土地婆、神农、观音菩萨、镇天王、庙貌大王。神农主要负责玉米、稻谷等的丰收情况，其余的神明主要管人的平安。土地庙里的对联写有“土能生白玉、地可产黄金、五谷丰登、风调雨顺、人安物阜、子孙兴旺”等，表达了村民对神的期盼。

该村的土地神的信仰活动自村民来其龙居住时就存在，“文化大革命”期间实行破除“四旧”运动时，许多土地庙被毁坏，仅存的一些土地庙也破旧不堪。20 世纪 80 年代以来，由于政府对宗教信仰的政策放宽，设立神坛的人越来越多。2006年村民自发组织起来筹款修建土地庙。每家每户最少出资50元，一般村里有头有脸的人捐的比较多。村干部对村民修建土地庙，也是睁一只眼闭一只眼，还带头捐钱，如老支书农承登就捐款500元。因此，其龙村的土地庙修建得非常豪华，里面的墙壁用白粉全部粉刷一遍，神坛上贴有瓷砖图案，土地庙的门前还挂有两盏灯笼，由专人负责看管。现在其龙村五个屯共有11座土地庙，其中街屯的街头和街尾各有一座。

图6－3 其龙村街屯的一座土地庙（2008年7月27日 马菁摄）

根据其龙村街屯村民所言，土地庙非常灵验，两座土地庙分别由居住在其附近的村民祭拜，即住在街屯上面的人拜上面的土地庙，住在街屯下面的人拜下面的土地庙，不能乱拜，而住在街屯中间的人可以选择其中任何一个土地庙来祭拜（见图6－4）。村民一般在闰年时，请道公、麽婆来驱鬼。按传统习俗规定，村民要在谷雨以前请道公、麽婆做法事，谷雨以后再请就会不灵。村民在举行重大活动时都会祭拜土地神。土地是富饶和丰产的象征，村民希望土地能够为他们提供足够的粮食，保佑其子孙后代健康成长。

图 6-4 来祭拜土地神的村民（2008 年 7 月 8 日 马菁摄）

第二节 观音崇拜

观音是佛教诸神中一位大慈大悲、法力无边的尊神，是西方极乐净土教主阿弥陀佛的左胁侍、“西方三胜之一”。观音具有“大慈与一切众生乐，大悲与一切众生苦”的德能，能现 32 种化身，救 12 种大难。观音其名就是说世间众生受苦受难时，念诵其名，菩萨就会“观”此声，即刻前往解救。由于观音慈悲为怀，普度众生，人们便在她的众多神能之中，又添上了送子神能，这完全是中国人根据自身需要创造出来的。民间认为，送子观音可以保佑人们生子有续，庇护妇女生产顺利，平安健康，因此，求子的妇女络绎不绝地去观音庙向观音焚香燃烛，叩头祭拜，祈求赐子。

其龙村那亮屯的土地庙里既摆放土地公公的塑像，也摆放观音菩萨的塑像，村民遇到困难或节日时，会一起供奉这两位神明，以求平安幸福，财源滚滚。

第三节　花皇圣母崇拜

花皇圣母，也叫花婆、花王、帝母、姆绿甲等，也有人译为米洛甲、姆洛甲，壮语称之为“姆甫”、“姆号早”。壮族人认为她是本民族的始祖神，也有人说花婆是由创世大神姆洛甲演变而来的。关于姆洛甲（姆洛甲也称为“米洛甲”）的神话有很多版本，由于传承区域上的差异，不同地方的姆洛甲神话带有各自的人文地理特征，但基本内容还是可以确定的。

从前天地没有分开的时候，先是在宇宙中旋转着一团大气，渐渐地越转越快，越转越急，最后变成一个蛋的样子，但这个蛋和鸡蛋不一样，它内中有三个蛋黄。这个蛋在宇宙中由一个拱屎虫推动它旋转。另外，有一个螟蛉子每天都爬到上面钻洞。钻呀钻，有一天，终于钻出一个洞来，这个蛋就爆开来，分为三片：一片飞到上边成为天空；一片下到地底成为水；留在中间的，就成为我们中界的大地。宇宙虽然分成上、中、下三界，但是，各界之中，什么东西也没有。突然，中界的大地上，长出一朵花来。这朵花说不上是什么颜色，花一开，中间却长出一个女人来。这个女人就是我们人类的始祖。她披头散发，全身一丝不挂，满身长毛，但很聪明，因此，后世人叫她米洛甲①。因为她有智能，足以做聪明人的师傅，所以人们又叫她米洛西。

……

米洛甲见大地毫无生气，便想起造人来。她撑开两脚，站在两座大山上，突然吹来一阵风，她觉得尿很急，便撒一泡尿，尿湿了土地。她用手把泥土挖起来，照着自己的样子捏了很多泥人，用乱草蒙盖起来。经过七七四十九天，打开蒙盖的草一看。这些泥人竟活起来了。活着的人到处乱跑乱跳，叫也叫不住他们，米洛甲便到森林里采集很多杨桃和辣椒，向人群中撒去，这些活着的泥人便来抢，结果抢到辣椒的便是男人，抢到杨桃的就是女人。从此，这宇宙间才有男人和女人出现②。

在壮族的民间信仰中，花王圣母即花婆是主管生育的神灵。壮族人认为，每个人都是花婆后花园里的一朵花，花是人的灵魂。白花代表男孩，红花代表女孩。她把红花和白花移栽在一起，人间男女便结成夫妻。一对夫妻有多少个小孩，小孩健康与否，都是由花婆决定的。花婆根据每对夫妻的为人处世来赐子，平时多积德行善，花婆就会

① 有的学者把“米”写为“媄”或“姝”。

② 吕大吉等主编《中国各民族原始宗教资料集成·壮族卷》，中国社会科学出版社，1998，第603～604页。

赐予其新鲜、硕大的花朵，缺德的则会得到一些瘦弱、枯萎的花朵，甚至不会得到花朵。花山之花遭旱生虫，人间孩子便生病，师公做法事，祈求她除虫浇水，孩子于是康复。人去世，回归花山，还原为花。

其龙村每户人家的祖坛上面基本上都供奉“花皇（王）圣母”，以保佑全家平安；祖坛旁边还贴有花符（见图6－5）。其龙村村民认为自己是花皇圣母的后代。一个许姓村民说：“盘古开天地之后，花皇圣母就造了很多人，她有九个奶子（乳房），生了很多人，我们是她的后代。所以我们的神坛写的是‘九天卫房花皇圣母夫人位’和‘本音通天定福灶君之神位’，后来经过不断的演变，神坛只写后半部分了，成为‘花皇圣母夫人位’和‘定福灶君之神位’，他们（其余的村民）大部分都不懂老祖宗的东西了，都是请人家乱写的。”到现在，村民把花皇圣母看做和祖先、灶君、土地公、观音菩萨同等重要的神明。在小孩满月之后，家人请道公给小孩看八字解关时，道公会写上花皇庇佑的话语。在为婴儿举行满月仪式时，麽婆要用自己的法力请花皇圣母下来，在举行仪式中，一些纸花、纸花旗、纸钱等都是送给花皇圣母的礼物，让她养寿，保佑婴儿平安。

在其龙村村民看来，花婆与土地神都是保佑他们五谷丰登、子孙兴旺的神明。土地神具有一定的公众性，土地庙一般在村口和屯口供村民祭拜；花皇圣母具有一定的家庭性，其龙村村民每家的祖坛上都供奉着花皇圣母神位。村民根据不同的需要来祭拜这两种神明，表明村民把生产和生活中的事情划分为公共性和私人性两类，这反映到对神明的祈求中也就有了公开性和隐秘性祭拜两种方式。

一般来说，花婆庙也称“花王庙”、“花皇庙”等，是

图 6－5　村民祖先堂上供奉的花皇圣母（2007 年 7 月 23 日　马菁摄）

各地壮族民间花婆崇拜文化的主要载体。历史上，在壮族乡村或城镇，花婆庙随处可见，其中又以兴宾区（原来宾）寺山乡的鳌山花婆庙、城厢镇的龙洞、武宣县城下北街的花王庙最为著名①。在广西靖西县一带，普遍存在关于花婆的信仰，1948 年《靖西县志》中对靖西县的花婆信仰进行了描述，有《花王庙碑记》为证。清道光二十八年的《归顺直隶州志》，收录了嘉陵元年由李宪乔所写的《花王庙碑记》，其中提到祭祀花王的情况："近世边州郡又有所崇花王者，略如元君，有能虔事之者，则宜于嗣除灾以免夭折，并为祀典所无而揆其义。"② 中华人民共和国成立以后，靖

① 覃彩銮：《壮族"花婆"信仰的民俗学考察》，载李富强主编《中国壮学》（第二辑），民族出版社，2006，第 293～312 页。

② 赫鲁修、黄福海纂《靖西县志》（手写油印本全一册），广西第二图书馆 1957 年翻印，1948，第 83～84 页。

西县的花婆庙已经为数不多。根据田野调查资料[①]，靖西县的新靖镇有一座花王庙，里面的建筑材料均保持原貌。此庙建于清代乾隆二十年，逢初一、十五和节日，人们都会来拜祭。如今，花王庙大门前段被居民楼所占，只留一门入内，内原有一窗，现已被封死，光线较昏暗，唯屋顶的光瓦透漏着太阳的光芒，得以采光。庙内有一对联：

上联：爱爱乐乐莫非看出善心

下联：往往来来都是求生贵子

横批：一视同仁

庙中央供奉花皇圣母，花皇圣母右手抱一女童，左立一男童。圣母年轻漂亮，两童手上都提着纸灯笼和塑料花束。在圣母身后两侧墙上，分别绘有彩色的龙凤，左边为龙，右边为凤，龙凤身旁都环绕有一圈燕子。在龙凤周围的空白处，粘贴有或新或旧或圆或方的仪式剪纸，从那密集的程度，不难看出其香火的旺盛。顾名思义，里面的仪式剪纸都是善男信女们求子所用。在其龙村，已经没有花婆庙，也没有专门针对花婆的祭祀活动，只是在为婴儿招魂、请酒仪式和重大节日时对花婆进行祭拜，花婆神位与祖先、灶君等神位一同供奉在家里的祖坛上，没有单独对花婆进行的祭拜。不过，在其龙村，每逢重大节日活动、妇女求子、为满月的婴儿招魂、为生病的小孩看病等情况，村民就会请麽婆或道公做相应的法事，在麽婆招魂的仪式中，都会祭拜花皇（王）圣母神位。

---

① 莫莉：《靖西壮族仪式剪纸艺术考察研究》，广西民族大学 2008 年硕士学位论文，第 12 页。

因为麽婆管花皇圣母神位，是花婆在人间的代表，所以小孩满月之后，为小孩招魂的法事自然也应该由麽婆来做。在其龙村，从事神职活动的人有麽婆和道公两类人，他们分别承担各自的职责，为村民招魂、解关、化解生活中的不测事件。具体而言，麽婆主要是女性来做，道公由男性来做。村民常说，“麽婆女人做，男人很少做，女人做道公没见过”，即麽婆一般由女人来做，很少有男人做麽婆，但是也有男的做麽婆，女人做道公的却没有见过。

其龙村村民称麽婆为“麽”，请麽婆做法事为“做麽”。他们认为，麽婆和道公不同，麽婆没有经书念，常常是一闭上眼睛就开始唱，而道公有经书念。麽婆能看到鬼、天堂，麽婆做法事时，她的灵魂已经离开了身体，到达天上，看到以前祖宗做的事，再说给村民们听。麽婆做法事时，男的不参加，因为男的不会做，如不会剪纸等。有道公做法事时，男的才参加。

在小孩满月由道公为其解关之后，主家会选择一个吉日请麽婆为小孩招魂，在整个招魂的过程中，麽婆会请花皇圣母和其他神灵一起来为小孩招魂，保佑小孩健康成长。村民认为，如果道行浅的道公或麽婆选错了日子，把花皇收花日误认为吉日，为小孩招魂，不但不能保佑小孩健康，反而会导致小孩丧命，因为花皇收花日是花皇圣母收走小孩之命的日子。

对于其龙村村民而言，有些人对“魂”的存在持一种“矛盾”态度，从对一个许姓村民的访谈中，我们可以看到这种心理：

我们相信人是有灵魂的，因为小孩小，还没有在世上立足，所以要让花皇圣母保佑小孩的魂。如果小孩的八字里没有关，命里不缺什么，就不请道公来做（法事），直接找麽婆来为小孩叫魂。满月是小孩出生30天的日子，除了给他解关、招魂之外，最主要的是让小孩晒太阳。因为在满月之前，小孩是不允许出来的，一直待在屋里。

满月仪式之前准备的物品都是送给花皇圣母、神灵和鬼的，目的是保佑小孩平安。麽婆手中拿的扇子、铜铃、铜圈、印符都是为了招魂之用；麽婆做法事所用的镜子是用来照鬼、照妖的；两个小竹片是丁窖，占卜所用，决定神是否请到了；麽婆用黑色的布搭桥，并在桥上放有一个小竹梯，意思是给小孩补命，怕他短命，使小孩命长。临近仪式结束时，爷爷在早晨6点抱孙子出门，因为6点是太阳升起来的时间。麽婆应该看小孩八字中的吉时，决定小孩家人什么时候抱小孩出来合适。不能随便抱小孩出来，否则小孩会有灾难，严重的话小孩会死去。仪式结束之后，要把纸花、纸马、冥衣、纸钱等烧掉后的灰放在一碗糯米里，再放上一个鸡蛋，这碗米要在三到七天（最晚不超过七天）之内，找一个全家人都在的时间煮熟，也把鸡蛋煮熟，把烧的纸灰和鸡蛋都吃掉，全家人一起吃这碗饭，不许外人吃，才能保小孩平安。小孩满月禁忌：小孩满月那天晚上喝喜酒，老人或身体不好的人只能在主家门外吃酒；小孩做完满月法事后，我们老人可以去小孩家的屋子里了。因为满月属于红事，红事比较厉害，如果触犯禁忌，会带来不幸，所以外人不能随便出入满月小孩的家。

其实，我对灵魂半信半疑。当麽婆给一个死去的人做法事时，她能讲出我和死去的人生前所做的事，而且讲得很准，我觉得很神奇，就觉得肯定是麽婆懂得那个亡人的灵魂，才能讲出来这么多的事情，我就相信灵魂存在。但有时候我又觉得说人有魂是乱说的[①]。

基于以上的矛盾心理，大部分村民还是按照祖辈流传下来的规矩，给满月的婴儿招魂，以求得到心理上的安宁。由上所述，壮族人认为人的灵魂是永存不灭的，人的灵魂在花婆的后花园里化身为一朵朵花，待到有人向花婆求花赐子时，灵魂依托生命又重新获得新生，下生到人间，构成“花—人—花”的生命轮回观。

① 时间为2008年7月21日到2008年8月14日；地点为其龙小学办公室；人物：其龙小学许老师。

第七章　教育

其龙村虽然地处祖国西南边疆的边境线上，但是教育发展却有较长的历史，早在20世纪30年代，其龙地方就办有小学。中华人民共和国成立后，尽管也有师生把岩洞、防空洞当做教室的困难时期，但是办学始终没有中断。现在的其龙小学设在其龙街屯，是靖西县边境线上设施较好的一所村级小学（见图7－1）。

图7－1　其龙小学（2007年8月14日　马菁摄）

第一节　小学基础设施

由于长年受到边境战事的影响，其龙村教育教学设施相当滞后。对越自卫反击战前其龙小学是平房建筑，但是在战争中倒塌。1985 年后，国家给其龙村建了两层楼房。1987 年，广西区民委对这栋楼房进行装修，并盖了三层楼房，每层两间教室，共六个教室，并建了沼气池（学生厕所）。教师宿舍条件差，屋内仅有一张床，没有其他配套设施。其龙村小学在大屯曾有两间平房教室，原为一年级和二年级上课使用，现在已经改为住房。

2002 年以来，在自治区党委和政府的关怀下，其龙小学得到了自治区民委的扶持，区民委共投资 25 万元，用于装修原教学楼，并新建一栋三层教学楼，解决了学校教室不足的难题，同时还新建了学校大门、围墙、篮球场、校厕、学校墙报栏、花圃等，另外建造了一个沼气池，给教师生活提供了方便（见图 7－2）。现在学校占地面积 2300 多平方米，总建筑面积约为 568 平方米，绿化占地面积 150 平方米，生均占地面积为 15.3 平方米，绿化覆盖率为 30%。

校内设有 7 间教室，占地面积为 266 平方米；图书室 1 间，占地面积为 20 平方米；体育器材室 1 间，占地面积为 20 平方米（见图 7－3）。此外，还有办公室、档案室、仪器室各一间，教师宿舍 8 间。1987 年广西区民委赠送其龙村小学两台计算机、一台激光打印机。2006 年 9 月，广西区民委又赠送了桌椅。2007 年 2 月，广西边防部队赠与其龙村小学 250 套桌椅，并帮助建校园板报长廊。

图书室现有图书总数 780 册，生均册数 4.59 册。在教

图 7－2　其龙小学的操场（2007 年 8 月 14 日　马菁摄）

图 7－3　其龙小学的运动器材（2007 年 8 月 14 日　马菁摄）

学仪器方面，有理科教学仪器 97 种，品种备齐率 86%；电教设备 3 种，品种备齐率 43%；体育器材 42 种，品种备齐率 73.7%；音乐器材 9 种，品种备齐率 50%；美术器材 9 种，品种备齐率 69.2%；劳动技术器材 42 种，品种备齐率 51.9%：所有上述类型器材，均达到三类标准（见图 7－4）。

图 7-4　其龙小学的音乐器材（2007 年 8 月 14 日　马菁摄）

第二节　学生就学情况

一　其龙小学学生户籍情况

其龙小学有 6 个年级，每个年级 1 个班，共有学生总数 170 人。本辖区户籍学生数 148 人：适龄生 135 人，其中女生 65 人；非适龄生 5 人，都大于 12 周岁；外籍学生数 27 人，其中外村 2 人，外乡 1 人，外县 24 人。总人数 170 人中，正常儿童在校生 156 人，其中女生 69 人。小学正常儿童入学率达 99.36%，其中女生入学率 100%。

二　其龙村属儿童入学率情况

其龙村小学就学适龄儿童总人数为 159 人（女生 77 人），包括残疾人 3 人（女生 1 人），正常儿童在校生 156 人。其中，在本校读书的人数为 136 人，在外地读书的人数 16 人，11～12 周岁人口已小学毕结业者 3 人，入学率

99.36%（见表7-1）。

表7-1　2006~2007学年其龙儿童就学情况

单位：人，%

7~12周岁儿童						
总人数	其中残疾	正常儿童在校生				入学率
		总计	其　中			
			在本校读	在外地读	11~12周岁小学已毕结业	
159	3	156	136	16	3	99.36

其龙村2006~2007学年在校的7~15周岁年龄段学生中，有残疾少年3人，其中1人不能行走，2人智力残疾；免（缓）学1人，已入学2人，入学率为66.7%。

三　学生变动情况

2006~2007学年，其龙子弟共有30人小学毕业或结业，其中在本地小学毕业的有20人，外地毕业的有10人。外地转入其龙小学的9人，其龙小学转出20人。本学年初，其龙小学在校学生总数170人，上学年初在校学生总数155人，学年内无辍学情况出现。

第三节　课程开设情况

其龙小学有学前班和小学一至六年级、共七个梯级的教学组织。各个梯级的教学程度是递进的，用的都是统编教材。

学前班开设语文、数学、品德、音乐、美术和游戏课程。一年级至六年级开设的科目有语文、数学、品德、习作、科学、体育、自然、美术、音乐、体健、法制、游戏、写字、社会、劳动、口语、安教（安全教育）、远教（远程教育）等（见图7－5）。

图7－5　其龙小学国防教育讲座（2007年5月21日　马菁摄）

从以上开课情况可以看出，其龙小学没有开设英语课，靖西县的其他乡村小学一般也都不开英语课，主要原因就是缺少英语教师。另外，其龙小学只有两台计算机，没有专门的信息技术课教师，计算机课的教学渗透于数学、语文的教学活动之中，所以没有单独开设计算机课。

学前班授课一般是普通话和土话（壮话）相结合，逐步引导孩子接受并运用普通话交流。小学一年级至六年级老师全部用普通话授课。

第四节　师资状况

其龙村小学有教师编制7人，但是全职的公办教师不足，长期聘任代课教师（见表7－2、表7－3）。

表7－2　其龙小学教师基本情况一览（2004年9月）

姓名	性别	出生年月	参加工作时间	文化程度	职称	职务	任教科目	籍贯
钟腾辉	男	1972.12	1991.9	大专	小学一级	校长	语文、数学	靖西三合
李恒益	男	1953.6	1976.5	中师	小学一级	副校长	语文、数学	靖西龙邦
麻启管	男	1951.1	1969.1	中师	小学二级	教师	语文、数学	靖西龙邦
许荣庆	男	1949.9	1969.9	中师	小学二级	教师	语文、数学	靖西龙邦
杨文革	男	1978.5	1999.9	大专	—	代教	语文、数学	靖西龙邦
高春燕	女	1974.10	1996.9	中师	—	代教	语文、数学	靖西化峒
岑永生	男	1964.1	1991.9	中师	小学一级	教导主任（代教）	语文、数学	靖西化峒

表7－3　其龙小学师生情况

单位：人

年度＼人数	公办教师	代课教师	中师中专文化水平教师	校长岗位合格教师	在校学生	师生比
2004～2005	4	3	3	1	150	37：1
2005～2006	4	3	3	1	155	39：1
2006～2007	5	2	4	1	170	34：1

如表7－2所示，所有教师都具有大专或中师学历，但是仍然存在一些问题，教师专业结构单一，英语、艺术和计算机等科教师比较缺乏。其龙村小学没有女老师，全部是男老师，教师性别比例上的失衡，对学生的教育存在一定的片面性影响。另外，其龙村小学的学前班没有专门的老师，由其龙小学的校长和一个任课老师担任教学任务，教学生一些基本的算术、识字知识、简单的儿歌、舞蹈等。

个案7-1[①]

麻启管，1951年1月生，靖西县龙邦镇人，文化程度为中师，其龙小学教师，到2007年已经任教35年。除教小学二年级语文、数学课之外，还担任各项课外活动指导老师。比如学校为欢度六一儿童节准备节目等事宜，都由麻老师和李校长一起组织学生排练、表演。

根据2007年对其龙小学教师年龄的统计，70%～80%的教师年龄在40岁以上，其中，有两名教师2009年或2010年就到了退休年龄，教师队伍老龄化；40岁以下的年轻教师很少。2008年，龙邦镇政府从任庄乡调来两名女教师到其龙小学，在一定程度上弥补了其龙小学教师性别比例失调的不足。但是据调查得知，这两位女教师工作不是很积极，经常借故请假，随时想着调走。据2008年统计，靖西县小学专任教师生师比平均为18.2∶1，而在其龙小学，这一比例历年来都没低过30∶1，专任教师缺乏，是制约其龙教育发展的一个严重问题。

教师缺乏的主要原因是工作条件差、待遇不好，这也是其他地方乡村小学所普遍存在的老大难问题。如在教师待遇方面，专职教师每月工资1600元，代课教师每月250元，工资水平比较低。因此，在编教师工作热情不高，代课教师的流动性相对较大，这些教师一旦遇到公办教师招考的机会，就会抓紧时间报考，如果考试成功，就会转成在编教师。2008年，其龙小学已经没有代课教师，2007

① 根据其龙小学副校长李恒益口述整理。

年调查时的代课教师已经通过教师招考，调到上敏小学教书。

2007年7月21日中午，笔者在其龙村与越南88号界碑处遇到了来自越南那逐村的李老师，她和自己的女儿、孙女一起赶龙邦街，正要过88号界碑回家。通过访谈，我们了解到，李老师在越南那逐村小学任教，每天只工作半天，学生也只上半天课，老师和学生都在余下的时间回家干活。那逐村小学课程很少，主要用越南语授课；不开设美术、音乐之类的课程。学校有6个年级，约有160个学生，其龙村附近的越南公交屯没有小学，附近几个村屯的孩子都到那逐村的小学去上课。在越南，小学和初中都属于义务教育，不收学费，国家发给课本。但是如果一户人家有多个孩子上学，弟弟妹妹只能用哥哥姐姐用过的书，国家不再发书。在越南小学，教师的工资一个月大约有1500元人民币。

通过以上越南小学教师和学生的情况可以看出，越南小学教师比其龙小学的教师上课时间少一半，而工资却与其龙小学教师的工资持平；越南小学生的学习时间和学习内容，与其龙小学学生相比，学习时间少，课程设置单一。

第五节　教学经费

教学经费是否充足，是制约学校教育质量和教育事业发展的一个关键因素。我们在调查过程中，了解到其龙小学2004~2006年的经费收支情况，具体数据如表7-4、表7-5、表7-6所示。

表7-4　2004年学校经费收支情况统计

单位：元

学校经费收入情况		学校经费支出情况	
项　目	费　用	项　目	费　用
上级补助	1500	基本工资	4950
事业收入	26400	办公费	1150
—	—	印刷费	75
—	—	水电费	925
—	—	邮电费	95
—	—	交通费	135
—	—	差旅费	125
—	—	会议费	150
—	—	培训费	180
—	—	招待费	70
—	—	劳务费	80
—	—	维修费	245
—	—	图书资料费	24675
合　计	27900	合　计	32855

表7-5　2005年学校经费收支情况统计

单位：元

学校经费收入情况		学校经费支出情况	
项　目	费　用	项　目	费　用
上级补助	1650	基本工资	5500
事业收入	26799	办公费	859
—	—	印刷费	85
—	—	水电费	925
—	—	邮电费	85
—	—	交通费	140
—	—	差旅费	135
—	—	会议费	1120
—	—	培训费	90

续表

学校经费收入情况		学校经费支出情况	
项　目	费　用	项　目	费　用
—	—	招待费	80
—	—	劳务费	—
—	—	维修费	250
—	—	图书资料费	25630
合　计	28449	合　计	34899

表 7-6　2006 年学校经费收支情况统计

单位：元

学校经费收入情况		学校经费支出情况	
项　目	费　用	项　目	费　用
上级补助	24075	基本工资	6500
事业收入	16225.7	办公费	1540
—	—	印刷费	420
—	—	水电费	1125
—	—	邮电费	420
—	—	交通费	450
—	—	差旅费	850
—	—	会议费	640
—	—	培训费	870
—	—	招待费	800
—	—	劳务费	400
—	—	维修费	2500
—	—	图书资料费	28575
合　计	40300.7	合　计	45090

由表 7-4 ~ 表 7-6 中所示的 2004 ~ 2006 年学校经费收支情况我们可以看出，学校经费收入和支出每年递增，

每年都透支。除了正常的经费收入（主要是财政工资）外，每年县、乡等上级部门都给予学校补助，尤其是 2006 年，其龙小学获得上级补助 24075 元，占学校办学经费的 60%，这反映出上级对其龙村的扶贫力度加大了。另外，学校开支除了教师工资外，最主要的项目是图书资料费的支出，平均占到总支出的 70% 以上。由于上级拨款，2006 年其龙小学的经费收入比 2005 年、2004 年收入多出不少，其龙小学也就有了更多的资金来完善办学条件。

第八章　科技与卫生

科技关乎一个村庄的经济发展状况，与村民的致富程度息息相关；卫生关乎一个村庄的人口繁衍状况，与村民的身体健康程度密切相连。大力发展科技与卫生，对推动一个村庄的全面发展至关重要。

第一节　科技推广

2007 年 4 月的统计数字表明，其龙村接受培训的劳动力共有 592 人，其中街屯 90 人，民生 120 人，古荣 82 人，那亮 60 人，大屯 240 人，共占劳动力总数的 81%。

一　烟叶种植技术培训

从 2003 年起，村干部开始发动群众调整农业结构，引导群众种植烤烟，先后组织村干及群众代表到龙胜、钦州等地考察学习，开阔视野，增长见识，增强在艰苦条件下创业和发家致富的信心和决心。现在，全村种烟面积达 330 亩，每亩烤烟纯收入 1000 元左右，仅烤烟一项，全村增收 18 万元，人均增收 105 元。

其龙村烤烟种植是在百色市政府和百色市烟草公司共同扶持下发展起来的地方产业。烟草公司会派技术人员对烟农进行一对一的指导，以便烟农在种烟、烤烟、分级等方面遇到问题时能得到及时解决。

二　水蜜桃种植技术培训

2002 年，对口帮扶单位邀请了广西水果研究所和靖西县水果办的专家到其龙村考察，帮助果农分析土壤、气候和市场情况，无偿提供种苗，免费进行技术培训。其龙村村民种下台湾水蜜桃 300 亩，目前长势良好，成活率 90%以上，拓宽了群众增收的路子。

三　远程教育技术培训

靖西县龙邦镇其龙村党员干部群众利用现代远程教育系统，突破了农村党员干部教育培训受时间、空间、地域的限制，实现了远程教育与农民需求的远距离接触，解决了广大党员干部、群众“想致富无门路，想发展少技术”的困难，进一步促进了农村经济社会的全面协调发展。

远程教育的开展有助于提高党员干部队伍的思想政治素质、科学文化素质和带头致富、带领群众共同致富的能力，建立健全“让干部经常受教育、使农民长期得实惠”的长效机制，不断增强基层党组织的创造力、凝聚力和战斗力，为全面建设小康社会提供坚强的人才支持和组织保证。

四　沼气池建造与推广

沼气是农村新型清洁能源，具有节省资源、清洁环境和改善生态的综合能效。由于过去人口增长较快，当地居民为解决燃料问题，到石山上乱砍滥伐，石山植被覆盖率下降，当地生态环境遭到破坏。2000～2005年间，在广西区民委的帮助下，全村共有215户农户新建了沼气池，沼气入户率为60%，是全镇沼气入户率最高的村，大部分农户结束了砍柴烧火的历史（见图8－1）。近年来，沼气池的推广不仅促进了以养猪为主的畜牧业、粮食与水果以及林业的发展，而且也使村里的生态环境得到进一步改善。

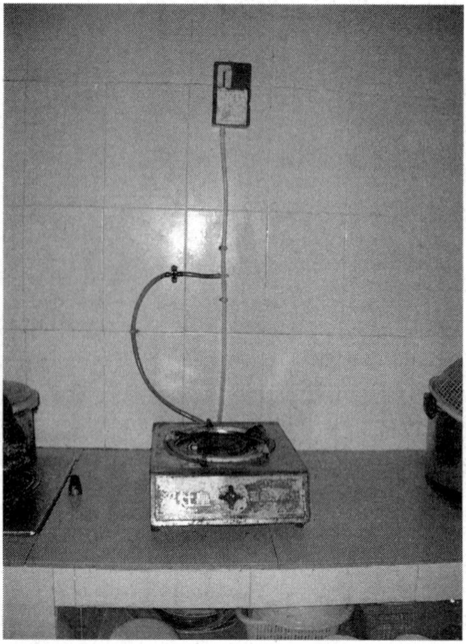

图8－1　其龙村村民家庭的沼气灶（2007年8月4日　马菁摄）

1. 农村沼气池建设的要求

农村户用沼气池的建池体积一般是8～10立方米，如果使用新型高效沼气池技术，一年可产生沼气380～450立方米，提供的热能够满足3～5口人的农户10～12个月的生活燃料需求，年可节省柴草2000公斤以上，节约电200千瓦时左右，仅此两项可节约 200～400 元的开支，另外还能减少作物秸秆的燃烧。

建造户用沼气池的要求如下：

第一，要求建造人员必须是参加过沼气生产工上岗培训的技术人员，且实际操作合格，并持有施工合格证的技术人员。

第二，选择最佳季节建沼气池。一般在北纬 39 度以北地区，深秋、冬季气候冷，池温低，沼气池建后不易启动，所以不宜建池；雨季或地下水位高的季节也应避开。

第三，养护。建池结束以后，相关人员要立即对用混凝土浇筑过的每个部位进行养护。养护沼气池的具体要求是：在平均温度大于 5℃时，应采取自然养护；外露混凝土应浇水，保持其湿润状态，同时加盖塑料薄膜或草帘，养护时间为 7～10 天。

第四，试压检查。沼气池养护后要进行试压检查，看是否漏水、漏气。其具体方法是：在安装好输气管路、三通、开关、压力表后，再向池内浇水至池口平面，观察一昼夜，看水位是否下降；如没问题，把水抽出 1/3，接好输气管路、三通、开关、压力表，封池，向池内再加水，待压力表上升至 60～80 厘米水柱时，观察 24 小时，下降不超过 3% 即 2 厘米为合格；若超过 2 厘米视为漏气，必须查出漏气部位并对该部位进行粉刷。最后，再加水试压检查。

第五，施工安全。一是防止塌方；二是及时加盖；三是挖好池坑时如遇下雨，要教育儿童不要在池坑附近玩耍，以防误入坑中发生危险。

2. 其龙村沼气池建设情况

改革开放以来，靖西县的沼气建设发展得很迅速，不仅沼气使用率增加，建池质量也不断提高。其中，龙邦镇的其龙村发展得尤为成功。

2006 年，广西医科大学的学生对其龙村的沼气建设情况进行了初步调查。调查内容包括：三沼（气、渣、液）的利用；沼气的普及率；沼气使用的安全宣传是否到位；政府的政策是否到位；封山育林与燃料的关系。

第一，“三沼”（气、渣、液）的利用。沼气是利用人畜粪便、植物茎叶等有机物质做原料，在一定的温度、湿度和密闭的条件下，经过微生物发酵而产生的一种可燃性气体。沼气为农村煮饭、点灯照明等提供了廉价的能源。1 立方米沼气能供 3～5 口人的家庭煮三餐饭，相当于一盏 60～80 瓦电灯照明所耗的能量。一座 8 立方米容积的沼气池，可满足一个 3～5 口之家的生活用能。在调查中我们了解到，整个其龙村对“三沼”的利用只局限于沼气的照明以及作燃料，而其他两种即沼气渣与沼液的应用，有些农民并不知道。而从政府拿到的资料中发现，沼气渣可当肥料使用，沼液可当农药使用。农民与村干部告诉笔者，政府派下来的技术人员的宣传并不是很到位，因此导致农民对“三沼”的利用不充分。

第二，沼气的普及率。在其龙村的调查显示，全村 5 个自然屯共有 190 多座沼气池，其中已使用的占 80%，没使用的原因多为料不够足，或者发酵时间不够。但 5 个屯的沼气普及率有所出入，人口比较集中也是村公所所在地的街屯和那亮，沼气的普及率为 80% 以上，而在相对来说较远以及穷困的屯，沼气普及率在 20%～40%，而沼气的使用率就更低了。原因在于政府对各屯的优惠政策不同，由于那亮和街屯是示范村，所以，政府除了提供水泥以及进出料管以外，还提供输气管道以及燃具，其他屯则只提供前两种；还有环境问题，如没有地方建池（人口多，太拥挤；地形多为石头，不能打坑）。但村支书说，明年（2008 年）争取 300 户有沼气。

第三，沼气使用的安全宣传是否到位。这个是其龙最突出的问题，整个其龙村知道沼气使用安全守则的人非常少，当时技术人员宣传时并没有把安全守则宣传到位。

第四，政府的政策是否到位。政府为农民提供水泥以及进出料口，还承诺为沼气户建一间厕所，以及补助一头母猪。但是据调查，后面两项基本上没有到位。

第五，封山育林与燃料的关系。为了制止石漠化的恶化，政府决定实施“封山育林”。虽然其龙的植被覆盖率达 60% 以上，但都以灌木为多，其原因还是乱砍滥伐严重。自从政府推广沼气后，农民的燃料问题解决了，上山砍伐的人也少了，但由于沼气的推广不够普及，而且气量不够，砍伐现象还存在。

我们在 2007 年 7 月的调查中发现，其龙村的沼气池是在政府补助和居民自己出资的情况下修建的，大多数农民愿意修建沼气池。少部分农民没有修建沼气池的主要原因有以下几点：

第一，受地形限制。大部分农民由于没有适合建沼气池的地方而放弃修建沼气池的计划。

第二，家庭成员外出打工，家中人口较少，不愿意修建沼气池。

第三，经济因素。在调查过程中我们发现，虽然当地很贫困，但很多农民还是借钱修沼气池。由于家庭困难而不愿意修的很少。

应当指出的是，虽然沼气池建好了，但由于技术推广的缺陷，很多农民不懂安全使用沼气和沼气的综合利用。除沼气用作燃料、沼气渣用于施肥以外，沼气液没有得到很好的利用，沼气液可以用作农药杀虫。另外，由于饲养牲畜，沼气不能满足需要，还是有部分农民到很远的边境上砍薪材。再加上现在推广烤烟种植，在烤烟的过程中，也消耗了一些薪材。

至本次调查结束时（2007 年 8 月 15 日），其龙村有些村民已经不再使用沼气。因为沼气池需要大量的牲畜粪便才能生成，个别村民没有养猪，因此产生的沼气量不足，这在一定程度上制约了沼气的使用。

第二节　医疗卫生

其龙村作为基层乡村，是靖西县、乡、村三级卫生医疗服务网络体系的终端环节之一，其上级医疗服务部门是龙邦镇镇卫生院。龙邦镇卫生院有医务人员 14 人。在龙邦镇卫生院下，各个村都有卫生室及个人的医药点，服务于辖区内的群众。其龙村设置两个医疗点：一个是村卫生室，村卫生室 1995～2000 年设在那亮屯，2000 年以后搬进新村部，即街屯派出所院内；另一个是村药店（诚信医药连锁店），其龙村有乡村医生两名，全部是通过自学当乡村医生的（见图 8－2）。

村卫生室一般负责儿童防疫工作和村民的常见病治疗。儿童防疫是每年 6 次，由龙邦镇卫生院负责。进行儿童防疫时一些儿童由于各种原因没有及时打针，龙邦镇卫生院会派人送疫苗到村里，由村医配合镇卫生院医护人员打疫苗。卫

图 8－2　村医农朝学（2007 年 8 月 10 日　马菁摄）

生室经常碰到的病例有肺炎、肝炎、感冒、发烧、肺结核等。村内只有一人疑似肺结核，其余皆身体状况良好，一般都是一些常见病，无传染病。

个案 8－1

访谈对象： 黄华碧。

时间： 2007 年 8 月 4 日晚 6 点 30 分。

地点： 黄华碧的药房。

黄华碧曾经在中越边境倒卖货品，1985 年越南发现锰矿后，他又开始倒卖锰矿。黄华碧大专毕业后在龙邦镇从事医疗卫生职业，总共从医 16 年，1981 年回其龙村做生意。（黄华碧）日常进货主要是常用药，从县药品公司进货（见图 8－3）。一般一个月进三次货，进货种类多，但是数量少。每个村的村医有两名，主要负责常见病（感冒、小孩肺炎、小儿腹泻、跌伤、刀伤）的治疗。

图 8-3 黄华碧的药房（2007 年 8 月 4 日 马菁摄）

在饮水方面，其龙村饮水有两个来源：一个是由水泵抽取河水，通过自来水管道输送到各家各户；另一个就是用水泵抽取后山的泉水（一般是一个家族中的各家合伙凑钱一起安一个水泵以供整个家族使用），通过自来水管道送到家族的每个家庭。水是通过自来水管道输送的，所以厕所、猪圈、羊圈、牛圈与之不相连，基本上还算卫生。

一 新农村合作医疗

1. 新农村合作医疗简介

改革开放以来，农村的医疗卫生条件有了极大的改善，农村缺医少药的问题已基本解决。但是，由于多数地方农村医疗保障制度不健全，医疗费用完全靠个人支付，农民负担较重，因而出现部分农民“看病难”的问题。据一些县的调查数据显示，在农村贫困户中，因病致贫、因病返贫的农户占 20% ~30%。许多情况表明，疾病是导致贫困的重要原因，贫困又使疾病难以医治。目前所言“看病难”、“医疗难”，主要是指农民对医疗费用的承受能力不足。广东省农村社会经济调查队对农民的一次调查显示，36%的农民最担心的问题是患病。由于多数地区农村经济发展水平还不高，尚不具备把农民医疗保障纳入社会医疗保险制度的条件，政府或集体经济也没有能力把农民医疗保障问题全部解决，目前广大农民的医疗保障问题只能通过农民互助共济的方式来解决。

根据中共中央、国务院及省政府关于建立新型农村合作医疗制度的实施意见及有关精神，农民大病统筹工作改称为新型农村合作医疗制度（简称新农合）。新型农村合作医疗制度实行个人缴费、集体扶持和政府资助相结合的筹资机制，筹资标准不能低于 30 元/人，其中县财政补助 10 元，乡镇财政补助 5 元，农民筹资 15 元。归纳起来就是筹资提高，政府补助多，农民受益面大，为患大病的农民提供了保障，最高给付额达到 2 万元。

2007 年下半年靖西县实施新农合。新农合实施后，确实有效地缓解了群众看病难的问题，农民群众参合人数逐年增加，2008 年农民参合人数为 470544 人，参合率为 85.5%，比 2007 年参合人数增加了 59676 人，参合率提高了 9.7%。全年有 209626 人次享受到新农合补偿，补偿金额 2032.16 万元，资金使用率达 53.9%。其中住院补偿 77123 人次，补偿金额 1444.3 万元；门诊补偿 129086 人次，补偿金额 323.33 万元，慢性病门诊补偿 1234 人次，补偿金额 28.47 万元；异常分娩住院补偿 315 人次，补偿金额 33.57 万元；大病救助补偿 185 人次，补偿 175.35 万元；住院分娩顺产补偿 1683 人次，补偿金额27.14元；参合群众受益率为44.5%，比2007年上升34.5个百分点。

2. 其龙村实施合作医疗情况

2007年7月1日，其龙村开始合作医疗，按规定，收费标准为每人每年10元，半年每人5元。村民自愿参加合作医疗体系。据统计，其龙村村民基本上参加了合作医疗，有个别村民没有参加，若想再参加，则只能等到下一次合作医疗开展的时间。

据村医黄华碧介绍：关于合作医疗，每人每年需10元（半年5元），其中1元是手续费。如果参加合作医疗的人生病住院了，75%的费用可以报销。靖西县卫生局下属龙邦卫生院设四个点进行合作医疗，村民在村卫生室看病花费可持发票到龙邦镇报销。龙邦镇合作医疗的四个点为其龙、那坡、吕那、界邦。

二　壮族传统医药

壮医学是祖国传统医药宝库中的重要组成部分，更是我们祖国丰富多彩的民族文化和宝贵医药遗产的一朵奇葩。壮医治疗的独特方法有熏洗、热熨、刮痧、灯草、针灸、挑刺、放血、拔罐、药线、耳针、药棰、火针、按摩、接骨、用草药辨症内服和外敷等，治愈了许多疑难杂症和常见病。

本次调查以其龙村村民刮痧为例介绍传统壮医学在民间的具体运用。其龙村村民刮痧时用食指和中指弯曲（也称“钳痧”），钳住病人胸、背及脖子等穴位，用手适度用力向上提几次，直到出现红黑色为止。刮痧之前要先在要刮痧的部位拍点水，以增强刮痧效果。钳痧之后，要用热水洗澡，以便打通血脉。洗澡水的煮法如下：放拍扁的生姜在水里煮，水热之后把水放到桶里，再把生盐、云香精等放入水中。洗澡时用煮过的姜擦身体，以使身体发热。钳痧主要治疗感冒、头痛、嗓子痛等常见病。钳痧比较简单、方便，单纯用手，不用任何工具，所以成为其龙村村民治疗常见病的一种方式。

壮医药历史悠久，内容丰富，无论过去还是现在，都为壮族人民身体健康作出了贡献，随着现代医药科学技术的迅速发展，如何摆好壮医药与现代医学的位置，取长补短，提高临床疗效，更好地为人民群众健康服务，需要民族医药工作者通过长期实践进一步探索。

附录　稳定与发展专题调研报告

专题调研报告一　扶贫与创建活动

其龙村是边境线上典型的贫困村，其龙村的发展离不开上级政府、民族部门及人民军队的大力帮扶。在各方面的关心和帮助下，其龙村民经过自己的辛勤努力，不仅逐渐摆脱了贫穷的生活，而且也使村里的基础设施逐步完善，村民教育水平日益提高，整个村庄村容村貌获得极大改善，经济发展呈现出强劲的势头。

一　扶贫情况

龙邦镇其龙村地处中越边境，与越南只有一山之隔。在20世纪70~80年代，由于受多年边境战事特别是对越自卫反击战的影响，其龙村作为战争的最前线和主战场之一，民房、学校、水利、公路等设施遭受摧毁，损坏严重，群众生产、生活条件差，加上石山地区恶劣的自然环境，资源贫乏，当地经济发展缓慢，群众收入渠道少，生活贫困。1978~1980年，民政部门开始对其龙村进行扶贫，发放被子、蚊帐等给贫困户。现在，扶贫工作已经做得相当完善，其龙村街屯低保户每个月可得到60元补助，五保户每个月可以得到30元的补助。

自2000年上级政府把其龙村列为贫困村后，各级政府加大了对该村的扶持力度，自治区民委和武警边防部队也给予其龙村多方的关注和支持。经过5年的努力，该村基础设施得到了很好的完善，群众的生产、生活条件得到了很大的改善。群众的人均产粮量、人均纯收入得到了很大的提高。2000年底，全村人均产粮285.89公斤，人均纯收入仅为796元，其中未解决温饱的有49户，初步解决温饱但不稳定容易返贫困户有169户。到2004年底，全村人均产粮368公斤，人均纯收入1396元。贫困户16户，占全村的5%，比2000年的15%下降了10个百分点。但是，跟发达地区相比，贫困状况还是不容乐观。这主要表现在以下几个方面：

第一，生活水平低，消费结构单一，住房、存粮和现金收入是农牧民财富水平的集中体现，但贫困户与非贫困户相差悬殊。

第二，享受公共教育和卫生服务的能力弱，随着近年来国家对广西农村的大力扶持和投入，贫困地区的基础设施建设如教育、卫生设施有了较大的改善，但由于贫困户的收入水平低，因贫困而被迫辍学的学生仍然存在。

第三，人均纯收入低，与全县的平均纯收入相去甚远，能买得上先进的农业机械、交通工具等的农民很少，生产性投入不足。受收入水平的制约，贫困户只能维持简单再生产，这样，农民从生产到销售农产品的成本大大高于其他地区，这直接成为减少农民收入的一大因素。

2000年，自从自治区决定实施“整村推进”的目标任务以来，其龙村结合自身实际，本着“缺什么补什么”的原则，在上级扶贫部门和对口帮扶单位的支持和帮助下，科学规划，融合资金，加大投入，解决了多年来困扰其龙村改革与发展的许多问题。

五年来的主要扶贫成效有：其龙村的基础设施有了很大变化。借边境大会战的东风，沿边公路贯通该村，使该村和镇政府的路程大大缩短，由原来的 15 公里缩短为 9 公里。其龙村多方筹措资金，投资 57 万元修建了其龙小学和新建街屯到大屯的一条 1.5 公里的水泥硬化道路。随着这个工程的完工，全村实现了屯屯通水泥道路的目标。民生屯的街道硬化工程也已经完工。其龙村同时对 52 户茅草房进行了改造，实现了全村无茅草房的历史。五年来，全村共有 215 户农户新建了沼气池，沼气入户率为 60%，是全镇沼气入户率最高的村，大部分农户结束了砍柴烧火的历史，村里的生态环境得到改善。在人畜饮水工程方面，街屯、那亮、古荣屯群众已经用上了干净卫生的饮用水，大屯、民生两屯也已筹措到了资金，再过不久全村群众就可以全部用上卫生饮用水。其龙村还新建了街屯—那亮—大屯一条 1.5 公里长的水利工程，使 300 亩的农田灌溉问题得到解决。全村 5 个自然屯实现了电视信号联网，2004 年底，有 230 户拥有电视，电视入户率为 66%，群众的文化娱乐水平得到了提高。拥有党员远程电教室，对加强党员的党性教育帮助很大，使党员、干部随时都能掌握到党中央最新的方针政策。全村 5 个自然屯都经过了农网改造，群众的用电质量得到了提高。

由于“三通”工程已完成，群众的生产、生活热情高涨。群众纷纷改变观念，改变小农经济思想，进行农业产业结构调整，2004 年，全村种植烤烟 150 亩，缴售干烟 390

担，产值21万元。其观念已由原来的上级政府动员种烟改变为群众积极争取种烟指标。在养殖方面，2004年底，全村的猪、马、牛、羊牲畜存栏2864头，出栏1950头；家禽存栏6120羽，出栏9080羽。

2005年，自治区民政部门对其龙村生活困难的群众发放了棉被、蚊帐、衣服、草席等生活用品，以解决他们生活当中遇到的困难（见附表1－1）。

附表1－1　民政物资发放情况（2005年第一季度）

屯　名	棉被（条）	蚊帐（顶）	衣服（件）	草席（个）
街　屯	2	0	1	0
古　荣	1	1	2	0
民　生	2	1	1	1
大　屯	2	1	1	2
那　亮	0	2	0	0

资料来源：由龙邦镇政府纪委书记赵英杰提供。

其龙村村民尤其是受助村民，非常感谢各级部门对他们的关心和帮助，如老支书农承登写了一首题为《赞区民委》的山歌，感谢区民委的大力帮助。

进村蹲点区民委，帮扶真给边民发；
处处为民办实事，干群关系真才华。
组织骨干去观光，提高思想素质吧；
四通八达水泥路，边民致富有办法。
学校村部都建新，科技中心人才发；
村干办事够方便，制度完善新办法。
标准水利全部通，桃果林中效益发；
帮建危房几十户，群众干部笑哈哈。

科技兴农种烤烟，富民兴边是办法；
扶贫烤房几十座，烟农受课学技法。
全村都通自来水，全是民委给真法；
各屯巷道硬化新，全村卫生达标吧。
又能建起五包村，孤寡老人有办法；
年节关心特困户，基层干部得关怀。
衷心感谢区民委，历史丰碑记中华；
边民永远跟党走，万代千秋都繁华。
祝愿民委各首长，永远健康振中华！

虽然山歌文辞不尽押韵，但是列举出帮扶工作的种种内容，反映了群众发自真心的感激之情。这可以说是当地扶贫工作成效的一个缩影。

二　创建爱民固边模范村

其龙村是一个地处祖国西南边疆的少数民族村寨，这里不仅有边防哨所，而且是边境治安管理的管辖单位，与武警边防部队有着密切的军地关系。正因为如此，武警部队的领导与官兵对其龙村的发展十分关心，积极扶助和参与其龙村的发展与建设。其中，部队与地方共同进行爱民固边模范村的创建，就是双方合作的一个具体内容和有效的形式。

2006 年 10 月 30 日，广西公安边防总队与靖西县人民政府在靖西县龙邦镇其龙村举行爱民固边共建其龙村签字仪式（见附图 1 –1）。广西公安边防总队陈永福副政委、蓝景宁副参谋长、百色市边防支队檀恒立政委、靖西县副县长邱佳妮，以及靖西县公安局、民族局、边委办和龙邦镇党委政府有关领导以及当地学校师生、群众代表约200人参加了签字仪式。广西公安边防总队与靖西县人民政府开展爱民固边共建其龙村活动，是该总队不断推进“爱民固边”战略的新举措，是贯彻落实党中央、国务院建设社会主义新农村精神和自治区党委、政府建设“富裕广西、文化广西、生态广西、平安广西”要求，积极投身社会主义新农村建设的新尝试，也是开展警政、警地合作的新探索。

附图1-1　“爱民固边模范村”签字仪式（2008年9月1日　马菁摄）

负责具体落实共建工作的百色市公安边防支队党委，将定点帮扶其龙村列入重要议事日程，多次进行专题研究，将其作为深入推进爱民固边战略、为党委政府分忧、为群众办实事的重要工程来抓。他们成立了帮扶工作领导小组，制定帮扶计划，广泛发动各方力量参与建设。此举进一步得到了广西边防总队的大力支持，总队与自治区民委签订警民共建协议，落实了整合双方资源，发挥双方优势，共同帮助其龙村群众早日走上物质生活、精神文化生活“双脱贫”的具体措施和办法，并将该村确定为“爱民固边联系点”。总队、支队有关领导多次深入其龙村进行调研、指导、慰问，向靖西县和龙邦镇有关领导汇报情况，与县、镇、村三级领导座谈，共同研究帮扶大计，找准帮扶切入点。同时，做好群众的宣传发动工作，赢得了群众的理解和支持，为深入开展“爱民固边示范村”创建工作奠定了坚实的群众基础。其龙爱民固边模范村的创建工作，也取得了明显成效。

第一，支部带头作用更加明显。广泛借鉴地方基层党组织建设的成功经验，充分发挥好部队基层党建工作的优势，指导驻当地的龙邦边防派出所党支部与其龙村党支部结成帮扶共建对子。在此基础上，他们指导其龙村委完善了《村规民约》，健全了各项规章制度，加强村委骨干培训，加大村务公开，加强民主管理，进一步提高了其龙村党支部班子自身的政治素质、文化水平、致富带富和依法治村能力，增强了支部班子成员的管理意识、服务意识和建设社会主义新农村的责任感，提高了在群众中的威信，较好地解决了其龙村党支部原先存在的成员年龄结构老化、党建工作开展不正常、支部的战斗堡垒和模范带头作用不明显等问题。

第二，基础设施建设更加完善。“晴天尘土飞扬，雨天泥泞不堪”，这是其龙村以前路况的真实写照。为改善其龙村交通现状、方便村民出行，总队经过多方协调和积极争取，征得自治区民委出资为其龙村修铺了一条2公里长的乡村水泥路。同时，龙邦边防检查站和靖西边防大队结合“城乡清洁工程”，组织发动村民修建排污沟，绿化村内环境，清理卫生死角，改变过去猪圈乱搭、粪池乱建、柴草乱堆、垃圾乱扔的无序状态。

由于其龙村自然条件较差，基础设施落后，群众生活贫困，“五难”（灌溉难、看病难、看书难、看戏难、赶圩难）长期困扰着村民的生产、生活。总队采取有效措施，着力解决群众“五难”问题。（1）龙邦边防检查站、靖西边防大队先后派出警力1200余人次参加村里的饮水工程、农田水利等建设工作，并捐赠一批价值12000余元的水利设备，解决了村民灌溉难的问题（见附图1－2）。（2）总队将原其龙边防派出所旧营房修缮成爱民卫生室，购置了一批药品和医疗器械；并争取到靖西县龙邦镇医院的支持，指定1名村医负责卫生室工作，每星期定时为群众看病，解决了村民的看病难题。（3）总队出资建成其龙村爱民图书室，在靖西县图书馆的大力支持下，该图书室目前已有图书2000余册。同时，以图书室为依托，先后为村民举办科技种养培训10余场次，给群众提供致富和农产品销售信息

附图1－2　武警部队为其龙村捐助的水利设备

（2006年12月18日　马菁摄）

30余条，进一步普及农业科技知识，提高了群众的种植、养殖水平。（4）组织村民开展丰富多彩的文体娱乐活动，组织文艺队到村里进行慰问演出，为群众放映录像等，群众不出村便有“好戏看”，一改昔日靠“数玉米”赌博娱乐打发闲暇时间的陋习。（5）把改造其龙农贸市场作为重要的帮扶项目来建设，把原来房舍陈旧狭小、配套设施简陋、两旁房屋早被列为危房的农贸市场改建成为以钢管作为支架、铁皮作为顶篷的爱民市场。同时，在市场附近建造一座公厕，解决赶圩群众的“如厕难”问题，使市场的配套设施更加完备，为广大群众贸易经商提供了更多便利。2007年其龙“爱民市场”建成使用后，每个街天赶圩的群众平均达到1000人次以上，旺季时每个街天的交易量达到12万余元，淡季时达到4万元左右，有效拓宽了群众的致富门路，为边民互市提供了良好的贸易经商场所，促进了当地经济的发展。

第三，治安基础防范更加到位。其龙村与越南仅一山相隔，过去，该村土地纠纷、邻里纠纷多发，治安案件、刑事案件时有发生。为扭转其龙村的治安形势，百色公安边防支队以加强农村警务战略为突破口，坚持依托驻村民警强化治安管理、依托群防组织强化治安管理和依托矛盾排查强化治安管理这“三个依托”，使其龙村社会治安状况得到明显好转，群体性矛盾纠纷得到有效遏制，为模范村建设创造了良好的发展环境。经过这些努力，近两年来，全村没有刑事和治安案件发生，实现了可防性案件“零发案”和“零纠纷”的目标，进一步提高了群众的安全感。

第四，村民农闲生活更加丰富。总队配合当地党委政府建好“农家书屋”，办好“农家课堂”，深化开展“文化进村”、“文明进村”活动。在2006年已建成的其龙图书室里增设“科技致富专柜”，放置与农民生产、生活相关的科技书籍和科教光盘，增加图书室桌椅数量，发挥好图书室、娱乐室等基础设施的作用，简化手续，方便群众借阅。以打造“快乐家园”为目标，总队对已损坏的文体器材进行更换，新捐赠了一批高音喇叭、功放机、影碟机、篮球、乒乓球、羽毛球及致富书籍等文体器材，价值5000余元，为丰富群众的农闲娱乐生活创造了更好条件。总队在其龙科技文化中心设立广播站，使之成为向群众宣传时事政策、法律法规、文明村风、致富信息等常识的主阵地，进一步营造了学习、团结、文明、和谐的环境氛围。

2007年6月28日上午，靖西县龙邦镇其龙村歌声嘹亮，气氛热烈。广西公安边防总队“弘扬公安边防精神，全面推进爱民固边战略”主题文艺慰问演出在这里举行。总队陈永福副政委，政治部何斌主任，百色市委常委、政法委书记韦瑞灵，市政府何延权副秘书长，总队司令部蓝景宁副参谋长，百色市边防支队隆善军支队长、檀恒立政委，龙邦边防检查站关富春站长以及靖西县委刘忠雷副书记，县政府李建荣副县长等领导和驻靖西县边防官兵以及其龙村群众共1000余人观看了演出。演出在一首歌伴舞《又是好日子》中拉开序幕，优美的舞姿和动听的歌声立即吸引了观众；接着女声独唱《节日欢歌》、音乐快板《东盟盛会展雄风》、小品《雨中情》、歌舞《爸爸妈妈》等精彩的节目将演出推向高潮；最后，演出在壮族歌舞《木棉花开红菲菲》带来的喜庆气氛中落下帷幕。整台演出集音乐、舞蹈、朗诵、小品、器乐为一体，通过载歌载舞的表演，展示了边防官兵在总队党委的坚强领导下，深入实施爱民固边战略，推进“三基”工程建设所取得的丰硕成果，热情歌颂了边防官兵弘扬公安边防精神，舍小家顾大家、远离家乡、戍边卫国的高尚风格，抒发了官兵们奉献青春、无怨无悔的热血情怀，讴歌了警民共建富裕文明和谐新百色、共筑边境安全稳定战略屏障的精神风貌。整个演出高潮迭起，演出在热烈的掌声中圆满落幕，丰富多彩的节目和演员精湛的表演让所有观众赞不绝口（见附图 1－3）。

附图 1－3　“爱民固边”慰问演出（2006 年 1 月 9 日　马菁摄）

2008 年 7 月 10 日，“爱民”广播站正式成立并开播，广播站由村委主任李恒球担任站长，成员有村委副主任、村治保主任等。广播站的广播时间为每天 6:30～7:00 和 18:30～19:00，内容设有法律宣传、致富信息快讯及综合娱乐三个板块。法律宣传板块播送与群众日常关系密切的法律法规、交通安全注意事项及时政新闻等内容，以增强群众的法制意识；致富信息快讯主要播报致富信息，内容从总队赠送的致富书籍中精心挑选，让群众了解科学种养知识；综合娱乐版块则主要播放流行、红色经典音乐和壮族山歌，以缓解群众一天的疲劳。龙邦边防派出所民警还自发组成一支“临时放映队”，从县城租来放映机和影片，为其龙村群众放电影。

第五，群众办事求助更加便利。龙邦边防派出所充分发挥其龙警务室的前沿平台作用，进一步公开办事程序和求助指南，使其更好地成为村民的“平安中心”、“求助中心”、“便民服务中心”和“支农服务中心”（见附图1-4）。驻其龙警务室民警针对农忙季节一些村民难以抽出时间到派出所办理户籍业务的实际，采用提前通知、提前预约等方式，尽量避开白天劳动时间，为村民集中办理户口簿、身份证等事宜，这样做既不影响农活，又让群众节省了时间和费用，受到了群众的一致好评。2008年以来，其龙警务室先后为群众发放警民联系卡400余张，办理户口簿90余本，办理二代身份证180余张，接受群众咨询300余人次，提供致富信息60余条，开展支农服务活动10余次，办实事、解难事40余件次。

附图1-4　农事村办服务站（2008年7月5日　马菁摄）

第六，国防教育宣传更加深入。国防教育是建设和巩固国防的基础，是增强民族凝聚力、提高全民素质的重要途径。国家通过开展国防教育，使公民增强国防观念，掌握基本的国防知识，学习必要的军事技能，激发爱国热情，自觉履行国防义务。其龙村位于中越边境，紧邻越南，中越边民之间往来频繁，因此，处理好其龙村村民和越南人民的关系至关重要。靖西县政府和百色市边防支队非常重视国防教育工作。靖西县国防教育办公室专门编制了《靖西县国防教育宣传手册》（2008 年 6 月），其主要内容有：党和国家领导人对国防教育的重要言论、中华人民共和国国防教育法、中华人民共和国国防法（摘要）、全民国防教育日、我国同邻国交流与合作方针、中越关系十六字方针、边民守则、边民出入过境须知、边界勘界立碑的意义及注意事项、涉外人员守则、国防教育宣传用语、国防教育壮族山歌歌词。该手册使其龙村村民更好地了解了国防教育的大政方针，更好地维护边界的稳定（见附图 1－5）。其中，国防教育山歌富有当地民族风情特色，内容充实生动，宣传效果突出。如其中靖西县山歌协会会长农建雄先生所编的一首（下甲调·韵花）山歌歌词为：

国防教育抓得紧，国家平稳又繁华；
守海防空和领土，就得坚固留国家。
发扬爱国爱社会，教育老依江屋腊；
支援国家靠觉悟，国防巩固好大家。
在疆国耐使麻痹，边界标志使念差；
国防秘密要保守，人堆泄露挨进衙。
保家卫国图民生，为了振兴留中华。

附图 1－5　平安边境村（2008 年 7 月 5 日　马菁摄）

靖西县龙邦边防派出所还善于利用其龙村壮族人民的传统节日文化进行国防教育工作。2009 年 3 月 3 日（农历二月初七），龙邦边防派出所利用其龙传统街日人员集中的好时机，主动邀请靖西县三牙山风景区艺术团到其龙爱民固边模范村开展国防教育宣传演出活动。在街日当天，其龙街上人如潮涌，热闹非凡，文艺表演、山歌会、舞狮子等喜庆活动丰富多彩。据了解，观看演出的群众超过了 1500 人次。通过演出，给群众宣传国防知识、法律知识、安全常识，既为村民们送上了一台丰盛的文化大餐，又提高了群众的国防意识、法制意识和安全意识，收到了良好的宣传教育效果。

总之，在各方的大力支持和帮扶之下，其龙村正在发生着翻天覆地的变化，由原来的基础设施不完善、科技欠发展、村民生活贫困、基层政权组织不完善、教育滞后、医疗和卫生条件差等状况，改变为各方面逐步提高和完善的新面貌，以崭新的姿态屹立于中越边境线上，为村民营造着一个幸福安宁的家园。

2008 年创建其龙爱民固边模范村实施方案①

根据总队《2008 年创建其龙爱民固边模范村实施方案》和《广西边防总队十项措施》深入推进爱民固边战略的相关要求，结合我所实际，我所支部对总队创建方案进行了进一步讨论，对我所 2008 年将进一步配合总队做好其龙爱民固边模范村创建工作，并充分发挥基层官兵与广大群众紧密联系的优势，争取在去年创建工作取得良好效果的基础上，再创新的成绩（见附图 1－6）。我所创建其龙爱民固边模范村方案如下：

附图 1－6　其龙村"爱民固边模范村"标志碑

（2007 年 8 月 2 日　马菁摄）

---

① 资料由广西靖西县龙邦镇其龙警务室警员马庆提供，2009 年 6 月 30 日。

一　指导思想

以党的十七大精神为指导，全面贯彻落实总队《2008年创建其龙爱民固边模范村实施方案》和《广西边防总队十项措施》相关要求，按照“生产发展、环境和谐、生活富裕、乡风文明、村容整洁、管理民主”的要求，将创建模范村工作与建设文明生态村工作结合起来，为爱民固边模范村的建设提供咨询和服务。

为加强我所创建模范村工作，特成立创建模范村工作领导小组，具体成员如下：

组长：肖建军（龙邦边防派出所教导员）

副组长：许峰（龙邦边防派出所所长）

成员：吴金生（龙邦边防派出所其龙警务室常驻民警）

刘光荣（龙邦边防派出所第三警区责任区警官）

徐祖森（龙邦边防派出所第三警区责任区警官）

曹光友（龙邦边防派出所第三警区责任区警官）

领导小组主要负责全面指导落实和完成各项具体工作，每月召开1次创建工作分析会，对创建工作开展情况进行小结，总结经验教训，提出改进工作的措施。

二　内容和标准

创建模范村要坚持因地制宜、突出特色、讲求实效的原则，按照如下内容和标准进行创建：

与镇政府协调好，任命警官为村官；

大力加强新闻宣传报道工作，使“爱民固边”战略深入民心；

扶助无助儿童，协调有关部门解决就学问题；

按照“四无”目标，创建和谐边境环境。

三　目标和任务

我所今年将积极配合总队将其龙村创建为爱民固边模范村的样板村，重点完成以下任务：

一是开展平安建设，创造良好的治安秩序；

二是推进和谐建设，创造和谐乡村环境；

三是推进富裕建设，提高村民生活水平；

四是推进文明建设，净化不良村风民俗。

四　具体措施

（一）加强我所支部与其龙村党支部的沟通联系

我所党支部与模范村党支部要结成共建对子，结合模范村创建工作实际，我所将专门指定理论知识丰富的党员到其龙村组织村党支部成员加强“三个代表”重要思想、十七大精神、法律法规和各种技术的学习，提高村党支部班子综合工作能力，牢固树立为群众服务的意识。同时，加大指导村务公开力度，提高村务工作的透明度。通过帮建，增强模范村党支部的凝聚力、战斗力，使其成为带领群众积极参与模范村建设的过硬基层领导队伍。2008 年 5 月中下旬，由我所主官分别向龙邦镇党委政府汇报模范村创建工作成效和存在的困难，争取领导的支持，力争把模范村建设纳入社会主义新农村建设和社会治安综合治理总体规划（负责人：许峰所长、肖建军教导员）。2008 年 5 月下旬，我所与其龙村党支部结成对子，发挥部队政治工作优势，指导建好建强其龙村党支部，增强凝聚力和战斗力。兼任村官的民警要督促召开和参加“两委”会议，落实完善村务公开制度，推动解决群众反映的问题，提高村“两委”工作水平和带领群众发展生产力的能力（负责人：肖建军教导员、刘光荣干事）。根据上级有关要求，我所每半个月汇报一次创建工作进展情况，创建中遇到的困难和问题及时汇报（负责人：许峰所长、曹光友干事）。

（二）加大下乡走访力度

结合当前推行警务信息系统的有利条件，我所将继续加大对其龙村的走访力度，把走访群众工作作为我所今年的工作重点来抓，经过所支部讨论决定，在今年5月31日之前，我所要对其龙村群众再走访一遍，将其龙村村街信息和在家的群众人像信息采集完毕。我所积极协助地方党委政府开展和谐家庭、和谐邻里、和谐村屯创建活动，做好“星级文明户”、“五好家庭”组织评选活动，引导群众和睦相处，尊老爱幼，互帮互助，推进村风民风转变；同时定期组织官兵、发动群众及其龙小学师生开展乡村清洁建设，整治村容村貌，大力宣传教育，使村民有良好的卫生习惯。另外，积极协调村委会和群众，在村道两旁种植绿化景观树，美化其龙村环境（负责人：许峰所长、刘光荣干事）。

（三）强化警务室的职能作用

在去年维护其龙良好秩序的基础上，我所将在其龙方向增加1名联防队员专门与驻村民警一起常驻其龙警务室。警务室实行责任区警官轮流值班制度，每天至少保证1名责任区警官在警务室值班，确实保证警力下沉，及时处置各类警情，为群众排忧解难。另外，我所将结合实际，适时组织户籍民警到其龙警务室为群众办理证件，为民提供方便。积极配合靖西边防大队做好协调工作，于6月中旬成立其龙村“三会一队”即其龙村综治委员会、人民调解委员会、治保委员会和治安巡逻队，并落实“十户联防、邻里守望”等机制，努力消除治安管控盲区，确保其龙村治安持续稳定（负责人：许峰所长、吴金生干事）。5月中下旬，我所积极协调建立由派出所、司法所、村委会组成的司法调处组织和由其龙警务室警官、村民代表组成的调处组，围绕维护稳定和奥运安保工作，对其龙村集中进行矛盾纠纷大排查。对其龙村民生屯和上敏村足奥屯多年来存在的土地纠纷问题，我所要积极协调龙邦镇党委政府，召集两屯村干部和村民代表进行协商，彻底解决土地纠纷问题。同时，对其龙村大屯的农顺靠医疗事故纠纷、大屯与街屯打架事件纠纷，我所要积极主动介入，做好相关工作，避免上访事件发生（负责人：许峰所长、肖建军教导员）。

我所将在每月集中开展1次“法律六进”（法律进村寨、进机关、进学校、进单位、进厂矿、进农户）活动，向村民发放法律法规知识手册、宣传资料，同时利用农村远程教育系统定期播放普法短片等形式，送法上门，提供法律咨询，教育引导群众依法表达诉示，维护自身合法权益，提高群众法律意识和维权意识（负责人：肖建军教导员、徐祖森干事）。

（四）当好群众致富的信息员

去年总队投资建成爱民市场以来，其龙村的村容村貌以及人们的生产、生活方式都有了进一步的改观，爱民市场为村民致富提供了场所。今年，我所将利用互联网、广播、电视等多种信息渠道，广泛收集各类农业信息，通过播放电影、发放宣传资料等方式传递给村民。另外，在为群众提供致富信息的基础上，我所将在农忙时节成立“支农小分队”，帮助困难家庭抢种抢收等。5月下旬，我所积极配合支队、大队工作组做好其龙村警务系统信息采集工作，确保在6月30日完成其龙村信息采集工作（负责人：吴金生干事、徐祖森干事）。我所要积极开展信息扶贫、知识扶贫和科技扶贫活动，为其龙村经济发展牵线搭桥，为村民脱贫致富出谋划策。积极配合后勤处做好其龙市场扩建、公厕建设等硬件设施建设的预算工作，并定期要求农科专家或农业技术人员深入其龙村田间地头，为村民提供技术服务。同时，协助总队在其龙村爱民图书室设立“致富专柜”，为村民购置种养技术书籍和科技光盘，帮助村民脱贫致富（负责人：吴金生干事、刘光荣干事）。

（五）帮助村民培养健康的生活习惯

通过推进“道德进村”、“城乡清洁工程”等活动，全面加强对村民的道德教育，提高村民的道德素质和遵守社会公德的自觉性，倡导文明的村风民俗。以其龙警务室为依托，教育广大村民养成良好的卫生习惯，在每个街天之后，积极组织村民和其龙小学的学生对市场周围进行全面彻底的清扫，保持村容整洁。另外，我所将经常性地与其龙村委联系，开展丰富多彩的文化体育活动，如组织篮球友谊赛、唱山歌等，丰富广大村民的业余文化生活。利用其龙村现有的远程教育系统，发挥好其龙图书室、娱乐室的作用，为村民搭建文化娱乐平台。同时，配合龙邦镇政府设立村级“文化活动中心”，创建“农家书屋”，开办“农家课堂”，开展“文化进村”，丰富村民业余文化生活，引导村民崇尚科学、健康、文明的娱乐生活方式（负责人：肖建军教导员、刘光荣干事）。

我所要将品德好、业务精、工作能力强的民警放到其龙警务室锻炼，重点培养，树立典型，结合其龙爱民固边模范村创建工作进展情况，深入挖掘、整理、提炼好经验、好做法，大力宣传推广，力争形成亮点，在部队内外有一定影响，年底受到部局表彰（负责人：肖建军教导员、刘光荣干事）。

六　工作要求

（一）创建模范村活动要与文明生态村建设结合起来，为文明生态村建设注入科技内涵，要积极引导农民学科技、用科技，依靠科技增收致富

（二）发动群众，团结各方力量开展警民共创共建

在文明生态村建设中，要始终坚持“警民携手”的原则，团结凝聚各方力量，积极务实地开展工作。一是坚持在地方党委政府的统一领导下协调一致搞创建。二是充分发动群众，激发村民的主人翁意识。三是广泛进行思想发动，充分调动广大官兵参与创建工作的积极性。

（三）求真务实，努力建设文明生态村的精品工程

在共建过程中，要坚持不做表面文章，不搞“形象工程”、“政绩工程”，把为群众办实事、办好事作为出发点和落脚点，努力建设文明生态村的精品工程。

（四）科学共建，努力推进“三个文明”协调发展

在共建中，要把建设生态环境、发展生态经济、建立生态文化作为主要目标。在抓好村容村貌整治、村道建设、房屋改造等硬件建设的基础上，注重抓好文明生态村的软件建设。一是深入开展移风易俗活动。二是大力开展科技扶贫工作。三是加强村组建设。四是加强村庄环境卫生管理。

（五）及时总结模范村创建工作的经验，树立典型，做好宣传报道和信息沟通工作，及时把创建工作情况报告县委、县政府及上级机关。

龙邦边防派出所

2009 年 3 月 4 日

专题调研报告二　其龙村“以烟强村”发展策略评析

其龙村属于亚热带季风气候。夏无酷暑，冬无严寒，春、夏、秋三季长，冬季甚短，温差不大，有“小昆明”之誉。这种气候条件，极其适合烤烟种植与生产。进入21世纪以来，靖西县积极调整农业产业结构，发展特色优势农业项目，烤烟种植被作为优势产业重点发展，2002年，全县种植烤烟面积刚刚3万亩，到2007年发展到5.5万亩，2008年发展到近7万亩，烤烟产量达16.844万担。其龙村的烤烟种植，作为靖西县烤烟产业发展的一个基层示范点，是在百色市政府和百色市烟草公司共同扶持下发展起来的。2003年，自治区民委请专家到其龙村考察，发现其龙村土地肥沃，水利资源较为丰富，适合发展烤烟等高效农业，于是当年就试种烟50亩，并取得了很大成功。随后，个别村民开始种植烟叶，成为村内首先富起来的一部分人。在这些人的带领下，其龙村的种烟渐渐成规模。2006年全村种植烤烟近300亩，产值达50多万元，种烟农户户均收入4500元以上。至2007年，该村种植烤烟450亩，预计收入72.5万元。

政府和公司在发展过程中，对烟农进行种烟、烤烟、分级等各项技术培训，并提供相应的补贴，极大地提高了其龙农民种烟的积极性。2006～2007年间，其龙村的烤烟生产连续获得丰收，被靖西县和龙邦镇评为“烤烟生产先进集体”。

一 烤烟产业与其龙村的社会变迁

烤烟种植在其龙村推广以来，给其龙村带来了新的变化。

1. 对村民生活的影响

其龙村，处在中越边境线上，属大石山区，亚热带季风气候，传统的经济类型是以水稻为主的农业种植，加上少量家禽、牲畜养殖，是典型的边境线贫困村。发展烤烟种植以后，逐年递增的烤烟经济效益，使其龙村村民的生活逐渐脱离贫困，经济条件的改善，反映在村民生活的方方面面。

其龙村的房子属典型的干栏房建筑，旧时一般用木材作建造，茅草铺顶，条件稍微差一点的就用木材作支架，竹席围四周，就做成一房子。现在村民收入增加，有钱买空心砖建房，砖瓦房基本普及，竹席式草屋已经看不到了。

村民以前都是拾柴烧火做饭，村里在上级部门的扶贫活动中，沼气池基本普及，很多人也用沼气做饭，省事方便。但是自从开始种植烟叶以来，村民都买起了煤气灶、电饭锅、电磁炉等现代化的家用厨具，这既方便了日常生活，也为烟农种植烟叶提供了便利。因为村民种植烟叶，特别是在间苗、移栽、破膜等比较忙的时节，回家烧火做饭是非常不现实的，既耗费体力，又浪费时间，而有了这些现代化的厨具，就使做饭不再成为烟农的负担。用沼气是不可能的，因为若要沼气能够正常使用，农户家里至少要饲养一头猪，一头猪的排泄物才能保证一家人正常做饭所需沼气。而多数烟农由于种植烟叶，放弃了养猪（种植烟叶很显然比单纯的养猪经济收入多），沼气自然也就利用不上。

村民手里有了钱，生活水平提高了，多余的资金就投入到其他方面，尤其是小孩的教育方面。村里的孩子学习要求一向不高，不是父母不重视，而是缺乏资金，一般能够完成义务教育就很少见了。但是通过种植烟叶，父母有了钱，认识到知识的重要性，也都愿意投资教育。有的家长甚至拿钱把孩子送到县城去念书。以前家里女孩多的家庭，一般不会让她们读书，但是现在村民手里有了钱，也愿意把女孩送去读书。

2. 对基层组织建设的影响

烤烟种植，不仅从经济上改善了村民生活，也在政治上促进了基层组织建设。近年来，其龙村先后荣获国务院“整村推进扶贫开发先进村”、百色市“村务公开民主管理示范村”、靖西县“先进基层党支部”等荣誉，这与其龙村共产党员先锋模范作用和基层干部骨干带头作用的发挥有直接关系。党员干部带头致富赢得了群众的支持和拥护，焕发了基层党组织的活力。

不过，在发展当地烤烟产业的过程中，基层领导和骨干所承受的工作压力过大，这在一定程度上对其龙村基层组织建设也造成了不良影响。

一方面，烟叶种植发展起来后，村里个别村民富裕起来，由于村干部带头种植烟叶，村干部是第一批种植烟叶并首先致富的人，也因此带动了村干部对村内工作的热情。但是种植烟叶也给部分村干部带来了困扰：并不是每个村干部都想种植烟叶，也并不是每个村干部都适合种植烟叶，但是上级领导要求每个村干部必须带头致富，种烟就是其中一项。每个村干部都要种烟，并且是“大量”种植（比平常村民多的量），这样，由于技术问题、劳动力问题，某些村干部不堪负担每年的种烟任务，反而使烟叶种植成为个别村干部的为难之处。

另一方面，党委领导班子实行“一帮一”的政策，党员种植烟叶，带动帮助对象种植烟叶，以实现致富。这使他们忙于生产，忽略了党委其他活动的开展，如推荐新党员，组织党员学习党的思想政策等，几乎没有进行，也影响了村内其他组织的正常活动。

值得一提的是，村干部的工资并不高，据访谈所知，村长每个月的工资也只是150元，所以村长绝不可能放弃烤烟的经济生产，而专心做村长的事情。因此，村干部工资的提高也是健全基层组织建设的关键。

3. 对农业种植结构的影响

其龙村总面积为18435亩，耕地面积869亩，其中水田516亩，旱地535亩，人均耕地面积0.51亩。主要种植水稻、玉米、红薯、辣椒、生姜等粮食作物。全村的猪、牛、羊、鸡、鸭等农业产品有一定收入。近年来沼气池的推广促进了以养猪为主的畜牧业的发展，促进了粮食生产、水果生产和林业的发展，生态环境得到进一步改善。

由于烟叶的种植，其龙村大部分土地都用来种植经济作物，尤其是烟叶的种植。从第一年的腊月到次年六月是烟叶种植期，很多烟农把别的村民家的耕地租借过来种植烟叶。至烟叶收获后，才会再种植水稻等粮食作物。玉米、红薯、辣椒、生姜等作物也种植，但是由于烟叶种植占去太多的土地，相应缩减了其余农作物的种植面积。

到2006年，其龙村烤烟种植面积约330亩，其中包括旱地烟和水烟种植。其龙村2007年地烟生产计划是：地烟种植面积达到500亩。很显然，2007年，单是地烟种植面积就比2006年地烟和田烟种植面积总和大，这说明其龙村越来越多的土地用来种植烟叶。现有土地是固定的，烟叶种植面积的扩大就不可避免地造成其他农作物种植面积的减少。其龙村原本人均就很少的耕地，在发展烤烟种植后，与粮食、蔬菜等其他农作物争地的矛盾也越来越突出。

4. 对其龙村村民个人技能的影响

村民一直从事传统农业种植，一般没有任何技能。村里引进烤烟后，许多村民参加烟叶种植培训，再加上烟站技术人员到村里进行一帮一的指导，确实给其龙村民指明了一条致富之路。在实际学习中，烟农渐渐掌握地烟和田烟种植方法的不同，并准确操作整个种植过程。旧烤房往往导致烤出的烟叶成色不足，甚至出现烤焦的现象。新烤房出现后，对于一些技术不过硬、熟练程度不高的烟农，操作简单方便的“智能控制仪”，就给这些烟农烤烟以技术上的支持，这也说明烤烟种植已经在其龙村形成了一定规模，且有成为其龙村支柱产业的趋势。村民掌握了一门技术，文化水平得到相应提高，各方面知识特别是种烟的技术知识在其龙村民中得到普及。全村经济水平上升到一个新的层次，并且在此基础上，带动村里各项事业的发展，使其龙村成为建设社会主义新农村的典范。

5. 对其龙村劳动力需求的影响

其龙村全村有5个自然屯、15个村民小组、343户、1705人，全为壮族，其中劳务输出家庭有233户，占总农户数的67.9%。全村有7名无助儿童、6名困难学生。弱势群体共有24名，越战支前民兵有5名。全村有越南“三非”人员35人（其中大屯21人、那亮屯2人、街屯1人、民生屯4人、古荣屯7人）。

从其龙村人口统计结果来看，很明显，其龙村外出务工家庭占全村农户总数的大多数，这说明传统农业种植不能满足村民经济生活的需要，外出打工收入已经占其龙村村民收入相当大的比例。因此，其龙村青壮年基本都不在本村务农，留在家里的大多是上了年纪的老人，除了带孩子外，就是种几分地的粮食。虽然种植烟叶给其龙村带来了很大的经济效益，但是大面积种植烟叶需要大量的劳动力，在烟叶种植快速发展的同时，劳动力的缺乏也相继成为困扰烟农的大问题。比如说采摘烟叶后，把烟叶捆到竹竿上进行烘烤，这时就会出现人手不够的情况。实在没有办法，烟农也会请小学生做这些工作，而烟农则以 0.2 元/竿的报酬付给雇来的学生。

据笔者访谈所知，大部分外出打工的青年不愿意回到村里，觉得外面发展的条件好，在村里种地没出息，而且认为种烟太累，宁愿留在大城市里打工也不愿意回家种地。这种情况造成烟叶种植过程中，大量的劳动力需求得不到满足。尤其是种植烟叶比较多的烟农，家里劳动力不够，在间苗、移栽、烘烤时必须请劳动力帮忙干活，有时会出现有钱都请不到人干活的情况。比如，村长家 2007 年种植烟叶 16 亩，而家里只有村长夫妻和一个三岁的孙女，劳动力明显不够。平时这种现象不突出，可是一到了烟叶移栽、间苗、施肥、抢收、上架烘烤的时候，“忙不过来”就是一个很突出的问题。像这样家里劳动力不够需要另请劳动力的情况很多，而能够请的劳动力又是有限的，其龙村一度出现有钱请不到人干活的情况。劳动力价格也随之飞速上涨。这样看来，劳动力缺乏已经成为其龙村从事烟叶生产的一个相当严重、不容忽视的问题。

二　“以烟强村”的战略分析

1. “以烟强村”的含义

如今，烤烟产业已经成为其龙村的支柱产业，以经济作物种植为主、基础农业种植为辅的产业结构已经形成。其龙村领导干部认识到烤烟对其龙村发展的重要意义，在制定的“五村、两规范”（科教兴村、经济强村、文明建村、民主理村、依法治村；村级工作规范化管理、村级干部规范化管理）中，“经济强村”一条中就明确要求“以烟强村”。其具体内容如下：大力调整产业结构，充分发挥优势，发展烤烟产业，壮大以烟强村富民的经济路子，农业社会化服务水平不断提高，农村经济有较快发展。发展村集体经济，有稳定的收入来源，村集体经济年收入 1 万元以上，农民年人均纯收入递增 200 元以上（见附表 2－1）。

附表 2－1　2004～2006 年其龙村经济计划

类别 \ 年份	2004	2005	2006
粮食产量（万公斤）	62.84	63.15	63.46
烤烟产值（万元）	58	62	63
边贸（万元）	242	268	294
养殖业（只、头）	3140	3320	3560

龙邦镇人民政府 2006 年 11 月 9 日《龙邦镇其龙村地烟种植计划》中提到，2007 年其龙村计划在 2006 年示范种植取得成功的基础上，带动农民积极参与地烟种植，地烟种植面积达到 500 亩。而到 2006 年，其龙村烤烟种植面积约 330 亩，包括地烟和田烟两种烟叶种植。可以看出，“以烟

强村”已经不仅仅是其龙村本身的概念，上级领导部门（龙邦镇人民政府）也把烤烟作为其龙村发展经济的重中之重。

2. “以烟强村”的合理性

其龙村位于国家烟草局划定的优质烟生产最适宜烟区，再加上全国烟叶生产调整生产布局，实施“北烟南移”战略，农村产业结构调整是农民增收的重要途径。近几年来，其龙村在农业种植面积的结构调整项目中，烤烟生产取得了较好的效益。其龙村的烤烟收入逐年递增，由烤烟带动经济发展并促使其龙村各项基础设施得到完善，各项基层组织建设完善，村民生活质量得到根本提高。

传统种植水稻、玉米等粮食作物的农业生产种植结构，往往只能解决温饱问题，不能满足人们日常生产、生活的需要，特别是不能达到提高经济收入这一目的。人们并没有认识到其龙村特殊的地形地质能给其龙村带来怎样的经济效益。烟叶种植的开发，使其龙村的土地得到最合理的利用，给其龙村村民带来前所未有的经济发展机遇。

烟农的经济水平有所提高，但是其龙村的整体水平还没有达到不用上级部门扶贫就能独立发展的地步。在整个烟叶种植过程中，水利的兴修，烤烟房的建造，都是上级扶贫部门帮助完成的。甚至连种烟所用的各种材料都是烟草公司提前赊给烟农的，等到烟农最后卖烟叶的时候再扣除所赊材料的价值。因此，虽然“以烟强村”的指导思想是正确的，但是烟叶种植还需加大推广力度，扩大烟叶种植面，普及烟叶种植技术，以达到其龙村整体经济的向前发展。

其龙村村民掌握了烟叶种植技术，改善了生活。村民看到了种烟的好处，种烟的积极性有了很大提高。这也充分体现了村民掌握一门致富技术的重要性，体现了烟叶种植在其龙村村民生活当中占有很大比重。烤烟产业给村民的思维方式带来的变化表明，村民逐渐掌握一门具有专业性的种植技术，开始形成一种专业意识。

3. “以烟强村”存在的问题

烤烟产业并不是其龙村特有的，整个靖西县甚至整个百色市都是烤烟产业发展势头较好的地区，所以烤烟的非唯一性决定了其龙村村民必须种出好烟，才能在烤烟市场上站稳脚跟。所以，有以下几点问题需要注意：

（1）村干部积极宣传烟叶种植，吸引村里青壮年回村种植烟叶，以避免烤烟种植技术的断层，从而解决烤烟劳动力缺乏的根本问题。

（2）上级扶贫不单是发展烟叶种植，还有其他经济作物的种植，例如水蜜桃、灯笼椒、生姜等，因此，在制订发展规划上难免平均分配，也有的计划在现实中无法完成。这时就要着眼全局，既重视烟叶种植，也不忽略其他方面经济的发展，以努力达到烟叶种植与其他作物种植的平衡。

（3）村内大部分的人外出打工，这些人拥有的土地要么留给家里留守的老人耕种；要么土地太少，家里又没人愿意种，就任其荒芜；还有就是租给种植烟叶等经济作物的村民，以赚取一点租金。但是租给烟农种烟的土地还是占少数，大部分是留守家里的老人种一些日常生活所需的粮食作物，这些人家里的土地就无法完全利用，白白浪费了种植烟叶的好土壤。

（4）部分烟农的家庭经济水平得到提高，但大部分刚开始种植烟叶的农户没有足够的资金筹备种烟，所以，种烟过程中资金周转是个需要协调的大问题。虽然烟草公司会赊账提供种烟所需材料，但是还有其他花费，比如烟农需要自己支付请劳动力的资金等。

（5）村委会配合上级工作，灵活运用上级政策，只选择适合的农户种植烟叶，不作硬性规定。在烤烟已经成为其龙村的支柱产业后，要从思想上动员其余村民加入烤烟的队伍，努力建成以烤烟为龙头产业的经济结构，以烤烟带动整个其龙村的发展。村干部带头种烟的同时，也要协调好村委工作和种烟之间的冲突，不能顾此失彼，以免造成村委会各机构职能的瘫痪。

（6）与市场脱轨的经营模式。其龙村村民生活方式变迁是在上级扶贫政策——“以烟强村”战略支持下发展起来的，村干部按上级的要求带头示范种植烟叶，他们种烟的数量是普通村民的4～5倍。在如此大规模的种植压力下，村干部很难有多余的精力处理村里的公共事务，这在一定程度上影响了基层政权的顺利运行。这种政策带有计划经济的色彩，并没有把烟农真正推向市场参与竞争，村民商品经济意识的树立过程缓慢。

由于烤烟的种植、烘烤、出售都由烟草公司全程负责，因此，村干部已经与当地烟草公司的技术员形成了一种“熟人”关系，在烟叶分等、烟叶质量检验、烟叶定级过程中，技术员可以利用手中的权力决定烟叶等级的高低。村干部抓住这个机会，和技术员搞好人际关系，在烟叶定级时就可以定一个比较高的等级，从而获得更多利润。村干部种植烟叶获得更多收益之后，就会加大种植面积，从而带动其余村民积极种植烟叶，增加全村的经济收益。烤烟产业扶持的背后，是村干部与技术人员的人际关系所形成的权力博弈。这就是隐藏在表层文化变化背后的深层含义，权力博弈是烤烟产业带来的文化和社会变迁导致的。

三　小结

其龙村位于中越边境，主要依靠农业发展经济，种植水稻、玉米、生姜、辣椒等粮食作物。其龙村烤烟产业的发展，对带动其龙村整个经济的发展起着很大的推动作用。烟叶种植促使产业结构调整加快，以烟叶种植为标志的优质产业初步形成。但是，其龙村的烤烟产业还处在初级阶段，各项配套设施有待于进一步健全，各部门工作需要进一步协调，发展烤烟与各项经济生活产生的矛盾需要解决，所以，其龙村烤烟产业取得一定成绩之后，今后要做的工作还很多。烤烟只是提高村民生活水平的一种路径，要注意烟叶生产在其龙村整个经济体系中的作用，协调烟叶种植与其他经济作物的种植结构，合理布局，才能使其龙村的经济进一步合理、有序地发展。

后 记

本书是由中国社会科学院中国边疆史地研究中心策划、立项，广西民族大学民族学与社会学学院院长周建新教授主持的“当代中国边疆·民族地区典型百村调查”广西项目的子课题之一。

2007 年 7 月，接受研究任务后，我首先于 7 月 17 日下到靖西去选点，通过与靖西县民族局同志的交流，将调查点选在其龙村。7 月 18 日，我在县民族局黄副局长和龙邦镇卢副镇长的陪同下进入其龙村，并就调查工作的安排与村干部进行了协商。7 月 21 日，我带领张小娟、马菁两位硕士研究生进点开始调查工作。本次调查将近一个月，此后两位同学又结合报告写作和课题研究数次下点，并与村民保持密切的通信联系。两位同学充分的田野调查和及时的后续跟进，为本课题的顺利完成奠定了良好的基础。

本项目是由中国社会科学院中国边疆史地研究中心组织的边疆调研重大项目。该中心从本丛书的立项设计、撰写大纲及调研大纲的制定和组织实施，到结项的书稿审定与出版组织，都做了大量工作。本书能够完成，是和中国社会科学院中国边疆史地研究中心的统筹规划、指导以及周建新教授的具体领导和悉心关怀分不开的，广西民族大学的甘品元副教授、吕俊彪副院长和雷韵同学也都给予了具体帮助和指导；在调查过程中，课题组成员得到了靖西县政府办公室、县民族局、龙邦镇以及边防派出所等各部门领导和同志们的亲切关怀，靖西县宣传部长、副县长陈玉荣女士（时任那坡县委组织部部长）也热心帮助联系，其龙村李村长和李副校长等更是给予了无微不至的关照；出版社的编辑同志也为此书的出版付出了很多努力。

本书由两位硕士研究生在调查的基础上撰写初稿，我负责文字统筹和最后的修改定稿工作。

在本书出版之际，谨在此表达我们由衷的谢意！

王柏中

2009 年 7 月 4 日

图书在版编目(CIP)数据

兴边富民新壮村：广西靖西县龙邦镇其龙村调查报告／王柏中，张小娟，马菁著.—北京：社会科学文献出版社，2011.11

（当代中国边疆·民族地区典型百村调查／厉声主编.广西卷.第1辑）

ISBN 978-7-5097-1274-0

Ⅰ.①兴…　Ⅱ.①王…　②张…　③马…　Ⅲ.①乡村—社会调查—调查报告—靖西县　Ⅳ.①D668

中国版本图书馆CIP数据核字（2010）第036439号

当代中国边疆·民族地区典型百村调查：广西卷（第一辑）

兴边富民新壮村

——广西靖西县龙邦镇其龙村调查报告

著　　者／王柏中　张小娟　马　菁

出 版 人／谢寿光
出 版 者／社会科学文献出版社
地　　址／北京市西城区北三环中路甲29号院3号楼华龙大厦
邮政编码／100029

责任部门／编译中心（010）59367004
责任编辑／王玉敏　陶盈竹　张文静
电子信箱／bianyibu@ssap.cn
责任校对／邓雪梅
项目统筹／祝得彬
责任印制／岳　阳
总 经 销／社会科学文献出版社发行部（010）59367081　59367089
读者服务／读者服务中心（010）59367028

印　　装／北京季蜂印刷有限公司
开　　本／889mm×1194mm　1/32
印　　张／7.5
版　　次／2011年11月第1版
插图印张／0.25
印　　次／2011年11月第1次印刷
字　　数／168千字
书　　号／ISBN 978-7-5097-1274-0
定　　价／168.00元（共4册）